西乡塘区年鉴

XIXIANGTANG QU NIANJIAN

2019

《西乡塘区年鉴》编纂委员会 编

世界图书出版公司
广州·上海·西安·北京

图书在版编目（CIP）数据

西乡塘区年鉴. 2019 /《西乡塘区年鉴》编纂委员会编. -- 广州：世界图书出版广东有限公司，2019.12
　ISBN 978-7-5192-7178-7

Ⅰ.①西… Ⅱ.①西… Ⅲ.①区（城市）—南宁—2019—年鉴 Ⅳ.① Z526.74

中国版本图书馆 CIP 数据核字（2019）第 300808 号

XIXIANGTANGQU NIANJIAN 2019

书　　名：	西 乡 塘 区 年 鉴 2019
编　　者：	《西乡塘区年鉴》编纂委员会
责任编辑：	程　静
装帧设计：	米非米
责任技编：	刘上锦
出版发行：	世界图书出版广东有限公司
地　　址：	广州市新港西路大江冲 25 号
邮　　编：	510300
电　　话：	020-84451969　84453623　84184026　84459579
网　　址：	http://www.gdst.com.cn
邮　　箱：	wpc_gdst@163.com
经　　销：	各地新华书店
印　　刷：	佛山市华禹彩印有限公司
开　　本：	787 mm × 1092 mm　1/16
印　　张：	40
字　　数：	1080 千字
版　　次：	2019 年 12 月第 1 版　2019 年 12 月第 1 次印刷
国际书号：	ISBN 978-7-5192-7178-7
定　　价：	228.00 元

版权所有　侵权必究

咨询、投稿：020-84451258　gdstchj@126.com

走进西乡塘区

西乡塘区是2005年3月南宁市区划调整，撤销城北区、永新区后新组建的辖区，位于广西南宁市市区中西部，东与兴宁区毗邻，南与江南区隔邕江相望，西与隆安县、扶绥县接壤，北与武鸣区相连。辖坛洛、金陵、双定3个镇及西乡塘、衡阳、北湖、安吉、新阳、华强、上尧、石埠、心圩、安宁10个街道（心圩和安宁街道由南宁高新技术产业开发区托管），土地总面积1076平方千米。2018年年末，总人口120.35万人，其中户籍人口81.33万人，是南宁市人口最多、建成区人口密度最大的辖区。南宁高新技术产业开发区坐落在辖区内。西乡塘区人文、地理位置概括起来，具有七大特点：

底蕴深厚的历史文化　西乡塘区毗邻邕江，历史悠久。有南宁开埠第一街之称的百年老街——水街；有南宁开埠商贸会所之称的百年会馆——粤东会馆；有"南宁原住民居建筑群代表"之称的黄氏家族民居、陈东老村。南宁自东晋大兴元年(318年)设置晋兴郡以来，曾长期作为郡治、省府或首府所在地。辖区因有630年的行政区划名"西乡"和300多年的历史地名"西乡塘"而得名。

四通八达的交通网络　西乡塘区具有沿江（邕江和左江、右江）、沿线（铁路干线和公路干线）、沿路（高速外环和快速环道）的三大优势，是南宁市连接西南出海大通道的前沿，成为中国大西南出海、连接东盟的黄金走廊；是南宁至昆明、南宁至贵阳高速公路的起点，南宁火车站、南宁西站坐落在辖区。地铁一号线、二号线分别贯穿西乡塘区东西和南北，地铁三号线途径辖区安吉街道、北湖片区。南宁快速环道、高速外环贯通辖区，北大桥、永和大桥、中兴大桥、清川大桥、罗文大桥5座大桥飞跨邕江南北，15千米的江北大道横贯西乡塘区，成为首府南宁的亮丽景观。

潜力巨大的市场环境　西乡塘区城乡贸易、仓储服务、个体经济与私营经济发展迅速，专业市场建设迅速，商业网点形成网络，服务设施日臻完善。已拥有家居、钢材、汽车、机电产品、装饰材料、粮油批发、小商品副食品批发、蔬菜水果批发、药业物流等大型专业市场和南城百货、利客隆、北京华联、国美电器、苏宁电器等一批在自治区内外享有盛名的大型超市。随着广西北部湾经济区的开放、开发，特别是快速环道、江北大道、南宁地铁、东西向快速路的建设通车，辖区的商贸集散和吸纳能力大大增强，形成了"大商贸、大流通、大市场、大发展"的良好势头，正朝着规模化、品牌化、国际化方向迈进。

实力雄厚的科教资源 西乡塘区聚集广西 80% 的大中专院校、科研院所，教育科技资源雄厚，储备建立了 20 多个自治区级以上人才小高地、68 个博士科研站及博士后企业工作站。义务教育打响"学在西乡塘"品牌，形成教育、科研、人才培训为一体的大教育、大科研发展格局。辖区内大中专院校、科研院所不断形成的科技成果，为辖区经济社会发展注入新活力，推动辖区经济社会的发展。

特色鲜明的农业产业 西乡塘区属亚热带季风气候区，气候温暖湿润，地势平坦，幅员辽阔，现有耕地面积约 450 平方千米，农业资源丰富。区委、区政府按照农业产业"成片、成链、成名"发展战略，大力发展香蕉、蔬菜、柑橘、乳鸽、肉鸡、龟鳖、玉米等优势特色产业，在坛洛、金陵、双定、石埠等镇（街道）建成香蕉、甘蔗、超级稻、甜瓜、木薯、蔬菜等 6 个超 600 万平方米的无公害农产品、绿色安全食品、有机食品标准化生产和栽培示范基地，形成了金陵—双定镇沿公路的"养殖长廊"，并将美丽南方田园综合体打造成了广西唯一一个国家级田园综合体建设试点项目。

丰富独特的旅游优势 西乡塘区立足丰富的旅游资源优势，利用交通发达的城郊接合部，以建设景区为重点，以塑造旅游品牌为突破口，"古迹游、乡村游"两大休闲旅游产业发展迅速，形成了以粤东会馆、傩文化等古典古迹文化为重点的"古迹游"，以"美丽南方""龙门水都""老木棉匠园"等景区为重点的"乡村游"。

广阔美好的发展前景 西乡塘区紧紧围绕中央"五位一体"总体布局和"四个全面"战略部署，全面推进"一核两带三区"建设和"美丽西乡塘"，打造首府城西中心，不断增强经济发展后劲，拓展新的发展空间。西乡塘区继续以永不懈怠的精神状态和一往无前的奋斗姿态，向新时代、新目标砥砺前行。

美丽西乡塘

美丽南方田园综合体

  2017年7月，西乡塘区美丽南方田园综合体项目（下文简称"美丽南方"）通过自治区竞争性立项，并通过国家农发办项目政策合规性评议，成为广西唯一一个国家级田园综合体建设试点项目。未来西乡塘区将利用三年时间，通过农业综合开发、农村综合改革转移支付等渠道开展试点示范，建设以农民合作社为主要载体、让农民充分参与和受益，集循环农业、创意农业、农事体验于一体的田园综合体。

  美丽南方田园综合体项目位于南宁市西乡塘区石埠半岛，比邻市区，地理位置优越，规划面积70平方千米，包括金陵镇、石埠街道的10个村，涉及人口约5.7万人，是一个都市近郊型的田园综合体。规划区设计为"一轴两翼三带三区"的总体布局结构。其中，一轴：沿005县道（二级公路）的园区空间主轴，将园区各主要功能片区、景观节点和特色村落

2018年，西乡塘区"美丽南方"鸟瞰图　　　　　　　　　　　　　　（区委宣传部供图）

有机整合,形成完整的田园综合体。两翼:以005县道(二级公路)为界,将园区分为南、北两翼。根据现有项目布局和产业基础,南、北两翼功能各有侧重,其中南翼侧重发展创意农事体验、智慧农业、循环农业和加工物流业,北翼侧重于发展特色高效农业、特色养殖农业、生态康养农业。三带:依托园区农田、村落、水系、山地,形成三条重要的农业休闲观光体验带,即精品农业体验带、生态乡村体验带、自然风光体验带。三区:以生产、生活、生态"三生同步",一、二、三产业"三产融合",农业、文化、旅游"三位一体"为理念,将综合体分为都市农业集中区、高效农业种养区、生态农业康养区。

2018年,西乡塘区"美丽南方"荷塘一角　　　　　　　　　　(区委宣传部供图)

2018年,西乡塘区"美丽南方"远景 (区委宣传部供图)

2018年,西乡塘区"美丽南方"太阳谷体育园水上休闲运动基地 (区委宣传部供图)

龙门水都

广西龙门水都文化生态旅游景区，位于南宁市高新区外环高速旁，距离南宁吴圩机场约 40 千米。景区占地面积 20.14 平方千米，森林覆盖率 98%。景区内高峡平湖占地面积 46 万多平方米，依山势蜿蜒曲折，似龙腾飞跃。

景区风光秀美，四季树木常青，终年花香四溢，群山环抱，森林密布，沟涧纵横，山泉潺潺不息，负氧离子达到了每立方厘米空气中有三万到六万个，是南宁市目前规模最大、质量最高的环保低碳大型生态观光产业。

景点设有百家姓园、龙吟天下、龙影长廊、美食长廊、石墨园、状元桥、水上栈道、九龙广场、八桂状元林、龙门水库、桂学楼等项目；配备顶级会议活动设施和专业体贴的一站式会议管家服务的会议中心，此外，还有纯正温泉、山泉药浴、SPA 水疗、儿童戏水、休闲泳池、娱乐中心等康体娱乐设施，是集娱乐休闲、历史文化、自然风光、商务会议、健身活动、科普教育、特色餐饮于一体的大型旅游度假胜地。

龙门水都文化生态旅游景区 （区委宣传部供图）

美丽南方·老木棉匠园

　　美丽南方·老木棉匠园（以下简称"老木棉匠园"）是广西老木棉投资有限公司重点投资运营的文化旅游创业产业项目，位于广西南宁市西乡塘区树人路延长线，距离南宁市地铁1号线南职院站仅800米。老木棉匠园占地面积约为23万平方米，因秀美的湖光山色、丰富的人文建筑、别具一格的园林小品，自然景观与艺术情怀完美融合，被誉为"南宁城市艺术客厅"，2016年被评为"南宁市文化产业示范基地"。

　　老木棉匠园以"匠人艺术"为主题，以匠人街、艺术家驻地酒店、智慧生态农庄三大核心功能区为依托，汇聚中华名陶园、贝侬寨等特色文化项目，辅以原味东南亚美食服务，旨在打造一个集文化艺术、研发创作、体验互动、培训交流、休闲旅游观光、创业孵化及互联网销售于一体的多功能文化旅游园区，展示传承民族文化和民间传统工艺，促进国际经济文化交流，致力成为中国具有核心示范效应的综合文化旅游产业知名品牌及展示窗口。

美丽南方·老木棉匠园　　　　　　　　　　　　　　　　　　　　（区委宣传部供图）

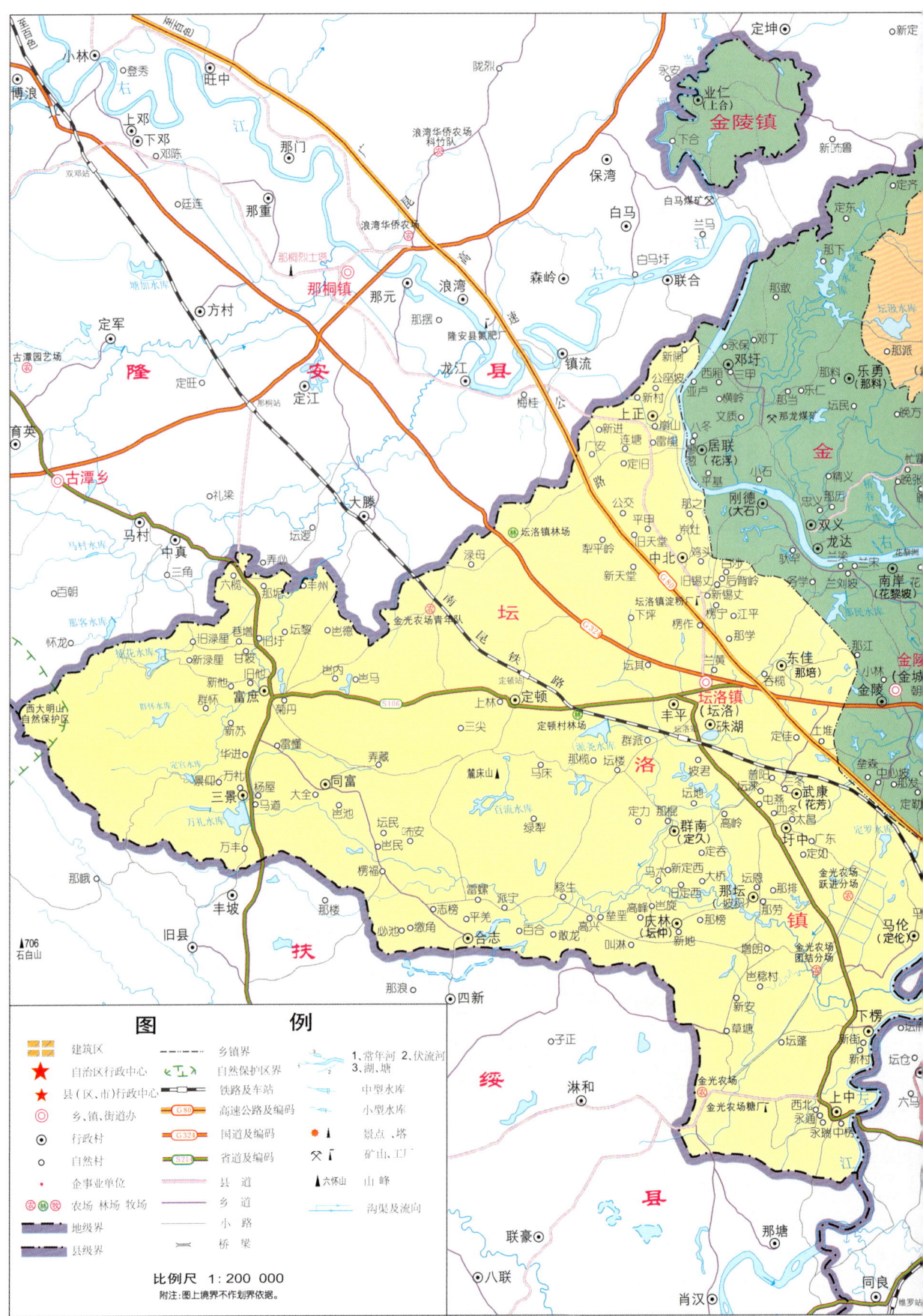

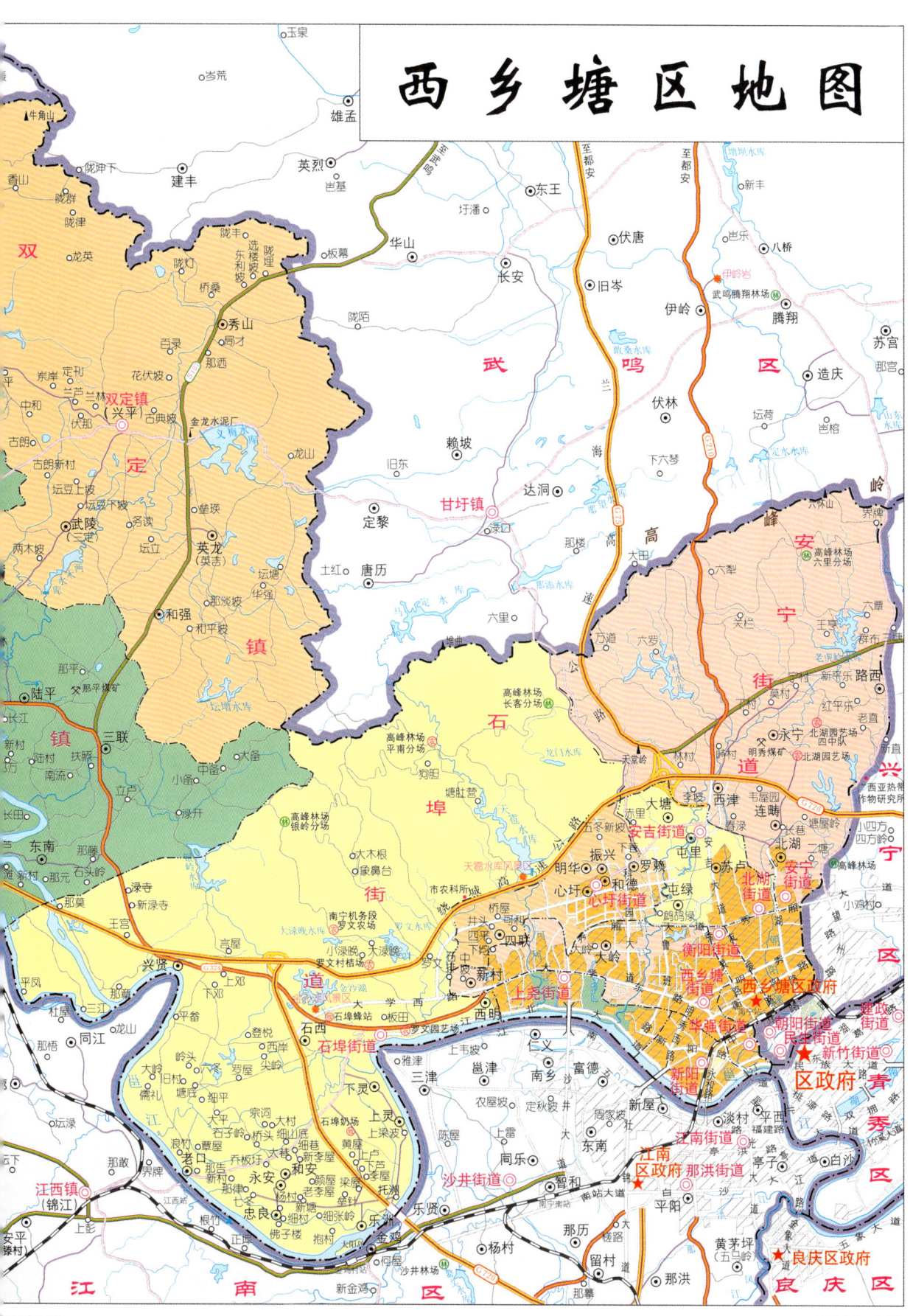
西乡塘区地图

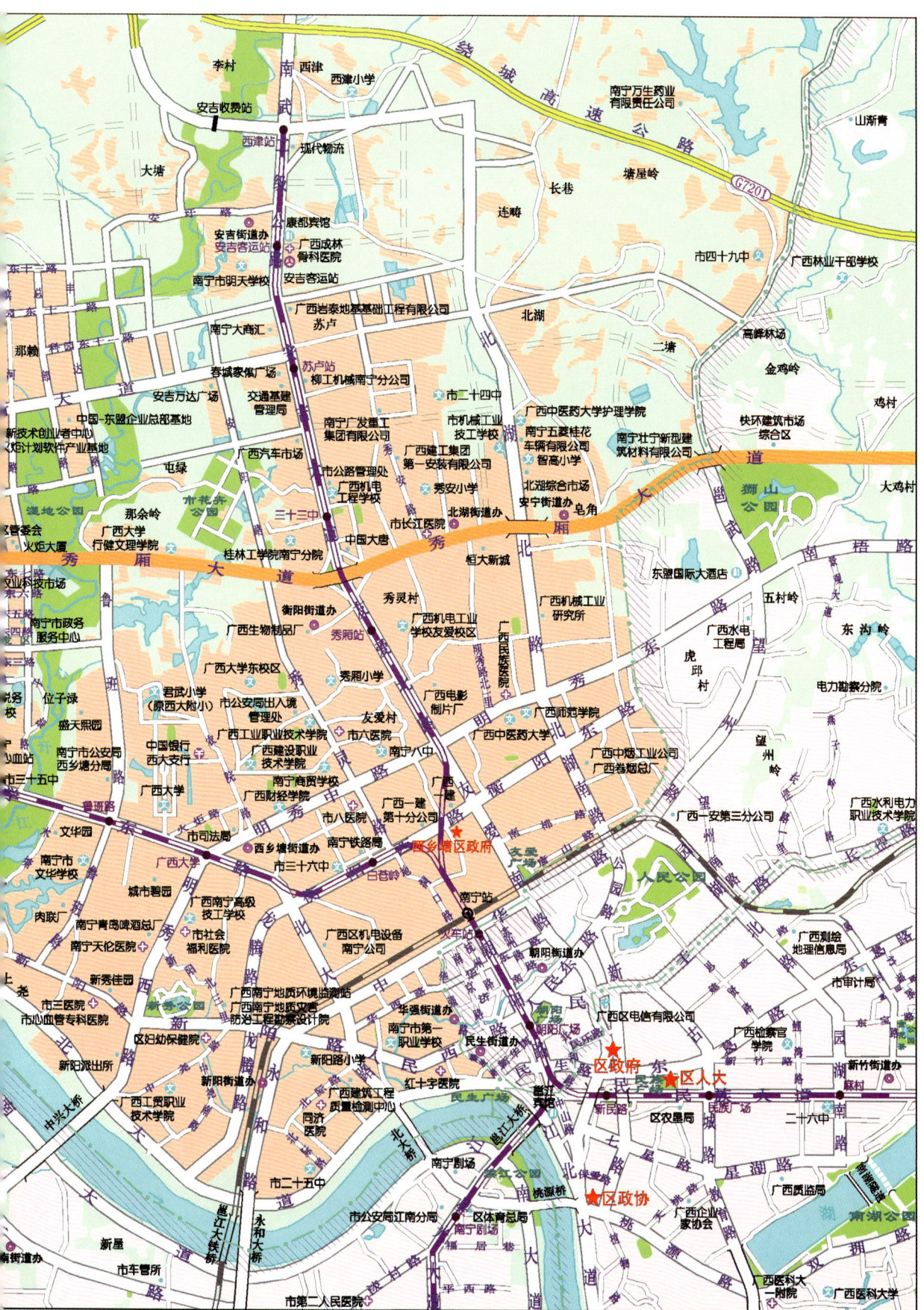

工作调研

2018年4月10日,财政部农业司司长、国务院农村综合改革办主任吴奇修(左二)一行到"美丽南方"调研
(区委宣传部供图)

2018年7月18日,自治区党委副书记孙大伟(前左),南宁市委副书记、政法委书记杨维超(二排右二)到"美丽南方"调研
(区委宣传部供图)

2018年11月13日，自治区党委常委、南宁市委书记王小东（右三）到西乡塘区三镇调研

（区委宣传部供图）

2018年1月30日，南宁市委副书记、市长周红波（中）到西乡塘区调研南铁片区旧改项目

（区委宣传部供图）

2018年10月8日,区委书记廖伟福(左二)到坛洛镇东佳村贫困户家中与贫困户共同劳动

(区委宣传部供图)

2018年3月5日,区委副书记、政府区长陆广平(中)检查黑臭水体治理工作

(区委宣传部供图)

2018年8月22日,区人大常委会党组书记、主任周少剑(左三)到坛洛镇上正村调研脱贫攻坚工作
(区委宣传部供图)

2018年7月20日,区政协主席费勇(右二)带领政协常委及部分委员到上尧社区卫生服务中心调研
(区政协办公室供图)

2018年7月17日,区委副书记李东红(左四)、副区长陈红(左三)到"美丽南方"调研文化建设进度
（区委宣传部供图）

2018年12月26日,区委常委、政府常务副区长陆斌(左二)到友爱广场参加预防一氧化碳中毒宣传活动
（区委宣传部供图）

重要活动

2018年12月3日,"美丽南方"建设增点、扩面、提质、升级工作现场推进会 (区委宣传部供图)

2018年2月11日,西乡塘区召开服务"美丽南方"入驻企业座谈会 (区委宣传部供图)

2018年7月9日,安吉华尔街工谷成功举办第七届中国创新创业大赛广西赛区南宁市选拔赛暨第三届南宁市创新创业大赛

(区科技局供图)

2018年12月29日,西乡塘区举行"全国民族团结进步创建示范区"授牌仪式活动

(区委宣传部供图)

2018年3月24日,西乡塘区召开"美丽南方"富硒功能农业发展论坛　　　　　(区委宣传部供图)

2018年10月27日,"喜看南宁新变化·寻找首府最美乡村"活动颁奖仪式在石埠街道忠良村举行

(区乡村办供图)

商贸旅游

2018年10月12日,第二十届南宁国际民歌艺术节"绿城歌台"西乡塘区歌台暨西乡塘区香蕉文化旅游节　　　　　　　　　　　　　　　　　　　　　　　　　　　　　　　（区委宣传部供图）

2018年5月31日,西乡塘区举办全域旅游创新发展论坛　　　　　　　　　　（区委宣传部供图）

2018年5月25日，美丽南方·无为谷葡萄园企业文化沙龙 　　　　　　　　　　　（区商旅局供图）

2018年12月1日，中国—东盟数字经济高端论坛在西乡塘区举行 　　　　　　（区商旅局供图）

2018年4月16日,中华中社区民族团结"三月三"活动 （区委宣传部供图）

2018年4月16日,中华中社区民族团结"三月三"活动 （区委宣传部供图）

2018年7月3日,越南代表团在"美丽南方"参观　　　　　　　　　　　　　(区委宣传部供图)

2018年,"美丽南方"老木棉石阶　　　　　　　　　　　　　　　　　　　(黄嘉伟　摄)

2018年10月12日，第二十届南宁国际民歌艺术节"绿城歌台"西乡塘区歌台暨西乡塘区香蕉文化旅游节　　　　　　　　　　　　　　　　　　　　　　　　　　（区委宣传部供图）

2018年10月12日，第二十届南宁国际民歌艺术节"绿城歌台"西乡塘区歌台暨西乡塘区香蕉文化旅游节　　　　　　　　　　　　　　　　　　　　　　　　　　（区委宣传部供图）

2018年10月12日，第二十届南宁国际民歌艺术节"绿城歌台"西乡塘区歌台暨西乡塘区香蕉文化旅游节

（区委宣传部供图）

2018年7月26日，西乡塘区万秀小学的孩子们在和美航空基地研学后放飞航模

（区委宣传部供图）

社会民生

2018年5月2日，西乡塘区召开脱贫攻坚工作专题会　　　　　　　　　　（区委宣传部供图）

2018年5月23日，西乡塘区召开卫生与健康大会暨2018年卫生和计划生育工作会议

（区委宣传部供图）

2018年2月6日,西乡塘区总工会在南宁市火车站前站广场举办"温暖回家路"暨"送温暖献爱心"志愿服务活动　　　　　　　　　　　　　　　　　　　　　　　　　　　（区总工会供图）

2018年4月16日,"三月三"和谐壮乡团结进步暨民族团结宣传月系列活动

（华强街道办事处供图）

2018年4月23日,"三月三"民族歌谣拉歌大赛 (西乡塘街道办事处供图)

2018年6月29日,华强街道举办第九届乡村社区和谐文艺大展演 (华强街道办事处供图)

2018年12月22日,区总工会、文化新闻出版体育局联合举办西乡塘区第十三届职工气排球比赛

(区总工会供图)

2018年12月30日,致公党西乡塘区总支2019迎春联谊会　　　　　　　　(致公党西乡塘区总支供图)

2018年6月1日,秀田小学组织师生志愿者到金陵镇南岸小学开展城乡儿童庆"六一"结对帮扶活动

(区委宣传部供图)

2018年11月1日,辖区高校志愿者在华强街道社区开展环境保护宣传活动

(华强街道办事处供图)

驻区院校

2018年广西大学大门 （马可靠 摄）

2018年广西民族大学思源湖校区图书馆 （蒙翡琦 摄）

2018年广西中医药大学大门 （黄嘉伟 摄）

2018年广西财经学院相思湖校区大门 （马可靠 摄）

2018年广西艺术学院相思湖校区大门　　　　　　　　　　　　　　　　　　　　　　　（蓝良明　摄）

2018年广西建设职业技术学院相思湖校区大门　　　　　　　　　　　　　　　　　　（黄嘉伟　摄）

2018年广西机电职业技术学院大门　　　　　　　　　　　　　　　　　　（马可靠　摄）

2018年广西农业职业技术学院大门　　　　　　　　　　　　　　　　　　（蓝良明　摄）

驻区科研院所

2018年广西农业科学院商务大楼　　　　　　　　　　　　　　　　（邓立国　摄）

2018年广西化工研究院办公区　　　　　　　　　　　　　　　（广西化工研究院供图）

2018年广西建筑科学研究设计院办公大楼　　　　　　　　　　　　　（广西建筑科学研究设计院供图）

2018年广西林业科学院大门　　　　　　　　　　　　　　　　　　　（广西林业科学院供图）

数字西乡塘

土地面积：1076平方千米

年末户籍人口：81.5万人

地区生产总值：增长3.5%（在地口径）

　　第一产业：增长7.4%（在地口径）

　　第二产业：下降0.8%（在地口径）

　　第三产业：增长9.4%（在地口径）

第一、二、三产业构成：2.9∶43.6∶53.5（在地口径）

人均地区生产总值：增长2.2%

财政总收入：44.67亿元

公共财政预算支出：31.13亿元

固定资产投资：增长14.3%

社会消费品零售总额：增长10.1%

进出口总值：89756万元

房屋施工面积：470.52万平方米

房屋竣工面积：12.49万平方米

商品房销售面积：111.83万平方米

普通高等学校：17 所

公办中等职业学校：9 所

普通中学：11 所

九年一贯制学校：11 所

小学：68 所

医院、卫生院病床位：8154 张

卫生技术人员（含个体）：11493 人

建成区园林绿地面积：1281.68 万平方米

建成区绿化覆盖面积：1451.51 万平方米

人均公园绿地面积：13.98 平方米

市区全年空气质量优良天数：321 天

在岗职工年平均工资：92777 元

城镇居民人均可支配收入：33683 元

城镇住户人均年消费性支出：21455 元

农村居民人均可支配收入：13820 元

农村居民年人均生活消费支出：13025 元

编 辑 说 明

一、《西乡塘区年鉴》是西乡塘区人民政府组织编纂的系统记述本行政区域自然、政治、经济、文化、社会等方面情况的年度资料性文献。《西乡塘区年鉴》的编纂始终坚持以马列主义、毛泽东思想、邓小平理论、"三个代表"重要思想、科学发展观和习近平新时代中国特色社会主义思想为指导,贯彻中国共产党和国家的各项方针政策,按照"实事求是,严谨办鉴"的要求,全面反映西乡塘区各族人民在中国共产党的领导下建设中国特色社会主义和谐社会的伟大实践。

二、《西乡塘区年鉴》于2011年出版首卷,本年鉴为《西乡塘区年鉴(2019)》(总第九卷),着重记载2018年度西乡塘区的基本情况。由《西乡塘区年鉴》编纂委员会主持编纂,《西乡塘区年鉴》编辑部(设在西乡塘区人民政府地方志编纂委员会办公室)负责编纂出版工作。载录范围以地域为界,凡在西乡塘区域内的部门单位、各行各业,不论其性质、隶属关系和级别均在收录范围之列,部分事物有所追溯,便于读者了解始末。

三、本年鉴的基本内容,分为综合情况、动态信息、辅助资料三大部分。综合情况设特载、西乡塘区概貌2个类目。动态信息设政治、法治、军事、经济、产业、开发区·产业园区、城乡规划建设与管理、教育·科技、文化·体育、卫生·计生、社会民生、生态、乡镇·街道、人物14个类目。辅助资料有大事记、图片专辑、附录3个类目,其中图片专辑以彩色照片集中反映西乡塘区物质文明、政治文明、精神文明建设的成就。内容层次的设置,利于读者分类系统阅读和检索,并表示类目与条目之间的层次关系,不反映严格的科学分类体系、机构、企事业单位等排序和层次,一般亦不表示其地位和规模。

四、本年鉴采用分类编辑法,按类目、分目、条目3个层次的体例编辑,以不同字体、字号及版式设计区分不同层次,条目标题均加【 】表示。

五、本年鉴数字、计量、用法按国家法定规定书写,少数面积单位因记述需要使用亩,1亩≈666.67平方米。

六、本年鉴所记述的广西壮族自治区简称"自治区"或"广西";中国共产党广西壮族自治区委员会简称"自治区党委",中国共产党南宁市委员会简称"市委",中国共产党南宁市西乡塘区委员会简称"区委";广西壮族自治区人民政府简称"自治区政府",南宁市人民政府简称"市政府",南宁市西乡塘区人民政府简称"区政府";中国—东盟博览会、中国—东盟商务与投资峰会、南宁国际民歌艺术节简称"两会一节";相关单位名称在各类目首次出现时用全称,之后用简称。

七、本年鉴所载资料主要由西乡塘区各部、委、办、局、镇街、开发区及驻辖区有关单位(部门)供稿并审核。主要数据以西乡塘区统计局编印的《西乡塘统计年鉴》所公布的数据为准;其他数据以供稿部门提供的为准;少数数据由于部门之间统计口径不尽一致,数值也不尽相同。

八、本年鉴公益照片、特载所记述的内容不受年度限制。为了保持内容的连贯性和完整性,时间适当上溯和下延。

九、本年鉴配备检索系统:书前刊有中文目录,书后备有索引。索引采用内容分析法,款目按汉语拼音字母顺序(同音字按声调)排序,索引范围详及条目、文献、图片、表格等。

《西乡塘区年鉴（2019）》编纂委员会

主　任　廖伟福　区委书记
　　　　陆广平　区委副书记、区长
副主任　李东红　区委副书记、党校校长
　　　　陆　斌　区委常委、常务副区长
　　　　陈　红　区委常委、区委宣传部部长、副区长
　　　　何史年　区委常委、区委办主任、直属机关党工委书记
　　　　李　君　区委常委、组织部部长
　　　　梁红英　区政府副区长
成　员　全英才　区人大常委会办公室主任
　　　　黄继业　区政府办公室主任
　　　　宋异俭　区政协办公室主任
　　　　张　锐　区委办公室副主任（挂任）
　　　　李建珍　区纪委副书记、监委副主任
　　　　谭　洁　区委组织部副部长
　　　　唐玉香　区委宣传部副部长
　　　　翟　剑　区委统战部副部长
　　　　严宇宏　区委政法委副书记
　　　　卢　璐　区编委办主任
　　　　赵晓程　区信访局局长
　　　　陈品坚　区发改局局长
　　　　陆志海　区教育局局长
　　　　黄光庆　区科技局局长
　　　　陈志锋　区经信局局长
　　　　乐晓薇　区民政局局长
　　　　陈满昭　区司法局局长
　　　　韦　安　区财政局局长
　　　　温水源　区人社局局长
　　　　钟吉之　区自然资源局局长
　　　　苏子筠　区住建局局长
　　　　蒙有勤　区交通局局长
　　　　廖秋发　区农业农村局副局长（主持全面工作）

张　荣	区文广体旅局局长
罗美玲	区卫健局局长
陈钧烈	区退役军人事务局局长
黄开朗	区应急局局长
雷素梅	区审计局局长
廖兴科	区市监局局长
李江华	区统计局局长
邓天晖	区医保局局长
何方来	区城管局局长
梁德安	区行政审批局局长
王　屹	区投促局局长
黄枝滔	金陵镇党委书记
潘全金	金陵镇镇长
谭　哲	双定镇党委书记
沈民选	双定镇镇长
姚　泽	坛洛镇党委书记
李民红	坛洛镇镇长
蒙　彦	西乡塘街道党工委书记
张　磊	西乡塘街道办事处主任
俞　冰	北湖街道党工委书记
罗忠彦	北湖街道办事处主任
王建华	衡阳街道党工委书记
李小欧	衡阳街道办事处主任
黄　锐	安吉街道党工委书记
黄　夏	安吉街道办事处主任
徐飞雨	华强街道党工委书记
潘庆康	华强街道办事处主任
石作衡	新阳街道党工委书记
黄英玲	新阳街道办事处主任
陆华贤	上尧街道党工委书记
韦　毅	上尧街道办事处主任
卢作政	石埠街道党工委书记
陆江江	石埠街道办事处主任
罗海贤	区地方志办公室负责人

《西乡塘区年鉴（2019）》编辑部

主　　编	廖伟福　陆广平
副 主 编	陈　红　梁红英　黄继业
总　　纂	罗海贤　黄　珩
副 总 纂	闭海涛　周家厚
编　　辑	闭海涛　周家厚　黄　珩　邓红青　黄筱鑫　韦玉珧　杨晓强
	滕成达　潘　岳　吕雪峰　张宏宇　蒙翡琦　熊奥奔　蓝良明
主任编校	黄继业
校　　对	罗海贤　邓红青　黄筱鑫　蒙翡琦
图片策划	罗海贤　邓红青　黄伟铭　梁英环
图片编辑	罗海贤　黄筱鑫　黄伟铭　梁英环　马可靠　黄嘉伟
封面设计	廖伟福　陆广平　梁红英
索引编写	彭国光

《西乡塘区年鉴（2019）》编写人员（编写组）
（按交稿先后排名）

南宁市第二十八中学
　　黄智伦　李秀迎

南宁市爱尔眼科医院
　　编写组

西乡塘区农林水利局
　　苏小霞

广西金融职业技术学院
　　李　莹

南宁市友爱医院
　　吴贤峰　李旭瑞

广西机电工程学校
　　吕明明

南宁市职业技术学院
　　杨清源　兰海洋

广西交通运输学校
　　黄全州

西乡塘区信访局
　　赵晓程　卢丽兰

南宁市肤康医院
　　梁京华　李梅春

南宁市外国语学校
　　苏朝葵　黄世亮

南宁安吉客运站
　　刘慈恩　卢尚彪

广西国际商务职业技术学院
　　邓慧敏　孙向前

西乡塘区坛洛镇政府
　　莫云云

西乡塘区残疾人联合会
　　阮　静

广西工商职业技术学院
　　蒙晓莹

南宁市第十八中学
　　宋江丽　韩飞怡

中共西乡塘区纪律检查委员会
　　丛　敏　黄上秦

西乡塘区退休人员管理服务所
　　卢志立　邓　娉

广西新闻出版技工学校
　　郑　钦

西乡塘区水库移民工作管理局
　　苏小霞

南宁车站
　　赵　洋　廖爱桂

南宁市第三十六中学

 冯嘉琳

西乡塘区机关事务管理局

 周　磊

西乡塘区机构编制委员会办公室

 王欣艳

西乡塘区社会科学界联合会

 吴　斐

西乡塘区房屋征收补偿与征地拆迁办公室

 王岐杰　罗力壬

西乡塘区民政局

 莫海燕　刘丁宁

共青团西乡塘区委员会

 尹媛丽

中共西乡塘区委宣传部

 吴　斐

西乡塘区审计局

 李星良

西乡塘区文学艺术界联合会

 黄志卿

西乡塘区土地储备分中心

 唐立华　林春新

西乡塘区园林绿化管理所

 罗宝玲

西乡塘区民族宗教事务局

 罗　王

中共西乡塘区委党校

 黄昌青　梁宅灿

西乡塘区公安消防大队

 马英强　李中局

西乡塘区统计局

 农晨欣

西乡塘区总工会

 李　婧

南宁市社会福利医院

 黄　飞　神耀兰

西乡塘区政府办公室

 编写组

西乡塘区衡阳街道办事处

 编写组

西乡塘区工商业联合会

 覃思亮

南宁市高新技术产业开发区

 黄　敏

西乡塘区西乡塘街道办事处

 李素婷

广西国际壮医医院明秀分院

 林丽媛

南宁市中医医院

 潘梅香

西乡塘区石埠街道办事处

 杨少丽

西乡塘区安吉街道办事处

　　叶华升

西乡塘区卫生和计划生育局

　　陈桂妹　何耀勇

中共西乡塘区委统战部

　　翟　剑　秦红珍

西乡塘区金陵镇政府

　　宁秋萍

西乡塘区应急管理局

　　李志荣　文　琳

西乡塘区红十字会

　　何卓姿　冯燕燕

西乡塘区华强街道办事处

　　唐建平　欧人铭

西乡塘产业园区管理委员会

　　玉　剑　陆生宜

西乡塘区上尧街道办事处

　　梁　丽

西乡塘区人力资源和社会保障局

　　吕秋运　梁新兴　张子莹

　　卢承行　卢周念

西乡塘区城市管理局

　　卢　弋

西乡塘区政协机关办公室

　　编写组

西乡塘区科学技术局

　　涂崇贵　卢　妍　黄日仕

西乡塘区财政局

　　编写组

西乡塘区"美丽南宁·整洁畅通有序大行动"
指挥部办公室

　　黄春蕊

中共南宁市西乡塘区委员会巡察工作领导
小组办公室

　　蒙　耿　韦艳燕

西乡塘区"美丽西乡塘"乡村建设领导
小组办公室

　　林灿文　蒋德兴　农金凭

西乡塘区双定镇政府

　　江梨莉

西乡塘区司法局

　　冯桂芬

中共西乡塘区委组织部

　　谭　洁　黎　涛

广西医科大学第二附属医院

　　黄　荷　莫雪兰

西乡塘区住房和城乡建设局

　　符良良　卜兵锋

南宁市公安局西乡塘分局

　　马英强　李中局

西乡塘区人大常委会办公室

　　全英才　王玉婷　全水蓉

西乡塘区精神文明建设指导委员会办公室

　　班　宁　许　娟

西乡塘区交通运输局
　　编写组

西乡塘区生态环境局
　　李小敏

西乡塘区离休干部管理服务中心
　　编写组

西乡塘区妇女联合会
　　俞　婧

西乡塘区人民武装部
　　林德贤

西乡塘区市场监督管理局
　　黄瑞艳

西乡塘区人民法院
　　蔡梦婕　徐凤霞

西乡塘区人民防空办公室
　　朱美燕

西乡塘区物价局
　　编写组

西乡塘区扶贫开发办公室
　　编写组

广西超大运输集团有限责任公司
　　黄影阳

南宁市第一中学
　　玉　玲　刘婷婷　黄海燕

中国人民财产保险股份有限公司南宁市
　　城北支公司
　　耿　鑫　李冬萍

西乡塘区新阳街道办事处
　　韦长春　邓洁芳

中共西乡塘区直属机关工作委员会
　　韦秀斌

南宁师范大学
　　编写组

南宁市第二十四中学
　　邓盈昌　蔡　嵥　韦善萍

西乡塘区经济贸易和信息化局
　　韦　虹　杨欣欣

广西中医药大学
　　黄龙坚　蓝开宝　李　亮　李　贵

西乡塘区北湖街道办事处
　　谭琳子

西乡塘区人民检察院
　　黄合莉　韦敏峰

西乡塘区文化新闻出版体育局
　　莫　露

中共西乡塘区委政法委员会
　　叶宗杰　潘莹莹

南宁市第一职业技术学校
　　卢冬梅　农莹莹　李仕林

南宁市第三人民医院
　　邵宏华　石青林　方肖云

广西华侨学校
　　赵开衡

西乡塘区教育局
　　农建华

南宁市第六人民医院
　　韦群慧　邓　紊　陆晓英

广西经济管理干部学院
　　编写组

广西财经学院
　　韦联桂　袁　鑫

西乡塘区发展和改革局
　　何立合　唐琪婧　刘智琴

南宁天伦医院
　　编写组

广西民族大学附属中学
　　谭　玺

南宁市第十五中学
　　韦体革

南宁市第八中学
　　韦小娟

广西电力职业技术学院
　　黄尚猛　唐若茹

广西北部湾银行南宁市城北支行
　　蓝夏梅

中共南宁市西乡塘区委员会
　　编写组

广西工业职业技术学院
　　罗　丹

广西大学附属中学
　　罗华林　韦晓其

广西农业职业技术学院
　　编写组

南宁同济医院
　　黄绍欢　王建明

广西中医药大学第一附属医院仁爱分院
　　钟　勇　邹清祥

南宁市第二十中学
　　编写组

南宁市长江医院
　　黄荣模　陆桂平　韦丽思

广西纺织工业学校
　　陈　黔　夏婧霞

西乡塘区行政审批局
　　廖烈红　梁　健

西乡塘区税务局
　　覃正元　黄浩凌　洪　晖

南宁市红十字会医院
　　卢　青　李俊芳　韦语嫣
　　邱镇林　李雪萍

中国民主同盟南宁市西乡塘区基层委员会
　　李绍华

南宁市第八人民医院
　　赵　莉　黄丽佳

中国民主建国会南宁市西乡塘总支部
　　委员会
　　　罗山宁
中国人民财产保险股份有限公司南宁市
　　永新支公司
　　　张　嫒
中国国民党革命委员会西乡塘区总支部
　　委员会
　　　廖文权
中石化南宁石油分公司
　　　梁春微
广西壮族自治区妇幼保健院
　　　陈　西
九三学社西乡塘区基层委员会
　　　梁　英
中共西乡塘区委办公室
　　　编写组
广西机电职业技术学院
　　　唐若茹

南宁医博中医肛肠医院
　　　黄纬晟
西乡塘区心圩街道办事处
　　　黄　德
西乡塘区土地山林水利调解处理办公室
　　　韦　捷
中国致公党南宁市西乡塘区总支部委员会
　　　张龙安　吴团娇　张庆华
中国联通南宁市西乡塘区分公司
　　　阳满艳　李　莹
中国民主促进会南宁市西乡塘区总支部
　　委员会
　　　王海文
广西大学
　　　肖圣菊
南宁市第五中学
　　　杨颖艺

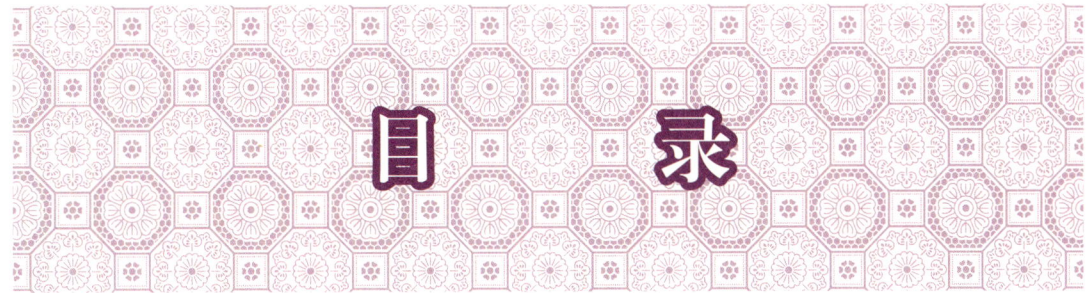

目 录

封面：安吉华尔街工谷

走进西乡塘区

美丽西乡塘

数字西乡塘

编辑说明

《西乡塘区年鉴（2019）》编纂委员会

《西乡塘区年鉴（2019）》编辑部

《西乡塘区年鉴（2019）》编写人员（编写组）

特 载

区委工作报告 ……………………………… 1

区人大常委会工作报告 …………………… 13

区政府工作报告 …………………………… 22

区政协常委会工作报告 …………………… 43

大事记

大事记（2018年）………………………… 55

西乡塘区概貌

自然环境 …………………………………… 97
    地理位置 ………………………………… 97
    地形地貌 ………………………………… 97
    土地资源 ………………………………… 97
    矿产资源 ………………………………… 97
    植物资源 ………………………………… 97
    动物资源 ………………………………… 98
    水资源 …………………………………… 99
    气候与水文 ……………………………… 99

历史人文 …………………………………… 99
    建置沿革 ………………………………… 99
    民　族 …………………………………… 100
    语　言 …………………………………… 100

人口·行政区划 …………………………… 100
    人　口 …………………………………… 100
    行政区划 ………………………………… 100
    2018年西乡塘区镇、街道、社区、
        村情况表 …………………………… 100

物产·风俗 ………………………………… 101
    物　产 …………………………………… 101
    风　俗 …………………………………… 102

经济建设 …………………………………… 102
    概　况 …………………………………… 102

现代特色农业……102
工　业……102
物流业……103
项目建设……103
棚户区和"三旧"改造……103
产业园区建设……103

政治建设
从严治党……104
村民自治……104
人事制度改革……104
法治建设……105
行政审批制度改革……105

文化建设
培育践行社会主义核心价值观……106
群众性精神文明创建……106
文化惠民工程……106
文化活动……106
文化市场整治……106

社会建设……107
脱贫攻坚……107
城乡居民收入……107
就业创业……107
社会保障……107
科技事业……107
教育事业……107
体育事业……108
卫生和计划生育……108

生态文明建设……108
生态保护与建设……108
"美丽南宁·宜居乡村"建设……108
"南宁蓝"建设……108
城市综合治理……108
环境监管……109

2018年政治机构党派团体直属事业单位双管单位及领导人……109

政　治

中共南宁市西乡塘区委员会……131
・综　述……131
区委成员及机构……131
工作概况……131
・重要会议……131
中共南宁市西乡塘区第三次代表大会第二次年会……131
中共南宁市西乡塘区第三届委员会会议……131
四家班子联席会会议……132
创新驱动产业升级工作会议……132
扫黑除恶专项斗争动员大会……133
党风廉政建设工作会议……133
脱贫攻坚推进大会……133
年中工作会议……133
・重大决策……133
履行全面从严治党主体责任清单……133
加强与高校及科研院所人才交流合作……134
实施乡村振兴战略……134
创新驱动产业升级攻坚年……134
运用科技手段加强干部作风建设……134
加强禁毒工作……135
城市治理"制度建设年"……135
深入推进农村社区建设试点工作……135
深化落实中央八项规定精神……135
优化营商环境大行动……135
现代特色农业示范区建设增点扩面提质升级……136
建成区黑臭水体治理60天攻坚战……136
发展壮大村级集体经济……136

- **重大活动** ……………………… 136
  - 西乡塘区三届党委第三轮巡察 ……… 136
  - 自治区成立60周年基层走访慰问活动 ………………………… 136
- **区委综合事务** ………………… 137
  - 区委办机构及工作概况 ……… 137
  - 信息情报 …………………… 137
  - 调查研究 …………………… 137
  - 督查督办 …………………… 137
  - 保密机要 …………………… 137
  - 办文办会 …………………… 138
- **组　织** …………………………… 138
  - 组织机构及工作概况 ………… 138
  - "两学一做"学习教育 ………… 138
  - 干部队伍建设 ……………… 139
  - 人才工作 …………………… 139
  - 干部教育培训 ……………… 140
  - 远程教育 …………………… 140
  - 基层组织建设 ……………… 141
  - 农村党组织建设 …………… 141
  - 两新组织党的建设 ………… 142
  - 机关党组织建设 …………… 142
  - 党建工作示范点建设 ……… 142
  - 脱贫攻坚（乡村振兴）工作队建设 ……………………… 143
  - 农村党员培训体验基地 …… 144
  - 调研与信息工作 …………… 144
  - 组织部自身建设 …………… 145
- **宣　传** …………………………… 145
  - 宣传机构及工作概况 ……… 145
  - 理论学习和宣传 …………… 145
  - 新闻宣传 …………………… 146
  - 社会宣传 …………………… 146
  - 网络宣传 …………………… 146
  - 意识形态工作 ……………… 146
- **精神文明建设** ………………… 147
  - 文明办机构及工作概况 …… 147
  - 全国文明城市创建 ………… 147
  - 社会主义核心价值观建设 … 147
  - 公益广告宣传 ……………… 147
  - 文明单位（村镇）及文明户创建 …… 148
  - 未成年人思想道德建设 …… 148
  - "我们的节日"系列活动 …… 148
  - 学雷锋志愿服务活动 ……… 149
- **统一战线** ……………………… 149
  - 统战机构及工作概况 ……… 149
  - "同心"品牌建设 …………… 149
  - 多党合作 …………………… 149
  - 党外代表人士队伍建设 …… 150
  - 民族宗教工作 ……………… 150
  - 经济领域统战工作 ………… 150
  - 新的社会阶层人士工作 …… 151
  - 港澳台侨工作 ……………… 151
  - 统战调研与信息工作 ……… 152
- **直属机关党建** ………………… 152
  - 直属机关工委机构及工作概况 …… 152
  - 学习型党组织建设 ………… 152
  - 服务型党组织建设 ………… 153
  - 机关党风廉政建设 ………… 153
  - 党员发展 …………………… 153
  - 群团工作 …………………… 153
- **机构编制** ……………………… 154
  - 编办机构及工作概况 ……… 154
  - 党政机构增设编制调整 …… 154
  - 事业单位机构设置编制调整 … 154
  - 乡镇（街道）"四所合一"改革 …… 156
  - "放管服"改革 ……………… 156
  - 中文域名工作常态化建设 … 156
  - 事业单位法人2017年度报告公示 … 156

- 老干部工作 ································ 156
  - 老干部机构及工作概况 ················ 156
  - 离休干部管理 ························ 157
  - 退休干部管理 ························ 157
- 党校教育 ································ 158
  - 党校机构及工作概况 ················ 158
  - 农村党员大培训 ···················· 158
  - 干部培训 ···························· 159
- 信　访 ·································· 160
  - 信访机构及工作概况 ················ 160
  - 领导干部阅批群众来信 ·············· 160
  - 信访突出问题清理化解 ·············· 160
  - 区长公开电话 ························ 160
  - 公开大接访活动 ···················· 161
  - 网上信访信息系统案件办理 ·········· 161
- 关心下一代工作 ·························· 161
  - 关工委机构及工作概况 ·············· 161
  - 青少年思想道德建设 ················ 161
  - 青少年普法教育活动 ················ 162
  - "五老"关爱帮扶工程实施 ·········· 162
  - 家庭教育指导 ························ 162
  - 关心下一代工作宣传 ················ 163

南宁市西乡塘区人民代表大会 ········ 163

- 综　述 ·································· 163
  - 区人大常委会成员及区人大机构 ······ 163
  - 工作概况 ···························· 163
- 重要会议 ································ 163
  - 西乡塘区第三届人民代表大会
    第三次会议 ························ 163
  - 西乡塘区第三届人民代表大会
    常务委员会会议 ···················· 164
- 主要工作 ································ 167
  - 专题调研 ···························· 167
  - 执法检查 ···························· 172
  - 审　查 ······························ 172
  - 代表年终视察 ························ 174
  - 依法审议决定重大事项 ·············· 175
  - 代表议案和建议办理 ················ 175
  - 人事任免 ···························· 175
  - 2018年西乡塘区人大常委会任免
    人员情况表 ························ 176
  - 信访工作 ···························· 180
  - 食品安全工作询问 ·················· 180
  - 脱贫攻坚 ···························· 180
  - 镇（街道）人大工作指导 ············ 180
  - 创建代表"微信议政"平台 ·········· 180
  - 区人大常委会自身建设 ·············· 180

南宁市西乡塘区人民政府 ············ 181

- 综　述 ·································· 181
  - 区政府机构及工作概况 ·············· 181
  - 经济取得新突破 ···················· 181
  - 产业攻坚 ···························· 181
  - 产业园区建设步伐加快 ·············· 182
  - 农业产业转型升级 ·················· 182
  - 三大攻坚战取得实效 ················ 182
- 重要会议 ································ 183
  - 区第三届人民政府常务会议 ·········· 183
  - 经济工作会议 ························ 183
- 惠民工程 ································ 183
  - 民生惠民工程 ························ 183
  - 教育惠民工程 ························ 183
  - 文化惠民工程 ························ 183
  - 卫计惠民工程 ························ 184
  - 就业养老惠民工程 ·················· 184
- 政府综合事务 ···························· 184
  - 政府办机构及工作概况 ·············· 184
  - 综合协调 ···························· 184
  - 办文办会 ···························· 184

目 录

调查研究	185
检查督办	185
政务服务管理	185
・**人力资源和社会保障**	185
人社机构及工作概况	185
公务员与事业单位人员管理	186
事业单位改革	186
工资福利	186
职称认定与评审	186
人力资源市场就业服务	186
就业与再就业	187
精准扶贫促就业	187
城乡居民养老保险	187
机关事业单位养老保险	187
劳动保障监察	187
劳动合同签订	187
专项检查	187
企业薪酬调查	188
企业退休职工管理	188
企业退休人员档案管理	188
城乡居民基本医疗保险	188
・**调　处**	188
调处机构及工作概况	188
调解处理农村"三大纠纷"	188
调处信访工作	189
・**行政审批**	189
行政审批机构及工作概况	189
政务服务体系构建与完善	190
行政审批行为规范	190
政务与政府信息公开	191
第六届政务公开日活动	191
・**机关事务管理**	191
机关事务管理机构及工作概况	191
会务服务	191
物业管理	192
公务车辆管理	192
房屋管理与服务	192
食堂管理	192
公共机构节能	192
精准扶贫	192
・**民政事务**	193
民政事务机构及工作概况	193
社区建设	193
救灾救济	193
优待抚恤	193
退伍安置	194
散居孤儿保障	194
老年优待与养老服务	194
地名管理	194
婚姻登记	194
农村丧葬改革	195
民间组织管理	195
・**民族宗教事务**	195
民族宗教事务机构及工作概况	195
加强民族团结宣传教育	195
民族团结进步创建活动	195
少数民族发展资金规范使用管理	196
民族成分变更办理	196
宗教活动场所	196
宗教事务管理	196
・**华侨事务**	197
华侨事务组织及工作概况	197
基本侨情调查	197
侨法宣传	197
海外联谊与侨务活动	197
为归侨侨眷办实事	198
・**对台事务**	198
对台事务工作概况	198

台胞台属情况调查……198
服务台商台胞台属……198
与台交流……199
- 招商引资
  招商引资机构及工作概况……199
  招商推介活动……199
  项目引进……199
  项目服务……200

中国人民政治协商会议南宁市西乡塘区委员会……200
- 综　述
  区政协成员及机构……200
  工作概况……200
- 重要会议与活动……200
  政协第三届南宁市西乡塘区委员会第三次会议……200
  政治协商……201
  民主监督……201
  视察调研……201
  提案工作……201
  政协理论和宣传工作……202
  助推脱贫和乡村建设……202
  服务中心工作……202
  团结党派群团组织……202
  加强对外联系交往……202
- 纪律检查与监察……202
  纪委监察机构及工作概况……202
  落实"两个责任"……203
  作风建设……203
  执纪审查……204
  宣传教育……204
  队伍建设……204
  绩效考评……204
  "两重两问"……205

民主党派……205
- 中国国民党革命委员会西乡塘区总支部委员会……205
  民革区总支部概况……205
  参政议政……205
  社会活动……205
- 中国民主同盟南宁市西乡塘区基层委员会……206
  民盟区基层委概况……206
  参政议政……206
  社会服务……206
- 中国民主建国会南宁市西乡塘区总支部……207
  民建区总支概况……207
  参政议政……207
  组织活动……207
- 中国民主促进会南宁市西乡塘区总支部委员会……207
  民进区总支概况……207
  参政议政……208
  社会服务……208
  学习培训……208
- 中国农工民主党南宁市西乡塘区总支部委员会……209
  农工党区总支概况……209
  参政议政……209
  思想建设……209
  组织建设与社会服务……210
- 中国致公党南宁市西乡塘区总支部委员会……210
  致公党区总支概况……210
  参政议政……210
  学习培训与活动……211
  社会服务……211

- 九三学社西乡塘区基层委员会……211
  - 九三学社区基层委概况……211
  - 参政议政……211
  - "同心"品牌建设……212
  - 组织生活与活动……212
- **人民团体**……213
  - 西乡塘区总工会……213
    - 总工会概况……213
    - 区总工会三届二次全委（扩大）会议……213
    - 工会组织建设……213
    - 干部学习培训……213
    - 评先活动……213
    - 职工帮扶……213
    - 职工维权……214
    - 劳动竞赛……214
    - 女职工工作……214
    - 技能培训……214
    - 职工文娱活动……215
    - 职工志愿服务活动……215
    - 精准扶贫工作……215
  - 共青团西乡塘区委员会……215
    - 团组织机构及工作概况……215
    - 团组织建设……216
    - 青空间建设……216
    - 服务青年行动……217
    - 青少年维权……217
    - 大学生助理与微公益项目……217
    - 助力脱贫攻坚……217
  - 西乡塘区妇女联合会……218
    - 妇联组织及工作概况……218
    - 开展节庆活动……218
    - 巾帼建功活动……219
    - 宫颈癌和乳腺癌免费筛查……219
    - 妇女就业与技能培训……219
    - 妇联组织建设与干部培训……219
    - 最美家庭活动……219
    - 家庭教育大讲堂活动……220
    - 妇女儿童权益维护……220
    - 儿童家园建设……220
    - 发动妇女参与美丽西乡塘建设……220
  - 西乡塘区科学技术协会……220
    - 科协机构及工作概况……220
    - 中国航天日系列活动……221
    - 科普中国校园e站建设……221
    - 基层科普行动计划……221
    - 科普进校园活动……221
    - 科技活动周系列活动……221
    - 青少年科技创新大赛……222
    - 科技辅导员培训……222
    - 青少年科学节活动……222
    - "绿城科普大行动"活动……222
    - "百名专家进百村（社区）"服务活动……222
  - 西乡塘区文学艺术界联合会……222
    - 文联机构及工作概况……222
    - 文艺宣传……223
    - 文艺志愿服务……223
    - 文艺惠民……223
  - 西乡塘区社会科学界联合会……223
    - 社科联机构及工作概况……223
    - 社会科学普及……223
    - 西乡塘区社科调研……223
  - 西乡塘区工商业联合会……224
    - 工商联组织概况……224
    - 参政议政……224
    - 会员企业服务……224
    - 非公党建工作……225

西乡塘区工商联法律服务中心 ……… 225
考察交流 …………………………… 225
基层商会发展 ……………………… 225
民营企业文化沙龙 ………………… 225
参与"千企扶千村"精准扶贫行动
　………………………………… 226
• **西乡塘区残疾人联合会** ………… 226
残联组织及工作概况 ……………… 226
残疾人精准扶贫 …………………… 226
残疾人精准康复 …………………… 227
残疾人民生保障 …………………… 227
残疾人教育与就业 ………………… 227
残疾人组织建设 …………………… 228
残联宣传与助残 …………………… 228
• **西乡塘区红十字会** ……………… 228
红十字会概况 ……………………… 228
红十字博爱送万家 ………………… 228
应急救护 …………………………… 228
人道救助 …………………………… 228
募捐筹资 …………………………… 229
无偿献血和防艾宣传 ……………… 229
造血干细胞宣传与采集入库 ……… 229
遗体和人体器官捐献宣传与登记 … 229
组织建设 …………………………… 229
志愿服务 …………………………… 230
西乡塘区学校红十字工作 ………… 230
• **西乡塘区计划生育协会** ………… 230
计生协会机构及工作概况 ………… 230
基层计生协会建设 ………………… 230
系列爱心保险项目 ………………… 230
农村计生家庭小额贷款贴息项目 … 230
特殊计生家庭帮扶模式探索项目 … 231
生育关怀·医疗帮扶 ……………… 231
生育关怀·圆梦工程 ……………… 231

"5.29"会员活动日 ………………… 231
生育关怀·微笑行动 ……………… 231
青春健康教育 ……………………… 232
• **西乡塘区法学会** ………………… 232
法学会组织及工作概况 …………… 232
法学研究 …………………………… 232
法律服务 …………………………… 232
法治教育 …………………………… 232

法　治

政法委工作 ………………………… 233
政法机构及工作概况 ……………… 233
扫黑除恶专项斗争 ………………… 233
社会治理 …………………………… 234
群众安全感宣传 …………………… 234
落实群众安全感提升奖惩 ………… 235
网格化信息化建设 ………………… 235
预防和减少社会矛盾 ……………… 235
重点行业和重点人群服务管理 …… 236
禁毒工作 …………………………… 236
基层平安创建工作 ………………… 237
综治和平安建设宣传主阵地建设 … 238
法治政府 …………………………… 238
政府法制机构及工作概况 ………… 238
法治政府建设 ……………………… 238
建立重大决策机制 ………………… 239
规范性文件审查 …………………… 239
行政执法监督 ……………………… 239
行政复议和出庭行政应诉 ………… 240
公　安 …………………………… 240
公安机构及工作概况 ……………… 240
情报信息与反恐维稳 ……………… 241
打击刑事犯罪 ……………………… 241

治安整治……241
扫黑除恶……242
打击经济犯罪……242
禁毒斗争……242
人口管理……242
基层基础信息采集……242
巡逻防范……243
警务实战化建设……243
执法规范化建设……243
队伍正规化建设……243
入户走访……244

检　察……244
检察机构及工作概况……244
基层基础建设……244
刑事检察……244
扫黑除恶专项斗争……245
侦查监督……245
诉讼活动监督……245
涉检信访处理……246
案管工作……246
职务犯罪预防……246
诉讼活动监督……247
接受人大监督……247

法　院……247
审判机构及工作概况……247
刑事审判……248
民事审判……248
行政审判……248
案件执行……249
规范立案……249
推进司法改革……250
司法服务……250
自觉接受监督……251
两庭建设……251

司法行政……251
司法机构及工作概况……251
法治宣传教育……252
人民调解……253
刑释人员安置帮教……253
社区矫正……253
法律服务……253
法律援助……254
公证事务……254
社区戒毒社区康复……254
人民监督员管理……254
青年志愿者彩虹桥行动……254

社会治安综合治理……255
严打整治……255
社会治安整治……255
整治"两抢一盗"……255
公共安全智能系统建设……256
治安大联防行动……256

军　事

人民武装……257
军事机构及工作概况……257
军事斗争准备……257
民兵预备役……258
兵员征集……258
党管武装建设……258
部队正规化建设……259
拥政爱民……259
干部队伍建设……259

人民防空……260
人防机构及工作概况……260
人防工程建设和管理……260
宣传教育……260

防空演练……………………………… 261
　　人口疏散基地建设…………………… 261
　　人防基层组织建设…………………… 261

经　　济

个体经济与私营经济 …………………… 262
　•综　述 …………………………………… 262
　　管理与从业概况……………………… 262
　　年度主要特点………………………… 262
　•个体经济 ………………………………… 263
　　个体工商户…………………………… 263
　　个体社会服务业……………………… 263
　•私营经济 ………………………………… 263
　　私营经济分布状况…………………… 263
招商引资 ………………………………… 264
　　招商机构及工作概况………………… 264
　　招商推介活动………………………… 264
　　项目引进……………………………… 264
　　优化营商环境………………………… 265
财政·税务 ……………………………… 265
　•财　政 …………………………………… 265
　　财政机构及工作概况………………… 265
　　财政收入……………………………… 265
　　财政支出……………………………… 265
　　预算绩效管理改革…………………… 265
　　预算执行动态监控…………………… 266
　　预决算信息公开……………………… 266
　　盘活财政存量资金…………………… 266
　　中期财政规划管理…………………… 266
　　经济发展拨款………………………… 266
　　社会事业拨款………………………… 266
　　精准扶贫……………………………… 267
　　会计教育培训………………………… 267

　•税　务 …………………………………… 267
　　税务机构及工作概况………………… 267
　　税收收入……………………………… 267
　　税收征管改革………………………… 267
　　税收征管……………………………… 267
　　依法治税……………………………… 268
　　税收优惠政策落实…………………… 268
　　纳税服务……………………………… 268
　　税收宣传……………………………… 268
金融·保险 ……………………………… 268
　　广西北部湾银行南宁市城北支行…… 268
　　中国人民财产保险股份有限公司
　　　南宁市城北支公司………………… 269
　　2018年各大金融单位驻西乡塘区主要
　　　营业网点名录……………………… 270
经济管理与监督 ………………………… 271
　•宏观经济管理 …………………………… 271
　　发改机构及工作概况………………… 271
　　固定资产投资………………………… 272
　　重大项目建设………………………… 272
　　项目前期工作………………………… 272
　　中央预算内项目建设………………… 272
　　立项备案……………………………… 272
　　医药卫生体制改革…………………… 273
　　节能减排……………………………… 273
　　信息化工作…………………………… 273
　•统　计 …………………………………… 273
　　统计机构及工作概况………………… 273
　　经济数据统计………………………… 273
　　数据质量管理………………………… 274
　　统计规范化建设……………………… 274
　　咨询服务……………………………… 274
　　经济普查……………………………… 274
　•审　计 …………………………………… 274
　　审计机构及工作概况………………… 274

财政审计…………………………………274
农业与资源环保审计……………………275
固定资产投资审计………………………275
企业审计…………………………………275
经济责任审计……………………………275
专项资金审计……………………………275
· 物价管理
物价机构工作概况………………………275
收费管理…………………………………275
价格监督检查……………………………275
受理价格举报……………………………275
钢材价格信息采集上报…………………276
· 工商管理
工商质监机构及工作概况………………276
企业登记管理……………………………276
服务经济发展……………………………276
特种设备监管……………………………276
农资监管…………………………………277
市场监管执法……………………………277
网络市场监督……………………………277
商标监督…………………………………277
消费维权…………………………………278
流通领域商品质量监管…………………278
打击传销违法行为………………………278
执法监督…………………………………279
广告监管…………………………………279
"小个专"非公党建………………………279
· 安全生产监督管理
安监机构及工作概况……………………279
安监体系建设……………………………279
安全生产培训……………………………280
安全生产宣传教育和应急演练…………280
隐患排查…………………………………280
安全生产标准化创建……………………281

执法检查…………………………………281
· 食品药品监督管理
食品药品监管机构及工作概况…………281
食品安全综合协调机制…………………281
食品药品安全宣传………………………282
创建国家食品安全城市…………………282
食品生产安全专项整治…………………282
餐饮服务监管……………………………283
节日及重大活动食品安全保障…………283
药品医疗器械安全监管…………………283
食品安全信息化建设……………………284
食品生产企业诚信档案和风险等级
  建设……………………………………284
保健食品与化妆品监管…………………284
行政审批…………………………………285
案件查处…………………………………285
投诉举报…………………………………285
政务信息公开……………………………285

产　业

农　业 …………………………………286
· 综　述 …………………………………286
农林水利机构及工作概况………………286
粮食种植…………………………………286
养殖概况…………………………………287
放心农产品工程…………………………287
农业示范区创建…………………………287
农业龙头企业……………………………287
农民专业合作社和家庭农场……………288
农村土地承包经营权确权登记颁证
  …………………………………………288
农村土地流转……………………………288
农民负担监测……………………………288

- 种植业 289
  - 香蕉种植 289
  - 水稻种植 289
  - 玉米种植 289
  - 大豆种植 289
  - 红薯种植 289
  - 花生种植 289
  - 蔬菜种植 289
  - 蔗糖生产 289
  - 水果生产 289
  - 木薯生产 290
- 农业科技 290
  - 植物病虫害防治 290
  - 农民培训 290
- 水产畜牧业 291
  - 水产畜牧业机构及工作概况 291
  - 生猪养殖 291
  - 家禽养殖 291
  - 奶牛养殖 291
  - 养殖业标准化基础设施建设 291
  - 动物防疫 291
  - 渔牧产品质量安全管理 292
  - 鱼类养殖 292
  - 龟鳖养殖 292
  - 网箱清理工作 293
  - 渔业安全生产 293
  - 珠江禁渔期制度 293
- 农业综合开发 293
  - 农业综合开发项目建设 293
  - 2018年西乡塘区农业综合开发验收项目情况表 293
- 农业机械化管理 294
  - 农业机械化管理机构及工作概况 294
  - 农机化管理 294
  - 农机购置补贴 294
  - 农机科技推广 294
  - 农机安全监理 295
- 林业 295
  - 林业概况 295
  - 植树造林 295
  - 林改办工作 295
  - 林政管理 295
  - 生态公益林建设 295
  - 森林防火 296
  - 森林病虫监测和防治 296
  - 野生动物保护 296
  - 非法侵占林地清理排查专项行动 296
- 水利 296
  - 水利机构及工作概况 296
  - 防汛抗旱 297
  - 水利工程建设 298
  - 水土保持监督与宣传 298
  - 水资源管理 298
  - 河道采砂管理 298
  - 小型水利工程管理体制改革 298
- 水库移民 298
  - 水库移民机构及工作概况 298
  - 邕宁水利枢纽工程移民安置 299
  - 水库移民基础设施项目建设 299
  - 水库移民后期扶持 299
  - 水库移民信访维稳 299
  - 水库移民干部培训 299
  - 精准扶贫结对帮扶 299

工 业 300

- 综述 300
  - 工信机构及工作概况 300
  - 技术改造与创新 300
  - 企业节能降耗 300

2018年西乡塘区规模以上企业情况表……300	专业市场……311
	2018年西乡塘区专业市场情况表……311
· 辖区主要企业简介……301	南宁大商汇商贸物流中心……312
华润水泥（南宁）有限公司……301	南城百货物流中心……312
南宁青岛啤酒有限公司……302	大唐天城购物中心项目……312
广西化工研究院……302	· 粮食商业……312
广西南宁百会药业集团有限公司……302	粮食机构及工作概况……312
广西盛达混凝土有限公司……303	"放心粮油"工程建设……312
广西农垦金糖业集团金光制糖有限公司……303	粮食应急体系……313
	粮食价格监督检查……313
交通运输业……303	· 烟草专卖……313
· 交通运输管理……303	烟草机构及工作概况……313
交通运输机构及工作概况……303	营销网络建设……313
交通基础设施建设……304	专卖管理……313
农村公路养护……304	· 食盐商业……314
路政执法……304	盐业机构及工作概况……314
交通运输服务……304	盐品购进与销售……314
道路运输……304	盐政执法……314
渡运安全……304	· 石油商业……314
打造优质服务窗口……305	成品油供应……314
办理人大政协议案提案以及网民投诉……305	非油品业务……314
	加油站网店建设……315
· 驻区交通运输企业选介……305	打非治违……315
广西超大运输集团有限责任公司……305	安全生产……315
南宁安吉客运站……306	**旅游业**……316
南宁车站……306	· 综　述……316
商贸服务业……307	旅游机构及工作概况……316
· 商业综述……307	旅游精品路线……316
商贸机构及工作概况……307	旅游项目建设……316
其他营利服务业……307	· 旅游景区（点）……316
住宿与餐饮业……308	南宁市动物园……316
商务综合执法……308	龙门水都文化生态旅游区……317
农贸市场升级改造……308	美丽南方景区……317
2018年西乡塘区主要农贸市场情况表……308	老木棉匠园……317
	芦仙山……318

南宁金沙湖风景区……318
八桂田园……318
唐人文化园……319
新秀公园……319
南宁市花卉公园……319
南宁三江口风景名胜区……320
下楞民俗文化村……320
壶天岛……320
粤东会馆……321
黄氏家族民居……321
那学坡古宅……321
陈东傩文化展示点……321
· 旅游活动……322
广西马术锦标赛……322
南宁国际民歌艺术节西乡塘区歌台暨
　香蕉文化旅游节
2018美丽南方·休闲农业嘉年华……322
· 会展节庆经济……322
西乡塘区第二届元宵花灯文化艺术节
　……322
西乡塘区"迎国庆·百店惠"
　狂欢购活动……322
阿里巴巴9.20商人节暨西乡塘区
　2018美丽南方·休闲农业嘉年华
　线下展示会……323
信息业……323
· 信息化建设……323
工信机构和工作概况……323
信息基础设施建设……323
通信信号保障……323

开发区·产业园区

南宁产业技术开发区……324
高新区概况……324
投资环境建设……324
项目建设……325
招商引资……325
科技创新……325
城市管理……326
南宁·中关村建设……326
南宁创客城……326
南宁广告产业园……326
南宁高新区与武鸣区合作共建
　"飞地园区"……326
产业园区……327
产业园区机构及工作概况……327
安吉产业园·华尔街工谷建设……327
金陵东南产业园……328
金陵河西产业园……328
双定坛立工业园……328

城乡规划建设与管理

规划编制……329
规划机构及工作概况……329
法律法规宣传……329
乡村规划编制和审核……329
项目规划审批……329
规划服务……330
城乡建设……330
住建机构及工作概况……330
旧城改造……330
惠民工程……331
危房改造……331
宜居乡村建设……331
村镇建设管理……332
工程质量监督……332
燃气安全管理……332

园林绿化管理……………………332
　　工程招标管理……………………333
　　物业小区管理……………………334
市政市容管理……………………334
　　城管机构及工作概况……………334
　　为民办实事项目…………………334
　　防内涝应急抢险…………………334
　　扬尘专项治理……………………335
　　"两违"执法……………………335
　　数字城管…………………………335
　　综治维稳…………………………335
　　市政基础设施建设………………335
　　环卫清扫保洁……………………336
　　行政审批…………………………336
房屋征收补偿与征地拆迁………336
　　征地拆迁机构及工作概况………336
　　征　地……………………………336
　　国有房屋征收……………………336
　　信息信访…………………………336

教育·科技

教　育……………………………337
　• 综　述……………………………337
　　教育机构及工作概况……………337
　　学校基础设施建设………………337
　　扶困助学…………………………338
　　教育经费投入……………………338
　　学校安全稳定……………………338
　　教育教学…………………………339
　• 学前教育…………………………339
　　概　况……………………………339
　　第三期学前教育行动计划实施……340
　　民办幼儿园扶持…………………340
　　幼儿园选介………………………340
　　2018年西乡塘区直管幼儿园
　　　情况表…………………………342
　• 义务教育…………………………346
　　义务概况…………………………346
　　义务教育发展基本均衡巩固提升……346
　　控辍保学…………………………346
　　责任督学挂牌督导………………347
　　外来务工人员子女入学…………347
　　自治区级以上特色学校…………347
　　德育教育…………………………347
　　体育教育…………………………348
　　艺术教育…………………………348
　　科技教育…………………………349
　　研学实践活动……………………350
　　特殊教育…………………………350
　　民办教育…………………………350
　　区直管学校选介…………………350
　　2018年西乡塘区公办中小学校情况表
　　　…………………………………359
　• 驻区教育机构……………………364
　　驻区中学…………………………364
　　驻区中等职业学校………………364
　　驻区高等院校……………………364
　　2018年驻西乡塘区中学情况表………365
　　2018年驻西乡塘区公办中等专业技术
　　　学校情况表……………………366
　　2018年驻西乡塘区高等院校情况表
　　　…………………………………366
科学·技术………………………368
　　概　况……………………………368
　　科技创新计划实施………………368
　　科技惠农活动……………………368
　　知识产权管理……………………369

科技项目实施……369
广西西乡塘农业科技园区建设………369
科普活动……369
全国科技活动周西乡塘区活动启动
　仪式……369

文 化 · 体 育

文 化……370
・综　述……370
　文化体育机构及工作概况……370
　文化基础设施建设……370
　文艺团体扶持……370
　非物质文化遗产保护……370
　文化市场管理……371
・群众文化……371
　群众文化概况……371
　元宵花灯文化艺术节……371
　第九届乡村社区和谐文艺大展演……371
　戏曲进校园活动……372
　香蕉文化旅游节……372
　平话山歌歌王争霸赛……372
　文化馆免费服务……372
・公共图书……372
　图书馆概况……372
　农家书屋建设……373
　服务读者活动……373
　送文化服务活动……373
　全民阅读服务宣传活动……373
　读书学习与交流活动……374
・档　案……374
　档案机构及工作概况……374
　档案宣传……374
　档案事业发展经费投入……375

档案执法检查……375
档案年度检查……375
档案征收……375
档案室等级认定……375
农业农村与社区档案……375
重大建设项目档案……375
档案利用服务……376
档案安全管理……376
档案信息化建设……376
档案业务培训……376
・地方志……377
　地方志机构及工作概况……377
　《西乡塘区年鉴（2018）》出版……377
　地方志业务培训……377
体 育……377
　体育概况……377
　体育比赛与活动……377
　承办体育赛事与会议活动……378

卫 生 · 计 生

综　述……380
　卫生计生机构及工作概况……380
　医疗卫生机构……380
　诊疗服务……380
　无偿献血……381
卫　生……381
・医政管理……381
　医疗设备配置……381
　医疗机构秩序管理……381
　医师定期考核新系统启用……381
・疾病预防与控制……381
　传染病疫情报告……381
　免疫规划……381

免疫针对性疾病监测…………381
手足口病防治…………………382
结核病防治……………………382
艾滋病防治……………………382
艾滋病防治经费保障…………382
艾滋病防治宣传教育…………382
艾滋病防治综合治理…………383
- 社区卫生服务……………………383
社区卫生服务机构概况………383
基本公共卫生服务……………383
基本药物制度实施……………383
中医药服务……………………383
- 妇幼保健…………………………384
孕产妇保健……………………384
出生医学证明发放……………384
儿童保健………………………384
免费婚前医学检查……………384
增补叶酸预防神经管缺陷项目实施……384
地中海贫血防治………………385
- 卫生计生监督……………………385
卫生计生监督概况……………385
卫生行政许可…………………385
卫生行政处罚…………………385
医疗机构监督…………………385
公共场所卫生监督……………385
学校及周边环境卫生监督……386
生活饮用水卫生监督…………386
传染病卫生监督………………386
放射职业卫生监督……………386
消毒产品卫生监督……………386
卫生法律法规宣传……………386
- 爱国卫生运动……………………387
国家卫生城市巩固……………387
基层卫生创建…………………387

病媒生物防制…………………387
- 区基层医疗机构选介……………387
新阳中兴社区卫生服务中心…387
上尧社区卫生服务中心………387
双定中心卫生院………………388
坛洛中心卫生院………………388
金陵中心卫生院………………388
安吉卫生院……………………389
石埠卫生院……………………389
西乡塘卫生院…………………390
富庶卫生院……………………390
那龙卫生院……………………390
金光卫生院……………………391
2018年西乡塘区属基层卫生院基本
情况表………………………391
- 驻区医疗机构……………………392
驻区公立医院…………………392
驻区民营医院…………………392
2018年驻西乡塘区公立医院
情况表………………………393
2018年驻西乡塘区民营医院
情况表………………………394

计划生育……………………………395
计划生育服务管理……………395
计划生育家庭奖励扶助………395
出生人口性别比综合治理……395
基层卫计工作规范化建设……395
卫计宣传教育…………………396

社会民生

扶贫开发……………………………397
扶贫机构及工作概况…………397

贫困村基础设施项目建设 ………… 397
扶贫产业开发 ……………………… 397
"雨露计划"扶贫培训 …………… 398
职业培训和就业创业支持精准脱贫
　项目 ………………………………… 398
"两后生"职业培训 ……………… 398
小额信贷贴息 ……………………… 399
扶贫产业分红项目 ………………… 399
对口帮扶 …………………………… 399

居民生活
城乡居民生活 ……………………… 399
城镇居民收入构成 ………………… 400
城镇居民消费结构 ………………… 400
农村居民收入构成 ………………… 400
农村居民消费结构 ………………… 400

人力资源和社会保障
人社机构及工作概况 ……………… 400
人力资源市场就业服务 …………… 401
就业与再就业 ……………………… 401
精准扶贫促就业 …………………… 401
城乡居民养老保险 ………………… 401
机关事业单位养老保险 …………… 401
劳动保障监察 ……………………… 402
劳动合同签订 ……………………… 402
人力资源市场秩序专项检查 ……… 402
企业薪酬调查 ……………………… 402
企业退休职工管理 ………………… 402
企业退休人员档案管理 …………… 402
城乡居民基本医疗保险 …………… 402

老龄事业
养老事业 …………………………… 403

传统美食
传统美食概况 ……………………… 403
老友面（粉）……………………… 403

米　粉 ……………………………… 403
糯米绿豆粽 ………………………… 403
炒田螺 ……………………………… 404
五色糯米饭 ………………………… 404
靓　粥 ……………………………… 404
豆蓉糯米饭 ………………………… 404
苦瓜酿 ……………………………… 404

生　态

国土资源管理
国土机构及工作概况 ……………… 405
用地保障 …………………………… 405
耕地保护 …………………………… 405
矿山管理 …………………………… 405
地籍管理 …………………………… 406
土地督察卫片执法 ………………… 406
地质灾害防治 ……………………… 406
国土法律法规宣传 ………………… 406

环境保护
环保机构及工作概况 ……………… 406
大气环境质量 ……………………… 406
水环境质量 ………………………… 407
城市声环境质量 …………………… 407
污染物排放 ………………………… 407
固体废物 …………………………… 407
污染防治 …………………………… 408
环境监察 …………………………… 409
生态建设 …………………………… 409

园林绿化
园林机构及工作概况 ……………… 411
园林绿化用地扬尘治理 …………… 411
美丽南方片区绿化建设 …………… 411

参与"美丽西乡塘·整洁畅通有序
　　　　大行动" ………………………… 411
　　快环沿线绿化整治 ………………… 412
　　黑臭水体治理 ……………………… 412
　　立体绿化工程 ……………………… 412
　　古树名木管理 ……………………… 412
宜居乡村建设 ………………………… 413
　　"美丽西乡塘"乡村建设领导机构 … 413
　　宜居乡村先进单位 ………………… 413
　　宜居乡村宣传 ……………………… 413
　　宜居乡村"三项"活动 …………… 414
　　宜居乡村建设 ……………………… 415

乡 镇 · 街 道

金陵镇 ……………………………………… 416
　　金陵镇概况 ………………………… 416
　　经　济 ……………………………… 416
　　城乡建设 …………………………… 417
　　社会事业 …………………………… 417
　　脱贫摘帽 …………………………… 420
双定镇 ……………………………………… 420
　　双定镇概况 ………………………… 420
　　经　济 ……………………………… 421
　　城乡建设 …………………………… 421
　　社会事业 …………………………… 422
　　脱贫摘帽 …………………………… 424
坛洛镇 ……………………………………… 424
　　坛洛镇概况 ………………………… 424
　　经　济 ……………………………… 425
　　城乡建设 …………………………… 425
　　社会事业 …………………………… 426
　　脱贫摘帽 …………………………… 428

西乡塘街道 ……………………………… 428
　　西乡塘街道概况 …………………… 428
　　经　济 ……………………………… 429
　　城乡建设 …………………………… 429
　　社会事业 …………………………… 429
北湖街道 ………………………………… 432
　　北湖街道概况 ……………………… 432
　　经　济 ……………………………… 433
　　城乡建设 …………………………… 433
　　社会事业 …………………………… 433
衡阳街道 ………………………………… 436
　　衡阳街道概况 ……………………… 436
　　经　济 ……………………………… 437
　　城乡建设 …………………………… 437
　　社会事业 …………………………… 437
安吉街道 ………………………………… 440
　　安吉街道概况 ……………………… 440
　　经　济 ……………………………… 441
　　城乡建设 …………………………… 441
　　社会事业 …………………………… 441
华强街道 ………………………………… 444
　　华强街道概况 ……………………… 444
　　经　济 ……………………………… 445
　　城乡建设 …………………………… 445
　　社会事业 …………………………… 445
　　南宁市少数民族流动人员服务
　　　　中心 ………………………… 448
　　华强街道人大代表活动中心 ……… 448
新阳街道 ………………………………… 448
　　新阳街道概况 ……………………… 448
　　经　济 ……………………………… 448
　　城乡建设 …………………………… 449
　　社会事业 …………………………… 449

上尧街道

上尧街道概况 ……………………………… 451
经　　济 …………………………………… 451
城乡建设 …………………………………… 451
社会事业 …………………………………… 452
街道商会成立 ……………………………… 454

石埠街道

石埠街道概况 ……………………………… 454
经　　济 …………………………………… 455
城乡建设 …………………………………… 456
社会事业 …………………………………… 456

心圩街道

心圩街道概况 ……………………………… 459
经　　济 …………………………………… 460
城乡建设 …………………………………… 460
社会事业 …………………………………… 460

安宁街道

安宁街道概况 ……………………………… 463
经　　济 …………………………………… 463
城乡建设 …………………………………… 464
社会事业 …………………………………… 464

人　物

获部级机关授予个人荣誉名录 ……………… 468
获自治区级机关授予个人荣誉名录 ………… 468
获市级机关授予个人荣誉名录 ……………… 471
新闻人物 …………………………………… 473
百岁老人 …………………………………… 477
  ·健在百岁老人简介 ……………………… 477

附　录

先进单位（集体）…………………………… 483
文件选编 …………………………………… 487
  ·南宁市西乡塘区专利资助奖励办法 …… 487
行政审批事项一览表 ………………………… 489
  西乡塘区政务服务中心事项办理清单
  ………………………………………… 489
社区与行政村简介 …………………………… 505
  ·社　区 ………………………………… 505
  ·行政村 ………………………………… 517
2018年西乡塘区主要路街巷一览表 ……… 532
南宁市常用电话号码 ………………………… 543

索　引

索　引 ……………………………………… 545

图片专辑

走进西乡塘区 ……………………………… 书前
美丽西乡塘 ………………………………… 书前
工作调研 …………………………………… 书前
重要活动 …………………………………… 书前
商贸旅游 …………………………………… 书前
社会民生 …………………………………… 书前
驻区院校 …………………………………… 书前
驻区科研院所 ……………………………… 书前

特 载

区委工作报告

廖伟福书记在中国共产党南宁市西乡塘区第三次代表大会上作的工作报告

（2019年1月16日）

区委书记廖伟福在大会上作工作报告

一、2018年工作回顾

2018年是贯彻落实党的十九大精神的开局之年，是改革开放40周年，也是自治区成立60周年。过去一年，我们坚持以习近平新时代中国特色社会主义思想为指引，认真学习贯彻党的十九大精神，紧紧围绕市委实施"六大提升"工程、建设"四个城市"要求，努力把发展的方向、工作的重点和主观的努力有机结合起来，以创新驱动和产业升级攻坚年建设为主要抓手，全面推进城区经济社会持续稳步发展。预计2018年，全年在地地区生产总值增长3%，其中本级增长8%；财政收入增长24%；固定资产投资增长14%；本级工业总产值增长19.5%；社会消费品零售总额增长9%；城镇居民可支配收入增长7.5%，农村居民可支配收入增长10%。

一年来，面对复杂严峻的形势，我们上下同心、真抓实干、迎难而上，以强烈的责任感和担当意识抓紧抓好以下六个方面的工作，城区经济社会发展取得新的成效。

（一）扎实抓好调结构促转型，现代产业稳步发展

一是持续加快现代农业发展。认真贯彻落实乡村振兴战略，加快推进农业结构优化和绿色转型，在继续发挥香蕉主导产业优势的同时，大力发展柑橘等其他水果种植。实施增点扩面提质升级三年行动，坛洛镇群南柑橘产业示范区、金陵镇三联香葱产业示范区、双定镇花伏果蔬产业示范区等一批自治区级、市级现代特色农业示范区升级建设稳步推进。全力抓好美丽南方国家田园综合体建设，中国硒谷功能农业高峰论坛永久落户美丽南方，美丽南

方被确定为"全国新型职业农民培育示范基地"。全面深入落实农村综合改革重点任务,农村土地承包经营权确权登记颁证可发证率达96.8%,累计流转耕地面积13.5万亩,占耕地总面积的24.6%;积极推进农村集体产权制度改革,大力培育新型农业经营主体,已设立农民专业合作社227家、家庭农场41家。二是持续加快产业园区建设。园区基础设施建设加快推进。东南产业园1号道路完成稳水层和排水工程建设,具备通车条件,7号路、污水处理场完成项目前期工作;河西产业园区给排水等基础设施逐步完善。园区产业项目建设扎实推进。金起桦农副产品加工等4个项目竣工投产,步步高南城百货物流中心项目二、三期等8个项目加快推进。三是持续加快现代服务业发展。结合旧改、轨道交通建设,加快传统商贸物流业转型升级,全年新增限额以上商贸企业22家。抢抓南宁市创建全域旅游示范区的机遇,扎实推进健康养生旅游产业发展,龙门水都被评为国家4A级旅游景区,青瓦房古村落被评为广西五星级农家乐,老木棉匠园等三个项目被评为广西三星级乡村旅游区,我城区荣获广西健康产业发展示范区称号。

(二)扎实抓好创新驱动战略,城区发展活力不断增强

一是加强政产学研合作。充分发挥辖区高校、科研院所集聚的优势,制定了《西乡塘区深化人才发展体制机制改革打造区校(院)人才共同体行动计划》,与广西财经学院、广西农科院等高校科研院所签订了框架合作协议。全面加强与辖区高校科研院所在人才培养、科技转化、创业就业等方面的合作,不断探索"人才+项目+科技+金融"新模式。目前,共建立完善"科企联合工作站"32家,引进专家、学者85人,科技转化能力进一步提升。二是加快培育新兴产业。充分发挥安吉·华尔街工谷国家级科技企业孵化器平台作用,加强企业引进、项目孵化,启动二期项目建设。目前共引进、培育中小微企业350多家,其中国家高新科技企业2家。紧抓"双创"平台搭建,与广西电台深化合作,继续举办"930创客厅",营造出创新创业的良好氛围。

(三)扎实抓好生态宜居品质城区建设,城乡面貌不断改善

一是持续推进城市建设管理。积极抓好"三旧"改造,加快推进24个在建项目、23个前期项目和14个储备项目,原南地教育学院片区一期等项目实现土地出让建设,城区人居环境不断改善。深入开展市容环境综合整治,扎实抓好"整洁畅通有序大行动"各项工作,城区市容环境、交通秩序、文明形象进一步提升。二是深入推进"宜居乡村"升级建设。"产业富民、服务惠民、基础便民"专项活动目标任务提前完成,完成26个农村公共服务中心示范建设,完成改厨、改厕1.4万多户,完成农村饮水安全巩固提升工程项目12个、农村道路通行水平提升工程项目101个。城区荣获"美丽广西·宜居乡村"基础便民示范城区、"美丽南宁·宜居乡村"综合示范城区。三是不断加大生态环境保护力度。加强中央环保督察"回头看"反馈问题的整改,全面排查整改城区生态环境问题。健全河长制工作机制,制定了河长制实施方案和县级河长制等制度,设立城区、镇街道、村社区三级河长组织体系。加强黑臭水体综合

整治，坚持清理垃圾、拆除违建、截留污水并进，拆除辖区河流沿岸违法建筑面积4.9万平方米，全部完成城区44个污水直排口整治任务。加强非法网箱养殖清理工作，完成左右江及武鸣河西乡塘段的网箱清理。深化扬尘污染综合治理，建立健全扬尘污染综合治理长效机制，空气质量进一步提升。2018年，城区环境空气质量优良率90.6%，同比提高1.3%。

（四）扎实抓好脱贫攻坚和民生建设，民生福祉不断增进

一是坚决打赢打好脱贫攻坚战。突出抓好产业、教育、健康扶贫，加大基础设施建设，创新社会帮扶机制，大力推进扶贫产业项目建设，产业扶贫带动作用进一步凸显，集体经济不断发展壮大。道路、饮水、危旧房改造、教育等基础设施建设进一步加强，基本公共服务水平不断提高。全面完成年度脱贫攻坚各项工作任务，202户685人实现脱贫。二是大力发展教育事业。巩固提升"全国义务教育发展基本均衡县区"成果，落实好义务教育学区制改革，推进城乡义务教育一体化发展；扎实推进"广西壮族自治区学前教育改革发展实验区"实验建设，新开办3所乡镇公办幼儿园，实现了每个乡镇都有公办幼儿园的目标。三是不断加强社会保障体系建设。开展"就业援助月""春风行动"等专项活动，城镇新增就业人口1.5万人，完成就业任务108.8%。广泛动员城乡居民参加社会保险，城区城乡居民参保率达98.6%；加强困难群众基本生活救助，加强养老体系建设，建成城市养老服务中心、社区日间照料中心28个。四是认真做好医药卫生计生工作。深化医药卫生体制改革，以"国家卫生城市"复审为契机，扎实开展爱国卫生运动，有力提升辖区医疗卫生水平，城区入选2017年健康产业发展示范区。五是不断发展文化体育事业。加快推进文化惠民项目建设，广泛开展群众文化体育活动，承办"中国精神·中国梦"桂黔滇湘山歌擂台赛、2018广西轮滑锦标赛、2018年广西马术锦标赛，举办首届农民丰收节、美丽南方休闲农业嘉年华等活动，丰富群众的精神文化生活。

（五）扎实抓好民主法治和社会治理，社会和谐稳定局面不断巩固

一是全力支持人大、政协依法履职。进一步加强和改善党对人大、政协工作的领导，充分发挥人大、政协的职能作用，支持人大、政协更加富有成效地开展工作。二是切实加强法治西乡塘建设，深化司法体制改革，强化"七五"普法，大力弘扬社会主义法治精神。2018年，城区荣获全国普法办授予的"全国法治区创建活动先进单位"荣誉称号。三是不断提高城区社会综合治理能力。不断加强网格化信息化建设，切实推进综治信息系统、视联网、视频监控平台、数字城管系统深度应用。深入开展扫黑除恶专项行动。2018年，共破获各类涉黑恶案件87起，捣毁涉黑恶团伙67个，逮捕涉黑恶犯罪嫌疑人243人。深入开展禁毒工作。2018年，共破获毒品案件173起，查处吸毒人员694人，强制隔离戒毒302人。四是统筹抓好安全生产工作。深入推进安全生产领域改革，建立健全党政同责制度，强化生产安全、消防安全、交通安全和食品安全监管。五是进一步巩固民族团结事业。深入开展民族团结进步创建活动，不断发掘培育新的民族

团结示范点,保护和传承优秀民族文化。2018年,城区荣获第五批"全国民族团结进步创建示范区"称号。

(六)扎实抓好党的建设,全面从严治党向纵深发展

一是强化思想意识引领。坚持用习近平新时代中国特色社会主义思想武装党员干部,深入开展理论下基层工作,组织开展《习近平谈治国理政》等主题内容的宣讲活动500多场,受众6.3万多人次,有力推动习近平新时代中国特色社会主义思想广泛传播;成立139个新时代讲习所,组织开展系列讲习活动近千场,进一步提升辖区干部群众理论素养。认真落实意识形态工作主体责任,健全联席会议等工作机制,扎实抓好问题整改。加强新闻媒体舆论工作,在中央、自治区、南宁市各类媒体刊载播出新闻稿件3200多篇次,制作手机报230期、2600多篇,发送信息86万多条,有力讲好"西乡塘故事"、传播"西乡塘好声音"。深入开展文明创建,推进文明集体及个人创建工作,城区65个行政村实现"一约四会"全覆盖;选送3名"身边好人"登上中国好人榜,安琪之家公益服务项目荣获2018年广西志愿服务项目大赛金奖。二是深化党风廉政建设和反腐败斗争。牢牢扛起主体责任,进一步规范落实主体责任纪实制度,拧紧责任链条。持续贯彻落实中央八项规定精神,深入开展"抓作风、提效能"专项活动,集中整治形式主义、官僚主义,运用科技手段加强干部作风建设;持续加大执纪审查力度,用好执纪执法"两把尺子",全面推进扶贫领域腐败和作风问题专项治理和扫黑除恶专项斗争监督执纪问责工作,全年共处置问题线索122件,立案132件,其中查处科级干部43人。巩固深化巡察工作,扎实开展区委第三轮巡察,巡察部门、村、社区党组织99个。稳妥推进国家监察体制改革试点工作,圆满完成人员转隶、内设机构设置及监委班子组建工作。开展多形式警示教育和党纪法规宣传教育活动,开展宣讲24场次,集中发送廉政提醒短信5000多条,强化党员干部纪律规矩意识、底线红线意识。深入开展基层廉洁工作站精品示范点创建工作,重点打造建设明秀南社区等4个精品示范点。三是加强党的基层组织建设。深化"两学一做"学习教育常态化制度化,开展"支部建设升级年"行动,全年整顿转化软弱涣散村党组织4个,对512名村"两委"成员进行资格联审。统筹推进各领域基层党建工作,在农村,推行村级党组织"星级化"管理,城区荣获自治区党委组织部命名星级农村基层党组织21个;择优选派115名工作队员驻村帮扶,切实提高工作队员驻村补助;多措并举发展壮大村级集体经济,城区65个行政村集体经济全部达到2万元以上。巩固提升美丽南方党建工作,创新实施"四进田园"工作法,培育打造三联村、永安村等一批党建示范点;与广西干部学院、市委党校联合开发现场教学课程,打造"美丽南方"广西党员教育培训示范基地升级版。在城市,积极推行城市全域党建,巩固提升和培育打造了"党建微家""乐居鲁班"等35个城市党建示范点。2018年城区被南宁市评为城市基层党建示范城区,"社校联盟"基层党建品牌入围"全国城市基层党建创新案例"评选并在人民网展示。在两新领域,创新推行"一卡一证一微"工作法,新成立两新

组织党组织 18 个，重点打造了世通水泥党支部"匠心筑梦"等 8 个市级两新组织党建示范点；茂名商会党委被评为自治区两新组织党建示范点。坚持从"四个一线"发现培养考察使用干部的选人用人导向，择优遴选 88 名干部到一线挂职锻炼，调整不适宜担任现职干部 14 名。四是加强统战、党管武装、群团等工作。坚持党总揽全局，加强对民主党派、无党派的联系和非公经济"两个健康"工作的领导。深化"同心"品牌建设，充分发挥统战、工商联等联系企业家的桥梁纽带作用，积极构建"亲""清"新型政商关系，开展民营企业家座谈会、企业文化沙龙等活动 15 场次；深入开展"圆梦之路"百企入镇、助力脱贫帮扶活动，组织引导企业、社会各界人士积极参与脱贫攻坚工作，捐献扶贫款物共计 100 多万元，统一战线工作的凝聚力、向心力进一步增强。加强党管武装工作，充分发挥工会、共青团、妇联等人民团体联系和服务群众作用，形成齐心协力抓发展、促和谐的良好社会氛围。

各位代表，2018 年的成绩来之不易，这是深入贯彻习近平新时代中国特色社会主义思想的结果，是自治区党委、市委正确领导的结果，也是全城区上下团结奋斗、拼搏进取的结果。在此，我代表中共西乡塘区第三届委员会，向城区各级党组织和广大党员干部群众，向所有关心、支持和为西乡塘区改革发展做出贡献的同志们、朋友们，表示衷心的感谢并致以崇高的敬意！

2018 年，虽然我们取得了一些成绩，但仍存在着一些问题和不足。一是思想解放不够，推动高质量发展的思路举措还不够多，如产业园区规划建设进展缓慢。二是民生保障还需加强，城区管辖人口多，基层社会治理难度较大。财政支出压力较大，对群众关心关切的困难和问题积极主动回应解决还不够。三是基层党建与新时代党的建设新的伟大工程部署要求还存在差距，个别基层党组织存在软弱涣散，少数干部存在作风不实、违纪违规的问题。

这些问题，给我们的工作敲响了警钟，城区全体党员领导干部要直面问题，不回避不护短，采取强有力措施，认真加以研究解决。

二、深入学习贯彻习近平总书记在庆祝改革开放 40 周年大会上的重要讲话精神，全面开启新时代西乡塘区改革开放新征程

庆祝改革开放 40 周年大会是中国特色社会主义进入新时代，党中央召开的一次十分重要的会议。习近平总书记在大会上发表的重要讲话，是一篇马克思主义纲领性文献，是新时代改革开放再出发的宣言书、动员令。学习好、宣传好、贯彻好习近平总书记重要讲话精神，是当前和今后一个时期的重要政治任务，也是对改革开放 40 周年最好的庆祝。我们要深入学习贯彻总书记重要讲话精神，深刻领会"十个始终坚持"取得的伟大成就和"九个必须坚持"的宝贵经验，按照自治区党委提出的"五个牢牢把握"要求和市委提出的做好"四个表率"的要求，从以下五个方面抓好贯彻落实。

一是必须始终坚持加强党的全面领导。改革开放 40 年的实践证明，只有坚持党的集中统一领导，才能实现伟大历史转折、开启改革开放新时期和中华民族伟大复兴

新征程，才能成功应对前进道路上的风险挑战和艰难险阻。在坚持党的领导这个决定党和国家前途命运的重大原则问题上，我们要保持高度的思想自觉、政治自觉、行动自觉，着力提高城区各级党组织的思想引领力、群众组织力、社会号召力，为推动城区的高质量发展提供坚强的政治保证和组织保障。

二是必须始终坚持解放思想。思想解放的程度决定跨越发展的速度。与发达地区相比，我们的差距不仅是经济实力上的差距，更是思想观念上的差距。我们必须以更大力度冲破观念束缚和思想障碍，赢得新一轮发展的主动。要以新发展理念为引领，正视城区发展中遇到的问题，要用好用足用活政策，努力把我们城区高校云集科教资源丰富的优势、人口密集消费需求大的优势、多条地铁贯穿交通便利的优势转化为现实生产力，努力提高城区发展的质量和效益。

三是必须始终坚持以人民为中心。改革开放40年启示我们，在改革开放的大道上走得再远，都必须始终不忘初心、坚持以人为本，把顺应社会主要矛盾变化、不断满足人民日益增长的美好生活需要作为改革开放的价值取向和目的，以增进人民福祉为推进改革开放的出发点和落脚点。我们要始终不忘为人民谋幸福的初心和使命，瞄准城区群众"急难愁盼"问题，坚决打好脱贫攻坚战，抓好城区各项民生建设，奋力与全国全区全市同步全面建成小康社会。

四是必须始终坚持发展这个第一要务。改革开放40年来，我国发生了翻天覆地的变化，根本原因在于我们党始终坚持以经济建设为中心不动摇，始终坚持解放和发展社会生产力。我们要深入贯彻新发展理念，以供给侧结构性改革为主线，坚定不移深化改革、扩大开放，坚定不移加快发展、科学发展，推动经济高质量发展，为城区各项事业持续发展打下坚实基础。

五是必须始终坚持创新提速。创新是动力源，产业是着力点。要坚定不移把创新聚焦到支撑产业高质量发展上来。围绕城区产业发展、基层教育、医疗卫生、规划建设等方面创新创业人才缺乏的问题，千方百计引进各类高层次人才，推动人才链与产业链、创新链深度融合，加快汇聚各方面优秀人才推动城区经济社会高质量发展。同时，进一步整合辖区高校、科研院所人才、技术资源，鼓励辖区企业、高校、科研院所等合作创办科技创新基地、新型研发机构和创新联盟等，把创新聚焦到支撑产业高质量发展上来。

三、2019年工作总体要求

2019年是新中国成立70周年，是全面建成小康社会关键之年，也是贯彻落实习近平总书记重要题词精神的第一年，做好全年工作至关重要，我们必须科学研判形势，充分估计困难和挑战，抓住主要矛盾，有针对性地加以解决，变压力为加快经济高质量发展的动力。

近期召开的中央经济工作会议分析了当前经济形势，对2019年工作作了部署，会议强调，在充分肯定成绩的同时，要看到经济运行稳中有变、变中有忧，外部环境复杂严峻，经济面临下行压力。这些问题是前进中的问题，既有短期的也有长期的，既有周期性的也有结构性的。要增强忧患意识，抓住主要矛盾，有针对性地加以解决。会议指出，我国发展仍处于并将长期处于重要战略机遇期。世界面临百年未有之大变局，变局中危和机同生并存，这给中华民族伟大复兴带来重大机遇。要善于化危为机、转危为安，紧扣重要战略机遇新内涵，加快经济结构优化升级，提升科技创新能力，深化改革开放，加快绿色发展，参与全球经济治理体系变革，变压力为加快推动经济高质量发展的动力。

全区经济工作会议指出，2019年我区发展机遇与挑战并存。做好2018年经济工作，必须深刻理解把握党中央对国内外形势的重大判断，坚持从世界和全国看广西、从全局看局部、从未来看当下，把握规律、抓住关键，牢牢把握经济工作主动权。必须坚持"两点论"和"底线思维"，既要认识问题的长期性、曲折性和复杂性，又要保持战略定力、坚定发展信心决心，把困难问题考虑得更充分一些，把对策举措谋划得更有针对性一些，尽量避免不利因素叠加共振，坚定不移办好自己的事，保持发展和大局的稳定。

市委全会指出，形势不容乐观，困难不容忽视；信心不可动摇，必须全力以赴。面对新形势新任务新挑战，我们务必清醒认识到，坚定信心、激发活力，有效调动各方面的积极性，是做好当前各项工作的关键所在。

全城区广大党员干部群众要上下一心、团结一致，创造性地贯彻落实中央、自治区党委和市委的决策部署，把发展的方向、工作的重点和主观的努力有机结合起来。发扬斗争精神，勇于克难攻坚，快马加鞭、提速发展，以新担当新作为奋力推动城区高质量发展。

2019年，全城区工作总体要求：坚持以习近平新时代中国特色社会主义思想为指导，全面贯彻党的十九大和十九届二中、三中全会精神以及中央庆祝改革开放40周年大会、中央经济工作会议精神，认真贯彻"五位一体"总体布局和"四个全面"战略布局，坚持稳中求进工作总基调，坚持新发展理念，坚持推动高质量发展，坚持以供给侧结构性改革为主线，坚持深化市场化改革、扩大高水平开放，坚定不移稳增长、促转型、优生态、推改革、抓治理、惠民生、强党建，坚定信心，克难攻坚，以新担当新作为奋力推动西乡塘区高质量发展，在建设壮美广西、共圆复兴梦想及谱写首府高质量发展新篇章的新征程中贡献西乡塘区力量，以优异成绩迎接新中国成立70周年！

预期目标：生产总值增长7%以上，财政收入增长6%，固定资产投资增长9%，本级规模以上工业增加值增长5.5%，社会消费品零售总额增长9.5%，全体居民人均可支配收入增长8.5%。

提出这样的目标，主要基于如下考虑：一是综合考虑当前宏观环境和发展条件，当前经济下行压力增大，长期积累的经济结构性矛盾不断显现，确定一个适当的预期目标，更符合当前城区发展实际。二是顺应高质量发展需要，当前城区正处于爬坡过坎、提质升级、新旧动能转换的关键期，各种机遇和积极因素在加快集聚，保持经济平稳运行，可以为经济高质量发展留出更多空间。三是符合稳中求进工作总基调，在守住发展底线的前提下，充分考虑"稳"的基础和支撑、"进"的可能和需要，力争经济增速不低于全市平均水平，体现出西乡塘区应有的责任与担当。

四、以新担当新作为奋力推动城区高质量发展

推动城区高质量发展，重在落实、贵在行动。2019年，我们要坚持以习近平新时代中国特色社会主义思想为指引，把中央、自治区党委、市委"规划图""路线图"细化为城区的"施工图"，努力把发展的方向、工作的重点和主观的努力有机结合起来，以坐不住、等不起、慢不得的紧迫感，以"人之一我十之，人之十我百之"的韧劲、闯劲、拼劲，甩开膀子抓落实、撸起袖子加油干。坚持把抓落实作为为政之要、成事之道，主动担责、积极作为，有效调动各方面的积极性，该管的必须管，该拍板的果断拍，定下来的马上干，快马加鞭、大干快干，推动各项工作落地见效。

（一）坚定不移稳增长，进一步抓项目促投资

1.紧抓重大项目建设

继续把项目建设作为拉动投资、稳定经济增长的重要抓手，坚持四家班子领导联系重大项目、服务重点企业工作机制，紧抓项目、服务企业不放松。认真按照"四定"要求，组织城区各级领导干部全力推进重大项目建设，力争桂友电缆等17个项目开工，高斯特精油等8个项目竣工投产，确保"月月有项目开竣工"，确保城区固投稳中有升。

2.加强三旧改造

一是加快推进在建项目。继续按照"建设一批、推进一批、储备一批"的工作思路，加快推进新阳路292号片区等25个建设项目，稳定投资。二是紧抓推进项目。加快推进五里亭片区旧改等23个推进项目，加快房屋征收工作，力争实现北湖小区等6个以上旧改项目净地出让。三是加强项目储备。积极推进雅际片区二期等14个成熟的储备项目，紧抓南宁市总规调整机遇，争取将大塘村纳入总规范围及城中村改造范围；紧抓铁路改革机遇，加强与南铁沟通对接，加快推进南铁棚户区改造，着力拉动投资，改善人居环境，实现旧貌换新颜。

3.加快推进产业园区建设

继续按照"一区多园"的发展模式，加快推进东南产业园、河西产业园、坛立工业园、安吉华尔街工谷二期建设。一是加快推进基础设施建设。加快推进产业园7号路、环岛道路、供排水和污水处理厂等基础设施建设，完善产业园1号路配套设施实现通车，着力提升园区硬件水平。二是狠抓招商引资。立足招大商、引强企，瞄准超亿元产业项目，组织开展精准招商、产业链招商。三是加快项目建设。加快推进苏宁智慧物流园等项目落地建设，力争2019年园区开竣工项目14个以上。四是加强征地拆迁。全力抓好产业园区征地拆迁，强化土地收储，完成土地征收1000亩以上。

4.加快推进兴贤、三江口片区规划建设

充分发挥金陵镇作为自治区重点镇和城乡统筹试点镇的政策优势，用好用足用活政策，加快推进金陵大道沿线兴贤片区和三江口片区规划、土地收储、招商引资及项目建设等工作。重点抓好兴贤特色小镇建设，进一步完善片区规划和产业布局，加强土地收储和基础设施建设，大力引进特色文化、体育、旅游、养生养老等产业项目落地。

（二）坚定不移抓转型，进一步推进现代产业发展

1. 做强做优现代特色农业

坚持农业农村优先发展总方针，统筹推进乡村振兴战略。深入实施现代特色农业产业"10+3"提升行动，做大做强香蕉、晚熟柑橘等优势产业。深入实施现代特色农业示范区增点扩面提质升级行动，巩固提升原有示范区，争创一批新的农业示范区。强化新品种、新产品、新装备研发和新技术、新模式应用培育，大力发展农产品加工，壮大农业产业化龙头企业，全面提升农民专业合作社和家庭农场建设能力，积极培育新型职业农民。积极推动农村一、二、三产业融合发展，加快发展休闲农业和乡村旅游。继续按照农业、文化、旅游"三位一体"，农村生产、生活、生态"三生同步"的发展思路，加快推进美丽南方田园综合体建设，全力抓好高标准农田、万亩富硒产业区、国家山水林田湖生态保护试点等基础设施、产业、生态体系建设。

2. 大力发展现代工业

着眼于强龙头、补链条、聚集群，结合东南产业园、安吉华尔街工谷二期建设，全力推进"产业大招商攻坚突破年"活动，加快引进发展新兴产业，推动集聚发展，着力培植"工业树"、打造"产业林"。充分发挥华尔街工谷国家级科技企业孵化器平台作用，进一步深化区校企合作，建立博士后科研工作站等产学研平台，推进科技转化和产业升级，努力培育发展都市型工业。积极推动金光糖厂、华润水泥传统工业企业"二次创业"，服务好一批重大工业技改和新增产能项目，加快推进华润循环环保、华润风电等新增项目落地建设，努力形成新的经济增长点。

3. 加快推进现代服务业发展

一是深化"六大"产业新区域建设。结合旧城改造及地铁建设，加快推进北湖、安吉、五里亭等六大片区改造提升，引进培育壮大新产业新业态新模式，打造"六大"产业新区域。重点加快推进北湖华润万象汇、大唐天城商业综合体项目，大力发展商务、互联网、创意文化等产业，全面推进传统商贸服务业向现代服务业转型升级。二是发展壮大旅游康养产业。以创建自治区全域旅游示范区为抓手，进一步加强旅游规划，抓好旅游基础设施建设，确保通过自治区全域旅游示范区验收。加强邕江养生休闲旅游带建设，积极围绕"吃、住、行、游、购、娱"旅游要素，进一步完善旅游产业链，提升景区品质。加强与线上线下旅游公司合作，打造西乡塘精品旅游路线，进一步提高西乡塘旅游知名度和美誉度。

（三）坚定不移优生态，进一步提升环境水平

一是坚决打好污染防治攻坚战。全面落实河长制工作，加强流域环境综合治理，扎实推进城市内河黑臭水体治理，深化污水直排口治理工作，改造完善城区排污系统，巩固城市内河黑臭水体治理成果。深入开展农村生态环境整治，推进畜禽养殖整治工作，加强农村污水处理设施建设以及村屯水体整治。坚持全民共治、源头防治，建立健全扬尘污染综合治理长效机制，坚决打赢蓝天保卫战。落实领导干部生态文明建设责任制，坚决制止和惩处破坏生态环境行为。二是推进美丽西乡塘建设升级。全面启动"幸福乡村"活动，重点实施"环境秀美、生活甜美、乡村和美"专项活动，

努力营造环境优美、功能完善、交通便利、安全有序、生活舒适的宜居环境，让人民群众共享绿色发展成果。深入推进整洁畅通有序大行动，进一步深化网格化管理，巩固提升"绿"的成果、"蓝"的形象、"美"的姿态、"通"的常态。

（四）坚定不移推改革，进一步提升营商环境

按照"坚持改革方向、坚持实事求是、坚持高标准"和"以发展成效检验改革成果"的要求，更加注重改革的系统性、整体性、协同性，持续推动深化改革升级。要聚力推动高质量发展深化改革，以供给侧结构性改革为主线，完善产权制度和要素市场化配置，深化产业园区管理体制机制创新，进一步深化国资国企改革和投融资改革，着力推进农村产权制度改革，推动我城区经济实现质量变革、效率变革、动力变革。要聚力补齐民生短板深化改革，持续推进公立医院综合改革、城乡医疗一体化、医联体建设等改革，推进学前教育、义务教育和学区制管理改革，构建覆盖城乡的公共文化服务体系，积极推动小切口、有实效的"微改革""微创新"，让百姓享有更多民生红利。要聚力生态宜居城市建设深化改革，继续深化城市综合执法、黑臭水体治理、扬尘污染治理等领域体制机制改革，建立完善以绿色发展为导向的考核评价体系，深入实施生态环境损害赔偿制度，让良好生态成为最普惠的民生福祉。要聚力提升现代治理能力深化改革，以此次机构改革为契机，坚决把坚持和加强党的全面领导的体制机制安排落到实处，加快转变政府职能，优化机构职能职责，深化社会主义协商民主建设，推动协商民主广泛、多层、制度化发展。

（五）坚定不移抓治理，进一步推进社会和谐稳定

一是着力加强法治西乡塘建设，全面推进司法体制改革，加大普法宣传教育力度，积极创建特点鲜明的法治文化，激励人民群众通过自律自治实现社会共治善治。二是着力完善社会治理，进一步深化"四化"管理举措，扎实推进综治中心建设、综治信息化建设、网格化管理建设"三项建设"，积极搭建纵向连接城区、镇街道、村社区的三级管理服务平台，横向贯通综合执法、矛盾纠纷化解、服务民生"三支队伍"的一站式服务体系，进一步提升基层网格化管理能力。三是加强矛盾纠纷精准排查，全力开展矛盾调处攻坚，健全完善多元化矛盾纠纷化解机制，探索推动律师参与矛盾纠纷化解，提高矛盾纠纷化解成效。四是深入开展扫黑除恶、禁毒、打传等专项行动，大力开展重点区域、行业整治，努力提升群众安全感和满意度。五是加强正规化、专业化、职业化建设，努力建设一支信念坚定、执法为民、敢于担当、清正廉洁的政法队伍。六是加强安全生产工作，强化生产安全、消防安全、交通安全和食品安全监管，推进城市安全发展。七是继续巩固提升全国民族团结进步创建示范区建设，深入开展民族团结进步创建活动，提升示范引领水平。

（六）坚定不移惠民生，进一步推进各项事业发展

一是全力打好脱贫攻坚战。进一步压实脱贫攻坚责任，强化党政一把手负总责的责任制，强化工作举措，确保脱贫攻坚责任得到全面落实。全力打好产业扶贫硬

仗，重点扶持培育"5+2"特色产业，落实贫困村产业项目，大力提高贫困群众产业覆盖率；加大村集体经济扶持力度，探索建立更多的村集体经济发展模式，拓宽持续稳定增收渠道，确保2019年村集体经济收入达到4万元。继续加大基础设施建设力度，实施农村人饮安全巩固提升工程，加强教育、卫生、环保、污水处理等公共服务设施建设。加大贫困户危房改造力度，确保人均居住面积达13平方米。瞄准特定贫困群众攻坚，将因病因残因老等原因致贫的建档立卡贫困人口作为攻坚重点，更多注重保障性扶贫，抓好低保兜底，对符合农村低保条件的建档立卡贫困户，按规定程序全部纳入低保范围。二是加强民生保障。全面落实积极的就业创业政策，提供全方位公共就业服务，促进就业稳定；实施全民参保计划，合理控制保障资源分配，全面建成覆盖城乡居民的社会保障体系；深入推进医疗卫生体制改革，着力提高人民健康水平；以全国基层中医药工作先进单位复审为契机，进一步强化中医药服务工作内涵建设，提升基层医疗机构中医药服务能力；积极推进居家养老服务工作社会化，建立"城区—镇、街道—村、社区"三级居家养老服务网络；完善社会救助体系，实现符合条件的困难群体应保尽保，落实最低生活保障标准动态调整机制，合理提高城乡低保标准和补助水平；开展农村留守儿童、特困家庭子女、残疾人等特殊困难群体的关爱帮扶工作，支持残疾人事业发展；加强防灾备灾减灾、灾害应急、灾民生活救助和社会应急动员等能力建设，全面提升防灾减灾救灾工作水平。三是统筹推进各项社会事业发展。加强教育事业发展，继续打造"学在西乡塘"教育品牌，努力提升城区科教软实力；抓好文化体育事业发展，加快推进文化体育项目建设，积极承办大型体育赛事，打造文化体育强区。

（七）坚定不移强党建，进一步推进全面从严治党向纵深发展

一是突出抓好党的政治建设。旗帜鲜明地把党的政治建设摆在首要位置，坚持把政治建设作为党的根本性建设，统领党的建设各方面、全过程。深入学习贯彻习近平新时代中国特色社会主义思想和党的十九大精神，精心组织开展"不忘初心、牢记使命"主题教育，扎实推进"两学一做"学习教育常态化制度化，教育引导党员干部进一步增强"四个意识"，坚定"四个自信"，坚决做到"两个维护"，始终在思想上、政治上、行动上同以习近平同志为核心的党中央保持高度一致。二是强化思想引领。坚持用习近平新时代中国特色社会主义思想武装党员干部，持续深化学习型党组织建设，发挥好理论学习中心组、新时代讲习所、新时代文明实践中心等载体作用。进一步落实意识形态主体责任，牢牢把握意识形态主动权。加强融媒体中心建设，着力把西乡塘声音传播得更远。重拳出击整治网络乱象，着力构建网上网下同心圆。扎实推进农村思想道德建设，积极营造新时代文明乡风。深化全国文明城市创建工作，抓好文明村镇、文明单位、文明家庭、文明校园创建活动。大力弘扬社会主义核心价值观，积极开拓公益广告宣传新阵地、新载体和社会主义核心价值观示范点。三是持之以恒正风肃纪。认真贯彻落实新形势下党内政治生活若干

准则，发展积极、健康的党内政治文化。积极弘扬优良作风，把刹住"四风"作为巩固党心、民心的重要途径，对享乐主义、奢靡之风等歪风陋习露头就打，对"四风"隐形变异新动向时刻防范。做实做细监督职责，贯通运用"四种形态"，持续督查推进中央八项规定精神落实，使监督常在、形成常态。有力削减存量、有效遏制增量，巩固发展反腐败斗争压倒性胜利，聚焦党的十八大以来着力查处的重点对象，紧盯重点领域、关键岗位，对存在腐败问题的，发现一起坚决查处一起。持续整治群众身边腐败和作风问题，深入推进扶贫领域腐败和作风问题专项治理、扫黑除恶专项斗争监督执纪问责。创新纪检监察体制机制，切实把制度优势转化为治理效能，分类施策推进派驻机构体制机制创新，持续深化国家监察体制改革，健全和完善监督体系。持续深化政治巡察，完善巡察机制，高质量推动巡察全覆盖。深化标本兼治，夯实治本基础，一体推进不敢腐、不能腐、不想腐。严格落实打铁必须自身硬的要求，从严从实抓好纪检监察队伍建设，健全内控机制，打造忠诚坚定、担当尽责、遵纪守法、清正廉洁的纪检监察铁军。四是提高党的基层组织建设水平。深化基层党组织"星级化"管理和党员积分管理，持续推进"支部建设升级年""党员固定党日"活动，进一步加强基层支部规范化建设。坚持抓好党建促脱贫，认真开展村"两委"换届工作回头看，持续整顿软弱涣散基层党组织，发展壮大村级集体经济，管好用好第一书记和驻村工作队员，抓好各级扶贫干部、村"两委"干部培训，提高脱贫攻坚实战本领。统筹推进各领域基层党建工作，在农村，加快推进美丽南方基层党建提档升级，重点培育打造老口村、乐洲村等一批农村党建示范点；在城市，积极推行城市全域党建，抓好城市基层党建示范城区创建工作，巩固提升"党建微家""社校联盟"等党建品牌，重点培育打造明秀北路社区、广西五金机电行业协会等城市党建示范点；深化"成长·活力"工程，不断提升两新组织党组织有效覆盖。五是建设高素质干部队伍。坚持党管干部原则，认真贯彻落实《关于进一步激励广大干部新时代新担当新作为的意见》，牢固树立正确的选人用人导向，坚持以实绩论英雄、凭实绩用干部，更加注重在"四个一线"发现、培养、考察和使用干部，大力选拔敢于负责、敢于担当、善于作为、实绩突出的干部。牢固树立实干导向，说实话、办实事、求实效，推动干部在项目建设、招商引资、产业转型、科技创新、乡村振兴、脱贫攻坚等一线建功立业。加强干部作风建设，推动干部眼睛向下看、身子往下沉，问政于民、问计于民、问需于民，紧盯不敬畏、不在乎、喊口号、搞形式、装样子的问题，对为官不为、规避责任、推诿扯皮、回避矛盾、庸政懒政怠政等形式主义、官僚主义现象，敢于动真碰硬、坚决整治。坚持蹄疾步稳、紧凑有序推进机构改革，选优配强各级领导班子，提升班子整体功能，着力建设高素质干部队伍。深化干部人事制度改革，持续深入推进干部能上能下，加大关爱提醒、函询和诫勉力度，认真贯彻落实容错纠错机制，旗帜鲜明为敢于担当、踏实做事、不谋私利的干部撑腰鼓劲。深化人才发展体制机制改革，加大区校人才合作力度，完善创新创业平台，优化人才服务保障体系，不断推动各类人才聚力城区发展。六是加强统战、党管武装、群团等各项工作。加强社会主义民主政治建设，全力支持人大及其常委会依法履职。坚持和完善中国共产党领导的多党合作和政治协商制度，加强协商民主建设，巩固发展共同思想政治基础。持续推进统一战线体制机制创新，深化"创新年""服务年""落实年"活动，努力构建上下联动、各方参与的大统战工作新格局；强化党外代表人士队伍建设和非公经济人士、新的社会阶层人士教育引导服务工作，创新平台载体，丰富形式内容，拓展广度深度，深化同心实践，努力增强统一战线凝心聚力、服务中心大局、服务发展稳定的能力水平。加强民族宗教和港澳台侨工作，促进政党关系、民族关系、宗教关系、阶层关系、海内外同胞关系和谐。着力抓好党管人民武装工作，深入推进工、青、妇、侨等群团改革，凝聚改革发展合力，形成齐心协力抓发展、促和谐的良好氛围。

各位代表、同志们，新的目标已经确立，新的征程已经开启。让我们高举中国特色社会主义伟大旗帜，紧密团结在以习近平同志为核心的党中央周围，不忘初心，牢记使命，坚定信心，克难攻坚，以新担当新作为奋力推动西乡塘区高质量发展，在建设壮美广西、共圆复兴梦想及谱写首府高质量发展新篇章的新征程中贡献西乡塘区力量，以优异成绩迎接新中国成立70周年！

特 载

区人大常委会工作报告

周少剑主任在南宁市西乡塘区第三届人民代表大会第四次会议上作的工作报告

（2019年1月19日）

区人大常委会主任周少剑在大会上作工作报告

2018年主要工作

2018年是改革开放40周年和自治区成立60周年。过去的一年，在区委的坚强领导下，常委会坚持以习近平新时代中国特色社会主义思想为指导，深入学习贯彻党的十九大和十九届二中、三中全会精神，不忘初心，牢记使命，锐意进取，善作善成，圆满完成了三届人大三次会议确定的各项目标任务，各项工作取得新突破，整体水平迈上新台阶。全年常委会听取和审议"一府一委两院"专项报告23项；开展执法检查2项、专题询问1项、专项工作评议1项、专项调研21项；召开常委会会议7次，审议各类议题58项，依法作出决议决定15个；

组织代表参加各类活动2760人（次），完成调研报告21篇。

一、旗帜鲜明讲政治，坚决贯彻落实党的战略决策和部署

常委会着力提高政治站位，以习近平新时代中国特色社会主义思想为指引，紧紧围绕中央、自治区、市委和区委的决策部署，聚焦打好"三大攻坚战"，发挥人民代表大会制度优势，勇于担当，主动作为。

坚持党对人大工作领导不动摇。常委会自觉在思想上、政治上、行动上同以习近平同志为核心的党中央保持高度一致。树牢"四个意识"，坚定"四个自信"，坚决做到"两个维护"，保持政治定力，把准政治方向，提高政治能力，把对党忠诚、对党负责与对人民负责有机统一到人大履职全过程。始终坚持重大事项向区委请示报告制度，及时传达区委重要会议和文件精神，紧紧围绕区委中心任务安排人大工作，积极推进区委各项重大决策的贯彻落实。多形式、分层次、全覆盖深入学习宣传贯彻习近平新时代中国特色社会主义思想，特别是习近平总书记关于坚持和完善人民代表大会制度的重要思想，坚持常委会党组会、主任会带头学，支部会专题学，代表小组深入学，各类培训班重点学，在学懂弄通做实上下功夫，筑牢新时代长期坚持、不断完善人民代表大会制度的思想政治和理论基础，确保人大工作始终沿着正确的政治方向前进。

聚焦"三大攻坚战"服务大局。一是凝心聚力助力打赢脱贫攻坚战。认真落实脱贫攻坚战的决策部署和工作要求，以实施"脱贫攻坚——人大代表在行动"活动为抓手，通过召开专题研究会和开展联系帮扶、调研走访、专题询问、人大代表直接参加等活动，找准定位，全力发挥人大作用。常委会多次召开主任扩大会和工作现场会专题研究解决工作中遇到的问题，组织开展调研活动形成了《西乡塘区贫困村脱贫攻坚情况调研报告》，为党委、政府提供了有价值的参考。班子成员当好"火车头"，带头深入挂点的贫困村贫困户实地调研和现场研究解决问题。人大机关包村挂点双定镇兴平村，科级领导干部分别与22户贫困户结对帮扶，用心用力进行帮扶，帮贫困户找点子、找门路、找资金，目前已有19户实现脱贫。组织人大代表深入开展"扶贫攻坚代表有担当"主题活动，各镇人大、街道人大工委积极组织辖区人大代表和爱心企业到贫困村开展助力脱贫攻坚活动，直接参与此项活动的人大代表有910人（次），为贫困户办实事、解难事、做好事350多件，其中黄坚、崔永杰、陆彪、林上迪等人大代表及其所在单位筹集资金30多万元，为坛洛镇上正村改建村民活动广场，以实际行动赢得了村民的赞誉。自治区和南宁市人大对我城区人大助力脱贫攻坚工作纪实及梁洁言、卢明广两位代表助力扶贫的先进事迹进行了宣传报道。二是主动作为助力打好污染防治攻坚战。全力守护碧水蓝天绿地，共同建设生态美好家园。关注黑臭水体治理，常委会班子成员带队到辖区的朝阳溪、二坑溪、心圩江等8条内河调研黑臭水体治理情况，督促责任单位对治理存在问题进行整改。关注右江西乡塘区段河流养殖污染防治，建议城区政府督促养殖户建设完善污染物处理设施，加强清理辖区河流网箱养鱼，减少水源污染源。关注大气污染防治，针对

企业反映的324国道存在的扬尘、空气污染等问题，常委会多次召开有关职能部门和企业负责人参加的调研会，组织代表到现场督办，有力推动了道路环境整治。组织部分代表对万秀村周边晚上烧烤油烟扰民问题进行多次暗访，持续跟踪整治效果。在参加打好"三大攻坚战"的同时，常委会班子积极参加服务重大项目、招商引资、社会稳定等城区中心工作，督促落实进度，协调解决问题，做到在参与中监督、在监督中支持。

依法行使重大事项决定权和人事任免权。坚持民主集中制，依法行使职权，扎实做好重大事项决定和人事任免工作。听取和审议了城区"十三五"规划中期评估报告。城区三届人大三次会议选举产生监察委员会主任后，常委会及时依法任命监察委员会副主任和委员，保障城区监察体制改革的顺利推进。坚持党管干部和人大依法人事任免的有机统一，严格执行拟任职人员任前调查、民主表决、宪法宣誓等制度，全年任命"一府一委两院"国家机关工作人员102人，接受城区人大代表辞职21人，补选市（区）人大代表18人，确保组织意图通过法定程序全面实现。积极探索对人大任命干部的任后监督途径，开展向人民报告制度，通过"听、访、看、评"等方式，对城区卫计局、环保局主要负责人开展述职评议，促进了国家机关工作人员法治意识、公仆意识、担当意识和廉政意识的提高。

二、牢牢把握正能量主旋律，着力提升监督实效

常委会综合运用听取和审议专项工作报告、执法检查、代表视察、专题调研、专题询问等监督方式，共开展23项工作监督，监督实效得到增强。

助推经济高质量发展有实招。一是强化预算审查与预算执行监督。借力评审专家、人大代表之家和城区审计部门的力量，对预算编制、预算执行、预算调整、部门延伸审计等工作进行多角度的审查监督，取得了明显的实效。对2018年度预算草案、2017年决算和2018年上半年预算执行情况进行审查，精心组织人大代表和预算评审专家100人（次）参加评审；同时将评审工作下沉，依托明秀及美丽南方片区代表之家进行审议，将代表提出的意见及时反馈给相关部门研究处理，使预算的编制更贴近实际、更具可操作性、更加科学。对听取和审议审计工作以及审计查出问题整改落实情况的报告，督促政府深化审计制度改革，完善审计查出问题责任追究机制。加强对财政专项资金支出绩效监督，全面督促将财政资金真正用到实处。针对审查中发现4个单位存在的预算编制不精细、往来款长期挂账、固定资产未及时入账等26个问题，督促相关单位全部整改落实到位。城区人大在全市人大财经工作经验交流会上作了经验介绍。二是开展优化营商环境专题调研。组织人大代表深入辖区企业走访，征求企业负责人和群众在招商引资方面的意见建议，共收集意见建议7大类问题56条，并制定问题清单，及时交政府相关部门办理，推动政府进一步深化"放管服"改革，为企业发展营造良好的社会环境。

促进民生改善有力度。坚持以人民为中心，以问题为导向，加强对食品安全、教育、医疗卫生等民生热点问题监督。一是助力食品安全。综合运用调研检查、专题询问等手段,对食品安全工作进行监督。组织常委会组成人员、人大代表分成4个调研组深入到辖区食品加工和经营场所对食品安全工作进行集中调研。在深入调研和全面掌握城区食品安全工作情况的基础上,梳理、归纳出食品安全工作存在的11个热点难点问题。组织召开食品安全专题询问会,并对应询部门进行了满意度测评,会后列好问题清单,明确责任部门、整改时间,连同常委会的审议意见及时送城区政府进行研究处理,加强跟踪督办,全力保障人民群众"舌尖上的安全"。二是助力义务教育均衡发展。针对学区制管理改革存在的教师轮岗交流难度大、学区运行机制尚未完善等问题,建议政府加强顶层设计,落实配套政策;统筹学区内师资调配,加强校长和教师的交流;完善学区运行制度,推进学区规范运行。三是助力"健康西乡塘"建设。针对存在的基层卫生服务能力不强、医药卫生体制改革配套政策不够完善、分级诊疗政策落实不到位、医疗信息化建设滞后等问题,建议政府进一步提升基层医疗卫生机构服务能力、完善医改政策、大力推动分级诊疗制度落地、加快医疗卫生信息化建设,推动医疗改革成果惠及于民,解决好群众"看病难"问题。四是助力科技创新。针对企业自主创新能力不强、产学研合作不够、科技创新投入不足等问题,建议政府进一步提高职能部门服务能力和水平,建立推动持续创新的财政科技投入机制,积极推进产学研合作,为产业发展提供技术支撑。五是助力农村危旧房改造。针对农村危旧房改造中存在的贫困户危旧房改造筹款困难、改造资金短缺、土地调换难等问题,建议政府在政策、资金方面给予倾斜,集政府和社会力量共同解决贫困户住房困难问题。

三、盯紧盯牢法治公平正义,推动依法治区向纵深发展

常委会深入落实全面依法治国新要求,大力弘扬法治精神,突出强化司法公平公正,规范执法行为,深化法律监督,促进社会公平正义。

促进法治更加公平公正。一是以执法检查为着力点助推政府部门依法行政。突出检查重点、改进检查方式、注重跟踪问效,有针对性地对《种子法》《禁毒法》的实施情况进行了检查。针对检查中发现的问题,提出整改意见,督促相关部门认真整改,促进农村使用种子安全,促进城区禁毒工作深入开展。二是以提高办案质量为着力点助推"两院"公正司法。高度关注深化司法体制改革,听取和审议城区人民法院关于阳光司法和办案质量工作情况的报告以及人民检察院关于办案质量工作情况的报告,作出审议意见,助推司法体制改革取得新进展,助推办案质量不断提升。三是以解决问题为着力点助推监察体制改革。高度关注监察体制改革,组织开展对城区监察体制改革工作情况调研,深入城区监察委和金陵镇刚德村、石埠办忠良村廉洁工作站等实地了解情况,助推监察体制改革过程中存在困难和问题的解决。

促进立法更加体现民意。依托城区33个立法联系点,配合自治区、南宁市立法机关开展立法调研和立法征求意见工作,2018年先后对《南宁市电动自行车管理条例(草案)》等6部法律法规进行征求意见,主动深入村(社区)听取群众意见和建议,

让地方立法更接地气。衡阳、北湖、安吉、西乡塘、上尧、石埠街道人大工委依托立法联系点召开征求意见建议座谈会，收集到市民对法律法规（草案）的意见建议83条，部分意见建议得到上级立法机关的研究采纳。

促进信访更加和谐处置。坚持把做好人大信访工作作为解决民忧、维护民权的有效途径。完善信访办理程序和督办机制，常委会紧抓重点信访案件，认真协调和督促相关部门及时予以解决。人大信访部门对群众来信来访诉求，热情耐心做好接访疏导工作，认真研究群众诉求，及时办理案件，对案件全程跟踪督办，限期答复当事人，做到桩桩有人管、件件有着落、事事有回音。2018年共处理涉法涉诉群众来信11件，来访58人（次），回应了群众诉求，化解了社会矛盾。

四、注重发挥主体作用，突出保障代表依法履职

创新代表履职方式，搭建代表活动平台，丰富代表活动内容，为代表履职"更接地气"提供更有力、更有效的服务保障。

抓牢一个主题活动，做实联系群众"最后一千米"。围绕推动改善民生为主题，深入开展"两联系两走访"活动，通过进家、入户、设点等多种形式，积极组织城区各级人大代表与联系对象面对面交流，倾听群众意见建议，2018年共走访和接待来访群众5380多人（次），收集意见建议340多条，汇聚了广大群众的智慧和意见，得到群众好评。

抓好两个平台建设，拓展代表履职空间。一是创建代表"微信议政"平台，畅通社情民意收集反馈渠道。在广西人大系统首创"微信议政"活动，精心指导各镇、街道代表小组以微信议政群为平台，每月确立"微信议政周"，组织代表围绕城区的经济社会发展、社会民生等主题开展讨论，反映群众诉求，提出建设性的意见建议，做到民有所呼、我有所应。活动开展以来，各代表小组共对人大监督、经济建设、农业农村等104个专题进行了交流讨论，形成代表意见建议186件，推动了一批问题的有效解决。"微信议政"得到了自治区、市人大的充分肯定，其经验做法先后在南宁市人大网、南宁人大杂志等媒体刊登。二是加强"人大代表之家"平台建设，促进闭会期间代表活动常态化。按照巩固提升一批、规范新建一批、示范引领一批的总体思路，对原有的30个人大代表之家进行提档升级，进一步完善软硬件设施；扎实推进明秀片区和美丽南方片区人大代表之家示范点建设，扩大示范效应；因地制宜地在村、社区新建24个人大代表之家，实现四级人大代表驻"家"全覆盖。充分发挥"人大代表之家"作用，定期开展代表接待群众活动日，使之成为代表联系群众的阵地、普法活动的基地、集聚民意的场地。

抓实三项重点，优化履职服务保障。一是强化服务代表工作。抓好代表履职培训，采取集中与分散相结合、讲座与交流相结合、以会代训与调研培训相结合等方式，多层次、全方位开展学习培训，提高代表依法履职的能力。2018年，在重庆大学举办了人大代表履职能力提升培训班，对驻辖区48名市人大代表和人大常委会组成人员进行了集中培训；在美丽南方举办了"人大代表之家"负责人培训班，对城

区87名人大代表之家负责人、镇人大副主席、街道人大工委副主任和人大联络员进行了集中培训。向代表通报常委会重点工作和工作计划，赠阅《中国人大》《广西人大》《南宁人大》等资料，确保代表知情知政，为代表依法履职打牢基础。高度关注代表合法权益和人身安全，对城区人大代表、陈东村村委主任宋威发被袭击致伤案件，第一时间将情况报告城区党委，区委高度重视。常委会专门听取公安部门情况汇报，并致函督促加快侦破案件，目前，案件正在进一步侦办审理中。班子成员先后到医院、陈东村探望慰问宋威发代表。二是强化代表活动开展。高度重视开展代表活动，全年共组织代表参加视察调研、执法检查、主题宣传、公众评议、扶贫工作巡查、列席常委会、旁听法院案件庭审等各类活动约400人（次）。创新改革代表向选民述职工作，全面优化、简化代表考核内容和程序，让代表舒心，让群众满意。三是强化代表建议办理。坚持代表建议办理情况通报制度，适时对代表意见建议办理进度情况进行书面通报，以电话催办、个别约谈、发文督办等方式，促使代表建议及时办结。建立闭会期间代表建议办理工作机制，按照分级分类办理的原则，需要城区及以上层面办理的意见建议，均由常委会领导签发及时转交城区有关单位或上级人大职能部门办理，实现代表建议即时即办零积压。对重要建议强化跟踪督办，成立专门调研督办组跟踪督办，如2018年，常委会分别对田园综合体试点建设、加强右江河流养殖污染防治、收回已征收但未被利用土地、加快南宁老友粉产业发展、加强对农村公路管理养护问题等5件重要意见建议进行专题调研，提高代表建议办理质量。全年共办结代表建议115件，代表满意率为94.1%，基本满意率为5.9%。

五、时刻牢记责任担当，切实加强自身建设

常委会把自身建设摆在突出位置，全面加强政治、思想、组织、作风、能力建设，努力打造忠诚、干净、担当的干部队伍，全力提升常委会及人大机关工作整体水平。

工作作风更加严谨。强化作风转变，大力弘扬"事事马上办、人人钉钉子、个个敢担当"的工作作风。坚持求真务实，出实招求实效，制定全年工作方案，对每月工作提前研究、提前安排、提前抓实，做到工作有计划、负责有专人、落实有督促，确保各项工作圆满完成。坚决贯彻落实中央八项规定精神，严格执行市委和区委的有关规定，持之以恒反对"四风"。坚持民主集中制，做到集体行使职权，会议决定事项。坚持把调研服务作为做好人大工作的看家本领，常委会班子成员及各专工委干部坚持每周深入到基层一线开展调研和服务工作。

能力建设更加突出。深入研究推动人大工作与时俱进的思路举措，围绕党委有要求、法律有规定、群众有呼声的重大事项，全力提高依法开展监督、调研等履职活动的能力。坚持学习制度，全年召开常委会党组中心组学习会4次、专题理论学习会18次，举行法制讲座5次，举办常委会组成人员履职能力提升班及各类人大业务培训班2期。完成调研报告25篇，并将2018年度的各种调研报告汇编成册。

宣传工作更加有力。充分利用人大户外显示屏、宣传长廊和城区人大网站、镇

人大和街道人大工委网络平台、"微信公众号",广泛宣传党的十九大精神、习近平总书记关于坚持和完善人民代表大会制度的重要思想、代表活动情况和人大工作动态,使人大工作家喻户晓;充分利全国、自治区和南宁市人大的刊物、网站等宣传阵地以及各级新闻媒体、新闻网站,加大对人大重要会议、重大活动、代表履职先进事迹和理论研究的宣传力度,传播人大声音,讲好人大故事,做到广播有声、电视有像、报刊有文、网络有字,2018年共报送发表各类新闻信息780多篇(条),名列全市各县(区)第一,进一步扩大了西乡塘区的影响力。

联系交流更加密切。加强与兄弟城市县(区)人大的联系,推进相互交流交往,在互相学习中提升能力水平。完成了全国、自治区和南宁市各级人大到我城区调研、考察学习25批530多人(次)的接待任务;组织常委会组成人员、人大代表赴区内外学习先进经验,深化拓展对外交流。加强对镇(街道)人大工作的指导,推动镇(街道)人大工作步入规范化、制度化轨道。

各位代表,这些成绩的取得,是区委坚强领导的结果,是全体人大代表和常委会机关工作人员共同努力的结果,是城区人民政府、政协、监察委员会、人民法院、人民检察院和各镇人大、街道人大工委协同配合的结果,是城区各族人民和社会各界关心支持的结果。在此,我代表城区人大常委会,表示崇高的敬意和衷心的感谢!

回顾一年来的工作,我们也清醒地认识到,常委会工作与新时代新要求,与人大代表和人民群众的期望还有一定的差距和不足,主要是人大监督的刚性和实效仍

需增强,跟踪问效有待加强;讨论决定重大事项还需要深入探索;充分发挥代表主体作用的途径与方式有待创新;机关干部队伍建设水平和服务保障能力需进一步提高。我们将正视这些问题,虚心听取各方面的意见建议,采取有力的措施,切实加以改进。

2019年主要任务

2019年是新中国成立70周年,是全面建成小康社会的关键之年。城区人大常委会将高举习近平新时代中国特色社会主义思想伟大旗帜,全面贯彻党的十九大和十九届二中、三中全会精神,深入贯彻落实习近平总书记关于坚持和完善人民代表大会制度的重要思想,坚持党的领导、人民当家作主、依法治国有机统一,紧紧围绕区委第三次代表大会第三次年会确定的目标任务,勇于创新,担当作为,依法履职,不断提升新时代人大工作水平。

一、坚持提高政治站位,全力践行新时代人大新使命

坚定政治立场、把握政治方向。坚持以习近平新时代中国特色社会主义思想为根本遵循,全面贯彻落实习近平总书记关于坚持和完善人民代表大会制度的重要思想,牢固树立"四个意识",坚定"四个自信",做到"两个维护"。把学习贯彻习近平新时代中国特色社会主义思想作为人大系统学习培训的重要内容,落实到人大工作各方面全过程,推动新时代人大工作与时俱进、完善发展。注重发挥人民代表大会制度政治优势,依法依规行使重大事项决定权和人事任免权,通过法定程序保证区委

决策意图和重大部署得到贯彻落实。

坚持民有所呼、我有所应。牢固树立以人民为中心的发展思想，始终站稳人民立场，紧扣高质量发展，实施精准监督，切实谋民生之利、解民生之忧，促进发展成果全民共享。围绕补齐民生短板，以为民办实事项目为突破口，聚焦民生热点难题，找原因、提建议、促整改，努力让改革成果更加惠及人民。

坚持以良法发展、保障善治。深入贯彻全面依法治国方略，紧贴新发展理念、改革举措和法治要求，增强法律监督的针对性，有效督促严格执法、公正司法、全民守法，推动以良法促进发展、保障善治。

二、坚持正确监督、有效监督，全力提升监督实效

更加注重正确监督。紧紧围绕工作大局，坚持问题导向，找准监督工作的主攻点，确保监督一个议题，推动一项工作，解决一些问题。2019年，常委会将不断完善监督工作机制，积极探索运用法定监督方式，继续加强财政预决算监督，做好全口径预决算审查，借力专家、审计部门及基层代表对预算整体绩效开展绩效评价；重点建设好预算联网监督平台，发挥好平台的联网监督作用，充分运用"互联网+"和大数据技术提高预算审查实效；强化审计监督，抓住审计重点和方向，抓好审计查出问题整改；听取和审议城区政府国有资产管理情况工作报告，摸清家底，严格执行国有资产管理相关规定，防止国有资产流失。听取和审议脱贫攻坚工作情况、黑臭水体治理情况、农村集体产权制度改革情况等专项工作报告。选准议题开展专题询问并进行评议。对广西乡村清洁条例、传染病防治法、环境保护法等法律法规实施情况开展执法检查；开展学前教育、"七五"普法工作等专题调研；对城区为民办实事项目进行视察督办；对食品安全、环境污染等方面存在的问题进行跟踪督办。

更加注重有效监督。寓支持于监督之中，全力促进"一府一委两院"依法行政、严格监察、公正司法。2019年，常委会将在听取和审议专项工作报告，发挥监督职责的同时，通过交办具有前瞻性、建设性、适用性的审议意见，为区委科学决策、"一府一委两院"加强和改进工作提供重要参考。强化监督问效，对人大常委会审议的每一项重要议题，在注重会前调研、会中审议的同时，把会后督办、跟踪问效作为监督的重要环节，加强对审议意见的跟踪督办，推动审议意见从"纸上"落到"地上"，切实增强监督实效。

三、坚持人民当家作主，全力保障代表发挥主体作用

着力打造服务代表新格局。更加精准做好代表履职服务和管理工作，推进代表工作体制机制创新和平台载体规范化、最优化建设。积极探索有差别、更精准的方式方法，更有针对性地组织开展代表培训工作。扎实推进代表履职实体平台升级和网络平台建设，构建代表沟通交流新载体，构建代表履职线上线下互动新模式。继续把督办代表意见建议的办理作为发挥代表作用的支点来抓，制定代表意见建议办理办法，有针对性选择一批重点意见建议进行调研和延伸监督，召开领衔代表和承办单位双方沟通交流会，促进一批意见建议有效落实，努力做到交办快捷、承办快速、办结高效，对意见建议办结情况组织开展

"回头看"活动。

着力打造代表履职新格局。不断丰富闭会期间代表活动的形式和内容,组织代表参加各种视察、调研、执法检查和专题询问等活动,支持代表依法参与和管理国家事务。继续坚持以人民为中心的发展思想,密切常委会同人大代表、人大代表同人民群众的联系。持续围绕推动改善民生为主题,组织开展人大代表"两联系两走访"活动和"微信议政"活动,使之成为群众反映问题的窗口、代表履职的平台、常委会联系人民的渠道,使人大代表成为反映群众意愿的"代言人"、维护群众利益的"贴心人"、解决群众困难的"热心人"。持续深入开展"人大代表助力脱贫攻坚"活动,进一步凝聚代表在脱贫攻坚中的智慧和力量。进一步完善优化代表履职考核办法,精心组织好人大代表向选民述职评议工作,增强代表履职意识。

四、坚持与时俱进、完善发展,全面加强自身建设

努力建设"忠诚型"人大机关。教育人大干部要把对党绝对忠诚作为最基本的政治素养、最根本的政治要求、最重要的政治品格,始终对党保持赤诚之心。真正做到思想上发自内心认同,在行动上步伐一致看齐;真正做到党中央提倡的坚决响应,党中央决定的坚决执行,党中央禁止的坚决不做,确保上级政令畅通、落地生根,努力打造一支忠诚于党和人民事业的高素质人大干部队伍。

努力建设"担当型"人大机关。适应新时代发展需要,按照"担当为要、实干为本、发展为重、奋斗为荣"新要求,做到敢于监督、勇于监督、善于监督,对改革发展稳定大局、人民群众切身利益、社会普遍关注的问题,要勇于发出人大的声音;在调研"一府一委两院"工作时,要做到讲真话、实话,增强审议意见的精准性、有效性;对于常委会形成的决定、审议意见等,要加强跟踪落实服务,增强刚性监督,努力做到各项职能的行使落地有声、抓铁有痕,务求监督工作取得实效。

努力建设"服务型"人大机关。进一步解放思想、严肃纪律、整顿作风、提高效能,努力增强服务意识。要努力创新服务方式,把服务工作做得更深入、更细致、更到位。机关全体工作人员要认真履行岗位职责,为领导决策服务、为人大代表服务、为基层群众服务。做好各专题调研和代表视察活动的服务工作,做好代表参加"人大代表之家""基层立法联系点"和"微信议政"活动的服务工作;继续举办提高代表履职能力培训班;加强对镇(街道)人大工作的指导和服务;做好代表建议的办理工作;持续关注代表合法权益和人身安全。努力提升人大机关服务工作整体水平,让代表满意、让人民满意。

各位代表,伟大的新时代,赋予了人大更为光荣的新使命,呼唤人大作出更大的新作为。让我们更加紧密地团结在以习近平同志为核心的党中央周围,深学笃用习近平新时代中国特色社会主义思想,在区委的坚强领导下,不忘初心,牢记使命,真抓实干、善作善成、造福于民,奋力开创人大工作新局面,在"建设壮美广西、共圆复兴梦想"的新征程中,为全面落实强首府战略、谱写西乡塘区高质量发展新篇章作出积极贡献,以优异的成绩迎接中华人民共和国成立70周年！

区政府工作报告

陆广平区长在南宁市西乡塘区第三届人民代表大会第四次会议上作的工作报告

（2019年2月26日）

区长陆广平在大会上作工作报告

一、2018年工作回顾

过去一年，城区人民政府坚持以习近平新时代中国特色社会主义思想为指导，深入贯彻党的十九大和十九届二中、三中全会精神，深入贯彻习近平总书记对广西工作的重要指示精神，在自治区党委、政府，市委、市政府和城区党委的坚强领导下，在城区人大、政协的监督支持下，坚持稳中求进工作总基调，按照高质量发展要求，以迎接改革开放40周年和自治区成立60周年为契机，统筹做好改革发展稳定各项工作，迎难而上、克难攻坚，较好地完成了城区三届人大三次会议确定的目标任务，朝着实现全面建成小康社会的目标迈出了坚实步伐。

这一年，是西乡塘区坚持稳中求进、经济发展取得突破的一年。城区财政收入再创历史新高，达到44.67亿元，其中税收收入突破42亿元；本级工业增速居全市前列；实际利用外资增长240%。城区经济运行总体保持平稳增长、稳中有进、稳中向好的态势，全年地区生产总值（在地）增长3.5%，其中本级增长7.4%；财政收入增长24%；固定资产投资增长14.3%；本级规模以上工业增加值增长6.5%；社会消费品零售总额增长10.1%；全体居民人均可支配收入增长8.3%，其中城镇居民人均可支配收入增长8%；农村居民人均可支配收入增长9%。

这一年，是西乡塘区创新驱动和产业升级攻坚年，也是新旧动能转换加快的一年。土地资源保护和项目建设用地保障持续强化，11个重大项目实现用地出让。一批棚改旧改和产业项目实现开竣工，华润万象汇等大型商业综合体先后落地，老城区焕发出新气象。金陵大道、005县道等交通基础设施进一步完善，西乡塘产业园区第一条主干道基本通车，产业项目落地更多更快，城市发展空间不断向西拓展。

这一年，是西乡塘区坚持开拓创新、工作亮点不断涌现的一年。广西生态环境教育馆、美丽南方馆建成开放，美丽南方成为中国生态文明论坛南宁年会实地参观点，田园综合体项目获得第四届广州国际城市创新奖专家推荐奖项。社会治理持续优化，治安防控体系更加完善，人民群众安全感和满意度大幅提升。荣获全国法治县（市、区）创建活动先进单位、第五批全国民族团结进步创建示范区、自治区"四好农村路"示范县等称号，多项工作获得自治区级和市级奖项。

具体来说，我们突出抓好六个方面的

工作：

一年来，我们全力打好三大攻坚战，坚持底线思维，为决胜全面建成小康社会提供有力保障。

——防范化解重大风险攻坚战稳扎稳打。政府举债行为严格规范，融资平台公司监管深入推进，隐性债务存量稳妥处置、增量有效遏制，债务风险有效化解。严格控制一般性支出，其中"三公"经费支出同比下降12.17%，保障法定增长支出及民生支出，努力实现财政收支平衡。各类金融乱象整治有力，乱办金融、非法集资等违法违规金融活动专项整治深入开展。

——精准脱贫攻坚战初战告捷。计划脱贫的202户685人"八有一超"指标全部达标，入户核验、两级评议、审核公示公告等工作严格按时按质完成。扶贫与扶志、扶勤、扶德、扶智并举，24个扶贫产业项目取得实效，培育41位贫困村致富带头人，带动了1201户贫困户实现增收。道路、饮水、危旧房改造等基础设施建设扎实推进，"雨露计划"政策落实到位，基本公共服务水平进一步提高。

——污染防治攻坚战步步为营。河长制工作全面落实，"管治保"治水工作成为新常态，每条河道归属到人、责任落实到人、老百姓找得到人。沿河砂场、网箱整治工作基本完成。黑臭水体综合整治卓有成效，沿岸"两违"全面清理，市政管网错接混接改造任务全部完成，陈村、西郊、中尧3个集中式饮用水源水质达标率100%。扬尘污染实现长效治理，空气质量优良率达90.9%；PM10平均浓度为每立方米60微克，实现同比下降。

一年来，我们坚持质量和效益并重，全力夯实发展基础，不断推动产业转型升级。

——项目建设提速增效。城区领导联系服务的110个重大项目加快推进，投资总量和质量持续提升。地铁、城市东西向快速路、邕江沿岸综合整治和开发利用等区市重点工程涉及城区部分全面完成，步步高南城百货、河西标准厂房等重大产业项目推进加速，东海汽车车厢生产线、金焰燃气储备站、低碳节能环保玻璃深加工等13个项目开工，腾远、泉都、宁爵等建材项目竣工。城区人民政府与苏宁易购集团、康盛时代控股、南宁万昂投资等多家实力雄厚的企业签订投资合作协议，为项目建设储备了新动能。

——产业园区建设步伐加快。园区道路、污水处理厂等项目有序推进，安吉·华尔街工谷标准厂房二期项目加快实施，河西标准厂房一期主体工程竣工，金起桦农副产品加工等项目投产，入园项目达12个，总投资达35亿元。深入实施创新驱动战略，有效发明专利拥有量892件。安吉产业园华尔街工谷的科技企业孵化能力显著增强，入驻中小微企业达350家，成功举办第七届中国创新创业大赛广西赛区南宁市选拔赛暨第三届南宁市创新创业大赛。政产学研合作持续深化，城区人民政府与广西财经学院、广西国际商务职业技术学院、广西艺术学院等多家高校签订了战略合作框架协议。

——产业发展取得显著成效。新增一批工业项目竣工投产并稳定运行，广西化工研究院、华润水泥等2家企业被认定为自治区级研发中心，广发重工、南机环保等6家企业被认定为自治区级企业技术中心。安吉、北湖、水街等商业新区域快速发展，商贸体系功能建设不断完善，促进了现代服务业提速增效。龙门水都成为国家4A级旅游景区，青瓦房古村落成为广西五星级农家乐，老木棉匠园、金沙湖风景区、芦仙山休闲体育公园成为广西三星级乡村旅游区。城区荣获广西健康产业发展示范县区称号。

一年来，我们全面落实乡村振兴战略，做好产业发展和基础建设的文章，实现了农业增效、农民增收、农村发展。

——国家级田园综合体试点建设深入实施。全面落实"三位一体""三产融合""三生同步"的要求，加快推进美丽南方田园综合体建设，农村基础设施更加完善，农业生产经营体系持续4优化。富硒产业园等11个产业扶持项目和1.5万亩高标准农田项目全部开工，一批特色农业主题园区和展示馆建成开放，为打造全国性标杆新示范打下坚实的基础。

——农业产业转型升级。美丽南方等13个自治区级和市级示范区持续提升。农业发展结构进一步优化，柑橘等高效益水果种植得到大力发展，香蕉种植面积逐步消减，双定乳鸽、金陵龟鳖、坛洛沃柑、玉米等特色农业初具规模。推进自治区级西乡塘农业科技园区建设，建成葡萄、三红蜜柚等4个科技示范基地。农业新型经营主体规模不断扩大，农业生产企业达500多家，农民专业合作社227家，家庭农场41家，自治区级、市级农业产业化重点龙头企业8家。农村综合改革重点任务全面落实，农村土地确权登记颁证率达96.83%，累计流转耕地13.53万亩。中国（南宁）鲜食玉米大会、中国硒谷功能农业高峰论坛永久落户西乡塘。

——农村面貌持续改善。深入开展宜居乡村活动，围绕"五个一"目标和"十项进村行动"任务，分类实施、分类推进"一村一品"建设，"产业富民"成效明显；提前一年按"六有"标准完成50个村级综合服务中心建设任务，"六项服务"指标如期或超额完成，"服务惠民"实现全覆盖；"基础便民"专项活动目标任务顺利实施，改厨改厕全部完成，农村饮水安全巩固提升，污水处理项目全面推进，通信基站、网络建设实现全覆盖。被评为南宁市"宜居乡村综合示范城区"。

一年来，我们深入实施城镇建设，不断改善人居环境，城区综合承载力和影响力不断增强。

——棚改旧改项目加快推进。着力实施24个在建项目，推进23个前期项目和14个储备项目，取得了较好成效。通过土地5熟化人政策或国开行贷款落实15个项目的建设资金，正在加快房屋征收工作；原南地教育学院片区一期改造等6个项目实现土地出让，涉及改造面积306亩。推进安吉大塘片区3000亩土地纳入总规的前期工作。较好完成城镇保障性住房建设任务。

——城镇基础建设扎实推进。地铁2号线开通运营，3号、5号线建设工作有序推进，东西向快速路西段、友爱立交、秀灵立交、鲁班立交、清川立交等相继建成通车，城市交通网络日趋完善。500千伏金陵输变电工程和强站启动建设，双定镇、坛洛镇污水处理厂项目前期工作稳步推进，镇区道路交通、绿化照明、文化娱乐等设施逐步改善。双定镇、坛洛镇总体规划修编和金陵镇兴贤片区控制性详细规划编制取得初步成果；城区基本实现50户以上自然村村庄规划编制全覆盖。

——城市综合治理深入实施。严格落实执法程序，集体研究决定自由裁量处罚权，执法行为更加文明规范，城市治理法治水平不断提升。市容市貌整治、扬尘污染治理、国土卫片、城乡规划建设等执法力度持续加大，有效打击和遏制了规划建设违法犯罪行为。"强基础转作风树形象"三年专项行动深入开展，"721"工作法深入实施，城市管理队伍展现出新风貌。网格化管理全面落实，市容乱象得到有效治理，重要街区场所、主次干道干净整洁，住宅小区"五乱"发生率大幅下降。环卫清扫保洁面积增至1400万平方米，保洁质量有效提高，市政公用设施养护全面加强，城市广场和大街小巷更加整洁靓丽。

一年来，我们始终坚持共享发展，大力保障和改善民生，让发展成果惠及全体市民。

——民生投入持续增长。全年财政民生投入25.87亿元，占一般公共预算支出的83.17%。重点投入民生实事工程，惠及面更广、公共性更强，承办的自治区级、市级为民办实事工程和实施的10项城区级为民办实事项目全部完成。

——教育优先发展战略深入实施。"全国义务教育发展基本均衡县区"成果更加巩固，九年义务教育巩固率达101.37%，初中辍学率0.018%，为历年最低值；落实教育基础建设110项，购买学位4745个；安排外来务工人员随迁子女入学5.02万人。中考综合成绩优异，取得全市各城区"十三连冠"；21所学校新增为全国、全区级特色学校。新开办3所乡镇公办幼儿园，实现了每个乡镇都有公办幼儿园的目标。全国中小学校责任督学挂牌督导创新县（市、区）、全国社区教育实验区、自治区学前教育改革发展实验区、南宁市"区管校聘"试点县区等创建工作取得显著成效；顺利通过校外培训机构整治工作省际交叉检查。特殊教育覆盖面不断扩大，残疾适龄儿童入学率达93.7%。

——公共文化体育服务明显改善。村级公共服务中心、村屯社区业余文艺队、健身路径建设、公益电影放映、送戏下基层进校园、农家书屋等文化惠民项目越办越好，"平话山歌歌王争霸赛"等大型文化活动成功举办。"扫黄打非"稳步推进，文化市场管理更加规范有序。体育产业交流与合作进一步加强，成功举办广西轮滑公开赛、"三月三"东盟摩托车越野障碍赛、广西马术锦标赛等大型体育赛事；美丽南方休闲运动基地获评"广西体育产业示范基地"。

——卫生计生服务能力持续增强。"分级诊疗"、基本药物制度等综合改革全面落实，乡镇卫生院、社区卫生服务中心、公立医院开办的社区卫生服务站全部实行零差率销售，开展14项国家免费基本公共卫生服务和家庭医生签约服务。建成坛洛中心卫生院业务综合楼，改扩建4家社区卫生服务中心，在医疗机构7及公共场所建成一批母婴室。构建防艾基层三级防控体系和打击故意传播艾滋病部门联动体系，打造了国家级综合示范区检测治疗一站式示范点。基本通过全国爱卫办对南宁市巩固国家卫生城市工作的暗访评估。

——食品药品监管工作亮点凸出。以

创建国家食品安全示范城市为抓手,按照"四个最严"的要求,全面加强食品药品安全治理,获得全市落实食品安全党政同责督查评比第一名。以创新理念持续提升食品药品监管水平,快检小屋、基层所示范、无水厨房、校园义务监督员、学校食堂食材统一配送等工作经验,得到国家、自治区、南宁市的高度肯定,并在全区、全市推广。

——民生保障水平稳步提升。突出抓好高校毕业生等重点群体就业创业,失业人群再就业有效提升,城镇登记失业率2.81%,就业形势总体稳定。深入开展农民工工资专项整治行动,全年追回总金额204万元。城乡居民基本养老保险、医疗保险提标扩面,城乡低保标准和平均补助水平持续提高,特困人员供养、医疗救助、临时救助等制度全面落实。建成城市养老服务中心4个,其中新建项目1个,在建城市养老服务中心2个;建成社区日间照料中心24个,其中新建项目4个。

——社会治理进一步加强。扫黑除恶专项行动深入开展,形成了打击黑恶势力犯罪的压倒性态势,破获涉黑恶案件103起,打掉涉黑恶团伙67个,逮捕涉黑恶犯罪嫌疑人258人;打击和防范涉毒违法犯罪取得明显成效。推进综治信息系统、视联网、视频监控平台、数字城管系统深度应用,社会治理创新实现新升级。改革开放40周年和自治区成立60周年等重大活动期间的维稳、安保及环境整治任务圆满完成。深入推进安全生产领域改革,强化生产安全、消防安全、交通安全监管,没有发生较大以上生产安全事故,安全生产形势总体稳定。城区道路交通事故人民调解委员会荣获全国人民调解工作先进集体称号,得到国家司法部通报表扬。

一年来,我们加强政府自身建设,坚持创新治理、从严治政,政府公信力和执行力明显增强。

——行政服务效能进一步提升。严格按照自治区规定的时间节点和南宁市的安排,统筹推进政府机构改革各项工作。推行政务服务规范化和标准化,落实自治区政务服务"十三五"规划的要求新建城区政务服务中心,增加大厅面积,完善服务设施;健全基层政务服务和便民服务体系。落实"一事通办"改革措施,实现全城区80%以上的政务服务事项"最多跑一次"和"一次不用跑",让企业和群众办事更加方便快捷。大力推动城区政府网站向规范化、集约化、实用化、智能化发展。

——依法履职能力进一步加强。严格遵守宪法和法律,依照法定权限和法定程序行使权力、履行职责,把政府工作全面纳入法治轨道。加强政府规范性文件监督管理,深化行政执法体制改革,促进严格规范公正文明执法。重大项目、国资监管等决策程序更加完善,重大决策制度更加健全。依法接受城区人大及其常委会的监督,自觉接受城区政协的民主监督,共办理人大代表建议93件、政协提案100件,答复率和满意率均达100%。坚持听取各民主党派、工商联、无党派人士和人民团体的意见,自觉接受监察监督,主动接受社会和舆论监督。

——政府作风建设进一步深入。切实履行管党治党主体责任和"一岗双责",做到真管真严、敢管敢严、长管长严。锲而不舍落实中央八项规定精神,严格遵守国务院"约法三章",驰而不息反"四风",

坚决反对形式主义、官僚主义，坚决反对特权思想、特权现象。强化权力运行监督制约，加大对公共资金、国资国企、公共资源交易、群众身边腐败等重点领域监管，不断规范政府采购，提高采购效率，强化审计监督。坚持有腐必反、有贪必肃，巩固发展反腐败斗争压倒性态势，构建不敢腐不能腐不想腐的长效机制。一年来，审计、物价、粮食、统计、编制、机关事务管理、信息、保密、档案、地方志、科协、残联、红十字会、计划生育协会、老龄、妇女儿童和关心下一代等部门和单位都做了大量卓有成效的工作，取得了显著成绩。税务、国土、规划、金融、保险、邮政、电信、烟草、供电、铁路等驻我辖区的中直、区直和市直单位对城区经济社会发展给予了大力支持，作出了积极贡献。军民融合式发展扎实推进，国防动员和后备力量建设质量提高，国防教育、优抚安置、民兵和预备役建设、人民防空工作得到加强，军地双拥共建形成了许多好经验、好做法，军政军民关系更加密切。

各位代表！回顾奋斗历程，我们深切感到成绩来之不易。这是市委、市人民政府和城区党委正确领导的结果，是城区各族人民同心同德、顽强拼搏的结果。在此，我代表城区人民政府，向城区各族人民表示崇高敬意和衷心感谢！向各位人大代表、政协委员，向各民主党派、工商联、无党派人士，向各人民团体和各界人士，向驻西乡塘部队官兵，表示衷心感谢！向关心和支持西乡塘建设的港澳台同胞、海外侨胞和国际友人，表示衷心感谢！我们也清醒地看到，城区人民政府工作中还存在一些问题，主要表现在：一是创新驱动作用还没有充分发挥，拓展城市发展空间的措施还不精准，挖掘产业发展潜力的手段还不多，城乡规划和产业布局前瞻性不强，战略发展空间预留不足；二是受客观因素制约，新项目落地难度大，传统工业陆续外迁，工业增长后劲不足；三是服务业优势不突出，现代服务业特别是高端服务业比重较低，传统服务业转型升级有待加快；四是各类增资、增人需求逐年升级，政策性增支、民生支出等刚性支出持续增加，财政逐年负重前行；五是社会治理能力和水平与高质量发展要求还有较大差距，新形势下基层社会治理面临新挑战；六是政府职能转变还不到位，依法行政意识和能力有待增强，转变作风长效机制必须进一步完善，反腐倡廉任务依然艰巨。我们高度重视这些问题，将采取有力措施，切实加以解决。

二、2019年主要任务

2019年是新中国成立70周年，是全面建成小康社会关键之年，也是全面贯彻落实习近平总书记重要题词精神的第一年。做好2019年的政府工作，我们必须坚决维护以习近平同志为核心的党中央权威和集中统一领导，不折不扣贯彻落实以习近平同志为核心的党中央决策部署，在自治区党委、政府，市委、市政府和城区党委的正确领导下，把发展的方向、工作的重点和主观的努力结合起来，针对突出问题，打好攻坚战役，进一步抓重点、补短板、强弱项，努力开创政府工作新局面。

2019年政府工作的总体要求：坚持以习近平新时代中国特色社会主义思想为指

导,深入贯彻党的十九大和十九届二中、三中全会精神以及中央庆祝改革开放40周年大会、中央经济工作会议精神,全面落实建设壮美广西、共圆复兴梦想的总目标总要求,全面落实"三大定位"新使命和"五个扎实"新要求,全面落实强首府战略,坚持稳中求进工作总基调,坚持新发展理念,坚持推进高质量发展,坚持以供给侧结构性改革为主线,坚持深化市场化改革、扩大高水平开放,全力抓好稳增长、促转型、优生态、推改革、抓治理、惠民生等各项工作,把坚持和加强党的全面领导贯穿政府工作全局,真抓实干、善作善成、造福于民。

以新担当新作为奋力推动经济社会高质量发展,在建设壮美广西、共圆复兴梦想和谱写首府高质量发展新篇章的新征程中贡献西乡塘力量,以优异成绩迎接新中国成立70周年!2019年经济社会发展的预期目标是:地区生产总值增长7%以上,财政收入增长6%,固定资产投资增长9%,本级规模以上工业增加值增长5.5%,社会消费品零售总额增长9.5%,全体居民人均可支配收入增长8.5%,为实现上述目标,我们着力在以下六个方面狠抓落实:

(一)加快构建高质量发展的现代产业体系

围绕建设现代化产业体系,把发展经济的着力点放在实体经济上,把夯实产业发展基础作为主攻方向,全力培育"工业树",育护"产业林",坚定不移加快产业转型升级,促进新动能快速成长。

一是进一步明确产业发展定位。积极应对南宁市饮用水取水口上移带来的制约性影响,综合考虑城区的资源禀赋、环境承载能力、区位优势等因素,因地制宜发展生态康养、环保节能、智慧物流、新型建材、农副产品深加工等产业,推广节能、节水、节地、节材生产经营方式,大力推行清洁生产。用好金陵镇作为自治区级小城镇综合改革试点被赋予的建设规划审批权,强化规划编制管理职能;用好坛洛镇、双定镇总体规划修编成果,加快控制性详细规划编制。按照"统筹推进、产业需求、节约集约"的原则,进一步加快金陵东南、河西及兴贤片区的土地收储和挂牌出让,继续抓好双定坛立片区的土地收储和基础设施建设,逐步形成连片开发建设的发展格局,不断提升产业集聚发展的规模和质量。

二是加快推进产业园区开发建设。加大基础建设力度,继续完善产业园区1号路的配套设施,推进7号路的征地等前期工作,并综合考虑建设资金等因素,先期按照"四好公路"标准建设4号、6号路,加快构建园区骨架干道;推进东南、河西产业园的供水和污水处理厂等工程,以及供电、通信等设施,不断完善园区功能,满足入驻企业生产经营基本需要。积极争取自治区政府性债券用于园区基础设施建设,组织申报自治区、南宁市的产业园区基础设施建设补助资金,并采取政府与社会资本合作等投融资方式,争取更多社会资金投向基础设施项目。

三是构建工业高质量发展体系。破解制约城区工业发展的瓶颈障碍,不断培育新的工业增长点,努力构建供给质量更高、要素结构更优、创新创业更活的工业高质量发展体系。着力发展现代物流业。充分利用辖区较为完善的交通路网,大力发展绿色供应链、智慧物流、冷链物流，重点推进东南产业园的步步高南城百货、苏宁易购、万昂电商等智慧物流项目，引导物流业向园区集聚发展；推动宇培、宝湾等冷链物流项目落户坛洛，不断延伸城区物流网络。提升制造业竞争优势。推进金陵河西产业园标准厂房、环保塑胶地板生产线，以及双定坛立片区的低碳环保玻璃深加工、燃气储配站等项目；依托河西产业园和坛立工业园的开发建设，继续布局桂友电缆等制造业项目。重点推进华润千万吨级骨料等建材项目，推动腾远、宁爵、福松、泉都、御倚仟等建材企业上规模，加快传统建材产业向绿色化、高端化转型发展。继续抓好金陵农牧集团农产品加工、五福生食品加工等项目，大力发展农副产品加工产业，提升农产品初加工水平和加快精深加工发展。着力发展节能环保产业。重点推进华润利用水泥窑协同处置生活垃圾、腾龙双定城镇污水厂污泥生物处理中心、高斯特综合利用动植物油脂生产工业用精油等循环产业项目，以及华润风能等新能源项目，做好资源回收综合利用，积极发展新能源和可再生能源，提高节能环保产业发展水平。

四是推动服务业高质量发展。聚焦六大商业新区域，加速服务业态模式创新，增强服务经济发展动能，推进服务业向精细化和品质化转变。

优化服务业发展布局。加快大塘片区土地开发利用，继续抓好美的慧城等项目，引进一批大型商业综合体，大力发展高端服务业，推动安吉CBD持续升级；抓住重点工程实施、房地产开发、棚改旧改、道路拓宽等城市建设的机遇，加快北湖、五里亭、三华等商业新区域提档升级。大力发展生态康养产业。鼓励和引导社会资本投入生态康养产业，在美丽南方、金陵兴贤、坛洛万礼云山等片区开发培育一批特色突出、功能多元、集现代农林医养休闲等要素为一体的生态康养产业园区或产业集群。加快发展休闲旅游产业。大力推进全域旅游发展，促进旅游与其他产业深度融合，打造全国性休闲旅游目的地。引进和培育一批旅游重大项目，加快推进美丽南方、龙门水都、老木棉匠园等特色旅游区建设，开发休闲旅游、乡村旅游、健康旅游等产品，加大与区内外的旅游合作，包装和推广一批具有独特地域特色、民俗特点的精品线路，争创广西全域旅游优秀县区。适应房车自驾、骑行绿道、通用航空、健康养生等新业态发展，合理规划建设配套设施，完善公共服务体系。

（二）在更高起点上推动改革开放和优化营商环境

贯彻落实习近平总书记在庆祝改革开放40周年大会上重要讲话精神，以全面深化改革为动力，以优化营商环境为保障，加快培育城区竞争新优势。

一是全面深化重点领域改革。坚持以供给侧结构性改革为主线不动摇，贯彻落实"巩固、增强、提升、畅通"八字方针，继续抓好化解过剩产能工作，降低全社会各类营商成本，加大基础设施、新兴产业等领域补短板力度。深入推进政府机构改革，打好职能调整、机构重组、简政放权、政事分开的组合拳，推动政府部门职能配置进一步优化、工作效能进一步提升，构建精干高效的政府机构职能体系。深入推进财税改革，落实部门预算管理改革各项任务，不断提高财政管理水平；做好税务机构改革后业务融合及职责划转等相关工作。深入实施大数据战略，落实数字广西、数字南宁建设的部署要求，打造高效协同的数字政府，推进新型智慧城市建设，推动数字产业化、产业数字化，全面加强网络和数据安全。

二是全面推进"重大项目建设攻坚突破年"活动。做好重大项目建设提升年度计划，突出重大基础设施、新兴产业、科技创新、棚改旧改、生态环境、社会民生等重点领域，着力抓好华润千万吨级骨料、桂友电缆等15个项目实现开工，华润风电等15个项目竣工投产，谋划储备苏宁智慧物流园等项目30个以上，力争重大项目总数超过120个、固定资产投资总量超过120亿元。继续实施处级领导服务推进重大项目工作机制，建立部门联席会议制度，协调推进城区重大项目，形成一级抓一级、层层抓落实的工作局面。通过重大项目手机APP等技术手段，实时掌握项目进度，充分做好全程跟踪服务，及时有效解决项目推进中遇到的突出问题。以国有土地上房屋征收管理权限下放为契机，优化精简征收流程，压缩审批时间，切实保障好重大产业项目和棚改旧改项目用地，进一步加快项目落地进度。

三是全面推进"产业大招商攻坚突破年"活动。建立健全招商引资制度，制定出台招商引资考核办法，完善重大招商项目快速落地机制。以产业链分析为基础，以构建中高端产业链为目标，按照"一个产业、一名领导、专题招商、强力推进"的招商模式，组织开展精准招商、产业链招商，掀起主动出击引进大型优质项目的新热潮。加强产业发展前瞻性、支撑性研究，围绕乡村振兴、绿色发展、全域旅游等重点工作部署，瞄准先进设施制造、节能环保、生态康养等产业，就产业链发展突破口、招商重点产业进行分析，筛选研究产业招商重点目标企业。力争年度实际到位资金超过80亿元，其中全口径实际利用外资超过1亿美元。

四是全面推进"优化营商环境攻坚突破年"活动。深入学习贯彻习近平总书记在民营企业座谈会上的重要讲话精神，建立重点扶持民营企业清单，出台扶持政策和措施，营造更加有利于民营企业发展的良好环境。强化政府服务企业意识，明确政府工作人员与企业交往负面清单，建立正向激励、负面清单与容错纠错相结合的机制，构建"亲""清"新型政商关系。聚焦影响企业和群众办事创业的堵点痛点，集中整治营商环境突出问题，切实简政放权、优化服务、提高效率，打造公平透明、可预期的营商环境。深入落实"放管服"改革，加快推进行政审批标准化建设，推行"一事通办"，优化"全链条审批"新模式，推行"套餐定制式"一体化、精准化政务服务。开展"354560"提速行动和"减证便民"行动，进一步优化审批流程，压缩企业开办时间。探索推进"互联网+政务服务"，以审批智能化、服务自动化、办事移动化为重点，把实体大厅、网上平台、移动客户端、自助终端、服务热线等结合起来，实现线上线下功能互补、融合发展。

五是全面推进大众创新万众创业。坚定不移实施创新发展战略，按照"前端聚焦、中间协同、后端转化"的要求，构建创新与产业相互连通的桥梁，激发实体经济活力。以安吉产业园华尔街工谷为重点，大力扶持发展多种形式的新型创业孵化平台，建设发展市场化、专业化、集成化、网络化的众创空间型创业园，为创业者提供"一站式"创业服务。支持引导高等院校、科研院所与辖区企业开展深度合作，共同开展技术攻关与产品创新，共建或提升企业研究中心或技术中心，建立博士后工作站，完善科企联合工作站服务平台，促进科技成果转化和产业化。推进知识产权工作，挖掘城区发明专利潜力，进一步提升发明专利质量。

（三）推动乡村振兴战略向纵深发展

突出关键环节和重点领域精准发力，推动乡村振兴战略全面实施、开花结果，促进农业全面升级、农村全面进步、农民全面发展。

一是全力打好脱贫攻坚战。贯彻落实中央脱贫攻坚战三年行动指导意见的要求，在保持政策连续性、稳定性的基础上，聚焦特殊困难贫困人口，重点解决好实现"两不愁三保障"面临的突出问题，对已脱贫人口继续强化帮扶，脱贫不脱帮扶、脱贫不脱政策、脱贫不脱项目。瞄准特定贫困群众攻坚，将因病、因残、因老等原因导致部分或完全丧失劳动能力、生活自理能力的建档立卡贫困人口作为攻坚重点，更多地注重通过保障性扶贫，解决学有所教、病有所医、住有所居等最低底线需求。全力打好产业扶贫硬仗，集中力量培育特色产业，着力扶持培育城区级"5+2"和村级"3+1"特色扶贫产业，扩大贫困村贫困户受益面，力争实现全覆盖。大力扶持村级集体经济，探索建立村级集体经济发展新模式，努力实现贫困村（脱贫村）村级集体经济2019年达到4万元、2020年达到5万元的目标。继续加大贫困村基础设施建设力度，提高道路硬化率和建设质量，实施农村人饮安全巩固17提升工程和贫困户危房改造工程；加强教育、卫生、环保、污水处理等公共服务设施建设，提升农村基本公共服务水平。

二是高标准推进田园综合体试点建设。加快产业体系提档升级。继续抓好2018年以来实施的3.1万亩高标准农田项目和24个产业化扶持项目。用好农发专项资金，重点扶持富硒农业产业园、灵湾现代农业科技示范园、太阳谷智慧农业园等产业龙头项目，推进石西片区生态型土地整治、山水林田湖草示范、乡村振兴示范村、知青村等建设项目。加大开放招商力度。大力吸引社会资本投入，引进有较强竞争力的大项目，延伸完善综合体产业链条。力争全年引进项目12个以上，其中投资超亿元、用地超千亩的项目3个以上，社会资本投入8亿元以上。加强品牌宣传和整合营销。建立和完善政企联手、部门联动的营销机制，构建政府整体形象宣传和企业产品促销统分结合的宣传营销体系。创新旅游营销手段，加强与辖区高校的战略合作，积极发展电子商务，综合运用阿里巴巴"农村淘宝"等线上运营平台及各类新媒体资源开展宣传营销活动。继续办好美丽南方休闲农业嘉年华、农民丰收节、富硒功能农业论坛、乡村论坛等活动。构建更加完善的运营管理体系。由国有平台公司对综合体内的国有资产进行统一运营和管护，建立健全各村"两委"、村民理事会、企业商会、行业协会等共同参与、合作运营的管理机制。

三是强化现代农业发展基础。实施现代特色农业示范区建设增点扩面提质升级三年行动方案，不断提升示范区创建数量和质量，重点抓好美丽南方、金陵鸡产业、双定顶哈鸽产业等示范区，推动示范区产业升级、技术升级、管理升级，促进示范区由核心区向拓展区、辐射区延伸。大力培育发展农业龙头企业、农民专业合作社、家庭农场等新型农业经营主体，提高农户组织化程度，把小农生产引入现代农业发展轨道。完善田间配套、"五小水利"等小型农田水利设施，加快农机装备产业转型升级。不断深化农村改革，推进农村土地承包经营权确权登记颁证，抓好农村"三资"清产核资、农村土地"三权分置"、农村集体产权制度改革等工作。

四是开展"美丽西乡塘"乡村建设提升行动。巩固美丽乡村建设成果，持续开展"三清洁"提升行动，综合整治农村人居环境，补齐突出问题短板。继续抓好产业富民、服务惠民、基础便民专项活动，创建自治区级基础便民示范县区。启动实施"幸福乡村"活动，与脱贫攻坚、乡村风貌提升三年行动、产业发展基础设施公共服务能力提升三年行动等结合起来，统筹谋划、有效衔接、加强联动，逐步实现环境秀美、生活甜美、乡村和美。实施农村人居环境整治三年行动方案，深入推进农村生活垃圾治理，坚持不懈推进农村"厕所革命"，持续提升村容村貌，完善建设管护机制，实现村屯"硬化、净化、绿化、亮化、美化"。

（四）全方位推进生态宜居城区建设

牢固树立和践行绿水青山就是金山银山的理念，坚持治水、建城、为民，大力推动绿色发展，让西乡塘更加生态宜居宜业。

一是加快推进棚改旧改和征地拆迁。注重连线成片、集中突破，高标准实施棚户区改造和"三旧"改造，努力实现群众居住水平和生活质量较大提高，周边地区人居环境明显改善。积极探索政府购买棚改旧改服务新模式，力争突破政策瓶颈，多渠道筹集建设资金，按照"实施一批、推进一批、储备一批"的工作思路，重点抓好南铁、屯渌一队、陈东村、南棉旧改二期、北大客运中心、水街剩余地块、北湖水泥厂、北湖小区、五里亭等片区的棚改旧改，力争年内新增一批开工建设项目。科学制定征地拆迁计划，加快推进地铁、快环综合整治、城市南北向快速路等自治区、市重点工程，以及城区重大项目的征地拆迁工作，为项目建设提供坚实的用地保障。

二是持续加强城镇基础设施建设。结合南宁市规划建设的城市主干道路、快速路及城区实际，加快推进支路网建设改造，提高道路网密度。重点推进安吉片区路网优化升级，有序推进安吉规划1号、2号路、桃花源路、吉园街，以及大塘片区道路、安文街、乐安街等工程；加快棚改旧改项目周边道路建设，重点推进南棉旧改片区明唐路、衡南路、屯渌村丰达东一路和银雪面粉厂片区道路等工程。继续推进324国道改扩建、南宁西站大道等项目，在三镇实施一批道路交通和公共服务配套基础设施工程，提高小城镇承载功能，带动城镇化建设发展。

三是深入实施污染防治攻坚。巩固提升蓝天保卫战成果。强力推动中心城区污染企业彻底关闭或搬迁，深化工业燃煤污染治理，推广清洁能源应用；强化扬尘管控，推行绿色施工，确保PM2.5、PM10稳定达标。深入推进水流域环境综合治理，落实邕江上游引水一期工程饮用水保护区防护措施，确保南宁市饮用水安全。继续全面推行河长制，加强河长巡河工作，采取"一河一策"推进辖区内河综合整治。落实中央环保督察"回头看"整改要求，对黑臭水体再排查、再整治、再推进，抓好直排口截污截流整治、污水收集处理系统"提质增效"、严查排污许可及清淤疏浚等工作，加强黑臭水体河段垃圾清理和乱象整治，真正实现长治久清。深入推行垃圾分类处理，加大执法力度，健全激励惩戒机制，完善生活垃圾分类收集、分类运输体系，创建生活垃圾分类示范片区。

四是大力推进依法治理城市。进一步加大城乡国土规划执法力度，严肃查处违法用地违法建设行为，依法实行责任追究，严厉打击妨碍城乡国土规划执法的暴力抗法行为。推进城市管理领域体制改革，明确城市管理主管部门职责、执法范围、机构设置、权力清单和执法主体，落实执法重心下移和执法事项属地化管理。加强城市管理执法机构和队伍建设，提高管理、执法和服务水平。深化创新"整洁畅通有序大行动"，实施城市精细化管理，提升城市治理体系和治理能力现代化水平。围绕重要街区场所、农贸市场、城中村和城乡结合部、背街小巷、公园广场、居民小区、城市出入口、沿江沿湖等重点区域进行集中整治，彻底清理摊点乱摆、垃圾乱扔、工地乱象、"泥头车"违规运行、户外广告招牌不规范设置等乱象。

（五）坚持在发展中保障和改善民生

坚持以人民为中心的发展思想，扎实办好各项民生实事，让人民群众有更多、更直接、更实在的获得感、幸福感、安全感。

一是优先发展教育事业。巩固提升义务教育均衡水平。推进学区制改革和城乡共同体结对帮扶，加大校长、教师培训和交流力度，引进基础教育高层次人才；新改扩建一批中小学，新增一批学位，扩大基础教育学位供给，推动优质教育资源向农村地区覆盖；大力发展素质教育，加强德育、体育、美育，持续提升教育质量。着力解决"择校热""大班额"等突出问题，努力让每个孩子都能享有公平而有质量的教育。不断完善公共教育服务体系。支持和规范民办教育，实施民办教育健康发展工程，提升民办学校办学水平；促进学前教育普惠健康发展，创建自治区学前教育改革发展实验区；实施第二期特殊教育行动计划，开展重度三类残疾儿童送教上门工作，抓好残疾儿童学前教育。深入推进教育现代化建设。持续深化教育体制机制改革，加强对教育改革的统筹谋划和推进落实。建立健全现代学校制度，落实学校办学体制、人才培养体制、考试招生制度、教育评价制度等改革任务，全力推动教育信息化。

二是推动文体事业和文体产业发展。培育和践行社会主义核心价值观，深化精神文明建设，挖掘好保护好利用好红色文化、土改文化、农耕文化。实施文化精品创作工程，组织开展南宁国际民歌艺术节"绿城歌台"暨西乡塘区香蕉文化旅游节、美丽南方休闲农业嘉年华等文化活动，加快重大文化设施建设，打造有影响力的文化品牌。积极推进"扫黄打非"工作，组织开展文化市场专项治理整顿，净化辖区社会文化环境，推动文化市场长期繁荣稳定。完善基础体育设施建设，构建覆盖城乡、布局合理、资源共享、便利民众的基本公共体育设施体系。引导社会资本投入，推动体育产业加快发展，将美丽南方打造成为国家级运动休闲特色小镇，将龙门水都打造为体育休闲景区，继续办好一批重大体育赛事。

三是加强公共卫生服务体系建设。持续深化医药卫生体制改革，推进医疗联合体建设，扩大分级诊疗试点范围，推动家庭医生签约服务扩面提质。实施"互联网+医疗"和智慧健康项目，实现基层医疗机构互联互通、资源共享。深入开展基层中医药服务能力提升工程，确保通过全国基层中医药工作先进单位复审。继续做好防治艾滋病攻坚八大专项工程和第三轮全国艾滋病综合防治示范区终期评估工作。实施基层医疗服务质量提升工程，推动优质医疗资源和优秀人才双下沉，加强基层医疗卫生机构规范管理。将金光卫生院、坛洛中心卫生院打造为新一轮的医养结合试点。继续推进计划生育服务管理综合改革，加强出生人口性别比综合治理，有效保障妇幼保健服务供给，做好流动人口均等化服务工作。推进创建国家食品安全示范城市各项工作，深化食品药品重点对象、重点场所、重点产品、重要环节的专项整治，强化食用农产品质量安全监管，确保群众"舌尖上的安全"。

四是扎牢织密民生保障网络。坚持就业优先战略和积极就业政策，推动实现更高质量和更充分就业，力争2019年城镇新增就业保持在1.5万人以上，失业率控制在3.6%以内。鼓励创业带动就业，建设大学生创业孵化基地和创业园区，实施全民技能培训计划。稳步提高社会保险待遇水平，对城乡重度残疾人、贫困残疾人、城镇"三无"人员、农村五保供养对象、城乡低保对象给予参保补贴，实现应保尽保、应缴尽缴。全面开展低保审批权限下放乡镇、街道工作，提高认定低保对象精准度，优化审核程序和缩短审批周期。鼓励社会资本举办养老机构，优化社区居家养老服务。推进劳动保障监察机构标准化、人员专业化、执法规范化、监管一体化建设，加强部门联动执法，打击非法用工、拒不支付劳动报酬等违法犯罪行为，切实保障农民工工资支付。

五是打造共建共治共享的社会治理格局。全面开展义务大巡防，严厉打击和有效防控各类违法犯罪活动，纵深推进扫黑除恶专项斗争、打击传销及禁毒工作，持续提升社会管控能力，确保辖区社会和谐稳定。进一步完善镇、街道综治中心和基层网格员队伍，实施"雪亮"工程，建设视频监控系统，推进基层网格化信息化管理，加强基层治理能力。加强普法长效机制建设和法治文化宣传，优化公共法律服务，完善社会矛盾纠纷多元化解机制。落实落细安全生产责任制，完善消防、建筑安装、道路交通、危爆物品等重点领域的安全生产监管机制，坚决遏制重特大生产安全事故发生。抓好老口航运枢纽工程、邕宁水利枢纽工程移民安置扶持政策落实和安置区基础设施建设工作。提高新形势下民族宗教工作水平。切实做好双拥优抚安置、国防动员、人民防空等工作，推动军民融合深度发展。进一步加强打私、统计、应急、气象、档案、保密、地方志等工作。

（六）建设对党忠诚、人民满意的服务型政府

我们将严格按照习近平总书记提出的"五个过硬"要求，坚持对党绝对忠诚，坚持以人民为中心，切实转变职能，狠抓工作落实，创造性地开展工作，奋力开创政府工作新局面。

一是提高政治站位。自觉以习近平新时代中国特色社会主义思想为指导，牢固树立"四个意识"，坚定"四个自信"，坚决维护习近平总书记在党中央、在全党的核心地位，坚决维护党中央权威和集中统一领导，始终在政治立场、政治方向、政治原则、政治道路上同以习近平同志为核心的党中央保持高度一致。深入贯彻落实习近平总书记重要题词精神，坚定理想信念，更加自觉地践行党的根本宗旨，着眼"建设壮美广西、共圆复兴梦想"谋划和推动城区工作，自觉在服务全国、全区、全市大局中提高自身发展水平。认真开展"不忘初心、牢记使命"主题教育，扎实推进"两学一做"学习教育常态化、制度化。

二是加强依法行政。把政府工作全面纳入法治轨道，严格遵守宪法法律，不断提高运用法治思维和法治方式推动工作的能力。严格规范文明执法，全面落实行政执法责任，坚持有权不可任性、用权必受监督。加强法治教育，实施"七五"普法规划，完善公共法律服务体系，让尊法学法守法用法成为全社会的共同追求和自觉行动。认真执行城区人大及其常委会的决议决定，办好人大代表建议和政协提案，广泛听取民主党派、工商联、无党派人士和各人民团体意见。健全行政决策机制，对涉及重大公共利益、群众切身利益的事项，广泛听取各方面意见。加大政府信息公开力度，加强政策解读，强化舆情分析应对，主动回应社会关切，接受人民监督。

三是持续改进作风。严格执行中央八项规定，坚决反对特权、不搞特权，把整治形式主义、官僚主义作为正风肃纪、反对"四风"的首要任务和长期任务，时刻防范"四风"隐形变异新动向。发扬求真务实精神，大力提倡下基层调查研究，扑下身子、沉到一线，精选主题蹲点调研；全面推行"一线工作法"，坚持在一线发现问题、在一线解决问题、在一线服务项目和企业。坚持党的群众路线，更加善于做好新形势下的群众工作，学会与群众面对面、心贴心，始终与群众站在一起、想在一起、干在一起，努力赢得群众的信赖和支持。进一步加强工作落实，提倡脚踏实地、久久为功，以钉钉子精神确保每一项工作、每一条措施都落到实处。

四是深化廉政建设。落实全面从严治党主体责任，深化廉政风险防控，持续开展专项整治，以深化改革铲除滋生腐败的土壤，推动政府系统党风廉政建设向纵深发展，一体推进不敢腐不能腐不想腐。严防严惩重点领域腐败问题，继续向群众身边不正之风和腐败问题亮剑，持续深化扶贫领域腐败和作风问题专项治理。加强公共资金、国有资产和领导干部经济责任审计监督，强化审计结果运用，完善审计与纪检监察、司法的协调衔接，进一步规范和制约权力运行。严格执行廉洁自律准则和纪律处分条例，强化监督执纪问责，保证干部清正、政府清廉、政治清明。

各位代表,宏伟蓝图令人鼓舞,美好愿景催人奋进。让我们紧密团结在以习近平同志为核心的党中央周围,在自治区党委、政府,市委、市政府和城区党委的坚强领导下,真抓实干、善作善成、造福于民,努力在决胜全面建成小康社会上走在前列,为建设壮美广西、共圆复兴梦想作出新的更大贡献,以经济社会发展的优异成绩迎接中华人民共和国成立70周年!

附件1

2018年城区级为民办实事工程完成情况表(共10大项29个子项)

序号	项目名称	主要内容	牵头单位	完成情况
1	教育惠民工程	(1)中小学运动场维修改造项目:为8所中小学维修改造运动场。	教育局	全部完成维修改造并交付学校使用。【已完成】
		(2)农村义务教育家庭困难寄宿生生活资助项目:对农村义务教育阶段家庭经济困难寄宿生按照平均每生1000元(小学)、1250元(初中)的标准给予生活费补助。		全年补助资金300.4万元,受惠学生5067人次。【已完成】
		(3)中小学校教学设备配置项目:为7所学校配备106套多媒体教学设备。		106套多媒体教学设备已验收并交付使用。【已完成】
2	食安惠民工程	(4)建立农药残留监测站:为17个农贸市场配备快检设备。	食药监局	快检设备已配发给17个农贸市场。【已完成】
		(5)学校食品药品科普教育站:在2所学校建立食品药品科普教育站。		建成2个科普宣传站。【已完成】
3	健康惠民工程	(6)农村贫困人口免费参加医疗保险项目:为辖区农村低保户、残疾困难人员、计生双女户(独生子女户)、建档立卡农村贫困人口解决2018年城乡居民医疗保险个人缴费部分(每人180元)。	人社局	2018年城乡居民基本医疗保险参保免交人员共23652人,全部免交人员已参保,相关数据录入医保系统,将免交人员的参保资金划拨城乡居民基本医疗保险基金专户。【已完成】
		(7)坛洛中心卫生院新业务大楼设备配置项目:为2018年新建的坛洛中心卫生院配置必需的医疗、护理设备。	卫健局	已完成设施配备。【已完成】
		(8)母婴建设项目:辖区公共场所规范建设9间母婴室。		9间母婴室已建成并投入使用。【已完成】

续表1

序号	项目名称	主要内容	牵头单位	完成情况
4	科技惠民工程	（9）科技创新项目：实施科技项目18个以上。	科技局	按进度要求完成。【已完成】
		（10）贫困村科技支撑项目：根据贫困村产业需求，培训贫困户和致富带头人1500人次。		开展贫困户和致富带头人相关科技培训共28期，累计培训2199人次。【已完成】
		（11）科技普及项目：举办大型科普活动。		在双定文化广场开展全国科普活动周西乡塘区活动。【已完成】
5	文化惠民工程	（12）文化进基层项目：①扶持男子篮球队1支、男子足球队1支、男子气排球队1支、女子气排球队1支；②扶持城区业余文艺队6支。	文新体局	完成扶持任务，指导开展体育、演出。【已完成】
		（13）公共文化基础设施建设项目：①为3个村屯建设篮球场；②在社区、街头绿地新增6套户外全民健身路径器材。		安装完成3个篮球场，6套健身路径。【已完成】
6	就业惠民工程	（14）为社区、行政村配备社保业务专用电脑项目：完善新农合与城镇居民医疗保险合并后的相关操作系统，为64个行政村、64个社区配齐电脑等专用设备，提高社保服务水平。	人社局	已配备相关设施。【已完成】
		（15）建设完善劳动就业服务保障平台项目：提高劳动就业服务水平，规范城乡居民养老保险档案管理，配齐档案密集柜等专用设备。		全部安装完成。【已完成】
7	强基惠民工程	（16）村（社区）一站式服务大厅建设项目：2018年完成5个村（社区）一站式服务大厅建设任务。	民政局	5个项目全部建成。【已完成】
		（17）农村危房改造项目：对农村贫困户的危房进行改造建设。	住建局	全部建成并拨付补助资金。【已完成】
		（18）"基础便民"——村屯公共照明试点项目：在试点村屯安装照明设备。		5个村屯项目全部竣工。【已完成】
		（19）"基础便民"——农村改厨改厕项目：对农村厨房和厕所进行改造建设。		改厕开工7575户，完工7208户；改厨开工7475户，完工7076户，总体开工率107.5%，竣工率102.03%。【已完成】

续表2

序号	项目名称	主要内容	牵头单位	完成情况
8	市政惠民工程	（20）公厕立体绿化建设工程项目：立体绿化、花架焊接、花箱安装、种植绿色植物、安装自动喷淋系统。	环卫站	完成江北大道2、4、8号等3座公厕立体绿化建设，绿化面积共750平方米。【已完成】
		（21）南铁垃圾转运站设备提升改造项目：拆除老旧平行压缩设备，安装新的垂直压缩设备，提升垃圾压缩能力。		已交付使用。【已完成】
9	畅通惠民工程	（23）通屯道路畅通项目："三镇一办"非贫困村通屯道路建设工程约40千米。	交通运输局	完成建设39.29千米，累计投资3045.58万元。【已完成】
		（24）道路硬化、改扩建项目：硬化、改扩建7条通屯道路。	水库移民局	全部竣工。【已完成】
10	平安惠民工程	（25）公安二级合成作战研判平台整合升级建设三期工程项目：在2016年、2017年公安二级合成作战研判平台整合升级一、二期工程共建成114个微卡口的基础上，再续建60个街道小巷出入口的微卡口系统。	公安分局	安装调试完成。【已完成】
		（26）派出所综合指挥调度室建设项目：用3年时间分三期建设18个派出所综合指挥调度室，2017年已建成第一批6个综合指挥调度室，在此基础上再续建6个综合指挥调度室。		安装调试完成。【已完成】
		（27）高清无线图传系统项目：推进高清无线图传系统建设，保证500—1000路网线网络传输，便于辖区单位、个体经营户自建的视频监控系统组网并联，完善社会治安防控视频联网建设。		安装调试完成。【已完成】
		（28）消防卷盘安装项目：针对城中村出租屋狭窄、消防设施缺失的现状，安装300个消防卷盘。	消防大队	全部安装完成。【已完成】
		（29）各镇、街道无人管理小区灭火器配置项目：为辖区内无人管理小区增配灭火器等消防设施。按每个镇（街道）200具的标准配发，共计2200具，由各镇政府、街道办事处根据本辖区实际情况合理配发到小区。		配发完成。【已完成】

附件2

2019年城区级为民办实事工程建议表（共10大项23个子项）

序号	项目名称	主要内容	牵头单位	配合单位
1	教育惠民工程	（1）农村义务教育家庭困难寄宿生生活资助项目：对农村义务教育阶段家庭经济困难寄宿生按照平均每个小学生1000元、初中生1250元的标准给予生活费补助。	教育局	财政局相关学校
		（2）特殊教育资源教室建设项目：为2所小学建设2间特殊教育资源教室，建设内容包括：教室改造、特教教具、康复设备等。		
		（3）中小学运动场维修改造项目：为7所中小学维修运动场、跑道共17750平方米。		
2	健康惠民工程	（4）基层医疗机构环境保护项目：为石埠、安吉、金陵、那龙、富庶、上尧卫生院（社区卫生服务中心）新建污水处理设施；为双定卫生院配置污水处理设备。	卫计局	财政局相关卫生院
		（5）社区卫生服务中心建设项目：为2个基层社区卫生服务中心配置医疗设备。		财政局相关卫生服务中心
3	文化惠民工程	（6）文化进基层项目：①扶持城区业余体育队伍4支；②扶持城区业余文艺队6支。	文新体局	财政局相关镇政府、街道办事处
		（7）公益电影放映项目：农村电影公益放映744场，社区电影公益放映768场。		
		（8）公共文化基础设施建设项目：①为5个村屯建设灯光篮球场；②在社区、街头绿地新增7套户外全民健身路径器材；③为每个行政村配送2张乒乓球桌；④为10个行政村建设文化活动室；⑤为2个社区建设流动书屋；⑥对社区室内气排球场进行提升改造；⑦为坛洛镇群南村建设1个戏台。		财政局相关单位
4	就业惠民工程	（9）技能培训促进就业项目：为农村富余劳动力人群提供更灵活便捷的职业培训途径，以国家职业资格鉴定为导向，采取"政府买单农民点菜"、定点培训机构承办、政府直接购买成果的形式，开展职业技能培训。	人社局	财政局相关镇政府、街道办事处
5	科技惠民工程	（10）科技创新项目：实施科技项目19个。	科技局	财政局相关镇政府、街道办事处
		（11）贫困村科技支撑项目：为贫困村选派科技特派员12人，根据贫困村科技需求，培训群众1500人次以上。		财政局相关镇政府、街道办事处

续表1

序号	项目名称	主要内容	牵头单位	配合单位
6	强基惠民工程	（12）村（社区）一站式服务大厅建设项目：2019年建设9个村（社区）一站式服务大厅。	民政局	财政局相关镇政府、街道办事处
		（13）城区政务服务中心规范化建设项目：按自治区政务服务"十三五"规划的要求，依托新建的城区政务服务中心，进一步完善便民设施，持续提升信息化水平，全面优化政务服务环境。	政务办财政局	财政局
		（14）老旧居住小区环境综合整治项目：整治改造老旧居住小区（具体建设内容根据小区实际情况确定，包括：整修房屋外墙、楼道墙面、道路，改造绿化地和室外排水道，维修、增设路灯、监控探头等），改善老旧居住小区群众生活环境。	住建局	财政局相关镇政府、街道办事处
		（15）农村区域集中连片供水项目：改扩建千吨万人以上集中供水工程1个（那龙水厂），提高城镇自来水覆盖农村的比例和水质达标率，保障群众饮水安全。	农林水利局	财政局
7	市政惠民工程	（16）北湖垃圾中转站提升改造项目：拆除老旧平行压缩设备、安装新的垂直压缩设备，提升垃圾压缩能力。	城管局	财政局
		（17）友爱立交桥西侧停车场改造（续建）项目：硬化停车场地面，设置排水沟及进行美化亮化，提升停车场服务功能。		住建局发改局财政局
8	畅通惠民工程	（18）非贫困村通屯道路项目：非贫困村通屯道路共20条，总长度约26千米。	交通运输局	财政局相关镇政府
9	食安惠民工程	（19）食品安全配套抽检项目：将食品安全监督抽检覆盖到从种植源头到农贸市场、超市、食堂等餐饮消费各环节，在辖区开展配套食品安全抽检1800份以上。	食药监局	工商和质监局商旅局

续表2

序号	项目名称	主要内容	牵头单位	配合单位
10	平安惠民工程	（20）二级合成作战平台存储和识别系统优化升级项目：在二级合成作战研判平台建立的微卡口基础上，2019年优化升级二级合成作战平台存储和识别系统。	公安分局	发改局规划分局
		（21）高清无线图传系统项目：2019年启用该系统网络传输服务，接入公安分局监控平台并确保500—1000路网线网络传输，便于辖区各企事业单位、个体经营户自建的视频监控系统组网并联，完善社会治安防控视频联网建设。		发改局
		（22）北湖派出所户籍办证大厅和报警接待大厅改造工程项目：2019年对北湖派出所户籍办证室和报警接待室基础场地进行改造，将原办案区等待室改造为户籍办证大厅，原接警室改造为报警接待大厅。		住建局
		（23）消防安全知识培训项目：对政府各部门、镇政府（街道办事处）、社区居委会（村委）的负责人、网格员、微型消防站队员，以及学校、医院等社会重点单位的消防安全负责人和管理人员，共约6000人，开展消防安全知识培训。	消防大队	政府各部门，各镇政府、街道办事处，各社区居委会、村委

《政府工作报告》名词解释

1. 高质量发展：党的十九大明确指出，我国经济已由高速增长阶段转向高质量发展阶段，正处在转变发展方式、优化经济结构、转换增长动力的攻关期，建设现代化经济体系是跨越关口的迫切要求和我国发展的战略目标。这是党的十九大做出的历史性论断。

2. 中国生态文明论坛：由生态环境部指导，中国生态文明研究与促进会主办的论坛。中国生态文明论坛年会2011年首次举办，先后在苏州、珠海、成都、杭州、福州、海口、惠州等地成功举办了七届，2018年是第八届。历届年会紧紧围绕党和国家关于生态文明建设的新要求、新部署、新形势和新问题展开研讨交流，集思广益，建言献策，助力党和政府建设生态文明，智囊智库、纽带桥梁和服务支撑作用日益凸显。

3. 田园综合体：集现代农业、休闲旅游、田园社区为一体的乡村综合发展模式，目的是通过旅游等产业助力农业发展、促进三产融合的一种可持续性模式。2017年

2月5日,"田园综合体"作为乡村新型产业发展的亮点措施被写进中央一号文件。文件明确要求:"支持有条件的乡村建设以农民合作社为主要载体、让农民充分参与和受益,集循环农业、创意农业、农事体验于一体的田园综合体,通过农业综合开发、农村综合改革转移支付等渠道开展试点示范。"

4. 雨露计划:国务院扶贫开发领导小组办公室决定在贫困地区实施"雨露计划"。该计划以政府主导、社会参与为特色,以提高素质、增强就业和创业能力为宗旨,以中职(中技)学历职业教育、劳动力转移培训、创业培训、农业实用技术培训、政策业务培训为手段,以促成转移就业、自主创业为途径,帮助贫困地区青壮年农民解决在就业、创业中遇到的实际困难,最终达到发展生产、增加收入,最终促进贫困地区经济发展。

5. 高标准农田:是指土地平整、集中连片、设施完善、农电配套、土壤肥沃、生态良好、抗灾能力强,与现代农业生产和经营方式相适应的旱涝保收、高产稳产,划定为永久基本农田的耕地。

6. "721"工作法:是由住建部大力倡导的城市管理工作方法。2016年8月,住建部首次倡导了城市管理"721工作法",即70%的问题用服务手段解决、20%的问题用管理手段解决、10%的问题用执法手段解决,要求各地改进工作方法,变被动管理为主动服务,变末端执法为源头治理。

7. 教育优先发展:是经济社会发展的一项战略决策。中共十六大报告指出:教育是发展科学技术和培养人才的基础,在现代化建设中具有先导性、全局性作用,必须摆在优先发展的战略地位。

8. 分级诊疗:按照疾病的轻重缓急及治疗的难易程度进行分级,不同级别的医疗机构承担不同疾病的治疗,逐步实现从全科到专业化的医疗过程。2015年9月8日国务院办公厅印发了《关于推进分级诊疗制度建设的指导意见》,要求各地推进分级诊疗制度建设,围绕总体要求、完善分级诊疗服务体系、建立健全分级诊疗保障机制、组织实施等方面提出了意见。

9. "一事通办"改革:依托政务服务"一张网",优化再造办事流程,创新服务模式,力争让办事群众"进一扇门""跑一次腿"就能办成"一件事情"。具体包括编制"一事通办"事项清单、建立完善"一事通办"审批服务标准规范、建立政务服务"容缺受理"机制、全面开展"减证便民"行动、推进统一政务咨询投诉举报平台建设等措施。

10. "最多跑一次"改革:是指通过"一窗受理、集成服务、一次办结"的服务模式创新,让企业和群众到政府办事实现"最多跑一次"的目标。2016年"最多跑一次"改革在浙江首次被提出后,作为改革样本在全国推广。

11. 规范性文件:是各级机关、团体、组织制发的各类文件中最主要的一类,因其内容具有约束和规范人们行为的性质,故名为规范性文件。

12. "四风":2013年6月18日,习近平总书记在党的群众路线教育实践活动工作会议上强调,教育实践活动主要任务聚焦到作风建设上,集中解决形式主义、官僚主义、享乐主义和奢靡之风"四风"

问题。"四风"是违背党的性质和宗旨的，是当前群众深恶痛绝、反映最强烈的问题，也是损害党群干群关系的重要根源。

13. "不敢腐不能腐不想腐"长效机制：党的十八届四中全会正式提出"形成不敢腐、不能腐、不想腐的有效机制"。《关于新形势下党内政治生活的若干准则》再次强调，"着力构建不敢腐、不能腐、不想腐的体制机制"，是中国共产党党风廉政建设和反腐败斗争的重要目标要求。

14. 两不愁三保障："两不愁"指不愁吃、不愁穿，"三保障"指义务教育、基本医疗、住房安全有保障。

15. 全域旅游：指在一定区域内，以大众休闲旅游为背景，以产业观光旅游为依托，通过对区域内经济社会资源尤其是旅游资源、产业经营、生态环境、公共服务、体制机制、政策法规、文明素质等进行全方位、系统化的优化提升，实现区域资源有机整合、产业融合发展、社会共建共享，以旅游业带动和促进经济社会协调发展的一种新的区域协调发展理念和模式。

16. 全链条审批新模式：以企业或群众到政府办好"一件事"为标准，改变此前各部门各自受理、独立办理、业务分散的状况，将分散在多个部门又相互关联的事项整合成一个办事链条，通过"一窗受理、集成服务"形式，进行"同步审批"和"证照联办"，做到多个环节、多个事项一次性同步办结的审批服务模式，实现"一个事项"办理向"一件事情"办理的根本性转变。

17. "354560"提速行动：指企业开办手续3个工作日内完成，不动产登记5个工作日内完成，园区企业投资项目施工许可45个工作日内完成，企业投资项目施工许可60个工作日内完成。

区政协常委会工作报告

费勇主席在政协第三届南宁市西乡塘区委员会第四次会议上作的工作报告

（2019年2月25日）

区政协主席费勇在大会上作工作报告

2018年工作回顾

2018年是贯彻落实党的十九大精神的开局之年，是改革开放40周年，也是自治区成立60周年。一年来，在中共西乡塘区委的坚强领导下，城区政协坚持以习近平新时代中国特色社会主义思想为指引，认真学习贯彻落实中共十九大精神和习近平总书记关于加强和改进人民政协工作的重要思想，牢牢把握团结和民主两大主题，坚持围绕中心、服务大局，聚焦城区中心工作主动作为，认真履行政治协商、民主监督、参政议政三大职能，充分发挥思想引领、协调关系、汇聚力量、建言献策、服务大局的作用，为助推城区改革开放和高质量发展贡献出政协智慧和力量。

一、加强思想政治引领，推进新时代政协事业沿着正确的政治方向前进

（一）始终坚持用习近平新时代中国特色社会主义思想引领政协工作

习近平总书记关于加强和改进人民政协工作的重要思想，是指导人民政协事业发展和创新的根本遵循。我们坚持把学习习近平新时代中国特色社会主义思想和党的十九大精神作为首要的政治任务，不断加强政治引领，树牢"四个意识"，坚定"四个自信"，确保把习近平总书记视察广西时重要讲话精神以及中共中央、自治区党委、南宁市委和区委的决策部署，不折不扣地贯彻落实到政协工作中。

（二）坚持党对政协工作的全面领导

坚持党的领导是人民政协事业发展进步的根本政治保证，也是人民政协必须恪守的政治原则。我们把坚持党的领导贯穿于政协工作全过程，引领人民政协一切工作必须在区委的领导下展开，一切活动围绕区委的中心任务进行，一切重要安排在广泛征求意见基础上报区委审批后实施。严格执行重大问题请示报告制度。政协党组每年至少向区委作一次全面工作报告，政协年度协商计划、常委会工作报告、全体会议和常委会会议、党组重要工作等向区委请示报告，传达党中央和自治区党委重要会议精神、执行党的重要指示和决定的情况专题报告，重大事项和重要情况及时请示报告，确保政协工作始终沿着正确政治方向前进。

（三）加强城区政协党的建设

认真抓好中共中央《关于加强新时代人民政协党的建设工作的若干意见》精神和全国政协、自治区政协、南宁市政协系统党建工作会议精神的学习贯彻，深入学习贯彻市委王小东书记在全市政协系统党的建设工作座谈会上的重要讲话精神，明确城区政协党建工作的总体要求，为我们做好新时代政协党建工作提供了根本遵循。加强党务工作制度建设，进一步完善《党组议事规则》；定期听取党支部工作汇报，不断提高政协党建工作质量，积极发挥了政协党组把方向、管大局、保落实的重要作用。

二、强化工作措施，推进新时代政协履职提质增效

一年来，我们按照"人民政协处于凝心聚力第一线、决策咨询第一线、协商民主第一线和国家治理第一线"的要求，坚持解放思想、转变观念、改进作风，不断增强履职干事的动力和本领，聚焦城区中心工作积极作为，充分发挥协调关系、汇聚力量、建言献策的作用，为助推西乡塘区改革开放和高质量发展贡献出智慧和力量。

（一）紧扣发展议题，着力抓好课题调研工作

城区政协紧扣大改革大发展的时代主旋律，求真务实、加强和改进调查研究。2018年我们围绕"三大攻坚战""六大提升"工程和"四个城市"建设等重点任务，围绕创新驱动、提质增效、绿色发展等议题，确定了9个专题，分组组织委员扎实开展课题调研工作。其中，重点课题《西乡塘区创新驱动策略研究》由常委会组织调研、《关于南宁市西乡塘区村规民约的调研》《关于大力挖掘西乡塘区特色文化旅游的调研》《关于打造西乡塘区安吉商圈商业新名片的调研》《关于打造右江流域西岸乡村生

态康养休闲度假旅游田园综合体示范区的调研》《关于推进家庭医生签约服务,打造健康惠民西乡塘的调研》《关于打造提升"美丽南方"国家田园综合体示范区的调研》《关于全域旅游视角下西乡塘区旅游发展的调研》《关于西乡塘区"三镇一办"农村垃圾处理问题的调研》等8个分课题,分别由各专门委员会组织开展调研。调研期间,各课题组精心组织,积极主动对接有关单位和部门,深入开展走访座谈、收集素材、协商研讨,认真研究新情况,为解决新问题议政建言,圆满完成了年度课题调研任务。

(二)聚焦社会热点,着力抓好政协委员提案工作

过去一年,我们坚持不懈抓好提案工作,努力做到强基础、抓关键、重保障、促合力、树典范,着力在提高提案质量、提案办理质量和提案服务质量上下功夫,强化各方统筹,发挥示范引领作用,扎实推进提案工作提质增效。城区政协三届三次会议期间和闭会后共收到提案155件,立案141件,立案率为90.9%,不宜立案的14件。在确定立案的141件提案中,由我城区本级承办的提案共98件,其中,聚焦经济发展和财税、金融方面的10件,聚焦城市建设的9件,聚焦城管、环保的18件,聚焦农业、林业、水利方面的9件,聚焦改善交通基层设施的9件,聚焦旅游方面的11件,聚焦科技、教育、文化、体育和医药、卫生方面的17件,聚焦劳动、人事、民政和社会治安方面的13件。在城区党委、政府的高度重视和各承办单位的认真办理下,截至2018年12月31日,由我城区本级承办的提案已全部办复,办复率为100%。提案人对提案办理工作普遍表示满意,满意率达100%。

三届三次会议以来,政协提案数量、质量都比以往有较大提高,办理效果进一步增强。一是所建之言更加睿智。如:李秋妹、邓云峰、滕东策、张丽娟四名委员共同提出《关于打造安吉商业圈的建议》被城区商旅部门采纳列入城区商务和旅游发展规划,进一步打造城区"美丽西乡塘购物圣天堂"节庆商贸活动品牌,优质服务企业,针对大型的促销活动;邓国炬委员提出《关于有效地整合金陵、双定、坛洛324国道沿线土地资源,统一规划开发沿路商贸、住宅区域振兴乡村,加快城乡一体化发展的建议》;梁增委员《关于推进农村土地流转,大力发展适度规模经营,培育家庭农场、专业合作社、农业产业化龙头企业等新型农业经营主体的建议》;蔡青松委员《关于建议设立小微企业综合服务中心,帮扶优秀小微企业,进一步解决小微企业融资难问题的建议》等提案,所提的意见和建议有情况、有对策,建言建在关键处,得到相关单位和部门的采纳,切实将委员建议落到实处。二是所献之策更加务实。如:郭敬锋委员《关于创新中华优秀传统文化教育形式,助推"学在西乡塘"教育品牌建设的建议》,被城区教育部门积极吸纳,将重点通过广西A类重点课题实施了"153工程",并深植"学在西乡塘"理念,打造了衡阳路小学、秀田小学等诸多"学在西乡塘"的品牌学校;曾钰菲委员《关于加强校园周边治安管理,减少校园暴力的建议》,引起城区政法委的高度重视,城区综治办针对校园周边治安下发了《西乡塘区开展校园欺凌及校园

周边综合治理实施方案》，明确各部门职责，建立校园暴力事件应急处置预案，开展防范校园暴力宣传教育，加强校园周边治安管理，广泛开展"青少年预防犯罪工程"，在社会层面完善校园暴力应对机制等，扎实有序地开展校园周边治安管理，有效减少了校园暴力现象。还有陈成委员《关于以居家养老为基础、社区服务为依托、推进和完善义工服务等制度，构建养老服务信息化的建议》；黄锦安委员《关于搞好社区卫生服务中心惠民门诊，实现小病到社区，大病有保障，提高"卫生惠民"质量的建议》等提案，建议契合区情民意，有关部门积极采纳，促进了民生的改善。三是所支之招更加可行。委员们紧紧围绕城区党委政府狠抓产业扶贫，因地制宜发展主导产业，实现产业增收，对照贫困户、贫困村脱贫摘帽标准，加强道路、饮水、危旧房改造、教育、卫生、环保、污水处理等公共服务设施建设，补齐基础设施短板，提高贫困村基本公共服务水平，确保到2018年底实现全部贫困人口脱贫的工作目标，为脱贫攻坚、助推乡村振兴共提出了9件提案，有关职能和责任部门积极采纳意见建议，针对提出的问题加强和完善工作措施，取得了实实在在的成效。政协委员提案紧扣城区党委、政府中心工作，凝聚着委员们的智慧和心血，反映了人民群众的期待和要求，体现了时代特征和政协特色。

（三）增强责任意识，扎实推进民主监督和视察监督

一年来，我们认真学习贯彻习近平总书记关于加强人民政协民主监督的重要思想，围绕推动政策措施决策部署的落实、党委政府中心任务的完成、民生福祉问题的解决，着力在"敢于监督"和"善于监督"上下功夫，不断完善监督程序和机制，丰富监督形式，增强民主监督实效性。

切实加强和改进民主监督。深入学习贯彻中共中央、自治区党委和南宁市委关于加强和改进人民政协民主监督工作的精神，进一步规范政协民主监督，探索新机制，搭建委员履职平台，拓宽了民主监督渠道。一年来，选派100名委员参加2018年度自治区消防总队消防工作满意度调查；组织政协委员40多人次参加城区机关及领导干部民主测评、党风廉政建设、党代会征求意见座谈会、政协提案交办会、"美丽南宁·清洁乡村"专项考评、"关爱祖国未来，擦亮未检品牌"主题的"检察开放日""食药蓝精灵"创建、城区法院案件庭审、南宁市中级人民法院工作评议、城区执法调研等活动。委员们在参与中监督，提出操作性强的意见建议，促进依法行政和民主法制建设。

扎实推进政协委员视察监督。2018年组织协调常委会课题调研组、7个专委委员围绕城区创新驱动、村规民约、特色文化旅游、田园综合体、家庭医生服务模式、全域旅游、农村垃圾处理等问题进行视察调研活动共27次。如：常委会视察组于2018年7月20日开展的上半年视察，视察了城区推进基本公共卫生服务建设情况、美丽南方乡村振兴建设有关项目、金陵镇东南村产业园区建设情况；11月22日开展的下半年视察，视察了广西南宁金起桦农产品加工有限公司、河西产业园标准厂房项目建设情况、广西桂洁农业开发有限公司运营情况。政协提案法制委到城区法院

开展法制调研活动，就执行难问题开展调研协商座谈会，听取情况介绍、提出针对性的协商化解矛盾意见建议；到南宁职业技术学院开展利用校政企平台助力地方经济建设的座谈调研活动，到石埠街道忠良村开展村规民约对当地村民影响的走访、座谈、调研活动。政协学习文史委组织委员视察三街两巷、石埠那告民俗民居等历史文物保护情况。政协经科委到安吉青苹果家居城走访商家企业开展考察调研活动。政协文教卫体委组织委员赴双定镇、坛洛镇开展送医送教送科技的"三下乡"活动。政协城建委组织委员到美丽南方产业园开展国家田园综合体示范区发展情况的调研视察活动。政协海外联谊民族宗教委组织委员到圣名岭开展西乡塘区旅游情况调研和植树活动。政协农业委组织委员深入"三镇一办"、广西鸿生源环保公司等考察有关垃圾中转站、处理场所开展视察调研等。

三、坚持民意情怀，着力助推民生持续改善

一年来，政协领导班子带领城区全体政协委员，坚持把助推脱贫攻坚作为履职的重中之重，积极发动各专委委员情系民生，奉献爱心，有钱出钱，有力出力，助推城区脱贫攻坚和民生改善取得实际成效。继续推进金陵镇南岸村脱贫和乡村建设，在2017年大力支持该村兰刘坡新村基础设施建设的基础上，2018年继续抓好该坡的文化室、灯光篮球场、舞台和群众健身娱乐等基层设施建设。据统计，2018年以来，城区政协部分委员为兰刘坡新村基础设施建设献爱心捐款共1.6万元（其中，谢树河1万元，牙祖相0.3万元，刘君0.2万元，陈强0.1万元）。此外，在政协领导的积极协调下，得到了城区文新体局的大力支持，安排落实3.5万元的健身路径和12万元的灯光球场项目。经过两年来的筹资投入和推进建设，目前该村供电、人饮、巷道硬化、巷道照明、排污及文化活动室、健身路径、灯光球场均已完成，村民计划于近期举行基础设施建设竣工仪式。

政协班子领导深入帮扶责任村和贫困户着力开展脱贫攻坚工作，严格按照脱贫摘帽标准扎扎实实地抓好政策落实和帮扶措施。政协委员在班子领导的带领下，热心参与脱贫攻坚。如：组织经科委李秋妹等委员扶助金陵镇乐勇村5个贫困学生3年共4.5万元；苏清泉、苏东西等委员扶助双定镇武陵村5个贫困学生3年共4.5万元；余荣生委员组织西乡塘区金溪商会到金陵镇刚德村开展捐资助学活动，资助4个特困家庭学生3年共3.6万元、为6个贫困户捐赠价值0.06万元的物品；组织城建委委员为坛洛镇三景村、富庶村、同富村等文化阵地建设及扶贫捐资6.7万元。（其中，范广4.6万元，苏卿蓝0.8万元，黄天玲0.5万元，邓云峰0.5万元，谢树河0.3万元）。同时，政协委员也自主组织开展帮扶活动，如：陈勇军委员在慈善日、节日慰问社区老人等活动中资助款物2.2万元；张龙安委员为扶壮学校贫困学生、孤儿捐款2.85万元；连伟民委员到坛洛二中捐资助学0.2万元；孔祥鸣委员到坛洛镇精准扶贫，赠送慰问品一批，鼓励贫困户到委员所在公司就业；马培容委员到坛洛镇为贫困户进行身体检查、义诊。涉农企业的委员以高度的社会责任感积极开展脱贫攻坚工作，在扶贫产业上卓有成效：梁增委员在坛洛镇群南村发展以柑橘、香蕉种植为主导的自治区级

农业产业化重点龙头企业,壮大了村集体经济收入,扶贫入股分红50万元,地租每年约400万元,带动214户农民(其中贫困户3户),每年安排临时性、季节性打工的贫困户达100人次以上,公司支付贫困户报酬30万元以上;卢春能委员在坛洛镇富庶村发展机肥厂,种植香蕉、蜜柚等产业,壮大了村集体经济收入,帮扶富庶村贫困人员3名,每年每人增加收入约1.8万元;苏永安委员在金陵镇陆平村发展种植澳洲坚果等产业,壮大村集体经济收入,安排陆平村5名贫困人员就业,每年每人增加收入约2.4万元。

四、聚焦中心任务,助推城区经济社会高质量发展

(一)服务项目建设取得新进展

一年来,政协班子领导成员认真按照城区服务重大项目建设和旧改攻坚战项目建设工作方案要求,服务和协助服务项目34个,召开项目推进会,协助解决项目推进中存在的问题。其中,自治区重大项目圣名岭东盟文化旅游区项目已完成征地199.83亩,截至2018年12月完成固定资产投资2.7亿元,协调该项目推进中存在的环保规划等问题;华润南棉项目一期已挂牌并已开盘销售,二期已完成征收95%,完成固定资产投资3.1亿元,贡献税收1.5亿元,政协班子成员多次组织征地、教育、规划等部门上门服务好五里亭旧改项目,基本完成一期征地工作,即将出让建设。此外,还挂点服务美丽南方田园综合体项目4个,招商引资3个项目(诗蓝项目、知青村项目、微自然循环养殖项目),并已成功落户美丽南方。

(二)服务"两大行动"作出新贡献

按照城区"整洁畅通有序大行动"长效管理和乡村振兴的部署要求,政协领导分别深入16个联系点,与当地党委政府一起,组织干部群众抓贯彻落实,抓好日常检查管理和各种迎检的整改整治行动,全力以赴抓好"美丽建设"。

(三)服务好专家人才,促进城区经济发展

按照城区四家班子领导联系服务专家人才工作方案,联系服务好16位专家委员、专家人才,使他们的研究成果与城区产业发展结合起来,推动城区经济发展。如:服务好刘永贤委员在城区大力推动富硒农业发展;主动对接农科院食品加工所孙健所长,与工信、食药部门一起指导城区酵素饮料项目发展等,推动了城区一批高科技、高质量项目发展。

(四)共同服务抓好社会管理工作

政协领导深入7个网格责任点努力抓好创文明城、卫生城、"平安西乡塘"、食品安全、黑臭水体治理、蓝天保卫战、迎自治区成立60周年大庆信访维稳安保、扫黑除恶、禁毒等督查检查工作,为社会和谐发展出力。

五、积极实践探索,逐步推进政协协商民主建设

深入学习贯彻中央、自治区和南宁市关于加强人民政协协商民主建设的决策部署,深刻认识发挥好专门协商机构作用这一新时代人民政协的新方位新使命,认真按照"平等协商、民主协商,商以求同、协以成事"的新要求,结合城区政协工作实际,坚持把协商民主贯穿于政协履职的全过程。结合委员增补事项开展协商、完成增补委员10名;结合课题调研工作,为商定课题和抓进度提质量而开展内部协商3次，调研期间与相关单位、企业和科研院所开展协商座谈18次；结合视察工作，与城区各单位和部门就视察议题和相关协助工作开展协商31次；城区推进民主法治建设中，商派委员开展民主监督140人次，提交协商意见53条；针对委员提案办理中的难点问题，主动沟通，开展提案办理专题协商36次。

六、加强政协理论和宣传工作

依托自治区和南宁市政协系统的理论研讨活动平台，积极开展理论研究和信息宣传工作。一年来，在自治区政协和南宁市政协开展"政协系统党的建设""加强政协民主监督作用""更好发挥人民政协作为爱国统一战线组织的作用"和"双月协商会"等主题的理论研讨活动，以及政协提案工作、文史工作等专项交流会中，提交理论文章、经验交流材料和大会发言材料共8篇，其中1篇论文被评为优秀并在全市政协系统党的建设座谈会上现场发言。2018年城区政协分别荣获自治区政协信息工作鼓励奖和市政协理论研究优秀奖。

七、坚持团结民主两大主题，凝心聚力画出最大同心圆

（一）团结党派群团组织，加强合作为改革发展稳定作贡献

充分利用全委会、常委会和主席会议等形式，就事关城区改革发展稳定的全局性工作进行协商，为各民主党派、群团组织、工商联和无党派人士参政议政搭建平台，宣传党和政府的路线方针政策，通报城区经济社会发展情况，交流工作，沟通思想，协调关系。加强与群团组织的联系，深入走访非公企业、帮助企业成立工会，2018年新增建会人数达1.5万人，创历史新高；从上级争取资金66万元用于民生工程（打造职工之家以及农民工劳动技能培训），促进城区经济社会又好又快发展；广泛收集基层一线的社情民意，为议政建言促社会和谐稳定扎实民意基础。加强与各党派和工商联、非公企业等各界人士的联系，协助企业解决发展难题，服务万年红、树香园等新项目进驻落地；依托"美丽南方发展论坛""企业文化沙龙"等平台，为改革发展稳定建言献策，汇聚力量；依托"银企座谈会"，为中小微企业解决融资1850万元；引导商会会员积极承担社会责任，在做大做强自身事业的同时，自觉增强社会责任感和共同富裕意识，积极参与公益事业及和谐社会建设。如：向贫困户捐赠95台电视机，为金陵镇、双定镇的9位贫困户进行房屋修缮、门窗安装，举行以"百商行动·感恩生命"为主题的非公经济人士献血季活动，共捐献血液1.13万毫升，在10月17日全国第五次扶贫日组织辖区企业家参与帮扶贫困学子爱心捐款4.02万元。

（二）密切与上级政协的联系

协助自治区政协组织驻桂全国政协委员、自治区驻邕和港澳地区委员考察视察3次；协助自治区和南宁市政协接待各省、市政协考察美丽南方田园综合体、龙门水都等项目19次；对接市政协联合开展重大课题调研和视察活动5次；积极参加上级政协组织的培训班、同心讲座、政协系统党的建设座谈会以及提案、科教、文史等专题工作经验交流会，促进了城区政协服务水平和各项业务工作的提升。

（三）加强对外联谊交往

进一步加强与兄弟县区政协的联系交往，年内接待来访考察33批次，积极对外广泛宣传城区休闲旅游、田园综合体、产业发展、营商环境等工作的特色亮点；城区政协也结合年度课题调研任务，组织委员分五批次到各地开展考察调研，学习交流工作经验，为课题调研提供良好借鉴；政协班子领导充分利用联系广泛的特色，积极联系引荐品牌公司、创新企业等各界人士来西乡塘区学习考察、投资兴业，为城区经济社会发展发挥积极作用。

八、加强自身建设，着力提升政协履职能力和服务水平

（一）强化委员学习提升履职能力

按照"懂政协、会协商、善议政"和"守纪律、讲规矩、重品行"要求，扎实开展委员学习，组织委员深入学习党的十九大精神和习近平新时代特色社会主义思想，学习习近平总书记视察广西时的重要讲话精神，学习贯彻王小东书记在全市政协系统党的建设座谈会上的讲话精神和视察西乡塘区时的指示精神，组织收看庆祝改革开放40周年大会，进一步提高委员政治把握能力、调查研究能力、联系群众能力、合作共事能力。广大政协委员勇于担当，认真履职，提交了合格的"委员作业"。

（二）不断加强机关建设提升服务水平

坚持把党的政治建设摆在首位，全面推进机关党建工作。贯彻落实从严治党的要求，切实履行主体责任和"一岗双责"，严格落实区委关于进一步贯彻落实中央八项规定精神的实施办法，营造风清气正工作环境。制订党组工作规则，全面加强党对政协的领导；抓好机关党建促服务提升建设，深入推进"两学一做"学习教育常态化制度化，扎实开展"三会一课"基层性工作，紧密结合业务深入开展"党员固定活动日"活动；优化机关管理服务，持续推进机关作风建设，努力建设一支高素质的政协机关干部队伍，切实发挥政协机关参谋助手、综合协调、服务保障作用，为政协履职提供有效保障。

各位委员，过去一年城区政协工作所取得的成绩，是中共西乡塘区委高度重视、坚强领导的结果，是城区人大常委会、城区人民政府大力支持的结果，是政协各参加单位和广大政协委员共同努力的结果，是城区各级党委、政府及有关部门和社会各方面支持帮助的结果。在此，我谨代表城区政协三届常务委员会表示衷心的感谢！

回顾总结一年来的工作，我们也清醒地认识到，对照新的政协章程，对表区委的要求，对照广大委员和社会各界的热切期待，我们的工作还存在不足和差距。主要是政协新思想有待进一步深入学习研讨，协商民主建设有待推进，民主监督力度需进一步加大，政协机关服务水平需进一步提高，政协系统党建工作需进一步探索，等等。这些问题都需要高度重视，认真研究解决。

2019年主要任务

2019年是新中国成立70周年和人民政协成立70周年，是决胜全面建成小康社会、实现第一个百年奋斗目标的关键之年，也是贯彻落实习近平总书记重要题词精神的

第一年。做好2019年工作意义重大。城区政协工作总体要求：坚持以习近平新时代中国特色社会主义思想为指导，深入贯彻中共十九大和十九届二中、三中全会精神以及中央庆祝改革开放40周年大会、中央经济工作会议精神，认真贯彻"五位一体"总体布局和"四个全面"战略布局，持续深入落实"三大定位"新使命和"五个扎实"新要求。在中共南宁市西乡塘区委的坚强领导下，按照西乡塘区第三次党代会第三次年会的部署要求，全面贯彻落实强首府战略，牢牢把握团结和民主两大主题，把加强思想政治引领、广泛凝聚共识作为履职工作的中心环节，认真履行政治协商、民主监督、参政议政职能，坚定信心，克难攻坚，以新担当新作为奋力推动西乡塘区高质量发展，在建设壮美广西、共圆复兴梦想及谱写首府高质量发展新篇章的新征程中贡献西乡塘区政协力量，以优异成绩迎接新中国成立70周年和人民政协成立70周年。

一、以习近平新时代中国特色社会主义思想统领政协工作，夯实共同思想政治基础

坚持把习近平新时代中国特色社会主义思想作为统揽政协工作的总纲，把推动人民政协这一具有中国特色的制度安排更加成熟更加定型、发挥好专门协商机构的作用作为新时代的新方位新使命，把坚持党的全面领导作为必须恪守的根本政治原则，把坚持和发展中国特色社会主义作为巩固共同思想政治基础的主轴，把加强思想政治引领、广泛凝聚共识作为履职工作的中心环节，坚持建言资政和凝聚共识双向发力，深入学习贯彻习近平新时代中国特色社会主义思想和中共十九大精神，深入学习贯彻习近平总书记在庆祝改革开放40周年大会上的重要讲话精神，深入学习贯彻习近平总书记关于加强和改进人民政协工作的重要思想和近期关于人民政协工作的重要讲话精神，深刻领会习近平总书记为自治区成立60周年题词"建设壮美广西共圆复兴梦想"的深刻内涵，深入学习贯彻习近平总书记视察广西重要讲话精神，深入学习贯彻全国政协汪洋主席在自治区成立60周年庆祝大会上的讲话精神，着力在学懂弄通做实上下功夫，进一步增进政治认同、思想认同、理论认同、情感认同，夯实团结奋斗的共同思想政治基础。始终坚持党对人民政协工作的全面领导，树牢"四个意识"，坚定"四个自信"，坚决做到"两个维护"，推动参加政协的各党派团体和各族各界人士自觉接受中国共产党的领导，以学习增进思想共识、引领履职实践，促进政协事业发展，确保政协事业始终沿着正确的政治方向前进。

二、紧扣中心、服务大局，为全力助推服务城区改革发展大局献计出力

坚持以新发展理念引领更高质量发展，围绕实施强首府战略，按照思想再解放、改革再深入、开放再扩大、创新再提速"四个走在前做表率"的新要求，聚焦经济高质量发展、扩大开放合作、创新驱动发展、优化营商环境、乡村振兴战略、生态环境保护等重大问题，开展深度调研，建言献策；聚焦打好"三个攻坚突破年"主动仗目标任务，深入调研、真诚协商、务实监督、积极议政、精准建言，提出具有前瞻性、综合性、建设性的建议对策，供城区党委政府决策参考。

三、紧扣打赢打好精准脱贫攻坚战，为保障和改善民生建言献策

当前，脱贫攻坚是我们全面建成小康社会最紧迫的任务、最薄弱的环节，要发挥政协联系广泛、人才密集等优势，找准履职尽责的切入点、结合点、着力点，动员广大政协委员和委员企业积极参与贫困地区基础设施建设、特色产业发展、生态环境治理和公益慈善事业等，以更加昂扬的斗志、更加有力的措施、更加务实的作风，在助力脱贫攻坚、乡村振兴中实现委员价值，展示委员风采，塑造委员形象。积极带动社会各界助力脱贫攻坚，齐心协力打赢打好精准脱贫攻坚战。聚焦教育、就业、医疗、养老等民生热点难点问题，通过提案、视察、调研等形式，促进相关政策的落实和问题的解决，推动改革发展成果更多更公平地惠及广大群众，不断增强人民群众的获得感、幸福感、安全感。

四、准确把握政协协商民主要义，推动政协工作提质增效

深入贯彻市委《〈关于加强和改进人民政协协商民主建设的实施意见〉的贯彻落实意见》和《关于加强和改进人民政协民主监督工作的实施意见》精神，坚持把协商民主贯穿政治协商、民主监督、参政议政全过程，认真制定2019年年度协商计划，做到协商议题与协商形式相匹配、视察调研和协商议政相衔接，并抓好年度协商计划的实施。坚持协商式监督特色优势，把握好监督的方向和原则、节奏和力度。加强问题导向，在区委的领导下，与城区政府共同研究、积极探索协商议题开展民主监督和视察监督。开展协商能力建设，把握协商要义和方法，提高从全局高度看问题、提建议的素养和能力。

五、牢牢把握团结和民主两大主题，广泛凝聚改革发展的智慧和力量

认真贯彻落实党的统一战线方针政策，充分发挥人民政协统一战线组织功能。坚持大团结大联合，密切与各党派团体、各族各界人士的联系和合作共事，进一步为民主党派和无党派人士在政协履职创造条件。注重与非公有制经济人士、新的社会阶层人士的联系沟通，推动构建"亲""清"新型政商关系。努力做好协调关系、理顺情绪、化解矛盾、增进团结的工作，广泛汇聚起团结和谐的正能量，共同致力于城区改革发展、人民幸福的伟大事业。

六、坚持以党的建设为引领，推动政协各项工作再上新台阶

全面贯彻新时代党的建设总要求，认真贯彻落实中办《关于加强新时代人民政协党的建设工作的若干意见》和市委王小东书记在全市政协系统党的建设工作座谈会的重要讲话精神，进一步加强政协系统党的建设，严格落实全面从严治党政治责任。要充分发挥政协党组领导把方向、管大局、保落实重要作用，坚持重大事项向区委请示报告，不折不扣贯彻区委决策部署。要坚持民主集中制，进一步健全政协党的组织体系，探索实行党员委员参加双重组织生活，自觉接受政协党组织教育和党性锻炼的办法，充分发挥党员委员先锋模范作用。要加强和完善政协党的组织建设，实现党的组织对党员委员的全覆盖、党的工作对政协委员的全覆盖。以政协党的建设高质量，推动政协工作的高质量，更好地服务城区经济发展的高质量。

特 载

七、以提升履职能力为重点，切实加强自身建设

贯彻人民政协处于凝心聚力第一线、决策咨询第一线、协商民主第一线、国家治理第一线的要求，坚持"委员强则政协强"的理念，以改革的思维、创新的理念、务实的举措，着力加强履职能力建设，全面开展委员履职提质增效系列活动。强化委员主体意识，坚持以习近平新时代中国特色社会主义思想为统领，继续在广大委员中深入学习习近平总书记关于加强和改进人民政协工作的重要思想，切实把全体委员的思想统一到中共中央、自治区党委和南宁市委的决策部署上来，把行动统一到建设壮美广西、共圆复兴梦想的总目标、总要求上来，把建言献策统一到"六壮六美"的生动实践上来，把凝聚共识统一到经济社会的高质量发展上来，以总书记题词精神武装头脑、指导实践、推动工作，促进政协工作提质增效。在全体委员中大兴调查研究之风，把加强调查研究作为提高履职能力的基础环节，在求深、求实上下功夫，努力做到在调查发现问题上求深、求实，在研究分析问题上求深、求实，在真正解决问题上求深、求实，切实在建言献策和凝聚共识上双向发力。按照"懂政协、会协商、善议政"和"守纪律、讲规矩、重品行"的要求，引导广大政协委员始终坚持依法循章、遵规守制，让每一个委员都能交上一份合格的"委员作业"。

要进一步加强政协机关的思想、组织、作风、能力建设。按照"担当为要、实干为本、发展为重、奋斗为荣"的要求，不断强化学习、提高素质能力，改进调查研究、优化管理服务、强化责任担当，努力建设一支信念过硬、政治过硬、责任过硬、能力过硬、作风过硬的高素质政协机关干部队伍，为政协履职提供有力保障。

各位委员，新时代赋予新使命，新征程呼唤新担当、新作为。让我们高举习近平新时代中国特色社会主义思想伟大旗帜，更加紧密团结在以习近平同志为核心的中共中央周围，在中共南宁市西乡塘区委的坚强领导下，坚定信心、同心同德，真抓实干、善作善成，造福于民，为建设壮美广西、共圆复兴梦想贡献政协力量！

《常委会工作报告》名词解释

1. 四个意识：政治意识、大局意识、核心意识、看齐意识。

2. 四个自信：中国特色社会主义道路自信、理论自信、制度自信、文化自信。

3. 三大攻坚战：防范化解重大风险、精准脱贫、污染防治。

4. 六大提升：美丽建设大提升工程、市容整洁大提升工程、交通畅通大提升工程、文明有序大提升工程、法治建设大提升工程和队伍作风能力大提升工程。

5. 四个城市：产业强市、文化名市、活力城市、品质城市。

6. "153工程"："1"是"一项行动"：复兴孔庙文化，让儒学落地生根，魂体合一，泽福15万中小学生、幼儿，定于2018年2月28日，组织全区校（园）长、书记到南宁孔庙，感受浓浓的儒家文化，望圣贤福佑，国泰民安，繁荣昌盛，育才有成，幸福安康；"5"是"五个一百"：收集评选西乡塘区100幅春节对联；评选100个中小学、幼儿园学礼、懂礼、知礼、

53

行礼的案例或故事;观摩评比100节校本国学课;创意创编100首"经典咏流传"古诗文;开展100场中华民族传统系列节日庆典活动;"3"是"三个一千":全区中小学、幼儿园创编1000首新诗、新词、童谣、歌谣;全区中小学、幼儿园评选出1000个"好家风家训";全区中小学、幼儿园推荐评比1000幅字画。

7. **两学一做**:学党章党规、学系列讲话,做合格党员学习教育。

8. **三会一课**:"三会"指定期召开支部党员大会、党支部委员会和党小组会,"一课"指按时上好党课。

9. **五位一体**:经济建设、政治建设、文化建设、社会建设、生态文明建设五位一体。

10. **四个全面**:全面建成小康社会、全面深化改革、全面依法治国、全面从严治党。

11. **三大定位**:广西构建面向东盟的国际大通道;打造西南中南地区开放发展新的战略支点;形成"一带一路"有机衔接的重要门户。

12. **五个扎实**:扎实推进经济持续健康发展、扎实推进现代化特色农业建设,扎实推进民生建设和脱贫攻坚,扎实推进生态环境保护建设,扎实建设强有力的领导班子。

13. **两个维护**:坚决维护习近平总书记在党中央和全党的核心地位,坚决维护党中央权威和集中统一领导。

14. **"三个攻坚突破年"**:重大项目建设攻坚突破年、产业大招商攻坚突破年、优化营商环境攻坚突破年。

15. **六壮六美**:让经济实力"壮"起来、发展质量"美"起来,让民主法治"壮"起来、民族团结"美"起来,让民族文化"壮"起来、精神文明"美"起来,让民生保障"壮"起来、人民生活"美"起来,让绿色发展"壮"起来、生态环境"美"起来,让管党治党"壮"起来、政治生态"美"起来。

大事记（2018年）

1月

3日 全国人大教科文卫委员会主任委员柳斌杰一行9人，到西乡塘区南棉幼儿园开展学前教育专题调研。西乡塘区委常委、宣传部部长、政府副区长陈红，区人大常委会副主任莫永新陪同调研。

6日 西乡塘区政府在南宁市师范学校附属小学召开南棉片区旧城改建项目征收动员大会，市建委领导、市征收办领导、区政府副区长宁世朝、区政协副主席李桃，区政府办、北湖办、旧改办、拆迁办等相关部门领导参加会议。

2018年1月6日，南棉片区旧城改建项目征收动员大会现场　　（区委宣传部供图）

同日 西乡塘区组织各公（民）办、企事业办幼儿园领导、教师1200余人，召开幼儿园教师师德师风教育大会。会议学习宣传党的十九大精神，组织学习相关政策法规，强化幼儿园教师的师德师风教育。

2018年1月6日，西乡塘区幼教系统传达学习党的十九大精神大会现场　　（区委宣传部供图）

7日 西乡塘区统战部、工商联与中国扶贫杂志社《圆梦之路》栏目组携手广西龙门水都旅游开发有限公司、广西滨地生态农业投资有限责任公司、安必信律师事务所等多家非公企业与社会团体举办2018年首届非公经济人士、新的社会阶层人士"助孤圆梦"行动启动仪式，共同为隆林各族自治县（国家级贫困县）和西乡塘区百余名贫困孤儿送温暖。自治区扶贫办、西乡塘区团委、隆林县教育局等部门有关领导参加启动仪式。西乡塘区企业家、公益组织负责人、新媒体人士及其他爱心人士共500余人到场参加活动。

9日 南宁市组织各县区到西乡塘区开展田园综合体试点项目建设考察，西乡塘区政府副区长（挂任）刘文忠陪同。考察组实地考察老口村那告坡高标准农田建设、民俗民居保护、新科葡缘邕江会客厅休闲旅游、无为谷葡萄园特色农业产业、邮谷稻鱼共生农业产业园特色种养、烟农台湾水果园特色农业、智慧农业等项目，参观青瓦房古村落保护传承及忠良3队旧村改造和村庄文化建设情况并召开座谈会，了解田园综合体试点项目开展的主要工作和成效，提出推进田园综合体试点立项和实施工作的建议和意见。

2018年1月9日，西乡塘区政府副区长（挂任）刘文忠（左一）对辖区开展田园综合体试点项目建设情况进行讲解　　　　（区委宣传部供图）

10日 中共西乡塘区第三次代表大会第二次年会在区机关办公大楼七楼礼堂召开。政府区长陆广平主持第一次全体会议，区委副书记李东红主持第二次全体会议。大会听取、讨论和通过廖伟福同志受中共南宁市西乡塘区第三次委员会委托做的题为《贯彻新思想　实现新作为　奋力开创首府城西中心新局面》的报告。

11日 西乡塘区残疾人联合会第三次代表大会在区机关大楼七楼礼堂召开。市残联副理事长邹柱梁，区委书记廖伟福，区委副书记李东红，区委常委、纪委书记曹阳文，区委常委、组织部部长张军，区委常委、政法委书记蓝日军，区委常委、政府副区长（挂任）麦紫君，政府副区长梁红英出席会议。130名代表参加大会。会议全面总结过去五年西乡塘区残疾人事业取得的成绩和经验，部署今后五年残疾人工作的主要目标和任务。会议听取并审议通过西乡塘区残疾人联合会第二届主席团工作报告决议，选举产生西乡塘区残疾人联合会第三届主席团委员、主席、副主席，选举产生第三届残联执行理事会理事长及五个专门协会主席、委员。

2018年1月11日，西乡塘区残疾人联合会第三次代表大会现场　　　　（区委宣传部供图）

12日 国家卫生计生委流动人口计划生育服务管理司副司长胡强强一行深入西乡塘区万秀村，开展流动人口社会融合示范试点、全国流动人口动态监测调研工作。自治区卫生计生委党组成员、副主任麦家志，南宁市卫生计生委主任谢宗务，西乡塘区委副书记李东红，西乡塘区卫生计生局局长陪同调研。

18日 西乡塘区召开深化国家监察体制改革试点工作干部转隶大会。区委常委、纪委书记、区国家监察体制改革试点工作小组副组长曹阳文，西乡塘区委副书记李东红，检察院检察长黄朝科出席会议并讲话，西乡塘区检察院分管副检察长、检察院涉改部门全体转隶人员、纪委监委领导班子成员、派驻纪检组主要负责同志、纪委监委机关全体干部职工参加会议。根据《西乡塘区检察院人员转隶工作方案》和《南宁市西乡塘区纪委监委内设机构、人员编制和领导职数设置方案》，西乡塘区纪委监委新增设信访室、案件管理室、纪检监察室（一、二、三室）等5个内设机构。转隶干部的正式到位，标志着西乡塘区深化国家监察体制改革试点工作开始。

同日 由西乡塘区文化新闻出版体育局主办、西乡塘区老年人体育协会承办的2018年西乡塘区老年人迎新春联欢活动在友爱广场举行，500多名来自各街道、社区的群众参加。

18—19日 政协第三届西乡塘区委员会第三次会议召开。区委书记廖伟福在开幕大会上做讲话，会议期间，委员听取并审议《西乡塘区政协三届常委会工作报告》和《提案工作情况报告》；列席西乡塘区人大三届三次会议，听取并讨论政府工作报告及其他重要报告；进行大会发言；通过大会有关决议。

19—20日 西乡塘区第三届人民代表大会第三次会议召开。会上，代表们听取、审议并通过政府区长陆广平代表西乡塘区人民政府向大会做工作报告、人大常委会主任周少剑代表西乡塘区人大常委会向大会做工作报告、法院院长黄坚代表西乡塘区人民法院向大会做工作报告、检察长黄朝科代表西乡塘区人民检察院向大会做工作报告。会议还审议通过西乡塘区人民政府《关于南宁市西乡塘区2017年预算执行情况和2018年预算（草案）的报告》。会上，成立西乡塘区监察委员会，经大会无记名投票选举，曹阳文全票当选为西乡塘区监察委员会首任主任。

2018年1月19—20日，西乡塘区第三届人民代表大会第三次会议现场　　（区委宣传部供图）

19日 安吉华尔街工谷创客厅隆重举行"西乡塘产业园区安吉·华尔街工谷国家级科技企业孵化器揭牌暨齐迹智慧金融孵化基地"揭牌仪式。揭牌仪式由西乡塘产业园区党工委副书记、常务副主任陆永龙主持，本次活动邀请来自区内外众多的

2018年1月18—19日，政协第三届西乡塘区委员会第三次会议现场　　（区委宣传部供图）

专家学者、区产业园区及科技局全体人员、区机关各部门主要领导、各镇及街道办主要领导、社会各界新闻媒体、高校学生代表等300多人参加。

2018年1月19日,西乡塘产业园区安吉·华尔街工谷国家级科技企业孵化器揭牌暨齐迹智慧金融孵化基地揭牌仪式现场 (区委宣传部供图)

26日 南宁市侨界迎春文艺汇演活动在西乡塘区正培·侨胞之家举行。市政协副主席汪玲,市侨联主席蒋晓筠,西乡塘区委常委、统战部部长林拓出席活动。全市侨界15个侨胞团体联谊(校友)会侨胞代表约300人参加。

30日 西乡塘区工业标准厂房(安吉产业园—华尔街工谷二期)建设项目开工仪式在发展大道189号举行。区委书记廖伟福出席活动并宣布华尔街工谷二期建设项目开工,区领导陆斌、何史年、韦居宁、陆永龙和李桃参加活动。该项目总占地面积约2.67万平方米,总建筑面积15.4万平方米,建筑容积率4.5,建筑密度44.98%,建筑结构为框剪结构,拟建5栋高层,3栋多层,地下二层,项目负一层可直通地铁3号线。项目总投资3.5亿元,计划于2019年6月底竣工。项目交付后可容纳500多家企业入驻。

同日 西乡塘区在产业园区安吉·华尔街工谷举行科技企业孵化基地授牌暨创新驱动发展论坛启动仪式。区委书记廖伟福、广西知识产权研究院院长齐爱民、区四家班子分管(联系)领导,区各镇、街道领导,园区企业代表等参加活动。西乡塘区委书记廖伟福为齐迹智慧金融孵化基地和创客厅品牌孵化基地授牌,齐迹智慧金融孵化基地的创始人齐爱民进行主题演讲。

同日 西乡塘区完成财政收入7.1亿元,同比增长19.01%,财政收入实现首月开门红。

2月

1日 西乡塘区组织辖区医务人员,各镇、街道,区机关各部门及企事业单位等在西乡塘卫生院开展2018年"医务人员无偿献血月"活动。据统计,当天参加无偿献血的人数共有360余人,成功献血的有201人,献血总量59500毫升。

同日 西乡塘区监察委员会正式挂牌成立,区委书记廖伟福,区委常委、纪委书记、监察委主任曹阳文为监察委员会揭牌。区委常委、区委办主任何史年参加揭牌活动。新成立的西乡塘区监察委员会与纪委合署办公,履行纪检、监察两项职责,实行一套工作机构,两个机关名称,并新增3个纪检监察室。全部12名转隶干部充实到纪检监察、执纪监督、案件审理、信访举报等部门,实现转隶人员和现有人员优势互补。

2日 西乡塘区政府区长陆广平先后前往原郊区政府宿舍区、八医院、南机职工宿舍区和西大派出所等处,看望慰问机关离退休老干部、困难老党员、群众以及公安干警,给他们送去新春佳节的问候和良好祝愿。人大常委会副主任韦居宁陪同。

大事记（2018年）

2018年2月2日，西乡塘区政府区长陆广平（左二）到原郊区政府宿舍区慰问

（区委宣传部供图）

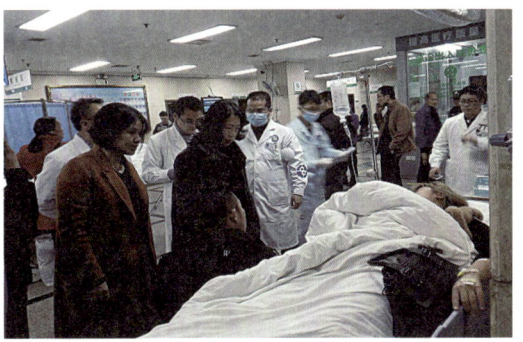

2018年2月24日，西乡塘区政府区长陆广平（前排左二）在医院看望伤者

（区委宣传部供图）

7日 国务院住建部驻南宁市城乡规划和管理督察员检查督察工作组到金陵镇督查项目规划管理，区政府副区长宁世朝、金陵镇镇长等区有关部门领导陪同。

11日 南宁市政府市长周红波带队来到轨道交通1号线西乡塘停车场、西乡塘客运站开展节前安全生产检查。西乡塘区政府区长陆广平及石埠街道办事处人员陪同。

同日 西乡塘区获得自然资源部命名的2017年地质灾害防治高标准"十有县"。广西公布54个2017年地质灾害防治高标准"十有县"名单，南宁市的宾阳县、武鸣区、上林县、横县、隆安县、马山县、西乡塘区等7个县区位列其中。

24日 18点30分，一辆外地中巴车因雨天路滑及司机对路况不熟，在经过由南宁驶向金陵方向的兴贤路段二级路时与迎面而来的货车相撞，造成一死三重伤九轻伤的交通事故。事故发生后，西乡塘区政府区长陆广平立即赶往现场，组织指挥交警、卫计、路政等相关部门展开迅速救援。

28日 西乡塘区在区机关办公大楼7楼礼堂召开2018年创新驱动产业升级暨农村工作、迎接国家卫生城市复审和环境保护工作会议。西乡塘区四家班子领导，各镇、街道党政主要领导及分管领导，区机关各部门主要领导，社区（村）主要领导和重点监管企业代表参加会议。会上，区委书记廖伟福就如何抓好创新驱动、产业升级和"三农"工作、抓好迎接创卫复审和环保工作提出要求；政府区长陆广平传达南宁市农村工作会议有关精神；政府区长陆广平、区委副书记李东红分别就环保工作和迎接创卫复审工作进行安排部署。西乡塘产业园区、发改局、科技局、金陵镇、石埠街道等区有关单位就如何抓好创新驱动、产业升级和"三

2018年2月28日，2018年创新驱动产业升级暨农村工作、迎接国家卫生城市复审和环境保护工作会议现场

（区委宣传部供图）

农"工作进行发言。西乡塘区卫计局、城管局、环保局和食药监局就迎接相关准备工作进行汇报发言。

3月

1日 西乡塘区"春风行动"招聘会在友爱广场正式启动。本次招聘会以"促进转移就业，助力脱贫攻坚，助力增收脱贫"为主题，进场企业为历年最多，达到126家，提供6495个岗位，涉及管理、餐饮、服务、物业、销售等多个行业。还有培训学校到场进行家政服务技能、新生儿护理、花式面点烹饪、水果拼盘等实用技能展示。据统计，招聘会共吸纳3000多人进场求职，450人初步达成就业意向，60人现场报名参加家政技能培训。此外，金陵镇、坛洛镇、双定镇以及石埠街道均在元宵节前后举办招聘会分会场。

2日 元宵佳节之际，"万家灯火，情满邕城"西乡塘区第二届元宵花灯文化艺术节在安吉万达广场举行，当晚五彩缤纷的花灯世界，安吉庙会等特色活动，吸引5万多人前往欣赏，活动将持续到3月11日。

2018年3月2日，西乡塘区第二届元宵花灯文化艺术节现场　　（区委宣传部供图）

5日 由南宁市精神文明建设委员会办公室、南宁市总工会主办，西乡塘区总工会、南宁市工人文化宫、广西首府南宁献血委员会办公室、南宁市职工志愿服务队承办的"学习雷锋·爱岗敬业奉献社会"为主题的学雷锋志愿服务活动在友爱广场举行。出席此次活动的领导有市政协副主席、总工会主席李勤，自治区总工会劳动保护部部长黄月萍，市文明办副主任王志杰，中共西乡塘区委常委、宣传部部长、政府副区长陈红，西乡塘区政协副主席、总工会主席李桃及团市委、市妇联等相关领导。现场开展医疗卫生义诊服务、修理服务、理发、家政培训咨询、活字印刷体验等学雷锋志愿服务便民活动。另外，此次活动有近200名群众参加无偿献血。

2018年3月5日，无偿献血现场

（区委宣传部供图）

6日 西乡塘区规范党组工作暨机关党建专题培训班在区机关办公大楼7楼礼堂举办，区各单位党组书记、党组成员和机关党组织负责同志370余人参加培训，区委书记廖伟福参加开班仪式并做动员讲话。本次培训班邀请南宁市直属机关党工委副书记、南宁市党的建设研究会副会长许向东作专题授课，对《中国共产党党组

2018年3月6日，西乡塘区规范党组工作暨机关党建专题培训班现场　　　　　　　　（区委宣传部供图）

工作条例（试行）》《中共广西壮族自治区委员会贯彻〈中国共产党党组工作条例（试行）〉实施细则》进行专题解读，同时，结合辖区实际，重点培训如何规范开展党组工作，解决党组工作中存在的突出问题，以及如何加强机关党支部规范化建设。

8日　西乡塘区在老口水利公交枢纽站举行807公交线路开通仪式，西乡塘区政府副区长刘文忠、市交通运输局、市城市客运交通管理中心、区交通运输局、石埠街道办、广西超大运输集团公司等有关领导出席本次开通仪式。807公交线路由广西南宁超大公交公司开通运营，线路从安吉客运站到老口水利公交枢纽站，总长25.7千米，共配置20辆新购置的新能源空调公交车。

同日　长沙市人大常委会主任程水泉带领全市各区人大领导到美丽南方片区人大代表之家、基层立法联系点考察。南宁市人大常委会副主任刘雄及西乡塘区人大常委会主任周少剑陪同。

12日　西乡塘区"党政军全民义务植树及兴修水利"主题活动在石埠街道办事处005县道两旁进行，西乡塘区四家领导班子成员、各级领导干部群众900多人参加，共计种植秋枫、红花羊蹄甲、宫粉紫荆等1000余株，修整水渠3000米。

同日　长春市人大常委会副主任王明德带队，一行10人到美丽南方中心区、无为谷葡萄庄园、青瓦房古村落等对农业示范区建设以及旅游景区塑造工作进行考察，西乡塘区人大常委会主任周少剑陪同。

13—15日　西乡塘区科级妇女干部培训班在广西师范大学继续教育学院举办，培训包括《党的十九大精神和习近平新时代特色社会主义思想》《人际关系与沟通技巧》等内容，邀请广西师范大学汤志华、王枬、鲍粤华等教授进行专题讲授。

14日　西乡塘区召开教育系统食品安全工作会议，区教育局、食药监局相关负责人，区各中小学、幼儿园分管副校长、食品安全管理人员100余人参加会议。会议传达上级有关文件精神，对学校食品安全的具体工作进行安排部署。签订《食品安全目标责任书》，进一步明确学校的食品安全责任。

16日　由自治区财政厅、自治区党委农办等12个部门和单位组成的广西田园综合体创建工作厅际联席会调研组在西乡塘区政府区长陆广平的陪同下，到美丽南方无为谷葡萄庄园进行特色农业产业调研，并对项目推进中存在的问题，提出下一步工作意见和建议。

同日 西乡塘区在广西大学举行"品质消费教育进院校"活动,纪念2018年"3·15"国际消费者权益日。西乡塘区政府副区长梁红英、广西大学团委副书记姜玮、南宁市质监局副调研员郭静宁、南宁市工商局消保科副科长等领导出席活动并发表动员讲话,西乡塘区工商和质监局、食药监局等多个职能部门进驻宣传,共青团广西大学委员会、辖区诚信企业代表、消费维权志愿者等人参加此次活动。活动吸引千余人参与,当天共发放打击传销、维权知识宣传手册2000份,现场接到消费维权投诉举报2个,接受群众咨询400人次,提供便民服务500人次。

20日 宁波市人大考察团到美丽南方进行考察。考察组一行先到石埠街道石埠农贸市场,实地考察非机动车管理工作情况,随后到石埠街道美丽南方片区人大代表之家、基层立法联系点考察建设情况,最后在忠良村3队考察田园综合体建设情况。

21日 2018年美丽南方蚕桑文化节暨蚕桑产业发展论坛开幕式在美丽南方休闲农业示范区举行。100多名专家、金融机构、旅行社、农业企业代表等参加活动,研讨蚕桑产业发展问题。文化节活动时间为3月21日至5月3日,活动期间美丽南方各园区将举办系列活动。

22日 科技部农村司副司长韩文胜一行5人到美丽南方考察农业科技园区建设与带动脱贫情况。韩文胜一行先后深入美丽南方忠良文化村、无为谷葡萄庄园、烟农台湾水果园进行考察调研,了解美丽南方休闲农业综合示范区各园区的生产经营和现代科技在农业生产方面的推广情况,以及园区建设助推农民增产增收、脱贫致富情况。自治区科技厅农村处处长黄志标、南宁市科技局副局长邓壮丽、西乡塘区政协副主席刘景生等领导陪同。

2018年3月22日,科技部农村司副司长韩文胜(左二)一行5人到美丽南方考察农业科技园区建设 (区委宣传部供图)

23日 西乡塘区人民政府与北京东方园林环境股份有限公司签订战略合作框架协议。西乡塘区委书记廖伟福,北京东方园林环境股份有限公司广西区总经理罗运锋,西乡塘区委常委、政府常务副区长陆斌,西乡塘区政府副区长李刚出席仪式。

24日 西乡塘区在美丽南方举办富硒功能农业发展论坛,邀请近百名专家学者、企业家及相关部门领导参加。

26日 以中央统战部经济局局长张天昱为组长的调研组到广西开展民营企业沟通协商机制专题调研,并深入西乡塘区实地走访调研。调研组一行详细了解西乡塘区的工作开展情况,并对西乡塘区的政商沟通协商机制提出意见建议。

同日 南宁市人大常委会主任、党组书记束华率市人大代表,到位于坛洛镇群南村的桂洁农业开发有限公司视察农业特色产业发展情况。西乡塘区人大常委会主任周少剑,区委常委、政府副区长、"美

大事记（2018年）

2018年3月27日，2018年西乡塘区农村青年种养技能培训班成员合影　　（区委宣传部供图）

丽广西"乡村建设（扶贫）工作队驻西乡塘区工作队长麦紫君等区领导陪同视察。

27日　西乡塘区在金陵镇、双定镇、坛洛镇成功举办2018年西乡塘区农村青年种养技能培训班，约150名青年参加培训。培训班邀请广西农业科学院—柑橘桂中南综合试验站站长陈香玲就柑橘种植、培育、防病等技术知识进行授课。

28日　自治区成立60周年庆祝活动筹备委员会办公室调研组由自治区党委统战部副部长李银霞带队，到衡阳街道中华中路社区，就民族工作成效经验、存在问题及意见建议等方面内容开展调研。西乡塘区政府副区长梁红英、衡阳街道党工委书记陪同调研。

30日　西乡塘区召开2018年党风廉政建设、组织、宣传思想、统战及平安建设工作会议。区处级党员领导干部等约300人参加会议。会上，各基层党（工）委向区委递交2018年的目标管理责任书，金陵镇、北湖街道、新阳街道等部分单位作典型经验发言。

2018年3月30日，2018年西乡塘区党风廉政建设、组织、宣传思想、统一战线及平安建设工作会议现场　　（区委宣传部供图）

4月

1日　中国侨联副主席康晓萍一行4人到西乡塘区考察调研侨联基层组织建设情况。自治区侨联党组书记、主席谭斌，市委常委、统战部部长赵红明，市侨联主席蒋晓筠，西乡塘区委常委、统战部部长林拓陪同考察调研。期间，康晓萍一行详细听取西乡塘区侨务工作和侨联组织建设情况汇报，实地参观考察北湖街道北湖南路社区统战工作站、"同心·和谐幸福侨家"及社区侨联建设情况。

2018年4月1日，中国侨联副主席康晓萍（右二）一行4人到西乡塘区北湖街道北湖南路社区统战工作站调研　　　　（区委宣传部提供）

2日　西乡塘区举办2018年基本侨情调查工作培训班。区全体统战干部，各镇、街道统战委员，区党、政机关有关部门和村、社区的侨情调查员共300多人参加培训。培训班专门邀请玉林师范学院博士、教授石维有从理论和实践的角度，着重就开展全区基本侨情调查的时代背景、目的意义、方法内容、标准要求等4个方面进行专题辅导授课，并采取现场提问的方式为参训人员答疑解惑。

3日　江南区政府副区长、乡村办主任韦新培率考察组一行到美丽南方考察交流乡村建设工作。西乡塘区政府副区长、乡村办常务副主任李刚，石埠街道办事处副主任全程陪同。

同日　来自全区各市、县（区）的150多名参加2018年全区免疫规划工作培训班免疫规划人员，到西乡塘卫生院现场参观学习数字化接种大厅项目建设经验。

同日　2018年西乡塘区定向广西大学引进大学生挂职干部上岗仪式在广西大学举行，13名大学生骨干获聘成为挂职干部。今后一年，他们将到西乡塘区各基层团组织挂职上任，帮扶基层，重点做好青少年思想道德建设工作。

4日　2018年一季度，西乡塘区经济总体呈稳步上升态势，财政收入、本级规模以上工业增加值等多个指标开局良好。截至3月31日，西乡塘区财政收入累计完成12.89亿元，同比增长29.69%。

9日　国家统计局局长贾楠副率队到万秀村开展综治网格化调研工作。南宁市人民政府副市长伍娟，南宁市统计局局长黄南方、副局长洪奔，西乡塘区政府区长陆广平等领导陪同调研。

10日　2018年美丽南方蚕桑文化节暨蚕桑产业发展论坛宝棋园分会场活动在西乡塘区美丽南方八桂丝源桑果园内举行，活动邀请60多名区内专家、金融机构、旅行社、休闲农业企业、辖区内商会和企业代表参加。邀请广西壮族自治区蚕业技术推广总站技术推广科科长罗坚进行桑蚕资源开发利用专题讲授；广西大学商学院教授阳月星进行"互联网+"时代的农副产品营销专题讲授。

12日　全国妇联副主席、书记处书记谭琳、全国妇联权益部部长高莎薇等一行，在自治区妇联副主席伍艳娟，南宁市

2018年4月12日，全国妇联副主席、书记处书记谭琳（二排右一）到新阳街道万力社区调研

（区委宣传部供图）

妇联主席李伟，西乡塘区委副书记李东红等领导的陪同下到新阳街道万力社区就基层妇联运行情况、妇联改革及妇女儿童维权工作进行实地调研。

13日 自治区政协委员、民进广西区委会秘书长兼议政调研部部长丘映含率民进广西区委课题调研组一行9人到西乡塘区考察调研美丽南方田园综合体项目建设及乡村建设情况。

16日 由南宁市人社局、工商联等单位主办、西乡塘区人社局承办的2018年民营企业招聘会在友爱广场举行。此次民营企业招聘周面向2018届高校毕业生、城乡劳动者以及建档立卡贫困人员、贫困家庭"两后生"等重点群体，同时以服务民营企业、小微企业为重点。本次招聘会共组织122家企业进场，提供就业岗位3583个。据悉，本次招聘活动初步达成意向243人。会场还设立政策咨询专区，来自人社12333、劳动监察、总工会、工商联等部门现场接受群众有关就业创业，劳动维权等内容的咨询。

同日 南宁市庆祝"壮族三月三"活动暨民族团结进步宣传月启动仪式在江南水街举行。仪式上南宁市委、市政府等相关领导为南宁市荣获自治区命名的10个民族团结进步创建示范点授牌，其中西乡塘区共有四家单位（西乡塘区、南师附小、万秀村、中华中路社区）获此荣誉上台领牌接受表彰。

21日 由南宁市社会体育发展中心主办、西乡塘区文化新闻出版体育局承办的2018南宁"三月三"全地形车场地锦标赛在美丽南方景区永安一队赛车场举行。比赛分为成人组、女子组、青少年组、团体赛四大组别，吸引来自各地的业余赛车手踊跃参赛，最小的参赛选手年龄仅为12岁。

18—21日 由南宁安吉万达广场和南宁晚报ZAKER联合举办的"八桂放歌，畅想安吉"活动在安吉万达广场举行，赶歌圩、吃壮乡长桌宴、看非遗传承人表演等活动，吸引上万市民参加。

24日 西乡塘区在区机关办公大楼7楼礼堂举办2018年第二期"西乡塘大讲坛"暨学习党的十九大精神培训班。区四家班子领导、副调研员，区副处级领导，各镇、街道办、区机关各部门、区直属各事业单位副科职以上领导干部400余人听取自治区党校刘文娟教授题为《十九大后中国经济体制改革的方向》的宣讲。

2018年4月16日，南宁市庆祝"壮族三月三"活动暨民族团结进步宣传月启动仪式在江南水街举行　　（区委宣传部供图）

同日 自治区党委组织部部务会成员、两新组织党工委专职副书记刘水玉带领调研组一行4人到西乡塘区开展"新形势下加强两新组织党的建设问题研究"调研工作。调研组走访南宁市民营企业家联合会、南宁茂名商会等两家社会组织党建示范点,参观其党委办公室、党员活动室、培训会议室等党建阵地,查看党建工作台账、活动相册、宣传展板,听取两家社会组织党建工作汇报。随后,调研组在南宁茂名商会党委会议室召开座谈会。陪同调研的有西乡塘区委常委、组织部部长张军,西乡塘区委组织部副部长、两新组织党工委书记,西乡塘区委统战部副部长、工商联党组书记等人。

25日 国家卫生健康委员会疾控局副局长雷正龙一行3人到西乡塘卫生院开展基层预防接种数字化门诊建设及疾病防控

2018年4月25日,国家卫生健康委员会疾控局副局长雷正龙(右二)到西乡塘卫生院调研 (区委宣传部供图)

调研工作。自治区卫生计生委副主任夏宁,南宁市卫生计生委主任谢宗务陪同调研。西乡塘区委常委、宣传部部长、政府副区长陈红做专题汇报。

27日 柳州市融水县乡村办考察组一行54人到美丽南方考察乡村建设工作。考察组一行先后到美丽南方生态综合示范区核心区忠良村忠良屯、民俗民居改造项目青瓦房古村落参观。西乡塘区委常委、政府副区长提名人选(挂任)梁成红、石埠街道办事处副主任陪同。

28日 自治区总工会召开2018年庆祝"五一"国际劳动节暨广西五一劳动奖表彰会议,西乡塘区九州出租汽车有限公司驾驶员谢世凤荣获"广西五一劳动奖章"光荣称号。谢世凤从事出租车驾驶工作20多年,先后荣获南宁市第三届道德模范、南宁市"文明礼让之星""南宁市出租文明服务标兵"、南宁市"工人先锋岗"等荣誉称号,荣登"中国好人榜"身边好人榜。

29日 由广西社会体育发展运动中心主办,南宁市社会体育发展中心、西乡塘区文化新闻出版体育局、广西轮滑协会承办的2018广西轮滑公开赛在西乡塘区友爱广场举行。本次轮滑公开赛赛程共为2天,由速度轮滑计时赛、速度过桩计时赛、滑板赛、花式刹停赛等4个竞赛项目组成,吸引来自南宁、柳州、北海、上海、南昌等多个城市的57支队伍、近600名运动员参加比赛。

5月

4日 市人大常委会副主任周如斯带领立法调研组到西乡塘区开展《南宁市中小学幼儿园用地保护条例》立法实地调研。调研组召开座谈会,听取西乡塘区政府关

2018年5月4日，市人大常委会副主任周如斯（右二）带领立法调研组到西乡塘区调研

（区委宣传部供图）

于旧城改造项目配套中小学、幼儿园建设情况，与区教育局、国土分局、旧改办、法制办等相关部门进行座谈，听取各部门的意见和建议，会后实地察看瀚林新城、瀚林御景、台湾街等旧城改造项目配套中小学、幼儿园建设情况。西乡塘区人大常委会副主任卢致林、政府副区长梁红英陪同调研。

同日 南宁市人大调研组一行由市人大常委会副主任黎琳带队，到西乡塘区坛洛中心卫生院、北湖南棉社区卫生服务中心开展建立智慧健康医疗信息平台调研。西乡塘区委常委、宣传部部长、政府副区长陈红及卫计局局长陪同调研。

8日 钦州市人大常委会副主任陈丽丽一行18人到上尧街道鲁班社区考察社区居家养老发展方面的工作，西乡塘区民政局局长、上尧街道武装部部长、鲁班社区居委会主任陪同。

9日 西乡塘区石埠街道办获2017年下半年"美丽南宁"乡村建设活动"十佳乡镇"称号。另外，西乡塘区双定镇、坛洛镇获鼓励奖。

15日 昆明市民族宗教委主任毕昆闽率考察团一行6人，先后到南师附小、万秀村考察民族团结进步创建工作。南宁市民宗委副主任黄露，西乡塘区政府副区长梁红英、民宗局局长、北湖街道党工委书记等领导陪同考察。

2018年5月15日，昆明市民族宗教委主任毕昆闽（前排左一）率考察团到万秀村考察

（区委宣传部供图）

同日 陕西省榆林市民族干部培训班学员一行35人到位于华强社区的南宁市少数民族流动人员服务中心参观考察民族团结进步创建工作。

17日 西乡塘区政府副区长梁红英率领区政法委、工商质监、公安、消防大队、食药、卫生等部门执法人员30人，分别对火车站、安吉客运站开展黑旅馆乱象联合整治。此次联合整治重点为检查周边旅店证照是否齐全、卫生状况是否达标、是否存在治安隐患、消防设施是否符合标准等有关情况。共查封2家涉嫌无证经营的公寓、住宿会所；责令1家涉嫌无照经营公寓的进行整改并下达《询问通知书》，待后续调查处理；责令1家未办理卫生许可证且环境脏乱的酒店立即停业整顿，责令消防监控设施不达标的1家酒店立即整改；责令一家卫生环境较差且消防设施缺失的小旅馆进行整改。

2018年5月17日，西乡塘区政府副区长梁红英（右三）率领区政法委、工商质监、公安、消防大队、食药、卫生等部门执法人员对安吉客运站黑旅馆乱象联合整治 （区委宣传部供图）

21日 西乡塘区委书记、第一总河长廖伟福主持召开河长会议，西乡塘区政府区长、总河长陆广平，区各级河长及成员单位参会。会议观看由市领导担任河长部分河流现状及对策视频，学习相应河流整改措施；陆广平传达南宁市总河长会议精神，强调西乡塘区要完善队伍建设，紧跟步伐，抓好河长工作重点，尤其是三江口岸的整治工作、一河一策编制工作、加大巡河频次并配合做好河长制验收考评工作。区住建局、区河长办、安吉街道办就河长制工作及黑臭水体整治情况做汇报。

23日 西乡塘区卫生健康大会暨2018年卫生和计划生育工作会议在机关办公大楼7楼礼堂召开。西乡塘区委书记廖伟福、政府区长陆广平出席会议。会议传达全国、全区、全市卫生与健康大会、卫生和计划生育工作会议等会议精神，宣读《2017年西乡塘区卫生和计划生育目标管理责任制考核结果的通报》，总结西乡塘区2017年卫生和计划生育工作，部署2018年工作。辖区各镇、街道，广西农垦国有金光农场，各部门代表递交2018年卫生计生工作目标管理责任书。

同日 西乡塘区政府组织辖区部分高校、科研院所、企业在双定镇的南宁市义平水果种植专业合作社基地举行西乡塘区科企联合工作站签约暨南宁市义平水果种植专业合作社科企联合工作站揭牌仪式。西乡塘区政府党组成员、产业园区党工委副书记、管委会常务副主任陆永龙同志出席。活动仪式上，广西农业科学院农业资源与环境研究所、广西大学农学院等5个科研院所与南宁市义平水果种植专业合作社、广西世纪物流有限责任公司等6家企业当场签订科企联合意向书；与会领导共同为科企联合工作站揭牌。

同日 西乡塘区在双定镇文化活动中

2018年5月23日，西乡塘区卫生健康大会暨2018年卫生和计划生育工作会议在区在机关办公大楼7楼礼堂召开 （区委宣传部供图）

大事记（2018年）

2018年5月23日，西乡塘区科企联合工作站签约暨南宁市义平水果种植专业合作社科企联合工作站揭牌仪式现场　　　　　　　　　　（区委宣传部供图）

心举行"2018年全国科技活动周西乡塘区活动启动仪式暨科普广场宣传活动"。城区科普工作联席会议成员单位、广西大学、广西农科院、广西农职院等单位约400人参加启动仪式。活动当天共发放各种宣传资料4600多份，接受600多人次咨询。

29日　西乡塘区政府区长陆广平，区委常委、宣传部部长、政府副区长陈红，政府办主任黄继业一行在衡阳街道办事处副主任及相关工作人员陪同下，前往衡阳

2018年5月29日，西乡塘区政府区长陆广平（右）到衡阳西第一幼儿园开展"六一"国际儿童节慰问活动　　　　（区委宣传部供图）

西第一幼儿园开展"六一"国际儿童节慰问活动，为全校师生送去节日的问候及区党委、政府的关心关怀。

30日　西乡塘区委书记廖伟福到北湖北路学校开展"六一"走访慰问，给少年儿童致以节日问候和良好祝愿，带去区党委、政府的深切关怀。

同日　2018年西乡塘区乡村振兴专题培训班在浙江大学圆满结业，西乡塘区各镇、街道、相关职能部门50名领导干部参加为期5天的培训，深入学习领会习近平总书记"三农"思想在浙江的形成与实践，深入学习浙江在推进美丽乡村建设、田园综合体打造、乡村产业振兴的好经验好做法，提高对实施乡村振兴战略的认识。

同日　西乡塘区教育局、团委、少工委和关工委联合开展2018年庆祝"六一"国际儿童节表彰大会暨"争做新时代好队员"少先队主题队会。大会隆重表彰42个红旗大队、100个红旗中队、195个优秀辅导员、9550名优秀少先队员及"十佳少先

2018年5月30日，西乡塘区委书记廖伟福（二排右七）到北湖北路学校开展"六一"走访慰问　　　　　（区委宣传部供图）

队员"等先进集体和个人。随后，孩子们用精彩的文艺表演来庆祝自己的节日。

同日　西乡塘区政府区长陆广平、政府副区长梁红英带队到天雹水库与高新区、南宁市水利局召开解决天雹水库周边乱象问题协调会。协调会明确西乡塘区、高新区和南宁市水利局三方各自部门职责。根据协调会确定的职责，西乡塘区主要负责治理水库岸上周边范围乱搭乱建的违章建筑并清理违规集中堆放的垃圾。会后，西乡塘区城管局立即组织执法人员15人对水库周边的几处违章建筑展开调查并现场开具相关执法文书，责令当事人立即限期自行整改，同时与水库管理方一起商讨共同清运水库周边违规集中堆放垃圾事宜。西乡塘区城管局、环保局、农林水利局、两违办、规划监察大队、国土监察大队、石埠办等部门主要领导参加会议。

31日　吉林省就业服务局副局长卢殿伟等一行到西乡塘区调研就业信息化建设和推广应用工作，到华强街道华强社区实地考察基层公共就业服务网络平台建设工作以及就业实名制统计工作。自治区就业局调研员赵玲、办公室主任姚志权，南宁市就业服务中心书记黎金球、副书记陈宝生、西乡塘区政协副主席刘景生、人社局副局长、劳保中心主任以及华强街道办事处党工委书记、武装部部长、劳保所所长等陪同。考察团一行先后参观华强社区就业信息宣传栏和社区政务服务大厅，了解社区就业工作人员配备情况以及日常就业服务工作情况，并与自治区、南宁市各级领导就社区就业专干人员配备以及薪酬福利制度等问题交换意见，华强社区工作人员向考察组演示如何使用就业社保一体机查询社会保险和劳动就业相关信息，如何使用广西劳动就业管理信息系统开展基层就业服务工作。

6月

4日　广西山区综合开发中心副主任

2018年6月4日，广西山区综合开发中心副主任覃泽毅（前排右一）到西乡塘农业科技园区进行验收评审　　　　　（区委宣传部供图）

覃泽毅受广西科技厅的委托,组织专家对"西乡塘农业科技园区建设"项目进行验收评审。南宁市科技局副调研员游国贤,西乡塘区政府党组成员、产业园区党工委副书记、管委会常务副主任陆永龙参加此次评审。专家组现场走访农业科技园区的企业,核实园区建设任务和考核指标的完成情况及验收认定标准的符合情况之后在胤龙公司会议室集中听取项目组汇报。项目组对专家提出的质询一一解答。专家组对广西西乡塘农业科技园区建设取得的成绩给予肯定,并对后期材料整理提出具体要求。

2018年6月5日,"美丽中国,我是行动者"主题宣传活动现场　　　（区委宣传部供图）

同日　西乡塘区分别在金陵镇、坛洛镇召开左右江流域畜禽养殖废污直排清理整治动员会。区农林水利局、城管局、环保局,金陵镇政府、坛洛镇政府以及养殖户等400多人参加动员会。

5日　经自治区政协办公厅主管的广西协力扶助基金会的牵线搭桥,中国初级卫生保健基金会明日之星公益基金管委会,面向西乡塘区100所义务教育阶段学校捐赠总价值60万元的教育信息化和创客空间物资,分别在金陵镇中心小学、北湖北路小学进行物资发放仪式,西乡塘区政协副主席黄祥凌、区教育局领导出席捐赠仪式并作讲话。

同日　西乡塘区在华西路小学开展2018年"六五"世界环境日"美丽中国,我是行动者"主题宣传活动。通过宣读倡议书、给环保小卫士佩戴绶带、环保少年节目演出以及签名活动,推动社会各界和公众积极参与生态文明建设,共建天蓝、地绿、水清的美丽中国。西乡塘区政府领导,环保委成员单位以及华西路小学师生、学生家长代表等900多人参加活动。

6日　西乡塘区农林水利局、财政局、审计局等部门到石埠街道办乐洲村"美丽南方"对增殖放流公益项目进行验收,并在"美丽南方"水上世界浮岛举行"全国放鱼日"暨启动西乡塘区渔业资源增殖放流活动启动仪式。据统计,活动当天共放赤眼鳟和草鱼鱼苗200万尾。

7日　西乡塘区在区机关办公大楼4楼会议室召开2018年文化市场管理和"扫黄打非"工作会议。会议传达自治区、南宁市文化市场管理工作和"扫黄打非"会议精神,总结2017年西乡塘区文化市场管理和"扫黄打非"工作,部署下一步文化市场管理工作和"扫黄打非"工作。会上,各镇、街道"扫黄打非"工作领导小组组长向区领导递交《2018年西乡塘区文化市场管理和"扫黄打非"工作责任状》。区各镇、街道办事处"扫黄打非"工作领导小组及区"扫黄打非"工作小组成员单位70多人参加该会议。

8日 市政协主席杜伟带领自治区、市两级政协委员联合到西乡塘区视察南宁市2017年为民办实事"畅通惠民工程",选取现场重点视察回访金陵镇兴贤村孺礼坡非贫困村通屯道路畅通项目,西乡塘区政协主席费勇、西乡塘区交通运输局等有关领导陪同。

10日 西乡塘区组织衡阳街道办、环保局、城管夜市中队、公安分局、药监局、特勤等部门针对秀灵路秀厢2组小区夜市油烟、噪音扰民问题开展突击大整治。重点整治秀厢2组新区的油烟、噪音等夜市乱象,同时对周边秀灵路东五里秀隆商业街沿街无证占道经营的流动摊贩进行取缔,对沿街商铺违规经营、跨门槛经营现象进行严管重罚。此次整治共出动执法人员125人,暂扣手推车7辆、三轮车4辆、炉灶2个、烤炉6个、帐篷1个、桌子18张、塑料靠背椅25张、塑料圆凳6张、塑料方凳1张、电风扇1台、广告灯箱1个、煤气罐3个。教育辖区店铺26家。经过整治,秀厢2组新区及秀灵路东五里环境得到显著改善。

11日 自治区政协副主席、工商联主席磨长英,市政协副主席、工商联主席黎四龙,自治区工商局研究所副所长蒋相之及自治区工商联研究室副主任赵开莉等一行到安吉产业园华尔街工谷考察调研。西乡塘区委副书记李东红,西乡塘区工商联主席庞晓民,西乡塘区政协副主席、总工会主席李桃陪同调研。

同日 盘景市隆台区人大考察组到西乡塘区考察"明秀片区人大代表之家"建设工作,南宁市人大常委会选举联络工委玉朝章,西乡塘区人大常委会副主任莫永新以及北湖街道办事处主任、明秀社区党委书记陪同。

12日 西乡塘区召开2018年食品安全委员会扩大会议暨创建国家食品安全示范城市、迎接国家卫生城市复审、全国文明城市测评食品安全工作再动员会议,传达学习自治区、南宁市委领导批示精神以及国务院、自治区、南宁市食品安全委员会全体会议精神,总结2017年区食品安全工作,研究部署2018年区食品安全重点工作及创建国家食品安全示范城市、迎接国家卫生城市复审、全国文明城市测评食品安全工作。区委常委、宣传部部长、政府副区长陈红主持会议,区委书记廖伟福出席会议并讲话,区委副书记李东红,政府副区长王皓、李刚,区食品安全办主任、食品药品监管局局长、区食品安全委员会成员单位、机构编制、人力资源社会保障部门分管负责人及各乡镇(街道)分管领导参加会议。

13日 南宁市第六次重大项目暨广西天勋力节能科技有限公司低碳节能环保玻璃深加工项目开工仪式在西乡塘区双定镇坛立工业集中区举行,区委书记廖伟福出席仪式并宣布项目开工,区委常委、政府副区长陆斌,区委常委、区委办主任何史年,人大常委会副主任卢致林,政府党组成员、产业园区党工委副书记、管委会常务副主任陆永龙等西乡塘区领导及西乡塘区机关各部门、双定镇相关领导共约130人参加仪式。广西天勋力节能科技有限公司低碳节能环保玻璃深加工项目建设总建筑面积约30万平方米,项目竣工投产后预计年产钢化玻璃94万平方米、低辐射镀膜玻璃30万平方米,产值约1.03亿元,年缴税约800万元。

14日 由共青团南宁市委和西乡塘区人民政府主办的"青春助力乡村振兴暨2018年南宁返乡青年创新创业论坛"在石埠美丽南方举行。活动以论坛和参观交流的形式进行，通过论坛及交流，鼓励和支持广大青年参与乡村振兴发展，促进更多资本、人才、技术聚集南宁乡村，进一步服务和宣传南宁田园综合体建设。南宁市女企业家协会代表、南宁市青年企业家协会代表以及来自各界的代表共160多人参加论坛。

同日 教育部批准广西师范学院更名为南宁师范大学。南宁师范大学下一步将把培养培训基础教育教师作为主要任务，重点建设教育学、地理学、马克思主义理论、化学、数学、社会学等学科专业，打造教师教育专业群，以本科教育为主，同时承担研究生培养任务。

20日 2018年广西第五届农民工技能大赛西乡塘区选拔赛正式启动。大赛设置中式烹调师、家政服务员、养老护理员、美发师、中式面点师共5个职业（工种）比赛，来自西乡塘区范围内250名农民工选手参赛。在选拔赛中脱颖而出的优胜者，还将代表西乡塘区参加南宁市复赛。

25—26日 西乡塘区委在区机关办公大楼7楼礼堂举办2018年西乡塘区党员发展对象培训班，来自西乡塘区的198名党员发展对象参加集中培训。培训班邀请南宁市政协原文史委主任谭本基讲授《学习党的纪律，严于律己，做一名合格党员》专题、中共南宁市委党校副校长黄东耿讲授《习近平新时代特色社会主义思想和党的十九大精神》专题、中共南宁市委党校哲学教研部副教授黄万求讲授《唤醒党的意识和党员的意识》专题、中共广西区委党校党史党建教研部主任卢尚纯讲授《中国共产党章程》专题。培训期间学员观看电教片《勤廉榜样》，并进行理论知识测试。

26日 河南省人大内务司法委员会主任委员高保群带领河南省人大内务司委赴邕调研组，在自治区人大内务司法委员会主任委员尚文娟等领导的陪同下，到南宁市明天学校实地考察未成年人保护社会工作服务开展及推动情况。

27日 由市人大常委会副主任黎琳、市人大教科文卫委主任委员黄孝林、市人大民侨外宗委主任委员梁新莲等30人组成的市人大常委会第三调研组到位于西乡塘区华强街道办事处的少数民族流动人员服务中心，对民族团结进

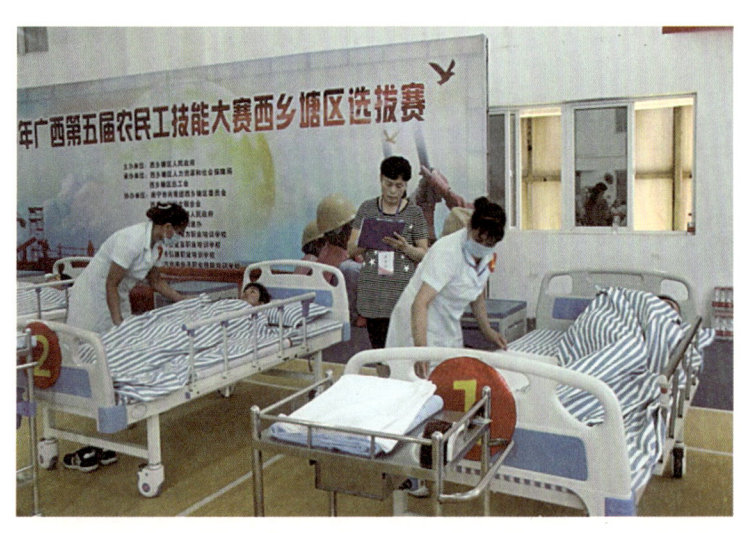

2018年6月20日，广西第五届农民工技能大赛西乡塘区选拔赛现场　　　　　　　　　　　　（区委宣传部供图）

步促进工作情况开展调研。市民宗委副调研员俞开林、区政府副区长梁红英、区人大常委会副主任莫永新及华强街道党工委书记等领导陪同调研。

同日 西乡塘区委统战部邀请来邕参加"2018年桂台（南宁）少数民族民俗文化交流周"活动的台湾高雄市花莲县休闲农业参访团一行40人到西乡塘区美丽南方休闲农业示范区参观考察，并举办美丽南方桂台休闲农业交流合作座谈会。参访团一行先后参观考察美丽南方的生态忠良示范村建设和无为谷葡萄庄园、台湾水果园特色农业产业发展情况，并着重就促进西乡塘区与台湾地区休闲农业交流合作、休闲农业发展壮大与品牌建设等专题进行广泛深入的交流研讨。与会双方就两地休闲农业合作领域、方式、途径，推动建立长期有效的交流合作发展平台取得共识，对合作项目达成初步意向。市台办主任何见霜，西乡塘区委常委、统战部部长林拓，区农林水利局、商旅局、田园办等单位负责人出席座谈会。

28日 第七届中国创新创业大赛广西赛区南宁市选拔赛暨第三届南宁市创新创业大赛初赛在安吉产业园华尔街工谷正式开幕。本届报名参赛企业共计282家，其中初创组企业149家，成长组企业133家。参赛项目五花八门，涵盖电子信息、互联网、生物医药、先进制造、新能源及节能环保、新材料六个领域。初赛晋级的企业将于7月3—4日在安吉产业园华尔街工谷参加复赛，进行新一轮的激烈角逐。

29日 中共西乡塘区委、西乡塘区人民政府在美丽南方举办广西乡村振兴（美丽南方）大讲堂活动。广西乡村振兴战略研究院专家咨询委员会名誉主任、特聘顾问，中国农业大学原校长柯炳生以及广西农科院党组副书记、副院长，广西乡村振兴战略研究院院长林树恒分别做题为《乡村振兴的新功能》《乡村振兴怎么做：广西振兴乡村的路径思考》的报告。活动还举行广西农业科学院美丽南方农业科技专家大院揭牌仪式。广西农科院、广西特色新型智库联盟成员单位代表、西乡塘区有关部门以及企业代表200多人参加论坛。

是月 第四批全国法治县（市、区）创建活动先进单位公布，西乡塘区获全国法治创建活动先进单位。

7月

2日 南宁市人大常委会副主任黎琳率队到西乡塘区检查创卫工作。西乡塘区委常委、政府副区长（挂任）梁成红，人大常委会副主任韦居宁等区领导陪同检查。黎琳一行深入南棉一区，针对小区内的卫生保洁、病媒生物防制等情况进行重点检查，听取各单位负责同志的工作汇报，指出存在问题，并现场提出整改意见。

3日 越南红十字会会长阮氏春秋一行3人在中国红十字会总会联络部双边处处长海丽曼的陪同下，到西乡塘区参观考察美丽南方新农村建设及江左盟红十字基地的经验和做法。自治区红十字会、南宁市政府、西乡塘区政府、西乡塘区红十字会等相关领导陪同。

6日 西乡塘区"新时代讲习所"揭牌仪式和首场讲习活动在石埠街道忠良村委举行。同日，西乡塘区"新时代讲习所"全面铺开，139个讲习所统一揭牌。"新时

大事记（2018年）

代讲习所"是西乡塘区推动学习宣传贯彻习近平新时代中国特色社会主义思想和党的十九大精神的重要阵地，是宣传贯彻党和政府各项政策措施、助推乡村振兴战略、决战脱贫攻坚的重要抓手，是加强基层党建、密切党群干群关系的重要渠道，是培育和弘扬社会主义核心价值观、正确引领社会风尚的重要载体，也是展示基层新气象、干部群众新风貌的重要平台。西乡塘区3个镇8个街道64个村64个社区共计139个点创建的"新时代讲习所"统一揭牌，实现全覆盖。

9日 2018年第七届中国创新创业大赛广西赛区南宁市选拔赛暨第三届南宁市创新创业大赛决赛在西乡塘安吉产业园华尔街工谷举行。区委书记廖伟福，区委常委、宣传部部长、政府副区长陈红，西乡塘产业园区党工委副书记、西乡塘产业园区管理委员会常务副主任陆永龙出席大赛决赛。此次大赛决赛由南宁市人民政府主办，南宁市科学技术局和中共西乡塘区委员会、西乡塘区人民政府承办。本次决赛集中展示20个优秀创业项目，涉及电子信息、互联网、先进制造和生物医药、新能源与节能环保、新材料等五大领域。决赛分别评出初创企业组和成长企业组的一、二、三等奖。南宁市和西乡塘区相关领导分别为获奖企业颁发奖杯和相应的奖金。

9—11日 西乡塘区2018年中小学教师继续教育全员培训分别在广西财经学院礼堂、秀田小学举办，为西乡塘区广大教师进行"暑期充电"。全区7000余名中小学教师参加培训。邀请江苏省常州市特级教师陈玉琴、深圳市宝安区教育科学研究院高级教师高雅、广西大学心理学博士谭贤政等10位区内外名师专家前来授课，讲授内容包括"整合，走进真实的语文课堂""做一个幸福教师的条件""'生命教育大问题数学'的实践与思考"等。

13日 2018年军地联席座谈会暨双拥

2018年7月9—11日，在广西财经学院礼堂举办的2018年中小学教师继续教育全员培训现场　　（区委宣传部供图）

工作领导小组全体会议在西乡塘区机关办公大楼4楼会议室召开，共叙军地情谊，共谋发展大计。西乡塘区四家班子主要领导及分管联系领导，南宁警备区政治工作处和区人武部领导出席会议。座谈会上，政府区长陆广平代表区双拥工作领导小组总结2017年双拥工作，部署2018年双拥工作。区教育局、西乡塘街道办、75776部队、消防大队分别就双拥工作做述职，军地双方进行充分的座谈交流。区有关部门还就驻辖区部队单位领导提出的急需党委

2018年7月13日，2018年军地联席座谈会暨双拥工作领导小组全体会议现场　　（区委宣传部供图）

政府解决的问题给予现场答复。

同日　云南省总工会副主席彭增梅率领考察组一行6人到南宁市西乡塘区环卫站工会爱心驿站开展实地调研考察，自治区总工会权益保障部部长黄月萍，南宁市总工会调研员阳建坤，西乡塘区政协副主席、总工会主席李桃等陪同。

同日　西乡塘区在美丽南方举办2018广西社科大讲坛活动。此次活动主题为"广西乡村振兴战略与发展壮大村级集体经济"，来自西乡塘区各村镇、扶贫办、企业代表负责人及部分社会团体代表约250人参加活动。活动邀请广西知青文化研究会会长阳国亮作"广西乡村振兴战略与发展壮大村级集体经济"主题报告。

14日　"光大银行杯"第三届南宁市社区全民健身运动会西乡塘站在西乡塘区万力社区篮球场开幕，南宁市体育局局长李兵，南宁市体育局副局长莫树森，中共西乡塘区委常委、宣传部部长、政府副区长陈红等领导出席开幕式并为此次运动会做启动。本次社区全民健身运动会设置广场舞、气排球、抛绣球等多个竞赛项目，与往届相比，本届运动会新增轮滑、点球大战、沙包掷准等比赛项目。西乡塘站作为第四站分站赛，吸引来自各街道、社区众多体育爱好者积极报名参赛。

16—18日　西乡塘区出动联合执法队伍450余人、勾机10台，对西乡塘区石灵河旁36处违法养殖点、大塘村赤里坡16处违建养殖点进行集中拆除。此次集中拆违行动规模大、力度强、影响面广，拆除前街道办多次到现场与当地农户沟通交流，提高农户对违建的认识，保证拆除行动的顺利开展。此次集中拆违行动共拆除违法养殖建筑面积32519平方米。

18日　2018年上半年，西乡塘区完成财政收入24.87亿元，比上年同期增长34.39%，财政收入创历史同期新高，完成市级下达全年预期目标63.63%，实现上半年财政收入"双过半"。

同日　西乡塘区政府与广西财经学院签订合作框架协议，

2018年7月13日，西乡塘区在美丽南方举办2018广西社科大讲坛活动现场　　（区委宣传部供图）

双方将重点在搭建合作平台、产学研融合等方面发力,为高校提供科技创新实验基地、人才培养锻炼基地等,促进高校成果转化,吸引科技成果和项目落户西乡塘区,为西乡塘区创新驱动产业升级提供新动能,助力西乡塘区经济高质量增长。

20日 自治区人大外事华侨委员会调研组一行9人在南宁市人大民族华侨外事宗教委、旅发委等部门领导的陪同下到西乡塘区开展旅游扶贫调研工作。西乡塘区人大常委会主任周少剑,区委常委、宣传部部长、政府副区长陈红,人大常委会副主任韦居宁陪同。调研采取实地查看、听取汇报、召开座谈会等形式进行。自治区调研组实地查看坛洛镇群南村定力坡、桂洁农业示范区和美丽南方·老木棉匠园、青瓦房古村落等旅游项目,现场听取各旅游项目业主介绍项目的发展情况,了解各旅游项目在发展中存在的困难和问题。同时,调研组在石埠街道忠良村委2楼会议室召开座谈会。与会人员就当前发展乡村旅游,推动旅游扶贫工作所面临的新形式、新变化、新要求和新举措进行交流。

23日 2018年西乡塘区脱贫攻坚志愿服务活动举行启动仪式,38名来自广西大学等高校的青年大学生志愿者奔赴坛洛镇各贫困村和金陵镇、双定镇扶贫办等扶贫一线单位开展服务,协助做好脱贫攻坚档案整理、数据录入、政策宣讲等工作。这些志愿者来自4所高校,都是在读大学生,还有脱贫属地的优秀贫困学子,他们将开展为期一个多月的志愿服务。

24日 由市疾控中心主任、市创卫办副主任唐驰带领市政府督查室、市住房局、市食品药品监管局、市"大行动"办等部门组成的联合督查组,深入西乡塘区开展首府南宁迎接国家卫生城市复审工作专项督查督办活动。西乡塘区委常委、宣传部部长、政府副区长陈红及区有关部门领导陪同。市督查组现场督查万秀村、白苍岭市场、白苍岭小区和秀田小学北际路校区建筑工地创卫工作情况,重点查看农贸市场内的环境卫生、设置(或完善)"四项公示"栏、经营户持证经营、熟食区"三防"设施卫生管理、活禽区完善"三区分离"设施改造;"五小行业"的经营许可相关证照和食品卫生安全;医疗卫生机构营业资质,医护人员执证,医疗垃圾处置;居住小区投放杀除"四害"的药物,环境卫生;建筑工地的建筑垃圾清运、创卫宣传氛围等情况。市督查组对发现的存在问题提出整改意见。

25日 在"八一"建军节即将到来之际,西乡塘区领导到南宁市警备区走访慰问,向广大官兵致以节日祝

2018年7月20日,自治区人大外事华侨委员会调研组一行9人到西乡塘区开展旅游扶贫调研工作　　　　(区委宣传部供图)

2018年7月25日，区委书记廖伟福（左六）到南宁市警备区走访慰问官兵　　　（区委宣传部供图）

福。区委书记廖伟福，政府区长陆广平，政协主席费勇，区委副书记李东红，区委常委、区委办主任何史年，政府副区长梁红英参加活动。

同日　西乡塘区举行《习近平谈治国理政》阅读演讲比赛。来自西乡塘区各街道、各单位的20名选手分享学习《习近平谈治国理政》一书的感悟体会，并结合自身或身边人的思想、工作、学习等实际情况，抒发对习近平新时代中国特色社会主义思想的认识和感想。此次比赛旨在为改革开放40周年和自治区成立60周年营造团结努力、积极奋进的良好舆论氛围。

27日　南宁市举行2018年第七次重大项目开竣工活动。其中，西乡塘区两个重大项目开工建设，总投资1.1亿多元。区委书记廖伟福，区委常委、政府副区长陆斌，政协副主席刘景生，产业园区党工委副书记、产业园区管理委员会常务副主任陆永龙参加活动。（1）南宁市西乡塘区双定燃化气储配站项目，工程地址位于双定镇兴平村，由南宁市金焰燃气有限责任公司自筹资金建设，项目占地面积15260平方米，总投资5760万元，2019年建成投入使用，项目投产后实现年产值7700万元，年税金357万元，解决就业150人，将极大促进双定镇、金陵镇、坛洛镇及周边宁武镇、甘圩镇的生活能源供应。（2）南宁市西乡塘区农院路改造工程项目，改造范围为秀灵路西一里至丽园小区段，路线全长860米，道路红线范围12米，资金总投入5280.16万元，预计2018年12月底完成建设。广西大学校园路与农院路相交部分道路改造工程一并纳入本项目，校园路宽16—24.6米不等，改造和延伸总长度约700米。工程建设内容包括道路、桥梁、排水、电气、景观、交通等工程。改造后的农院路不但能实施西乡塘片区规划、完善城市道路功能，有效缓解附近居民、学生出行压力，而且对改善西大校园环境具有很重要的作用。

31日　西乡塘区召开年中工作会议暨县域经济发展、乡村振兴推进大会，传达自治区、

2018年7月27日，西乡塘区双定燃化气储配站项目开工现场　　　　　　　　　（区委宣传部供图）

南宁市年中工作会议暨县域经济发展、乡村振兴推进大会精神，总结西乡塘区2018年上半年工作，分析当前经济形势，并研究部署2018年下半年工作。区四家班子领导、西乡塘产业园区党工委副书记，区副调研员，副处长级干部；区武装部、法院、检察院、公安分局正职领导；区机关各部门（含二层机构）、直属各企事业单位和区级双管单位有关领导参加会议。

8月

2日 2018年西乡塘区食品安全宣传周主题活动暨无偿献血活动在西乡塘区新阳街道冠超市水悦龙湾店举行，西乡塘区食品安全委员会副主任、区政府副区长梁红英出席活动并致辞。区食安委成员单位、食品安全协会、食品生产企业、餐饮经营企业和单位、学校食堂、超市企业员工及个体工商户代表，媒体记者以及广大市民群众共计600余人参加活动。

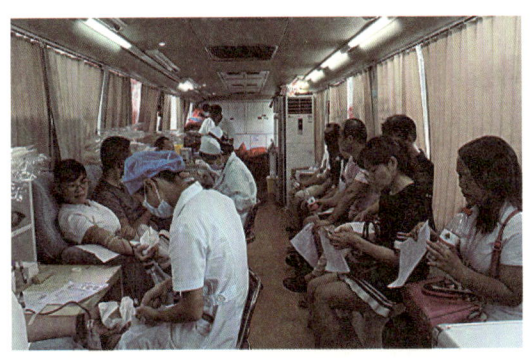

2018年8月2日，无偿献血活动现场

（区委宣传部供图）

同日 南宁市人民政府市长周红波、秘书长黄宗成，南宁市卫生和计划生育委员会主任谢宗务一行，到西乡塘区秀灵南社区卫生服务中心调研业务用房改造项目

工作，西乡塘区人民政府区长陆广平，西乡塘区卫计局局长、副局长、南宁市第六人民医院院长等陪同。周红波市长一行现场察看秀灵南社区卫生服务中心用房改造情况，详细询问该中心业务用房改造项目的工作情况，并对秀灵南社区卫生服务中心的改造方案及规划给予肯定。同时，周红波市长慰问该社区卫生服务中心的医务人员。

2018年8月2日，南宁市人民政府市长周红波（前排左三）到西乡塘区秀灵南社区卫生服务中心调研　　　　（区委宣传部供图）

8日 广西壮族自治区政府副主席黄俊华一行到南宁市西乡塘区西乡塘卫生院调研接种长春长生公司狂犬疫苗续种补种工作。自治区卫计委主任廖品琥，南宁市

2018年8月8日，广西壮族自治区政府副主席黄俊华（左二）到西乡塘卫生院调研

（区委宣传部供图）

委常委、宣传部部长、副市长邓亚平，南宁市卫生和计划生育委员会主任谢宗务，南宁市西乡塘区人民政府区长陆广平等陪同调研。在西乡塘卫生院数字化预防接种大厅，黄俊华详细了解该院接种长春长生公司狂犬疫苗续种补种工作情况，并就下一步续种补种工作召开座谈会。会上，廖品琥汇报自治区接种长春长生公司狂犬疫苗续种补种工作情况。陆广平就西乡塘区疫苗采购配送及接种、应对长春长生问题疫苗事件工作情况做汇报。

同日 南宁市8所学校入选教育部国防教育示范学校，所属西乡塘区的南宁市第十八中学名列其中。

同日 第十届广西体育节西乡塘区分会场开幕式暨2018年西乡塘区"全民健身 健康广西"百万群众健步走活动在美丽南方景区举行，西乡塘区人民政府区长陆广平、西乡塘区人民政府副处长级干部段毓华、西乡塘区老年人体育协会主席莫凯等多位领导出席活动，200多名健身骨干参加活动。

同日 国家卫健委科教司监察专员刘登峰一行到南宁市西乡塘区西乡塘卫生院调研接种长春长生公司狂犬疫苗续种补种工作。自治区卫计委副主任梁远，南宁市卫计委副调研员陈志明，南宁市西乡塘区

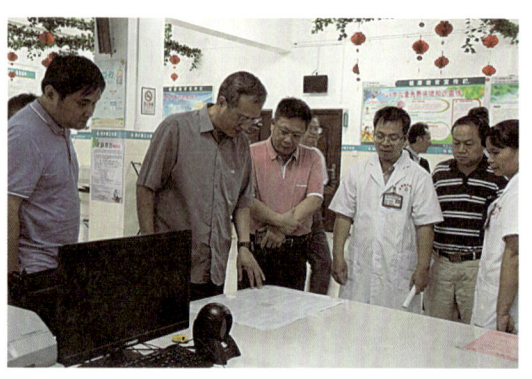

2018年8月8日，国家卫健委科教司监察专员刘登峰（左二）到南宁市西乡塘区西乡塘卫生院调研　　　　　　　　（区委宣传部供图）

卫计局副局长等陪同调研。刘登峰一行实地察看该院全科诊室、预防接种大厅的就医环境，详细了解接种长春长生公司狂犬疫苗续种补种的登记在册、疫苗续种补种跟踪观察和咨询服务等相关情况，同时慰问基层医务人员。

15日 西乡塘区召开人武部领导班子调整命令宣布大会。南宁市委常委、南宁警备区政委顾成祥，西乡塘区人武部党委第一书记、西乡塘区区委书记廖伟福，西乡塘区人武部新任政委段靖伟，西乡塘区人武部原政委李时群出席会议，西乡塘区人武部部长蒙肖满主持会议。顾成祥政委宣布中央军委国防动员部命令：原西乡塘区

2018年8月8日，第十届广西体育节西乡塘区分会场开幕式暨2018年西乡塘区"全民健身 健康广西"百万群众健步走活动在美丽南方景区举行　　　　　　　　（区委宣传部供图）

人武部政治委员李时群转业,原宾阳县人武部政治委员段靖伟任西乡塘区人武部政治委员。廖伟福代表西乡塘区党委、人武部坚决拥护中央军委国防动员部决定,并对李时群为西乡塘区作出的贡献表示感谢,向段靖伟到城区人武部任职表示欢迎。

2018年8月15日,西乡塘区人武部领导班子成员调整命令宣布大会在区机关办公大楼4楼会议室召开　　　　　　（区委宣传部供图）

15—30日　为迎接第15届中国—东盟博览会、中国—东盟商务与投资峰会,西乡塘区对辖区内夜市流动摊点、跨门槛经营等违章占道经营行为进行全面整治。每天晚上22:00至凌晨2:00,组织区城管、公安、工商、食药、街道等部门、单位,组成夜市专项集中整治联合执法组,对辖区内主次干道、背街小巷、城中村、农贸市场周边夜市流动摊点、跨门槛经营等违章占道经营行为开展专项集中整治行动。开展整治行动以来,累计出动执法人员2947人次,出动车辆625辆次,罚款金额约2.67万元,整治车辆乱停放994辆次,批评教育"五乱"行为386人次,清理跨门槛经营521处,清理杂物乱堆放417处,清理垃圾乱丢104处,清理占道摆卖、违章夜市1081起。整治行动有效遏制辖区内违规夜市摊点、占道经营回潮现象,改善和营造辖区良好的市容环境。

21日　接到群众投诉举报,西乡塘区打私办、坛洛派出所、金陵交警中队、坛洛食药所和坛洛工商质监所联合行动,在坛洛镇富庶村岜马坡查获3辆微型货车,共计查获一批涉嫌走私猪蹄、猪耳朵和鸡爪等冻肉386件,合计约5.5吨,该批冻肉均无中文标签,当事人现场无法提供检验检疫合格证明等合法票据,联合执法人员立即对该批涉嫌走私的冻肉进行依法处置。

22日　西乡塘区在国家农业综合开发试点——美丽南方承办2018年南宁市两新领域第四期"领航讲堂",来自全市的两新组织党组织书记、党务工作者、党员及入党积极分子,两新组织出资人或负责人等200人参加活动。本次活动邀请自治区党校、广西行政学院经济学教授刘文娟作"当前国际国内经济形势与政策"专题讲座。随后,学员分三个小组依次到美丽南方田园综合体忠良村核心区开展现场教学。

2018年8月22日,2018年南宁市两新领域第四期"领航讲堂"在美丽南方田园综合体忠良村核心区举行　　　　（区委宣传部供图）

23日　南宁市人大常委会副主任周如斯带领市各县（区）人大领导、基层联系点示范点负责人到明秀片区基层立法联系点参观考察。考察组先后参观人大宣传长廊、人大代表之声宣传阵地，查阅基层立法联系点台账资料，听取关于人大代表之家、基层立法联系点的工作汇报。

2018年8月23日，南宁市人大常委会副主任周如斯（前排右二）到明秀片区基层立法联系点参观考察 　　　　（区委宣传部供图）

25日　由西乡塘区文化新闻出版体育局主办、西乡塘区文化馆承办的2018年南宁市外来务工人员文化艺术节暨西乡塘区庆祝自治区成立60周年扫黄打非、禁毒专场活动在友爱法治广场举办。文艺演出开始前，西乡塘区文化市场综合执法大队在活动现场发放"扫黄打非"、禁毒宣传资料约200份，节目还穿插"扫黄打非"、禁毒有奖知识问答，当晚活动吸引约500名观众参加。

28日　第五届广西万村篮球赛南宁赛区比赛在横县体育馆闭幕，由坛洛镇坛洛村村民组成的西乡塘区男子篮球代表队夺得季军，创造西乡塘区在万村篮球赛历史上的最好成绩。

29日　国务院大督查第二十督查组扩大内需组到坛洛镇开展中央地走访专项转移支付补助资金项目实地核查。自治区发展改革委党组成员、铁建办副主任庞湟，自治区人民政府督查室决策督查处调研员杨志勇，南宁市人民政府副秘书长庄凯，西乡塘区人民政府区长陆广平，西乡塘区人民政府副区长李刚，西乡塘区人民政府办公室主任黄继业陪同。督察组主要到中央专项转移支付补助资金项目富庶至南宁西站（一期）农村公路项目点进行项目实地核查，在项目现场，督察组实地查看了解项目建设进展情况，听取盛都公司及有关部门汇报项目建设进度及遇到的问题。督查组对项目的建设给予肯定，并要求项目业主、施工单位、监理单位在确保工程质量的前提下加快项目建设步伐，确实加强工程监管，抓好安全施工，力争按时按质完成项目建设，尽快完工通车。

30日　西乡塘区在区机关办公大楼一楼大门前举办主题为"无偿献血党员先行——2018年西乡塘区公务员献血日"活动。区委常委、宣传部部长、政府副区长陈红参加活动仪式并讲话。区委常委、政府副区长陆斌，区委常委、政法委书记蓝日军等领导带头参加献血活动。本次活动还在上尧街道办设置献血分会场，共有无偿献血志愿者300余人，成功献血者220人，献血量达63300毫升；参与造血干细胞捐献（采集）者8人。截至8月30日，西乡塘区共举办12场（次）无偿献血活动，累计成功献血人数996人，任务完成率102%。为此，南宁市为西乡塘区人民政府颁发感谢状。

31日　西乡塘区组织开展的第十二届退休人员文艺汇演活动。活动以"走进新时代　喜迎六十大庆"为主题，通过社区、街道的层层遴选，共有36个节目选送到城区参演。节目形式涵盖舞蹈、器乐、声乐等。活动中的优秀节目将代表西乡塘区参加南宁市比赛。此外,活动还设置有奖问答环节,围绕社保养老等内容进行知识问答。

2018年8月31日,以"走进新时代 喜迎六十大庆"为主题的第十二届退休人员文艺汇演活动在大商汇中庭广场举行 (区委宣传部供图)

9月

4日 为迎接第15届中国—东盟博览会、中国—东盟商务与投资峰会的顺利召开,西乡塘区开展夜市整治统一行动,组织各街道办、相关职能部门等执法力量,对辖区内流动夜市摊点多发的主次干道、背街小巷、城中村、城乡结合部、农贸市场进行集中整治,清理整顿占道经营夜市摊点,整治夜间市容秩序。据统计,当晚出动执法人员253人次,出动车辆51辆次,罚款金额300元,整治车辆乱停放140辆次,批评教育"五乱"行为121人次,清理跨门槛经营102处,清理占道摆卖、违章夜市97起,下发整改通知书42份,下发工地停工告知书2份,暂扣违法物品151件。

5日 西乡塘区2018年"中华慈善日"捐赠活动启动仪式在区机关办公大楼前举行。区四家班子分管领导出席活动现场,各镇、街道,区机关各部门,直属企事业单位,区级双管单位的领导以及驻辖区部队、企业、群众代表共100余人参加活动。活动现场,政府区长陆广平、人大常委会副主任李仕学、政府副区长梁红英、政协副主席黄祥凌、区委副调研员罗科元等带头捐款。据统计,现场共募集到慈善款61018元。所有善款将统一规划,除用于福利慈善项目建设外,还将用于扶贫、帮困、助残、助孤、助医、助学、救灾等方面,切实帮助部分困难群众解决"看病难、上学难、生活难"等问题。

2018年9月5日,西乡塘区2018年"中华慈善日"捐款活动启动仪式在区机关办公大楼前举行 (区委宣传部供图)

6日 市委副书记、政法委书记杨维超一行到衡阳街道辖区火车站开展"两会一节"安保维稳督查工作。杨维超一行先后查看火车站辖区的安保维稳、消防等工作以及地铁一号线火车站安保情况。

2018年9月6日,市委副书记、政法委书记杨维超(右三)一行到衡阳街道辖区火车站开展"两会一节"安保维稳督查工作 (区委宣传部供图)

同日 南宁市第八次重大项目暨广西腾远水泥制品有限公司年产60万吨预拌砂浆项目竣工现场会在双定镇原金龙水泥厂厂区举行,西乡塘区人大常委会副主任韦居宁,西乡塘产业园区党工委副书记、西乡塘产业园区管理委员会常务副主任陆永龙,西乡塘区政协副主席刘景生出席仪式,区工信局、发改局、统计局等相关部门领导干部、双定镇领导、镇项目办全体工作人员、镇包村组干部、项目所在地村委干部、企业员工代表等200多人参加仪式。广西腾远水泥制品有限公司年产60万吨预拌砂浆项目占地约3万平方米,建设一条年产30吨湿拌砂浆生产线和一条年产30吨干混砂浆生产线。项目计划总投资约10942.32万元,其中业主自筹5942.32万元,银行贷款5000万元。项目投产后,将形成年产60万吨建筑砂石的生产能力,可实现年销售收入24000万元,实现利税总额为4022.38万元,年实现销售税金2371.96万元以上,年平均净利润约1005.6万元,同时可解决当地劳动就业60人左右,还将带动当地物流发展。

7日 南宁市民委主任苏志刚、副主任黄霞等一行到位于华强社区的南宁市少数民族流动人员服务中心开展提升民族团结进步工作调研,详细了解服务中心目前工作开展情况和存在的困难,并就下一步的工作进行指导。

12日 2018年南宁国际民歌艺术节"绿城歌台"群众文化活动暨西乡塘区香蕉文化旅游节、美丽南方休闲农业嘉年华开幕式在石埠街道办忠良村美丽南方文化广场举行。南宁市人大常委会、旅游发展委员会、文化新闻出版广电局、农业发展委员会,西乡塘区四家班子等领导出席活动开幕式。

18日 西乡塘区召开2018

2018年9月6日,南宁市第八次重大项目暨广西腾远水泥制品有限公司年产60万吨预拌砂浆项目竣工现场会在双定镇原金龙水泥厂厂区举行 (区委宣传部供图)

年卫生计生系统干部大会暨目标管理考核和绩效指标工作推进会。西乡塘区委常委、宣传部部长、政府副区长陈红出席会议并发表讲话。卫计系统干部职工150余人参加会议。会议传达全市卫生计生目标管理考核和绩效考评指标工作推进会精神，通报、总结、分析2018年（1—7月）西乡塘区卫生计生目标管理考核指标和绩效考评指标完成情况，对下一步卫生计生重点工作进行部署。

19日 西乡塘区纪检监察专题培训班在广西民族大学举办，区纪委委员，各镇街道纪工委书记、副书记、委员，双管单位纪检组织，区纪委监委各派驻纪检监察组，区纪委监委机关全体干部共计105纪检监察干部参加，共同学习《条例》，广西民族大学陈元中教授做题为"全面从严治党的坚强纪律保障——学习贯彻中国共产党纪律处分条例"授课。

2018年9月19日，2018年西乡塘区纪检监察干部专题培训班在广西民族大学举办　　　　（区委宣传部供图）

20日 西乡塘区秋季企业专场招聘会在广西工业器材城举行，围绕"搭建供需平台服务企业用工"的主题，62家企业进场提供就业岗位1713个。本次招聘会，提供岗位涉及机电、机械、物业、建材、商贸等行业。

同日 西乡塘区在老木棉匠园举行新的社会阶层人士联络服务站授牌活动，为民营企业和外资企业的管理技术人员、中介组织和社会组织从业人员、自由职业人员和新媒体从业人员等为代表的新的社会阶层人士提供交流合作的平台。西乡塘区党委决定2018年在老木棉匠园、广西育限极康体设备有限公司、北湖街道唐山路社区设立新的社会阶层人士联络服务站，由西乡塘区委统战部与服务站所在企业、所在社区共同管理，将各行业新阶层人士这一爱国统一战线的重要成员组织起来，把联络服务站办成新阶层人士之家。

20—23日 西乡塘区在美丽南方等地举办"西乡塘区2018·首届农民丰收节"。为期四天的首届农民丰收节活动设计"1+3+N"的总体活动安排，即1个美丽南方主会场，3个乡镇分会场，7个主题系列活动。7个主题活动包括农文、农趣、农展、农坛、农味、农耕、农村等，市民可以通过唱山歌、看美图、赏美景、尝美味、听论坛、吃百家宴、参与游戏等多种方式感受丰收节的快乐。来自桂黔滇湘4个省（自治区）12个民族的68名山歌好手，将在9月22日进行山歌擂台赛决赛。

27日 西乡塘区纪委牵头组织区45个单位部门在友爱法治广场开展"政治建设六项重点任务"公开大接访活动。区委常委、纪委书记、监委主任曹阳文参

2018年9月28日,南宁市人大代表、南宁市委统战部部长赵红明(右二)到北湖街道万秀村、明秀片区人大代表之家调研 (区委宣传部供图)

加本次接访活动,现场解答群众诉求。本次活动共接待群众69批122人次,收到群众咨询问题78件,当场答复解决58件,其中涉及"政治建设六项重点任务"答疑12件;受理登记信访问题27件,其中属纪检监察业务信访举报5件,业务外信访问题22件,均已协调有关职能部门跟踪督办。现场还有展板宣传信访举报方式,发放信访举报宣传折页、惠民政策宣传资料、信访举报宣传小礼品等多种方式。本次活动前期,区纪委共在各村(社区)张贴接访活动公告200余份,活动现场悬挂横幅标语3条,摆放宣传展板11块,发放购物袋、扇子、宣传折页等宣传品5800余份。

28日 南宁市人大代表、南宁市委统战部部长赵红明到北湖街道万秀村、明秀片区人大代表之家调研,开展走访联系基层群众代表活动。赵红明在万秀村与基层单位干部、群众代表座谈了解社会管理及当前工作存在的问题和困难;在明秀片区人大代表之家接待选民代表,并与片区代表们召开《南宁市电动自行车管理条例》意见建议征集会。城区人大常委会主任周少剑,区委常委、统战部部长林拓,区人大常委会副主任莫永新,北湖街道党工委书记陪同调研。

同日 根据市委、市政府的统一安排,西乡塘区党委、政府组织区政法、住建、城管、公安等30多个部门及3个镇、8个街道开展2018年第三季度"公开大接访"活动,进一步畅通信访渠道,面对面接待受理并协调解决来访群众的合理诉求,着力解决问题、化解矛盾,维护信访秩序,确保社会和谐稳定。活动当天,西乡塘区共有62名领导干部及工作人员(其中处级5人、科级42人、科级以下15人)参加接访活动,共接待来访群众30批47人次,其中立案受理信访问题11件,当场协调解决(答复)问题13件,其他6件。来访群众反映问题主要涉及村民待遇、征地拆迁补偿、物业管理等方面。

29日 防城港市委组织部、自治区民宗局调研组一行47人到位于华强街道的南宁市少数民族流动人员服务中心,着重对

2018年9月29日,防城港市委组织部、自治区民宗局调研组合影 (区委宣传部供图)

开展民族工作和创建工作情况进行调研，华强街道妇联主席陪同调研。调研组一行先后参观少数民族流动人员服务中心接待室、民族书屋、民族文化长廊和民族文化活动展示室，并听取民族工作和创建工作情况介绍。

30日 西乡塘区农业科技成果对接活动在安吉·华尔街工谷举行。活动目的是为农业科技创新成果与企业需求有效对接搭建平台。目前，西乡塘区拥有科企联合工作站28家，工作站申报专利13个，获得授权2个，申报并完成自治区科技项目1个、区级科技项目28个。

10月

9日 西乡塘区纪委在区纪委7楼会议室召开扶贫领域腐败和作风问题专项治理暨扫黑除恶专项斗争监督执纪问责工作推进会，贯彻落实南宁市脱贫攻坚作风建设年和扫黑除恶专项斗争监督执纪问责工作推进会会议精神。区委常委、区纪委书记、监委主任曹阳文出席会议并讲话。区纪委监委领导班子、各镇（街道）纪（工）委书记、区委巡察办、各派驻纪检组、相关扶贫开发责任单位、区纪委监委各科室等负责人参加会议。

10日 国家民委政法司会同民族画报社、中国民族报社组成的采访组先后到全国民族团结进步创建示范学校南宁市师范学校附属小学和全国民族团结进步创建活动示范社区衡阳街道办中华中路社区，就开展民族团结进步创建工作进行实地采访。自治区民宗委政策法制处副主任科员黄宪、南宁市民宗委副主任黄露、西乡塘区政府副区长梁红英等陪同采访。

11日 西乡塘区金陵农牧集团扶贫产业园揭牌，揭牌仪式结束后，与会人员现场召开脱贫攻坚扶贫产业项目现场办公会。西乡塘区金陵农牧集团扶贫产业园以金陵农牧集团为龙头，园区建有育种区、育雏区、育成区、种鸡区和孵化区，建有一条年产12万吨配合饲料的生产线，种鸡舍48栋，存栏种鸡40万只，设有基因库分子育种实验室、禽病诊断化验室和饲料检测中心，配备国内先进的微电脑控制孵化机130多台。西乡塘区金陵农牧集团扶贫产业园内现有养殖企业和农民合作社各1家，企业与合作社发挥"公司+基地+农户"的合作优势，将养殖区进行分片管理，采用"六统一"（统一鸡苗、统一饲料、统一技术、统一药品、统一培训、统一回收）管理模式，安排技术员一对一跟踪管理，邀请专家为养殖户进行技术培训及现场指导，还聘请专家为产业提供智力支持，并与西北农林科技大学就产业合作签署战略合作协议。

13日 西乡塘区联合开展校外培训机构专项治理行动。此次集中整治重点内容包括：对存在重大安全隐患的校外培训机构要立即停办整改；对未取得办学许可证、也未取得营业执照，但具备办理证照条件的校外培训机构，要求办理相关证照，不符合办理证照条件的责令其停止办学并妥善处置；对虽领取营业执照但尚未取得办学许可证的校外培训机构，具备办证条件的指导其办证，不具备办证条件的责令其在经营（业务）范围内开展业务，不得再举办面向中小学生的培训；坚决纠正校外培训机构开展学科类培训出现的"超纲教学""提前教学""强化应试"等不良行为；

严禁校外培训机构组织中小学生等级考试及竞赛等行为；坚持依法从严治教，坚决查处一些中小学校不遵守教学计划、"非零起点教学"等违规办学行为及相关违背师德师风行为。

15—19日 西乡塘区"不忘初心 牢记使命"党性教育暨年轻干部培训班在福建龙岩举办。本次培训邀请龙岩学院江维力、杨玉凤等教授为学员们讲授"如何传承红色精神""如何加强党性修养""如何做好群众工作"等课程，学员们通过红色体验、现场教学、小组研讨等形式进行学习思考。来自西乡塘区各镇、街道及有关单位的60名年轻干部参加学习。

2018年10月15—19日，西乡塘区"不忘初心 牢记使命"党性教育暨年轻干部培训班成员合影

（区委宣传部供图）

16日 2018年西乡塘区世界粮食日暨美丽南方·富硒农业产业园开工仪式在美丽南方举行，美丽南方·富硒农业产业园规划总面积80.6万平方米，其中农业种植生产区域61.6万平方米、水域约11.93万平方米、道路广场及农业附属设施约7.07万平方米，计划投资8000万元用于园区道路、灌溉等基础设施建设。重点打造富硒特色蔬菜、富硒柑橘、富硒中药、富硒家禽等特色产业。目前，园区已经入驻建设及意向引进企业20多家。

17日 西乡塘区在坛洛中学组织举办2018年"扶贫日"献爱心捐赠活动。区各级党政机关、企事业单位的扶贫分管领导，区12个贫困村党组织第一书记，辖区企业代表80人，坛洛中学师生代表100人出席本次献爱心捐赠活动。

18日 西乡塘区在北湖街道万秀村举行城中村燃气安全清理整治工作试点启动仪式，将组织力量对各城中村及老旧小区使用瓶装气的近30万用户全面进行上门入户的宣讲、安检。连日来，西乡塘区组织人员对城中村燃气使用情况进行地毯式摸底排查，在启动仪式后，由燃气管理站人员、村队干、网格员、物业小区工作人员、燃气企业技术人员组成的50人的安检队伍分成8个小组，对万秀苑8栋出租屋上门入户安检，并向住户宣传安全使用燃气的知识。

19日 南宁新闻网、新闻夜班、美丽南宁乡村建设微信公众号9月20日至10月10日开设投票平台，经收集汇总、讨论研究、筛选审核，综合公众投票和专家（机构）评审情况，市乡村办初步评出10个"首府南宁十大最美乡村"、5个"首府南宁生态宜居美丽乡村"名单，其中西乡塘区石埠街道忠良村等10个乡村入选"首府南宁十大最美乡村"名单。

同日 西乡塘区在美丽南方田园综合体举办2018年度农村党员农村致富能手专项培训班，市农委农机管理科科长、市农机校校长、区农林水利局副局长等领导及100多名农村党员等代表参加本次培训。

22日 江西省景德镇市人大常委会副主任吴光辉携考察团一行8人到美丽南方实地考察田园综合体建设情况。西乡塘区人大常委会副主任李仕学陪同。

同日 西乡塘区在区机关办公大楼7楼礼堂召开2018年脱贫攻坚"抓整改、补短板、促攻坚"暨脱贫"双认定"工作专题会。政府区长陆广平，区委副书记李东红，区委常委、政府副区长（挂任）梁成红，政府副区长李刚出席会议，共约250人参加会议。会议强调，区各级各部门要进一步统一思想，切实增强冲刺脱贫攻坚各项目标任务的责任感、紧迫感，确保全面完成2018年度脱贫目标任务，坚决打赢打好脱贫攻坚战。

23日 桂林市灵川县人大常委会党组书记、主任唐火祯携考察团一行8人到美丽南方实地考察田园综合体建设情况。西乡塘区人大常委会副主任李仕学、莫永新和西乡塘区人大办公室主任陪同。

2018年10月23日，孩子们在参观小发明——彩色摩天轮　　　　（区委宣传部供图）

同日 浙江省政协副主席、党组副书记孙景森一行到西乡塘区美丽南方考察乡村治理工作，市政协副主席黎四龙陪同。

同日 西乡塘区在位子渌小学举行"2018年西乡塘区青少年科技创新大赛"，本次大赛共收到来自全区80余所中小学在校师生的2000多幅科学幻想画、160多项科技小发明、40余幅科技实践活动作品。

24日 自治区农村土地确权工作成果检查验收组一行11人到西乡塘区进行确权成果检查验收。检查验收组首先在石埠街道办事处忠良村召开南宁市农村土地确权工作成果验收启动会。会上，南宁市人民政府副市长刘为民、西乡塘区人民政府区长陆广平分别汇报南宁市、西乡塘区农村土地确权工作情况。随后，检查验收组在忠良村检查西乡塘区农村土地承包经营权确权登记颁证成果档案材料，在农林水利局检查信息化建设成果材料。截至目前，西乡塘区完成确权调查发包方782个，承包方4.31万户，地块测量52.04万块，面积约272平方千米。完成确权可发证率96.81%，超额完成自治区下达的可发证率95%以上的工作任务。南宁市农业委员会副主任廖磊、西乡塘区人民政府副区长李刚等领导陪同检查验收。

25日 由四川省阿坝州委书记刘坪率领的考察团一行到西乡塘区美丽南方考察田园综合体建设。南宁市委副书记、市委政法委书记杨维超，南宁市委常委、政府常务副市长张文军，南宁市人大常委会副主任刘志烈，南宁市政府副市长刘为民，西乡塘区委书记廖伟福，西乡塘区政府区长陆广平陪同考察。考察团先后到青瓦房古村落及忠良村，考察古村落保护传承、文旅项目及田园综合体建设。

同日 西乡塘区组织政法委、规划、国土、城管、司法、卫计、特勤等部门350

2018年10月25日，市委副书记、市委政法委书记杨维超（前排左四）到青瓦房古村落及忠良村，考察古村落保护传承、文旅项目及田园综合体建设　　　　　　　　　（区委宣传部供图）

人组成联合执法队伍，对明秀路金明加油站南侧4处违法建设进行拆除，共计清理违法占地面积4215平方米，拆除违法建设面积5310平方米。

25—26日　西乡塘区人大在石埠街道美丽南方紫薇庄园举办"人大代表之家"负责人培训班。西乡塘区各镇人大、街道人大工委及"人大代表之家"负责人共80余人参加培训。培训班邀请自治区决策咨询委员会委员、自治区十二届人大法制委员会主任委员刘耀龙，自治区公务员局考核奖励处调研员牙东豪为学员进行授课。西乡塘区人大常委会主任周少剑在开班仪式上做动员讲话。

26日　根据《广西壮族自治区人民政府关于认定第六批广西现代特色农业核心示范区的决定》（桂政发〔2018〕47号），西乡塘区群南柑橘产业示范区获广西现代特色农业核心示范区（三星级）称号。西乡塘区群南柑橘产业示范区位于坛洛镇西南部，示范区总规划面积约1233万平方米，其中核心区面积约233万平方米，拓展区面积约333万平方米，辐射区面积约667万平方米。

自2016年创建群南柑橘示范区以来，通过定方向、搭平台、优服务、提质量、助脱贫等做法，带动周边农户共同发展，实现产业增效、农民增收。

29日　西乡塘区组织政法委、规划、国土、城管、司法、卫计、特勤等部门500人组成联合执法队伍，对北大桥桥底北大南路与江北大道路口多处简易搭盖钢架棚屋进行拆除，清理违法占地面积3630平方米，拆除违法建设面积3630平方米。

30日　市委常委、宣传部部长、副市长邓亚平到西乡塘区南棉幼儿园，调研学前教育工作。

31日　山东省东营市东营区人大考察团一行9人在南宁市人大常委会副主任徐章敏陪同下，到西乡塘区考察全域旅游工作。西乡塘区人大常委会副主任韦居宁接待并陪同考察。考察团一行考察老木棉·匠园、青瓦房古村落及忠良核心景区，观看美丽南方田园综合体宣传片，全面了解西乡塘区打造全域旅游工作。

11月

10月28日—11月3日　2018年西乡塘区党性修养与理想信念教育专题培训班在焦裕禄干部学院举办。此次培训，通过音像教学、现场教学、体验教学、访谈教学、研讨教学等多种形式开展，安排"焦裕禄在兰考的475天"主题教育和"习近平新时代中国特色社会主义思想三十讲解读"

等专题讲座。西乡塘区各镇、街道党（工）委1名主要领导及区党组书记或分管党务工作领导共46人参加培训。

2018年10月28日—11月3日，西乡塘区党性修养与理想信念教育专题培训班现场

（区委宣传部供图）

2—8日 西乡塘区非公经济人士新时期能力提升研修班在厦门大学举办，西乡塘区委常委、统战部部长林拓，西乡塘区政协副主席、工商联主席庞晓民带队参加培训，区有关单位负责人、新的社会阶层代表人士、非公经济代表人士等50余人参加培训。

3日 西乡塘区政府区长陆广平、副区长梁红英、王皓一行到雅里村五通庙，对五通庙存在的重大安全隐患问题整改情况进行实地检查。消防大队、区政府办、安监局、住建局、城管局、民宗局、公安分局、食药监局、大行动办等职能部门主要领导及新阳街道主要领导陪同。陆广平一行实地检查五通庙消防安全隐患整改落实情况，指出整改当中存在的问题，并就下一步整改工作提出要求。

5日 自治区人大常委会党组书记、副主任王跃飞率自治区人大检查组到西乡塘区开展代表履职平台建设情况检查，西乡塘区人大常委会主任、南宁市人大代表周少剑，西乡塘区政府区长、自治区人大代表陆广平，西乡塘区人大常委会副主任莫永新陪同。

2018年11月5日，自治区人大常委会党组书记、副主任王跃飞（前排左三）率自治区人大检查组到西乡塘区开展代表履职平台建设情况检查

（区委宣传部供图）

2018年11月3日，西乡塘区政府区长陆广平（前排左三）一行到雅里村五通庙检查重大安全隐患问题整改情况 （区委宣传部供图）

同日 南宁市政协副主席李勤率考察组一行50人，在西乡塘区政协主席费勇、衡阳街道办事处主任、副主任、衡阳北社区书记、主任陪同下，到衡阳街道社区戒毒（康复）工作站考察。

9日 廊坊市人大常委会副主任王相仁率考察团到美丽南方实地考察乡村环境

2018年11月5日，南宁市政协副主席李勤（前排左三）一行到衡阳街道社区戒毒（康复）工作站考察　　　　　（区委宣传部供图）

2018年11月13日，西乡塘区2018年健康中国行—科学健身主题宣传周活动启动仪式在新阳街道新秀社区锦绣豪庭举行　（区委宣传部供图）

保护和治理工作，西乡塘区人大常委会副主任李仕学陪同。

同日　第六届广西青少年科学节西乡塘区活动启动仪式在坛洛镇武康第二小学举行。活动通过学生亲自制作手工作品、近距离体验各类科技游戏，激发孩子们对科技的探索兴趣。

13日　西乡塘区人大在区机关办公大楼7楼人大主任会议室召开补选（增选）人大代表工作会议。会上，人大常委会副主任莫永新就2018年拟推荐补（增）选西乡塘区第三届人大代表人选考察工作进行安排和布置。本次共补选16名区人大代表，补选工作涉及10个镇、街道和部队等共计11个选区，拟定2018年12月14日为投票选举日。15人参加会议。

同日　西乡塘区2018年健康中国行—科学健身主题宣传周活动启动仪式在新阳街道新秀社区锦绣豪庭举行。西乡塘区委常委、宣传部部长、政府副区长陈红，西乡塘区卫计局局长，新阳街道办事处主任出席启动仪式。启动仪式有广场舞、啦啦操、花式自行车表演等全民健身项目展示，来自南宁市第三人民医院和中兴社区卫生服务站的医师为群众开展义诊、健康咨询等服务，西乡塘区卫计局、新阳街道卫计办、新秀社区工作人员向群众发放健康知识宣传资料。

13日　自治区党委常委、市委书记王小东到西乡塘区调研指导工作。王小东先后到坛洛镇广西桂洁农业开发有限公司柑橘产业园、金陵镇金陵河西产业园、双定镇武陵村家禽养殖示范区，考察乡村产业开发运营工作，了解龙头企业、产业园区带动周边贫困群众增收致富情况，并与当地干部、第一书记、企业负责人和村民进行交流。

2018年11月13日，自治区党委常委、市委书记王小东到西乡塘区调研指导工作

（区委宣传部供图）

16日 截至11月16日，西乡塘区财政收入完成40.32亿元，完成财政收入任务的103.15%，同比增长21.32%，提前48天完成全年目标任务。

17日 在南宁市第四届"千里杯"校园足球联赛初中组比赛中，西乡塘区代表队发挥出色，南宁市第三十七中学、双定中学分别获男足、女足冠军。

19日 清川立交项目清川方向主线通车。通车后，途经大学清川路口南北走向的车辆，可直接驶入主线桥，实现机动车和非机动车分流，同时可避开地面道路的红绿灯，将大大提高大学清川路口的通行效率，让快环"更快"。

2018年11月19日，清川立交清川方向主线开放通车 （黄维 摄）

25日 2018年西乡塘区中小学校园足球比赛结束。本次比赛共有1187名中、小学生参加，地点分别设在第三十七中学、坛洛中学、清川小学、桃花源小学等11所学校，分成男子、女子两大组进行，根据年龄再分成甲、乙、丙3个组别。甲组比赛实行8人制，全场比赛70分钟；乙组、丙组比赛均实行9人制，全场比赛60分钟。经过一个月188场激烈角逐，南宁市第三十七中学、西乡塘区双定中学分别获男、女甲组冠军，鑫利华小学、华衡小学分别获男、女乙组冠军，明秀小学、华衡小学分别获男、女丙组冠军。

26日 西乡塘区2018年第三次总河长会议暨水环境综合整治工作推进会在区机关办公大楼4楼会议室召开。区委书记廖伟福，区委常委、区委办主任何史年，政府副区长梁红英、王皓、李刚、刘文忠，政府党组成员、产业园区党工委副书记陆永龙出席会议。会议解读自治区第2号总河长令，听取西乡塘区水环境整治情况汇报，并部署下一步工作计划。42人与会。

30日 南宁城市东西向快速路实现全线主线通车。这条总投资50.12亿元，长约13.4千米的"空中通道"全程立交、无红绿灯，半个小时可从埌东片区快速通达西乡塘区，有效化解城市堵车现象，是南宁市交通系统核心的重要组成部分，也是向自治区成立60周年大庆致敬工程。

12月

1日 上午7时南宁市清川立交大学路方向主线实现全线通车，东西方向的车辆可以从清川立交的第三层快速通过。至此，清川立交东西南北方向主线均全面通车，又一交通"堵点"被打通，市民出行更加方便快捷。

2日 西乡塘区"12·5"国际志愿者日活动在友爱法制广场开展。近200名志愿者为群众提供义务维修及理发、医疗、应急救护知识培训、法律咨询等便民服务。西乡塘区环保、卫计、食药监、房管所、防艾办等部门的志愿者为群众提供政策咨询服务。志愿者还向居民发放"我学习 我践行"社会主义核心价值观及中国梦等材料500余份。活动共为群众提供法律法规政策咨询100多人次、理发200多人次、维修电动自行车30余辆、修鞋修伞60人次、维修小家电50多件,为90余人次提供应急救护培训。

12日 西乡塘区广西重阳老年公寓万力分院、龙腾分院(万力、龙腾社区城市养老服务中心)揭牌开业。这两个项目是西乡塘区首批采取"公建民营"方式投入运营的养老项目,共设置床位数100张。其中30%的床位用于城市特困供养对象,由政府负责保障,以满足辖区内特困供养对象入住需要。剩余床位,可接收社会上的其他老年人入住,费用执行市场调节价。

2018年12月12日,几位老年人在老年公寓参观 (区委宣传部供图)

19日 驻邕自治区人大代表和市人大代表到西乡塘区开展视察。代表们视察东南产业园,了解苏宁易购广西智慧电商产业园和南城百货现代智慧物流园项目进展情况;视察兴贤幼儿园,了解公办兴贤幼儿园在建情况;视察圣名岭东盟文化旅游区这一自治区、南宁市重大项目。视察中,代表们还对南宁市饮用水取水口上移和金陵大道王宫桥段遗留问题等情况给予关注。

西乡塘区委常委、政府副区长陆斌,区委常委、宣传部部长、政府副区长陈红,西乡塘产业园区党工委副书记、产业园区常务副主任陆永龙,政协副主席李桃陪同。

2018年12月19日,驻邕自治区人大代表和市人大代表到西乡塘区东南产业园开展视察

(区委宣传部提供)

20日 中国功能农业10周年纪念大会暨中国硒谷功能农业高峰论坛在南宁市西乡塘区美丽南方田园综合体举行。来自区内外富硒农业领域的专家、学者及农业龙头企业家总结过去10年功能农业科技进展与发展经验,探讨功能农业未来发展形势,为加快美丽南方富硒产业的建设,打造西乡塘区富硒产业品牌建言献策。当天,全国农业科技创业创新联盟功能农业分联盟与南宁市盛都城市开发有限责任公司签署协议,联合发起并选定美丽南方为"中国硒谷功能农业高峰论坛"永久举办地,每年定期举行。

同日 2018年南宁市"李国伟、荣慕蕴教育园丁奖"暨第十九届"我最喜爱的老师"颁奖大会在南宁市教育局举行。20名老师获"我最喜爱的老师",南宁市北湖北路学校梁桂宁老师名列其中。

同日 西乡塘区组织20多个部门800多人,出动作业机械30台、油锯10把,依法收回被侵占长达27年的约53.33万平方米国有土地。该块土地位于西乡塘区坛洛镇庆林、金光与扶绥交界处。因权属争议，1974年6月11日经邕宁县人民法院、坛洛人民公社调解，达成协议，明确各自土地范围及坛洛公社叫淋牧场的用地范围，1983年坛洛公社（坛洛乡政府）将叫淋牧场改为叫淋林场。1991年坛洛细乡、硃湖大乡、始坛的部分村民违反协议，擅自越界，抢占坛洛镇人民政府叫淋林场土地。1996年经南宁市郊区法院初审判决和南宁市中级人民法院终审判决，叫淋林场土地所有权归坛洛镇人民政府。坛洛镇人民政府于2003年4月1日向原南宁市永新区人民法院申请强制执行，由于法院管辖区划交更等原因，该案未得到执行。2018年8月27日，西乡塘区人民政府向西乡塘区人民法院递交恢复强制执行申请书，请求恢复原南宁市郊区人民法院初审判决及南宁市中级人民法院终审判决，把判决中确权给坛洛镇叫淋林场集体所有的约53.33万平方米土地交付给南宁市西乡塘区坛洛镇人民政府。西乡塘区人民法院经审查后于2018年10月15日向被执行人发出执行通知书，10月18日联合司法局、坛洛镇政府、坛洛派出所到现场张贴搬迁公告及入户宣传等。公告期限届满，被执行人仍未退出侵占的土地。因此，西乡塘区人民法院采取强制措施收回该地块，西乡塘区人民政府依法主张权利，通过法定程序收回土地。

25日 西乡塘区在区机关办公大楼4楼会议室召开2018年政党协商座谈会，各民主党派、工商联、无党派代表人士联络组负责同志参加座谈会。区委书记廖伟福主持会议并讲话。会上，政府副区长李刚通报2018年西乡塘区脱贫攻坚工作情况。各民主党派、工商联和无党派代表人士联络组代表就脱贫攻坚工作提出针对性的意见、建议。区委常委、统战部部长林拓以及区扶贫办、金陵镇、双定镇、坛洛镇的主要领导参加座谈会。

26日 西乡塘区与南宁市建委联合在友爱广场举办西乡塘区预防非职业性一氧化碳中毒大型宣传活动暨应急救援演练活动。区预防非职业性一氧化碳中毒工作联席会议成员单位、区机关各部门、辖区各物业公司负责人、辖区燃气企业从业人员、大中专院校共青团员和辖区群众等近1000人参加。

2018年12月26日，西乡塘区预防非职业性一氧化碳中毒大型宣传活动暨应急救援演练活动现场　　（区委宣传部供图）

同日 西乡塘区安吉和北湖城市养老服务中心正式开业运营，至此，西乡塘区已有4个城市养老服务中心、20个社区日间照料中心投入社会化运营,增加260张养老床位,养老服务覆盖60周岁以上老年人约达3.6万人,"长者食堂"配餐服务约500份以上。

2018年12月26日,西乡塘区安吉和北湖城市养老服务中心正式开业运营　　　　　　　　　　(区委宣传部供图)

28日　陈村水厂三期工程开工建设,项目建成后,陈村水厂的供水能力将从目前的40万立方米/日提高至60万立方米/日。陈村水厂位于大学东路79号,主要负责大学路、明秀路沿线、北湖片区等城市西北部片区及市中心区域供水,是南宁市的主力水厂之一。三期工程将新建20万立方米/日的净水工程设施,配套建设原水输水管工程,并对厂区进行改造。项目将采用国内先进的高速滤池过滤工艺技术和更为安全可靠的成品次氯酸钠消毒方式,进一步提高供水水质的安全性。同时,新建水源应急处理系统,在原水受污染时,对受污染的原水进行应急处理。

29日　因旧城改造需要,经营23年的五里亭蔬菜批发市场停止经营,并于2019年1月3日搬迁完毕。

30—31日　2018年广西马术锦标赛于12月30—31日在南宁市西乡塘区美丽南方胤龙马术俱乐部举行。这是南宁市第三次举办自治区级马术锦标赛,由广西社会体育运动发展中心、南宁市体育总会主办,南宁市胤龙马术俱乐部等部门承办。比赛项目共有8个,分别是马术场地障碍赛100—110厘米级别、60—90厘米级别、50—70厘米级别、30—50厘米级别,地杆赛A组、B组,场地全能赛A组、B组。

(寒代红　唐若茹　唐建华　黄　源)

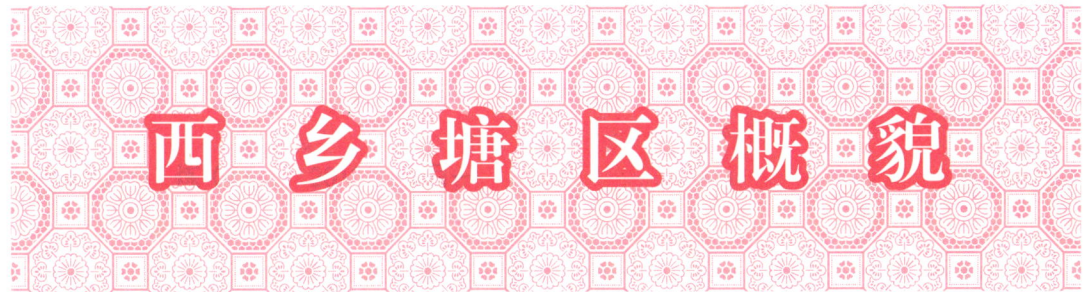

西乡塘区概貌

自然环境

【地理位置】 西乡塘区位于广西南宁市区中西北部，地处东经107°45′30″—108°20′45″、北纬22°47′50″—23°7′20″。东邻兴宁区，西与隆安县、扶绥县接壤，南隔邕江与江南区相望，北与武鸣区交界。西乡塘区土地总面积1076平方千米。

【地形地貌】 西乡塘区属于南亚热带丘陵盆地的景观形态，地貌以平地、石山等类型为主。其中，区境东部以平地为主，石山主要分布在坛洛镇一带，有峰林石山和孤峰石山两大类。峰林石山海拔300—400米，谷地海拔120—160米。

【土地资源】 2018年，西乡塘区土地总面积1076平方千米，其中，耕地面积450平方千米（含高新区）。

【矿产资源】 2018年，西乡塘区矿产资源丰富，主要有煤、高岭土、石英砂、钒、汞、钴、石灰岩等。

煤矿 产于南宁盆地下第三系湖相地层中，主要有褐煤和泥（泥炭）煤，褐煤主要分布于那龙煤田，有上、下部2个含煤组。

高岭土 俗称白泥，主要分布于双定、金陵镇，在新生界第四系泥积层内，常与泥炭共生，属于河湖相沉积物。此外，还有石英以及微量的钛矿物。

钒矿、汞矿 在双定镇兴平村附近，发现有钒矿、汞矿，但未探明储量。

石灰岩 主要分布于那龙、双定两地，具有储量大、质量优、品种多、开采便利的条件，但未做过普查评价。

【植物资源】 2018年，西乡塘区植物种类繁多，但由于城市扩展，人口增加，林地面积减少，植物种类日趋减少。

材用植物 有速生丰产树种、硬木树种、果树兼用树种。其中，速生丰产树种有马尾松、杉木、湿地松、桉树、苦楝、毛麻楝、山楝、香椿、红椿、米老排、枫香、荷木、黄梁木、任豆、泡桐、大叶相思、黄槐、青枸栲18种。硬木树种有蚬木、格木、紫荆木、小叶红豆、柚木、硬木竹柏、圆柏、红锥、海红豆、香樟、蝴蝶果、火力楠、蒲桃、古酸枣、仪花、丰枫荷、红木、荷木、火焰花19种。果树兼用树种有橄榄、乌榄、三角榄、扁桃、人面子、荔枝、龙眼、木菠萝、芒果、板栗、杨桃、枣树、番石榴 13 种。

药用植物　有鱼腥草、莱菔子、佛手、丝瓜络、半边莲、田基黄、山芝麻、苏木、草决明、鸡骨草、葫芦茶、金钱草、旱莲草、鹅不食草、救必应、鸡血藤、吴芋、两面针、熊胆木、金银花、白头翁、蒲公英、九里明、益母草、砂仁、马鞭草、淡竹叶、青蒿、穿心莲、香附子、鹅术、铁芒萁、五节芒、金茅、画眉草、青香茅、鹧鸪草、镰刀草、华马钱、红花、青藤、三叶全、合欢、桑树、冬青、独脚金、山木通、骨灵仙、山薄茶、莲子、藕节、十大功劳、金毛狗脊、骨碎补、石苇、虎杖、急性子、木别子、半枝莲、使君子、九龙藤、牛大力、倒刺草、千斤拔、大罗伞、甘菊花、穿破石、竹寄生、桑寄生、紫花地丁、白花蛇舌草、七叶莲、柴胡、蛇床子、车前草、闹羊花、千层纸、天门冬、麦冬、天南星、山刁竹、苍耳子、木贼草、大叶飞杨、铁包钉、金樱果、五月艾、亚桠苦、马柏、扶桑、蓖麻、鱼藤、落地生根、桃金娘、狗肝菜、余甘子、山苍子、羊角扭、走马箭 99 种。

淀粉植物　有野葛、野山药、狗脊、金毛狗脊（黄狗头）、马蹄蕨、魔芋、土茯苓、金刚刺、桄榔、鱼尾葵、买麻藤、小叶买麻藤、橡子、五叶薯、山薯、大薯 16 种。

饮料植物　有茶树、余甘果、拐枣、金樱子、甜菜、桃金娘、猕猴桃、野黄皮、柿叶茶、桑叶茶、银花、雷公根、黄牛木、勾儿茶、绞股蓝、茅根、荸荠 17 种。

纤维植物　有马尾松、桉树类、竹类、团花、构树、青檀、桑树、家麻树、红黄麻、了哥王、龙须草、黄茅草、甘蔗、稻秆、麦秆芒、五节芒、斑茅、白茅、粽叶芦、棉花、苎麻、黄红麻、葛麻、木槿、红脊山麻秆、小花扁担秆、剑麻、龙舌兰、棕榈、蕉麻、蒲草、席草、芦苇、九龙藤、黄藤、白藤、藤石松、芒箕、鸡血藤 39 种。

油料植物　有油菜、油桐、八角、千年桐、肉桂、乌桕、山苍子、黄桐、樟树、桂花、茉莉花、薄荷、枫香 13 种。

观赏植物　有茉莉、玫瑰、月季花、兰菊、凤仙花、鸡冠花、吊钟花、秋海棠、杜鹃花类、夜来香、山茶花、夜合欢花、含笑花、昙花、仙人掌、牡丹、蔷薇、石榴、朱槿、桂荷、凤凰树、五色花、野牵牛、万年青、女真、夹竹桃、荷花、睡莲、红睡莲、玉莲、三色槿、迎春花、桂花、栀子、千日红、红草、天竺葵、虾子花、宝巾、西薯莲、昙花、木棉、一品红、梅、桃、蜡梅、金银花、菊花、五色椒、五爪金龙、金鱼草、龙叶珠、一串红、美人蕉、花叶竹玗、芦荟、天门冬、石刁柏、文竹、吊兰、百合、水仙 62 种。

【动物资源】　2018 年，西乡塘区有哺乳类、鸟类、爬行类、两栖类、鱼类、节肢类、昆虫类等动物资源。

哺乳类　南宁解放前，西乡塘区域的高峰岭、老虎岭一带曾经有过虎豹出没，山鸡较多。后来，由于森林植物被破坏，许多珍稀动物濒于灭绝。现有国家二级保护动物穿山甲、水獭 2 种；野猪、黄猄、豹猫、野兔、水狗、果子狸、黄鼠狼、竹鼠、果蝠和小蝙蝠 10 种。

鸟　类　有麻雀、山雀、鹡鸰（联袋鸟）、凤头雀（高髻郎）、斑鸠、秦吉了（黄嘴黄脚大八哥）、黑色小型了哥、画眉、白画伯劳、喜鹊、鹧鸪、莺、猪喜鹊、鹰、猫头鹰、鹧、秧鸡、鹌鹑、钓鱼郎、毛鸡、野鸭、鸳鸯、布谷鸟、家燕、白鹤、夜鹤、啄木鸟28种。

爬行类 有国家一级保护动物巨蜥、蟒2种；国家二级保护动物蛤蚧、山瑞地龟、金环蛇、银环蛇、双线蛇、过树龙、白花蛇、金钱蛇、铁线蛇、青竹蛇、泥蛇、草花蛇、蜈蚣、蜥蜴（四脚蛇）、马鬃蛇15种。

两栖类 有青蛙、树蛙、长腰蛙、犁头蛤、蟾蜍5种。

鱼类 有草鱼、鲢鱼、鲮鱼、鳙鱼、鲤鱼、生鱼（花鱼）、塘角鱼、鲇（鲶鱼）、鳜（桂）鱼、罗非鱼、黄鳝、泥鳅和七星鱼13种。

节肢类 有虾、蟹2种。

昆虫类 有野生蚕、蜂、蚂蚁、蜻蜓、蝴蝶、蟋蟀、蝉、蜘蛛、螳螂、纺织娘、蝼蛄、蚊子、跳蚤、苍蝇、萤火虫、地龟虫、天牛、蝗虫、铁甲虫、地老虎、玉米螟、卷叶虫、稻蜷象、和稻瘿蚊、大螟、二化螟、三化螟、台湾稻螟、甘蔗螟、甘薯象鼻甲、眉蚊夜蛾、黏虫和各类寄生蜂33种。

【水资源】 西乡塘辖区有邕江、左江、右江、义梅河、下楞河、心圩江、可利江、定龙河、坛增河、石灵河、朝阳溪等11条江、河、溪经过。2018年，有水库37座，小（1）型水库16座，小（2）型水库21座，总库容6523.47万立方米，有效库容3806.06万立方米；山塘203座，总库容683.8万立方米。

【气候与水文】 西乡塘区属温暖多雨的南亚热带季风气候区。2018年，市区年平均气温21.8℃，极端最高气温35.9℃，极端最低气温2.9℃；年总降雨量1291.5毫米，降雨多集中在夏秋季，冬春少雨。汛期为4—9月，旱期为1—3月和10—12月。右江、左江、邕江为境内主要河流。

历史人文

【建置沿革】 东晋大兴元年（318年），朝廷先后在今南宁市区域设置晋兴郡和晋兴县，今西乡塘区区域地属晋兴县。明洪武十四年（1381年），宣化县（治今南宁市区大部分地域）在境域农村地区设西乡行政区划（治今坛洛镇、石埠一带）。清初在境域设立西厢一图、西厢二图、西乡一图、西乡二图、思龙三图和思龙四图等行政区划。光绪三年（1877年），宣化县设立潭（坛）洛乡、石步（埠）乡。民国二十五年（1936年），邕宁县设立西乡塘特区。南宁解放后，西乡塘区域先后属南宁市第四区、永宁区。1979年3月，南宁市革命委员会在西乡塘区域分别设立永新区和衡阳区（后改为城北区）。2005年3月18日撤销城北区、永新区，成立西乡塘区，将原城北区和原永新区（不含原永新区江西镇的同新、同华、锦江、安平、同良、同宁、同江、那廊、智信、扬美10个村）划归西乡塘区，原永新区江西镇的老口、兴贤2个村划归石埠镇，同时将兴宁区的安宁街道办事处划归西乡塘区。西乡塘区因"西乡塘"历史地名而得名。历史地名源于明洪武十四年（1381年），宣化县在境域农村地区设西乡行政区域（辖今坛洛、石埠一带）。明朝时，从南宁向百色、隆安方向的水陆驿站称为"铺",清初改"铺"为"塘"。从宣化县城往西的左江、右江水上驿道分别设窑头卡塘(今上尧港)、西乡二塘(原西乡塘老街)、石埠三塘等20多个驿站,从县城西平桥往百色方向的陆路驿道也经西乡二塘。人们把西乡二塘称为"西乡塘",并沿用至今。

【民　族】 西乡塘区居住民族有汉、壮、瑶、苗、侗、回、仫佬等45个民族。汉族人口45.49万人,占总人口的55.71%;少数民族人口36.17万人,占总人口的44.29%;壮族人口34.18万人,占总人口的41.86%;其他少数民族人口1.98万人,占总人口的2.43%。

【语　言】 2018年,西乡塘区市民通用语言为普通话、白话(粤语);壮族聚居的村屯多说壮话;汉、壮族杂居的心圩街道、上尧街道、安吉街道及石埠街道部分地方及城中村村民说平话。

人口·行政区划

【人　口】 2018年末,西乡塘区户籍总人口为124.52万人(含南宁高新技术产业开发区),比上年增加1.59万人,增长1.29%。其中,非农业人口99.68万人;农业人口24.83万人,比上年增加0.43万人,增长1.7%;出生人口1.29万人,出生率10.39‰;死亡人口4120人,死亡率3.33‰;人口自然增长率7.06‰。

【行政区划】 2018年,西乡塘区辖金陵、双定、坛洛3个镇和西乡塘、北湖、衡阳、安吉、华强、新阳、上尧、石埠、安宁(南宁高新技术产业开发区托管)、心圩(南宁高新技术产业开发区托管)10个街道。区行政机关办公大楼(第一办公区)位于南宁市衡阳西路11号。

2018年西乡塘区镇、街道、社区、村情况表

序号	镇、街道名称	村社区总数(个)	社区居委会数(个)	村委会数(个)	社区、村名称
1	西乡塘街道	12	11	1	五里亭社区、北大北路社区、西乡塘社区、西大社区、大学西路社区、火炬路社区、大学东路社区、秀灵北社区、科园大道社区、瑞士花园社区、位子渌社区、平新村
2	北湖街道	15	13	2	北湖东社区、北湖中社区、北湖南路社区、衡阳东路社区、唐山路社区、友爱南社区、明湖社区、秀厢路社区、秀湖社区、明秀东社区、明秀社区、明秀南社区、明秀北社区、秀灵村社区、万秀村
3	衡阳街道	13	11	2	衡阳南社区、衡阳北社区、友爱北社区、友爱中社区、秀灵南社区、南铁北一区社区、南铁北二区社区、南铁北三区社区、南铁北四区社区、中华中路社区、沈阳路社区、秀厢村社区、友爱村

续表

序号	镇、街道名称	村社区总数（个）	社区居委会数（个）	村委会数（个）	社区、村名称
4	安吉街道	11	7	4	安吉路社区、安阳路社区、秀安路社区、北湖安居社区、北湖北路社区、吉秀社区、桃花源社区、屯里村社区、屯渌村社区、大塘村社区、苏卢村
5	新阳街道	12	10	2	万力社区、中兴社区、北大南社区、永和社区、龙腾社区、新阳路社区、中尧路社区、新秀社区、边阳社区、北际社区、雅里村社区、永和村
6	华强街道	4	4	0	华强社区、龙胜社区、大同社区、永宁社区
7	上尧街道	7	4	3	鲁班社区、相思湖社区、大学南社区、南罐社区、上尧村、陈西村、陈东村
8	石埠街道	13	2	11	石埠社区、罗文社区、西明村、乐洲村、石埠村、和安村、石西村、永安村、上灵村、忠良村、下灵村、老口村、罗文村
9	金陵镇	16	2	14	金城社区、那龙社区、金陵村、陆平村、南岸村、三联村、东南村、龙达村、邓圩村、双义村、业仁村、刚德村、乐勇村、居联村、广道村、兴贤村
10	双定镇	6	0	6	兴平村、秀山村、武陵村、英龙村、义平村、和强村
11	坛洛镇	20	1	19	金光社区、马伦、定顿村、下楞村、东佳村、上中村、丰平村、庆林村、圩中村、上正村、群南村、那坛村、武康村、中北村、砵湖村、坛洛村、富庶村、三景村、同富村、合志村、坛塘村
12	心圩街道	14	6	8	心圩江东社区、高新工业园社区、红豆社区、梧桐苑社区、创新社区、罗赖村、大岭村、振兴村、四联村、和德村、心圩村、明华村、新村村
13	安宁街道	8	2	6	林科院社区、恒安社区、路西村、西津村、永宁村、皂角村、北湖村、连畴村

（刘丁宁）

物产·风俗

【物产】 西乡塘区物产以特色农产品、著名工业产品、传统手工艺品、地方传统食品为主。

特色农产品 有稻谷、西瓜、香蕉、木薯、砂糖橘、沃柑、茂谷柑、黑皮冬瓜。

著名工业产品 有白砂糖、红糖、赤砂糖、卷烟、水泥、水泥制品等。

传统手工艺品 有壮锦被面、壮锦床单、壮锦坐垫、壮锦披巾、壮锦壁挂、壮锦挂包、壮锦服饰、壮族刺绣、渡河公吉祥物、木根雕、石雕等。

地方传统美食 有老友面（粉）、生榨米粉、干捞粉、卷筒粉、吨粉糕、宾阳酸粉、凉粉、粉虫、粉饺、粉利、油炸粽、蕉叶糍等。

【风俗】 西乡塘区地方风俗以民俗节庆、民俗仪式、民俗艺术、民间传统美食、饮食习俗为主要表现方式。

民俗节庆 二月：忠良村醒狮闹春开年节（农历大年初五）；三月：下灵村春社节（农历二月初二）、陈东村花婆节；四月：忠良村双忠节（农历三月二十九）；五月：灵湾村求雨节（农历四月初八）、西明村糍粑节（农历四月初八）；六月：下楞村提篮节（农历五月初一）、下楞村龙舟节（农历五月初五）；七月：金陵玄武节、双定赞鸽节；八月：乐洲村中元节（农历七月十三、十四、十五）；九月：和安村跳师节（农历八月十五）；十月：忠良村丰收节、双定镇响锣文化节；十一月：忠良村山歌节。

民俗仪式 师公戏、道公戏、花婆节、双忠节、三月三、土地诞。

民俗艺术 傩戏、剪纸、苗绣、扎染、壮刀、手镖、竹刻。

民间传统美食 坛洛牛杂、天天生榨米粉、化皮猪脚、禾花鱼、九记伦教糕、日照红芝麻糊、邕江橄榄鱼、南方风味鸡、虎皮鸡爪、香叶牛肉、坛洛大粽、富硒辣木糍粑、鲍鱼鸡、青瓦房古法鸽、橘味圆蹄、卢记醉鸭、匠园侨乡排、板桥杨桃鸭、黄阿婆粉虫、老嘢扣肉糯米饭。

饮食习俗 三月三吃五色糯米饭、中元节吃鸭子、元宵节吃汤圆。

经济建设

【概况】 2018年，西乡塘区地区生产总值（在地口径）按可比价计算，比上年增长3.5%；固定资产投资比上年增长14.3%；农林牧渔业总产值37.87亿元，按可比价计算，比上年增长7.86%，其中农业产值25.2亿元、林业产值0.42亿元、牧业产值8.23亿元、渔业产值2.37亿元、农林牧渔服务业产值1.65亿元。规模以上工业企业23家（亿元以上产值企业17家），利税总额11.9亿元（利润8.9亿元）。第三产业增加值（在地口径）增长9.4%。社会消费品零售总额增长10.1%。城镇居民人均可支配收入3.37万元，农村居民人均可支配收入1.38万元。

【现代特色农业】 2018年，西乡塘区实现农林牧渔业总产值37.87亿元，增长7.86%。美丽南方产业园区、群南柑橘、和安渔业、老口休闲农业、武陵顶哈鸽、金陵鸡、花伏果蔬、下灵蔬菜、三联香葱、富庶水果、兴平沃柑、乐洲休闲农业等39个现代特色农业示范区扩面提质升级，建成一批特色农业主题园区和展示馆，美丽南方被农业部、文化和旅游部命名为"全国休闲农业与乡村旅游示范点"，获自治区现代特色农业（核心）示范区（五星级）等称号。

【工业】 2018年，西乡塘区全部工业总产值增长17.4%；规模以上工业增加值增长6.5%。重点产业引领发展，建材节能环保业、农副产品食品饮料加工、化工制药三大重点产业完成38.4亿元，建材节能环保业同比增长43.1%，占全区规模以上工业总产值39.9%。农副产品食品饮料加工业同比增长0.35%，占全区规模以上工业总产值18.3%。化工制药业同比下降10.03%，占全区规模以上工业总产值11.7%。

【物流业】 2018年，西乡塘区物流业发展重点项目有3个。其中，广西虎邱东盟钢铁交易中心项目，占地12.16万平方米，总投资6.3亿元，项目涉及大宗商品，年电子交易量为400万吨，年交易额200亿元，建设内容：电子商务中心、钢材样品展示区、钢材加工成品展示区、铝材样品展示区、有色金属展示区、机电产品展示区、建筑新材料研发中心、配套综合楼以及基础设施等。南城百货物流中心项目，位于南宁市西乡塘区金陵镇东南村，计划用地面积40万平方米。项目一期用地：85413.99平方米，建设内容：冷链、常温仓储、配套建筑。总建筑面积235710平方米，其中，常温配送建筑面积174098平方米，冷链建筑面积41148平方米，办公及配套设施面积12544平方米，宿舍7920平方米。现项目已完成入园道路修建，一期已完成土地平整等基础工程施工；项目二期用地已公开出让，正开展土地平整（500万元）；项目一、二期取得总平批复。南宁大商汇商贸物流中心项目，总占地约706667平方米，建设内容：建材家居、电子数码等物流仓储设施，建成集办公、星级酒店、购物、娱乐、休闲等功能于一体的城市综合体。子项目包括：国际建材城（A1地块）项目，总建筑面积60257.62平方米；国际家居博览中心项目（A2和B1地块），总建筑面积166820.61平方米；东盟国际红木城项目（B2地块），总建筑面积59908.34平方米；国际住区一期项目（汇豪华庭、F1地块），总建筑面积95206.42平方米；国际住区二期项目（D1地块），总建筑面积74232.67平方米。

【项目建设】 2018年，全区统筹推进重大项目110个，其中新开工23个，竣工资产6个，续建33个，预备48个，全年完成投资49.5亿元。完成地铁、邕江沿岸综合整治和开发利用工程、城市东西向快速路等自治区、市重点工程的征拆任务，征收集体土地88.4万平方米，国有土地上房屋31.4万平方米。18个自治区、市级层面重大项目完成投资9.03亿元。商业、物流仓储、"三旧"改造及其他房地产等11个项目完成出让，出让总面积41.97万平方米，成交总金额19.97亿元。

【棚户区和"三旧"改造】 2018年，西乡塘区有棚户区和"三旧"改造建设项目27个，涉及改造用地209万平方米。其中大学东路154号片区项目、原南宁地区教育学院片区旧改项目（北湖北路57号）一期、北际路二轻构件片区二期旧城区改建项目二期地块、北湖旧货市场二期、上尧沿江混合片区旧改项目（一期）、北湖小区片区棚户区改造项目（一期）等6个项目完成出让并在年内陆续开工建设。推进项目21个，因2018年土地熟化人政策调整，未征集土地熟化人。储备项目14个，面积161万平方米。基本建成城镇保障性住房（棚户区改造）2061套。

【产业园区建设】 2018年，西乡塘区有入园项目12个，总投资35亿元，其中金起桦农副产品加工、腾宁混凝土、银都混凝土等4个项目竣工投产，金陵东南产业园1号路、河西产业园一期给排水工程、南城百货智慧物流园、迈宏标准厂房等8个项目开工建设。

政治建设

【从严治党】 2018年，西乡塘区推进全面从严治党，以党的政治建设为统领，以坚定理想信念宗旨为根基，以调动全党积极性、主动性、创造性为着力点，全面推进党的政治建设、思想建设、组织建设、作风建设、纪律建设，把制度建设贯穿其中，深入推进反腐败斗争。组织党员深入学习贯彻习近平新时代中国特色社会主义思想和党的十九大精神，全年开展学习活动145场次，开展十九大精神专题培训班、轮训班8期，开展现场教学、学习考察等102场次、培训35班次。落实"两学一做"（学党章党规、学系列讲话、做合格党员）学习教育常态化制度。开展向黄大年学习活动1125场次。全年整顿升级软弱涣散村党组织4个，完成1个村（社区）"两委"换届选。

【村民自治】 2018年，西乡塘区有1个行政村完成行政村党支部委员会、村民委员会换届选举。辖区加强村民委员会建设投入力度，财政补助资金54万元，实施村委会服务用房项目1个。开展农村社区建设试点，市财政安排10万元补助农村社区试点建设项目。2019年提高全区村干部、离任村干部养老补贴和村级组织办公经费标准，村干部基本报酬每人每月增资200元，增资后村党组织书记（兼村委会主任）、村党组织书记或村委会主任、其余村定员全额补贴干部、村定员半额补贴干部每人每月基本报酬最低标准分别为2200元、2100元、2000元、1500元；离任村干部养老补贴标准由任期满一年每月30元提高至40元（村定员半额补贴干部减半）。

【人事制度改革】 2018年，区委组织部坚持"四个一线"（即项目建设一线、改革创新一线、脱贫攻坚一线、维护稳定一线）选人用人导向，全年从"四个一线"提拔干部9名；从辖区机关择优遴选88名优秀干部到美丽南方田园综合体、脱贫攻坚等一线挂职锻炼，引进9名高校院所优秀人才到辖区挂职。严格执行党中央、自治区党委和市委有关纪律要求，稳妥有序推进机构改革。大力推动干部能上能下，调整不适宜担任现职干部14名。严格落实组织人事部门对领导干部的提醒、函询和诫勉制度，共开展谈心谈话212人次，关爱提醒干部20名。加大经济责任审计力度，根据辖区干部交流调整情况，对共24个单位领导进行任期经济责任审计。审计年限分别为俞冰：2011年9月—2018年1月；文珍斌：2014年10月—2018年1月；韦仕国：2016年5月—2018年1月；李建珍：2011年5月—2018年1月；韦寿华：2015年1月—2018年1月；刘杜舟：2011年8月—2018年1月；陈培广：2011年9月—2018年1月；陆华贤：2013年3月—2018年1月；杨建防：2014年9月—2018年1月；陶仕珍：2014年10月—2018年1月；韦安：2011年9月—2018年1月；罗美玲：2016年5月—2018年1月；黄江波：2016年5月—2018年1月；乐晓薇：2016年4月—2018年1月；卢璐：2016年5月—2018年1月；王建华：2014年9月—2018年1月；黄开朗：2015年

7月—2018年1月；陈钧烈：2016年5月—2018年1月；黄丽萍：2016年5月—2018年1月；徐飞雨：2014年3月—2018年1月；苏子筠：2016年8月—2018年1月；唐玉香：2015年9月—2018年1月；伍耀彬：2007年4月—2018年1月；麻显球：2013年3月—2018年4月。严格干部出国（境）审核审批，共开展审批59人次。严格执行干部选拔任用工作全程纪实、"凡提四必"（即干部档案"凡提必审"、个人有关事项报告"凡提必核"、执纪执法部门意见"凡提必听"、线索具体的信访举报"凡提必查"）、"双签字"〔即党风廉政建设结论性意见必须由党委（党组）书记、纪委书记（纪检组长）签字〕和干部选拔任用工作方案预审要求。共对25名拟提拔对象、继续提名的对象、转任重要岗位的对象等进行廉政审查，对13名拟提拔对象进行任前档案审核；向市组上报干部选拔任用工作预审方案2批次，涉及干部48名，有效防止"带病提拔"和"带病上岗"现象发生。落实好公务员职务与职级并行制度，有20名干部职级得到晋升。

【**法治建设**】 2018年，西乡塘区组织进行《中华人民共和国宪法》《中国法治政府评估报告（2017）》等内容的学习，组织开展行政执法人员的专题培训活动，10月和12月，组织辖区行政执法人员参加全区行政执法人员资格（续职）考试。组织年度考评和开展法治政府建设工作督查。制定2018年辖区法治政府建设考评标准；组织开展2018年辖区各镇、街道办事处和机关各部门法治政府建设考评工作，考评结果报区政府常务会审定并纳入绩效考评体系。7月，对辖区各部门组织开展法治政府建设工作情况的组织领导，落实重大行政决策、规范性文件备案审查。续聘法律顾问5名，建立政府法律顾问管理制度，推行权力清单和责任清单"两单融合"，编制完成区行政许可事项目录。

【**行政审批制度改革**】 2018年，西乡塘区继续深化行政审批改革工作。全年共取消、下放、新增和调整涉及县级实施的行政许可事项136项，其中，取消行政许可事项15项，承接上级委托下放的行政许可事项3项，调整的行政许可事项110项，依据法律法规新设定的行政许可事项8项。辖区清理审批事项和优化办事流程工作领导小组办公室编制形成《南宁市西乡塘区保留为行政审批必要条件的中介服务事项目录（送审稿）》（共32项），经区政府审定通过，于2018年6月6日正式对外公布。

2018年2月27日，区政府领导班子成员进行常务会学法培训。图为政府区长陆广平（右一）主持学法培训会，区政府法律顾问、广西政法管理干部学院教授廖原（左一）在培训会中授课　　　　　　　　　　（区行政审批局供图）

辖区本级行政审批实现"三集中三到位"（各行政审批部门的审批机构、审批事项、审批人员向政务服务中心集中，审批事项进驻落实到位、授权到位、电子监察到位），部门进驻率100%，事项进驻率100%以上；行政审批和服务事项办结率100%，群众满意率100%。

文化建设

【培育践行社会主义核心价值观】 2018年，西乡塘区推动社会主义核心价值观建设"六个融入"（融入公共场所、窗口单位、学校、社区、乡村、网络空间），打造南宁中关村创新示范基地社会主义核心价值观主体示范点。至年末，全区共有主题示范公园1个、主题示范社区8个、主题示范广场1个、主题示范街道1条。建成黄大年同志先进事迹教育基地；2018年"中国好人"榜评出诚实守信叶燕凤，见义勇为石珊珊、慕晓明。深化未成年人的思想道德建设，强化学校家庭社会"三位一体"教育网络，开展"我的中国梦"主题实践活动、"童心向党"歌咏比赛、第26届青少年爱国主义读书教育活动。

【群众性精神文明创建】 2018年，西乡塘区开展"五大文明创建"（创建文明城市、文明村镇、文明单位、文明家庭、文明校园）；共建"礼让之城"，深化"五个礼让"（斑马线前讲礼让、行车会车讲礼让、有序排队讲礼让、乘坐公交讲礼让、乘坐电梯讲礼让）品牌活动，发起"我礼让 我自豪"礼让公益活动，网络直播街头"礼让斑马线"。

【文化惠民工程】 2018年，西乡塘区村级公共服务中心开工建设2个（石埠街道办事处石埠村、西明村），累计完成投资120万元；财政支出公共文化基础设施场所免费开放经费55万元；按期更新47个农家书屋出版物，补充图书153种154万本，音像制品1种5张，期刊6期6本；扶持22支村屯社区业余文艺队演出660场，投入经费9.8万元，观众25.8万人次；社区电影公益放映768场，农村放映744场。

【文化活动】 2018年，西乡塘区开展文化、科技、教育"三下乡"活动、"2018年迎新文化惠民"春节龙狮文艺宣传演出；举办"壮族三月三"民俗活动日、周末大舞台·敢秀你就来周周演文艺演出、南宁国际民歌艺术节"绿城歌台"暨西乡塘区香蕉文化旅游节、美丽南方休闲农业嘉年华活动、2018美丽南方"中国精神·中国梦"桂黔滇湘山歌擂台赛、2018年"美丽南方"八桂民俗盛典广西优秀民间艺术表演（民歌）评选活动、平话山歌争霸赛等活动。

【文化市场整治】 2018年，西乡塘区开展文化整治活动，对全区文化市场登记在册的电子游戏游艺场所、网吧、KTV娱乐场所、书报刊（店）亭、打字复印店、印刷企业等共457家展开行政执法检查，累计出动检查人员6200多人次，检查网吧3600余家次，娱乐场所（电子游戏室、KTV娱乐场所、电子游艺场所、电影院）420余家次，书报刊（店）亭、打字复印店、印刷企业等共计1400余家次，收缴盗版、淫秽光碟2800余张，各类非法出版物4600

多册（份），共依法立案61起，其中网络案件1起，侵犯著作权案件2起，擅自从事出版物、音像制品发行活动案件8起、娱乐场所违规经营案件10起，网吧违规经营案件40起（其中取缔违规经营网吧1家，取缔黑网吧3家），罚没款达10多万元。收到各类举报案件28件、办结案件28件、办结率100%。

社会建设

【脱贫攻坚】 2018年，西乡塘区所有贫困村摘帽，实现全区脱贫。全年共投入财政扶贫资金720万元（其中上级财政资金435万元），完成以下贫困村基础设施项目建设，贫困村基础设施道路建设共14条21.72千米（其中水泥路11条16.72千米，砂石路3条5千米）投入705万元，使6个村6759名贫困人口受益；完成贫困村人饮建设1处，投入17万元，使1个贫困村98名贫困人口受益。同年，西乡塘区扶贫专项资金实施扶贫产业项目24个，累计投入财政扶贫资金570万元，发放"雨露计划"补助资金832人次、137.75万元。

【城乡居民收入】 2018年，西乡塘区城镇居民人均可支配收入33683元，同比增长8%；城镇居民生活消费支出21455元，同比增长29.4%。农村居民人均可支配收入13820元，同比增长9%；农村居民生活消费支出13025元，同比增长31%。在岗职工年平均工资92777元，同比增长16.83%。

【就业创业】 2018年，西乡塘区实现城镇新增就业1.52万人，城镇登记失业率2.9%；完成农村劳动力转移256万人。全区扶持创业0.04万人，发放创业担保贷款251笔0.19亿元；为高校毕业生、城镇登记失业人员、就业困难户、农民工等群体提供就业岗位超过1.12万个；培训产业工人、农民工0.16万人。新增华强街道华强社区1个国家级充分就业社区。

【社会保障】 2018年，西乡塘区城镇居民医保和新农合医保并轨。城乡居民养老保险、基本医疗保险参保人数分别达42.52万元，参保率98.55%。城市低保补助水平提高到每人每月568元，农村低保补助水平提高到每人每月235元，均高于自治区、市补助标准。同年新建社区日间照料中心4个。

【科技事业】 2018年，西乡塘区实施发明专利双倍增计划，全区专利发明申请量677件、专利授权量226件、有效发明专利量928件，每万人口发明专利拥有量33.37件，在全市居领先地位。成立华尔街工谷科学技术协会，助推高新技术企业落户。实施区本级科技项目31项，新建科企联合工作站4家，建成广西西乡塘农业科技园区新技术展示基地4个。

【教育事业】 2018年，西乡塘区九年义务教育巩固率101.38%，初中辍学率0.02%。安排外来务工人员随迁子女入学5.2万人，购买学位4742个。教育教学质量持续提升，中考综合成绩在市辖区中名列前茅，14所学校新增为全国、自治区级特色学校。学前三年毛入园率100.56%。规范民办教育机构办学行为，加强对校内外托管机构、无证幼儿园的排查整治，全面推进幼儿看护点认定工作。全年投入2.28亿元建设教育基础设施，南宁市友衡学校教学楼等4个项目，在建项目10个。

【体育事业】 2018年，西乡塘区构建城市社区"10分钟体育健身圈"，投入70万元建设城乡基础公共体育场地11片（此为文体部门区级的投入）；每千人拥有2名社会体育指导员，人均体育场地1.35平方米。

【卫生和计划生育】 2018年，西乡塘区继续完善基层医疗卫生服务设施，新建7个数字化接种大厅，西乡塘卫生院业务大楼投入使用，坛洛中心卫生院业务综合楼顺利封顶。2018年区间，全区共出生1.06万人，与2017年同比减少2068人，出生政策符合率97.04%；政策外多孩率2.63%；出生人口性别比为112∶57。

生态文明建设

【生态保护与建设】 2018年，西乡塘区以改善环境质量为核心，持续深化大气污染治理，全面推行河长制，推进城市绿化美化彩化，推动新能源产业、节能环保产业发展。西乡塘区有自然保护区1个，总面积1632.3万平方米。建成南宁市首批市级生态综合示范区（带）1个：美丽南方生态综合示范区。空气质量优良率90.7%；集中式饮用水源地水质达标率100%。

【"美丽南宁·宜居乡村"建设】 2018年，西乡塘区发展村级集体经济项目20个，打造现代特色农业示范区39个，培育新型农业经营主体81个，建设农村电子商务服务点150个。完成"村级就业、社保经办、教育助学、卫生健康、群众文化体育、法律"6项服务。推进农村垃圾整治、道路通行、饮水安全、村屯特色、住房安全和能源利用水平提升工程，改厕任务完工8252万户，改圈任务完工8300户。64个行政村按"六有"（有人员、有场地、有设备、有流程、有网络、有经费）标准建成村级综合服务中心。打造宜居乡村综合示范县区1个、示范乡镇1个、示范村屯1个，"三民"各专项活动示范片区1个、示范乡镇2个、示范村屯3个。

【"南宁蓝"建设】 2018年，西乡塘区开展"两点一线"（工地、消防场、建筑渣土运输路线）扬尘污染、工业及交通排放污染、焚烧烟尘污染、工程车辆扬尘污染、裸露土地扬尘污染五大整治。开展辖区工程车辆专项治理、扬尘污染治理联合执法专项行动，巡查建设工地0.93万个次，发出整改通知书2307份，查处泥头车违法案件492起；全区21个消纳场。全区空气质量优良率90.7%，优等级321天，细颗粒物、颗粒物、一氧化碳等6项污染物指标首次全部达国家二级标准。

【城市综合治理】 2018年，西乡塘区全面落实网格化管理，运用数字城管有效降低"大行动"案件量，实现城市治理无缝对接。圆满完成环广西自行车世界巡回赛等重大活动的环境、治安等保障工作。西乡塘区保持打击"两违"高压态势，牢牢把握"控新生""减存量"两条主线，重点抓好建成区存量违法建设和城中村、住宅小区、美丽南方等重点区域"两违"的专项整治，全年清理拆除"两违"1114处，清理违法占地面积93.75万平方米，拆除违法建设面积127.33万平方米。规范农村住宅审批，"两违"管控实现常态化、制度化。

【环境监管】 2018年，西乡塘区开展大气、水、土壤、噪音防治及扬尘、黑臭水体整治，完成主要污染物减排任务，有效遏制环境污染。空气质量优良率90.7%；PM10平均浓度为每立方米60微克，陈村、西郊、中尧3个地表水集中式饮用水水源地水质达标率100%。完成重污染项目关停、燃煤锅炉淘汰整治、采石场标准化建设、美丽南方生态环保展示馆建设。推行河长制、设立辖区28条主要河流的河长并建立工作机制。

2018年政治机构党派团体直属事业单位双管单位及领导人

中共西乡塘区委员会

书　　记：廖伟福　2016年2月—
副书记：陆广平（女）　2016年2月—
　　　　李东红（女）　2016年4月—
常　　委：陆　斌　2011年1月—
　　　　陈　红（女）　2011年4月—
　　　　张　军　2013年6月—
　　　　蓝日军　2013年12月—

曹阳文　2016年4月—
何史年　2016年4月—
林　拓　2016年4月—
麦紫君（女，挂任）
　　　　2016年3月—2018年4月
梁成红（女，挂任）
　　　　2018年3月—
副调研员：黄朝晖　2013年11月—
　　　　罗科元　2016年1月—

西乡塘区人大常委会

主　　任：周少剑　2016年8月—
副主任：卢致林　2011年8月—
　　　　韦居宁　2011年8月—
　　　　李仕学　2016年8月—
　　　　莫永新（女）　2016年8月—

西乡塘区人民政府

区　　长：陆广平　2016年3月—
副区长：梁红英（女）　2011年5月—
　　　　宁世朝　2011年8月—
　　　　　　　　2018年3月
　　　　周宏钟　2013年11月—
　　　　陆　斌　2016年7月—
　　　　李　刚　2016年7月—
　　　　陈　红（女）　2016年8月—
　　　　麦紫君（女，挂任）
　　　　　　　　2016年3月—
　　　　　　　　2018年4月
　　　　梁成红（女，挂任）
　　　　　　　　2018年5月—
　　　　刘文忠（挂任）　2017年10月—
　　　　王　皓　2018年5月—
副调研员：邱志松　2005年12月—
　　　　林京森　2009年12月—
　　　　宋仲杰　2011年11月—

副处级干部：段毓华　2014年11月—

西乡塘区政协
主　　席：费　勇　2011年8月—
副 主 席：刘景生　2011年8月—
　　　　　庞晓民　2011年8月—
　　　　　黄祥凌　2016年8月—
　　　　　李　桃（女）　2016年8月—

中共西乡塘区纪委、西乡塘区监察委员会
纪委书记：曹阳文　2016年4月—
纪委副书记：李建珍　2011年4月—
　　　　　　刘　凯　2012年12月—
纪委常委：黄兆旗　2011年7月—
　　　　　韦　毅　2015年9—
　　　　　　　　　2018年7月
　　　　　丛　敏（女）　2016年4月—
　　　　　莫耀盛　2018年1月—
　　　　　刘　昀　2018年7月—
　　　　　潘俊文（挂任）　2018年9月—
监委主任：曹阳文　2018年1月—
副 主 任：李建珍　2018年1月—
　　　　　刘　凯　2018年1月—
监委委员：黄兆旗　2018年1月—
　　　　　黄　剑　2018年1月—
　　　　　蒙超安　2018年1月—
　　　　　丛　敏（女）　2018年1月—
办公室主任：邱君梅（女）　2016年4月—
　　　　　　　　　　　　2018年1月
纪委、监委办公室主任：邱君梅（女）
　　　　　　　　　　　2018年1月—
案件审理室（案件申诉复查工作办公室）
主任：莫耀盛　2016年4月—2018年1月
纪委、监委案件审理室（案件申诉复查工作办公室）主任：覃宏图　2008年1月—

行政效能投诉中心主任：
　　　李建珍　2011年4月—
　　　　　　　2018年1月
纪委、监委党风政风监督室主任：
　　　黄　伟（女）　2018年1月—
　　　　　　　　　　2018年7月
　　　莫　凡　2018年7月—
主任科员：韦秀宁　2018年1月—
纪委、监委信访室主任：
　　　马　超　2018年1月—
主任科员：谢汝球　2018年1月—
纪委、监委案件监督管理室主任、主任科员：
　　　梁锡宗　2018年7月—
第一纪检监察室主任：
　　　韦　毅　2015年4月—
　　　　　　　2018年1月
第一纪检监察室主任、主任科员：
　　　梁锡宗　2018年1月—
　　　　　　　2018年7月
纪委、监委第一纪检监察室主任：
　　　顾　淞　2018年7—
第二纪检监察室主任：
　　　梁锡宗　2016年4月—
　　　　　　　2018年1月
纪委、监委第二纪检监察室主任：
　　　赵　宇　2018年1月—
纪委、监委第三纪检监察室主任：
　　　徐华强　2018年1月—
纪委驻区委办公室纪检组组长：
　　　韦寿明　2017年8月—
　　　　　　　2018年1月
纪委、监委驻区委办公室纪检监察组组长：
　　　韦寿明　2018年1月—

纪委驻政府办公室纪检组组长：
  林　东　2017 年 8 月—
    2018 年 1 月
纪委、监委驻政府办公室纪检监察组组长：
  林　东　2018 年 1 月—
纪委驻农林水利局纪检组组长：
  韦晶莹（女）　2017 年 8 月—
    2018 年 1 月
纪委、监委驻农林水利局纪检监察组组长：
  韦晶莹（女）　2018 年 1 月—
绩效考评领导小组办公室主任：
  梁建华　2016 年 11 月—
副主任：方明纯　2016 年 11 月—

中共西乡塘区委巡察工作办公室

主　任：韦　毅　2018 年 7 月—
副主任：蒙　耿　2018 年 7 月—
第一巡察组组长：李　岗　2018 年 7 月—
副组长：廖　婕（女）　2018 年 7 月—
第二巡察组组长：钱春龙　2018 年 7 月—

中共西乡塘区委办公室

主　任：何史年　2016 年 5 月—
副主任：俞　冰（女）　2009 年 4 月—
    2018 年 1 月
  李　琨　2010 年 9 月—
  黎巨达　2011 年 5 月—
  赵晓程（兼）　2014 年 10 月—
  唐肖霞（女）　2014 年 12 月—
  郑得胜　2016 年 11 月—
  寨代红　2017 年 8 月—
  黄丽萍（女）　2018 年 1 月—
  唐若茹（女，挂任）
    2018 年 4 月—

中共西乡塘区委机要局
（密码管理局）

副主任科员：周继民　2013 年 2 月—

中共西乡塘区委保密办公室
（国家保密局）

主任（局长）：黎巨达　2011 年 5 月—

中共西乡塘区委督查室

主　任：杨　飚　2011 年 12 月—

中共西乡塘区委组织部

部　长：张　军　2013 年 6 月—
副部长：徐飞雨（女）　2011 年 9 月—
    2018 年 1 月
  谭　洁（女）　2011 年 12 月—
  罗忠彦　2013 年 12 月—
  温水源（兼）　2014 年 9 月—
  苏岸芷（女）　2016 年 5 月—
正科级组织员：何素玲（女）　2007 年 8 月—

西乡塘区老干部局

局　长：谭　洁（女）　2015 年 7 月—
    2018 年 1 月
  苏岸芷（女）　2018 年 1 月—

西乡塘区非公有制经济组织和
社会组织党工委

书　记：罗忠彦　2014 年 12 月—
副书记：曾广源（兼）　2016 年 11 月—
  莫海燕（女、兼）
    2016 年 11 月—
  宋红梅（女、兼）
    2016 年 11 月—

冯胜文　2017年4月—
　　　　2018年1月

中共西乡塘区委宣传部

部　　长：陈　红（女）　2016年4月—
副部长：唐玉香（女）　2013年3月—
　　　　黄英玲（女）　2016年5月—
　　　　　　　　　　　2018年1月
　　　　陈继勋　2016年5月—
　　　　魏　涓（女，挂任）
　　　　　　　　　　　2018年6月—

西乡塘区文明办公室

主　　任：黄英玲（女）　2016年5月—
　　　　　　　　　　　2018年1月
　　　　魏　涓（女，挂任）
　　　　　　　　　　　2018年6月—
副主任：班　宁（女）　2013年1月—

中共西乡塘区委统战部

部　　长：林　拓　2016年5月—
副部长：翟　剑　2011年12月—
　　　　侯亚平　2015年2月—
　　　　曾广源　2016年8月—
主任科员：秦红珍（女）　2009年8月—
　　　　　翟　剑　2011年12月—

西乡塘区工商联合会

主　　席：庞晓民　2008年12月—
党组书记、常务副主席：
　　　　曾广源　2016年8月—
副主席：农祺光　2016年12月—
主任科员：庞小飞　2016年8月—
　　　　　俞云生　2016年9月—

中共西乡塘区委政法委

书　　记：蓝日军　2013年12月—
副书记：张家林　2007年2月—
　　　　叶宗杰　2008年1月—
　　　　严宇宏　2009年1月—
　　　　卢　辉　2012年12月—
　　　　韦　彬　2013年3月—
　　　　赵维忠　2016年4月—

西乡塘区防范和处理邪教问题
领导小组办公室

主　　任：张家林　2007年8月—
副主任：惠　珍（女）　2017年6月—

西乡塘区综治办公室

主　　任：叶宗杰　2013年3月—
副主任：马国锋　2012年9月—
主任科员：蒙　文　2009年8月—
　　　　　　　　　　　2018年12月

西乡塘区国家安全领导小组办公室

主　　任：韦　彬（兼）　2013年3月—

西乡塘区维护社会稳定领导小组办公室

主　　任：徐建普　2017年4月—
副主任、主任科员：何家升　2017年4月—

西乡塘区编制办公室

主　　任：文珍斌　2014年10月—
　　　　　　　　　　　2018年1月
　　　　卢　璐　2018年1月—
副主任：林　萍（女）　2005年6月—
　　　　陈慧英（女）　2013年1月—
主任科员：文珍斌　2018年1月—

西乡塘区直属机关党工委

书　记：何史年　2016 年 5 月—
副书记：李　岗　2011 年 5 月—
　　　　　　　　2018 年 7 月
　　　　曾贞贤　2014 年 3 月—
　　　　朱　岳　2018 年 3 月—
主任科员：蒙扬洲　2013 年 5 月—
　　　　　　　　　2018 年 5 月
　　　　　黄亮周（女）　2016 年 4 月—
　　　　　黄志贤　2017 年 12 月—

西乡塘区人大常委会办公室

主　任：全英才　2014 年 11 月—
副主任：林孟强　2016 年 9 月—
主任科员：段道卿　2014 年 11 月—
　　　　　　　　　2018 年 11 月
　　　　　马　楠　2016 年 8 月—
　　　　　　　　　2018 年 5 月

西乡塘区人大法制与内务司法委员会

主任委员：李志军　2016 年 8 月—
　　　　　　　　　2018 年 1 月
　　　　　韦仕国　2018 年 1 月—
副主任委员：黄　洁（女）　2016 年 8 月—
主任科员：李志军　2018 年 1 月—

西乡塘区人大财政经济委员会

主任委员：卢柏卿　2016 年 8 月—
　　　　　　　　　2018 年 1 月
　　　　　刘杜舟　2018 年 1 月—
副主任委员：李志萍（女）　2016 年 8 月—
主任科员：韦良干　2016 年 8 月—

西乡塘区人大常委会教科文卫与民族工作委员会

主　任：周家厚　2016 年 9 月—
副主任：陈义祥　2016 年 8 月—

西乡塘区人大常委会农业农村与环资城建工作委员会

主　任：徐述武　2016 年 9 月—
副主任：张　蓓（女）　2016 年 9 月—
主任科员：张　蓓（女）　2016 年 8 月—

西乡塘区人大常委会选举联络工作委员会

主　任：李振鸿　2016 年 9 月—
副主任：李岢夫　2016 年 9 月—

西乡塘区人民政府办公室

主　任：黄继业　2014 年 3 月—
副主任：罗海贤　2007 年 6 月—
　　　　杨兴晃　2010 年 2 月—
　　　　廖生斌　2010 年 9 月—
　　　　黄　珩（女）　2011 年 12 月—
　　　　闭海涛　2011 年 12 月—
　　　　罗育球　2014 年 10 月—
　　　　邓梅英（女）　2015 年 4 月—
　　　　卢春明（女）　2015 年 9 月—
　　　　谭丽丽（女，挂任）
　　　　　　　　2016 年 6 月—
　　　　廖维晓（挂任）　2018 年 4 月—
主任科员：杨兴晃　2010 年 2 月—
　　　　　卢春明（女）　2016 年 9 月—
　　　　　梁树国　2016 年 4 月—
　　　　　马招荣　2016 年 11 月—
副主任科员：韦必勇　2012 年 9 月—
　　　　　　潘庆敏　2015 年 7 月—

西乡塘区信访局

局　　长：赵晓程　2011年8月—
副局长：邓荣达　2014年3月—
主任科员：邓荣达　2014年3月—

西乡塘区调处办公室

主　　任：梁启公　2005年6月—
副主任：潘庆敏　2015年7月—
副主任科员：甘华庆　2013年11月—
　　　　　　　　　　2018年11月

西乡塘区政务服务中心管理办公室

主　　任：闭海涛　2016年11月—
专职副主任：廖烈红（兼）　2015年9月—

西乡塘区应急管理办公室（政府值班室）

主　　任：黄继业（兼）　2015年9月—
专职副主任：卢春明（女）　2015年9月—

西乡塘区人民政府督查室

主　　任：卢春明（女）　2015年9月—

西乡塘区发展和改革局

局　　长：陈品坚　2015年7月—
党组书记：谢平泽　2016年9月—
副局长：韦　琦　2011年9月—
　　　　何立合　2013年2月—
　　　　吕海湄（女）　2013年3月—
　　　　玉　剑　2014年9月—
　　　　蒋　婷（女）　2014年10月—
　　　　谢平泽　2016年9月—
　　　　谢　品（挂任）　2017年4月—
　　　　　　　　　　2018年3月
　　　　秦鸿哲（挂任）　2018年4月—
物价局局长：蒋　婷（女）　2014年10月—
粮食局局长：韦　琦　2014年9月—
深化医药卫生体制改革工作领导小组办公
室主任：何立合　2013年2月—
副主任科员：许左宁　2005年6月—

西乡塘区工业和信息化局

局　　长：邓天晖　2015年7月—
党组书记：邓天晖　2017年4月—
党组副书记：宁凤梅（女）　2017年4月—
副局长：王海文　2014年10月—
　　　　杜　程　2014年10月—
副主任科员：师明秋（女）　2014年10月—
　　　　　　　　　　　　2018年11月
　　　　　　覃宁川　2014年10月—

西乡塘区教育局

局　　长：陆志海　2011年5月—
党组书记：陆志海　2016年4月—
副局长：杨华良　2008年7月—
　　　　梁　婷（女）　2011年9月—
　　　　覃　锋　2016年4月

西乡塘区科学技术局

局　　长：黄光庆　2015年7月—
副局长：涂崇贵　2009年4月—
　　　　罗淑云（女，挂任）
　　　　　　2017年4月—
　　　　　　2018年3月
　　　　张慧娜（女，挂任）
　　　　　　2018年4月—
知识产权局局长：
　　　　涂崇贵（兼）　2015年9月—
主任科员：许秋生　2013年11月—
副主任科员：李世强　2017年7月—

西乡塘区民族宗教事务局
（少数民族语言文字工作局）

局　　长：韦仕国　2016年5月—
　　　　　　　　　　2018年1月
　　　　　卢柏卿　2018年1月—
　　　　　　　　　　2019年2月
副 局 长：程芳丽（女）　2014年10月—
主任科员：程芳丽（女）　2014年10月—
　　　　　黎国良　2016年4月—
副主任科员：闭百宁　2014年10月—

西乡塘区监察局

局　　长：李建珍　2011年5月—
　　　　　　　　　　2018年1月
副 局 长：黄兆旗　2011年5月—
　　　　　　　　　　2018年1月
　　　　　梁建华　2012年9月—
　　　　　　　　　　2018年1月
　　　　　丛　敏（女）　2016年4月—
　　　　　　　　　　2018年1月

西乡塘区民政局

局　　长：韦寿华　2015年1月—
　　　　　　　　　　2018年1月
　　　　　乐晓薇（女）　2018年1月—
副 局 长：陆仁伟　2012年9月—
　　　　　莫海燕（女）　2016年4月—
老龄办主任：莫海燕（女）　2016年4月—
双拥办主任：莫海燕（女）　2016年4月—
主任科员：吴永梅（女）　2014年5月—
　　　　　　　　　　2018年2月
　　　　　韦寿华　2018年1月—
副主任科员：李连娇（女）　2014年12月—

西乡塘区司法局

局　　长：陈满昭　2013年12月—
党组书记：陈满昭　2016年4月—
副 局 长：杨海燕（女）　2015年9月—
　　　　　蓝满园（女）　2015年9月—
副科长级干部：宁　瑛（女）
　　　　　　　　　　2013年4月—
副主任科员：莫忠华　2017年12月—

西乡塘区财政局

局　　长：刘杜舟　2011年8月—
　　　　　　　　　　2018年1月
　　　　　韦　安　2018年1月—
党组书记：刘杜舟　2016年4月—
　　　　　　　　　　2018年1月
副 局 长：雷素梅（女）　2011年5月—
　　　　　　　　　　2018年1月
　　　　　梁韶才　2011年10月—
副主任科员：覃佳杰　2005年6月—
　　　　　　　　　　2018年2月
　　　　　朱丽青（女）　2009年8月—
　　　　　覃艳倩（女）　2011年3月—
　　　　　　　　　　2018年10月

西乡塘区人力资源和社会保障局

局　　长：温水源　2014年9月—
党组书记：温水源　2016年4月—
副 书 记：黄石安　2016年9月—
副 局 长：陆　文（女）　2013年1月—
　　　　　岑　莉（女）　2017年4月—
　　　　　王宇欣（女、挂任）
　　　　　　　　　　2017年4月—
　　　　　　　　　　2018年3月

西乡塘区环境保护局

局　　长：陈培广　2011 年 9 月—
　　　　　2018 年 1 月
党组书记：陈培广　2016 年 4 月—
　　　　　2018 年 1 月
党组书记、局长：黄江波　2018 年 1 月—
副局长：卢丽群（女）　2005 年 6 月—
　　　　何克安　2013 年 3 月—
　　　　黄　魁（挂任）　2017 年 4 月—
　　　　　2018 年 3 月
主任科员：胡长顺　2015 年 12 月—
副主任科员：杨如利　2006 年 8 月—
　　　　　黄惠新（女）　2016 年 10 月—

西乡塘区住房和城乡建设局

局　　长：陆华贤　2013 年 3 月—
　　　　　2018 年 1 月
党组书记：陆华贤　2016 年 4 月—
　　　　　2018 年 1 月
　　　　　苏子筠（女）　2018 年 1 月—
副书记：马粤桂　2016 年 4 月—
副局长：符良良　2010 年 9 月—
　　　　苏子筠（女）　2011 年 5 月—
　　　　　2018 年 1 月
　　　　陆冰川　2014 年 12 月—
　　　　马粤桂　2015 年 12 月—
　　　　吴骏青（挂任）　2017 年 4 月—
　　　　　2018 年 3 月
　　　　梁文山（挂任）　2018 年 5 月—
人防办公室主任：符良良　2016 年 8 月—

西乡塘区城市管理局
（城市管理综合行政执法局）

局　　长：杨建防　2014 年 9 月—
　　　　　2018 年 1 月

党组书记：杨建防　2016 年 4 月—
　　　　　2018 年 1 月
党组书记、局长：陈钧烈　2018 年 1 月—
副书记：农乔民　2016 年 4 月—
副局长：丘　谋　2013 年 7 月—
　　　　王小华　2015 年 6 月—
　　　　农乔民　2015 年 12 月—
　　　　韦启电　2017 年 8 月—
主任科员：王小华　2016 年 8 月—
　　　　　杨建防　2018 年 1 月—

西乡塘区交通运输局

局　　长：蒙有勤　2013 年 12 月—
副局长：卢汉政　2015 年 9 月—
副主任科员：徐飞婷（女）　2009 年 6 月—

西乡塘区农林水利局

局　　长：麻显球　2013 年 3 月—
　　　　　2018 年 4 月
党组书记：麻显球　2016 年 4 月—
　　　　　2018 年 4 月
副局长：廖秋发（挂任，主持农林水利局全面工作）
　　　　　2018 年 9 月—
　　　　冯　勇　2005 年 6 月—
　　　　潘波湖　2010 年 6 月—
　　　　雍　展　2014 年 10 月—
　　　　徐正军　2015 年 7 月—
　　　　马建德　2015 年 9 月—
　　　　吴永升（挂任）　2017 年 4 月—
　　　　　2018 年 3 月
　　　　朱　岳（挂任）　2018 年 4 月—
　　　　梁　苑（女，挂任）
　　　　　2018 年 4 月—

纪委驻农林水利局纪检组组长：
　　　　韦晶莹（女）　2017年8月—
　　　　　　　　　　　　2018年1月
纪委、监委驻农林水利局纪检监察组组长：
　　　　韦晶莹（女）　2018年1月—
副主任科员：陈志玲（女）2016年9月—

西乡塘区扶贫办公室
主　　任：马建德（兼）　2015年12月—
副主任：李成志　2013年1月—

河长治办公室
专职副主任：马建德（兼）　2018年7月—
副主任：梁宗旦（兼）　2018年7月—

西乡塘区商务和旅游发展局
局　　长：陈志锋　2017年5月—
副局长：魏明华　2014年10月—
　　　　倪　伟（女）　2014年10月—
　　　　周武生（挂任）　2017年4月—
　　　　　　　　　　　　2018年3月
　　　　胡　娟（女，挂任）
　　　　　　　　　　　　2017年4月—
　　　　　　　　　　　　2018年3月
主任科员：陈培广　2018年1月—
副主任科员：唐昌东　2014年10月—

西乡塘区文化新闻出版体育局
局　　长：张　荣（女）　2016年5月—
党组书记：张　荣（女）　2017年4月—
副局长：蒋成钢　2011年9月—
　　　　兰　诚（挂任）　2017年4月—
　　　　　　　　　　　　2018年3月
　　　　韦雪亮（挂任）　2018年4月—
副主任科员：石会庆　2013年11月—

西乡塘区卫生和计划生育局
局　　长：陶仕珍　2014年11月—
　　　　　　　　　　　　2018年1月
党组书记：陶仕珍　2016年4月—
　　　　　　　　　　　　2018年1月
党组书记、局长：
　　　　罗美玲（女）　2018年1月—
副局长：贾　山　2014年10月—
　　　　潘醒初　2014年10月—
　　　　蓝　雅（女，兼）
　　　　　　　　　　　　2014年10月—
　　　　陈桂妹（女）　2015年9月—
　　　　黄丽华（女，挂任）
　　　　　　　　　　　　2018年4月—
主任科员：蒙卫华（女）　2015年4月—
　　　　　　　　　　　　2018年5月
　　　　石有星　2017年8月—
　　　　陶仕珍　2018年1月—
　　　　　　　　　　　　2018年2月
副主任科员：高　翾（女）　2014年10月—
　　　　　　　　　　　　2018年7月
爱国卫生运动委员会办公室主任：
　　　　陶仕珍（兼）　2011年9月—
　　　　　　　　　　　　2018年1月
　　　　罗美玲（女，兼）　2018年1月—
副主任：潘醒初　2013年3月—

卫生和计划生育宣传信息中心
（妇幼保健计划生育服务中心）
主　　任：陶仕珍（兼）　2016年10月—
　　　　　　　　　　　　2018年1月
　　　　罗美玲（女，兼）　2018年1月—
初级卫生保健委员会办公室主任：
　　　　贾　山（兼）　2009年4月—

防治艾滋病工作领导小组办公室主任：
　　　　罗美玲（女，兼）　2018年1月—
副主任：岑丹娓（女）　2014年3月—

西乡塘区食品药品监督管理局

局　　长：黄　伟　2014年5月—
党组书记：黄　伟　2016年4月—
副局长：梁治国　2014年3月—
　　　　蓝　雅（女）　2014年3月—
　　　　唐正平　2014年3月—
　　　　杨　柳（女，挂任）
　　　　　2018年4月—
食品安全委员会办公室主任：
　　　　黄　伟（兼）　2014年3月—
副主任：梁治国（兼）　2014年3月—
副主任科员：蒙　耿　2014年3月—
　　　　　2018年7月
　　　　林晓宇（女）　2014年3月—
　　　　管建鸿　2014年3月—
　　　　赵振宇　2014年3月—
　　　　何佳阳（女）　2014年3月—

西乡塘区审计局

局　　长：韦　安　2011年9月—
　　　　　2018年1月
　　　　雷素梅（女）　2018年1月—
主任科员：苏双捷　2016年4月—
副主任科员：邓丽群（女）　2005年6月—
　　　　　2018年2月
　　　　班　华　2007年6月—
　　　　　2018年2月

西乡塘区工商行政管理和质量技术监督局

局　　长：廖兴科　2015年9月—
党组书记：廖兴科　2016年4月—
副局长：程　庆　2015年9月—
　　　　全华敏　2015年9月—
　　　　滕东策　2015年9月—
　　　　罗雨萍（女）　2015年12月—
　　　　黄志斌（挂任）　2018年4月—
经济检查大队大队长：
　　　　宋红梅（女）　2015年9月—
北湖工商行政管理和质量技术监督所所长：
　　　　莫　晶　2016年8月—
火车站工商行政管理和质量技术监督所所长：
　　　　樊金凤（女）　2016年8月—
石埠工商行政管理和质量技术监督所所长：
　　　　黄　浩　2016年8月—
五里亭工商行政管理和质量技术监督所所长：
　　　　何伟宏　2016年8月—
唐山工商行政管理和质量技术监督所所长：
　　　　李晓平（女）　2017年6月—
　　　　　2018年11月
明秀工商行政管理和质量技术监督所所长：
　　　　陆　飞　2016年8月—
水街工商行政管理和质量技术监督所所长：
　　　　唐雅君（女）　2016年8月—
新阳工商行政管理和质量技术监督所所长：
　　　　潘　伟（女）　2016年8月—
边阳工商行政管理和质量技术监督所所长：
　　　　农　舸　2016年8月—
安吉工商行政管理和质量技术监督所所长：
　　　　唐　俊　2016年8月—
五里亭批发市场工商行政管理和质量技术监督所所长：
　　　　施明阳　2016年8月—

金陵工商行政管理和质量技术监督所所长：
　　罗光辉　2016年8月—
双定工商行政管理和质量技术监督所所长：
　　黄显高　2016年8月—
坛洛工商行政管理和质量技术监督所所长：
　　陈　勇　2016年8月—

西乡塘区安全生产监督管理局

局　　长：梁德安　2015年7月—
党组书记：梁德安　2016年4月—
副 局 长：孙希宝　2010年2月—
　　　　　李志荣　2012年9月—

西乡塘区统计局

局　　长：李江华　2015年1月—
副 局 长：罗翠云（女）　2009年4月—
　　　　　　　　　　　2018年7月

西乡塘区投资促进局

局　　长：王　屹　2015年9月—
副 局 长：廖巧萍（女）　2014年10月—
　　　　　颜　毓（女,挂任）　2017年4月—
　　　　　　　　　　　　　　2018年3月

西乡塘区法制办公室

主　　任：林　卫（女）　2014年10月—
副 主 任：李　梅（女）　2016年4月—

西乡塘区政协办公室

秘 书 长：宋异俭（女）　2016年8月—
主　　任：宋异俭（女）　2011年8月—
副 主 任：林新爱　2011年6月—

西乡塘区政协综合专门委员会

主　　任：刘步能　2013年2月—

副 主 任：黄伟程　2012年9月—

西乡塘区政协提案委员会

主　　任：王红权　2011年4月—
副 主 任：周春凤（女）　2017年6月—

西乡塘区总工会

主　　席：李　桃（女）　2016年8月—
常务副主席：卢英树　2011年12月—
副 主 席：阮林萍（女）　2005年6月—

共青团西乡塘区委

书　　记：李基华　2017年3月—
副 书 记：兰　璠（女）　2013年5月—

西乡塘区妇女联合会

主　　席：韦娇青（女）　2007年6月—
副 主 席：马慧芬（女）　2015年1月—

西乡塘区科学技术协会

主　　席：卢艺强　2013年5月—
副 主 席：肖建辉　2011年12月—

西乡塘区文学艺术界联合会

主　　席：陈继勋（兼）　2016年6月—

西乡塘区社会科学界联合会

主　　席：唐玉香（女,兼）　2015年10月—

西乡塘区残疾人联合会

理 事 长：邓高凡　2014年11月—
副理事长：黄东威　2018年1月—

西乡塘区红十字会

常务副会长：何卓姿（女）　2012年12月—
秘 书 长：何卓姿（女,兼）　2012年12月—

西乡塘区计划生育协会

常务副会长：陶仕珍（兼）
　　　　　　　2014 年 10 月—
　　　　　　　2018 年 1 月
　　　　　　　罗美玲（女，兼）
　　　　　　　2018 年 1 月—

西乡塘区法学会

会　　长：蓝日军（兼）　2015 年 11 月—
党组书记：蓝日军（兼）　2017 年 12 月—
专职副会长：谢　艳（女）2017 年 12 月—
秘书长：谢　艳（女，兼）2017 年 12 月—

西乡塘区归国华侨联合会

副主席提名人选：
　　　秦红珍（女）　2017 年 8 月—

西乡塘区金陵镇

书　　记：黄枝滔　2014 年 12 月—
副书记：潘全金　2014 年 12 月—
　　　　　刘瑞恒　2016 年 4 月—
　　　　　王荣健（挂任）　2017 年 5 月—
镇　　长：潘全金　2015 年 2 月—
人大主席：刘瑞恒　2016 年 7 月—
副主席：马素艺（女）　2016 年 7 月—
纪委书记：黄佳妮（女）　2016 年 4 月—
武装部长：周耀和　2011 年 5 月—
宣传委员：吴润连（女）　2016 年 5 月—
组织委员：李如卿　2016 年 5 月—
统战委员：吴世年　2016 年 5 月—
副镇长：吴世年　2016 年 7 月—
　　　　　林国全　2016 年 7 月—
　　　　　黄炎孙　2016 年 7 月—
　　　　　梁玉新　2016 年 7 月—

纪委副书记、行政监察室主任：
　　　黄艺芳（女）　2012 年 9 月—
司法所所长：宋自迎　2007 年 7 月—
综治办（610 办、维稳办）副主任：
　　　卢玉靖　2010 年 10 月—
食品药品监督管理所所长：
　　　吴世年（兼）　2017 年 8 月—
常务副所长、食安办副主任（兼）：
　　　李君平　2014 年 12 月—

西乡塘区坛洛镇

书　　记：姚　泽　2016 年 4 月—
副书记：李民红　2016 年 4 月—
　　　　　邓辉明　2013 年 11 月—
　　　　　廖创辉（挂任）　2017 年 3 月—
镇　　长：李民红　2016 年 7 月—
副镇长：阮梅芳（女）　2016 年 7 月—
　　　　　凡　成　2016 年 7 月—
　　　　　黄维贤　2016 年 7 月—
　　　　　何久军　2017 年 9 月—
人大主席：邓辉明　2013 年 12 月—
副主席：李少斌　2016 年 7 月—
纪委书记：黄信明　2016 年 4 月—
宣传委员：熊顺贤（女）　2016 年 5 月—
组织委员：黄一峰　2013 年 4 月—
统战委员：阮梅芳（女）　2017 年 8 月—
武装部长：黄万青　2011 年 5 月—
纪委副书记、行政监察室主任：
　　　黄宁伟　2016 年 4 月—
司法所所长：姚　伟　2017 年 12 月—
综治办（610 办、维稳办）副主任：
　　　梁宗旦　2010 年 10 月—
食品药品监督管理所所长：
　　　熊顺贤（女，兼）　2016 年 9 月—

常务副所长、食安办副主任（兼）：
    覃春霖　2014年12月—

西乡塘区双定镇

书　记：谭　哲　2015年7月—
副书记：沈民选　2015年7月—
　　　　陈孟春　2016年4月—
　　　　李振鸿（挂任）　2017年3月—
　　　　　　　　　　　　2018年3月
　　　　赵以斌（挂任）　2018年3月—
镇　长：沈民选　2015年9月—
副镇长：莫有任　2013年4月—
　　　　农　伟　2011年7月—
　　　　闭春红　2016年7月—
　　　　刘遂尧　2016年7月—
人大主席：陈孟春　2016年7月—
副主席：邓英葵（女）　2013年4月—
纪委书记：李小玲（女）　2016年4月—
组织委员：吴　滔　2014年5月—
宣传委员：廖　婕（女）　2014年12月—
　　　　　　　　　　　　2018年7月
　　　　　刘　枭　2018年8月—
武装部部长：苏元萨　2016年4月—
纪委副书记、行政监察室主任：
　　　　李小南　2016年4月—
司法所所长：谭兆春　2017年12月—
综治办（610办、维稳办）副主任：
　　　　黄均飞　2010年10月—
食品药品监督管理所所长：
　　　　刘遂尧（兼）　2016年8月—
常务副所长、食安办副主任（兼）：
　　　　韦庆雄　2014年12月—

西乡塘区华强街道

书　记：卢　璐　2016年5月—
　　　　　　　　2018年1月
　　　　徐飞雨（女）　2018年1月—
副书记、主任：黄　夏　2017年5月—
副书记、纪工委书记：
　　　　赖色娟（女）　2017年4月—
党工委委员、副主任：
　　　　谭丽丽（女）　2012年12月—
　　　　黄文清　2013年1月—
副主任：张紫勇（挂任）　2017年8月—
党工委委员、武装部长：
　　　　唐建平　2005年3月—
纪工委副书记、行政监察室主任：
　　　　游光双　2012年9月—
人大常委会华强街道工作委员会主任：
　　　　卢　璐（兼）　2017年4月—
　　　　　　　　　　　2018年1月
　　　　徐飞雨（女）　2018年1月—
副主任：邓杰亨　2017年4月—
司法所所长：吴力萍（女）　2012年7月—
综治办主任：黄　夏（兼）　2017年5月—
副主任：黄文清（兼）　2014年3月—
食品药品监督管理所所长：
　　　　谭丽丽（女，兼）　2016年8月—
常务副所长、食安办副主任（兼）：
　　　　陆文豪　2014年12月—

西乡塘区新阳街道

书　记：王建华　2014年9月—
　　　　　　　　2018年1月
　　　　黄开朗　2018年1月—

副书记、主任：黄开朗　2015年7月—
　　　　　　　　　　2018年1月
　　　　　　黄英玲（女）
　　　　　　　　　　2018年1月—
副书记：韦长春　2013年7月—
纪工委书记：韦长春　2016年11月—
党工委委员、副主任：
　　　　姜松发　2008年1月—
　　　　马国庆　2012年9月—
　　　　梁雪梅（女）　2015年9月—
副主任：易均武（挂任）　2017年8月—
党工委委员、武装部长：
　　　　黄永辉　2007年6月—
纪工委副书记、行政监察室主任：
　　　　曾国华　2012年9月—
人大常委会新阳街道工作委员会主任：
　　　　王建华（兼）　2017年4月—
　　　　　　　　　　2018年1月
　　　　黄开朗（兼）　2018年1月—
副主任：邓　峰　2017年4月—
司法所所长：杨志清（女）　2012年7月—
综治办主任：黄开朗（兼）　2015年7月—
　　　　　　　　　　2018年1月
　　　　　　黄英玲（女，兼）　2018年1月—
副主任：姜松发（兼）　2016年11月—
食品药品监督管理所所长：
　　　　梁雪梅（女，兼）　2017年8月—
常务副所长、食安办副主任（兼）：
　　　　陶周书　2016年5月—

西乡塘区上尧街道

书　记：陈钧烈　2016年5月—
　　　　　　　　　2018年1月
　　　　陆华贤　2018年1月—

副书记、主任：李小欧　2013年11月—
副书记、纪工委书记：
　　　　徐金华　2011年5月—
副书记：何小立　2014年1月—
党工委委员、副主任：
　　　　曾伟明　2010年2月—
　　　　郭晓华　2011年3月—
　　　　陈　晓　2013年2月—
副主任：覃　晖（挂任）　2017年8月—
党工委委员、武装部长：
　　　　王有立　2007年6月—
纪工委副书记、行政监察室主任：
　　　　刘祖信　2017年4月—
人大常委会上尧街道工作委员会主任：
　　　　陈钧烈（兼）　2017年4月—
　　　　　　　　　　2018年1月
　　　　陆华贤　2018年1月—
副主任：黄江英（女）　2017年4月—
司法所所长：梁芸珲　2013年4月—
综治办主任：李小欧（兼）　2014年3月—
副主任：何小立（兼）　2014年3月—
食品药品监督管理所所长：
　　　　曾伟明（兼）　2015年2月—
常务副所长、食安办副主任（兼）：
　　　　韦宝创　2014年12月—

西乡塘区衡阳街道

书　记：乐晓薇（女）　2016年4月—
　　　　　　　　　　2018年1月
　　　　王建华　2018年1月—
副书记、主任：石作衡　2016年4月—
副书记：钱春龙　2013年1月—
　　　　　　　　2018年7月
纪工委书记：钱春龙　2013年4月—
　　　　　　　　　2018年7月

副书记、纪工委书记：
  黄 伟（女） 2018 年 7 月—
党工委委员、副主任：
  廖思艺（女） 2010 年 7 月—
  周海波 2013 年 7 月—
  陶福军 2016 年 3 月—
党工委委员、武装部长：
  匡广余 2013 年 3 月—
副主任：徐 强（挂任） 2016 年 11 月—
司法所所长：阎美山 2017 年 4 月—
纪工委副书记、行政监察室主任：
  王志惠（女） 2017 年 8 月—
人大常委会衡阳街道工作委员会主任：
  乐晓薇（女，兼） 2017 年 4 月—
    2018 年 1 月
  王建华（兼） 2018 年 1 月—
副主任：徐扩军 2017 年 4 月—

综治办主任：石作衡（兼） 2016 年 4 月—
综治办副主任：
  廖思艺（女，兼） 2016 年 11 月—
食品药品监督管理所所长：
  廖思艺（女，兼） 2017 年 5 月—
常务副所长、食安办副主任（兼）：
  郭振伟 2014 年 12 月—

西乡塘区北湖街道

书 记：罗美玲（女） 2016 年 5 月—
    2018 年 1 月
  俞 冰（女） 2018 年 1 月—
副书记、主任：黄江波 2016 年 5 月—
    2018 年 1 月
  何方来 2018 年 1 月—
    2019 年 2 月

副书记、纪工委书记：
  蒙庆梅（女） 2016 年 5 月—
党工委委员、副主任：
  何方来 2012 年 12 月—
    2018 年 1 月
  苏光辉 2013 年 1 月—
  李桂宁（女） 2016 年 5 月—
党工委委员、武装部长：
  韦金昌 2011 年 6 月—
副主任：李 思（挂任） 2016 年 5 月—
人大常委会北湖街道工作委员会主任：
  俞 冰（女，兼） 2018 年 1 月—
副主任：陈艳荣 2017 年 4 月—
纪工委副书记、行政监察室主任：
  周春堂 2017 年 4 月—
司法所所长：欧德明 2012 年 7 月—
综治办主任：黄江波（兼） 2016 年 5 月—
    2018 年 1 月
副主任：苏光辉（兼） 2014 年 2 月—
食品药品监督管理所所长：
  韦金昌（兼） 2014 年 11 月—
常务副所长、食安办副主任（兼）：
  陈永铨 2014 年 12 月—

西乡塘区西乡塘街道

书 记：蒙 彦 2016 年 5 月—
副书记、主任：张 磊 2013 年 3 月—
副书记、纪工委书记：
  陆江江 2009 年 6 月—
    2018 年 1 月
  冯胜文 2018 年 1 月—
党工委委员、副主任：
  覃继东 2010 年 2 月—
  梁盛月（女） 2010 年 7 月—
  肖志宏 2011 年 6 月—

秦龙珍（女，挂任）
　　　　2017年4月—2018年3月
党工委委员、武装部长：
　　杨胜军　2015年2月—
副主任：彭育信（挂任）　2017年8月—
纪工委副书记、行政监察室主任：
　　梁静玉（女）　2016年4月—
人大常委会西乡塘街道工作委员会主任：
　　蒙　彦（兼）　2017年4月—
副主任：胡有弟　2017年4月—
司法所所长：李羡洪　2012年7月—
综治办主任：张　磊（兼）　2014年3月—
副主任：肖志宏（兼）　2014年3月—
食品药品监督管理所所长：
　　梁盛月（女，兼）　2017年8月—
常务副所长、食安办副主任（兼）：
　　明　娜（女）　2015年4月—

西乡塘区安吉街道

书　记：黄　锐　2014年10月—
副书记：潘庆康　2011年5月—
主　任：潘庆康　2016年9月—
副书记、纪工委书记：
　　赵　毅（女）　2016年9月—
党工委委员、副主任：
　　莫品初　2011年5月—
　　陈保山　2015年2月—
　　李　为　2017年4月—
副主任：曾祥安（挂任）　2017年8月—
党工委委员、武装部长：
　　何立新　2011年5月—
纪工委副书记、行政监察室主任：
　　颜丽春（女）　2016年4月—
人大常委会安吉街道工作委员会主任：

　　黄　锐（兼）　2017年4月—
副主任：沈婵春（女）　2017年4月—
司法所所长：程学军　2017年4月—
综治办主任：潘庆康（兼）　2016年9月—
副主任：陈保山　2016年11月—
食品药品监督管理所所长：
　　何立新（兼）　2015年2月—
常务副所长、食安办副主任（兼）：
　　马利坤　2014年12月—

西乡塘区石埠街道

书　记：卢作政　2016年5月—
副书记、主任：黄丽萍（女）　2016年5月—
　　　　2018年1月
　　陆江江　2018年1月—
副书记：彭文标　2014年12月—
　　叶宗杰（挂任）　2018年5月—
　　陆志海（挂任）　2018年5月—
　　黄光庆（挂任）　2018年5月—
　　黄江波（挂任）　2018年5月—
　　廖秋发（挂任）　2018年5月—
　　张　荣（女，挂任）
　　　　2018年5月—
　　陈志锋（挂任）　2018年7月—
　　符良良（挂任）　2018年5月—
　　李　庚（挂任）　2018年5月—
　　雍　展（挂任）　2018年7月—
党工委委员、副主任：
　　梁剑霞（女）　2013年3月—
　　隆财增　2014年1月—
　　刘惠静　2017年12月—
副主任：凌　政（挂任）　2017年8月—
　　黄梅莉（女，挂任）
　　　　2017年12月

　　　　李念龙（挂任）　2017年12月—
　　　　马增俊（挂任）　2017年12月—
党工委委员、武装部长：
　　　　梁新旺　2016年4月—
纪工委书记： 彭文标　2016年4月—
纪工委副书记、行政监察室主任：
　　　　黄俊斌　2016年4月—
人大常委会石埠街道工作委员会主任：
　　　　卢作政（兼）　2017年4月—
司法所所长： 卢娇娥（女）　2017年12月—
综治办主任： 黄丽萍（女，兼）
　　　　2016年5月—2018年1月
　　　　陆江江　2018年1月—
副主任： 刘惠静（兼）　2017年12月—
食品药品监督管理所所长：
　　　　隆财增（兼）　2017年8月—
常务副所长、食安办副主任（兼）：
　　　　周俊彪　2014年12月—

西乡塘区委党校

校　　长： 李东红（女）　2016年5月—
常务副校长： 徐飞雨（女）2014年3月—
　　　　　　　　　　2018年1月
　　　　谭　洁（女）　2018年1月—
副校长： 黄昌青（女）　2012年1月—
　　　　韦宛励（女）　2016年11月—

西乡塘区机关事务管理局
（机关后勤服务中心）

局长（主任）： 廖生斌　2010年9月—
党组书记： 廖生斌　2016年4月—
副局长（副主任）：
　　　　廖烈红　2008年10月—
　　　　李　蔚（女）　2008年10月—
　　　　钟尚辉　2011年5月—

　　　　韦必勇　2012年9月—
　　　　黄　珩（女）　2016年4月—

西乡塘区委、西乡塘区人民政府
接待办公室

主　　任： 俞　冰（女）　2011年9月—
　　　　　　　　　　2018年1月
　　　　黄丽萍（女）　2018年1月—

西乡塘区房屋征收补偿与征地拆迁办公室

主　　任： 黄永联　2011年8月—
党组书记： 黄永联　2016年4月—
副书记： 秦贵益　2016年4月—
副主任： 秦贵益　2009年4月—
　　　　陆海鹰（女）　2012年9月—
　　　　磨　华　2013年7月—
　　　　莫　涛　2014年9月—
　　　　王岐杰　2014年12月—
　　　　蒋永红（挂任）　2014年3月—
主任科员： 秦贵益　2016年8月—
副主任科员： 胡志方　2012年6月—
　　　　　　　　　　2018年11月
　　　　周　翔　2013年1月—

西乡塘产业园区管委会

书　　记： 廖伟福（兼）　2016年2月—
主　　任： 陆广平（女，兼）
　　　　　　　　　　2016年2月—
副书记： 陆永龙　2016年4月—
常务副主任： 陆永龙　2016年4月—
副主任： 玉　剑（挂任）
　　　　　　　　　　2017年12月—
　　　　何喜东　2017年8月—
综合部部长： 王江国　2017年8月—

副部长：农官彬（挂任） 2017 年 4 月—
　　　　　　　　　　　 2018 年 3 月
业务部部长：童凤生 2017 年 8 月—
副部长：蓝中柱 2013 年 10 月—
　　　　蒋永红 2016 年 11 月—
财务部部长：李志辉 2017 年 8 月—

西乡塘区退休人员管理服务所

所　长：罗海贤 2007 年 12 月—
党组书记：罗海贤 2016 年 9 月—
副书记：杨　娟（女） 2016 年 9 月—
副所长：卢志立 2009 年 4 月—

西乡塘区土地储备（分）中心

主　任：苏子筠（女） 2016 年 8 月—
　　　　　　　　　　 2018 年 1 月
　　　　刘　燕（女） 2018 年 1 月—
副主任：刘　燕（女） 2012 年 7 月—
　　　　　　　　　　 2018 年 1 月
　　　　唐立华 2016 年 8 月—

西乡塘区政府集中采购中心

主　任：黄振钧 2017 年 12 月—

西乡塘区水库移民工作管理局

局　长：廖秋发 2014 年 9 月—

西乡塘区档案局（国家档案馆）

局长（馆长）：蹇代红 2017 年 8 月—
副局长（副馆长）：
　　　　莫慧明（女） 2008 年 12 月—

西乡塘区离休干部管理服务中心

主　任：魏　涓（女） 2007 年 12 月—
副主任：梁　晓（女） 2016 年 11 月—
　　　　黄海淋（女） 2017 年 6 月—

西乡塘区党员干部现代远程教育管理办公室

主　任：韦春柳（女） 2017 年 8 月—
副主任科员：何婷婷（女） 2013 年 8 月—
　　　　　　　　　　　　 2018 年 5 月

西乡塘区领导人才考试与测评工作办公室

主　任：黄小丹（女） 2017 年 12 月—

西乡塘区流动人口管理领导小组办公室（出租屋管理办公室，社会治理网格管理中心）

主　任：徐建普 2017 年 4 月—
副主任：孟卫东 2016 年 7 月—
主任科员：梁　捷（女） 2017 年 4 月—
副主任科员：蒙旭凡 2016 年 7 月—

西乡塘区事业单位登记中心（事业单位登记管理局）

主　任（局长）：
　　　　林　萍（女） 2009 年 4 月—
副主任（副局长）：
　　　　林　洁（女） 2012 年 6 月—
副主任科员：黄维维（女） 2009 年 8 月—

西乡塘区互联网新闻传播研判中心

主　任：唐玉香（女） 2015 年 9 月—
　　　　　　　　　　 2018 年 1 月
　　　　周　夏（女） 2018 年 1 月—
副主任：周　夏（女） 2013 年 1 月—
　　　　　　　　　　 2018 年 1 月
　　　　李敏生 2018 年 1 月—

西乡塘区城乡居民最低生活保障管理办公室

主　任：曾晓莉（女） 2013 年 5 月—

副主任科员：梁园凤（女） 2009年8月—

西乡塘区劳动保障管理中心
主　　任：王金全（女） 2009年4月—
副主任：黄儒海 2007年12月—
　　　　陈　旎（女） 2014年10月—

西乡塘区劳动保障监察大队
大队长：甘锡海 2010年11月—
副大队长：冯金龙 2011年6月—
　　　　许汉优 2016年6月—

西乡塘区城镇企业管理站
（节能监察中心、供销合作联社）
站长（主任）：杜　程（兼） 2017年5月—
支部书记：赵建宁 2013年3月—
副站长（副主任）：
　　　　苏绍智 2011年9月—
　　　　黄　嵘（女） 2013年3月—
　　　　麦正华（女） 2013年3月—

西乡塘区教育研究室
主　　任：罗志坚（女） 2014年7月—
副主任：青海华（女） 2014年7月—

西乡塘区学生资助办公室
主　　任：方　红（女） 2009年4月—
副主任：杨仔平 2014年7月—
　　　　李飞燕（女） 2015年7月—

西乡塘区素质教育中心
主　　任：梁　栋 2009年4月—

西乡塘区法律援助中心
主　　任：黎向忠 2009年8月—
副主任：容晓梅（女） 2013年2月—

西乡塘区国库集中支付中心
主　　任：吴柳霞（女） 2011年5月—
副主任：覃永彬 2012年6月—

西乡塘区财政稽查队
副队长：胡国礼 2005年6月—
　　　　李思源 2012年6月—
副主任科员：农恒定 2013年5月—

西乡塘区园林绿化管理所
所　　长：梁　强 2014年12月—
副所长：吴绍祺 2013年2月—
　　　　姚开会 2014年12月—

西乡塘区村镇建设管理站
（南宁市建设工程质量安全监督站
西乡塘区分站）
站　　长：伍耀彬 2007年4月—
　　　　　　　　2018年1月
　　　　马增俊 2018年1月—
副站长：马增俊 2013年12月—
　　　　　　　　2018年1月
　　　　廖志蓁 2017年4月—
副主任科员：伍耀彬 2018年1月—

西乡塘区房屋管理所
（物业协调与指导办公室）
所　　长：李琼波（女） 2014年7月—
副所长：唐本教 2014年7月—
　　　　罗凌莎（女） 2017年4月—

西乡塘区燃气管理站
站　　长：黄　霞（女） 2012年9月—
副站长：罗　芳（女） 2007年8月—
　　　　解寿奎 2013年1月—

黄鑫自　2013 年 1 月—
黄　力　2013 年 12 月—

西乡塘区城市管理综合行政执法队

队　　长：杨建防（兼）　2014 年 9 月—
　　　　　　　　　　　　　2018 年 1 月
副队长：丘　谋　2014 年 12 月—
　　　　邓　炼　2013 年 12 月—
　　　　麻　振　2015 年 7 月—
　　　　曾　林　2017 年 8 月—
副主任科员：廖润华（女）　2012 年 9 月—
　　　　　　黄宝荣　2017 年 6 月—

城管监察大队大队长：
　　　　曾　林（兼）　2017 年 8 月—
教导员：肖　波　2016 年 11 月—
副大队长：覃　波　2013 年 12 月—
　　　　何朝兴　2016 年 5 月—
一中队中队长：张紫勇　2017 年 8 月—
指导员：王泽武　2017 年 8 月—
二中队中队长：易均武　2017 年 8 月—
指导员：陈立记　2017 年 8 月—
三中队中队长：覃　晖　2017 年 8 月—
指导员：陈　莉（女）　2014 年 10 月—
四中队中队长：彭育信　2017 年 8 月—
指导员：杨秉尚　2017 年 8 月—
五中队中队长：李　思　2016 年 5 月—
指导员：林桂茂　2017 年 8 月—
六中队中队长：徐　强　2016 年 11 月—
指导员：王荣健　2017 年 8 月—
七中队中队长：曾祥安　2017 年 8 月—
指导员：韦　敏（女）　2017 年 8 月—
八中队中队长：凌　政　2017 年 8 月—
指导员：黎　明　2016 年 5 月—

九中队中队长：黄振宁　2016 年 5 月—
指导员：王忠良　2016 年 5 月—
十中队中队长：潘志斌　2016 年 5 月—
指导员：范毅峰　2016 年 11 月—
主任科员：黄超汉　2016 年 11 月—
副主任科员：顾建国　2016 年 5 月—

国土监察大队大队长：
　　　　丘　谋（兼）　2013 年 12 月—
教导员：邹国平　2013 年 12 月—
副大队长：黄梅莉（女）　2013 年 12 月—
　　　　李　震　2016 年 11 月—
一中队中队长：黄梅莉（女，兼）
　　　　　　　2013 年 12 月—
指导员：朱继明　2016 年 11 月—
二中队中队长：
　　　　李　震（兼）　2013 年 12 月—
指导员：卢　弋（女）　2016 年 11 月—

规划监察大队大队长：
　　　　（徐家彬副大队长主持全面工作
　　　　2016 年 11 月—）
教导员：朱官华　2013 年 12 月—
副大队长：徐家彬　2013 年 12 月—
　　　　黄杰东　2016 年 11 月—
一中队中队长：
　　　　黄杰东（兼）　2016 年 11 月—
二中队中队长：
　　　　滕妙玲（女）　2013 年 12 月—
指导员：黄　文　2016 年 11 月—

特勤大队大队长：
　　　　麻　振（兼）　2015 年 7 月—
教导员：庞国强　2013 年 12 月—
副大队长：赵乐华　2014 年 10 月—

一中队中队长：周　明　2013 年 12 月—
指导员：许　冰（女）　2015 年 4 月—
二中队中队长：闻建新　2013 年 12 月—

西乡塘区城市管理指挥中心

主　任：邓　炼（兼）　2013 年 1 月—
书　记：邓肇彧　2013 年 3 月—
副主任：邓肇彧　2007 年 12 月—
中队长：黄　咏　2013 年 12 月—
指导员：玉　兰（女）　2013 年 12 月—

西乡塘区环境卫生管理站

书　记：覃志高　2011 年 3 月—
站　长：李仕奎　2005 年 6 月—
副书记：黄春晓（女）　2009 年 11 月—
纪委书记：黄春晓（女）　2011 年 3 月—
副站长：谭永乐　2005 年 6 月—
　　　　黄建全　2011 年 3 月—
　　　　黄　波（女）　2012 年 6 月—
　　　　杜家文　2013 年 3 月—
　　　　赵以斌　2015 年 7 月—

西乡塘区市政设施维护所

所　长：黄宏春　2009 年 8 月—
副所长：叶振威　2013 年 4 月—
　　　　韦　勇　2014 年 7 月—

西乡塘区农业服务中心
（农村能源办公室）

主　任：冯　勇　2010 年 12 月—
副主任：卢世春（女）　2011 年 12 月—
　　　　邓先海　2012 年 9 月—
　　　　　　　　2018 年 2 月
　　　　廖创辉　2016 年 11 月—

西乡塘区概貌

　　　　李念龙　2017 年 12 月—
　　　　李保军　2017 年 12 月—
副主任科员：许祖波　2012 年 7 月—
　　　　　　王宗伍　2012 年 7 月—

西乡塘区农业机械安全监督管理站

站　长：徐正军　2015 年 7 月—
副站长：梁　苑（女）　2014 年 10 月—

西乡塘区动物卫生监督所
（动物疫病预防控制中心）

所长（主任）：黄永杰　2009 年 4 月—
副主任科员：梁忠才　2009 年 8 月—

西乡塘区文化市场综合执法大队
（文化市场综合稽查队）

大队长：黄雄武　2017 年 6 月—
副大队长：梁金燕（女）　2013 年 1 月—
副主任科员：贺　媚（女）　2009 年 8 月—
　　　　　　陆普文　2009 年 8 月—

西乡塘区文化馆

馆　长：黄　慧（女）　2016 年 11 月—

西乡塘区图书馆

副馆长：杨秋华　2011 年 4 月—

卫生和计划生育宣传信息中心
（妇幼保健计划生育服务中心）

主　任：陶仕珍（兼）　2016 年 10 月—
　　　　　　　　　　2018 年 1 月
　　　　罗美玲（女，兼）　2018 年 1 月—
副主任：刘桥有　2016 年 10 月—
　　　　曾艺坚（女）　2016 年 10 月—

西乡塘区食品药品稽查大队

大 队 长：黄　伟（兼）　2014 年 12 月—
　　　　　吴建猛　2017 年 12 月—
　　　　　　　　　2018 年 2 月
　　　　　曾令双　2017 年 4 月—
副主任科员：郇惠杰（女）　2016 年 7 月—
　　　　　　　　　　　　　2018 年 9 月
　　　　　　李雪群（女）　2017 年 8 月—

西乡塘区社会经济调查队

队　　长：黄一琴（女）　2011 年 12 月—
副 队 长：莫秋园　2013 年 5 月—

西乡塘区统计局普查中心

主　　任：黄　建　2013 年 2 月—
副 主 任：蓝梓耕　2013 年 12 月—

西乡塘区招商促进服务中心

主　　任：王　屹（兼）　2015 年 3 月—

西乡塘区安全生产监察大队

大 队 长：孙希宝（兼）　2014 年 11 月—

西乡塘区公共投资审计中心

主　　任：李自陆　2017 年 12 月—

西乡塘区生产力促进中心

主　　任：何雄建　2009 年 4 月—

西乡塘区政府招待所

所　　长：廖生斌（兼）　2014 年 3 月—

西乡塘区环境监察大队

大 队 长：李佩军　2007 年 7 月—
副大队长：李小敏（女）　2015 年 7 月—

副主任科员：赵立民　2009 年 8 月—

西乡塘区卫生计生监督所

所　　长：梁东凯　2017 年 11 月—
副 所 长：韦　奇　2017 年 11 月—
副主任科员：陆以壮　2017 年 11 月—

西乡塘区疾病预防控制中心

主　　任：陆以壮　2011 年 4 月—
副 主 任：黄焕坤　2011 年 4 月—

西乡塘区新型农村合作医疗管理中心

主　　任：宋镇斌　2011 年 4 月—
副 主 任：李罕茵（女）　2009 年 4 月—

西乡塘区那龙矿区留守工作处

主　　任：潘乔宁　2013 年 1 月—
副 主 任：莫柱颖　2013 年 1 月—

西乡塘区民兵军事训练基地

主　　任：谢　丹（女）　2007 年 8 月—

西乡塘区公路管理所

所　　长：石洪泉　2013 年 7 月—
副 所 长：黄云利　2015 年 7 月—
　　　　　黄　雅　2017 年 6 月—

西乡塘区道路运输管理（航务管理所）

所　　长：李敬年　2013 年 7 月—
副 所 长：李平荣　2015 年 7 月—
　　　　　农美旺　2017 年 6 月—

广西壮族自治区南宁市德芳公证处

主　　任：宁　瑛（女）　2017 年 12 月—

（谭　洁　何素玲）

政治

中共南宁市西乡塘区委员会

综 述

【区委成员及机构】 2018年,中共南宁市西乡塘区第三届委员会(简称"区委")有委员33名、候补委员4名,常务委员会委员8名,设书记1名,副书记2名。区委机关设区委办公室、组织部、宣传部、统战部、政法委、编委办、直属机关工委、纪律检查委员会机关(监察局)、区委巡察办、信访局10个工作机构,党校、档案局(馆)、接待办3个直属事业单位。

【工作概况】 2018年,区委在党代表大会闭会期间,执行上级党组织的指示和同级党代表大会的决议,领导本地方的工作,定期向上级党的委员会报告工作。年内,召开党代会1次,全体委员会议2次、区委常务委员会会议82次,审议有关重大事项254件,专题听取有关工作汇报55次。

重要会议

【中共南宁市西乡塘区第三次代表大会第二次年会】 2018年1月10日,中共南宁市西乡塘区第三次代表大会第二次年会在西乡塘区机关办公大楼7楼礼堂召开。出席年会的代表228人,列席人员42人。大会审议《中共南宁市西乡塘区第三届委员会2017年工作报告》《中共南宁市西乡塘区第三届纪律检查委员会2017年工作报告》《中共南宁市西乡塘区第三次代表大会第一次年会代表提案、意见和建议办理情况的报告》。会议通过《关于中共南宁市西乡塘区第三届委员会2017年工作报告的决议》《关于中共南宁市西乡塘区第三届纪律检查委员会2017年工作报告的决议》《关于代表提出的提案、意见和建议的审查情况报告》。

【中共南宁市西乡塘区第三届委员会会议】 2018年,区委召开全体会议2次。

第六次全体会议 1月7日,在区机关办公大楼4楼会议室召开。出席会议的区委委员29人,列席人员为纪委委员。会议主要议程:表决部分街道和政府组成部门正职领导建议人选;通过关于召开中共南宁市西乡塘区第三次代表大会第二次年会的决议(草案);通过年会议程(草案);通过年会日程安排(草案);通过增补中共南宁市西乡塘区第三次代表大会代表名单；通过年会主席团、主席团常务委员会、秘书长、副秘书长、执行主席分组、秘书处各组负责人名单（草案）；通过年会提案审查委员会名单（草案）；通过年会关于代表提出提案截止时间的决定（草案）；通过年会各代表团正副团长、召集人、成员及列席人员名单（草案）；通过年会列席人员建议名单；审议通过中共南宁市西乡塘区第三届委员会2017年工作报告（草案）；审议通过中共南宁市西乡塘区第三届纪律检查委员会2017年工作报告（草案）；审议通过关于中共南宁市西乡塘区第三届委员会2017年工作报告的决议（草案）；审议通过关于中共南宁市西乡塘区第三届纪律检查委员会2017年工作报告的决议（草案）。

第七次全体会议　7月10日，在区机关办公大楼4楼会议室召开。出席会议的区委委员30人，列席人员为纪委员。会议主要议程：审议通过《中共西乡塘区委员会关于实施乡村振兴战略的决定（草案）》。

【四家班子联席会会议】　2018年，西乡塘区召开四家班子（区委、区人大常委会、区政府、区政协）联席会会议3次。

第一次联席会　1月17日，区四家班子联席会会议在区机关办公大楼4楼会议室召开。议程为传达南宁市政协第十一届三次会议精神；传达南宁市第十四届人大三次会议精神；传达全区农村经济工作会议精神；部署西乡塘区加强全面推行河长制工作；传达市委主要领导参加南宁市第十四届人大三次会议西乡塘区代表团审议时的指示精神；部署加快推进田园综合体建设。区委书记廖伟福、政府区长陆广平、人大常委会主任周少剑、政协主席费勇，区委副书记李东红等四家班子领导出席会议。

第二次联席会　4月9日，区四家班子联席会会议在区机关办公大楼4楼会议室召开。议程为通报辖区近期维稳情况；通报"美丽西乡塘"乡村建设情况；通报自治区成立60周年有关重大项目情况；通报辖区大行动和蓝天保卫战工作开展情况。区委书记廖伟福、政府区长陆广平、人大常委会主任周少剑、政协主席费勇、区委副书记李东红等四家班子领导出席会议。

第三次联席会　9月28日，区四家班子联席会会议在区机关办公大楼4楼会议室召开。议程为各服务队汇报联系重大项目、服务重点企业情况；汇报2018年西乡塘区服务南宁市"两会"工作情况；汇报建设新办公大楼工作推进情况；人大、政府、政协班子汇报下半年工作计划。区委书记廖伟福、政府区长陆广平、人大常委会主任周少剑、政协主席费勇、区委副书记李东红等四家班子领导出席会议。

（李其龙）

【创新驱动产业升级工作会议】　2018年2月28日，西乡塘区2018年创新驱动产业升级暨农村工作、迎接国家卫生城市复审和环境保护工作会议在区机关办公大楼7楼礼堂召开。区四家班子领导，各镇、街道党政主要领导及分管领导，区机关各部门主要领导，社区（村）主要领导和重点监管企业代表参会。区委书记廖伟福就如何抓好创新驱动、产业升级和"三农"工作，以及迎接创卫复审和环保工作提出要求；政府区长陆广平传达南宁市农村工作会议有关精神；政府区长陆广平、区委副书记李东红分别就环保工作和迎接创卫复审工作进行部署安排。西乡塘产业园区、区发改局、区科技局、金陵镇、石埠街道等就如何抓好创新驱动、产业升级和"三农"工作进行发言。区卫计局、区城管局、区环保局、区食药监局就相关准备工作作汇报发言。

【扫黑除恶专项斗争动员大会】 2018年3月7日，西乡塘区扫黑除恶专项斗争动员大会在区机关办公大楼7楼礼堂召开。区四家班子领导及各部门负责人参会。会议传达学习中央、自治区、南宁市扫黑除恶专项斗争动员部署会议精神，通报分析辖区扫黑除恶工作情况，研究部署贯彻落实工作措施。区委主要领导讲话，区政法、组织、纪检监察、法院、检察、公安部门主要负责人分别在会上发言。会议要求，辖区各级各部门要以习近平新时代中国特色社会主义思想为指导，进一步提振精神、齐心协力、攻坚克难，全面夺取开展为期三年的扫黑除恶专项斗争新胜利，切实维护社会和谐稳定，巩固党的执政基础，不断提升人民群众的安全感、获得感、幸福感。

【党风廉政建设工作会议】 2018年3月30日，西乡塘区2018年党风廉政建设、组织、宣传思想、统战及平安建设工作会议在区机关办公大楼7楼礼堂召开。区四家班子领导，各镇、街道、单位、部门的有关人员约300人参会。金陵镇、北湖街道、新阳街道等分别作典型经验发言；各基层党（工）委分别向区委递交2018年目标管理责任书。

【脱贫攻坚推进大会】 2018年6月6日，西乡塘区2018年脱贫攻坚推进大会在区机关办公大楼7楼礼堂召开。区四家班子领导成员，各镇、街道、单位、部门的相关人员参会。会议传达学习自治区、市有关会议精神，总结西乡塘区2017年脱贫攻坚工作，分析脱贫攻坚面临的形势，部署推进2018年脱贫攻坚工作。会议要求，切实增强打赢打好精准脱贫攻坚战的责任感和使命感，加强组织领导和作风建设，举全辖区之力，以非常举措、非常力度，把脱贫攻坚抓紧抓准抓到位，绝不让一个贫困户掉队。

【年中工作会议】 2018年7月31日，西乡塘区年中工作会议暨县域经济发展、乡村振兴推进大会在区机关办公大楼7楼礼堂召开。区四家班子领导，各镇、街道、单位、部门的有关人员参会。会议传达自治区、南宁市年中工作会议暨县域经济发展、乡村振兴推进大会精神，总结西乡塘区2018年上半年工作，分析经济形势，研究部署下半年工作。

重大决策

【履行全面从严治党主体责任清单】 2018年5月3日，区委印发《中共西乡塘区委员会履行全面从严治党主体责任清单》。根据《中国共产党地方委员会工作条例》等有关规定，参照自治区党委、南宁市委履行全面从严治党主体责任清单，结合实际制定。内容包括区委领导班子集体责任（41项，包括加强政治建设、思想建设、组织建设、作风建设、纪律建设、制度建设、监督体系建设、组织领导等六个方面内容）；区委主要负责人责任（10项）；区委领导班子其他成员责任（10项）。

【加强与高校及科研院所人才交流合作】2018年6月，在深入调研的基础上，制定出台《西乡塘区深化人才发展体制机制改革打造区校（院）人才共同体行动计划》，为辖区今后5年的人才工作提供遵循。继续实施"区校（院）挂职"工程，从高校院所引进9名高层次人才到辖区各部委办局全脱产挂职，并从广西大学引进13名优秀大学生到辖区、各镇（街道）挂任团（工）委副书记。联合浙江大学、广西大学、焦裕禄干部学院等院校，分类举办党性修养、脱贫攻坚、业务技能等各类专题培训班83期，培训各级党员干部8600多人次。落实辖区四家班子领导联系服务专家人才工作，制定出台《关于进一步加强西乡塘区四家班子领导联系服务专家人才工作的实施方案》，安排辖区26名处级领导，通过登门拜访、组织座谈、节日慰问等形式，主动联系服务辖区各高校、科研院所专家人才，增强党在专家人才群体中的影响力、凝聚力和号召力，为辖区经济社会发展提供坚强的人才保障和智力支持。

【实施乡村振兴战略】 2018年7月10日，区委印发《中共南宁市西乡塘区委员会关于实施乡村振兴战略的决定》。内容包括总体要求：深入推进质量兴农行动，做好现代特色农业文章，培育乡村发展新动能；深入推进环境优化行动，建设美丽宜居乡村，打造人与自然和谐共生发展新格局；深入推进乡风文明培育行动，树立乡村文明新风，焕发乡风文明新气象；深入推进治理提升行动，促进乡村和谐稳定，构建乡村治理新体系；深入推进惠民富民行动，扎实推进民生建设，塑造美丽乡村新风貌；深入推进精准脱贫攻坚行动，打好精准脱贫攻坚战，增强贫困群众获得感；切实推动乡村组织振兴，进一步强化党对"三农"工作的领导7个方面。同时，号召各级党组织、广大党员干部和各族人民，迎难而上、埋头苦干、奋勇争先，大力实施乡村振兴战略，奋力谱写新时代西乡塘区"三农"工作新篇章。

【创新驱动产业升级攻坚年】 2018年2月27日，区委、区政府同意印发《西乡塘区创新驱动产业升级攻坚年实施方案》。目标任务是以重点企业为核心，以辖区创新驱动产业升级攻坚年为抓手，积极推进重大项目建设，切实帮助企业解决经营生产中转型升级、技术改造、贷款融资、人才培养、企业用工等发展问题和实际困难，促进重大项目加快推进和推动一批税收潜力大、产业带动力强的成长型企业迅速做大做强，年度产值实现较大增长；成立以区四家班子主要领导为组长的西乡塘区创新驱动产业升级（联系重大项目、服务重点企业）领导小组；明确工作职责和工作机制。

【运用科技手段加强干部作风建设】2018年4月11日，区委、区政府同意印发《西乡塘区运用科技手段加强干部作风建设实施方案》。旨在深化"抓作风，提效能"

专项主题活动，加强机关、镇（街道）行政机关作风建设，以狠抓干部上班纪律为切入口，推动作风建设取得新成效。将采用科密人脸识别考勤机，配合WEB考勤系统（后台系统）在辖区15个办公区（地点）和11个镇、街道行政机关进行严格准确地考勤，从根本上整治干部职工上班纪律松散问题，推动作风建设，达到办事效率更快、为民服务更好、干部作风更实的目标要求，不断提升群众满意度。

【加强禁毒工作】 2018年5月21日，区委、区政府同意印发《西乡塘区关于加强禁毒工作的实施意见》。旨在持续创新禁毒工作体制机制，完善毒品问题治理体系，坚决遏制毒品问题的发展蔓延，不断增强人民群众的获得感、幸福感、安全感。内容包括增强禁毒工作的责任感、使命感；明确目标，全面落实禁毒工作责任；健全机制，深化禁毒宣传教育；落实管控，创新吸毒人员服务管理；多措并举，提升打击能力和水平；源头治理，落实禁毒严管责任；强化保障，夯实禁毒基层基础。

【城市治理"制度建设年"】 2018年5月31日，区委、区政府同意印发《西乡塘区关于开展城市治理"制度建设年"活动的实施方案》。要求收集、汇总各部门在开展城市治理建设以来的各项工作制度、方案，并通过梳理固化近年来辖区城市治理行之有效的做法，坚持用制度管人，靠制度管事，推动城市治理水平有明显提升。

【深入推进农村社区建设试点工作】 2018年7月4日，区委、区政府同意印发《南宁市西乡塘区深入推进农村社区建设试点工作的实施方案》。工作目标是按照党建基础保障全覆盖、基础设施建设规划全覆盖、公共服务"四提升"的思路，分期分批深入开展农村社区建设试点工作。2018年，三镇一办各建设2个农村社区建设试点。2019年，各镇、街道各建设1个农村社区建设试点。2020年，农村社区建设试点覆盖全辖区30%以上的建制村，形成较成熟的具有本土特色的农村社区建设试点基本经验。

【深化落实中央八项规定精神】 2018年7月13日，区委同意印发《中共西乡塘区委办公室关于深化落实中央八项规定精神的通知》。旨在进一步深化"作风建设年"活动，持之以恒正风肃纪，拓展落实中央八项规定精神成果，有效防止"四风"问题反弹回潮。内容包括落实主体责任，强化教育管理；增强廉洁意识，落实"十个严禁"；强化监督检查，畅通信访渠道；严格执纪审查，及时通报曝光；开展自查自纠，严格整改问题；开展专项检查，检验工作成效6个方面。

【优化营商环境大行动】 2018年8月23日，区委、区政府同意印发《西乡塘区优化营商环境大行动工作方案》。旨在着力打造营商环境新优势，力争通过3年努力，在辖区范围内基本建成国内一流的国际化、法治化、便利化营商环境。重点任务是贯彻落实《中共南宁市委员会、南宁市人民政府关于进一步优化营商环境的实施意见》《南宁市优化营商环境三年行动计划（2018—2020年）》及南宁市若干个配套政策文件和工作实施方案；开展辖区营商环境大整改行动；持续开展优化营商环境常态化暗访；制定优化营商环境考评办法。

【现代特色农业示范区建设增点扩面提质升级】 2018年11月22日，区委、区政府同意印发《西乡塘区现代特色农业示范区建设增点扩面提质升级（2018—2020年）三年行动实施方案》。目标任务是从2018年起到2020年，力争实现辖区现代特色农业示范区做大总量，提档升级，形成各级各类现代特色农业示范区梯次分布新格局，把现代特色农业示范区建设成为实施乡村振兴战略的样板区、农业转型升级的引领区、深化农村改革的试验区、农业农村现代化的先行区。

【建成区黑臭水体治理60天攻坚战】 2018年11月30日，区委、区政府同意印发《南宁市西乡塘区建成区黑臭水体治理60天攻坚战方案》。明确攻坚目标为到2018年年底，辖区内涉及内河不低于全市平均水平（南宁市的攻坚目标为基本消除建成区城市内河38段90%以上黑臭水体），并力争基本消除黑臭水体。要求各部门（单位）、街道办按工作职责做好辖区内河黑臭水体治理工作，并配合黑臭水体治理项目业主加快推进内河整治项目建设（强力推进征拆和拆违工作，确保用地保障；全面完成黑臭水体河段垃圾清理和乱象整治，并保障内河无垃圾；基本完成直排口截污截流整治工程，并完成部分重点管网错接混接改造；严格排污许可；加强河长制工作的落实）。

【发展壮大村级集体经济】 2018年12月25日，区委、区政府同意印发《西乡塘区关于发展壮大村级集体经济三年行动计划（2018—2020年）的实施意见》。目标任务是到2018年底，全面消灭"空壳村"，所有行政村村级集体经济年收入均达到2万元以上，且已经脱贫摘帽的12个贫困村均达到3万元以上；到2019年底，所有行政村村级集体经济年收入均达到4万元以上；到2020年底，所有行政村村级集体经济年收入均稳定达到5万元以上。要求基本建立充满活力的村级集体经济发展机制，村级综合经济实力明显增强，集体收入逐年增加，形成较强的经济发展后劲；增强村级集体经济自我发展能力和可持续发展能力，为促进辖区农业全面升级、农村全面进步、农民全面发展注入新活力。

重大活动

【西乡塘区三届党委第三轮巡察】 2018年8月30日至11月30日，开展西乡塘区三届党委第三轮巡察工作。其间，成立5个巡察组，巡察西乡塘街道党工委及所辖12个村、社区党组织，北湖街道党工委及所辖15个村、社区党组织，安吉街道党工委及所辖11个村、社区党组织，新阳街道党工委及所辖12个村、社区党组织，区工商和质监局党组、区食品药品监督管理局党组、区环境保护局党组、区司法局党组，坛洛镇19个村党组织，金陵镇16个村、社区党组织，双定镇6个村党组织。

【自治区成立60周年基层走访慰问活动】 2018年11月底至12月上旬，按照部署，组织开展自治区成立60周年基层走访慰问活动。其间，自治区党委、南宁市委、西乡塘区领导干部和相关单位到辖区社区、企业、单位等走访慰问老干部78名、老党员1名、老同志10名和先进模范人物22名。

区委综合事务

【区委办机构及工作概况】 2018年，中共西乡塘区委办公室（简称"区委办"）围绕区委的中心工作，进一步增强工作的主动性和创造性，切实做好综合协调、信息情报、调查研究等工作，整体服务质量有所提高，较好地发挥参谋助手和综合协调作用。

区委办有行政编制12名（不含区委领导编制数），实有12人。挂保密委员会办公室（国家保密局）、机要局（国家密码管理局）、督查室牌子。

【信息情报】 2018年，区委办加强信息研判和综合加工，强化信息报送责任，收集整理报送大量有价值的信息，及时反映经济社会建设中的"热点""难点"问题。年内，上报党委信息2600多条，其中日常信息1800多条，紧急信息200多条，在全市党委信息采用得2290分，列全市各县区第2位。全年未发生重大紧急信息迟报、漏报、瞒报、谎报、误报现象。区委办获自治区2016—2017年度全区党委信息工作先进单位。

【调查研究】 2018年，区委办围绕辖区党委关于以落实创新驱动战略和产业攻坚年建设为主要抓手的重大决策部署开展调查研究，配合四家班子及部门（单位）领导就抓好现代产业发展、增强发展活力、改善城乡面貌、增进民生福祉、推进社会和谐稳定、加强党的建设等重点工作进行专题调研。年内，通过组织开展专题调研活动，撰写调研报告，为区委研究推进现代特色农业示范区升级建设、脱贫攻坚、推进健康产业发展、社会治理创新等重要决策提供参考。

【督查督办】 2018年，区委督查室办理上级督办件38件，办理人民网网友给自治区党委书记留言30件，办理人民网网友给市委书记留言60件，编发区督查通报100余条，按时办结率和反馈率100%。全年未发生迟报、漏报等现象。区委督查室获2016—2017年度全区党委督查室工作先进单位。

【保密机要】 2018年，区委保密办（国家保密局）发挥"保安全、保发展、促和谐"职能作用，扎实开展各项保密业务工作。年内，组织8名新增涉密人员参加并通过市级保密培训；定密管理科学准确，无违规定密行为；南宁市中考辖区保密管理工作正常有序。做好计算机、涉密网络和单位门户网站监督检查，对保密要害部门保密检查2次以上，按保密规定及时完成国产化替代工程和销毁一批涉密载体，无违规存储处理涉密资料和失泄密行为发生。及时传达学习贯彻保密工作文件和有关会议精神，组织党员干部1200多人次参加保密知识测试；投入经费3万多元订阅保密宣传资料；利用各类培训班、短信平台、保密工作QQ群及"保密观"公众号等平台深化保密学习教育，深入基层开展保密宣传教育，发放宣传资料1000多份。接收电子公文 750 多份，开通机要专线专题电视会议 34 场。通过南宁市国家保密局对西乡塘区绩效考评。

【办文办会】 2018 年，区委办加强公文传阅管理，做到专人专夹专送，保证公文的安全。来文按签收、登记、拟办、批办、承办、催办、办结、清退或归档程序办理，办理收文 1500 多份。发文按拟稿、会商、审核、签发、核发、登记、缮印、用印、存档程序办理，发文 108 份。按照"细致、周密、分工负责、把握细节"的办会要求，办理区委会议和区委领导有关公务活动 190 多场次。

组　织

【组织机构及工作概况】 2018 年，中共西乡塘区委有基层党组织 1267 个。其中党委 65 个；党工委 10 个（区委派出组织）；党总支 59 个；党支部 1143 个。有党员 2.46 万人。内有公有制经济单位在岗职工党员 4895 人，占党员总数 19.91%；非公经济单位在岗职工党员 4323 人，占党员总数 17.58%；农牧渔民党员 3351 人，占党员总数 13.63%；离退休党员 9920 人，占党员总数 40.35%；其他党员 1635 人，占党员总数 6.65%。党员中，女性党员 9933 人，占党员总数 40.40%；少数民族党员 9082 人，占党员总数 36.94%。年内，中共西乡塘区委组织部（简称"区委组织部"）获"2018 年全市党员教育电教片摄制工作先进单位"称号；制作的《老梁和他的孩子》《土地爷扶贫记》分获 2018 年全市党员教育系列专题片典型人物系列二等奖、三等奖；《全域党建视角下创新城市基层党组织设置的实践与思考》《关于新形势下提升基层党组织组织力的探索与实践——以南宁市西乡塘区为例》《西乡塘区推进区校人才合作的实践与思考》分获 2018 年度全市组织系统调研成果一等奖、二等奖、二等奖，以及 2018 年度全市组织系统调研优秀组织奖。

区委组织部内设办公室、财务室、干部股、档案室、干部教育股、组织一股、组织二股 7 个职能股室，下辖党员干部现代远程教育管理办公室、领导人才考试与测评工作办公室和离休干部管理服务中心 3 个二层事业单位，另有区委老干部局、非公有制经济组织与社会组织党工委 2 个挂牌机构；有人员编制 8 名，实有 46 人。

【"两学一做"学习教育】 2018 年，区委继续推进"两学一做"学习教育常态化制度化，将学习教育常态化制度化纳入基层党组织书记抓党建述职评议的重要内容。年内，组织深入学习贯彻习近平新时代中国特色社会主义思想，全面贯彻党的十九大精神，举办十九大精神专题培训班、轮训班 8 期，以田园综合体、脱贫攻坚、项目建设、基层党建等为专题，举办培训班、讲座 83 期，培训各级党员干部 8560 人次；组织开展学习先进人物事迹和观看专题教育节目，以及"争当八桂先锋·争做合格党员""双争见行动·建功排头兵"主题实践活动。整顿转化软弱涣散村党组织 4 个，对 512 名村"两委"成员进行资格联审；举办基层组织规范化建设培训会；发放党的组织生活记录本 5000 多本，每季度印发"三会一课"参考内容，开展党员"固定党日"活动 13000 多场次。开展基层党建

政 治

"两随机"（随机督导、随机调研）督查239多次，发布"红黑榜"通报6期，列出问题整改清单121条，约谈党组织书记6名，调整不胜任岗位的支部书记2名。帮扶困难党员群众925人次，走访慰问困难党员、老党员1231名，发放慰问金37.32万元，购买慰问物品1.08万元。

【干部队伍建设】 2018年，区委根据领导班子建设和工作需要，调整干部94名。其中提拔13人（正科7人，副科5人，无级别事业单位副职1人）；平级交流25人（正科21人，副科4人）；干部队伍建设中试用期满转正14人（正科3人，副科8人，无级别事业单位副职1人，无级别企业正职1人，选调生1人）；改任非领导职务8人（正科6人，副科2人）；退休27人（到龄退休22人，提前退休5人）；调出4人；辞去公职2人。年内，坚持"四个一线"（项目建设一线、改革创新一线、脱贫攻坚一线、维护稳定一线）选人用人导向，从"四个一线"提拔干部9名；从区机关择优遴选88名优秀干部，到美丽南方田园综合体、脱贫攻坚等一线挂职锻炼。推动干部能上能下，调整不适宜担任现职干部14名。开展谈心谈话212人次，关爱提醒干部20名。安排24个审计项目对交流调整干部进行任期经济责任审计。干部出国（境）审核审批59人次。对25名拟提拔对象、继续提名的对象、转任重要岗位的对象等进行廉政审查；对13名拟提拔对象进行任前档案审核；向市委组织部上报干部选拔任用工作预审方案2批次，涉及干部48名，有效防止"带病提拔"和"带病上岗"现象发生。落实公务员职务与职级并行制度，有20名干部职级得到晋升。

【人才工作】 2018年，区委组织部围绕重点产业、重大项目建设需要，发挥高校、科研院所集聚区优势，制定区校人才共同体行动计划，采取内引外联的方式，引进各类优秀人才，推动人才向重点项目、重点产业聚集。年内，结合中心工作需要，引进9名高校院所的优秀人才到区属机构全脱产挂职，从广西大学引进13名优秀大学生到区、镇（街道）挂任团（工）委副书记，区校人才挂职交流工作逐步常态化、规范化。建立四家班子领导联系服务专家人才制度，联系服务区内外专家人才学者78人，开展联系服务活动82次。同时，组织开展专家人才慰问活动，慰问各类专家人才90名。依托美丽南方田园综合体试点

2018年3月23日，在美丽南方召开2018年西乡塘区辖区高校院所干部挂职报道会。图为区委常委、组织部部长张军（前排中）引导挂职干部现场考察　　　　　　（区委组织部供图）

建设，每月定期举办美丽南方人才发展论坛，以论坛带动人才培训。举办富硒农业、全域旅游等主题论坛11场次，邀请区内外专家55人次。完成南宁市下达的大学生就业促进工程、创业孵化基地提升工程、科企联合工作站等7项全市人才工作专项任务。新建"科企联合工作站"3个、南宁市创业孵化基地1个、青空间6个；招录公务员（含参公单位）18人，选调生3人，事业单位人员340人，从重点高校引进优秀毕业生5人；招聘青少年事务社会工作者28人；开展大学生创新创业培训活动5次；举办高校毕业生专场招聘活动9场，组织180多家企业参加，为高校毕业生提供4500多个岗位。

【干部教育培训】 2018年，区委组织部投入教育培训经费80万元，举办培训班、讲座83期，培训各级各类干部8560人次，选派69名干部参加上级调训。组织处级领导干部和科级及以下干部完成公务员网络全员培训。年内，分批次组织科级干部、年轻干部、基层党组书记和其他党员干部进行培训，学习贯彻习近平新时代中国特色社会主义思想和党的十九大精神。以乡村振兴、十九大后经济体制改革、优化营商环境、社会治理为主题举办4期"西乡塘大讲坛"；以田园综合体、脱贫攻坚、项目建设、基层党建等为主题举办专题培训。3月，在广西师范大学举办2018年西乡塘区科级女干部综合能力提升班，49人参训。5月，在浙江大学举办2018年西乡塘区乡村振兴专题培训班，50人参训。5月，在百色市委党校举办2018年西乡塘区社区党支部书记学习贯彻习近平新时代中国特色社会主义思想和党的十九大精神暨党性教育专题培训班，77人参训。9月，在广西邮电学校举办2018年西乡塘区脱贫攻坚（乡村振兴）工作队员专题培训班，170人参训。9月，在广西民族大学举办2018年西乡塘区机关党支部书记和新发展党员学习贯彻习近平新时代中国特色社会主义思想和党的十九大精神暨党性教育专题培训班，173人参训；在龙岩学院干部培训中心举办2018年西乡塘区"不忘初心 牢记使命"党性教育暨年轻干部培训班，61人参训。10月，在区机关办公大楼7楼礼堂举办2018年西乡塘区党代表培训班；在广西民族大学举办西乡塘区2018年脱贫攻坚专题培训班，852人参训；在焦裕禄干部学院举办2018年西乡塘区党性修养与理想信念教育专题培训班，53人参训。11月，在广西贵港市举办2018年西乡塘区城市基层党建专题培训班，44人参训。12月，在石埠街道美丽南方紫薇庄园举办2018年西乡塘区基层干部能力素质提升培训班，78人参训。

【远程教育】 2018年，区委组织部远程教育重点摄制的人物典型类《老梁和他的孩子们》和《"土地爷"扶贫记》党员教育片，在全市评比中分获二等奖和三等奖。年内，利用自治区级示范点金陵镇三村联村和市级示范点"美丽南方"忠良屯开展农产品种植养殖资源教育。新增安吉华尔街工谷、南宁茂名商会2个远教站点，总数达128个；对西乡塘远教站点硬件设备进行排查，对老旧损坏设备进行更换，并对8个问题站点进行迁移。发放"一簿一册"（学习情况登记簿、站点管理日志）

120本。截至12月,"绿城党旗红"手机APP用户数2585人,一级子站信息发布数536条,二级子站信息发布数1.42万条;"八桂先锋"手机APP用户数5447人,注册率和使用率均在全市前列。

【基层组织建设】 2018年,区委组织部按照部署,在基层党组织开展"先锋引领·凝心聚力"大行动,以提升组织力为重点,重点强化党建引领基层治理;在8个街道全部成立"大工委",设立"基层党建办";51个社区成立"大党委",引导制定"一社区一方案",实施"先锋堡垒""先锋聚力""先锋引航""先锋队伍"四大工程,健全"区—街道—社区"三级联动体系。年内,召开3次城市基层党建三级联动协调会,对加强退役军人党员教育管理、加强城市基层党建联动体系建设、庆祝自治区成立60周年等进行重点协调;召开街道"大工委"、社区"大党委"党建联席会513次,协商解决辖区基层治理问题87件。实施"支部建设升级"行动,举办2018年西乡塘区社区党建规范化建设业务培训班;配发党建工作台账专用标签2400多份,印发《应知应会手册》8000多份;进一步加大党支部书记队伍培训力度。开展"两随机"(随机督导、随机调研)督查69次,在各类培训班、"红黑板"中通报问题92个。整建制接转金光社区党员283名,坛塘村党员26名。做好全国党员管理信息系统维护和党员组织关系的转接工作。2月始,使用全国党员管理信息系统进行转接党员组织关系,完成1187个党组织、2.21万名党员信息核查工作。全年党费收入274.22万元,支出253.82万元,其中党费使用115.15万元,上交上级党组织37.58万元,下拨下级组织101.09万元。"划拨中管和区管补交党费""划拨市管补交党费""区配套党费"使用情况通过辖区1252个党基层组织公示公开,其中通过内部通报75个,支部生活会公示289个,文件传阅888个,公示覆盖率100%。

【农村党组织建设】 2018年,区委组织部以实施"先锋引领·脱贫攻坚"大行动为总抓手,统筹推进农村基层党组织建设工作。年内,对12名贫困村党组织书记进行集中排查,调整撤换1名不称职的贫困村党组织书记。在基层党组织领域开展扫黑除恶专项斗争,组织村干部签订不涉黑不涉恶承诺书。整顿提升软弱涣散村党组织4个。联合审查756名村"两委"(村支部、村委会)成员及村级配套组织负责人,未发现村"两委"干部有涉黑涉恶问题。为64个行政村制作标准统一的党务政务公开栏,打造石埠街道忠良村、北湖街道万秀村2个党务公开示范村。强化基础保障,按照每村3万元的标准拨付村级组织办公经费,每人每年100元的标准拨付农村党员活动经费。投入54万元推进2018年村委服务用房新建项目1个(坛洛镇定顿村)。做好金光农场党建工作移交,推进坛洛镇坛塘村"两委"换届工作,选举产生村党支部委员3人,村委会委员5人;指导坛塘村成立村民合作社。对3652名农村党员分级分类开展全员轮训;组织村"两委"干部、工作队员等开展培训5期800多人次。推进"党旗领航·电商扶贫"活动,举办电商扶贫技能系列专题培训,培养农村电子商务带头人和实用型人才200多人。同时,通过强化抓基层党建工作述职评议考核结果运用、开展基层党建"两随机"活动等，推动抓党建促脱贫攻坚、发展壮大村级集体经济、乡村振兴等工作落地见效。

【两新组织党的建设】 2018年，西乡塘区"两新组织"（新经济组织、新社会组织）纳入党建基数的非公企业1149家，社会组织169家，有党员2627人，其中非公企业党组织181个，党组织覆盖率提高至75.28%，社会组织党组织64个，党组织覆盖率提高至85.21%。年内，创新推行两新组织党支部"一卡一证一微"工作法，向党支部发放组织生活"E卡通"320多张、流动党员证430多张，开展微党课80多次，不断规范两新组织党支部组织生活。持续推进两新组织党组织组建巩固提升"百日攻坚"行动，按照单独组建、联合组建等方式，依托行业系统、产业链新成立党组织18个，整建制转移党组织7个，撤销党组织12个，进一步理顺隶属关系。公开招聘2名两新组织党建工作组织员，选派66名党建工作指导员到两新组织指导开展党建工作。拨给资金115万元作为两新组织党建工作专项经费。依托"美丽南方"党员教育培训基地、西乡塘大讲堂、华尔街工谷创客厅等平台，采取集中办班、现场体验等方式举办两新组织党员干部教育培训45场次、3000人次。拓展"党旗领航+"系列主题活动，引导辖区两新组织通过村企共建、电商扶贫、产业帮扶等方式助力脱贫攻坚，投入帮扶资金1200多万元，帮助发展特色优势产业15个，举办就业技能培训70多场次，惠及群众1.2万多人。

【机关党组织建设】 2018年3月6日，举办西乡塘区规范党组工作暨机关党建专题培训班，25个党组的成员及记录员300多人参训。同时，每半年对党组工作开展情况进行检查，扎实推进党组规范化建设。召开规范中小学校、卫生院党组织管理体制工作协调会，明确中小学校党建工作由区教育局党组统一领导和指导，中小学校党组织由区教育局机关党委管理，所在乡镇（街道）、村（社区）党组织协助管理；卫生院党建工作由区卫计局党组统一领导和指导，卫生院党组织由区卫计局机关党委管理，所在乡镇（街道）、村（社区）党组织协助管理。年内，内部理顺管理37个党组织、437名党员。

【党建工作示范点建设】

社区党建示范点建设 2018年，区委组织部持续完善基层党建"一圈一带"（城市党建示范圈、农村党建示范带）示范布局，重点打造鲁班社区"爱在邻里·乐居鲁班"党建综合示范点，针对辖区改制企业老党员多、活动组织难、服务力量分散等问题，构建以"聚识强引领、聚才强队伍、聚力强服务、聚心强风尚"为主要内容的"四聚四强"社区党建新格局。投入经费63.72万元，打造大学西路社区"幸福大学西"党建综合示范点，通过创建"四个家"（"便民之家""温暖之家""爱心之家""康乐之家"），构筑与辖区单位共驻共建党建大格局。开展"共产党员责任区""共产党员工程""共产党员自愿岗"等活动，面向老年人、残疾人、特困家庭等特殊群体提供社会救助、社会福利服务。年内，完成各功能室建设，并投入使用。南铁北四区社区、相思湖社区、中华中路社区、明秀南社区等综合示范社区进一步拓展服务内容，拨给党建经费9万元补充社区开展党群服务活动，举办"新年晚会""迎春游园""端午包粽子"等活动50多场次，不断丰富社区党建示范点品牌内涵。

农村党建示范点建设 2018年，西乡塘区推进美丽南方田园综合体党建工作，培育"先锋引领·美丽田园"党建品牌；推行"组织联建进田园、产业富民进田园、先锋队伍进田园、培训体验进田园"的"四进"工作法，发挥党组织、党员在美丽南方田园综合体建设工作中的示范引领作用；通过区域化党建促进区域联盟、城乡联建、人才联享、片区联治，推动美丽南方片区基层党建工作提档升级，服务和助力美丽南方田园综合体项目试点建设。选派区政法委、教育、科技等10个部门的主要领导或副职领导到石埠街道挂职；围绕服务党员群众，创建"美丽南方党员e家"微信公众号，提升片区管理服务功能。依托片区内教学资源设置现场教学点，突出时代属性和地方特色，编创教学主题鲜明的"美丽南方"培训教材，让学员获得更加直观的教学体验。通过联合旅游服务等行业企业，引领带动乡村旅游、餐饮服务、特色养殖、果蔬采摘等生态休闲旅游产业发展。

两新组织党建示范点建设 2018年，西乡塘区在两新组织中开展"一企一对策、一点一特色、一业一品牌"党建示范点创建活动，在巩固提升南宁茂名商会党委、南宁市民营企业家联合会党委、南宁青岛啤酒有限公司党委、广西桂洁农业开发有限公司党支部等示范品牌的基础上，重点打造南宁世通水泥制品有限责任公司党支部、西乡塘区扶壮学校党支部2个市级党建示范点。南宁世通水泥制品有限责任公司党支部围绕"匠心筑梦"党建品牌，创建党员先锋示范岗，组建党员志愿突击队，开展全体党员"学安全、讲安全、保安全"系列活动，组织党员签署《党员身边无事故、无违章公开承诺书》，开展"送温暖""献爱心"志愿服务活动和帮扶脱贫活动；西乡塘区扶壮学校党支部以打造"润德支部"党建品牌为契机，组织开展铸品牌、亮身份、做表率的创建活动，鼓励党员发挥"一名党员一面旗帜作用"，推动学校教育教学质量的整体提高。升级安吉华尔街工谷党群活动服务中心，建设远教广场和宣传长廊。年内，南宁茂名商会党委被评为"自治区两新组织党建示范点"；"小个专"党总支"大手拉小手"促小个专党建"两个覆盖"获全市小微企业个体工商户专业市场党建创新优秀案例。

【脱贫攻坚（乡村振兴）工作队建设】2018年，西乡塘区继续抓好脱贫攻坚（乡村振兴）工作队[2018年6月21日，"美丽广西"乡村建设（扶贫）驻西乡塘区工作队更名西乡塘区脱贫攻坚（乡村振兴）工作队]管理工作。有工作队员155名（工作队长1人、第一书记12人，西乡塘区选派114人、高新区选派28人），确保"每个贫困村都有3名以上县级以上单位选派的工作队员（其中1名为第一书记）驻村工作，每个非贫困村都有2名以上工作队员驻村工作"。工作队推动各级各部门帮扶资金、项目、资源向基层倾斜，形成帮扶合力。截至年底，累计引进项目74个，引进各类资金2000万元,修建村屯道路65千米,改造农田水利设施22个,为群众办实事好事535件,完成202户685人的年度脱贫目标任务。西乡塘区选派的114名脱贫攻坚工作队员中,新提拔干部、后备干部、年轻干部有60人,占总数52.6%;通过举办培训,提高工作队员帮扶能力水平;召开工作队管理调度会、出台《西乡塘区脱贫攻坚(乡村振兴)工作队选派管理办法》、建立第一书记"成长档案"、组织工作队员签订驻村公开承诺书等,切实加强日常管理。年内,多部门联合组成督导组到村督查90次,约谈31人次,黑榜通报22人次。按照每位工作队员不超过2500元的标准,落实工作队员驻村保障,同时,按照每人每年不超过200元保费的标准,组织派出单位为工作队员办理人身意外伤害保险。追加投入83.78万元,2018年5月20日起,工作队员驻村补助标准由原来的每人每天60元提高至100元;追加投入2.32万元,为工作队员中的事业单位人员发放6月至12月的通信补贴。

制作乡村振兴、基层党建、文化建设3个模块的专题课件和现场教学讲解词,推动建成具有美丽南方地域特色、展示乡村振兴新形象的教育培训基地品牌。基地先后被授予广西干部学院现场教学基地、广西经济管理干部学院思想政治教育实践基地、南宁市干部教育培训基地、南宁市农村党员培训中心农业科技专家大院等;2018年被自治区党委组织部推荐为全区党员教育培训示范基地,并被全国农业科技创业创新联盟功能农业分联盟选定为"中国硒谷功能农业高峰论坛"永久举办地。年内,接待现场教学等102场次、5500人次;举办培训班35班次。

2018年10月15日,区委组织部在美丽南方农村党员培训体验基地举办2018年西乡塘区提升农村基层党组织服务能力培训班。图为培训班现场
(区委组织部供图)

【农村党员培训体验基地】 2018年,区委组织部依托美丽南方农村党员培训体验基地,联合市委党校共同推进基地课程提档升级,打造"美丽南方"教育培训基地品牌。结合乡村振兴、田园综合体建设等工作实际,打造以"美丽南方田园综合体建设"为重点的课程体系和现场教学点,

【调研与信息工作】 2018年,区委组织部围绕组织工作的热点难点问题,组织人员到街道社区、两新组织、驻区单位等基层党组织,乐勇村、三景村、忠良村等村级党组织,广西大学、广西财经学院、广西农科院等高校院所,开展调查研究160多次。组织撰写重点课题调研文章3篇,《全域党建视

角下创新城市基层党组织设置的实践与思考》《关于新形势下提升基层党组织组织力的探索与实践——以南宁市西乡塘区为例》《西乡塘区推进区校人才合作的实践与思考》分别获得2018年度全市组织系统调研成果一等奖、二等奖、二等奖，区委组织部获2018年全市组织系统调研优秀组织奖。年内，被各级组工信息刊物采用信息32条，其中自治区组工15条、市委组工17条，总分89分；在人民网、新华网、共产党员网等推送原创网评文章273篇，其中有影响力191篇、重点82篇，获自治区组工优秀5篇；在天涯社区、红豆社区、知乎等网站收集报送舆情128条；在腾讯网、搜狐网、今日头条、微信、微博等各类新媒体专题引导热点新闻跟帖、转发1955条。

【组织部自身建设】 2018年，区委组织部继续以政治文化引领组工文化建设，严肃党内政治生活，打造忠诚干净担当的过硬队伍。结合"固定党日"制度，开展形式多样的主题学习实践活动12次。实施"组工干部专业素养提升工程"，抓好网络全员培训学习、院校培训学习，举办"组工讲坛"4期、信息网宣培训班2期。党支部按照"三会一课"要求，3个党小组每月召开一次党小组会议，支部每月召开一次支委会，每季度召开一次党员大会，上一次党课。选派2名组工干部到下灵村、乐勇村参加脱贫攻坚和乡村振兴工作。年内，接待群众来访来电870多次，直接服务基层群众255人次，开具纸质介绍信271份，网上审批党组织关系转接3330人次；开展谈心谈话和教育提醒工作12次。

（谭 洁 黎 涛）

宣 传

【宣传机构及工作概况】 2018年，中共西乡塘区委宣传部（简称"区委宣传部"）组织开展学习宣传习近平新时代中国特色社会主义思想和党的十九大、十九届二中和三中全会精神，指导基层单位开展理论学习和宣传活动，开展社会、网络、对外宣传等工作。11月，区委宣传部获全区宣传思想文化工作先进集体。

区委宣传部内设精神文明建设委员会办公室、互联网新闻传播研判中心2个部门，有人员编制12名，实有10人。

【理论学习和宣传】 2018年，区委宣传部重点抓好习近平新时代中国特色社会主义思想和党的十九大、十九届二中和三中全会精神学习宣传贯彻工作，把习近平新时代中国特色社会主义思想、党的十九大精神和《习近平谈治国理政》列为西乡塘区培训班必设课程。开展《习近平谈治国理政》阅读分享活动，选派选手参加南宁市《习近平谈治国理政》阅读分享演讲比赛，获一等奖；选送20篇理论征文上报。年内，区委理论学习中心组组织集中学习4次；举办各类理论讲座17场；组织开展学习《习近平谈治国理政》第二卷、《新时代面对面》、党的十九届三中全会精神、"意识形态进基层"、将改革开放进行到底5个主题内容的宣讲活动503场次，受众6.36万人次。成立139个新时代讲习所，实现"全覆盖"，开展系列讲习活动近千场，受众8.82万人次。

【新闻宣传】 2018年，区委宣传部加强与新浪广西、广西电视台、广西日报、南宁电视台、南宁日报等11家媒体的宣传合作，组织记者走基层采写稿件，讲好西乡塘故事。年内，在中央、自治区、南宁市各类媒体刊载播出新闻稿件3250多篇。组织媒体专题报道改革开放40周年、自治区成立60周年走近西乡塘活动，香蕉文化旅游节，壮族"三月三"八桂嘉年华，美丽南方休闲农业嘉年华，中国农民首届丰收节美丽乡村建设，百里秀美邕江等重要内容。对第二届中国（南宁）鲜食玉米大会开幕式、美丽南方富硒功能农业发展论坛、"首府南宁十大最美乡村"暨第四届"发现乡村之美"活动仪式等多个活动进行网络直播。专题宣传脱贫攻坚好做法好经验好典型，在《广西日报》《南宁日报》刊登扶贫专版，并在中央、网络媒体平台进行全方位宣传，其中中央媒体报道4篇，自治区属媒体报道25篇，市属媒体报道60篇。利用西乡塘手机报向辖区领导干部宣传重点工作。截至2018年11月，西乡塘手机报发送稿件1680多篇，制作手机报210期，发送短信30多万条。

【社会宣传】 2018年，区委宣传部继续组织在乡镇、街道、社区、文明村屯、院落、校园、广场等场所广泛设置"中国梦"、社会主义核心价值观、"创建国家文明城市""南宁市市民公约""居民公约""讲文明树新风"等各类公益广告，把社会主义核心价值观的内涵融入人们的生产生活和行为规范中。在26个重点实测社区安装公益广告牌，通过"中国梦"系列主题广告及"讲文明·树新风"特色叶形广告，将友爱路打造成特色"文明友爱主题街"；在社区居委会周边及主次干道增设墙绘、宣传牌、灯杆广告等形式的核心价值观公益广告1200多处；制作500张社会主义核心价值观、新版南宁市民文明公约、创建全国文明城市和关爱未成年人的宣传海报，900张创城知识板报。在坛洛镇、金陵镇、双定镇、石埠街道及各城中村安装"一约四会"（村规民约、红白理事会、道德评议会、村民议事会、禁毒禁赌会）制度牌64组320块，达到全覆盖。

【网络宣传】 2018年，区委宣传部利用"西乡塘发布"两微（微博、微信）等平台开展自媒体对外宣传西乡塘区重点工作。组织开展"网络中国节""首届农民丰收节""网络融媒体西乡塘行"等线上线下活动，传播正能量、讲好西乡塘故事。年内，在新浪微博、南宁发布、今日头条、南宁新闻网等网络媒体对西乡塘区进行宣传报道约780篇（条）。"西乡塘发布"微信公众号发布信息624条，总粉丝量达1.08万人；官方微博发布信息665条，总粉丝量达6326人。召开辖区网评员、网监员培训会2次；检查网站1000多个。举报网上各类违法违规有害信息700多条，处置政治类有害信息，低俗、庸俗、谣言和虚假信息，"标题党"，违规转载、涉黄、涉赌、涉欺诈等问题30多个，构建清朗网络空间。

【意识形态工作】 2018年，西乡塘区把意识形态工作纳入年度领导班子及领导干部目标责任考核，明确追责问责制度，各级领导班子和领导干部抓意识形态工作的自觉性和主动性逐步增强。年内，组织召开西乡塘区意识形态工作联席会议,部署开展意识形态工作督查;组织全面性意识形态督查2次;开展党(工)委书记和部分党组织书记落实意识形态工作责任制述职和民主评议。同时,主动对号入座,抓好中央巡视组反馈广西意识形态领域存在问题和自治区党委反馈南宁市意识形态领域存在问题的整改工作。

(吴　斐)

精神文明建设

【**文明办机构及工作概况**】　2018年,西乡塘区精神文明建设委员会办公室(简称"区文明办")继续组织开展全国文明城市、文明单位(村镇)和文明户、群众性精神文明的创建活动,以及社会主义核心价值观建设,取得新成效。

区文明办有人员编制2名,实有9人。其中,在职在编2人、借调2人、临时聘用5人。

【**全国文明城市创建**】　2018年5月25日,西乡塘区先后2次召开专门会议,部署创建全国文明城市,以及测评迎检等工作。组织督查组到测评点督促检查,促进各项创建工作的落实。加强创城氛围营造,年内,制作创城宣传板报590张,在26个安装一批不锈钢公益广告牌,在主干道设置创城喷绘公益广告30多处。启动文明城市创建市民应知应会知识培训,组织街道、社区开展文明城市实地测评工作培训和自治区文明城市测评工作。同时,把文明城市创建工作与"整洁畅通有序大行动"结合起来,联动督查、联合行动、指标联评,进一步健全完善工作机制,形成有效的常态管理。

【**社会主义核心价值观建设**】　2018年,西乡塘区继续在社区、广场、主次干道等,通过墙绘、宣传海报、板报、宣传牌、灯杆广告等形式,广泛宣传社会主义核心价值观,营造浓厚氛围。同时,开展"我们的价值观·我们的中国梦"主题教育实践活动,利用春节、元宵、壮族"三月三"、清明、端午等传统节日,组织开展群众广泛参与民俗文化活动,让核心价值观贯穿活动全过程。报送6部作品参加2018年"德行天下·微影故事"——南宁市践行社会主义核心价值观主题微电影征集展示活动。

【**公益广告宣传**】　2018年,西乡塘区制作公益广告宣传横幅2000多条,板报、宣传牌及墙体广告1000多处。印制"创卫宣传"等海报2万多份。设置环广西公路自行车世界巡回赛、自治区成立60周年灯杆

2018年5月25日,西乡塘区在区机关办公大楼4楼召开西乡塘区精神文明建设委员会会议　　　(区文明办供图)

广告170杆、680幅,"社会主义核心价值观"公益广告灯杆802杆。制作"自治区成立60周年宣传"广告牌15处;环广西公路自行车世界巡回赛大型喷绘25处、1530平方米。设置电子显示屏60多处、滚动刊播公益广告160多万次。

【文明单位(村镇)及文明户创建】 2018年,西乡塘区组织开展2017年文明村、文明单位创建暨"星级文明户"评选工作。有14个村、8个单位申报区级文明村、文明单位,经区文明委全会审议通过,评选命名金陵镇三联村等11个村为"西乡塘区文明村",南宁市中医医院等8个单位为"西乡塘区文明单位"。经村民自愿申报,推荐166户参评西乡塘区"星级文明户",评选金陵镇广道村张邓坡90号方比能家庭等151户家庭为西乡塘区"星级文明户"。年内,向市文明办报送"我推荐、我评议身边好人"线索2400条,推荐"身边好人"31名。辖区65个行政村实现"一约四会"100%全覆盖。石埠街道忠良村文明创建工作经验选为全区文明村镇现场经验交流会书面典型材料,西乡塘区作为先进典型代表在2018年南宁市文明村镇现场交流会上发言。

【未成年人思想道德建设】 2018年,西乡塘区在未成年人中深化中国梦和社会主义核心价值观教育,开展"扣好人生第一粒扣子"主题教育实践活动。利用春节、元宵、"三月三"、清明等传统节日,开展吟咏赛诗、写春联、猜灯谜、包粽子等文化实践活动;利用清明、"六一""七一"、国庆等时间节点,开展革命传统教育。年内,组织开展"文明单位为未成年人办好事实事""新时代好少年"评选、优秀童谣征集推广、优秀儿童戏曲戏剧进校园、"童心向党"歌咏比赛。乡村(城市)学校少年宫把各项活动与本土文化、学校特色相结合,开展形式多样的未成年人思想道德教育活动。2018年10月18日至20日,金陵镇那龙小学组织参加南宁市2018年市级乡村学校少年宫素质教育技能竞赛活动;2018年10月19日至21日,金陵镇中心小学和双定镇中心小学组织参加2018年全区乡村学校少年宫科技体验日活动。同时,西乡塘区还持续抓好净化社会文化环境集中整治工作。出动执法人员3678人次,检查已登记网吧58家,整改无营业执照55家;检查文具、玩具店573次,查处学校周边无照经营户13家;检查文化经营场所605家次,缴获非法出版物1035份(册),为未成年人创造健康、安全、文明的良好成长环境。

【"我们的节日"系列活动】 2018年,西乡塘区组织开展"我们的节日"系列活动。

2018年6月5日,石埠街道办联合广西电视台在忠良村燕归廊开展包粽子比赛活动　　(石埠街道办供图)

挖掘春节、元宵、壮族"三月三"、清明、端午、七夕、中秋、重阳等传统节日蕴涵的中华传统美德、民族精神和丰富文化内涵，创新传统节日的形式和载体，开展节日民俗文化、家风家训展示、移风易俗、体育竞赛和志愿服务等活动，把节日办成爱国节、文化节、道德节、文明节。春节期间，区文明办组织3个慰问小组，分别对辖区的7个道德模范提名奖人员、3个中国好人、8个困难身边好人和20个困难优秀志愿者进行走访慰问，发放慰问金13600元。

【学雷锋志愿服务活动】 2018年，西乡塘区印发《关于开展2018年"学雷锋·行善立德·志愿服务满绿城"志愿服务月活动的通知》，组织各镇（街道）和各部门（单位）学雷锋志愿服务队开展各种志愿服务活动。3月4日，在明秀广场举办2018年西乡塘区"学习贯彻十九大·志愿服务暖人心"志愿服务统一行动日活动，区教育局、妇联、红十字会、西乡塘消防大队等多家部门（单位）的青年志愿者开展多项便民志愿服务活动。3月25日，在安吉万达广场举办2018年西乡塘区"践行雷锋精神志愿无偿献血"活动，区志愿服务联合会、教育系统、卫生系统、城管局和各街道志愿服务队的60名志愿者参与献血。至年底，西乡塘区志愿者在南宁志愿者网总注册人数18.28万人，注册志愿者人数占全区常住人口（含乡镇常住人口）26.7%。报送的南宁市安琪之家公益培训及志愿服务项目（南宁市西乡塘区安琪之家康复教育活动中心）获2018年广西志愿服务项目大赛金奖。

（班　宁　许　娟）

统一战线

【统战机构及工作概况】 2018年，西乡塘区委统一战线工作部（简称"区委统战部"）围绕中心、服务大局、创新务实，继续做好多党合作、党外代表人士、非公经济、民族宗教、港澳台侨等统战工作。区委统战部有人员编制4名，实有在职在编人员5人，聘用人员4人。

【"同心"品牌建设】 2018年，区委统战部以"同心说""同心行"等活动为抓手，通过"政企面对面""同心故事汇""企业文化沙龙"等形式广泛开展主题教育学习实践活动。通过多形式的活动，让党的十九大精神入眼、入脑、入心，广大统一战线成员深刻领会把握"思想上同心同德、目标上同心同向、行动上同心同行"的精神实质和科学内涵，使践行"同心"思想贯穿于工作的各个领域、各个层级、各个方面，并成为广大统一战线成员的广泛共识和自觉行动。

【多党合作】 2018年，区委统战部指导各民主党派深入开展"坚持和发展中国特色社会主义"主题学习实践活动和"不忘合作初心，继续携手前进"专题教育活动。引导各民主党派基层组织到贫困村开展技能、教育、捐助扶贫活动，进一步巩固扩大统一战线共同团结奋斗思想政治基础。组织召开政党协商座谈会2次，研讨制定年度政党协商、课题调研的具体计划及行动规划。创新民主党派社会帮扶形式,在双定镇探索建立"民主党派同心精准帮扶"实践基地,统筹发挥民主党派在医疗、教育、资金、智力等方面的资源优势参与脱贫攻坚、精准扶贫工作,为民主党派深入一线了解社情民意、履行参政议政职能、提高议政建言提供广阔平台。年内,拨付民主党派课题调研专项经费10万元、专项培训经费20万元,各民主党派完成课题调研10个,为区委、区政府科学民主决策提供有益参考。

【党外代表人士队伍建设】 2018年,西乡塘区把党外代表人士队伍建设工作纳入干部和人才队伍建设总体规划,同步部署,同步实施,实行动态管理。组织党外代表人士参加南宁市委统战部的调训,举办学习贯彻党的十九大精神和习近平总书记统战工作重要思想专题培训班2期、习近平总书记在民营企业座谈会上重要讲话精神专题培训班1期,培训统战干部和统战成员300多人次。11月2日至8日,组织党外代表人士等到厦门大学参加习近平新时代中国特色社会主义思想和新时期统战工作能力提升专题学习研修班。同时,创建西乡塘区新时代统一战线讲习所、"同心之家"微信群、企业文化沙龙等学习宣传阵地,推动理论学习宣传常态化。

【民族宗教工作】 2018年,西乡塘区继续推进民族团结进步示范创建工作,培育宣扬民族团结进步示范创建的先进典型和经验做法。结合庆祝自治区成立60周年,组织开展"和谐壮乡,团结进步"主题宣传月和"民族团结一家亲,同心共筑中国梦"主题巡回演出进社区活动,悬挂壮汉双语标语横幅500多条,制作板报60多张,举办文艺晚会20多场,发放宣传资料2万多份。年内,区委统战部与各镇、街道办事处签订责任状,量化责任指标,推动工作层层分解落实。组织对大学周边非法传教活动进行严厉打击,取缔制止非法传教点8处,并对涉事人员依法进行处理。召开宗教工作联席会议4次和高校宗教工作研判会2次,及时分析研判宗教工作形势,查找存在问题隐患,安排部署工作。4月,西乡塘区、南宁师范学校附属小学、中华中路社区、北湖街道万秀村被授予"全区民族团结进步创建活动示范单位"称号。

【经济领域统战工作】 2018年,区委统战部做好新形势下非公有制经济人士思想政治工作,组织重点非公企业负责人、基层商会党组织、会员代表到山东省开展理想信念教育实践活动。组成调研组到各相关企业、商会,面对面了解心声和建议,研究改进服务非公经济的措施办法。以创新驱动产业升级年活动为引领,引导非公企业推进产业、产品、管理、品牌、组织创新,加快创新成果转化,推动实现从要素驱动向创新驱动转变。发挥广西大学、广西农科院、广西社会主义学院等大中专院校、科研院所集聚西乡塘区的科研、人才优势,通过统战平台为企业创新驱动提供全方位服务。举办企业创新驱动论坛、企业文化沙龙活动6场次,校企交流活动2场次,参与企业家290多人次。截至10月,区非公规模以上工业总产值完成30.88亿元,增长28.14%;非公固定资产投资同比增长26.15%;非公限额以上社会消费品零售总额完成62.9亿元，增长11.6%。扎实推进"非公e家亲"服务平台建设，开展"五个一"（组织一批非公企业在服务平台上注册认证、解决一批非公企业在服务平台上反映的问题和困难、宣传一批非公企业典型、宣传一批青年企业家创新创业案例、宣传一批商会）主题服务实践活动。区非公领导小组成员单位均落实"非公e家亲"服务平台的注册认证，为企业提供全天候帮难解困服务；服务平台注册认证非公企业5600多家，位居全市前列；企业通过平台反映意见诉求51条，全部受理答复，满意率90%；向市推荐非公企业健康发展典型6个，青年企业家创新创业案例6个，商会健康发展典型2个。组织开展"政企面对面"服务活动9场次，走访非公企业50多家，消解各种矛盾困难问题30多个。开展"同心说""同心行""商会论坛"、企业文化沙龙等系列服务活动，组织民营企业家适时开展政企、商企交流，举办"论坛""沙龙"6场次。3月，举办美丽南方蚕桑文化节暨蚕桑产业发展论坛，100多家科研院所、企业与会，游客35000多人次进入万年红、宝棋园等桑果园游玩。6月，在广西工业器材城探索建设非公经济"两个健康"服务示范基地，集中职能部门、商业渠道、社会团体、学校院所等多方面的优质资源，助力提高基地入驻企业的发展水平。搭建"两个健康"教育实践平台，引导广大非公人士发挥自身优势，承担社会责任、助力脱贫攻坚、投身公益事业。举办西乡塘区社会帮扶十大新闻人物评选，非公经济人士"助孤圆梦""助力危旧房改造最后一平米"、产业扶贫同心示范基地建设、助力宜居乡村建设等主题实践活动，捐款捐物50多万元。创新社会扶贫模式，与中国扶贫杂志社《圆梦之路》栏目组合作开展媒体扶贫行动，帮扶117户贫困家庭及56名贫困学生，帮扶物资累计价值100多万元。

【新的社会阶层人士工作】 2018年，区委统战部把新的社会阶层人士统战工作列为工作重点和创新点，纳入两新党组织党建工作重点内容，并将新的社会阶层人士作为专题培训对象。在辖区新的社会阶层人士中开展"走访问需、走访问计、走访问能"大走访、大调研活动，为谋划统战工作新举措打下坚实基础。安吉华尔街工谷新的社会阶层人士联络服务站依托园区党组织，开展"士说新语"读书会、工谷好声音比赛、"谷人云"沙龙等符合青年特点和需求的特色活动，还协助举办"我要当老板"创业大赛。年内，在老木棉匠园、广西育限极康体设备有限公司、北湖街道唐山路社区设立新的社会阶层人士联络服务站，扩大统战工作覆盖面。

【港澳台侨工作】 2018年，区委统战部继续做好港澳台及海外友好社团的往来交流服务工作，培育壮大爱国爱港爱澳爱乡力量。年内，开展西乡塘区基本侨情调查工作，为港澳台侨群众排忧解难；筹措资金8万多元，对152名困难归侨侨眷和20名困难台胞台属进行春节慰问。做好涉台信访工作，调处消解涉台投诉问题1起，为台商、台企、台胞安心西乡塘区创业、工作、生活，促进邕台经贸融合发展营造良好环境。

【统战调研与信息工作】 2018年，区委统战部重视加强统战理论调研、统战理论研究和工作实践创新以及统战信息宣传工作，积极组织开展征文、征稿活动，全年征集推荐上报统战理论调研和统战理论研究创新文章38篇、统战工作实践创新文章5篇、统战信息稿件70余篇，区统战信息工作荣获全区统战信息工作优秀奖，总分列全市县（区）统战部第一名。

（翟 剑 秦红珍）

直属机关党建

【直属机关工委机构及工作概况】 2018年，中共西乡塘区直属机关工作委员会（简称"区直机关工委"）切实做好机关学习型、服务型党组织建设，思想政治工作，开展党组织建设年活动，进一步加强机关党风廉政建设，以及区直机关工委的自身建设。年内，区机关工委组织指导机关基层党组织做好换届、新建、调整等工作，撤销6个党（总）支部，新设置机关党委1个、党委1个、党支部3个。

区直机关工委辖区委、人大、政府、政协四家班子，法院、检察院、城管局、教育局、工信局、工商联机关及直属事业单位党组织317个，其中机关党委4个、党总支15个、党支部270个；有党员4896人（在职3946人、离退休950人）。有人员编制4名，实有4人。

【学习型党组织建设】 2018年，区直机关工委把建设学习型党组织纳入年度党建工作目标管理责任制考评内容，组织各机关党组织继续学习中央《关于推进学习型党组织建设的意见》《国务院关于进一步促进广西经济社会发展的若干意见》。年内，组织召开各党支部"两学一做"（学党章党规、学系列讲话，做合格党员）学习教育专题组织生活会317次，参会4800人；各机关党委组织党员集中上专题党课2000多人次，基本做到全体党员党课全覆盖。与管理工会联合开展以会代训、业务讲座、经验交流等学习培训活动，提高干部的政治素质和业务能力。3月，组织机关50名党务工作者参加全国党员管理信息系统接转党员组织关系业务培训班。4月，召开机关党建工作暨台账规范化建设交流会80人。5月，组织机关党员观看爱国纪录影片《厉害了，我的国》。6月、9月，组织区领导干部60多人次参加广西领导干部"时代前沿知识"系列讲座。6月，组织人员参加组织部和党校举办的发展对象入党培训，培训机关入党发展对象50多人。9月，举办机关党支部书记和新发展党员学习贯彻习近平新时代中国特色社会主义思想和党的十九大精神暨党性教育专题培训班，300多

2018年4月16日，区直属机关党工委在区教育局1楼会议室召开2018年机关党建工作暨台账规范化建设交流会，由党工委副书记曾员贤（右二）主持，图为会议现场　（区直属机关党工委供图）

名机关党务干部参加。12月，组织50多名党务工作者参加发展对象业务知识培训班，提高发展党员工作的质量和规范化、科学化水平。

【服务型党组织建设】 2018年，区直机关工委抓好机关联系基层、干部联系群众"双联系"及扶贫攻坚工作，进一步转变作风，密切党群干群关系。年内，组织机关基层党组织开展元旦、春节、"七一"走访慰问生活困难党员和老党员活动，看望慰问生活困难党员102名，送慰问金（品）7.42万元。调整机关57个单位及党组织与金陵镇13个村、双定镇6个村、坛洛镇18个村、石埠办11个村的基层党组织结对共建活动责任网格，提高助力党建、脱贫攻坚、乡村振兴工作效率。安排每位党员干部开展集中进村走访慰问活动不少于2次，每位党员与1户困难家庭结成对子、一对一帮扶，切实做到"四个一"（党员每半年上门看望农户至少1次、给联系农户开展"送温暖"慰问活动至少1次、为联系农户至少解决1个生活生产中的困难问题；撰写1篇"民情日记"）。通过实施"支部建设升级"行动，基层党组织抓党建的意识、"三会一课"（党员大会、支委会、党小组会、上党课）和"党员固定日"活动等基本组织制度的执行得到不断规范和加强。每季度至少开展1次党建"两随机"（随机督导、随机调研）督查工作，发现问题63个，约谈落实党建主体责任不力的支部书记7名，定期进行"红榜""黑榜"通报，撤销6个党支部，整顿软弱涣散基层党组织，解决机关党建"灯下黑"问题。

【机关党风廉政建设】 2018年，区直机关工委组织所属支部开展"两学一做"学习教育，切实增强落实党风廉政建设主体责任的政治自觉，抓好党的政治纪律、组织纪律和廉政纪律教育，自觉履行"一岗双责"（一个领导干部对所在的岗位应当承担业务工作和党风廉政建设的双重责任）。严格贯彻落实自治区党委、南宁市委关于中央八项规定和"四风"专项工作的工作部署，将整治"四风"（形式主义、官僚主义、享乐主义和奢靡之风）问题作为全面加强纪律和作风建设的重要抓手，查摆"四风"突出问题和关系群众切身利益的问题，并对存在问题的思想根源认真剖析、积极整改。多次组织学习新修订的《中国共产党纪律处分条例》，观看警示教育片，学习郑德荣、廖俊波、黄大年同志先进事迹，探索党员分类管理有效办法，民主评议党员，稳妥慎重开展不合格党员处置工作，进一步增强机关党风廉政建设工作。

【党员发展】 2018年，区直机关工委按照"成熟一个，发展一个"的原则，严格规范程序，发展新党员68名，其中女性党员31名，少数民族党员19名，年龄在35岁以下党员48名，文化程度在大专及以上学历党员54名，非公企业党员9名，社会组织党员8名，高知识群体党员1名。对77名预备期满预备党员按时办理转正手续。

【群团工作】 2018年，区直机关工委继续建立完善相关制度规定，进一步加强机关群团组织建设工作。春节期间，机关工会对机关困难职工和工会会员开展"送温暖"活动，慰问职工1300多人，发放慰问金52万元。8月,为机关工会会员每人发放生日蛋糕卡1张。年内,加强党建带团建工作,团组织建设成效明显。6月,区直属机关团工委新一届领导班子产生;9月,组织开展"关注留守儿童 情暖中秋佳节"活动;10月,举办"携手游田园 踏乡寻良友"美丽南方青年联谊交友活动;12月,组织青年团干部到昆仑关开展"缅怀革命先烈 牢记青春使命"爱国主义教育活动。

(韦秀斌)

机构编制

【编办机构及工作概况】 2018年,西乡塘区机构编制委员会办公室(简称"区编办")完成机关各有关部门编制调整、深化乡镇"四所合一"(国土资源、村镇规划建设、环境卫生和环境保护、安全生产监管等机构和职能整合为一个机构)改革、持续深化"放管服"(简政放权、放管结合、优化服务)改革、推进中文域名工作常态化建设,以及部分事业单位成立、机构编制调整、事业单位法人年度报告公示等工作。

区编办有人员编制4名,实有在编人员4人。下设事业单位登记管理局,核定编制22名(含1名后勤控制数),实有在编人员8人(其中后勤控制数人员1人)。

【党政机构增设编制调整】

成立南宁市西乡塘区监察委员会 2018年1月17日,区机构编制委员会决定成立南宁市西乡塘区监察委员会,明确机构名称、内设机构和人员编制。

调整区部分机关和街道办事处编制 2018年3月16日,区机构编制委员会决定对区财政局、区住房和城乡建设局、区商务和旅游发展局、区法制办公室、区审计局、区工商行政管理和质量技术监督局、区总工会、区妇女联合会、北湖街道办事处、石埠街道办事处、华强街道办事处、新阳街道办事处、衡阳街道办事处、西乡塘街道办事处14个机关单位的编制进行调整。

调整区机关编制 2018年6月8日,区机构编制委员会决定调整区工商行政管理和质量技术监督局、中共南宁市西乡塘区纪律检查委员会(南宁市西乡塘区监察委员会)机关编制。

区委巡察工作办公室列入党委工作机构序列 2018年6月8日,经区机构编制委员会研究并报市委同意,中共南宁市西乡塘区委员会巡察工作领导小组办公室更名为中共南宁市西乡塘区委员会巡察工作办公室,列入区委工作机构序列,机构规格为正科级,设在中共南宁市西乡塘区纪律检查委员会。

区委巡察机构有关机构编制事项批复 2018年6月8日,经2018年5月14日西乡塘区机构编制委员会和5月23日三届六十九次区委常委会审议同意,对中共南宁市西乡塘区委员会巡察机构的主要职责、人员编制和领导职数进行批复。

【事业单位机构设置编制调整】

调整部分中小学教职工编制 2018年1月17日,区机构编制委员会决定对坛洛镇中心小学、金陵镇中心小学、金陵镇金腾小学、金陵镇那龙小学、双定镇中心小学5所学校的教师聘用控制数进行调整。

增加衡阳西路第三幼儿园事业编制 2018年2月6日,区机构编制委员会决定增加南宁市西乡塘区衡阳西路第三幼儿园事业编制。

调整部分参照公务员法管理事业单位编制 2018年3月16日，区机构编制委员会决定对区党员干部现代远程教育管理办公室、区事业单位登记管理局、区国库集中支付中心、区财政稽查队、区卫生计生监督所、区食品药品稽查大队、区社会经济调查队、区村镇建设管理站、区农村能源办公室9个事业单位的编制进行调整。

增加区政府集中采购中心事业编制 2018年3月16日，区机构编制委员会决定增加南宁市西乡塘区政府集中采购中心事业编制。

增加区互联网新闻传播研判中心事业编制 2018年3月16日，区机构编制委员会决定增加南宁市西乡塘区互联网新闻传播研判中心事业编制。

印发国土规建环保安监站（综合行政执法队）机构编制方案 2018年3月28日，区机构编制委员会印发南宁市西乡塘区金陵镇国土规建环保安监站（南宁市西乡塘区金陵镇综合行政执法队）、南宁市西乡塘区双定镇国土规建环保安监站（南宁市西乡塘区双定镇综合行政执法队）、南宁市西乡塘区坛洛镇国土规建环保安监站（南宁市西乡塘区坛洛镇综合行政执法队）、南宁市西乡塘区石埠街道办事处国土规建环保安监站（南宁市西乡塘区石埠街道办事处综合行政执法队）机构编制方案。

调整衡阳路小学五象校区编制 2018年5月28日，区机构编制委员会决定在南宁市衡阳路小学现有核定编制内进行调整，增加五象校区事业编制和教师聘用控制数。

调整区城市管理综合行政执法队编制 2018年7月17日，区机构编制委员会决定调整南宁市西乡塘区城市管理综合行政执法队的机构编制、增加业务范围。调整后，区城市管理综合行政执法队（区城市管理指挥中心）的隶属关系、机构规格、经费形式、拨款渠道等维持不变。

成立鑫利华幼儿园等5所幼儿园 2018年8月1日，区机构编制委员会决定成立南宁市西乡塘区鑫利华幼儿园、金光幼儿园、南宁市可利大道第一幼儿园、金陵镇中心幼儿园、坛洛镇中心幼儿园。明确5个幼儿园的隶属关系、经费形式、核定编制、业务范围和事业单位分类。

调整衡阳西路第三幼儿园等3所幼儿园编制 2018年8月1日，区机构编制委员会决定调整南宁市西乡塘区衡阳西路第三幼儿园、那龙中心幼儿园、富庶中心幼儿园事业编制及外聘人员控制数。调整后，衡阳西路第三幼儿园、那龙中心幼儿园及富庶中心幼儿园的隶属关系、机构规格、经费形式、拨款渠道、事业单位分类等维持不变。

广西壮族自治区南宁市德芳公证处更名 2018年9月6日，区机构编制委员会决定将广西壮族自治区南宁市德芳公证处更名为广西壮族自治区南宁市西乡塘公证处。更名后，其隶属关系、机构规格、核定编制、经费形式、拨款渠道等维持不变。

区委党校加挂区委党史研究室牌子 2018年10月31日，区机构编制委员会决定在中国共产党南宁市西乡塘区委员会党校加挂中国共产党南宁市西乡塘区委员会党史研究室的牌子、明确业务范围。加挂牌子后，中国共产党南宁市西乡塘区委员会党校（中国共产党南宁市西乡塘区委员会党史研究室）的机构性质、机构规格、经费形式、人员编制等维持不变。

调整部分事业单位编制　2018年12月18日，区机构编制委员决定对区委党校、区委、区政府接待办、区村镇建设管理站、区燃气管理站、区疾病预防控制中心，流江电灌管理站、那龙电灌管理站、丰联电灌管理站、金陵电灌管理站9个事业单位的编制进行调整。

【乡镇（街道）"四所合一"改革】　2018年，西乡塘区继续深化乡镇（街道）"四所合一"改革。3月28日印发各镇、街道办事处国土规建环保安监站（综合行政执法队，简称"国安站"）机构编制方案；3月30日，公布各镇和石埠街道办事处"四所合一"权责清单和服务清单。年内，各镇（街道）国安站清退被借调人员5名，通过公开招聘补充工作人员2名；组织开展跟班学习、全员轮训及全脱产培训等，在岗人员行政执法证持证率86%。建立健全委托事项监管办法及联席会议制度、考核评价机制、责任追究制度、工作激励机制和内部工作制度等。保障国安站在岗人员应享待遇，落实基本设备配置经费62.1万元。印发《西乡塘区关于推进深化"四所合一"改革村级行政审批便民服务试点工作实施方案》，在试点镇（金陵镇）16个村（社区）探索建立"四所合一"行政审批便民服务"下沉到村"服务模式，并计划全面推广实施，将乡镇行政审批服务"最后一千米"变成"最美一千米"。

【"放管服"改革】　2018年，西乡塘区持续深化"放管服"改革，着力营造稳定公平透明的营商环境。年内，依据上级各批次行政审批调整文件，取消、承接上级下放和调整的行政许可事项共95项（取消15项、承接上级委托下放3项、调整110项、依据法律法规设定8项）。区本级行政许可事项由202项调整为201项（含承接上级委托下放事项6项）。其中，取消10项、新增14项、调整110项。6月6日，印发《西乡塘区人民政府关于印发南宁市西乡塘区保留为行政审批必要条件的中介服务事项目录的通知》，公布区本级保留为行政审批必要条件的中介服务事项32项。

【中文域名工作常态化建设】　2018年，根据部署要求，西乡塘区继续推进中文域名工作常态化建设。年内，按期完成辖区292个单位域名的续费工作。有58个党政机关开办网站，挂标率100%。同时，进一步规范政务信息的发布渠道，有效提升政府机关部门及事业单位网上信息平台的公信力。

【事业单位法人2017年度报告公示】　2018年，依据有关规定，西乡塘区开展并完成2017年事业单位年度报告公示工作。截至3月31日，全区有事业单位283个，除18个不符合年度报告公示条件单位外，其余265个事业单位全部完成年度报告公示工作，公示率100%。

（王欣艳）

老干部工作

【老干部机构及工作概况】　2018年，西乡塘区老干部工作分离休干部和退休干部两类管理。至年底，有离休干部72人，其中机关、事业单位9人，市属企业63人。退休干部535人，其中行政机关476人，事业单位59人。

离休干部工作由区离休干部管理服务中心（简称"区离休中心"）负责，有人员编制22名，实有人数15人。建有党支部1个，下设党小组5个，有中共党员50人，其中在职3人，离休47人。退休干部管理工作由区退休人员管理服务所（简称"区退管所"）负责，有人员编制7名，实有人数8人。建有党总支1个，党支部16个，有中共党员420人。

【离休干部管理】 2018年，区离休中心以落实干部政治生活待遇为重点，通过开展双高（高龄期、高发病期）特护、健康访谈、红色典藏、银发人才四大行动，不断创新管理服务理念和工作方法，打造亮点，扎实做好老干部管理服务工作。

双高特护行动 2018年，区离休中心根据离休干部双高实际情况，有针对性地做好相关的工作。与社区卫生服务中心协作，通过发放宣传资料、制作板报等形式进行疾病，尤其是老年人易患的常见病、慢性病预防宣传。为每个离休干部建立个人身体情况档案；组织离休干部进行每年一次的体检60人次；联络员定期看望长期卧床的离休干部，遇到病发情况时，及时联系医院，并配合家属将病患送往医院进行诊治。

健康访谈行动 2018年，区离休中心围绕关爱健康主题，以"健康第一、幸福至上、快乐生活"为宗旨，组织开展"健康大家谈"专题活动3次，离休干部180人次参加座谈、交流和发言。同时，动员组织离休干部联系自己健身和养生的实践，用征文的形式交流传授养生知识、借鉴学习健身方法。

红色典藏行动 2018年，区离休中心以庆祝建党97周年、红军长征胜利82周年为契机，对亲历过抗日战争和解放战争的28名离休干部进行"红色故事"系列访谈，以座谈和撰写自传的形式广泛宣传其红色故事。开展"铭记历史，情暖老干部"关爱活动，分批对72名离休干部逐一走访慰问，聆听红色故事，传承红色经典。在自治区成立60周年之际，组织38名离休干部到昆仑关战役博物馆，在党旗前重温入党誓词、参观展馆、缅怀先烈，开展一次主题鲜明的党日活动。

银发人才行动 2018年，区离休中心组织离休干部开展"老书记上百堂党课"活动3场，受众150人次。同时，组织离休干部60多人次参加手机微信培训，以期利用微博、微信等，加强老干部工作信息宣传力度，提高老干部工作的关注度、影响力、辐射力。

（魏 涓）

【退休干部管理】 2018年，区退管所坚持"三会一课"制度，组织退休党员、干部参加政治理论学习17期（次），参学率98%。订阅《老年知音》《广西老年报》《当代广西》《党课》《党支部书记》等学习资料8000多份。组织机关退休干部添加关注"离退休干部工作"微信公众号，为8名符合条件的退休干部办理优待证和乘车证。3月，组织机关退休妇女干部到南宁市狮山公园开展以"为党和人民的事业增添正能量"为主题的庆"三八"参观学习活动。

2018年6月28日，退休所党支部组织本所在职党员、入党积极分子前往广西龙州红八军革命根据地和凭祥友谊关开展"不忘初心 牢记使命"主题学习教育活动　　（区退休所供图）

2018年7月5日，退休所党总支组织机关退休老党员到美丽南方·老木棉匠园开展庆"七一"参观学习教育活动

（区退休所供图）

4月，组织各支部的支部书记、委员等到广西交通运输学校参加支部联建工作会议；以"不忘初心 牢记使命"为主题，组织支部书记到广西南宁技师学院等学校开展"老书记上百堂党课"活动。7月，组织机关退休老党员到美丽南方·老木棉匠园开展庆"七一"参观学习教育系列活动。11月，组织机关退休干部约380人到南宁市乡村大世界开展"展示阳光心态·绽放金秋风彩"

主题实践活动。同时，在日常组织退休干部开展经常性的门球、乒乓球、麻将等友谊赛，并组织退休干部代表西乡塘区参加南宁市乒乓球、门球比赛和"夕阳如歌2018"南宁市离退休干部文艺晚会。年内，区四大班子领导看望慰问退休干部40多人次，发放慰问金和慰问品；区退管所走访退休困难党员、干部50多人次，慰问550多人次，发放慰问金11万多元；走访慰问患病退休干部、遗属30多人次，发放慰问金和慰问品；慰问去世的退休干部亲属9次，并协助办理后事。

（卢志立）

党校教育

【党校机构及工作概况】
2018年，西乡塘区委党校（简称"区委党校"）主要负责区直机关，镇、街道党（工）委，村、社区级"两委"党员干部及直属各事业单位、"两新"组织党员负责人的培训。年内，继续做好农村党员、干部的培训工作。

区委党校有人员编制8名，实有4人。

【农村党员大培训】　2018年，区委组织部制定印发《西乡塘区2018年农村党员大培训实施方案》。6月，区委组织部、区委党校在百色市委党校举办西乡塘区村党支部书记学习贯彻习近平新时代中国特色社会主义思想和党的十九大精神暨党性教育专题培训班，内容包括党的十九大精神解读、习近平新时代特色社会主义思想、"不忘初心 牢记使命"革命传统主题教育、乡村振兴战略解读、党群关系新变化与群众性事件的防控等，71人参训。8月，区委组织部、区委党校、区商旅局在石埠街道忠良屯"美丽南方"举办西乡塘区美丽南方讲解员培训班，内容包括讲解的基本知识、礼仪规范、讲解要点等，71人参训。10月，区委组织部、区委党校在石埠街道忠良屯"美丽南方"举办2018年西乡塘区强化农村基层党组织建设培训班，内容包括如何当好一名村党支部书记，"握指成拳"成合力、细微服务聚民心——金陵镇整顿提升软弱涣散村的实践与思考等，57人参训。

【干部培训】 2018年，区委组织部制定印发《2018年西乡塘区干部教育培训工作要点》。年内，举办各类培训11期，培训2381人次。2月，区委组织部、区委党校在区机关办公大楼7楼礼堂举办2018年第一期"西乡塘大讲坛"暨乡村振兴专题培训班，内容为解读2018年《中共中央国务院关于实施乡村振兴战略的意见》，257人参加。3月，区委组织部、区委党校在广西师范大学育才校区举办2018年西乡塘区科级女干部综合能力提升班，培训内容包括党的十九大精神、习近平新时代特色社会主义思想、《习近平谈治国理政》、理想信念和党性教育、当前广西的形势和党的目标与任务、保密知识、女性干部领导艺术与执行力、女性心理健康与压力应对调适等，49人参加。4月，区委组织部、区委党校在区机关办公大楼7楼礼堂举办2018年第二期"西乡塘大讲坛"暨学习党的十九大精神培训班，内容为党的十九大后中国经济体制改革的方向，265人参加。5月，区委组织部、区委党校在浙江大学举办2018年西乡塘区乡村振兴专题培训班，内容包括党的十九大精神解读、习近平新时代特色社会主义思想、田园综合体与美丽乡村综合体打造、浙江特色小镇建设案例分析、新三农模式推动美丽经济发展—笕川模式介绍、田园综合体的无锡阳山模式介绍、田园综合体的整体运行管理机制、乡村振兴战略解读等，50人参加。6月，区委组织部、区委党校在区机关办公楼7楼礼堂举办2018年西乡塘区党员发展对象培训班，内容包括习近平新时代特色社会主义思想和党的十九大精神、党史党章、党规党纪、廉政教育、唤醒党的意识和党员的意识、《习近平谈治国理政》第二卷、《关于党内政治生活的若干准则》等，184人参加。8月，区委组织部、区委党校、团区委在石埠街道美丽南方紫薇庄园举办2018年西乡塘区基层团干部"青春引擎"全员培训班，内容包括习近平总书记"7·2"重要讲话精神导学报告、团的十八大精神、大力推进共青团改革等，148人参训。10月，区委组织部、区委党校在龙岩学院干部培训中心举办2018年西乡塘区"不忘初心 牢记使命"党性教育暨年轻干部培训班，内容包括党的光荣历史、古田红色精神、党的群众路线教育、习近平总书记治国理政思想探源等，61人参加；在焦裕禄干部学院举办2018年西乡塘区党性修养与理想信念教育专题培训班，内容包括了解兰考历史与焦裕禄事迹、感受焦裕禄的坚强党性和公仆情怀、学习焦裕禄迎难而上与敢于担当的品格等，53人参加。11月，区委组织部、区委党校在区机关办公楼7楼礼堂举办2018年西乡塘区第二期党员发展对象培训班，内容包括习近平新时代特色社会主义思想和党的十九大精神、中国共产党的光辉历程、《中国共产党纪律处分条例》解读、党章、党规党纪、廉政教育等，77人参加；举办2018年第三期"西乡塘大讲坛"暨"优化营商环境，推动西乡塘提高质量发展"培训班，内容为优化营商环境、推动西乡塘高质量发展，293人参加。12月，区委组织部、区委党校、区人社局在石埠街道忠良屯"美丽南方"紫薇庄园举办2018年西乡塘区基层干部能力素质提升培训班，内容包括习近平总书记的治国理政思想、做新时代有担当有作为的好干部、《中国共产党纪律处分条例》解读、党政机关公文写作的方法与技巧、留住最美乡愁振兴乡村文化——美丽南方的文化传承与创新等，146人参加。

（黄昌青）

信　访

【信访机构及工作概况】　2018年，西乡塘区信访局（简称"区信访局"）着力畅通信访渠道，规范信访秩序，办理群众来访、来信、来电案件5229件5749人次，接待群众来访312批832人次，办理群众来信184件次、网上信访184件次，受理区长热线来电2130件（其中立案办理252件）、承办市长热线转办案件2419件，处理群众进京到非接待场所上访2人次、在南宁到非接待场所上访0人次。

区信访局有行政编制2名，实有人员9人。区信访联席办和区长热线办设在信访局。

【领导干部阅批群众来信】　2018年，区信访局执行领导阅批来信制度，将来信群众基本情况、来信诉求内容、领导阅批意见、办理反馈意见等事项逐一登记备案，领导阅批群众来信规范化、程序化、常态化。年内，受理上级交办及本级群众来信184件，全部经区委、区政府主要领导或分管领导阅批，阅批率100%。同时，继续做好领导阅批信访件的督办催办工作，确保群众来信事项及时得到妥善解决。

【信访突出问题清理化解】　2018年，自治区、南宁市信访局交办西乡塘区清理化解信访积案1件，区信访局协调组织各相关职能部门，落实相关措施，及时将信访积案清理化解。利用信访救助金5万元，有效解决王某某、李某某、陆某某等疑难信访问题，实现"群众诉求合理地解决问题到位，生活困难的帮扶救助到位"的工作目标。

【区长公开电话】　2018年，区信访局受理区长公开电话来电2130件。其中，即时解释答复1878件，立案交办252件，案件办结率100%，群众满意率90%以上。同时，注重梳理、分析研判群众来电信息，通过向区委、区政府办公室及区各职能部门编印报送《工作简报》《热点难点专报》等方式及时反映社情民意，为科学决策提供重要的依据。

政治

2018年3月22日，区委常委、纪委书记曹阳文（左二）及信访局局长赵晓程（左三）在第一季度"公开大接访"活动中接待来访群众
（区信访局供图）

【公开大接访活动】 2018年，西乡塘区组织开展"公开大接访"活动4次。区党政领导、各部门领导干部242人次参加接访，接待来访群众83批162人次，受理信访问题32件，当场解决（答复）39件，其他处理12件。

【网上信访信息系统案件办理】 2018年，区信访局执行有关规章制度，确保网上信访案件100%按要求办结。同时，进一步加强网上信访宣传力度，引导群众上网表达诉求，"让数据多跑路，让群众少跑腿"逐步成为现实。年内，区信访局网上信访信息系统平台办理群众来信来访事项509件738人次，其中来信案件140件、网上信访184件、来访案件185件414人次，案件办结率100%。

（赵晓程　卢丽兰）

关心下一代工作

【关工委机构及工作概况】 2018年，西乡塘区关心下一代工作委员会（简称"区关工委"）继续配合有关部门加强青少年思想道德教育、法制教育，开展家庭教育指导，关爱留守儿童和进城务工农民工子女，组织开展网吧义务监督、青少年普法教育。

区关工委有驻会工作人员3人。其中，"五老"（老干部、老战士、老专家、老模范、老教师）人员2人，借调人员1人。办公地址在北大路西二里3号西乡塘区机关宿舍综合楼2楼。辖各级关工委276个。其中，部门关工委2个、镇关工委3个、街道关工委8个、社区关工委64个、村关工委64个及直属中小学、幼儿园关工委135个。各级关工委成员1543人，其中，离退休干部461人（162人担任各级关工委的常务副主任）、各级关工委"五老"网吧义务监督员155人、"五老"关爱团成员576人。

【青少年思想道德建设】 2018年，区关工委组织西乡塘区各级关工委开展适合青少年特点、形式多样、主题鲜明、意义深刻的思想道德教育活动。春节期间，各级关工委组织"五老"和青少年参与社区及乡村的春节联欢晚会、写春联、展花灯、

2018年7月4日，信访局局长赵晓程（左一）将信访救助金发放到信访困难人员陆崇光（左二）手中
（区信访局供图）

美食文化等活动。"三月三"期间，各级关工委引导广大青少年认知民族传统、尊重传统、继承传统、弘扬传统。大力引导青少年学习历史和传统文化，树立爱祖国、爱人民、爱我中华民族的人生信念，开展主题鲜明、内容丰富、形式多样的弘扬中华民族传统文化和爱国主义教育活动。"五一"国际劳动节期间，开展以"爱学习、爱劳动、爱祖国"为主题的教育实践活动，向青少年宣传学习劳模精神、工匠精神，引导其崇尚劳动、尊重劳动。庆祝改革开放40周年和自治区成立60周年期间，组织"五老"在青少年中开展"谈祖国新成就，话壮乡新发展""争当新时代好少年"等爱国主义教育和民族团结教育活动。"五老"结合自己的工作生活经历和所见所闻，畅谈自治区成立60周年和改革开放以来的巨大变化，展望更加灿烂美好的明天，激发青少年热爱家乡、热爱广西、热爱祖国的炽热情怀。

【青少年普法教育活动】 2018年，区各级关工委组织开展对青少年的法制教育，建立和完善学校、家庭、社会三结合的法制宣传教育网络，发动"五老"人员参与普法宣传和青少年法制宣传教育活动。年内，区关工委、区法院有关人员，到广西少年犯管理所看望辖区接受改造的7名少年犯，与其座谈，鼓励其认真学习，接受教育，加强改造，争取早日回归社会。金陵镇关工委配合学校开展义务教育法和控辍保学宣传教育活动，上半年走访辍学学生5人，入户20多次，到广东动员1名辍学学生返校上课。华强街道关工委、安吉街道关工委配合相关部门宣传贯彻义务教育法，保障适龄少年儿童义务教育的权利，劝返，帮助失学辍学学生重返校园。发挥"五老"网吧监督队伍的作用，针对一些网吧违规经营、接纳未成年人进吧上网等问题进行监督，配合有关部门查处网吧问题20多起，查处关闭网吧2家。

【"五老"关爱帮扶工程实施】 2018年，按照部署，区各级关工委开展"十百千万"行动，实施"五老"关爱帮扶工程，为青少年做好事，办实事，解难事。华强街道关工委在春节前走访慰问16户困难青少年家庭，发放慰问金和慰问品。北湖街道关工委组织"五老"在各社区开展"四点半"课堂、寻租爱心爷爷奶奶和爱心姥姥姥爷、邻里协调团等活动。举办"四点半"课堂576个课时，受益儿童2000多人次；参与扶贫助学活动7场次，捐助钱物折合人民币12000元；调解邻里少年纠纷3次，使有困难问题的青少年及时得到关爱、心理上得到疏导、人格上得到尊重、权益上得到保障。石埠街道关工委落实结对帮扶关爱留守儿童5人，投入经费1000多元。

【家庭教育指导】 2018年，区关工委发挥"学校、家庭、社会三结合"教育网络的作用，加强家庭教育指导，营造青少年健康成长的良好环境。9月，分别在南宁市中尧路小学和南宁市文华学校举行"我与专家面对面"家庭教育公益讲座，学生家长、教师1200人参加。讲述"什么是价值观、价值观的重要作用及如何培养孩子们的价值观"等内容，使受众认识到家庭教育的重要性，懂得家庭教育的理念与方法。11月，组织60多名"五老"骨干和家长参加南宁市关工委和市老干局主办的"家庭教育大讲堂",听取关于开展建设性家教的辅导报告。区教育局关工委策划心理健康教育培训活动,改善学生接受心理健康教育多元化发展。配合西乡塘区心理辅导站与广西民族大学教育科学学院同心同行社会实践团队联合开展心理健康教育团辅工作进校园(南宁市友爱小学、南宁市秀灵小学)活动;组织开展"南宁市2018年未成年人心理辅导进社区暨家庭教育专题讲座",其中主题为"心灵之约 我和孩子一起成长"主题讲座在清川小学、明秀小学、鑫利华小学、中尧路小学、万秀小学、西乡塘小学6所学校举办,进一步提高家长自身素质和家庭教育水平。

【关心下一代工作宣传】 2018年,区关工委结合实际,继续抓好关心下一代工作的宣传,促进各项工作的开展。年内,区各级关工委整理、报送信息50多篇、图片30多幅。继续办好区关工委工作《简讯》,发挥了解情况、沟通信息的载体作用。区关工委将开展工作的情况及时整理,向相关媒体投稿约40篇,有4篇稿件在自治区关工委主办的《成长》杂志刊登,28篇文章、28幅图片在南宁市关工委主办的《绿城新蕾》杂志刊登。区各级关工委订阅《中国火炬》263份,并组织关工委人员和"五老"学习《中国火炬》《成长》《绿城新蕾》等刊物刊登的新精神、新做法、新经验等文章,推动各级关工委工作的开展。

(李增裕 吴甲龙)

南宁市西乡塘区人民代表大会

综 述

【区人大常委会成员及区人大机构】2018年,西乡塘区第三届人民代表大会常务委员会(简称"区人大常委会")设主任1名、副主任4名,常务委员会委员28名。区人大机构设人大专门委员会(法制与内务司法工作委员会、财政经济工作委员会);人大常委会办事机构(人大常委会办公室);人大常委会工作机构(教科文卫与民族工作委员会、农业农村与环资城建工作委员会、选举联络工作委员会),有人员编制23名,实有31人。

【工作概况】 2018年,区人大常委会召开人大常委会会议7次,组织人大代表383人次开展视察调研活动24次,召开主任会议31次,做出决议、决定15项。

重要会议

【西乡塘区第三届人民代表大会第三次会议】 2018年1月18日至20日,西乡塘区第三届人民代表大会第三次会议在区机关办公大楼7楼礼堂召开。出席会议代表237人,列席会议人员62人。会议主要议程:听取和审议区人民政府区长陆广平作《政府工作报告》、区人大常委会主任周少剑作《人大常委会工作报告》、区人民

2018年1月18—20日，西乡塘区第三届人民代表大会第三次会议在区机关办公大楼7楼礼堂召开。图为大会会场

（区人大办公室供图）

法院院长黄坚作《法院工作报告》、区人民检察院检察长黄朝科作《检察院工作报告》，审查和批准西乡塘区《2017年预算执行情况和2018年预算（草案）报告》（书面），并通过以上各项报告的决议。

【西乡塘区第三届人民代表大会常务委员会会议】 2018年，区人大常委会召开三届人大常委会会议7次。

第十二次会议 1月17日，在区机关办公大楼7楼人大常委会会议室召开，会期半天。区人大常委会主任周少剑主持会议，副主任李仕学、卢致林、韦居宁、莫永新及委员共26人出席会议。区人民政府副区长麦紫君、区人民法院院长黄坚、区人民检察院副检察长罗诚、区人大常委会有关工委副主任2人列席会议。会议任命区街道人大工委主任5人、街道人大工委副主任1人、区人民政府局长8人，免区人大专委主任2人、街道人大工委主任5人、区人民政府局长8人；听取和审议《南宁市西乡塘区第三届人民代表大会第三次会议筹备工作情况的报告》；审议《南宁市西乡塘区人大常委会关于召开西乡塘区第三届人民代表大会第三次会议的决定（草案）》；审议《南宁市西乡塘区人大常委会关于西乡塘区第三届人民代表大会第三次会议大会主席团成员和秘书长建议名单的决定（草案）》；审议《南宁市西乡塘区人大常委会关于西乡塘区第三届人民代表大会第三次会议列席人员的决定（草案）》；审议《南宁市西乡塘区第三届人民代表大会第三次会议议程（草案）》；审议《南宁市西乡塘区人大常委会工作报告（草案）》（书面）；审议《南宁市西乡塘区人大常委会2018年工作要点（草案）》（书面）；听取和审议《南宁市西乡塘区第三届人大常委会代表资格审查委员会关于补选代表的代表资格审查报告》。

第十三次会议 1月26日，在区机关办公大楼7楼人大常委会会议室召开，会期半天。区人大常委会主任周少剑主持会议，副主任李仕学、卢致林、韦居宁、莫永新及委员共27人出席会议。区人大常委会有关工委副主任2人列席会议。会议审议并通过关于接受卢柏卿、乐晓薇、卢璐、罗美玲、谭中艺、李凤强、赖双庆、刘继松、梁田霞、叶丹洲、蓝宝、崔洁、李建珍辞去西乡塘区第三届人民代表大会代表职务的请求，任命区监察委员会副主任2名、委员4名。

第十四次会议 3月22日，在区机关办公大楼7楼人大常委会会议室召开，会期半天。区人大常委会主任周少剑主持会议,副主任李仕学、卢致林、韦居宁、莫永新及委员共28人出席会议。区人民政府副区长李刚、区人民法院副院长农峰、区人民检察院副监察长冷君、区人大常委会有关工委副主任2人、区农林水利局的主要领导和区人大代表3人列席会议。会议任命区人民法院庭长6人、副庭长7人,免去区人民法院庭长4人、副庭长11人、审判委员会委员1人、审判员9人;听取和审议西乡塘区人民法院关于西乡塘区人民法院阳光司法工作情况的报告;听取和审议关于对西乡塘区人民法院阳光司法工作情况的调研报告;听取和审议西乡塘区人民政府关于西乡塘区贯彻实施《中华人民共和国种子法》情况的报告;听取和审议关于对西乡塘区贯彻实施《中华人民共和国种子法》情况的执法检查报告;审议西乡塘区人民政府关于对西乡塘区2017年度法治政府建设情况报告(书面)。

第十五次会议 5月21日,在区机关办公大楼7楼人大常委会会议室召开,会期1天。区人大常委会主任周少剑主持会议,副主任李仕学、卢致林、韦居宁、莫永新及委员共26人出席会议。区人民政府副区长梁成红、区人民法院院长黄坚、区人民检察院检察长黄朝科,区人大常委会有关工委副主任2人,区发改局、司法局、住建局、食药局、禁毒办的主要领导和区人大代表2人列席会议。会议任命区人民政府副区长2人,区人民法院审判员、审判委员会委员、副院长2人,免去区人民政府副区长1人,区人民政府局长1人,区人民法院副院长3人、审判委员会委员、审判员1人。会议听取和审议西乡塘区人民政府关于西乡塘区贯彻实施《中华人民共和国禁毒法》工作情况的报告;听取和审议西乡塘区人大法制与内务司法委员会关于对西乡塘区贯彻实施《中华人民共和国禁毒法》工作情况执法检查的报告;听取和审议西乡塘区人民政府关于西乡塘区重点项目建设进展情况的报告;听取和审议西乡塘区人大财政经济委员会关于对西乡塘区重点项目建设进展情况的调研报告;听取和审议西乡塘区人民政府关于西乡塘区农村危旧房改造情况的报告;听取和审议西乡塘区人大常委会农业农村与环资城建工委关于对西乡塘区农村危旧房改造情况的调研报告;听取和审议西乡塘区人民政府关于西乡塘区食品安全工作情况的报告;听取和审议西乡塘区人大常委会教科文卫与民族工委关于对西乡塘区食品安全工作情况的调研报告;审议关于西乡塘区三届人大三次会议代表重要意见建议的调查报告(书面)。

第十六次会议 7月27日,在区机关办公大楼7楼人大常委会会议室召开,会期1天。区人大常委会主任周少剑主持会议,副主任李仕学、卢致林、韦居宁、莫永新及委员共25人出席会议。区人民政府副区长梁红英、区监察委副主任李建珍、区人民法院院长黄坚、区人民检察院副检察长罗诚,区人大常委会有关工委副主任2人,区发改局、教育局、财政局、田园办主要领导和区人大代表2人列席会议。任命区人民法院审判委员会委员4人、陪审员10人,免去陪审员1人。会议听取和审议西乡塘区监察委员会关于开展监察体制改革工作情况的报告;听取和审议区人大法制与内务司法委员会关于对西乡塘区监察委员会开展监察体制改革工作情况的调研报告;听取和审议西乡塘区人民政府关于西乡塘区上半年经济运行情况的报告；听取和审议区人大财政经济委员会关于对西乡塘区上半年经济运行情况的调研报告；听取和审议西乡塘区人民政府关于西乡塘区美丽南方田园综合体建设试点情况的报告；听取和审议区人大常委会农业农村与环资城建工委关于对西乡塘区美丽南方田园综合体建设试点情况的调研报告；听取和审议西乡塘区人民政府关于西乡塘区义务教育学区制管理改革情况的报告；听取和审议区人大常委会教科文卫与民族工委关于对西乡塘区义务教育学区制管理改革情况的调研报告；审议区人大法制与内务司法委员会对《关于收回已征收但未被利用土地的议案》（已转为重要建议）情况的调研报告（书面）；审议区人大财政经济委员会对《关于加快南宁老友粉产业发展的议案》（已转为重要建议）情况的调研报告（书面）；审议区人大常委会教科文卫与民族工委、选举联络工委对《关于加强对农村公路管理养护问题的议案》（已转为重要建议）情况的调研报告（书面）。

第十七次会议 9月29日，在区机关办公大楼7楼人大常委会会议室召开，会期1天。区人大常委会主任周少剑主持会议，副主任李仕学、卢致林、韦居宁、莫永新及委员共22人出席会议。区人大常委会有关工委副主任2人和区人大代表3人列席会议。会议任命区人民检察院检察员1人，免去检察员2人。会议听取和审议西乡塘区人民政府关于西乡塘区优化营商环境情况的报告；听取和审议西乡塘区人大常委会调研组关于对西乡塘区优化营商环境情况的调研报告；听取和审议西乡塘区人民政府关于西乡塘区2018年上半年本级预算执行情况的报告；听取和审议西乡塘区人大财经委关于对西乡塘区2018年上半年本级预算执行情况的审查结果报告；听取和审议西乡塘区人民政府关于2017年度西乡塘区本级预算执行和其他财政收支审计情况的报告；审议西乡塘区人民政府关于西乡塘区2017年本级决算情况的报告（书面）；审议关于西乡塘区人大财经委对西乡塘区2017年本级决算情况的审查结果报告（书面）；听取和审议西乡塘区人民政府关于西乡塘区建设"健康西乡塘"医疗卫生保障工作情况的报告；听取和审议西乡塘区人大常委会教科文卫与民族工委关于对西乡塘区建设"健康西乡塘"医疗卫生保障工作情况的调研报告。

第十八次会议 11月30日，在区机关办公大楼7楼人大常委会会议室召开，会期1天。区人大常委会主任周少剑主持会议，副主任李仕学、卢致林、韦居宁、莫永新及委员共25人出席会议。区人民政府副区长梁红英、区监察委副主任刘凯、区人民法院院长黄坚、区人民检察院检察长黄朝科，区人大常委会有关工委副主任2人，区发改局、科技局、财政局、审计局、扶贫办等单位主要领导和区人大代表3人列席会议。会议任命区街道人大工委主任2人、区人民法院审判员3人，免去区人民法院人民陪审员1人。听取和审议西乡塘区人民法院关于西乡塘区人民法院办案质量情况的报告；听取和审议西乡塘区人民检察院关于西乡塘区人民检察院办案质量情况的报告；听取和审议西乡塘区人大法制与内务司法委员会关于对西乡塘区"两院"办案质量情况的调研报告；听取和审议西乡塘区人民政府关于2017年度西乡塘区本级预算执行和其他财政收支情况审计查出问题整改情况的报告；审议西乡塘区人大财政经济委员会关于2017年度西乡塘区本级预算执行和其他财政收支情况审计查出问题整改情况的检查报告（书面）；听取和审议西乡塘区人民政府关于西乡塘区"十三五"规划中期评估的报告；听取和审议西乡塘区人大财政经济委员会关于对西乡塘区"十三五"规划中期评估的调研报告；听取和审议西乡塘区人民政府关于2018年西乡塘区本级预算调整方案（草案）的报告和区人大财政经济委员会对2018年西乡塘区本级预算调整方案（草案）的审查结果报告，审查和批准2018年西乡塘区本级预算调整方案（草案）；审议西乡塘区人民政府关于西乡塘区三届人大三次会议代表建议办理工作情况的报告（书面）；审议西乡塘区人大常委会选联工委关于对西乡塘区三届人大三次会议代表建议办理工作督办情况的报告（书面）；听取和审议西乡塘区人民政府关于西乡塘区2018年精准扶贫情况的报告；听取和审议西乡塘区人大常委会农业农村与环资城建工委关于对西乡塘区2018年精准扶贫情况的调研报告；听取和审议西乡塘区人民政府关于西乡塘区科技创新带动产业升级工作情况的报告；听取和审议西乡塘区人大常委会教科文卫与民族工委关于对西乡塘区科技创新带动产业升级工作情况的调研报告。

主要工作

【专题调研】

区人民法院阳光司法工作调研 2018年3月9日，区人大常委会副主任卢致林、区人大法制与内务司法委委员和部分人大代表共11人组成调研组，对区人民法院阳光司法工作进行调研。调研组认为，区人民法院以建设审判流程公开、庭审活动公开、裁判文书公开、执行信息公开四大平台为载体，着力构建开放、动态、透明、便民的阳光司法机制，促进司法公正，不断提升司法公信力，取得良好效果。但也存在一些问题，主要是思想认识有待提高、宣传工作有待加强、公开质量有待提升、人员和经费保障有待增加。调研组建议：注重提高思想认识、宣传增加群众参与率、提升公开质量和人才及经费保障。

区重大项目建设进展情况调研 2018年4月26日至27日，区人大常委会副主任韦居宁、区人大财政经济委委员和人大代表共12人组成调研组，对区政府重大项目建设工作进展进行调研。调研组认为，根据《西乡塘区创新驱动产业升级攻坚年工作方案》部署，由区四家班子领导组成13个服务工作队对110个重大项目进行跟踪服务，推动项目的建设。但还存在一些问题，主要是规划选址受到规划政策的制约影响，审批手续烦琐影响项目推进，用地指标影响项目推进，征地项目拆迁难度大影响项目推进，项目资金不足影响项目推进。调研组建议：加强与市政府相关部门的沟通联系，争取在规划、审批等方面得到支持；加大征地拆迁力度，做好项目建设前期工作；多方筹措项目资金解决项目资金严重不足的问题，推进项目建设力度；完善工作机制，加快重点项目建设推进力度；及时、准确提供资料，确保税收不流失。

农村危旧房改造情况调研 2018年5

月9日至11日，区人大常委会副主任李仕学、区人大农业农村与环资城建工委委员和部分人大代表共13人组成调研组，对区农村危旧房改造情况进行调研。调研组认为，为持续解决农村困难群众住房安全问题，落实农村危房改造工作责任目标，西乡塘区严格按照上级实施方案的要求，坚持"统筹规划、群众自愿、公开公正、分批实施"的原则开展实施农村危房改造工作，做到农村危房改造农户申请、村级评议、乡镇审批等程序合法合规。但还存在一些问题，主要是部分贫困户危旧房改造筹款困难，改造资金仍有缺口；部分贫困户思想守旧、劳动力缺乏，影响危旧房改造进度；建新不拆旧，危房仍使用，造成安全隐患；宅基地调换难，贫困户住房面积难达标。调研组建议：高度重视，严密组织，把好危旧房改造政策关；加强政策宣传，公平公正，让群众自愿加入危旧房改造行列；标本兼治，建立长效保障机制，切实帮助贫困户解决贫困问题。

食品安全专题调研 2018年5月，区人大成立由常委会主任为组长，常委会各副主任为分组组长，常委会组成人员、部分区人大代表和区人大干部为成员的4个调研组（共30人），分别到各镇、街道开展食品安全专题调研。调研组认为，近年来，西乡塘区实施属地责任、监管责任、主体责任和社会监督"四轮驱动"，全面打造"食安西乡塘"品牌名片，国家食品安全示范城市创建工作稳步有序推进，基层食品药品监管能力建设、网格化监管、"三小"（小餐饮、小摊贩、小作坊）行业监管等工作走在全市前列。但也存在一些问题，主要是农产品种植养殖环节监管还有待加强、校园周边食品安全还存在不少问题和隐患、对农村地区的食品安全宣传力度不够、新兴业态监管还存在盲区、食品安全监管队伍建设有待加强、食品安全监管协调机制有待完善。调研组建议：加强对农业种植养殖源头环节的监管；加强学校周边食品安全执法监督；加强宣传教育，提高食品安全社会共治的氛围；加大打击食品安全违法行为力度；开展示范创建，推进行业自律；着力提升基层监管能力。

《关于加强对农村公路管理养护问题的议案》办理情况调研 2018年5月，区人大常委会副主任李仕学、区人大常委会农业农村与环资城建工委委员和部分人大代表共12人组成调研组，对《关于加强对农村公路管理养护问题的议案》（已转为重要建议）的办理情况进行专题调研。调研组了解到，区政府明确交通运输局为该建议的主办单位；区交通运输局将办理建议工作列入工作议事日程，明确分管领导和具体办理股室和责任人，并于4月2日，以书面形式答复建议提出人邓有标等代表。邓有标代表对办复情况表示满意。但还存在一些问题，主要是乡镇农村公路管护机构不完善，农村护路员落实不到位；农村公路养护项目资金安排下达迟；部分村屯道路未能纳入自治区交通厅管养范畴。调研组建议：尽早下达项目计划，及时拨付养护资金；完善乡镇公路管理机构，落实农村护路员责任；加强对未纳入自治区交通厅管养范畴的农村公路的管养。

《关于收回已征收但未被利用土地的议案》办理情况调研 2018年5月29日，区人大常委会副主任卢致林、区人大法制与内务司法委委员和部分人大代表共10人组成调研组,对《关于收回已征收但未被利用土地的议案》(已转为重要建议)办理情况进行调研。调研组了解到,区政府接到区人大交办件后,立即转交西乡塘区土地储备分中心承办;承办单位在规定期限内办理并逐一答复代表,对于代表提出的问题,承办部门的办理结果类型属于因国家法规、政策客观条件限制,目前暂时难以解决。但也存在一些问题,主要是没有相关条例政策、存在二次纠纷风险。调研组建议:区相关部门协同研究、逐级反映意见、做好统计上报工作、建议上级出台相关政策措施、借鉴经验破解难题。

《关于加快南宁老友粉产业发展的议案》办理情况调研 2018年6月8日,区人大常委会副主任韦居宁、区人大财政经济委委员和部分人大代表共12人组成调研组,对《关于加快南宁老友粉产业发展的议案》(已转为重要建议)的办理情况进行调研。调研组了解到,区政府接到该建议后,组织相关部门召开专题会议、实地考察,梳理议案内容,了解南宁老友粉产业的基本情况、相关政策,研究制定解决措施。南宁老友粉产业发展存在亟待解决的困难和问题,主要是没有统一的南宁老友粉产业发展规划和相关的政策扶持、没有老友粉的地方米粉行业标准、受传统工艺的局限、未获得注册地理标志证明商标、宣传不足。调研组建议:要高度重视南宁老友粉产业规划和政策的扶持,建议提请南宁市政府全力推动老友粉产业的发展;严格制定老友粉地方行业标准;改良袋装老友粉的制作工艺;加大对老友粉的宣传力度;对南宁老友粉产业品牌进行扶持;将此议案转为南宁市级议案,由南宁市相关部门抓好落实。

监察体制改革工作情况调研 2018年7月3日至4日,区人大常委会主任周少剑、副主任卢致林、区人大法制与内务司法委委员和人大代表共13人组成调研组,对西乡塘区监察委员会监察体制改革工作情况进行调研。调研组了解到,自监察改革工作实施以来,西乡塘区监察委严格按照上级的安排部署,审慎、稳妥、有序地推进监察体制改革各项工作。但还存在一些问题,主要是执法力量不足、辅警配备制度没有建立、执纪监督业务能力有待提高、经费不足。调研组建议:加强队伍建设和协调衔接机制建设,加大经费投入,加强自身建设。

美丽南方田园综合体建设试点情况调研 2018年7月11日至13日,区人大常委会主任周少剑、副主任李仕学、区人大常委会农业农村与环资城建工委委员和人大代表共10人组成调研组,对区"美丽南方"田园综合体建设试点情况进行调研。调研组了解到,自试点项目启动以来,西乡塘区落实《南宁市西乡塘区农业综合开发"美丽南方"田园综合体建设试点项目发展规划(2017—2019年)》,及时安排农发资金项目三年推进计划,多方梳理整合一批非农发资金项目,为"美丽南方"田园综合体试点构建有力的综合支撑体系,试点工作取得阶段性的成效。但也存在一些问题,主要是进驻企业虽多,但发展不平衡,影响"美丽南方"田园综合体试点整体景观;项目建设用地难,土地流转难,阻碍"美丽南方"田园综合体试点向前推进步伐;建设面积大,财力有限,影响"美丽南方"田园综合体试点建设速度;产业规模不够显著，彰显不出"美丽南方"田园综合体试点特色。调研组建议：加快推进基础设施建设、加大农业产业发展扶持力度、培育壮大农民合作组织、创新投入融资机制、多种模式解决土地利用难问题、塑造田园综合体品牌。

区上半年经济运行情况调研 2018年7月16日至17日，区人大常委会副主任韦居宁、区人大财政经济委委员和人大代表共8人组成调研组，对西乡塘区上半年经济运行情况进行调研。调研组了解到，通过贯彻落实自治区、南宁市稳增长政策措施，西乡塘区以创新驱动和产业升级攻坚年为主要抓手，突出精准发力、攻坚克难，全力推动经济向更高质量发展。但也存在一些问题，主要是经济下行压力仍然较大，部分指标增速有所回落，经济发展形势不容乐观；农业产值增长乏力；建筑业增速有所回落；财政收支压力加大，收支矛盾更加突出；固定资产投资增长结构不平衡，产业项目支撑不足；重大工业项目推进速度缓慢。调研组建议：做好工作预案，确保任务指标完成；加快项目建设，扩大有效投入；大力引进强企，积极培植支柱税源；加强统筹协作，推进信息共享；全力以赴抓旧改，真真正正出实效。

区义务教育学区制管理改革情况调研 2018年7月17日至18日，区人大常委会副主任莫永新、原主任梁英浩、区人大常委会教科文卫工委委员、区人大常委会选联工委成员和人大代表共15人组成调研组，对区义务教育学区制管理改革情况进行调研。调研组了解到，根据《国家中长期教育改革和发展规划纲要（2010—2020年）》和《南宁市全面推进义务教育学区制管理改革实施方案的通知》等文件精神及相关要求，西乡塘区结合实际，采取"健全机制、优化布局、划分片区、资源共享"等措施，义务教育学区制管理改革取得阶段性成效。但也存在一些问题，主要是对学区制管理改革的认识有待进一步深化、教师轮岗交流难度大、学区运行机制尚未完善。调研组建议：更新观念，形成推进共识；加强顶层设计，落实配套政策；统筹学区内师资调配，加强校长和教师的交流；完善学区运行制度，推进学区规范运行；加强宣传引导，为推进学区制管理改革提供社会舆论支持。

"健康西乡塘"医疗卫生保障工作情况调研 2018年9月4日至6日，区人大常委会副主任莫永新、区人大教科文卫与民族工委委员、人大代表共15人组成调研组，对区建设"健康西乡塘"医疗卫生保障工作情况进行调研。调研组认为，2018年，西乡塘区围绕"健康西乡塘"建设，在抓重点、补短板、强弱项上下功夫，推进卫生计生改革，提高人民健康水平和人口素质。但还存在一些问题，主要是基层卫生服务能力有待提高、医药卫生体制改革配套政策有待完善、分级诊疗政策还需进一步落实、医疗信息化建设滞后。调研组建议：全面提升基层医疗卫生机构服务能力、进一步完善医改政策、大力推动分级诊疗制度落地、进一步加快医疗卫生信息化建设。

优化营商环境情况调研 2018年9月，区人大常委会副主任李仕学、区人大常委会农业农村与环资城建工委委员和部分区人大代表共9人组成调研组，对区优化营商环境情况进行调研。调研组了解到，2018年，根据自治区、南宁市开展优化营商环境的相关工作要求，西乡塘区组织开展优化营商环境大行动，提升辖区营商环境满意度，进一步推进经济高质量发展。但还存在一些问题，主要是优化营商环境工作氛围不浓，"放管服"改革还需加强，基础设施建设有待完善，企业办证难、用地难、负担重现象依然存在，企业融资难招工难问题突出，法治环境有待治理。调研组建议：进一步提高思想认识加大宣传督导，营造营商环境浓厚氛围；进一步深化"放管服"改革，提升营商软环境；进一步加快基础设施建设，提高营商硬环境；进一步破解融资难、用地难、负担重问题，激发企业活力；进一步扶持企业招工和解决后顾之忧，提升政府服务水平；进一步加大打击黑恶势力力度，净化营商环境。

"两院"办案质量情况调研 2018年11月，区人大常委会副主任卢致林、区人大法制与内务司法委员、人大代表共7人组成调研组，对区"两院"（区人民法院、区人民检察院）办案质量情况进行调研。调研组认为，区"两院"形成"一把手"负总责、分管领导亲自抓、案件管理办公室具体抓、各部门积极配合、干警共同参与的工作格局，进一步提高办案质量和执法水平。但还存在一些问题，主要是部分干警思想认识有待提高、案多人少矛盾突出、干部培训有待加强、法院实体问题处理水平有待提高、办公条件有待改善。调研组建议：注重提高思想认识、人才队伍建设、加强业务培训和经费保障。

区2018年精准扶贫工作情况调研 2018年11月6日至9日，区人大常委会主任周少剑、副主任李仕学，区人大常委会农业农村与环资城建工委委员和部分区人大代表共13人组成调研组，对区精准扶贫、精准脱贫工作情况进行调研。调研组了解到，西乡塘区把打赢打好脱贫攻坚战作为最大的政治责任和第一民生工程，围绕"两不愁、三保障"工作要求，举全区之力集中攻坚，脱贫攻坚工作取得阶段性成效。但还存在一些问题，主要是部分扶贫干部思想松懈、整理材料占用时间过多、贫困户主动脱贫内生动力不足、扶贫工作形成合力不够、精准帮扶动态监控不到位、扶贫资金没有及时拨付到位。调研组建议：加强管理，切实增强干部扶贫责任；加强引导，切实增强贫困造血功能；加强识别，切实增强精准施策水平；加强措施，切实巩固精准扶贫成果；加强宣传，切实形成脱贫攻坚合力；加强保障，切实管好扶贫攻坚资金。

区"十三五"规划中期评估调研 2018年11月13日至14日，区人大常委会副主任韦居宁、区人大财政经济委员会委员、人大常委会部分委员和区人大代表共11人组成调研组，对区"十三五"规划中期评估情况进行调研。调研组了解到，西乡塘区围绕"十三五"规划提出的各项目标任务和总体要求，开拓创新，全面推进国民经济和社会事业发展，经济平稳运行、社会事业扎实推进。但在实施中还存在一些问题，主要是区地区生产总值（在地口径）指标受到一定影响、新增用地少、重大工业项目进展缓慢、GDP增速受限、传统企业外迁制约工业总产值增长、服务业增速放缓。调研组建议：坚定信心，努力实现经济发展新飞跃；加大产业园区基础设施建设；全力推进供给侧结构性改革；加快推进项目建设；持续推进污染防治攻坚战；

着力推进重点领域改革；要将招大商引大企落到实处；政府各部门加强对任务的贯彻落实。

区科技创新带动产业升级发展工作情况调研　2018年11月13日至14日，区人大常委会副主任莫永新、原主任梁英浩，区人大常委会教科文卫与民族工委委员和部分区人大代表共16人组成调研组，对区科技创新带动产业升级发展工作情况进行调研。调研组了解到，西乡塘区扎实推进科技创新带动产业升级发展工作，采取"科技创新、优化措施、科企联合、培育技术"等措施，带动产业升级发展。但还存在一些问题，主要是企业自主创新能力不强、产学研合作不够、科技创新投入不足。调研组建议：进一步提高服务能力和水平，加大科技投入力度，推进产学研合作，为产业发展提供技术支撑。

【执法检查】

《中华人民共和国种子法》执法检查　2018年3月15日至16日，区人大常委会副主任李仕学、区人大常委会农业农村与环资城建工委委员和部分人大代表共20人组成检查组，对《中华人民共和国种子法》在辖区贯彻实施情况进行执法检查。检查组认为，2016年以来，西乡塘区贯彻执行《中华人民共和国种子法》，以提高种子质量、推动种子产业化、发展现代种业、保障国家粮食安全为目标，开展种子管理专项整治行动，建立健全种子管理监督工作机制，种子管理工作呈现出良好的发展态势。但也存在一些问题，主要是宣传《中华人民共和国种子法》的广度和深度还不够，种子生产经营和监督管理工作还有待加强，缺乏基本的种子检验检测设备，种子经营者普遍存在规模小、户数多、管理粗放。检查组建议：要进一步加大《中华人民共和国种子法》宣传贯彻力度、规范种子市场经营和档案管理、严格种子经营许可证管理制度，认真负责，齐抓共管。

《中华人民共和国禁毒法》执法检查　2018年5月3日至4日，区人大常委会副主任卢致林、区人大法制与内务司法委委员和部分人大代表共10人组成检查组，对区实施《中华人民共和国禁毒法》的情况开展执法检查。检查组认为，2016年以来，西乡塘区结合实际情况，贯彻实施《中华人民共和国禁毒法》，强化禁毒各项工作措施，有力推进禁毒各项工作的顺利开展。但也存在一些问题，主要是宣传工作有待加强、禁毒形势依然严峻、队伍建设和机制体制有待加强。检查组建议：加大预防教育和举报有奖相结合宣传工作、做好吸毒人员服务管理工作、加大破案打击工作力度、加强队伍建设和建立健全良好工作机制。

【审　查】

区2017年度本级预算执行及其他财政收支审计整改情况审查　2018年8月至9月，区人大常委会副主任韦居宁、区人大财政经济委部分委员和人大代表共7人组成审查组，对区2017年本级预算执行及其他财政收支审计整改情况进行审查。审查组了解到，区政府重视审计工作报告中反映的问题，要求有关部门分析问题产生的原因，落实具体的整改措施，确保审计查出的问题整改落实到位。截至2018年7月，2016年末非税收入资金专户应缴预算款科目余额716.3万元缴入国库，区园林所未入固定资产、区卫生和计划生育局基本建设项目未单独建账核算、区扶贫办审批手续不齐全等问题已做整改。但存在一些问题，主要是部分结转两年以上存量资金未及时统筹使用、非税收入未及时上缴国库、部分上级转移支付资金执行率低、预算编制不够科学合理、延伸审计发现其他问题。审查组建议：进一步加强预算的组织管理，完善预算编制与预算执行相结合的机制，做细、做实、做准预算，加强预算编制的合理性和准确性，同时加大预算执行力度和财政资金统筹力度，提高财政资金使用效益；严格执行《中华人民共和国预算法》和《行政单位会计制度》的规定，组织各单位及时全额上缴非税收入纳入国库管理，避免应缴非税收入滞留在单位账户；加大对存量资金的科学规划和统筹管理，提升资金使用、周转效率，实现盘活存量资金的预期目的，发挥财政资金的经济及社会效益；加强对预算支出尤其是重点领域重大项目资金的监督和管理，确保相关政策措施落实到位；建立健全区国有资产管理制度，做好国有资产定期盘点，确保国有资产保值、增值，避免资产流失，提高区国有资产管理水平；强化会计基础工作，有针对性地开展财务培训，督促各单位完善内控制度，规范财务行为，提升区整体财务管理水平和业务素质，促进会计基础工作的改善和提高。

区政府2018年上半年本级预算执行情况审查 2018年9月11日至12日，区人大常委会副主任韦居宁、区人大财政经济委部分委员和人大代表共7人组成审查组，对区政府2018年上半年本级及区司法局、区食药局、区交通局、区档案局等部门预算执行情况进行审查。审查组了解到，2018年，宏观经济形势依然复杂严峻，收入方面，减收因素持续发酵；支出方面，收支平衡难度极大，财政刚性支出增长居高不下，新增可用财力满足不了新增支出的需要。教育、社会保障、医疗卫生、节能环保、住房保障、城乡社区等民生保障投入不断增加，养老保险制度改革、公车制度改革的实施，绩效奖励发放等人员经费的落实及促进各项改革顺利推进等，给财政收支平衡造成巨大的压力。存在的问题主要是没有对收入质量进行对比和分析、超支和减支两极分化、没有对民生支出作说明、对解决财政赤字的措施没有提及、财政资金管理有待加强。审查组建议：积极培植财源，加大税收征管力度；完善报告内容；深化财政各项改革，确保资金安全有效。

区2017年本级决算情况审查 2018年9月，区人大常委会副主任韦居宁、区人大财政经济委委员和部分人大代表共8人组成审查组，对区2017年本级决算情况进行审查。审查组认为，2017年区政府反映的本级预算执行情况总体良好。区政府及其财政等部门落实中央经济工作会议和区三届人大二次会议有关决议的要求，面对严峻复杂的经济形势，贯彻实施预算法，主动适应经济发展新形态，有序推进财税改革，财政收入保持平稳适度增长，支出结构得到进一步优化，保障各项民生支出需要。但也存在一些问题，主要是部分内容不够完整；2017年部分收入预算科目预算数和决算数差距大，未说明具体原因；预备费未按规定足额安排；"三公"经费支出不符合2017年预算编制"只减不增"要求；决算分析工作有待加强；部分内容不符合细化要求，说明不够具体；所抽查的两个项目绩效评价自评报告部分内容不够详细规范。审查组建议：要加强预算编制的基础工作，增强预算编制的科学性、精确性、完整性；严格按照预算法第四十一条规定建立和补充预算稳定调节基金；建立健全预算绩效管理机制，提高财政管理效能；要切实加强对部门预算执行情况的管理，增强部门预算的严肃性；加大对基层财务人员培训力度，提高预决算工作水平。

2017年度区本级预算执行及其他财政收支审计整改落实情况检查　2018年11月15日至16日，区人大常委会副主任韦居宁、区人大财政经济委委员、部分区人大常委会委员和区人大代表共11人组成检查组，对区人民政府2018年9月在区第三届人大常委会第十七次会议上作的《关于2017年度西乡塘区本级预算执行及其他财政收支情况的审计工作报告》（简称《审计工作报告》）中列出的审计查出问题的整改落实情况进行检查。检查组了解到，区政府高度重视审计工作报告中反映的问题，有关部门分析问题根源，切实执行具体的整改措施，确保审计查出问题整改落实到位。截至2018年10月31日，审计查出的问题基本整改完成，涉及应整改的不规范金额合计42195.54万元，已整改的不规范金额合计39336.84万元，整改率93.22%，尚未完成整改的不规范金额合计2858.7万元。但也存在一些问题，主要是部分单位领导重视不够，有的财务人员工作不认真，没有严格执行财务管理制度。检查组建议：强化监督整改的严肃性、形成定期汇报工作机制、审计监督的重点在民生资金和重大项目建设、加强对财务人员的专业知识培训。

【代表年终视察】　2018年12月28日，区人大常委会组织部分辖区市人大代表和区人大代表共103人开展年终视察活动，主要采取集中听取情况汇报、联组和分组实地察看的方式进行。联组视察由区人大常委会主任周少剑带队，视察东西向快速路项目、佳利昌立体生态葡萄园项目（和安村）、富硒农业产业园项目（和安村）。2个视察小组重点视察2018年区重大项目建设、旧改项目建设、为民办实事项目建设及平安西乡塘建设（重点突出开展"扫黑除恶"专项斗争）等工作情况。第一视察组由区人大常委会副主任李仕学带队，先后到东南智慧产业园项目、产业园区1号路项目、南城百货智慧物流项目、兴贤幼儿园建设项目、圣名岭东盟文化旅游区项目等，对2018年重大项目及为民办实事项目落实情况进行视察。视察组了解到，西乡塘区着力提升项目建设体量、提高项目建设效能；区四家班子领导带头组成13支重大项目服务队，对110个重大项目进行服务，推动项目快推进、真落地，取得较好的成效。但还存在一些制约项目建设的困难和问题，主要是受用地、规划、取水口等问题影响，重大项目进展缓慢；征地拆迁推进缓慢。视察组建议：坚持投资驱动，着力推进项目建设；优化营商环境，招大商引强企；做好督查工作，加强问责问效；加强沟通联系，争取上级支持；坚持问题导向，着力提升服务质量。第二视察组由区人大常委会主任周少剑带队，视察农院路改造工程项目、天健城旧城改造项目和2018年平安西乡塘建设工作情况（苏芦村开展"扫黑除恶"专项斗争）。视察组了解到，2018年，区旧改项目有61个（在建项目24个、推进项目23个、储备项目14个），涉及改造用地816.6万平方米。旧改项目还存在一些问题，主要是天健城代建银雪小学部分土地问题未解决，净地的土地出让难，征地拆迁难，"城中村"改造难。视察组建议：加快银雪小学建设用地征收工作；加快解决净地的土地出让难问题；加快完善城中村改造工作政策；加强宣传力度营造浓厚氛围；加强法制拆迁与和谐拆迁并重，推进工作顺利进行；加强队伍建设和创新工作机制。视察组还了解到，2018年，西乡塘区全力开展扫黑除恶专项斗争，不断深化平安西乡塘建设，辖区社会治安稳定。但还存在一些问题，主要是思想认识有待提高，宣传发动、各部门沟通协作和深层次打击有待加强。视察组建议：加强组织领导，提高思想认识；加强宣传造势，营造浓烈氛围；加强沟通协作，形成整体合力；加强严打整治，构建平安良好环境。

【**依法审议决定重大事项**】 2018年，区人大常委会召开人民代表大会例会1次，主任会议31次、常委会会议7次。审议通过"一府两院"工作报告及其他专题重大事项23项，开展专题视察和调研58项，作出决议、决定15项；作出《南宁市西乡塘区第三届人民代表大会第三次会议关于西乡塘区人民政府工作报告的决议》《南宁市西乡塘区第三届人民代表大会第三次会议关于西乡塘区人民代表大会常务委员会工作报告的决议》《南宁市西乡塘区第三届人民代表大会第三次会议关于西乡塘区人民法院工作报告的决议》《南宁市西乡塘区第三届人民代表大会第三次会议关于西乡塘区人民检察院工作报告的决议》《南宁市西乡塘区第三届人民代表大会第三次会议关于南宁市西乡塘区2017年预算执行情况和2018年预算报告的决议》《西乡塘区人民代表大会常务委员会关于批准2017年西乡塘区本级决算的决议》《西乡塘区人民代表大会常务委员会关于批准2018年西乡塘区本级预算调整方案的决议》共7项。

【**代表议案和建议办理**】 2018年，区人大常委会交办区人民政府三届三次人大会议代表意见建议101件。其中：涉及农业和农村类23件，占总数22.77%；民政和社会保障类2件，占总数1.98%；城乡建设和环境保护类36件，占总数35.64%；教科文卫类24件，占总数23.76%；其他方面的16件，占总数15.84%。101件意见建议完成办理答复，办复率100%。

【**人事任免**】 2018年，区人大常委会依法行使人事任免权，任免国家机关工作人员103人次。其中：任命57人次（副区长2人次、人大部门8人次、政府部门8人次、监察委6人次、法院32人次、检察院1人次）；免职46人次（人大部门8人、政府部门9人次、法院27人次、检察院2人次）；接受辞职及辞去西乡塘区代表职务13人。

2018年西乡塘区人大常委会任免人员情况表

时间	会议	姓名	任免职务
1月17日	西乡塘区第三届人大常委会第十二次会议	韦仕国	免去韦仕国同志的南宁市西乡塘区民族宗教事务局（少数民族语言文字工作局）局长职务
		李志军	免去李志军同志的南宁市西乡塘区人大法制与内务司法委员会主任委员职务
		刘杜舟	免去刘杜舟同志的南宁市西乡塘区财政局局长职务
		卢柏卿	免去卢柏卿同志的南宁市西乡塘区人大财政经济委员会主任委员职务
		乐晓薇	免去乐晓薇同志的南宁市西乡塘区人大常委会衡阳街道工作委员会主任职务
		韦寿华	免去韦寿华同志的南宁市西乡塘区民政局局长职务
		陈培广	免去陈培广同志的南宁市西乡塘区环境保护局局长职务
		陈钧烈	免去陈钧烈同志的南宁市西乡塘区人大常委会上尧街道工作委员会主任职务
		杨建防	免去杨建防同志的南宁市西乡塘区人大常委会上尧街道工作委员会主任职务
		罗美玲	免去罗美玲同志的南宁市西乡塘区人大常委会北湖街道工作委员会主任职务
		陶仕珍	免去陶仕珍同志的南宁市西乡塘区卫生和计划生育局局长职务
		王建华	免去王建华同志的南宁市西乡塘区人大常委会新阳街道工作委员会主任职务
		卢 璐	免去卢璐同志的南宁市西乡塘区人大常委华强街道工作委员会主任职务
		陆华贤	免去陆华贤同志的南宁市西乡塘区住房和城乡建设局局长职务
		韦 安	免去韦安同志的南宁市西乡塘区审计局局长职务
		黄 夏	辞去西乡塘区第三届人民代表大会代表职务
		卢柏卿	任命卢柏卿同志为南宁市西乡塘区民族宗教事务局（少数民族语言文字工信局）局长
		乐晓薇	任命乐晓薇同志为南宁市西乡塘区民政局局长

续表1

时间	会议	姓名	任免职务
1月17日	西乡塘区第三届人大常委会第十二次会议	黄江波	任命黄江波同志为南宁市西乡塘区环境保护局局长
		苏子筠	任命苏子筠同志为南宁市西乡塘区住房和城乡建设局局长
		陈钧烈	任命陈钧烈同志为南宁市西乡塘区城市管理局（城市管理综合行政执法局）局长
		罗美玲	任命罗美玲同志为南宁市西乡塘区卫生和计划生育局局长
		俞　冰	任命俞冰同志为南宁市西乡塘区人大常委会北湖街道工作委员会主任（兼）
		王建华	任命王建华同志为南宁市西乡塘区人大常委会衡阳街道工作委员会主任（兼）
		徐飞雨	任命徐飞雨同志为南宁市西乡塘区人大常委会华强街道工作委员会主任（兼）
		黄开朗	任命黄开朗同志为南宁市西乡塘区人大常委会新阳街道工作委员会主任（兼）
		陆华贤	任命陆华贤同志为南宁市西乡塘区人大常委会上尧街道工作委员会主任（兼）
		韦　安	任命韦安同志为南宁市西乡塘区财政局局长
		雷素梅	任命雷素梅同志为南宁市西乡塘区审计局局长
		雷　英	任命雷英同志为南宁市西乡塘区人大常委会心圩街道工作委员会副主任
1月26日	西乡塘区第三届人大常委会第十三次会议	卢柏卿	辞去西乡塘区第三届人民代表大会代表职务
		乐晓薇	辞去西乡塘区第三届人民代表大会代表职务
		卢　璐	辞去西乡塘区第三届人民代表大会代表职务
		罗美玲	辞去西乡塘区第三届人民代表大会代表职务
		谭中艺	辞去西乡塘区第三届人民代表大会代表职务
		李凤强	辞去西乡塘区第三届人民代表大会代表职务
		赖双庆	辞去西乡塘区第三届人民代表大会代表职务
		刘继松	辞去西乡塘区第三届人民代表大会代表职务
		梁田霞	辞去西乡塘区第三届人民代表大会代表职务
		叶丹洲	辞去西乡塘区第三届人民代表大会代表职务
		蓝　宝	辞去西乡塘区第三届人民代表大会代表职务
		崔　洁	辞去西乡塘区第三届人民代表大会代表职务
		李建珍	免去李建珍同志的南宁市西乡塘区监察局局长职务
		李建珍	任命李建珍同志为南宁市西乡塘区监察委员会副主任
		刘　凯	任命刘凯同志为南宁市西乡塘区监察委员会副主任
		黄兆旗	任命黄兆旗同志为南宁市西乡塘区监察委员会委员（正科长级）
		黄　剑	任命黄剑同志为南宁市西乡塘区监察委员会委员（正科长级）
		蒙超安	任命蒙超安同志为南宁市西乡塘区监察委员会委员（正科长级）
		丛　敏	任命丛敏同志为南宁市西乡塘区监察委员会委员（副科长级）

续表2

时间	会议	姓名	任免职务
3月22日	西乡塘区第三届人大常委会第十四次会议	莫 辉	免去莫辉同志的南宁市西乡塘区人民法院金陵人民法庭庭长职务
		刘春花	免去刘春花同志的南宁市西乡塘区人民法院未成年人案件审判庭副庭长职务
		李 密	免去李密同志的南宁市西乡塘区人民法院刑事审判庭副庭长职务
		梁 娴	免去梁娴同志的南宁市西乡塘区人民法院民事审判第一庭庭长职务
		李 凯	免去李凯同志的南宁市西乡塘区人民法院双定人民法庭庭长职务
		黄支革	免去黄支革同志的南宁市西乡塘区人民法院审判监督庭庭长职务
		韦必懂	免去韦必懂同志的南宁市西乡塘区人民法院金陵人民法庭副庭长职务
		杨建臣	免去杨建臣同志的南宁市西乡塘区人民法院民事审判第一庭副庭长职务
		林柯亮	免去林柯亮同志的南宁市西乡塘区人民法院副院长、审判委员会委员、审判员职务
		韦 炜	免去韦炜同志的南宁市西乡塘区人民法院行政审判庭副庭长、审判员职务
		朱梁雄	免去朱梁雄同志的南宁市西乡塘区人民法院刑事审判庭副庭长、审判员职务
		李志峰	免去李志峰同志的南宁市西乡塘区人民法院金陵人民法庭副庭长、审判员职务
		黄顶峰	免去黄顶峰同志的南宁市西乡塘区人民法院民事审判第一庭副庭长职务
		陆苍碧	免去陆苍碧同志的南宁市西乡塘区人民法院执行庭副庭长职务
		邓志尚	免去邓志尚同志的南宁市西乡塘区人民法院立案庭副庭长职务
		冯 敏	免去冯敏同志的南宁市西乡塘区人民法院立案庭副庭长职务
		郭 轶	免去郭轶同志的南宁市西乡塘区人民法院审判员职务
		陈 昆	免去陈昆同志的南宁市西乡塘区人民法院审判员职务
		黄龙维	免去黄龙维同志的南宁市西乡塘区人民法院审判员职务
		滕 骞	免去滕骞同志的南宁市西乡塘区人民法院审判员职务
		何莎莎	免去何莎莎同志的南宁市西乡塘区人民法院审判员职务
		莫 辉	任命莫辉同志为南宁市西乡塘区人民法院执行庭庭长
		刘春花	任命刘春花同志为南宁市西乡塘区人民法院民事审判第一庭庭长
		李 密	任命李密同志为南宁市西乡塘区人民法院刑事审判庭庭长
		梁 娴	任命梁娴同志为南宁市西乡塘区人民法院未成年人案件审判庭庭长
		李 凯	任命李凯同志为南宁市西乡塘区人民法院审判监督庭庭长
		黄支革	任命黄支革同志为南宁市西乡塘区人民法院高新人民法庭庭长
		韦必懂	任命韦必懂同志为南宁市西乡塘区人民法院民事审判第一庭副庭长
		杨建臣	任命杨建臣同志为南宁市西乡塘区人民法院双定人民法院副庭长
		李颖宜	任命李颖宜同志为南宁市西乡塘区人民法院刑事审判庭副庭长
		陈 实	任命陈实同志为南宁市西乡塘区人民法院行政审判庭副庭长
		刘荣冬	任命刘荣冬同志为南宁市西乡塘区人民法院执行庭副庭长
		窦红兵	任命窦红兵同志为南宁市西乡塘区人民法院坛洛人民法庭副庭长
		罗 媛	任命罗媛同志为南宁市西乡塘区人民法院高新人民法庭副庭长

续表3

时间	会议	姓名	任免职务
5月21日	西乡塘区第三届人大常委会第十五次会议	宁世朝	免去宁世朝同志的南宁市西乡塘区人民政府副区长职务
		农 峰	免去农峰同志的南宁市西乡塘区人民法院副院长、审判委员会委员、审判员职务
		张 军	免去张军同志的南宁市西乡塘区人民法院副院长职务
		张加伟	免去张加伟同志的南宁市西乡塘区人民法院副院长职务
		麻显球	免去麻显球同志的南宁市西乡塘区农林水利局局长职务
		王 皓	任命王皓同志为南宁市西乡塘区人民政府副区长
		梁成红	任命梁成红同志为南宁市西乡塘区人民政府副区长（挂任期2年）
		蒙少波	任命蒙少波同志为南宁市西乡塘区人民法院审判员、审判委员会委员、副院长
		魏 超	任命魏超同志为南宁市西乡塘区人民法院审判员、审判委员会委员、副院长
7月27日	西乡塘区第三届人大常委会第十六次会议	张 震	免去张震同志的南宁市西乡塘区人民法院人民陪审员职务
		莫 辉	任命莫辉同志为南宁市西乡塘区人民法院审判委员会委员
		李 凯	任命李凯同志为南宁市西乡塘区人民法院审判委员会委员
		刘春花	任命刘春花同志为南宁市西乡塘区人民法院审判委员会委员
		李 密	任命李密同志为南宁市西乡塘区人民法院审判委员会委员
		卢嘉红	任命卢嘉红同志为南宁市西乡塘区人民法院人民陪审员
		班日强	任命班日强同志为南宁市西乡塘区人民法院人民陪审员
		韦志红	任命韦志红同志为南宁市西乡塘区人民法院人民陪审员
		苏桂英	任命苏桂英同志为南宁市西乡塘区人民法院人民陪审员
		罗 静	任命罗静同志为南宁市西乡塘区人民法院人民陪审员
		李明伦	任命李明伦同志为南宁市西乡塘区人民法院人民陪审员
		胡丽群	任命胡丽群同志为南宁市西乡塘区人民法院人民陪审员
		陈 英	任命陈英同志为南宁市西乡塘区人民法院人民陪审员
		农小凤	任命农小凤同志为南宁市西乡塘区人民法院人民陪审员
		甘祖光	任命甘祖光同志为南宁市西乡塘区人民法院人民陪审员
9月29日	西乡塘区第三届人大常委会第十七次会议	卢 莹	免去卢莹同志的南宁市西乡塘区人民检察院检察员职务
		胡文镇	免去胡文镇同志的南宁市西乡塘区人民检察院检察员职务
		欧阳帅	任命欧阳帅同志为南宁市西乡塘区人民检察院检察员
11月30日	西乡塘区第三届人大常委会第十八次会议	郭俊杰	任命郭俊杰同志为南宁市西乡塘区心圩街道人大工作委员会主任
		蔺 犇	任命蔺犇同志为南宁市西乡塘区安宁街道人大工作委员会主任
		陈仓平	免去陈仓平同志的南宁市西乡塘区人民法院人民陪审员职务
		钟 翔	任命钟翔同志为南宁市西乡塘区人民法院审判员
		蒋亚鹏	任命蒋亚鹏同志为南宁市西乡塘区人民法院审判员
		廖丽萍	任命廖丽萍同志为南宁市西乡塘区人民法院审判员

【信访工作】 2018年,区人大常委会信访室受理群众来信来访69件次,比上年上升81.16%。其中:来信10件,上升9.09%;来访58批次58人次。均已转办、督办完结,办结率100%。反映问题的内容主要有城市拆迁补偿安置问题,不服法院民事判决问题,不服法院民事执行问题,对法院、检察院的处理不服问题,以及其他问题。

【食品安全工作询问】 2018年,区人大常委会将食品安全工作作为询问的重点,组织常委会组成人员、人大代表分成4个调研组到辖区食品加工和经营场所,对食品安全工作进行集中调研。在调研全面了解情况的基础上,梳理、归纳食品安全工作存在热点难点问题11个。组织召开食品安全专题询问会,并对应询部门进行满意度测评,会后列好问题清单,明确责任部门、整改时间,连同常委会的审议意见及时送区政府进行研究处理,并进行跟踪督办。

【脱贫攻坚】 2018年,区人大常委会多次召开主任扩大会和工作现场会专题研究解决脱贫攻坚工作中遇到的问题,组织开展调研活动形成《西乡塘区贫困村脱贫攻坚情况调研报告》,为区委、区政府提供参考。区人大常委会班子成员到挂点的贫困村贫困户实地调研和现场研究解决问题;区人大常委会机关的科级领导干部分别与包村挂点双定镇兴平村的22户贫困户结对帮扶,有19户实现脱贫。年内,组织人大代表开展"扶贫攻坚代表有担当"主题活动,各镇人大、街道人大工委组织辖区人大代表和爱心企业到贫困村开展助力脱贫攻坚活动,直接参与的人大代表910人次,为贫困户办实事、解难事、做好事350多件,部分人大代表及其所在单位筹集资金30多万元,为坛洛镇上正村改建村民活动广场。

【镇(街道)人大工作指导】 2018年,区人大常委会进一步加强代表履职实体平台建设,在支持和指导各镇、街道建设提升30个"人大代表之家"、32个"基层立法联系点"、10个"人大代表活动中心"的基础上,对原有的30个人大代表之家进行提档升级。进一步完善软硬件设施;推进明秀片区和美丽南方片区人大代表之家示范点建设,扩大示范效应;因地制宜地在村、社区新建24个人大代表之家,实现四级人大代表驻"家"全覆盖。充分发挥"人大代表之家"作用,定期开展代表接待群众活动日,使之成为代表联系群众的阵地、普法活动的基地、集聚民意的场地。

【创建代表"微信议政"平台】 2018年,区人大常委会创建代表"微信议政"平台,畅通社情民意收集反馈渠道。在广西人大系统首创"微信议政"活动,指导各镇、街道代表小组以微信议政群为平台,每月确立"微信议政周",组织代表围绕区经济社会发展、社会民生等主题开展讨论,反映群众诉求,提出建设性的意见建议。年内,各代表小组对人大监督、经济建设、农业农村等104个专题进行交流讨论,形成代表意见建议186件,促进问题的有效解决。

【区人大常委会自身建设】 2018年,区人大常委会全面加强政治、思想、组织、作风、能力建设,打造忠诚、干净、担当的干部队伍,全力提升常委会及人大机关工作整体水平。大力弘扬"事事马上办、人人钉钉子、个个敢担当"的工作作风，做到工作有计划、负责有专人、落实有督促，确保各项工作圆满完成。贯彻落实中央八项规定精神，严格执行市委和区委的有关规定，持之以恒反对"四风"。坚持民主集中制，做到集体行使职权，会议决定事项。坚持把调研服务作为做好人大工作的看家本领，常委会班子成员及各专工委干部坚持每周到基层一线开展调研和服务工作。研究推动人大工作与时俱进的思路举措，围绕党委有要求、法律有规定、群众有呼声的重大事项，全力提高依法开展监督、调研等履职活动的能力。全年召开常委会党组中心组学习会4次、专题理论学习会18次，举行法制讲座5次，举办常委会组成人员履职能力提升班及各类人大业务培训班2期，完成调研报告25篇。报送发表各类新闻信息780多篇（条），在全市各县（区）人大系统中名列第一。接待全国、自治区和南宁市各级人大到西乡塘区调研、考察学习25批530多人次；组织常委会组成人员、人大代表赴自治区内外学习先进经验，拓展对外交流；推动镇（街道）人大工作步入规范化、制度化轨道。

（全英才 王玉婷 全水蓉）

南宁市西乡塘区人民政府

综 述

【区政府机构及工作概况】 2018年，西乡塘区第三届人民政府（简称"区政府"）设区长1人、副区长8人。区政府机关设办公室、发展和改革局、教育局、科学技术局、财政局等24个工作机构；设金陵、坛洛、双定3个镇人民政府；派有西乡塘、衡阳、北湖、安吉、华强、新阳、上尧、石埠等10个街道办事处（含已托管的心圩、安宁2个街道办事处）。年内，区政府召开全体会议3次，常务会议38次，研究议题431项。"美丽南方"成为中国生态文明论坛南宁年会实地参观点，田园综合体项目获第四届广州国际城市创新奖专家推荐奖项；获全国法治县（市、区）创建活动先进单位、第五批全国民族团结进步创建示范区、自治区"四好农村路"示范县等荣誉。

【经济取得新突破】 2018年，西乡塘区财政收入44.67亿元，创历史新高，其中税收收入突破42亿元。本级工业增速居全市前列；实际利用外资增长240%。区经济运行总体保持平稳增长、稳中有进、稳中向好的态势，全年地区生产总值（在地）增长3.5%，其中本级增长7.4%；财政收入增长24%；固定资产投资增长14.3%；本级规模以上工业增加值增长6.5%；社会消费品零售总额增长10.1%；全体居民人均可支配收入增长8.3%，其中城镇居民人均可支配收入增长8%；农村居民人均可支配收入增长9%。

【产业攻坚】 2018年，区政府将土地资源保护和项目建设用地保障持续强化，11个重大项目实现用地出让。一批棚改旧改和产业项目实现开竣工，华润万象汇等大型商业综合体先后落地。金陵大道、005县道等交通基础设施进一步完善，西乡塘产业园区第一条主干道基本通车,产业项目落地更多更快,城市发展空间向西拓展。

【产业园区建设步伐加快】 2018年,区政府将西乡塘产业园区道路、污水处理厂等项目有序推进,安吉·华尔街工谷标准厂房二期项目加快实施,河西标准厂房一期主体工程竣工,金起桦农副产品加工等项目投产。年内,入园项目12个,总投资35亿元。实施创新驱动战略,有效发明专利拥有量892件。安吉产业园华尔街工谷的科技企业孵化能力显著增强,入驻中小微企业350家,成功举办第七届中国创新创业大赛广西赛区南宁市选拔赛暨第三届南宁市创新创业大赛。政产学研合作持续深化,区政府与广西财经学院、广西国际商务职业技术学院、广西艺术学院等多家高校签订战略合作框架协议。

【农业产业转型升级】 2018年,"美丽南方"等13个自治区级和市级示范区持续提升。农业发展结构进一步优化,大力发展柑橘等高效益水果种植,香蕉种植面积逐步消减,双定乳鸽、金陵龟鳖、坛洛沃柑、玉米等特色农业初具规模。推进自治区级西乡塘农业科技园区建设,建成葡萄、三红蜜柚等4个科技示范基地。农业新型经营主体规模不断扩大,农业生产企业达500多家,农民专业合作社227家,家庭农场41家,自治区级、市级农业产业化重点龙头企业8家。农村综合改革重点任务全面落实,农村土地确权登记颁证率96.83%,累计流转耕地9000万平方米。中国(南宁)鲜食玉米大会、中国硒谷功能农业高峰论坛永久落户西乡塘区。

【三大攻坚战取得实效】

防范化解重大风险攻坚战 2018年,区政府举债行为严格规范,融资平台公司监管深入推进,隐性债务存量稳妥处置、增量有效遏制,债务风险有效化解。严格控制一般性支出,其中"三公"经费支出同比下降12.17%,保障法定增长支出及民生支出,努力实现财政收支平衡。各类金融乱象整治有力,乱办金融、非法集资等违法违规金融活动专项整治深入开展。

精准脱贫攻坚战 2018年,西乡塘区计划脱贫的202户685人"八有一超"(有稳固住房、有饮用水、有电用、有路通自然村、有义务教育保障、有医疗保障、有电视看、有收入来源或最低生活保障,家庭人均纯收入超过国家扶贫标准)指标全部达标,入户核验、两级评议、审核公示公告等工作严格按时按质完成。扶贫与扶志、扶勤、扶德、扶智并举,24个扶贫产业项目取得实效,培育41位贫困村致富带头人,带动1201户贫困户实现增收。道路、饮水、危旧房改造等基础设施建设扎实推进,"雨露计划"政策落实到位,基本公共服务水平进一步提高。

污染防治攻坚战 2018年,西乡塘区河长制工作全面落实,"管治保"治水工作成为新常态,每条河道归属到人、责任落实到人、老百姓找得到人。沿河砂场、网箱整治工作基本完成。黑臭水体综合整治卓有成效,沿岸"两违"(违法用地、违法建设)全面清理,市政管网错接混接改造任务全部完成,陈村、西郊、中尧3个集中式饮用水源水质达标率100%。扬尘污染实现长效治理,空气质量优良率

90.9%；PM10平均浓度为每立方米60微克，实现同比下降。

重要会议

【区第三届人民政府常务会议】 2018年，区第三届人民政府召开政府常务会议38次，审议议题431项。会议均由区长陆广平主持。会议主要审议坛洛镇牵头草拟的《西乡塘区接收广西农垦国有金光农场办社会职能改革实施方案》、坛洛镇提交的《关于在广西农垦国有金光农场成立金光社区和坛塘村的请示》、区农林水利局牵头草拟的《2018年西乡塘区发展和壮大村级集体经济的实施方案》、区财政局提交的《关于申请落实美丽南方田园综合体凉亭一期工程建设资金的请示》、区住建局提交的《关于落实2018年西乡塘区农村改厨改厕项目工作经费的请示》、区卫计局牵头草拟的《西乡塘区健康扶贫攻坚行动计划实施方案》、区投促局提交的《关于城区政府与广西龙章易实业（集团）有限公司签订投资合作框架协议的请示》、区环保局提交的《关于请求解决第三方参与西乡塘区第二次全国污染源普查技术服务所需经费的请示》、区城管局提交的《关于申请特勤大队协管员新制式服装经费的请示》、区环卫站提交的《关于新增北湖北路27号旁无名小巷保洁劳动配员的请示》等议题。

【经济工作会议】 2018年1月22日，区委、政府在区机关办公大楼7楼礼堂召开2017年经济工作会议，总结2017年经济工作，部署2018年经济工作。区四家班子领导，区各单位、部门领导干部等270人参会。区长陆广平在会上传达南宁市委十二届五次全会有关经济工作精神；强调要将会议精神贯穿到全区经济工作各方面，总结经验、认清形势、增强抓好2018年经济工作的信心和决心，明确目标、突出重点、努力开创全区经济工作新局面。会议通报2017年经济指标完成情况：全年地区生产总值增长8.5%；财政收入完成36.03亿元，增长13.34%；固定资产投资增长9.1%；社会消费品零售总额完成391.4亿元，增长10.5%；本级规模以上工业增加值增长7.2%；城镇居民人均可支配收入增长7.9%，农村居民人均可支配收入增长9.9%。

惠民工程

【民生惠民工程】 2018年，西乡塘区财政民生投入25.87亿元，占一般公共预算支出的83.17%。重点投入民生实事工程，惠及面更广、公共性更强，完成承办的自治区级、市级为民办实事工程和实施的10项区级为民办实事项目。

【教育惠民工程】 2018年，西乡塘区新开办3所乡镇公办幼儿园，实现每个乡镇都有公办幼儿园的目标。落实教育基础建设110项，购买学位4745个，安排外来务工人员随迁子女入学5.02万人。特殊教育覆盖面不断扩大，残疾适龄儿童入学率93.7%。

【文化惠民工程】 2018年，区政府继续做好村级公共服务中心、村屯社区业余文艺队、健身路径建设、公益电影放映、送戏下基层进校园、农家书屋等文化惠民项目建设。同时，通过举办"平话山歌歌王争霸赛"等，丰富群众文体。

【卫计惠民工程】 2018年，区政府全面落实"分级诊疗"、基本药物制度等综合改革，乡镇卫生院、社区卫生服务中心、公立医院开办的社区卫生服务站全部实行零差率销售，开展14项国家免费基本公共卫生服务和家庭医生签约服务。建成坛洛中心卫生院业务综合楼，改扩建4家社区卫生服务中心，在医疗机构及公共场所建成一批母婴室。构建防艾基层三级防控体系和打击故意传播艾滋病部门联动体系，打造国家级综合示范区检测治疗一站式示范点。

【就业养老惠民工程】 2018年，区政府继续做好高校毕业生等重点群体就业创业，失业人群再就业有效提升，城镇登记失业率2.81%，就业形势总体稳定。开展农民工工资专项整治行动，全年追回总金额204万元。城乡居民基本养老保险、医疗保险提标扩面，城乡低保标准和平均补助水平持续提高，特困人员供养、医疗救助、临时救助等制度全面落实。建成城市养老服务中心4个，其中新建项目1个，在建城市养老服务中心2个；建成社区日间照料中心24个，其中新建项目4个。

政府综合事务

【政府办机构及工作概况】 2018年，西乡塘区政府办公室（简称"区政府办"）围绕区政府的中心工作，继续做好综合协调、检查督办、办文办会、政务信息化、政务服务等各项工作，确保区政府机关的正常运转。

区政府办内设重点项目建设办公室、政务服务管理办公室、督查室、土地山林水利调解处理办公室，应急管理办公室5个部门，下设临时机构地方志办公室。有人员编制14名，实有19人。

【综合协调】 2018年，区政府办发挥参谋助手作用，切实做好综合协调服务。年内，协助统筹抓好稳增长、促改革、调结构、惠民生、防风险等各项工作研究工作中出现的新情况、新问题，探索加快经济社会发展的途径和方法。协调办理人大代表、政协委员及社会各界人士的建议234件。其中：市政协41件；区政协100件；区人大86件（含转高新区1件）；意见建议7件。办理人民来信300件。参与轨道交通、城市东西向快速路、邕江沿岸综合整治等重点工程和快速环道征拆攻坚、网箱养鱼清理整治等难点工作，及时协调反馈困难和问题，召开专题协调会200次，形成会议纪要150个。做好自治区60周年大庆系列活动、中国生态文明论坛南宁年会、环广西自行车世界巡回赛等40项大型会议活动的组织协调工作，确保完成相关任务。完成政府工作报告、综合性项目专题汇报、专题会议领导讲话等重要文稿500篇。执行24小时值班等制度，协调完成重大台风、雨雪冰冻灾害、地灾应急保障工作，组织开展应急演练5次、参与处置突发事件36起。

【办文办会】 2018年，区政府办提高公文处理质量和运转效率，起草、审核以区政府名义印发的文件23件、上报101件、发函1088件，以区政府办名义印发文件99件。注意控制会议次数和规模，周密安排，保证区政府决策事项贯彻落实和政务工作正常开展。年内，承办政府常务会议38次，承办请示、报告4000余件，接收办理各类公文8000余件。

【调查研究】 2018年，区政府办围绕政府的中心工作开展调查研究，继续配合落实抓好投资和重大项目建设，发展现代特色农业、推动"三农"持续发展，抓好产业园区建设、推动现代工业加快发展，促进商贸物流业转型升级、加快现代服务业发展，保障和改善民生、加快各项社会事业发展，深化重点领域改革、激发发展新活力6项重点工作。年内，开展调研活动13次，形成调研报告13篇。围绕区政府中心工作及群众关注的问题，整理上报信息3004篇，被采纳91篇，为领导决策提供参考。

【检查督办】 2018年，区政府办继续做好检查督办工作，确保区政府决策和区领导的批示得到落实，树立督查工作的权威性。年内，采取以现场督查、暗访督查为主，电话督查、文件督查为辅的方式，抓好重点项目建设、财政税收、招商引资、为民办实事、安全生产、城乡清洁等工作的专项督查。同时，抓好自治区级、南宁市级重大项目督查工作，形成督察报告15件，对工作履职不力、进展严重滞后的责任单位下发督办函4件，督办为民办实事项目74项、群众来信529件（其人民网91件、政民互动平台及政务信息网438件）。协助有关部门做好自治区、南宁市、西乡塘区人大代表建议和政协提案的办理工作，加强对承办单位的督促，全年办理人大代表建议93件、政协提案100件，办结率和满意率均为100%。

【政务服务管理】 2018年，区政府政务服务管理办公室（简称"区政务办"）坚持廉政、公开、高效、便民的原则，简化审批程序，减少审批环节，行政效能显著提升。年内，接受行政审批和服务事项的咨询2件，申请28889件，受理28889件，办结28710件，平均日结率32.67%，满意率100%；区政府门户网站公开信息7868条；主动公开文件618份，出台政策文件10份，向社会公开征求意见规范性文件30份，收到政府信息依申请公开9件。

（区政府办编写组）

人力资源和社会保障

【人社机构及工作概况】 2018年，西乡塘区人力资源和社会保障局（简称"区人社局"）负责做好公务员综合管理，区机关科级以下及区属事业单位人员年度考核、奖惩、干部调配、培训和专业技术人员职称评聘审核认定及人才交流、干部统计，区机关、企事业单位人员工资晋级晋档、转正定级、增资升级、退休审批和工资统计，区劳动保障监察和人事、劳动争议，以及军转干部及家属安置、自主择业军转干部管理服务、企业军转干部解困等工作。

区人社局有行政人员编制7名，实有人员22人；全局和部门所属事业单位有干部职工86人。设劳动保障管理中心、劳动保障监察大队、企业退休人员档案管理中心3个二层机构。坛洛、金陵、双定3个镇和衡阳、西乡塘、北湖、安吉、新阳、华强、上尧、石埠8个街道办事处都建立劳动保障事务所，64个社区和64个村设劳动保障工作站。

【公务员与事业单位人员管理】 2018年，西乡塘区面向社会公开考试录用公务员（参公事业单位人员）18人，公开考试招聘事业单位工作人员322人，组织考核招聘事业单位工作人员75人。年内，会同区委组织部开展职务与职级并行工作，完成2批次符合条件人员职务与职级晋升。审批符合职级晋升人员28人（科员级晋升副科级23人、副科级晋升正科级4人、正科级晋升副处级1人），并及时兑现符合职务与职级晋升人员的工资待遇。统筹开展2017年事业单位年度考核工作，参加年终考核事业单位202个，应参加考核5720人，参加考核5720人，评出优秀831人，合格4812人，不定等次77人。办理机关、事业单位人员退休198人。

【事业单位改革】 2018年，西乡塘区继续推进事业单位岗位设置及竞聘工作。年内，重新核定教育、卫生系统126个事业单位的岗位设置方案，指导相关单位开展岗位竞聘工作，重新调整1500多人的聘用岗位。同时，在岗位设置中注重对乡镇基层专业技术人才队伍的岗位聘用倾斜，对非评聘结合的乡镇事业单位工作人员，在取得中、高级职称后可不受岗位限制，即评即聘到相对应的专业技术十级或七级岗位，为4名符合条件的乡镇事业单位人员办理相应的岗位聘用手续。

【工资福利】 2018年，西乡塘区于1月起正式启用工资管理系统，6000多名在职在编干部职工的工资信息数据全部录入系统进行管理。办理机关事业单位退休补助审核177人；办理职级并行、转正定级、岗位（职务）工资变动、学历变动业务3064人；办理调入、考录新近人员工资审核793人；办理人员减少46人；2018年度事业单位晋升薪级完成审核5576人；2018年度机关参公公务员晋级晋档完成审核1209人；办理机关、事业单位其他项目工资变动业务450人；办理死亡一次性抚恤金审批65人；审核编外聘用人员工资、过节费、年终奖等约8000人。完成246家区机关、事业单位7300多人的基本工资标准调整审核，以及区机关（参公）单位2017年度绩效考评奖金预发，区事业单位2016年、2017年度绩效工资增量发放工作。

【职称认定与评审】 2018年，南宁市西乡塘区有大中专毕业生职称认定总计50人申报，通过47人，通过率94%。教育系列初级专业技术211人申报。教育系列中级专业技术推荐评审310人申报，通过207人；工程系列中级专业技术评审推荐6人申报；农业系列中级专业技术评审推荐5人申报。教育系列高级专业技术评审推荐14人，其中乡村20年教师9人；教育系列正高级专业技术评审推荐3人；农业系列高级专业技术评审推荐1人；卫生系列高级专业技术评审推荐22人。初级职称重新确认2人申报，通过2人，通过率100%。

【人力资源市场就业服务】 2018年，区人力资源市场为340家用人单位办理用工登记手续，提供就业岗位6699个，接待各类求职人员1437人，成功推荐就业862人。年内，举办大型招聘会10场次，完成"就业援助月""春风行动"等大型就业服务专项活动，有各类用工单位336家参加招聘会，提供就业岗位1.67万个。

【就业与再就业】 2018年，西乡塘区通过职业培训、帮扶就业、民营企业招聘周、大学生就业服务月等系列活动，切实做好就业与再就业工作。年内，城镇新增就业人数1.52万人，完成108.8%；城镇下岗失业人员再就业5373人，完成110.1%；大龄就业困难再就业1198人，完成159.7%；农村劳动力转移就业新增3.32万人，完成105.4%；城镇登记失业率2.81%。组织各类培训1507人。其中，就业技能培训519人，创业培训988人。发放创业贷款251笔，放贷金额1969.8元。

【精准扶贫促就业】 2018年，西乡塘区举办3场进村扶贫招聘会，实现贫困户转移就业263人，扶持创业135人。同时，根据贫困村的实际情况，开展调查摸底掌握精准扶贫对象的就业及培训需求。编印各类培训、就业社保信息资料，进村入户宣传发放《建档立卡贫困户参加职业技能培训告知书》3600多份，收集有培训意愿的贫困户253人。6月，在建档立卡贫困劳动力较为集中的坛洛镇上正村举办中式烹调师培训，组织发动71人报名培训，其中63人完成培训。结合自治区举办的第五届农民工技能大赛，西乡塘区在初赛阶段单独设立贫困村分赛场，组织参训的贫困户64人进行厨艺大比拼，通过比赛的形式检验培训成果。年内，实地认定第一批4个就业扶贫车间，累计吸纳和带动就业100多人。

【城乡居民养老保险】 2018年，西乡塘区有城乡居民基本养老保险参保人数9.7万人。参保缴费5.84万人，领取待遇3.37万人，参保率98.55%，缴费率90.06%。

【机关事业单位养老保险】 2018年，西乡塘区机关、事业单位养老保险制度改革工作继续推进。参保的区机关、事业单位241个，单位参保率100%。参保在职人员6832人，人员参保率100%。每月支付3629名离、退休人员基本养老金，月均支付养老金1900万元，退休人员养老金100%实现社会化发放。当期养老基金征缴总额1.58亿元，支付基本养老金总额2.26亿元。

【劳动保障监察】 2018年，西乡塘区劳动保障监察大队接到举报投诉咨询742起，立案及协调处理案件22起，涉及148人，为劳动者追回工资约166.98万元。

【劳动合同签订】 2018年，西乡塘区劳动保障部门依托"两网化"管理，开展日常巡查、专项检查及书面材料审查，督促辖区国有企业签订劳动合同2325人，劳动合同签订率100%；企业集体合同签订人数57846人，企业集体合同签订率95.61%以上。

【专项检查】 2018年3月5日至27日，西乡塘区开展整顿人力资源市场秩序大检查。重点针对华西路、大学路及西乡塘客运中心、安吉客运站等流动人口集散地、职业中介机构聚集地进行排查检查，检查53户（其用人单位41户、人力资源服务机构12家），进一步规范人力资源市场秩序，维护劳动者和求职者的合法权益。7月5日至25日，开展用人单位遵守劳动用工和社保法专项检查。组织人员到辖区各类用人单位进行广泛宣传，检查15家劳务派遣单位，213家企业，295家个体工商户，责令46家用人单位补签劳动合同189人。

【企业薪酬调查】 2018年，西乡塘区开展企业薪酬调查。安排专人负责企业催报和审核校验工作，严把数据质量关，确保样本企业及时准确填报数据，做到接收一户、审核一户、合格一户、上报一户，按时按质按量完成南宁市102家和自治区19户抽样企业调查数据的汇总和上报。

【企业退休职工管理】 2018年，西乡塘区新进社会化管理的企业退休职工7964人，累计9.64万人。年内，社会化管理企业退休职工进行生存验证8万多人。春节、重阳节期间，先后组织社会化管理的企业退休职工座谈1692人，上门慰问病患职工957人，为退休职工申办丧葬费2229人。

【企业退休人员档案管理】 2018年，西乡塘区企业退休档案管理中心接收新增退休人员人事档案4389人册（单位1084人册、城镇自由职业者3305人册），累计接收退休人员档案8.6万卷册。年内，因居住地发生变更转出退休人员人事档案378人册；接待来电来访5022人（政策及人事档案业务咨询1727人、接待查档利用3207人）；单位外借档案99卷册；发放退休资格证124张，录入新增退休死亡人员信息并作相应处理1344人；调整、更新、盘点库存退休人员人事档案85974卷册。

【城乡居民基本医疗保险】 2018年，西乡塘区城乡医保参合居民35.6万人。15.26万人获补偿医疗费用1.18亿元。其中住院补偿2.34万人，补偿金额1.1亿元；门诊统筹补偿10.16万人，补偿金额686.16万元；门诊大病2.3万人，补偿金额449.9万元。

（吕秋运　梁新兴　张子莹
卢承行　卢周念）

调　处

【调处机构及工作概况】 2018年，西乡塘区土地山林水利调解处理办公室（简称"区调处办"）"三大纠纷"（土地、山林、水利）案件调解率100%，调结率90%，积案调结率80%。调处因征地引发新的纠纷案62件，调解率100%；成功率100%。年内，接待群众来访163人次，处理群众来信90件，排查处理不稳定因素案件76件，无因"三大纠纷"案件引起的群众性事件发生。

区调处办是区政府办的内设机构，有人员编制3人，实有人员5人。

【调解处理农村"三大纠纷"】 2018年，区调处办组织有关人员、有关单位进行调处工作检查，定期排查"三大纠纷"案件，对纠纷案件进行协调处理，同时，探索山林、土地、水利纠纷调处新机制、新办法，促进工作开展。落实领导调处工作责任，重点案件由区分管领导包案，带头化解"三大纠纷"矛盾。针对排查出来的不稳定因素及矛盾纠纷问题，成立由各镇办、相关职能部门组成的工作组，目标明确，各负其责，分工协作，按照"依实""依据""依法"的原则及时进行处理和化解。同时，通过开展积案清理排查、化解，以及做好群众思想工作等，避免因三大纠纷问题引起群体性案件和突发事件案件的发生。坛洛镇上正村新闸坡与隆安县那桐镇镇流村争议"那落地"案，两县（区）相关部门多次调解，由于争议双方意见分歧较大，一直未能达成协议。年内，区调处办及坛洛镇政府多次到现场勘察，对双方主张权属的证据逐一进行分析，有针对性地和群众谈心，组织双方进行协商，最终达成一致，签订调解协议书。

【调处信访工作】 2018年，区调处办继续执行领导阅批来信制度，将来信群众基本情况、来信诉求内容、办理反馈意见等事项逐一登记备案，依法维护纠纷当事人合法权益，确保信访事项及时妥善解决，把矛盾化解在基层、化解在萌芽状态，实现"大事不出，中事不出，小事少出"的维护社会稳定工作总体目标，确保辖区的社会稳定。

（韦 捷）

行政审批

【行政审批机构及工作概况】 2018年，西乡塘区政务服务中心位于新阳路87号，服务中心大厅面积约400平方米，另有区工商和质监局水街分中心，面积1000平方米，由西乡塘区政务服务管理办公室（简称"区政务办"）统一管理。年内，区政务办坚持廉政、公开、高效、便民的原则，围绕简化审批程序、减少审批环节、有利监督管理、服务投资兴业、方便群众办事的目标要求，实行"八公开"（项目名称、设立依据、申报材料、办理程序、承诺期限、收费标准、收费依据、窗口权限），审批结果在自治区统一平台和政府门户网站公布。区政务办不断完善政府信息公开查阅点建设，提供免费查询政府信息服务，妥善处理政府信息依申请公开工作，规范依申请公开工作流程；指导督促各部门使用自治区政府信息公开统一平台和政府门户网站规范、及时、准确、完整发布信息，完善信息发布审核、运行管理、内容保障、应急处置机制。

区政务办为区政府办的内设行政机构，有人员编制2名，实有9人。

2018年7月23日，调处办主任梁启公（中间红衣者）及工作人员到双定秀山村"敢红山"争议纠纷现场调查取证

（区调处供图）

【政务服务体系构建与完善】 2018年，区政务服务中心进驻服务部门28家，进驻人员80多人，政务服务事项应进482项，进驻482项，其中行政许可事项178项（大项），公共服务事项24项，行政许可和公共服务事项的进驻率100%。进驻职能部门有区发改局、农林水利局（农机局、水产畜牧局）、卫健局、住建局（人防办、园林所）、人社局、民政局、环保局、城市管理局、教育局、安监局、工信局、文新体局、交通运输局、食品药品监督管理局、商旅局、残联、新农合、编办、民族宗教局、司法局、财政局、科技局、档案局、投促局、统计局、工商和质监局；双管单位有江北公路局、烟草专卖管理局。区政务服务中心统一使用自治区"政务服务及监察通用软件"办理行政审批事项。年内，接受各行政审批和服务事项的咨询2件、申请29713件、受理29713件、办结29823件，群众满意率100%，没有超时办结件情况发生，群众有效投诉为零。依法公开公共资源交易项目名称、交易主体、交易方式、监督渠道，以及交易公告、资格审查信息、成交信息、履约信息及有关变更信息等，实现公共资源配置全流程公开和信息资源共享。通过政府门户网站按季度公布房地产用地供应数据和城市地价动态监测数据，规范公布土地供应计划、出让公告、成交公示，公布出让公告100条，成交公示34条。

【行政审批行为规范】 2018年，西乡塘区继续做好自治区、南宁市取消下放行政审批事项的贯彻落实工作，做到"三到位"（取消到位、承接到位、落实到位）。5月，印发《南宁市西乡塘区人民政府办公室关于做好一批涉及县级实施的行政许可事项取消下放和调整工作的通知》，按要求做好上级决定取消、下放和调整一批涉及县级实施的行政许可事项50项（取消行政许可事项9项、委托下放行政许可事项3项、调整行政许可事项30项、依据法律法规设定为行政许可事项8项）。全面梳理区各部门及相关单位的依申请行政权力事项（包括行政许可、行政确认、行政奖励、行政征收、行政给付、行政裁决、其他行政权力）和群众密切相关的公共服务事项（简称"政务服务事项"），汇总梳理出政务服务事项目录并实行动态管理，推动政务服务事项全部进驻政务服务中心办理。政务服务事项应进482项，其中应进行政许可事项178项、进驻178项，应进公共服务事项24项、进驻24项，行政许可和公共服务事项的进驻率100%。各审批职能部门进驻政务服务中心的政务服务事项对服务窗口的受理权、审核权、协调权、即办件审批权、送达权的授权率均达100%。6月，印发《南宁市西乡塘区人民政府办公室关于开展"减证便民"专项行动的通知》和《南宁市西乡塘区人民政府办公室关于印发<西乡塘区"一事通办"利企便民改革清单梳理编制工作方案>的通知》，要求全面做好"减证便民"专项行动和"一事通办"改革的工作，梳理汇总涉及企业和群众办事的各类证明264项（拟保留证明事项183项、拟取消的证明事项81项）；印发《西乡塘区政务服务管理办公室关于做好网上办事工作的通知》，要求全面推进政务服务事项网上办理，年内，区政务服务事项网上可申报率80%以上。

【政务与政府信息公开】 2018年，区政务办按时在区政府门户网站公开政府信息，更新政府信息公开目录52条，编制、更新和公开部门办事指南10条，按时公布政府信息公开工作年度报告。7月，自治区政府信息公开统一平台（西乡塘区人民政府）下线，完成信息内容整合迁移工作；11月，西乡塘区政务信息网升级改版为南宁市西乡塘区人民政府门户网站（市政府网站集约化平台），并完成网站群数据迁移工作。年内，区依申请公开均按照有关程序给予妥善处理，依法办理涉及政府信息公开的保密审查工作。受理依申请公开事项27件。其中，25件均依法按时给予答复，2件需征求第三方意见而延期答复。在图书馆、档案馆设立公开查阅点，区各部门规范向政务服务中心、档案馆、图书馆及时主动公开涵盖机构职能、法规规章、领导动态、工作动态、决策信息、规划信息、统计信息、财政管理、人事信息、行政职权、应急监察和其他内容12个大类的政府信息。在自治区政府信息公开统一平台（西乡塘区人民政府）信息更新量2182条，南宁市西乡塘区人民政府门户网站（网站集约化平台）信息更新量7010条。

2018年7月13日，西乡塘区在上尧街道办南罐社区举办第六届政务公开日活动 （区政务服务中心供图）

【第六届政务公开日活动】 2018年7月13日，西乡塘区在南宁市上尧街道南罐社区举办以"深化政务公开，优化营商环境"为主题的2018年政务公开日活动。组织各窗口单位及有关职能部门，改变以往坐等上门咨询服务的做法，主动到基层、企业，靠前服务，变投诉为建言献策，把办事与承办的"对峙"变为资源共享，形成机关、基层、企业三方联动的长效良性机制。在安吉华尔街工谷、安吉大商汇等企业及上尧街道办、安吉街道办、南罐社区、龙腾社区等举办10多场次公开政务活动，不断扩大影响面和受众面，参与企业100多家，发放咨询表格1000多份。

（梁　健）

机关事务管理

【机关事务管理机构及工作概况】 2018年，西乡塘区机关事务管理局（简称"区机关事务局"）承担并完成区机关公共机构节能管理、资产管理、房产管理、车辆管理、基建维修、物业管理、食堂管理、会务保障业务及领导交办的有关工作。

区机关事务局内设办公室等11个股室，有人员编制50名，实有40人。

【会务服务】 2018年，西乡塘区机关事务管理局做好南宁市"两会一节"（中国—

东盟博览会、中国—东盟商务与投资峰会、南宁国际民歌艺术节）、区党代会、人大会、政协会及香蕉旅游美食节、"两违"（违章建筑、违法建筑）拆除、"生态乡村建设"等重大活动的会务后勤保障工作。同时，完成日常性会务工作749场次（室内597场次、室外152场次），为6.68万人提供会务服务。

【物业管理】 2018年，区机关事务局抓好治安和保洁队伍的建设，强化管理手段，做好办公区、宿舍区的物业管理工作。年内，机关办公区聘用保安员74人、保洁员16人，宿舍区聘用保安员31人、保洁员8人。为机关各部门调配办公用房18处、用水维修322次、用电维修696次、电梯维保26次、消防设备维修293次、办公区监控设备维修79次。

【公务车辆管理】 2018年，区机关事务局继续做好区车辆综合保障服务平台及59辆车辆的管理工作。通过完善制度、落实责任，实行公务车辆基本信息登记台账表和一车一卡充值加油等，提高公务用车配备使用管理水平。年内，调配公务用车900余次，鉴定维修公务用车500余次，为区机关工作用车提供服务保障。

【房屋管理与服务】 2018年，区机关事务局继续做好机关公房管理、公房维修、严格审批制度等工作。年内，为机关干部职工、破产企业职工及接管大院住户共63户办理购买住房公摊面积相关手续；为机关干部职工的住房情况办理调查核对手续13份。完成原南宁市糖果厂宿舍区第三批63户住户的房产证办理工作；完成58栋办公楼、宿舍楼老楼危楼安全排查工作，并负责逐月报送老楼危楼安全资料。

【食堂管理】 2018年，区机关事务局管理负责5个办公区食堂，每日用餐人数580人。年内，各食堂严格实行把"三关"（物资采购关、成本管理关、卫生安全关）制度，每日对餐具进行高温消毒和餐厅的清扫、保洁，为机关干部职工就餐创造整洁安全的环境，确保干部职工吃得饱、吃得放心。食堂服务满意度测评达到98%以上。

【公共机构节能】 2018年，区机关事务局围绕开展宣传教育活动及节能改造重点，抓好各项工作的落实。节能宣传周期间，召开各类节能工作会议、举办节能知识讲座30次；悬挂宣传横幅、张贴标语口号、LED显示屏宣传等100多处，张贴节能宣传画150套；展出各种黑板报、图板、宣传橱窗10多处。

【精准扶贫】 2018年，区机关事务局负责金陵镇刚德村扶贫攻坚工作。按照"领导到村、单位包村、干部到户、责任到人、措施到位"的要求，每月开展一次至两次的走访调研贫困户、村民座谈会等活动。在深入调研、统筹协调的基础上，制定帮扶方案，确保结对帮扶工作有序推进。各帮扶责任人分别到帮扶贫困户家中，详细了解贫困户的实际情况，有针对性的实施帮扶工作；同时，做好政策宣传与群众思想工作，做到既扶贫又扶志。年内，基本完成刚德村脱贫的7户贫困户双认定工作。

（周　磊）

政 治

2018年4月19日，区机关事务管理局16名帮扶责任人深入到金陵镇刚德村开展"结对帮扶到村到户"活动。图为区机关事务管理局局长廖生斌同志（右二）与刚德村村委干部到挂点帮扶对象家中开展扶贫工作　　　（周磊 摄）

民政事务

【民政事务机构及工作概况】　2018年，西乡塘区民政局（简称"区民政局"）继续承担并做好辖区城乡低保、救灾救济、优抚、双拥、区划地名、民间组织管理、基层政权、社会事务、社会福利、老龄等工作。

区民政局内设双拥、优抚、老龄、基层政权建设、社会福利和社会事务、民间组织管理、区划地名、救灾救济办公室与社会捐助接收站、婚姻登记室、收养登记室、城乡居民最低生活保障管理办公室11个部门，在职在编人员18人。

【社区建设】　2018年，西乡塘区完成村（社区）一站式服务大厅建设5个，财政补助每个项目20万元。至年底，辖区共建设社区一站式服务大厅56个、村委一站式服务大厅37个。年内，审批社区惠民资金项目286个项，审批金额约137.67万元，资金使用率107.6%（含历年结余资金），其中上级资金使用率100%。选定金陵镇兴贤村作为农村社区试点建设单位，项目投入资金10万元，主要用于村委服务用房维修、文化宣传栏建设等。出台《关于加强西乡塘区城乡社区协商的实施方案》，进一步完善城乡社区治理体系。

【救灾救济】　2017年至2018年度冬春期间，区民政局及时开展遭受灾害群众的精准救助统计工作，按照政策规定做好救助款发放，支出9.62万元，惠及84户、219人。2018年，辖区发生风雹、台风自然灾害各一次，民政系统均及时按规定上报灾情。因灾导致家庭生活困难的部分农户，给予救助，2018年至2019年度冬寒春荒救助10户、34人，救助金额约1.53万元。北湖街道唐山路社区、北湖街道友爱南社区等20个社区获"社区减灾准备认证"称号。

2018年3月23日，西乡塘区民政局召开2018年民政工作会议，政府副区长梁红英（后排右三）参加会议　　　　　　　　（区民政局供图）

【优待抚恤】　2018年，西乡塘区落实优抚政策，在春节、"八一"建军节期间，组织走访慰问各类优抚对象5205人次(户)，发放慰问金141.57万元。年内，按照义务兵家庭优待金执行城乡一体发放标准，对

2016年入伍和2017年入伍义务兵家庭539人发放优待金840.94万元；对年内入伍的271名在校大学生发放一次性鼓励金222.9万元；对各类优抚对象及参战民兵1974人发放抚恤生活补助金1087.13万元；对在职持证"三属"（烈士遗属、因公牺牲军人遗属、病故军人遗属）114人发放一次性优待金8.41万元；各类优抚对象医疗统筹补助、护理费92.63万元。接访有关优待与抚恤问题的人员208人次，书面、电话答复340多次。

【退伍安置】 2018年，西乡塘区落实各项政策待遇，做好退役士兵的安置工作。年内，接收2017年退役士兵175人，为141人报名参加技能培训班，发放地方一次性自主就业经济补助金213.53万元。

【散居孤儿保障】 2018年，西乡塘区发放散居孤儿保障金266人次，金额33.12万元；发放年满18周岁继续接受教育散居孤儿基本生活保障金64人次，金额7.76万元。

【老年优待与养老服务】 2018年，西乡塘区发放90周岁至99周岁、100周岁以上高龄补助5419人次，245.71万元；办理《老年人优待证》6152本。年内，完成20个社区日间照料中心和4个城市养老服务中心的招标运营。重点打造南宁市三医院与南宁市新阳真情养老院医疗联合体，开设就医绿色通道，有4家养老机构能够以不同形式为入住老年人提供医疗卫生服务，11个社区卫生服务中心为居住在养老院和社区的老人提供慢病防治、康复理疗及建立老人健康档案等服务，实现小病在社区，康复在机构，大病在医院的精准医疗服务体系。制定《西乡塘区民政局、西乡塘区老龄办关于加强农村留守老年人关爱服务工作的实施意见》，创建32个基层老年协会、12个农村幸福院，配置有电视机、音响、棋牌等5种以上文化娱乐设施，以及《广西老年报》等4种适合老年人阅读的书刊报纸、老年人健身运动器材等。

【地名管理】 2018年，西乡塘区全国地名普查通过国家检测。同时，加强与青秀区、江南区、武鸣区等毗邻县区沟通交流，共同对边界实施有效管理，全年实现边界平安目标。

2018年3月3日，西乡塘区民政局局长韦寿华（中）在民政局3楼会议室主持召开西乡塘区2018年民政工作会议

（区民政局供图）

【婚姻登记】 2018年，区民政局婚姻登记处依法办理结婚登记5535对、离婚登记2594对。接待群众电话和现场咨询1万多次。

政 治

【农村丧葬改革】 2018年,西乡塘区为71位符合免除基本殡葬服务费用的城乡困难对象报销基本殡葬服务费用96325元。

【民间组织管理】 2018年,西乡塘区有社团组织65个,注销1个,变更登记1个;民办非企业单位277个,新增19个;注销4个,变更登记5个。参加年检的社会组织有170个,年检合格率100%。年内,继续做好社会组织孵化工作。南宁梦圆社会工作服务中心、南宁市乐众社会工作服务中心2家社会组织到万力社区社会组织孵化基地开展培育工作,主要提供残疾人服务、社区减灾宣传、社区青少年服务(四点半课堂)、社区党建等服务。

(刘丁宁)

民族宗教事务

【民族宗教事务机构及工作概况】 2018年,西乡塘区民族宗教事务局(简称"区民宗局")贯彻落实党和国家关于民族和宗教工作的法律法规、方针政策,继续加强民族宗教理论、政策和法规的宣传教育,为少数民族群众和少数民族聚居区办实事,调动少数民族群众和宗教人士的积极性,共同构建和谐西乡塘。11月,南宁市师范学校附属小学校长孙红梅获自治区第八次民族团结进步模范个人,南宁市西乡塘区教育局获自治区第八次民族团结进步模范集体。12月29日,举行"全国民族团结进步创建示范区"授牌仪式。

区民宗局加挂南宁市西乡塘区少数民族语言工作局牌子。有人员编制3名。

【加强民族团结宣传教育】 2018年,西乡塘区组织开展"民族团结宣传月"活动,同时利用壮族"三月三"、中秋节、古尔邦节,举办民族宗教知识培训班、民族文艺晚会、民族团结知识竞赛、民族团结进步创建活动进社区和进学校等一系列主题宣传教育活动,宣传《民族区域自治法》、党和国家的民族宗教政策。6月,举办区民族宗教工作业务培训班2期。在少数民族流动群众较多的北湖街道、华强街道、中华中路社区,开展形式多样的民族团结宣传教育活动,把宣传教育融入活动中。

2018年12月29日,自治区民族宗教委员会为西乡塘区获全国民族团结进步创建示范区授牌

(区民宗局供图)

【民族团结进步创建活动】 2018年,西乡塘区继续开展民族团结进步创建"八进"(进机关、企业、社区、乡镇、学校、宗教场所、家庭、商业街区)活动。结合实际,持续在社区(村)、教育系统等发掘培育民族团结先进典型,打造民族团结示范点。年内,对中华中路社区民族之家进行提升改造,优化整体环境、提升硬件基础、突出工作亮点。同时,做好金陵镇南岸村民族团结创建进农村工作,整合利用资源,

发展地域特色、民族特点的特色乡村，树立乡村民族工作品牌，保护乡村民族特色文化，让群众望得见山、看得见水、记得住乡愁、留得住回忆。

【少数民族发展资金规范使用管理】 2018年，区民宗局继续在少数民族聚居镇、村调查摸底，建立少数民族资金项目库。指导各镇、街道、学校申报项目，调整充实少数民族经济和社会发展项目库内容，对入库项目实行动态管理。同时，加强项目审核把关，科学确定发展项目，优先选择群众需求最迫切、最具可行性的项目。年内，利用中央财政专项扶贫资金（少数民族发展资金方向）205万元，涉及基础设施项目11个。具体为坛洛镇磦湖村铁道口至坛洛中学道路硬化（长600米、宽4米），投入20万元；坛洛镇武康村铁路道口机耕便道硬化（碎石路面1200米、宽5米），投入20万元；坛洛镇增朗坡巷道硬化项目（道路硬化700米、宽3.5米），投入20万元；坛洛镇高岭坡环坡道路硬化（道路硬化700米、宽3.5米），投入20万元；坛洛镇定顿小学通往那客坡的环坡路及小学后面铁路涵洞道路硬化（硬化环坡路200米、宽3.5米，小学后面道路硬化600米、宽3米），投入20万元；双定镇和强村华强坡西红柿基地道路项目硬化（道路机配碎石长500米、宽4米），投入15万元；双定镇英龙村龙山坡道路硬化项目（道路硬化长500米、宽3米），投入14万元；双定镇义平村武义坡那派道路硬化项目（道路硬化长600米、宽3.5米），投入16万元；兴贤村平畲坡8队道路护坡（道路硬化800米、宽3米），投入20万元；乐勇村晚方坡道路硬化（道路硬化700米、宽3.5米），投入20万元；南岸村花黎下巷道路硬化（道路硬化700米），投入20万元。

【民族成分变更办理】 2018年，西乡塘区按照有关精神及规定，继续做好变更、恢复民族成分的初审和送审工作。年内，办理民族成分变更59人次。

（黄嘉欣）

【宗教活动场所】 2018年，西乡塘区有合法登记宗教活动场所2处。分别为坛洛镇下楞基督教堂，有基督教教职人员1名，合法登记基督教信教群众158人；圣名岭的南宁万寿宫（2018年3月获自治区民宗委审批通过，筹备建设中）。

【宗教事务管理】 2018年，西乡塘区按照部署和要求，结合实际，继续做好宗教

2018年6月21日，在西乡塘区机关办公大楼7楼礼堂举办西乡塘区民族宗教政策法规学习培训班　　（区民宗局供图）

政 治

2018年10月23日，在西乡塘区机关大楼7楼礼堂召开西乡塘区宗教工作联席（扩大）会议 （区民宗局供图）

事务管理工作。开展宗教政策法规学习月活动，利用宣传横幅、标语、宣传栏、宣传单等方式，宣传国家宗教政策、法规。区委、区政府与各镇（街道）签订《2018年西乡塘区宗教工作责任书》，明确各级组织做好宗教工作的责任，并落到实处。6月，在区机关办公大楼7楼礼堂举办民族宗教政策法规学习培训班，培训300多人。打击非法宗教活动十余起，开展大型露天宗教造像专项整治，严禁宗教活动场所商业化、私有化。建立"区校"联动机制，加强校园非法宗教活动的治理。同时，继续对非法宗教书籍、刊物、音像制品等进行检查，切实做好抵御境外宗教渗透的工作。

（罗 王）

华侨事务

【华侨事务组织及工作概况】 2018年，西乡塘区有归侨侨眷3977人，海外侨胞713人。有北湖南路社区侨联1个，北湖南路社区、秀安路社区、大学东路社区"侨之家"3个，北湖南路社区、正培五金机电公司"侨胞之家"2个。年内，按照部署和要求，结合实际，切实做好侨法宣传、侨务联谊、引资引智、为侨服务等工作。

【基本侨情调查】 2018年3月至6月，西乡塘区筹措工作经费，扎实开展基本侨情调查，进一步摸清辖区侨情基数底数和侨界需求，健全完善侨情资料数据库。年内，利用节庆走访慰问活动，主动倾听侨界心声，动态跟踪了解侨情、侨心、侨意变化，及时准确掌握第一手侨情资料。

【侨法宣传】 2018年，西乡塘区结合开展基本侨情调查，印发《中华人民共和国归侨侨眷权益保护法》（简称"侨法"）宣传资料1万多份，涉侨家庭服务联系卡3000多份。同时，广泛开展"侨法"进机关、进乡村、进学校、进社区、进企业，进家庭学习教育宣传活动，营造人人学侨法、知侨法、守侨法、用侨法和依法爱侨护侨助侨的良好氛围。

【海外联谊与侨务活动】 2018年，西乡塘区共接待海外侨界考察交流联谊团3个，增进了解、密切感情。1月26日，组织归侨、侨眷参加在正培侨胞之家举办的学习宣传贯彻党的十九大精神迎春文艺演出；1月27日，组织参加广西印度尼西亚归侨、侨眷2018年迎新春联欢会；1月28日，与南宁新华人眷属联谊会、南宁机工眷属南宁联谊会、南宁缅甸归侨联谊会、越柬老归侨联谊会、南宁侨联留学归国人员联谊会联合举办联欢会。4月1日，中国侨联副主席康晓萍率考察团到北湖南路社区考察指导社区侨务工作，对北湖南路社区"同心·和谐幸福侨家"建设给予充分肯定。4月3日，在北湖南路社区开展壮乡"三月三"归侨、侨眷联谊会活动。6月，组织归侨、侨眷参加区"绿城风采，和谐社区文化"展演活动。10月21日，组织参加广西印度尼西亚归侨、侨眷联谊会活动。11月27日，组织党员归侨、侨眷到正培侨胞之家参观南侨机工参加抗日图片展。

【为归侨侨眷办实事】 2018年春节、国庆、中秋等重要节庆，西乡塘区划拨专项经费7.6万元，走访慰问生活困难归侨、侨眷152户。年内，落实信访工作首接负责制，建立来信来访登记反馈制度，对归侨、侨眷的来信来访，做到热情接待、认真对待、积极受理，及时主动协调相关部门依法依规做好矛盾问题的化解工作（化解矛盾纠纷3起）。

（秦红珍）

对台事务

【对台事务工作概况】 2018年，西乡塘区对台工作领导小组组长由区委书记、政府区长担任，副组长由区委副书记、常务副区长、统战部部长、区委办主任和政府分管副区长担任，成员由区委办、区政府办、区委统战部和区发改局等部门领导担任。领导小组下设办公室，负责对台工作的日常事务，办公室设在统战部，办公室主任由区委常委、统战部部长兼任，具体工作由统战部分管副部长负责。年内，西乡塘区对台工作以深入学习贯彻党的十九大精神以及中央、自治区党委和南宁市委对台工作会议精神为主线，以创新服务理念、方法和载体为驱动，以促进祖国统一大业为目标，着力深化拓展对台交流交往工作，全面巩固、提升各领域对台工作水平。

【台胞台属情况调查】 2018年，西乡塘区组织开展桂台婚姻家庭基本情况调查登记，以及定居广西桂台婚生子女大陆台湾省籍同胞身份调查认定工作。年内，组织对困难台胞台属情况进行调查。

【服务台商台胞台属】 2018年，西乡塘区继续开展服务台商台企"六个一"活动（召开一次台商代表座谈会、兑现落实一批惠台政策、走访慰问一批台资企业、依法调处一批台资企业、推进一批桂台合作项目、解决一批台资企业发展遇到的问题）。对辖区内40多家台企及台商进行走访调研，实地了解企业生产经营情况；组织召开辖区台商代表座谈会，学习宣传国务院台办、国家发改委等发布的《关于促进两岸经济文化交流合作的若干措施》和自治区人民政府《关于加快桂台现代农业合作发展的意见》《关于降低实体企业成本若干措施的意见》有关惠企政策，介绍西乡塘区2018年服务台资企业发展的工作重点、主要措施及经济发展情况，听取台商代表对南宁市兑现落实惠台政策措施、推进台资企业发展、促进台湾青年在邕创业、服务台企台胞等的意见建议，并组织与会人员围绕创新服务台企模式机制，推进台企

政治

服务信息化平台建设，改善台企营商环境，提高服务台企工作质量，深化台企互利合作、发展共赢等主题进行广泛深入交流探讨，征集建设性意见建议10余条，帮助解决现实困难问题8个。年内，做好涉台信访工作，调处消解涉台投诉问题1起。对20名困难台胞台属进行春节慰问，并发放慰问金。

【与台交流】 2018年6月27日，西乡塘区接待台湾花莲参访团一行22人到美丽南方休闲农业示范区进行参访。组织举办"美丽南方·桂台休闲农业交流会"，进一步推介南宁、推介西乡塘，深化对台交流交往。

（秦红珍）

招商引资

【招商引资机构及工作概况】 2018年，西乡塘区投资促进局（简称"区投促局"）主要承担并做好有关重点目标、重点产业、重大项目的招商引资，组织区重大投资促进活动，重大招商引资项目的协调推进和投资环境建设，以及投资合作项目的洽谈、签约和跟踪、协调、服务和宣传推介等工作。年内，西乡塘区实际到位资金75.65亿元，比上年增长13.41%，其中全口径实际利用外资1.93亿美元，比上年增长183.96%。

区投促局内设综合股、财务室、招商政策组、招商一组、招商二组5个部门，有人员编制4名，实有18人。下设二层机构招商促进服务中心，在职在编人员6人。

【招商推介活动】 2018年，西乡塘区组织开展外出招商活动6次。分赴上海、山东、江苏、福建、广东、海南、湖南、四川、云南等地，重点考察宇培江苏昆山物流园、徐州苏宁广场、苏宁雨花现代综合物流园、融信双杭城、福州三坊七巷旧改、绿地中央文体中心、恒大集团养生谷、浔龙河生态艺术小镇等项目，对接宇培集团、苏宁集团、恒大集团、绿地集团、中京城旅游发展有限公司等知名企业，并进行洽谈。9月12日，在石埠街道美丽南方紫薇庄园举办"2018年西乡塘区投资环境推介会暨项目签约仪式"，广东万和集团、美的置业集团、苏宁易购集团股份有限公司等32家知名企业参加，重点推介美丽南方田园综合体、东南产业园、安吉CBD和区旧改片区4个重点发展区域，具体介绍西乡塘区产业现状、优势及未来发展趋势。会上，西乡塘区与南宁万昂投资有限公司、南宁市美曦房地产开发有限公司、宝湾物流控股有限公司、广西汇晟环保材料有限公司、中国丝绸之路投资管理有限公司签订投资框架协议、投资合同，项目总投资约59.8亿元，涵盖物流、商贸服务、制造、休闲旅游等领域。

【项目引进】 2018年，西乡塘区引进美的置业集团投资的"美的慧城"、阳光城集团股份有限公司投资的"阳光城檀悦"、美的置业集团与旭辉集团共同合作开发投资的"美的旭辉城"、大唐地产集团投资的"大唐天悦"等项目，打造高端商住小区。引进广隆汽车投资有限公司投资的"华尔街工谷"二期项目，为中小企业搭建"苗圃—孵化—加速"的全生命周期服务体系。引进华润水泥有限公司投资的年产150万吨水泥磨用混合材料生产线技改项目、华润环保工程有限公司投资的利用水泥窑无害化协同处理生活垃圾项目，培育新的工业增长点。与广西广投文化旅游投资有限公司、广西老木棉投资有限公司、康盛时代控股有限公司、苏宁易购股份有限公司、广西南宁高斯特科贸有限公司等国内知名企业签订战略合作协议、投资合同。

【项目服务】 2018年，区投促局注重做好招商引资项目的跟踪、服务，协调解决项目建设中存在的困难和问题。年内，协调解决安吉山语城项目垃圾堆积场迁移、项目周边路网建设滞后问题，二标项目中铁二十五局第六工程有限公司拟用于设置临时办公安置点问题；协助南宁万昂投资有限公司、广西淘乐邦电子商务有限责任公司、南宁美曦房地产有限公司、广西苏宁易达物流投资有限公司申请办公注册地址，并全程跟踪解决企业在办理营业执照中出现的各种问题和困难。

（潘 艺）

中国人民政治协商会议南宁市西乡塘区委员会

综 述

【区政协成员及机构】 2018年，中国人民政治协商会议第三届南宁市西乡塘区委员会（简称"区政协"）设主席1人、副主席4人、秘书长1人、常委31人、委员232人。区政协机关设办公室、综合专门委员会、提案委员会3个机构，设提案法制、

2018年1月18—19日，中国人民政治协商会议第三届南宁市西乡塘区委员会第三次会议在区机关办公大楼7楼礼堂召开　　　　　（区政协供图）

学习文史、经济科技、文教卫体等7个专门委员会，有人员编制11名，实有15人。

【工作概况】 2018年，区政协通过召开会议、开展活动，结合实际，切实做好政治协商、民主监督、参政议政等工作。

重要会议与活动

【政协第三届南宁市西乡塘区委员会第三次会议】 2018年1月18日至19日，中国人民政治协商会议第三届南宁市西乡塘区委员会第三次会议在区机关办公大楼7楼礼堂召开。254名委员和嘉宾、列席人员参加会议。区委书记廖伟福，政府区长陆广平，人大常委会主任周少剑，以及区委、人大、政府、武装部、法院、检察院、公安分局等领导受邀参加会议。会议分别由区政协主席费勇，副主席黄祥凌、刘景生、庞晓民、李桃主持。会议听取和审议《中国人民政治协商会议第三届南宁市西乡塘区委员会常务委员会工作报告》《中国人民政治协商会议第三届南宁市西乡塘区委

员会常务委员关于政协三届二次会议以来提案工作情况的报告（书面）》；区委书记廖伟福代表中共西乡塘区委员会向大会的召开表示热烈祝贺并讲话；会议期间，政协委员列席南宁市西乡塘区第三届人民代表大会第三次会议，听取和讨论南宁市西乡塘区人民政府工作报告及其他有关报告；审议通过中国人民政治协商会议第三届南宁市西乡塘区委员会第三次会议政治决议等各项决议，听取西乡塘区政协三届三次会议提案审查情况报告。

【政治协商】 2018年，区政协继续抓好委员协商议政的培训指导，提升履职能力，区政协委员对政府工作报告、经济社会运行通报等进行讨论交流，议政建言，共商发展大计。年内，结合委员增补事项开展协商、完成增补委员10名。结合课题调研工作，组织内部协商3次；调研期间，与相关单位、企业和科研院所进行协商座谈18次。结合视察工作，与区各单位和部门就视察议题等协商31次。推进民主法治建设中，提交协商意见53条。组织开展提案办理专题协商36次。

【民主监督】 2018年，区政协选派100名委员参加2018年度自治区消防总队消防工作满意度调查。年内，组织区政协委员40多人次参加区机关及领导干部民主测评、党风廉政建设、党代会征求意见座谈会等活动，在推进民主法治建设中，商派委员开展民主监督140人次，提出监督意见建议，促进依法行政和民主法制建设。

【视察调研】 2018年，区政协围绕西乡塘区发展中的热点难点问题等，组织开展视察调研活动27次。上半年，组织对区推进基本公共卫生服务建设情况、"美丽南方"乡村振兴建设有关项目、金陵镇东南村产业园区建设情况进行视察；下半年，组织对广西南宁金起桦农产品加工有限公司、河西产业园标准厂房项目建设情况、广西桂洁农业开发有限公司运营情况进行视察。年内，区政协提案法制委到区法院就执行难问题进行调研，听取情况介绍，有针对性地提出协商化解矛盾的意见和建议；到南宁职业技术学院开展利用校政企平台助力地方经济建设的座谈调研活动，到石埠街道忠良村开展村规民约对当地村民影响的走访、座谈、调研活动。区政协学习文史委组织委员视察三街两巷、石埠那告民俗民居等历史文物保护情况。区政协经科委到安吉青苹果家居城走访商家企业，开展考察调研活动。区政协城建委组织委员到"美丽南方"产业园开展国家田园综合体示范区发展情况的调研视察活动。区政协海外联谊民族宗教委组织委员到圣名岭开展西乡塘区旅游情况调研活动。区政协农业委组织委员到各镇、街道，广西鸿生源环保公司等就垃圾中转站、垃圾处理场所有关情况开展调研。同时，围绕创新驱动、提质增效、绿色发展等，确定9个专题，组织委员分组开展课题调研。

【提案工作】 2018年，区政协强化各方统筹，推进提案工作提质增效。区政协三届三次会议期间和闭会后，收到政协委员提交提案155件，立案141件，立案率90.9%，其中区本级承办的提案98件。截至年底，区本级承办的提案全部办复，办复率100%。提案人对提案办理工作普遍表示满意,满意率100%。

【政协理论和宣传工作】 2018年,区政协在自治区政协和南宁市政协开展"政协系统党的建设""加强政协民主监督作用""更好发挥人民政协作为爱国统一战线组织的作用"和"双月协商会"等主题的理论研讨活动,以及政协提案工作、文史工作等专项交流会中,提交理论文章、经验交流材料和大会发言材料共8篇,其中1篇论文被评为优秀并在全市政协系统党的建设座谈会上现场发言。2018年区政协分别荣获自治区政协信息工作鼓励奖和市政协理论研究优秀奖。

【助推脱贫和乡村建设】 2018年,区政协组织政协委员捐款1.6万元,支持金陵镇南岸村兰刘新村基础设施建设。同时,协调安排的3.5万元健身路径和12万元灯光球场项目,年内均已完成。

【服务中心工作】 2018年,区政协班子领导成员服务和协助服务全区重大项目及旧改攻坚战项目建设34个,其中自治区重大项目圣名岭东盟文化旅游区项目、五里亭旧改项目、美丽南方田园综合体项目等取得新进展。分别到16个联系点,协调做好日常检查管理和整改整治行动,搞好"美丽建设"。按照安排,切实做好16位专家委员、专家人才的联系服务工作,促进科技成果应用和项目发展。分别到7个网格责任点,协调落实创卫生城、食品安全、黑臭水体治理、扫黑除恶等各项工作,抓好社会管理。

【团结党派群团组织】 2018年,区政协继续加强与群团组织的联系,走访非公企业、帮助企业成立工会,新增建会人数1.5万人。争取上级支持资金66万元用于打造职工之家及农民工劳动技能培训。继续加强与民主党派和工商联、非公企业等各界人士的联系,协助企业解决发展难题,服务万年红、树香园等新项目进驻落地。依托"银企座谈会",为中小微企业融资1850万元。引导商会会员承担社会责任,参与公益事业及和谐社会建设。

【加强对外联系交往】 2018年,区政协协助自治区政协组织驻桂全国政协委员、自治区驻邕和港澳地区委员考察视察3次;协助自治区和南宁市政协接待各省、市政协考察美丽南方田园综合体、龙门水都等项目19次;对接市政协联合开展重大课题调研和视察活动5次。同时,组织参加上级举办的培训班、同心讲座,以及提案、科教、文史等专题工作经验交流会,提升区政协委员及机关工作人员的履职能力。年内,接待到访考察33批次,宣传和展示西乡塘区休闲旅游、田园综合体、产业发展、营商环境等工作的特色亮点。分批组织区政协委员到外地学习交流,借鉴经验和做法。

(林新爱 覃 咏)

纪律检查与监察

【纪委监察机构及工作概况】 2018年,中共南宁市西乡塘区纪律检查委员会(简称"区纪委")、南宁市西乡塘区监察

政治

2018年7月26日，区纪委监委在金陵镇开展西乡塘区深化扶贫领域腐败和作风问题专项治理公开大接访活动。图为活动现场

（李东平 摄）

委员会（简称"区监委"）有行政编制25名，派驻纪检监察组行政编制9名。设纪委书记1人（兼任监委主任），副书记2人（兼任监委副主任），常委4人，委员4人（其中2名由纪委常委兼任）。机关内设办公室、党风政风监督室、信访室、案件监督管理室、第一纪检监察室、第二纪检监察室、第三纪检监察室、案件审理室8个机构；设派驻区委办公室纪检监察组、派驻政府办公室纪检监察组、派驻农林水利局纪检监察组3个派驻机构，实现对区党政群机关和区直属事业单位的派驻监督全覆盖。有基层纪（工）委11个（含3个镇、8个街道）。各镇分别设专职纪委书记1人，街道分别设纪工委书记（由同级党工委副书记兼任）1人；11个镇（街道）全部设立监察室，配齐监察室主任，基层纪委委员共55人。年内，区纪委负责辖区党的纪律检查工作，贯彻落实上级党委和本级党委关于加强党风廉政建设的决定，维护党的章程和党内法规，检查党的路线、方针、政策和决议的执行情况，协助区委抓好党风廉政建设和组织协调反腐败工作；区监委负责辖区行政监察工作，对辖区所有行使公权力的公职人员进行监察，调查职务违法和职务犯罪，开展廉政建设和反腐败工作，维护宪法和法律的尊严。

【落实"两个责任"】 2018年，区委常委会研究落实党风廉政和反腐败工作6次，听取专题工作汇报18次。区委与13个基层党（工）委和各扶贫责任单位分别签订年度党风廉政建设责任书，2018—2020年扶贫领域腐败和作风问题专项治理主体责任、监管责任及监督责任责任书。进一步规范落实党风廉政建设主体责任纪实制度，将全区56个党组织、党组织主要负责人及班子成员纳入落实《纪实制度》范围。区四家班子领导履行"一岗双责"，经常到分管联系单位、部门，与主要负责人进行廉政约谈区纪委协助区委抓好责任落实，组成9个督查组对区各有关党组织落实纪实制度情况专项督查，针对督查发现的159个问题进行通报；针对"两个责任"落实不力共问责单位7个，干部31人，倒逼责任落实。区委巡察办设为常设机构，落实1办2组共9个编制，配齐配强巡察力量。

【作风建设】 2018年，区纪委、监委成立32个督查工作组，派出96人次，紧盯重要年节假期，常态化开展明察暗访；开展专项整治"私车公养"督查，查处问题40起，立案40件。年内，回复廉洁意见141个单位、1479人。开展"抓作风、提效能"专项活动，制定印发《西乡塘区贯彻落实习近平总书记重要指示精神集中整治形式主义、官僚主义的实施方案》，将6项整治内容32个具体表现清单化，进一步整合力量开展集中整治；印发区典型案例通报19批次。投入20万余元在区各单位（部门）安装人脸识别考勤机，印发《西乡塘区科级非领导职务干部管理暂行办法》，加强干部作风建设。

【执纪审查】 2018年，区纪委、监委坚持强震慑、零容忍、全覆盖，受理群众信访举报件316件，处置问题线索122件，立案132件，同比增长7.3%，其中查处科级干部43件，结案153件（含历年），给予处分147人，免于纪律处分6人，移送司法机关处理2件，收缴违纪违规资金35.02万元。继续推进基层信访举报提高年工作，建成1个区级、4个乡镇（街道）级标准化信访接待室并投入使用。组织开展扶贫领域作风和腐败问题专项治理、"政治建设六项重点任务"等主题公开大接访活动9场次。投入经费396余万元，在128个村、社区建成基层廉洁工作站，实现基层廉洁工作站建设全覆盖，工作站广泛开展田间（楼宇）访、夜访、约访"三访"活动，家门口"纪委"监督"探头"作用正在逐步发挥。

【宣传教育】 2018年，区纪委、监委加强对新修订《中国共产党纪律处分条例》（简称《条例》）等相关党纪法规的宣传和教育。组织《条例》宣讲团，到基层单位进行宣讲24场次，向区科级领导干部发放《条例》510册。组成5个督察组，对各镇（街道）、区各单位（部门）开展学习贯彻《条例》专项督查，发现问题6个，提出整改问题6个。召开警示教育大会、案件通报大会，组织全区党员干部观看廉政警示教育片4部，引导党员干部不断强化纪律规矩意识、底线红线意识。依托区纪委监察网、微信公众平台、微博等及时推送党风廉政建设新动态，结合信访工作，完善网站举报专栏的建设和内容更新，全年推送学习文件典型案例通报281次，发布微博331条；在自治区、市纪委网站，《广西日报》《南宁日报》等媒体刊载反腐倡廉信息100多篇（次）；在重要节假日向区副科级以上干部集中发送廉政提醒短信5000多条（次）。依托基层廉洁工作站，组建村级义务宣传队伍，开展专项治理宣传周活动，发放《致广大群众的一封信》12万份，公布举报渠道，讲解典型案例。开展扶贫领域腐败和作风问题专项治理及扫黑除恶专项斗争文艺巡演5场次，有效提高广大群众对"两个专项"工作的知晓率。

【队伍建设】 2018年，区纪委、监委以开展"纪委监委融合年"活动为契机，进一步提升队伍的综合素质和履职能力。年内，提拔纪检监察干部3名；选派6名纪检监察干部到上级纪委跟班跟案学习；抽调基层纪检监察干部6批次、31人到区跟班学习。9月，在广西民族大学集中举办区纪检监察干部综合业务培训班，105名纪检监察干部参训。全面落实约谈、外出请假、重大事项报告等制度，制定出台西乡塘区纪检监察干部"十不准、十严禁"行为规范，防止"灯下黑"。

【绩效考评】 2018年，西乡塘区组织开展2017年度区机关绩效考评实施工作。组织51个数据采集责任单位采集数据，开展区本级2017年度机关绩效考评领导评价和公众评议，对区机关年终第二次绩效考评察访核验。区纪委书记对被通报的12个部门负责人进行约谈，约谈通报情况纳入年度绩效考评范围。同时，协调区各相关部门，做好南宁市绩效考评的察访、核验等工作。

【"两重两问"】 2018年，区纪委、监委对"两大攻坚战、五大主动仗"（项目建设攻坚战、"三旧"改造攻坚战，脱贫摘帽主动仗、休闲农业旅游养生示范区升级主动仗、现代商贸服务业转型升级主动仗、社会治理主动仗、宜居乡村建设主动仗）等重点工作、重大项目开展监督检查问责问效。年内，发出督办函225份，完成249项问题的整改，集体约谈7个单位13人次，印发2期黑榜，印发函询1份，通报2期，点名曝光存在问题单位8个。对邓圩村定东坡人饮水源工程实施中失职失责、慢作为被电视问政曝光问题，监管华润水泥（南宁）有限公司长期违法使用林地过程中履职不力问题，"市大行动"办交办的盛天西城项目工地泥头车违法运输建筑垃圾处置过程中监管不力、处置不力等问题共问责8人，其中正科职领导干部2人、副科职领导干部6人。

（黄上秦）

民主党派

中国国民党革命委员会西乡塘区总支部委员会

【民革区总支部概况】 2018年，中国国民党革命委员会南宁市西乡塘区总支部委员会（简称"民革区总支部"）下设西乡塘一支部、西乡塘二支部、西乡塘三支部、红会医院支部、一中支部、南机支部6个支部，党员88人。主要来自西乡塘辖区医疗卫生、教育和国有企业等单位。党员中有各级人大代表、政协委员13人。其中，南宁市政协委员2人、西乡塘区人大代表1人、西乡塘区政协委员10人。

【参政议政】 2018年，民革区总支部履行参政议政、民主监督职能，区民革界别政协委员围绕西乡塘区重点工作和重大项目建设等，开展小组讨论，提出有价值的意见建议。10月27日，在民革南宁市委举办的提案宣讲会上，民革区总支部提交提案建议19篇，论文《新形势下网络统战工作方法的创新探索》1篇。

【社会活动】 2018年8月11日，民革区总支部及各支部支委12人分三组分别走访慰问横县及辖区的15名抗战老兵，送上慰问品和慰问金。2月8日，民革区总支部组织人员到双定镇武陵村慰问20户贫困户，送去慰问品和慰问金，同时开展脱贫攻坚调研活动。在民革南宁市委会开展的"同心水柜"捐赠活动中捐款7800元，为打赢脱贫攻坚战献爱心。年内，民革区总支部组织党员参加广西统一战线新时代讲习所、南宁市民革"同心大讲堂"、民革南宁市委会骨干党员钦州培训班、庆祝中华人民共和国成立69周年歌会、民革广西区委会"纪念改革开放40周年、庆祝自治区成立60周年"健步走等学习、培训和文体活动。

（廖文权）

2018年2月8日，民革西乡塘总支开展脱贫攻坚春节慰问活动　　　　　　　　　　（民革区总支供图）

中国民主同盟南宁市西乡塘区基层委员会

【民盟区基层委概况】 2018年，中国民主同盟南宁市西乡塘区基层委员会（简称"民盟区基层委"）下设综合一支部、综合二支部、教育一支部、教育二支部、南宁职业技术学院支部、南宁市八中支部、十五中支部、二十中支部、二十四中支部9个支部。有盟员213人，盟员中有各级人大代表、政协委员12人。其中，南宁市人大代表1人、南宁市政协委员3人、西乡塘区人大代表1人、西乡塘区政协委员7人。年内，各支部开展活动22次，发展新盟员5人；盟员获国家级荣誉8项、自治区级荣誉6项、市级荣誉12项。

【参政议政】 2018年，民盟区基层委组织盟员参加协商会、现场督办会、座谈会、民主评议会、听证会、电视问政等，并做好相关发言，提出意见和建议。年内，完成立项课题5个（民盟区委重点课题1个、民盟市委课题4个），另有支部课题2个。在各级人大和政协会议上，提交代表议案4件、集体提案2件、委员提案7件。报送反映社情民意信息20条。

【社会服务】 2018年，民盟区基层委开展"同心·扶贫助困"义务服务活动4次，受益群众上千人次。参与向贫困县捐建地头水柜活动，合计捐款6200元。年内，组织人员到坛洛镇硃湖小学开展捐款支教活动；赴横县新福中学、凤山县拉隆小学、巴马县弄中小学、巴马县东山优雅村小学开展帮教活动；组织到万力社区、武鸣区弄七村、陆川县乌石乡开展精准扶贫活动；到新阳街道中尧路东海养老院开展帮扶慰问活动；赴金秀县瑶族文化中心开展扶贫慰问演出。

（李绍华）

中国民主建国会南宁市西乡塘区总支部

【民建区总支概况】 2018年,中国民主建国会南宁市西乡塘总支部(简称"民建区总支")下属3个支部。有会员73名,会员来自辖区的机关、企事业单位、大专院校、科研院所、民营和私营企业等。其中,政府部门8人、教育界7人、企业35人、其他23人。会员中有各级人大代表、政协委员13人。其中,自治区政协委员1人、市人大代表1人、市政协委员3人、区人大代表2人、区政协委员6人。

【参政议政】 2018年,民建区总支组织会员开展统战理论研究,撰写统战理论文章。会员黄福东和黄福川撰写的《统一战线扶贫的两大优势——多维与长期——靖西市魁圩乡魁圩街脱贫攻坚的思考》,申报2018年度统战理论政策研究和实践创新成果;会员甘善泽撰写的论文《职业教育中工匠精神的培育与养成路径》,获民建中央第三届"工匠精神"论坛暨"工匠精神与职业教育"征文三等奖。年内,发挥民建与经济界密切联系的优势和作用,开展调研建言、献计献策。3月,民建区总支组织人员到国家级科技企业孵化器——安吉华尔街工谷产业园调研,面对面服务园区双创企业,并对产业园区的下一步发展提出意见建议。

【组织活动】 2018年11月12日至16日,民建区总支组织会员参加民建南宁市委会在梧州社会主义学院举办的"民建南宁市委会2018年深入学习习近平新时代中国特色社会主义思想暨骨干会员培训班"。12月5日,组织骨干会员12人到广州社会主义学院学习培训5天,并到广东省首个创投产业园区——广州创投小镇参观学习。12月8日,组织会员在青秀山开展8千米越野拓展活动,加强会员间的交流。12月16日,组织会员参加南宁市委会举行民建"同心"气排球比赛,获第四名。

(罗山宁)

2018年12月16日,民建西乡塘总支参加西乡塘区统战部组织的"同心"气排球比赛,获得第四名 (民建西乡塘总支供图)

中国民主促进会南宁市西乡塘区总支部委员会

【民进区总支概况】 2018年,中国民主促进会南宁市西乡塘区总支部委员会(简称"民进区总支")有南宁职业技术学院支部、市一职校支部、市五中支部、南宁外国语学校支部、南师附小支部、西乡塘教育综合支部、西乡塘区综合支部、退休支部8个支部。会员131人(男55人、女76人),主要来自教育机关、政府机关、司法机关、企业、医药卫生单位等。其中,教育界111人、企业5人、司法界1人、科技界1人、其他13人。会员中有南宁市人大代表1人、市政协委员2人、西乡塘区人大代表1人、区政协委员8人。

【参政议政】 2018年，民进区总支组织5人开展《乡村振兴战略下构建我市村级权责清单制度研究》课题调研。部分会员参加民进市委会法制专委会《规范和完善我市住宅小区物业管理服务》课题的调研活动并完成课题报告。会员中人大代表曾兰提交《关于对0—6岁孤独症患儿家庭进行补助的建议》和《加强对电动车逃逸事件查办的建议》议案。会员中政协委员陈其庆、蒙雪兰提交《关于南宁市中等职业学校布局的建议》《关于加强治理南宁市商品房销售变相涨价乱象的建议》《关于加快引进"环保新能源，建设南宁智慧城"的建议》《关于进一步发挥公益组织力量，早日落实垃圾分类处理的建议》等提案。会员王海文、姜惠明、韦起洲、唐艳玲、韦桂开、顾骞、陈成分别提交《发展生态农业经济助推扶贫攻坚》《关于加强住改商管理的建议》《关于加强社区卫生服务站建设的建议》《关于规范和立法校园网贷的建议》《关于加强监管12岁以下中小学生禁止使用共享单车的建议》《关于搞活地铁1号线附近的经济发展的建议》《关于新形势下推行错时上下班制度的建议》《关于以居家养老为基础、社区服务为依托、推进和完善义工等服务制度，构建养老服务信息化的建议》等提案。会员陈成、黄天琪分别提交《建议在南宁饭店门前民生路上架设行人过街天桥》《关于破解南宁市中小企业融资难的建议》《关于推行斑马线前地面字体提醒"礼让行人，守法过街"的建议》等。会员唐煦海撰写《从"一带一路"的倡导看中国的宏大战略》论文获"创新杯"全国中小学教育论文大赛一等奖。年内，安排会员7名先后到厦门大学、湖南大学、中山大学、浙江大学等国内著名高校参加参政议政能力提高培训班。

【社会服务】 2018年，民进区总支组织会员参加广西第六届中小学艺术展演活动，莫海冰的中学美育改革创新案例获一等奖。在同心实践教育基地组织举办2期"传承饮食文化、保持民族特色"社区教育活动周活动，90人次参加。1月6日至26日，联合区总工会举办在岗农民工职业技能提升保育员培训班，111人参加培训。6月30日，开展"舌尖上的美味"残疾人美食小组服务系列活动，在梧桐苑社工站组织社区残疾人进行制作云吞培训，28人参训。9月，组织参加"广西统一战线同心水柜"捐款活动，为贫困地区建设水柜捐款620元；开展"怎样欣赏书法"活动，65人参加。部分会员分别参加广西第五届残疾人职业技能竞赛、中央电视台财经频道《魅力中国城》第二季竞演活动、东盟烹饪比赛、广西电视台"超级点子王"制作美食节目。9月22日，组织会员到宾阳县中华镇新塘村开展贫困村集体经济发展情况的调研，为贫困群众捐款800元、捐衣100多件。10月18日，对广西通信产业服务有限公司企业客服人员开展普通话短期培训，120名员工参训。年内，部分会员创作的13件作品分别参加民进广西区委、南宁市政协和民进市委会举办的各类书法展览。

【学习培训】 2018年3月23日，民进区总支组织全体会员参加民进广西区委、民进市委会举办的学习贯彻全国"两会"精神大会。3月，组织会员观看2017年感动中国道德模范人物感人事迹纪录片。4月，推荐部分会员参加民进市委会主办的纪念"五一口号"发布70周年主题教育培训活动。5月，选派会员参加"不忘初心 继续携手前进"南宁市各民主党派纪念中共中央发布"五一口号"70周年演讲比赛，莫海冰获二等奖。10月20日，组织会员60人到孔庙参观"纪念民进南宁市地方组织成立60周年发展成果展"。12月，组织全体会员深入学习贯彻习近平新时代中国特色社会主义思想、中共十九大、民进十二大精神，开展"不忘初心 牢记使命"主题教育活动。年内，安排会员轮流参加区统战部举办的广西统一战线新时代讲习所学习班。安排7名会员分别到厦门大学、湖南大学、中山大学、浙江大学参加参政议政能力提高培训班。

（王海文）

中国农工民主党南宁市西乡塘区总支部委员会

【农工党区总支概况】 2018年，中国农工民主党南宁市西乡塘区总支部委员会（简称"农工党区总支"）下设市三医院支部、市红十字会医院支部、市中医医院支部、南宁中心血站支部、市五中支部、西乡塘区教育支部、西乡塘区综合支部、市高新支部8个支部。有党员141人（新发展党员1人）。其中，医卫界85人、教育界38人、机关8人、其他10人。具有高、中级专业技术职务任职资格87人。党员中有市人大代表2人，市政协委员6人（常委1人）；区人大代表1人；区政协委员8人（常委1人）。

【参政议政】 2018年，农工党区总支开展"关于南宁市中小学校体育设施安全情况的调查"课题调研活动，完成课题调研报告报送农工党市委会和区委统战部。区总支主委参加中共西乡塘区委召开的政党协商会，就脱贫攻坚工作建言献策。在各级"两会"（人大会、政协会）期间，区总支党员中的各级人大代表、政协委员就南宁市和西乡塘区的经济发展、文化建设、生态环境、城市交通、医疗卫生、社会保障等提交议案、提案和建议23件。报送反映社情民意信息25件，其中2件被农工党中央采用，2件被自治区统战部采用，5件被农工党广西区委采用，2件被中共南宁市委办公厅采用。

【思想建设】 2018年，农工党区总支组织学习日活动4次，开展"不忘合作初心，继续携手前进"主题教育活动。开展"三学一讲"专题活动（学习习近平新时代中

2018年5月，农工党南宁市红十字会医院支部到西乡塘区永宁社区开展义诊宣传活动，纪念国际护士节

（黄泽云 摄）

国特色社会主义思想和中共十九大精神，学习《中华人民共和国宪法》，学习农工党十六大精神、《中国农工民主党章程》和多党合作历史；总支、支部主要领导带头讲党课）。组织区总支委员参加广西统一战线新时代讲习所1—6讲的学习。区总支和支部分别召开纪念"五一口号"发布70周年座谈会，选派1名党员参加全市统一战线纪念"五一口号"发布70周年演讲比赛，获三等奖。选送4幅美术作品参加"不忘合作初心，继续携手前进"——农工党广西区委庆祝改革开放40周年、广西壮族自治区成立60周年书画摄影展。党员报送宣传稿件15篇。

【组织建设与社会服务】 2018年，农工党区总支根据工作实际和党员优势，继续开展特色支部建设。市三医院支部，利用支部卫生保健人才优势，在新阳街道中尧路社区开设同心健康讲堂，持续开展"同心"品牌建设活动。全年开设健康知识讲座4次，受益群众260人次；11月，在中尧路社区举办庆祝"科普健康讲堂"成立十周年纪念活动，讲授健康知识，发放生活卫生用品。高新区支部的党员大部分是企业家，在党员企业建立农工党员之家，成立同心学堂，开展文化建设活动。中心血站支部发挥人才优势，致力参政议政，反映的社情民意信息得到农工党中央等上级部门采纳。在兴业高中和上林县建立帮扶点，开展送温暖活动，资助学校贫困生。组织党员参与"广西统一战线同心水柜"捐赠活动，向"同心水柜"项目捐款约5万元。

（周建伟 严用明）

中国致公党南宁市西乡塘区总支部委员会

【致公党区总支概况】 2018年，中国致公党南宁市西乡塘区总支部委员会（简称"致公党区总支"）下设友爱支部、新阳支部2个支部，支委5名。有党员68人，其中男性党员31人，女性党员37人；在职党员51人，占75%，离退休17人，占25%；党员分布在教育界41人，占60.2%；卫生医疗界7人，占10.2%；其他20人，占29.4%。党员中有市人大代表1人，市政协委员2人，区人大代表1人；区政协委员6人，政协常委1人，政府副区长1人。

【参政议政】 2018年，致公党区总支继续开展"一支部一调研，一党员一建议，一人大一议案，一政协一提案"活动。年内，提交和报送《关于做好预防保护儿童、青少

2018年11月，"百会同心讲堂"成立十周年纪念活动在中尧路社区举行，农工党南宁市委会主委黄玉燕出席活动并讲话　　　　　　　　　　（丘一明 摄）

年视力健康建议》《关于提高基层党组织建设建议》等提案、议案及论文、课题调研文章共6篇。致公党区总支张龙安主委、吴团娇副主委，覃柳妮、黄晓光支委委员参加区扶贫工作会议，对扶贫工作建言献策；3月29日，覃柳妮、苏娟、孙梅等参加致公党南宁市委会参政议政工作会议。

【学习培训与活动】 2018年1月3日，致公党区总支支委委员覃柳妮参加广西咖啡饮品服务行业协会学习落实习近平总书记在民营企业座谈会上的讲话精神分享会。3月15日，致公党区总支组织女党员参加致公党市委会在石门森林公园举办的纪念"三八"妇女节活动。4月9日至28日，覃柳妮参加中国传媒大学艺术创作院中西绘画写生班学习。7月20日，张龙安等6位党员参加致公党市委会举办的党派学习培训——广西成立60周年专题讲座。同时，选派党员代表参加自治区党委统战部举行的统一战线新时代讲习所第一讲到第六讲活动。12月30日，致公党区总支与南宁市扶壮学校联合举办2019年迎新春联谊会，并给5名老党员送上春节慰问。

【社会服务】 2018年，致公党区总支在职党员积极参加本单位开展的精准扶贫工作，完成各自扶贫岗位任务。3月8日，致公党区总支党员覃柳妮、栗嘉欣受邀参加广西咖啡饮品服务行业协会"三八"妇女节专题读书会，由覃柳妮主讲。5月12日，覃柳妮受邀主讲广西咖啡饮品服务行业协会第二次母亲节专题读书会。12月22日，致公党区总支与致公党广西大学支部联合组织40名党员到农民工子弟学校——扶壮学校开展自治区成立60周年纪念系列活动，有送教进校园、开展学生心理辅导等活动，并与学校党支部党员开展气排球友谊赛。

（张龙安　吴团娇　张庆华）

九三学社西乡塘区基层委员会

【九三学社区基层委概况】 2018年，九三学社西乡塘区基层委员会（简称"九三学社区基层委"）下辖北湖支社、友爱支社、新秀支社、南铁支社、南宁职业技术学院支社、高新支社6个支社。有社员133人。其中，在职社员77人、退休社员56。全年新发展社员7人。社员主要分布在南宁水电设计院、南宁职业技术学院、高新区、南宁市第八人民医院等单位，社员中工程技术界66人，教育界22人，卫生医疗界21人，其他24人。有人大代表、政协委员14人。其中，南宁市人大代表1人、区人大代表1人，自治区政协委员1人、市政协委员3人、区政协委员8人。担任自治区公安厅特邀监察员1人，担任南宁市教育系统行风监督员1人。年内，社员杨胜锋获首届广西杰出工程师奖，社员黄武杰、郭志强分获南宁市第九批"专业技术拔尖人才"。

【参政议政】 2018年，九三学社区基层委各支社完成九三南宁市委员会招标课题《关于进一步推进南宁市科技型中小微企业发展的建议》《新型职业农民业务骨干队伍建设现状及对策研究》《关于进一步加强社会组织信用制度建设与监管的建议》《关于南宁市公立医院医养结合现状及建议》《关于我市中职学生预防犯罪工作的建议》《关于南宁市第三方医学检测公共服务平台建设的建议》。九三学社区基层委社员在南宁市十四届人大三次会议提交《关于加强南宁市地质灾害排查及监测预报预警工作的建议》《加快南宁市乡村旅游发展的建议》；在南宁市政协十一届三次会议提交《关于开展新形势下收养政策调整研究，提请修改现行<收养法>的建议》《关于实施产教融合发展工程推动我市职业教育大发展的建议》《关于尽早编制南宁市"智慧五化灌区"建设规划的建议》；在西乡塘区政协三届三次会议上，九三学社的政协委员围绕辖区交通、生活环境、旅游、农业发展、教育等提交各类提案11件。12月18日，九三学社区基层委黄武杰副主委参加西乡塘区党外代表人士情况通报会，代表九三学社提出"继续加强水利扶贫工作，助力扶贫攻坚的几点建议"。年内，完成实践创新论文《高校少数民族学生工作创新研究——以广西为例》。

【"同心"品牌建设】 2018年1月23日，九三学社区基层委与九三学社市委会慰问退休社员13人。2月23日，与区委统战部慰问80周岁以上老社员7人。5月20日，九三学社区基层委南职院支社到广西残疾人高等职业教育学院开展扶残助残慰问活动，看望家境贫困的残疾人学生，与残疾学生进行座谈，发放学习生活用品。6月28日，九三学社区基层委参加九三学社市委会等共同开展的爱心助学捐赠活动，为邕宁区那楼镇中山村小学捐赠文具学习用品、体育器材、衣物、鞋子等，价值5000多元，其中九三学社区基层委友爱支社捐赠价值1500多元的体育器材。10月，九三学社区基层委组织社员为"广西统一战线同心水柜"捐款2000元。12月3日，九三学社区基层委主委梁英组织工程技术人员到武鸣区锣圩镇弄七村，帮助提出跨排洪沟耕作区存在交通问题的解决方案及施工图和预算。

【组织生活与活动】 2018年3月15日，九三学社区基层委组织人员到安吉华尔街工谷开展"西乡塘区民主党派服务双创同心行活动"，参观产业基地，观摩创客厅节目录制，并与运行中心领导及创客厅品牌孵化基地创始人进行座谈。4月15日，在广西南宁水利电力设计院2楼会议室召开九三学社区基层委委员及各支社支委委员工作会，13人参加。会议传达2018年西乡塘区统战工作会议精神，讨论确定九三学社区基层委"同心·精准扶贫帮扶基地"2018年帮扶计划，并开展纪念中共中央发布"五一口号"70周年座谈。11月17日至18日，九三学社区基层委组织5支球队，参加在南宁市卓立学校球馆举行的九三学社市委会第十一届"同乐杯"气排

2018年5月20日，九三学社南职院支社到广西残疾人高等职业教育学院开展扶残助残慰问活动

（邓 伟 摄）

球赛，友爱支社队获亚军。

（梁　英）

人民团体

西乡塘区总工会

【总工会概况】　2018年，西乡塘区总工会（简称"区总工会"）有人员编制3名，在职人员2人。下辖3个镇总工会、8个街道总工会、1个教育工会；基层工会组织1339个，覆盖5000多家法人单位，会员9.07万人。年内，区总工会继续加强工会组织建设，依法在新经济组织和新社会组织组建工会和发展新会员；抓好各级工会干部的管理培训，组织开展职工劳动竞赛、提出合理化建议，以及职工帮扶、送温暖、文体等活动；做好集体合同签订，指导开好职代会，开展厂（政）务公开工作，维护职工合法权益；做好经费审查和女职工工作。按照部署和要求，继续推进改革工作，至年底，完成改革任务22项。区总工会分获2018年南宁市工会工作先进单位特等奖、2018年南宁市职工职业技能大赛团体奖二等奖、2018年南宁市职工经济技术创新节优秀组织单位、2017年度南宁市县区工会经费审查工作规范化建设考核特等奖。

【区总工会三届二次全委（扩大）会议】　2018年4月27日，区总工会在区机关办公大楼4楼会议室召开三届二次全委（扩大）会议。区有关领导，区总工会"两委"委员（工会委员、工会经费审查委员）、社会化工会工作者约50人出席。会议总结2017年工会工作和经费审查工作情况，部署2018年工会工作和经费审查工作任务，审议通过三届二次全委会工作报告和经审工作报告。

【工会组织建设】　2018年，区总工会多措并举做好工会组建和会员发展工作。年内，独立建会335家，发展会员1.51万人（农民工5000多人），其中货运企业建会321家，货车司机入会人数1.37万人。

【干部学习培训】　2018年5月，区总工会举办基层工会干部培训班2期，区各镇（街道）总工会、教育工会、各基层工会的干部及财务人员、区总工会经审委员约200人参加，进一步强化基层工会干部法纪、廉洁意识。11月，在石埠街道"美丽南方"承办中国工会十七大精神宣讲报告会，区160多名基层工会主席参会。

【评先活动】　2018年，区总工会做好2017年"全国劳动模范""广西劳动模范""广西五一劳动奖章"的评选推荐，以及2017年度广西壮族自治区和南宁市"安康杯"竞赛和"优胜企业""优胜班组""优秀组织单位""优秀组织个人"的考核推荐工作。南宁市九州出租汽车有限公司驾驶员谢世凤获"广西五一劳动奖章"称号。年内，继续完善西乡塘区环境卫生管理站、南宁市明天学校、广西金陵农牧集团有限公司、南宁市九州出租汽车有限公司、广西桂洁农业开发有限公司、南宁市第十八中学6个劳模创新工作室，进一步发挥劳模和技术标兵在各行业的引领示范带动作用。

【职工帮扶】　2018年，区总工会在元旦、春节期间发放"送温暖"慰问款物5.8万元，慰问困难职工58户。对困难职工开展日常生活救助，筹集资金10.24万元，救助236人次。6月，慰问参加高考的1名农民工家庭子女，发放600元助学救助款；给符合条件的21名困难职工（农民工）家庭子女发放助学金11.1万元。7月，开展夏日送清凉活动，为679名一线职工发放价值2.89万元的防暑降温慰问品。全年职工医疗互助保障参保职工1.11万人。

【职工维权】 2018年3月1日，举办西乡塘区总工会"春风行动"专场招聘会暨女职工维权行动月活动，现场免费为用人单位和广大求职者提供就业、创业咨询服务，发放《工资集体协商》《劳动合同法》《女职工劳动保护特别规定》等相关宣传资料733份。4月，组织参加民营企业招聘周等活动，现场设立咨询点为农民工提供维权咨询服务，发放《农民工法律援助服务手册》等相关法律知识宣传资料500余份。区总工会与广西永泰和律师事务所签订法律服务合同，使职工（含农民工）会员和工会在有法律维权需求时，能够在一小时内寻求到高效、优质和专业的法律服务。全年已建工会企业签订区域性集体合同（区域性工资协议合同）11份、行业性集体合同（行业性工资协议合同）4份，覆盖企业5003家，覆盖职工8.1万人。选树南宁市西乡塘区华强街道龙胜社区第一联合基层工会等4个工资集体协商工作先进典型示范点，覆盖企业75家，覆盖职工约500人。

【劳动竞赛】 2018年9月18日，区总工会承办南宁市2018年"当好主人翁 建功新时代"职工职业技能大赛中医师比赛项目，各县（区）28名护士、28名医生参加决赛。选派优秀选手参加市级职工职业技能比赛，分获南宁市职工职业技能大赛决赛中式烹调师组第一、第二、第三名，中式面点师组第四、第五名。

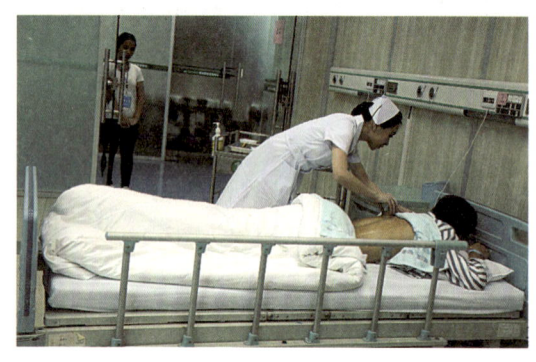

2018年9月18日，南宁市2018年"当好主人翁 建功新时代"职工职业技能大赛中医师比赛项目在南宁中医医院举行　（区总工会供图）

【女职工工作】 2018年3月6日，区总工会联合区妇联等部门在石埠街道忠良村开展"巾帼心向党 建功新时代"主题宣传暨"建设法治中国·巾帼在行动——三八维权月"活动，并组织家政培训学校到现场举办"产业到家牵手妈妈——'家政培训大篷车进乡村、进社区'"宣传活动，现场发放相关宣传资料400多份，接待群众咨询300多人次，解答政策问题约70个。年内，继续做好辖区各基层工会"四好"（组织健全好、履行职责好、服务女职工好、发挥作用好）女职工组织标准化建设工作。

【技能培训】 2018年，区总工会委托南宁市绿城南方职业培训学校、广西南宁技师学校开展在岗农民工职业技能提升培训活动，对343名在岗农民工进行保育员、中式烹调师、餐厅服务员、客房服务员、服务礼仪培训。同时，依托有资质的职业培训学校开展"送培创工程"，为302名职工（农民工）进行肉鸽养殖、育婴师、手工编织等技能培训。

【职工文娱活动】 2018年2月7日，区总工会举办"送温暖 送文化 送欢乐"下基层活动，约300名"美丽南方"企业园区工会职工、农民工参加。5月18日，组织职工参加南宁市总工会举办的"中国梦·新时代·劳动美"全市职工合唱比赛，选送的职工合唱团获三等奖。6月13日，组织职工参加西乡塘区2018年"新时代新气象，我邀明月颂中华"爱国诗词诵读大赛，选送南宁爱尔眼科医院李成铁参赛，获三等奖。9月，组织职工参与市总工会举办的"网聚职工正能量，争做中国好网民"主题活动，征集的"网络文明代言人"短视频中有3个被南宁市总工会采用。10月，组队参加南宁市第七届职工体育运动会，分别获乒乓球项目第三名、气排球第六名。11月30日，在石埠街道美丽南方举办西乡塘区职工健康大讲堂活动，160多人参加。12月22日，联合区文体局举办西乡塘区第十三届职工气排球比赛，共76支队伍、500多名职工参赛。年内，送电影进永和澳园、广西金陵农牧集团、南宁百货等建筑工地及企业，为600多名农民工放映禁毒、防艾宣传知识短片及优秀影片，发放相关宣传资料1000多册。

【职工志愿服务活动】 2018年3月5日，区总工会与南宁市工人文化宫、广西首府南宁献血委员会办公室、南宁市职工志愿服务队联合承办"学习雷锋·爱岗敬业奉献社会"学雷锋志愿服务活动，组织50名职工志愿者参加职工志愿服务活动。10月19日，组织16名职工志愿者参加环广西公路自行车世界巡回赛南宁至马山弄拉段比赛志愿服务活动。

【精准扶贫工作】 2018年，区总工会继续履行区扶贫开发领导小组组织保障专责小组职责，到金陵镇业仁村开展精准扶贫结对帮扶到户工作，为贫困户送去鸡苗30羽，指导贫困户选择脱贫项目，为贫困户的子女介绍就业，购买设备提升贫困户生活水平。到坛洛镇三景村，为贫困户送去价值4.3万元的鸡苗、饲料、水泥等，以及慰问金。在春节、中秋、国庆等节日，组织慰问帮扶困难户，开展送温暖活动。

（李　婧）

共青团西乡塘区委员会

【团组织机构及工作概况】 2018年，共青团西乡塘区委员会（简称"团区委"）有人员编制2名，实有人员2人。辖461个团组织。其中，团委20个（含镇团委3个，非公企业团委1个，机关事业单位团委2个，学校领域团委14个），团工委10个（含街道团工委8个，机关事业单位团委2个），团总支22个，团支部400个。有共青团员1.65万人，占西乡塘区14周岁至28周岁青年总数的33.6%；团干部230人。年内，团区委加强基层团组织建设，不断提高基层团组织活力、战斗力、凝聚力；做好服务青少年和团员的管理教育工作，推进青年就业创业行动；组织开展青年志愿者行动；抓好青少年事务社会工作，做好重点青少年群体的服务管理，维护青少年合法权益。团区委获2017年度南宁市共青团工作创新奖、优秀奖。

【团组织建设】 2018年1月24日,团区委召开纪律作风建设暨从严治团工作推进会,各街道团工委负责人、区全体青少年事务社工40多人参会,各镇团委负责人网络视频参会。会议强调,提高思想认识,切实增强抓好纪律作风建设和从严治团工作的自觉性与使命感;敢于直面问题,痛下决心抓好纪律作风整顿和从严治团工作;加强制度管人,确保纪律作风整顿和从严治团工作规范化、长效化。2月8日上午,团区委召开学习共青团广西区委十四届三次全会精神专题会,各镇、街道团(工)委负责人、区全体青少年事务社工参加会议。会议传达学习共青团广西区委十四届三次全会精神,并就推进西乡塘区共青团系统改革过程中将面临的困难、问题和解决方法等展开讨论交流。2月8日,团区委召开2018年共青团意识形态工作会议,进一步贯彻落实上级部门有关意识形态工作的相关部署安排。团区委工作人员、各镇、街道团(工)委负责人、社工办全体人员、青空间负责人等30多人参会。2月13日,团区委在区政府第三办公区3楼会议室召开学习《习近平谈治国理政》第二卷专题会议,会议强调,要将学习与共青团工作实际结合起来,不断推进共青团改革,开拓新境界、展现新作为。4月3日,2018年西乡塘区定向广西大学引进大学生挂职干部上岗仪式在广西大学办公北楼成功举办,团区委与共青团广西大学委员会签订合作协议,通过高校人才资源的合理利用,为基层服务队伍注入新鲜血液。"五四"期间,西乡塘区表彰"西乡塘区五四红旗团委(支部)"6个、"西乡塘区优秀共青团员"27名、"西乡塘区优秀共青团干部"14名、"西乡塘区优秀青年志愿者"51名、"西乡塘区农村青年致富带头人"1名。5月16日,团区委在明秀青空间召开西乡塘区共青团全面深化改革工作专题会,各镇、街道团(工)委负责人,直属机关团工委负责人,社工办全体工作人员,各青空间负责人等40多人参会,进一步明确2018年改革工作方向。7月5日,团区委召开团十八大精神专题学习会,团区委办公室和社工办全体工作人员参会。7月13日,区共青团年中工作会议在明秀青空间举行,会议总结上半年工作情况,部署下半年工作。8月30日至31日,团区委等主办的2018年度西乡塘区基层团干部"青春引擎"全员培训班在石埠街道美丽南方举行,各镇、街道团(工)委,区直属机关团工委等130多人参加,提高基层团干部的综合素质。12月24日,团区委召开贯彻落实习近平总书记重要指示精神集中整治形式主义、官僚主义专题会,强调各级团组织要严字当头,自查自纠,强化监督,着力解决每个阶段的形式主义、官僚主义突出问题。

【青空间建设】 2018年,西乡塘区有青空间18个(社区类站点14个、学校类站点4个),覆盖全部镇、街道;有青少年事务社工81人(本科39人、大专42人),其中19人持有社工资格证(2名中级社工师、17名初级社工师)。年内,通过"团干+社工+志愿者"工作模式,整合各方力量,采取线上线下相结合、面对面体验式就业、兴趣培养手工课等形式,服务青少年多样需求,有效提高团组织的吸引力和凝聚力。4月23日,越南青年代表团第

49期东盟青年干部培训班的29名越南青年干部到西乡塘区明秀青空间参观交流。4月24日,共青团中央书记处书记尹冬梅等到西乡塘区明秀青空间开展调研。

【服务青年行动】 2018年,团区委有效结合青年需求,强化创业就业服务,切实帮助广大青年增强创业就业意识,提高青年创业就业能力,解决青年创业就业难题,提升共青团组织服务青年水平。年内,团区委多次举办农村、城市青年创业就业技能培训班,青年创业就业沙龙进企业、进社区活动和种养技能培训、电子商务培训,服务2000人次。1月23日,北湖青空间"创业改变命运·培训提高能力"电子商务技能培训活动在安吉华尔街工谷举办。4月10日,团区委主办、新阳街道青空间承办的"梦想启航"大学生职前成长训练项目——岗前培训在明秀青空间举行。6月14日,在美丽南方举办"青春助力乡村振兴暨2018年南宁返乡青年创新创业论坛"。10月26日,团区委、安吉街道团工委主办,安吉街道青空间承办的"创新青年 创意青春"大学生创新创业培训活动在安吉华尔街工谷举行。同时,团区委探索"公益+交友"新模式,以公益活动为载体,为青年搭建健康交流的平台,举办青年联谊交友活动6场,1500多名单身青年男女参与。

【青少年维权】 2018年,团区委依托青少年事务社会工作者队伍和预防青少年违法犯罪专职人员队伍,推进青少年维权工作,开展对各重点青少年群体的帮扶活动。3月10日,团区委在相思湖社区小广场开展"为了明天,普法我先"青少年法制教育活动。3月29日,西乡塘街道青空间开展"护航青春,寄语花季"主题活动。4月11日,团区委在明秀小学青空间开展青春安全自护小组活动。7月19日,团区委等在鲁班社区开展"法制相伴,快乐成长"法制宣传主题活动,发放并讲解《西乡塘区青少年自护教育手册》《预防未成年人犯罪法》等宣传资料,教育引导青少年学法、懂法、守法,运用法律武器保护自己的合法权益。8月,团区委组织开展关爱农村留守儿童系列活动。8月3日,团区委在北湖安居小区开展"知安全风险·会安全出行"主题活动。9月30日,团区委等在万力社区文化长廊开展"火灾无情,防火先行"消防安全知识宣传活动。为了加强法制宣传教育,提高青少年自我保护意识,11月3日,团区委等在衡阳街道青空间开展"青苗自护·法伴成长"法制宣传活动。

【大学生助理与微公益项目】 团区委通过政府购买服务的形式,选定南宁市绿城青少年事务社会工作服务中心项目化运作实施2018年"益青春"微公益大学生志愿服务项目。2018年5月至11月,有22个高校志愿者团队承接项目,开展流动儿童城市融入、禁毒防艾计生教育、科普环保文明教育、留守儿童七彩假期、交通消防安全教育等多个公益项目,受益人数500多人。

【助力脱贫攻坚】 2018年,团区委多次到金陵镇龙达村走访慰问贫困户,开展挂点帮扶工作。年内,招募38名高校大学生组成脱贫攻坚志愿服务工作队到区所辖3镇开展帮扶行动。成立以全国农村青年致富带头人梁春为会长的西乡塘区农村青年致富带头人联谊会,举办农村电商、种养殖技术等培训班,服务贫困户和农村青年创业发展。5月始,定期组织区所辖3镇贫困户代表参加南宁市青春助力产业扶贫——贫困村特色农产品线上线下展销活动,有效打响三景村生态土鸡、武陵村鸽子蛋等扶贫产业品牌。开展多场关爱留守儿童活动,助力"控辍保学"工作,推进贫困大学生"圆梦行动"希望工程。

(尹媛丽)

西乡塘区妇女联合会

【妇联组织及工作概况】 2018年,西乡塘区妇女联合会(简称"区妇联")第三届执行委员会有委员27人,其中常务委员11人,主席1人,副主席3人(专职1人,兼职2人)。有编制人员3名,实有3人。下辖金陵、坛洛、双定3个镇妇联和西乡塘、华强、新阳、衡阳、上尧、北湖、安吉、石埠8个街道妇联,村妇代会65个、社区妇联65个。年内,区各级妇联依据《中华全国妇女联合会章程》和妇女代表大会的任务开展妇女工作,团结、动员和组织妇女在新时代中国特色社会主义伟大实践中发挥积极作用;代表妇女参与民主决策、民主管理、民主监督,关注并加强研究涉及妇女儿童切身利益的热点、难点问题,及时反映社情民意,提出对策建议;强化维护妇女儿童合法权益工作;壮大巾帼志愿者队伍,加强妇女儿童之家建设;创新家庭文明建设,弘扬家庭美德,培养良好家风,促进家庭和谐;做好区妇女儿童工作委员会办公室的日常工作,推动落实妇女儿童发展规划各项目标任务。按照部署,结合实际,围绕《西乡塘区妇联改革实施方案》落实各项工作。至年底,完成26项具体改革任务与措施,已启动未完成1项(配备区妇联挂职副主席),取得阶段性成果。

【开展节庆活动】 2018年,区妇联在相关节庆期间,组织开展形式多样的活动。"三八"节期间,组织开展"巾帼心向党·建功新时代"主题宣传活动,举办"百千万巾帼大宣讲""男女平等基本国策大宣讲""家庭教育大讲堂"等活动36场次,发放宣传资料1万多份;开展"三八"维权周活动,组织区妇儿工委成员单位开展妇女维权法制宣传活动3场次,提供法律、卫生、教育、禁毒、防艾等宣传和咨询服务,发放宣传资料5000多份;举办西乡塘区纪念"三八"妇女节108周年趣味运动会,22个代表团、80多支队伍、400多名妇女参赛;组织参加南宁市2018年"巾帼心向党 建功新时代"巾帼家政职业技能大赛和南宁市纪念"三八"妇女节108周年暨巾帼风采文艺展演活动,分获一等奖和三等奖。春节和"母亲节"期间,组织妇联干部到贫困妇女家庭,慰问辖区特困妇干、特困妇女群众、贫困母亲共86户,发放慰问金2万元。实施"贫困母亲两癌救助"行动,为辖区30名农村患癌妇女发放"贫困母亲两癌救助"专项公益金救助金30万元。"六一"期间,开展"红领巾城乡手拉手""争做新时代好队员"等系列主题活动,通过文艺演出、国旗下讲儿童、主题班会、征文等形式欢庆"六一"国际儿童节;各村(社区)"儿童家园"组织儿童及家庭开展文艺汇演、趣味游园、亲子派对等丰富多彩的活动。庆祝自治区成立60周年，向辖区女性广泛征集书法、美术、摄影、手工艺品等艺术作品91件，报送自治区和南宁市妇联参加相关活动。

【巾帼建功活动】 2018年，西乡塘区申报创建南宁市级巾帼科技示范基地1个，发挥辖区各级巾帼科技示范基地及女能人在脱贫攻坚中的作用，助推贫困妇女脱贫。年内，获命名南宁市"巾帼文明岗"4个，组织各级"巾帼文明岗"大力开展岗位练兵、技能大比拼等创优创先活动，引领各行各业女性岗位建功，岗位成才。开展"岗村互动"活动，组织"巾帼文明岗"结合资源优势到结对村（社区）"妇女之家""儿童家园"开展捐赠物品、亲子、扶贫济困等共建活动，推动城乡妇女统筹发展。

【宫颈癌和乳腺癌免费筛查】 2018年，西乡塘区举办"两癌"（宫颈癌和乳腺癌）免费筛查宣传讲座2期，广泛宣传发动辖区适龄妇女参加免费筛查。同时，将54名农村贫困"两癌"患病妇女信息录入全国妇联农村妇女"两癌"数据采集系统。区妇联与中国人寿保险股份有限公司南宁分公司联合开展关爱女性"两癌"保险工作，发动辖区妇女群众参与投保，避免女性因"两癌"致贫返贫，有6800多名妇女自愿投保。

【妇女就业与技能培训】 2018年，区妇联与区人社局、区总工会、区扶贫办共同开展春风行动，为女农民工搭建就业平台。分别在友爱广场和区辖3镇举办"春风行动"送岗位、送政策服务活动4场，提供普工、家政、文员、营业员等岗位5000多个，有320多名求职妇女到现场进行求职应聘，帮助妇女就近就业。整合各方资源，组织开展妇女创业就业技能培训，举办手工制作、面点师、家政、育婴、茶艺等技能培训班11期，培训600多人；联合职业技术培训学校到坛洛镇上正村、新阳街道万力社区等5个村（社区），开展家政技能、养老护理技能、育婴技能、插花技能等宣传培训，参加群众2000多人次，进一步提升妇女的就业能力。

【妇联组织建设与干部培训】 2018年，区妇联增加机关行政编制1名。根据个别执委工作变动和退休的情况，召开执委会补选区妇联执委。3月，区妇联联合区委组织部、区委党校在广西师范大学举办西乡塘区科级女干部综合能力提升班，区辖各镇（街道）和各单位科级女干部48人参训。7月，举办基层妇女干部培训班1期，辖区基层妇女干部180人参训。年内，选送各级妇联干部参加自治区和南宁市妇联及西乡塘区举办的各类业务工作培训班，提高妇女干部的综合素质。8月，完成乡镇（街道）妇联组织区域化建设工作，11个镇（街道）有妇联主席11名、专兼职副主席33名、执委165名，覆盖率100%。

【最美家庭活动】 2018年，西乡塘区持续开展寻找"最美家庭"活动。年内，依托村（社区）"妇女之家"平台，通过开展"好家风家训"宣讲、家庭故事分享会、家庭摄影作品展示等活动，挖掘、宣传群众身边的"最美家庭"及感人故事，推进"寻找最美家庭"活动深入开展。区各级妇联组织报送"最美家庭"12户,"五好家庭"6户,择优推荐1户"最美家庭"和2户"五好家庭"参加市妇联评选,有2户被评为广西"五好家庭"。

【家庭教育大讲堂活动】 2018年,区妇联联合区教育局在辖区各中小学校广泛开展家庭教育大讲堂暨新东方家庭教育中国行大型公益巡讲活动。5月,邀请华东师范大学、吉林大学等高校的儿童教育学专家到市十八中、明秀小学、清川小学、卫国小学开展宣讲4场次,3000多名学生家长参加活动。区各基层家长学校,根据不同需求开展形式多样的家庭教育活动50多场次,受益儿童及家长10000多人。

【妇女儿童权益维护】 2018年,区妇联系统接待来电来访210件,处理率100%。发挥公安、检察院、法院等部门"妇女儿童维权岗"的作用,进一步拓展妇女儿童维权服务平台,申报并获命名南宁市"妇女儿童维权岗"1个。区各"妇女儿童维权岗"受理办理涉及妇女和未成年人案件125件,接待妇女儿童法律咨询286人次。全年开展集中法制宣传活动8场次,接受群众咨询1万多人次,发放《妇女法律知识》《反家暴法》禁毒防艾、安全生产等宣传资料2万多份,多渠道、多形式引领妇女学法、知法、懂法、守法、用法,提高广大妇女的法律意识和依法维权能力。区妇联联合区法院、区司法局做好遭受家暴妇女维权工作,通过各相关部门联动,有效地预防和制止家庭暴力的发生。

【儿童家园建设】 2018年,西乡塘区继续承担自治区为民办实事项目——"儿童之家"创建,投入财政资金26万元,完成13个儿童之家的建设任务,全部通过上级妇联的验收检查。同时,给予每个儿童之家划拨1000元的运行经费,并对已建儿童之家加强管理、使用的指导。

【发动妇女参与美丽西乡塘建设】 2018年,区妇联依托妇女之家、家长学校等,发挥巾帼保洁队、巾帼志愿服务队、巾帼文艺队等的作用,发动妇女投身于"美丽西乡塘宜居乡村""美丽西乡塘整洁畅通有序大行动"和朱槿之约——文明礼让乘车劝导志愿服务活动。年内,组织妇女群众16000多人次开展环境卫生大整治活动130多场次。

(俞婧)

西乡塘区科学技术协会

【科协机构及工作概况】 2018年,西乡塘区科学技术协会(简称"区科协")有人员编制3名,在职4人。西乡塘区科协第三届委员会设主席1人,副主席4人(专职副主席1人,兼职副主席3人),有委员31人,常委会成员17人。有3个镇、1个街道成立基层科协组织,7个街道、67个社区(村)成立科普工作领导小组。年内,继续做好普及科学知识,推广先进技术工作;组织开展继续教育和技术培训,进行科技咨询服务;促进科技成果向现实生产力转化;兴办社会公益事业和相关实体等。西乡塘区有5个单位被评为2018年南宁市"绿城科普大行动"活动表现突出单位(集体)、6人被评为2018年南宁市"绿城科普大行动"活动表现突出个人;有1个单位被评为2018年南宁市全民科学素质工作表现突出单位（集体）、2人被评为2018年南宁市全民科学素质工作表现突出个人；有13个单位、中小学校被评为2018年南宁市青少年爱科学实践活动先进集体，14人被评为2018年南宁市青少年爱科学实践活动优秀组织工作者、7人被评为2018年南宁市青少年爱科学实践活动优秀科技辅导员。区科协获自治区2018年八桂科普大行动优秀组织单位等荣誉。

【中国航天日系列活动】 2018年4月24日，区科协与广西科技馆、南宁市北湖路小学共同举办"共筑航天新时代暨南宁市北湖路小学2018年科技周系列活动"（中国航天日科普活动）。其间，组织开展水火箭制作、3D打印笔制作、天文望远镜学习体验、科普大篷车探索体验等活动，普及航天知识，培养学生崇尚科学、求知探索的精神。

2018年4月24日，中国航天日暨科技周活动在南宁市北湖路小学举行，图为活动现场 （区科协供图）

【科普中国校园e站建设】 2018年5月，区科协组织南宁市西乡塘区坛洛镇合志小学、南宁市鑫利华小学申报科普中国校园e站项目。7月，南宁市西乡塘区坛洛镇合志小学、南宁市鑫利华小学校园e站挂牌，进一步拓展青少年科普工作渠道。

【基层科普行动计划】 2018年5月，区科协组织南宁市西乡塘区肉鸽养殖协会、西乡塘区衡阳街道南铁北四社区、西乡塘区双定镇秀山村申报和实施2018年南宁市"基层科普行动计划"各对口项目。8月，南宁市西乡塘区肉鸽养殖协会被评为"农村专业技术协会"示范创建单位；西乡塘区衡阳街道南铁北四社区、西乡塘区双定镇秀山村分别被评为"科普示范社区""科普示范村"示范创建单位。

【科普进校园活动】 2018年5月18日，区科协组织广西区亚热带作物研究所、广西区博物馆、市少年儿童图书馆、南宁海底世界、南宁市动物园、南宁青秀山科普基地、南宁中关村同创创客教育基地、达星学教育、Hoona呼呐机器人教育等科普基地单位、科技机构到南宁市明天学校，开展科普进校园活动。辖区各中小学校的科技辅导员、学生代表，以及明天学校全体师生共1000多人参加相关活动。

【科技活动周系列活动】 2018年5月23日，区科协与区科技局共同承办的"2018年全国科技活动周西乡塘区活动启动仪式暨科普广场宣传活动"在双定镇文化活动中心举行。区科普联席会议29个成员单位、50多人在活动现场开展科普教育、科技咨询，免费发放科技物品、农业物品及义诊义治等活动，现场发放宣传资料4500多份，服务咨询500多人次。

【青少年科技创新大赛】 2018年8月14日至20日，第33届全国青少年科技创新大赛在重庆市举行。区科协推荐优秀作品参赛，并组织部分学校到现场观摩。衡阳路小学《挖金矿机器人》、高新小学《修复和保护壁画的机器人》获第33届全国青少年科技创新大赛青少年儿童科学绘画一等奖，南宁市新秀学校《神奇的透视镜》获第33届全国青少年科技创新大赛儿童科学绘画二等奖。10月23日，区科协、区教育局、区文化新闻出版体育局、团区委共同主办，南宁市位子渌小学承办的"2018年西乡塘区青少年科技创新大赛"在南宁市位子渌小学举行。辖区80多所学校的科技小发明、科学幻想绘画、科技辅导员创新成果等十大类共3000多件作品参赛。有中小学校师生、科技辅导员、家长代表及嘉宾1300多人参加现场活动。

【科技辅导员培训】 2018年10月15日，区科协在南宁市位子渌小学举办2018年西乡塘区青少年科技教育工作会议暨科技辅导员培训班。辖区中小学校分管科技教育的副校长及科技辅导员70多人参加。与会人员分享开展科技教育工作的经验，进一步提升科技辅导员的科技创新教育能力。

【青少年科学节活动】 2018年11月9日，区委、区政府主办，区科协等部门承办的"广西第六届青少年科学节西乡塘区活动"在坛洛镇武康二小举行。金陵镇、双定镇、坛洛镇辖区内各中小学校分管领导和科技辅导员、武康二小全体师生及家长代表等350多人参加。科学节开展舞蹈表演、武术表演、科技作品展示、体验气压式水火箭发射、美食展示、大篷车科普展示、学生简易手工制作、家长特色工艺等活动。

【"绿城科普大行动"活动】 2018年11月11日，西乡塘区2018年"绿城科普大行动"活动在石埠街道美丽南方忠良村文化广场举行。启动仪式后，区科协等28个单位分别进行富硒农作物栽培技术、特色水产养殖实例等科普宣传与展示，广西医科大学和市第八人民医院在现场提供义诊、白内障初查、针灸推拿等医疗科普服务，约500人参加科普活动。

【"百名专家进百村（社区）"服务活动】 2018年，区科协组织各镇（街道）、村（社区）开展"百名专家进百村（社区）"活动。邀请专家60人，举办食品安全、健康养生、消防安全、疾病预防等科普讲座40多场次，共有3000多人参加。

（肖建辉　黄凌新）

西乡塘区文学艺术界联合会

【文联机构及工作概况】 2018年，西乡塘区文学艺术界联合会（简称"区文联"）有人员编制2名。年内，继续做好领导、管理、协调、联络区各文艺家协会，组织开展文艺交流、人才培养、调研工作；协调和指导社会各界、各企业、事业单位、机关、学校的文艺创作及演出等有关活动；继承和发扬各民族文学艺术传统，弘扬民族优秀文化；维护文艺家和艺术团体知识产权等正当权益。

【文艺宣传】 2018年，区文联结合实际制定实施方案，调动文艺家"寓宣于乐"的特长，参加街道社区、乡村屯坡、机关、校园、企业等开展的文艺宣传活动。年内，组织文学艺术家到村委、社区开展党的十九大精神宣讲活动6场次，文艺演出宣传10场次。

【文艺志愿服务】 2018年，区文联组织文艺志愿者开展形式多样、内容丰富的文艺志愿服务活动。5月23日（中国文艺志愿者服务日），区文联围绕着"深入生活，扎根人民"主题，组织文艺志愿服务队员到华强街道大同社区，在水街百姓小舞台为群众表演精彩的歌舞；为社区的文艺队员辅导歌舞表演技巧。到石埠街道美丽南方景区的忠良村忠良屯综合示范村，在戏台也为群众奉献精彩的歌舞演出；书法文艺志愿者在现场创作书画作品，赠送村民和游客。年内，组织文艺志愿者到坛洛镇、金陵镇、双定镇开展文艺宣传活动，参与结对帮扶工作，引导贫困村、贫困户发展优势特色产业，提高脱贫致富能力。全年组织开展文艺志愿者活动10次，参加活动志愿者235人次，受益人数5621人次，发放宣传资料7000份（册）。

【文艺惠民】 2018年，根据南宁市"千村万户文艺惠民工程"的有关精神，区文联在已创建的文艺村中，选取文化基础设施建设良好、文化传承气息浓厚、文艺活动开展活跃的上尧街道陈东村、石埠街道忠良村作为文艺惠民工程服务点，组织文艺志愿服务小分队到村屯对文艺社团、农村文艺人才进行辅导、培训，并帮助打造村级优秀文艺精品。

（黄志卿）

西乡塘区社会科学界联合会

【社科联机构及工作概况】 2018年，西乡塘区社会科学界联合会（简称"区社科联"）有团体会员5个，个人会员62名，人员编制2名。年内，区社科联依照职能，继续做好相关工作，组织开展社会科学普及活动及专题工作调研。

【社会科学普及】 2018年，区社科联利用石埠街道忠良村的生态环境科普教育馆、土改文化展示馆、知青文化博物馆、农耕文化展示馆、老口库区移民文化展示馆联合成功申报南宁社会科学普及共建基地，推动社会科学普及工作有效开展。承办2018广西社科大讲坛西乡塘会场、广西知青文化研究学术研讨会等活动，不断挖掘美丽南方历史文化底蕴。举办大型科普活动期间，围绕就业保障、婚姻家庭、投资理财、收藏鉴赏、心理咨询、健康生活、教育成才、法律援助、历史文化等群众关注的热点，组织相关单位、所属学会及部分大专院校、科研院所的知名社科专家学者，设立咨询台集中开展公益咨询。组织社科专家送文化进村、进社区，开展人文社科知识咨询等宣传普及活动。年内，发放社科基本知识500多份，各类科普宣传资料1000多份，科普口袋书1000多册，制作科普知识展板20多块。

【西乡塘区社科调研】 2018年，区社科联与区委宣传部联合印发《做好调研工作的通知》，围绕党建、社会主义核心价值观、深化改革、精准扶贫等内容,在全区范围内征集重点调研课题。年内,组织人员开展调查研究,形成调研报告13篇、工作案例15个,为做好区中心工作和领导科学决策提供有效服务。

（吴 斐）

西乡塘区工商业联合会

【工商联组织概况】 2018年,西乡塘区工商业联合会（简称"区工商联"）有人员编制2名,实有6人。有基层商会20个（坛洛镇商会、双定镇商会、金陵镇商会、华强街道商会、石埠街道商会、衡阳街道商会、新阳街道商会、北湖街道商会、安吉街道商会、上尧街道商会、闽清商会、金溪商会、长泰商会、隆林商会、耒阳商会、柑橘产业联合会、创二代联谊会、物联网商会、平果商会、西林商会）,会员总数1215名,其中直属会员721名。会员中有自治区、南宁市、区人大代表和政协委员82人,全国工商联执委1人,广西区工商联执委5人,南宁市工商业联合会（总商会）第十三届会员代表18人、执委6人,区工商联执委以上职务的会员65人。区工商联被评为"南宁市优秀县区工商联"。

【参政议政】 2018年,区工商联中担任各级人大代表、政协委员,或在工商联及其他群众组织中担任职务的会员,围绕区委、区政府的中心工作和非公有制经济人士关心的热点和难点,特别是在经济新常态下非公有制经济如何发展等问题开展调研、撰写报告、建言献策,提出议案和提案42件。

【会员企业服务】 2018年1月15日,区工商联举办西乡塘区非公经济人士学习习近平新时代中国特色社会主义思想培训班,提高非公经济人士政治思想素质。3月21日,区工商联举办2018年美丽南方蚕桑文化节暨蚕桑产业发展论坛开幕式,邀请100多名相关专家,及金融机构、旅行社、休闲农业企业、商会代表参加,助推美丽南方休闲农业和乡村旅游发展。4月10日,区工商联机关党委在南宁东博国际五金机电城举办"关注党员成长·激发组织活力"培训班,把党的十九大精神和全国"两会"精神融入促进非公经济发展和新时代亲清新型政商关系中进行解读,帮助工商联会员适应新时代发展要求,开拓创新。8月2日,召开区工商联工作会议,邀请区人社局、区财政局就民营企业参与扶贫及吸纳就业等优惠政策,南宁市如何有效降低小微企业和"三农"融资成本的"4321"新型政银担合作业务工作进行解读,达成融资意向1500多万元。9月23日,在美丽南方举办首届农民丰收节活动,组织辖区商会、会员企业参加"丰收家宴",传播美食文化。10月16日,组织区部分商会代表100多人参加美丽南方富硒产品展示交流会活动。10月17日,组织辖区商会、会员企业家80多人参加帮扶贫困学子献爱心捐赠活动。10月31日,举办非公经济人士理想信念教育培训班,区工商联执委企业、辖区商协会负责人等约50人参加,学习习近平总书记对民营经济发展做出的重要指示精神,并结合中共中央、国务院《关于营造企业家健康成长环境弘扬优秀企业家精神更好发挥企业家作用的实施意见》,对做好新时期非公经济"两个健康"工作进行讨论交流。

11月2日至8日，区委统战部与区工商联在厦门大学联合举办西乡塘区非公经济人士新时期能力提升研修班，所属商会、企业负责人共50人参加，系统了解当前经济，特别是民营经济发展形势，学习新形势下如何更好地发挥统一战线成员参政议政的职责作用等内容。11月17日，区委统战部、区工商联举办统一战线新时代讲习所活动，30多名企业家与区有关职能部门领导就贯彻习近平总书记在民营企业座谈会上的讲话精神，改进服务工作，优化营商环境进行交流讨论，提出意见建议。11月29日，召开西乡塘区工商联第三届执行委员会第四次全体（扩大）会议暨西乡塘区"千企扶千村"精准扶贫爱心商会（企业）表彰会，对2017—2018年度参与区"千企扶千村"精准扶贫的南宁南安商会、南宁东博国际五金机电城有限公司等49家爱心商会、企业及单位予以表彰。12月25日，区委书记廖伟福主持召开区民营企业座谈会，进一步学习习近平总书记在民营企业座谈会上的讲话精神，传达自治区党委书记鹿心社在广西民营企业座谈会上的讲话要求，与会区各职能部门和银行代表现场解答企业代表提出的问题，表示支持民营经济发展。

【非公党建工作】 2018年，区工商联机关党委发挥工商联优势，切实做好培养发展非公领域新党员、组建非公领域党组织、进一步扩大辖区非公领域党组织覆盖面工作。年内，培养入党积极分子30名，列为发展对象20名，新发展党员15名，指导成立4个基层党组织，商会党组织覆盖面90%。开展支部"六有"（有党支部年度工作计划、有坚持民主集中制的规定、有严格的组织生活制度、有党费收缴登记和工作制度、有入党积极分子的培养教育和考察、有党建工作的检查总结）建设，推进非公党建上新台阶。组织开展推进"两学一做"学习教育常态化制度化主题活动，参加人员300多人次；对各党支部规范化建设工作台账逐一检查，确保每个支部建设达标。

【西乡塘区工商联法律服务中心】 2018年11月，组建"西乡塘区工商联法律服务中心"，配备人员开展相关工作。年内，接待企业家8人次，受理调处涉企案件9宗。

【考察交流】 2018年6月20日至25日，区工商联组织重点非公企业负责人、基层商会党组织、会员代表12人赴山东省枣庄市、威海市等开展理想信念教育实践学习考察及经验交流活动。

【基层商会发展】 2018年，区工商联指导成立平果商会、西林商会，基层商会总数达到20个。年内，发展会员80名。

【民营企业文化沙龙】 2018年1月9日，区工商联在广西钜荣汽车贸易有限公司举行西乡塘区非公经济人士学习党的十九大精神暨汽车企业文化沙龙活动。组织辖区60多名民营企业家和商会代表学习党的十九大精神，交流企业创新文化，探讨在新形势下企业如何持续创新、转型发展。6月8日，在南宁市华西商业城举办区工商联（总商会）副主席（副会长）轮值活动暨西乡塘区"三华"片区小商品企业文化沙龙活动。组织辖区50多名企业家以沙龙座谈的形式，交流优秀小商品企业文化，为"三华"片区企业家提供互通信息、启迪思维、提升自我的平台。6月19日，在广西工业器材城举办"坚守初心 勤耕厚积"五金企业文化沙龙。区政府相关职能部门、广西工业器材城、南宁市五金机电商会负责人及区工商联会员企业代表60多人参加。

【参与"千企扶千村"精准扶贫行动】 2018年，区工商联继续组织发动企业（商会）参与"千家民营企业辅扶千个贫困村"活动，至年底，全国工商联"万企帮万村"扶贫系统新增西乡塘区企业120家，总数达152家，新增数暨总数位列南宁市辖各县区第二名。年内，组织民营企业与辖区22位贫困学子结对帮扶，给予62位贫困初中生、高中生助学资助。全年捐款100多万元，捐物折合人民币30多万元。

（覃思亮）

西乡塘区残疾人联合会

【残联组织及工作概况】 2018年，西乡塘区残疾人联合会（简称"区残联"）有人员编制4名，实有人员4人。辖镇（街道）残联组织11个、村、社区残疾人协会128个。辖区有持证残疾人1.63万人。其中，视力残疾2371人、听力残疾2230人、言语残疾187人、肢体残疾7838人、智力残疾1654人、精神残疾1801人、多重残疾215人。年内，区残联根据职能，结合实际，继续做好残疾人精准扶贫、精准康复、民生保障、教育就业、组织建设、维权宣传等工作。

【残疾人精准扶贫】 2018年，西乡塘区未脱贫的残疾人建档立卡户435户、550人；预脱贫残疾人73户、96人。年内，继续实施农村基层党组织助残扶贫工程——广西党员扶残温暖同行（三期）项目，投入帮扶资金10万元，扶持100户贫困残疾人建档立卡户发展生产，增加收入，解决贫困问题，实现脱贫目标。区阳光助残扶贫基地南宁磊记渔业有限公司到金陵镇乐勇村为贫困残疾人养鸡进行技术指导培训，免费为金陵镇、坛洛镇、双定镇200名农村残疾人建档立卡户每人发放活鸡30羽，折合人民币24万元。11月，投入9万多元，分别在金陵镇、坛洛镇、双定镇举办有800名农村贫困残疾人参加的农村贫困残疾人实用技术培训班，帮助残疾人掌握一二门种养殖实用技术，提高残疾人自我发展和增收能力。投入残疾人托养阳光家园计划补助项目资金106.2万元，依托南宁市社会福利医院、南宁市朝霞社会工作服务中心，使符合条件的119名残疾人在机构内得到康复训练、护理服务、日间生活照料等服务的托养；为412名智力、精神、重度残

2018年3月14日，区残联召开2018年残疾人工作部署会。区人民政府副区长梁红英（前排居中）作重要讲话，区残联理事长邓高凡（前排右一）作工作总结及部署 （区残联供图）

疾人开展居家托养服务。按照残疾类别"一户一策"的要求确定270户残疾人居家无障碍项目的设计方案，重点针对残疾类别，进行残疾人家庭厨房、卫生间无障碍改造及辅助器具的适配，户均改造补助4000元，补助资金108万元。配合相关部门做好区第二批18户建档立卡户的农村危房改造工作，把危房改造补助标准提高20%。落实南宁市"双认定"（帮扶责任人认定、贫困户认定）脱贫摘帽工作，为建档立卡贫困残疾人办证。

【残疾人精准康复】 2018年，区残联继续做好残疾人康复医疗和辅助器具适配服务工作，为2050名残疾人提供精准康复服务，给予精准康复服务人均190元的补助，为其建立一人一卡一本服务手册。为630名残疾人提供基本辅具适配服务，完成率100%。为850名贫困精神病患者提供免费服用门诊常规药品（每人每年650元）。为13名困难重性精神病患者提供住院医疗救助（每人每年3000元）。完成62名0—6岁残疾儿童康复救助项目。同时，抓好白内障复明项目常态化工作。有23名肢体残疾人和124名各类残疾人分别得到集善工程——"广西紧急救援促进中心助行行动""（祝您健康）广西项目"海王牌集团捐赠的轮椅和保健品。年内，区残联组织精准康复服务机构南宁市福利医院的专业医生到各镇、街道残联开展精神病知识防治、服药及咨询等服务。组织广西南宁市亚格顿医疗器械有限公司的技术人员到金陵镇和双定镇，对2017年度得到助听器的60名残疾人进行回访。6月5日，在广西邮电学校举办"服务惠民"康复协调员业务知识培训班，64个行政村的90多名康复协调员，以及区、镇（街道）残联有关工作人员参加培训。

【残疾人民生保障】 2018年，区残联配合区民政局对符合条件的困难残疾人和重度残疾人做好生活补贴、护理补贴发放工作。辖区享受生活补贴的持证残疾人1354人，每人每月补贴50元，发放81.24万元；享受护理补贴的重度残疾人4037人，每人每月补贴50元，发放242.22万元。为140名成年无业重度残疾人和三级、四级精神智力残疾人纳入低保范围。为1402名农村重度残疾人给予个人缴费部分代缴，代缴费用约25.24万元。经区三届人民政府第68次常务会议同意，为1.12万名持有第二代残疾人证的残疾人参加城乡居民基本医疗保险代缴个人缴费部分费用245.55万元。为343名残疾人机动轮椅车主发放燃油补贴8.92万元。

【残疾人教育与就业】 2018年，区残联配合南宁市残联做好45名残疾学生和残疾人子女教育资助工作。组织输送19名残疾人参加南宁市残疾人活动中心举办的乒乓球、坐式排球、滚球、飞镖等健身运动培训。由地税代收，征收残疾人就业保障金4075.7万元。为15名就业年龄段的残疾人进行求职登记。组织66名有爱好和需求的残疾人参加南宁市残疾人活动中心开办的手工串珠、计算机操作、烧卤、家电维修等就业技能培训。组织20名残疾人参加2018年"就业援助月"专场活动现场招聘会。残疾人就业信息实名制录入5878人，就业培训115人，城镇新增残疾人就业113

人、农村新增残疾人就业41人，录入率100%。为25名残疾人农家书屋管理员发放6万元的岗位补贴。为274名符合条件的残疾人个体工商户和灵活就业的残疾人发放67%的2017年度基本养老补贴。为17名自主就业创业的残疾人发放扶持资金13万元。给予南宁市小星星社会工作服务中心、南宁市朝霞社会工作服务中心辅助性就业机构发放2017年度自治区和南宁市级补助资金各9万元。

【残疾人组织建设】 2018年1月11日，西乡塘区残疾人联合会第三次代表大会在区政府7楼礼堂召开，选举产生新一届区残联组织和领导班子。年内，区残联组织300多名调查人员进行培训，完成11个镇（街道）、64个村、64个社区、1.56万名残疾人基础信息的入户核查工作，对获取的信息数据进行比对和更新录入，掌握残疾人基本状况和第一手信息，为惠残政策措施的落实提供依据。发放116名残疾人专职委员岗位补贴和办公经费58.23万元。继续做好办理第二代残疾人证核发管理工作，新增办证982本。

【残联宣传与助残】 2018年，区残联报送信息40篇，《广西残联》杂志和自治区残联网站各采用35篇。在西乡塘区政务信息网发布各类信息152条。春节、助残日等，组织走访慰问2560名贫困残疾人和基层残疾人工作者，发放慰问金71.85万元。组织广西民族大学、广西大学等大学生志愿者上门为残疾人家庭子女一对一免费爱心家教。

（阮 静）

西乡塘区红十字会

【红十字会概况】 2018年，西乡塘区红十字会（简称"区红十字会"）核定机关事业编制3名（其中常务副会长1名），实有在职在编1人，编制外工作人员3人。辖区有红十字会组织141个。其中，镇、街道、社区红十字会75个，医疗团体会员单位21个，学校红十字会43个，企业红十字会2个。会员5197人。年内，区红十字会继续组织开展应急救援、应急救护、人道救助、无偿献血宣传、造血干细胞捐献、人体器官捐献、社会募捐、红十字青少年活动、社区红十字服务、国际合作等工作。获南宁市2017年度县（区）红十字会工作量化管理目标一等奖、何卓姿获自治区红十字会和自治区人社厅颁布的全区红十字会系统个人记二等功荣誉称号。

【红十字博爱送万家】 2018年春节前夕，区红十字会在辖区开展"博爱送万家"送温暖活动。募集价值1.1万元的温暖箱、1.6万元的龟苓膏、6000元慰问金，对150户贫困家庭进行慰问。

【应急救护】 2018年，区红十字会在辖区内开展万人应急救护培训66期。推动应急救护培训进社区、进农村、进学校、进机关、进企业，培训人数和普及人数2.1万人次（现场培训4211人次，网络直播16800人次）。

【人道救助】 2018年，区红十字会组织人员走进社区和农村，了解弱势群体的生产生活情况，开展"红十字博爱送万家""博爱家园""圆梦助学"及"红十字天使计划"大病救助等人道救助项目活动,帮助4名白血病患者申请中国红十字基金会天使阳光基金资助。

【募捐筹资】 2018年,区红十字会在辖区公共场合设立募捐箱30个。1月至11月,在南城百货、广西民族医院等处的募捐箱收到捐款5125元,部分用于医疗救助和社会救助。年内,募集扶贫专款7.22万元,由相关部门按照扶贫开发工作需要统筹使用,帮助贫困户解决生产生活上的困难,资助贫困户或扶贫项目建设。

【无偿献血和防艾宣传】 2018年,区红十字会继续组织做好无偿献血和预防艾滋病宣传工作。在"万人应急救护培训"活动现场,以板报展示、发放资料等形式宣传无偿献血及预防艾滋病知识。在学雷锋活动月、世界红十字日期间,区红十字会与沈阳路社区、广西民族大学、南宁市明天学校等红十字会组织开展无偿献血及艾滋病知识宣传活动。12月1日,会同广西民族医院到广西大学开展防艾宣传日活动。

【造血干细胞宣传与采集入库】 2018年,区红十字会联系南宁市中心血站、中国造血干细胞捐献者资料库广西管理中心,继续在广大献血者人群及高校大学生中宣传发动捐献造血干细胞。抓住契机,8月30日,在区组织开展的"公务员献血"活动中,采集造血干细胞22人份。截至11月,采集造血干细胞60人份,完成捐献干细胞志愿者入库数量。

【遗体和人体器官捐献宣传与登记】 2018年,区红十字会在组织开展的活动中通过板报展示、发放资料等形式对"人体器官捐献、红十字基本知识"等进行宣传,使广大群众了解遗体和人体器官捐献是无私奉献、遗爱人间的精神体现,具有十分重要的意义和作用。10月13日,南宁市红十字会会同区红十字会在城市春天人人乐超市门前举办人体器官捐献志愿登记暨《献血法》颁布20周年宣传活动,呼吁更多的人报名登记成为器官捐献志愿者。截至年底,有7人登记遗体捐献申请登记书,1人

2018年10月13日,由南宁市红十字会和西乡塘区红十字会主办的人体器官捐献志愿登记暨《献血法》颁布20周年宣传活动在城市春天人人乐超市门前举行　　　　　　(区红十字会供图)

登记人体器官捐献登记表,1人捐献遗体。

【组织建设】 2018年,区红十字会在理顺管理体制的基础上,坚持依法建会、依法治会、依法兴会,继续着力打造大学南社区、沈阳路社区、明天学校、江左盟拓展基地4个市级示范点。7月,接待越南红十字会到石埠街道美丽南方新农村建设及

江左盟红十字文化传播基地开展交流工作。

【志愿服务】 2018年，区红十字会组建的5支由社会爱心人士参与的红十字会志愿者服务队，为辖区"三救"（应急救援、应急救护、人道救助）、"三献"（献血液、献造血干细胞、献人体器官组织）工作提供人员支持。志愿服务队开展红十字特色志愿服务活动，在学雷锋月、红十字博爱周期间，分别到明秀广场、明天学校、友爱广场等开展"学雷锋"志愿服务活动和"2018年红十字博爱周"系列活动。

【西乡塘区学校红十字工作】 2018年，区红十字会到辖区部分学校开展应急救护培训进校园工作，通过板报宣传相关知识，发放《应急救护知识读本》5000册。年内，新成立南宁市第十八中学、南宁市秀厢东段小学、南宁市西乡塘区双定中学、南宁市师范学校附属小学、南宁市明秀小学、南宁市北湖路小学、南宁市陈村小学、南宁市西乡塘小学、南宁市秀安路小学、南宁市秀厢小学10个学校红十字会，以点带面加强明天学校示范校建设。

（何卓姿　冯燕燕）

西乡塘区计划生育协会

【计生协会机构及工作概况】 2018年，西乡塘区计划生育协会（简称"区计生协会"）有人员编制3名，实有在职人员2人。辖区有计生协会组织156个（镇、街道、村、社区计生协会141个，流动人口计生协会15个），会员10.42万人。年内，区计生协会继续落实新时期计生协会"六项重点任务"，进一步做好宣传教育、生殖健康咨询服务、优生优育指导、计划生育家庭帮扶、权益维护和流动人口服务工作。

【基层计生协会建设】 2018年，区计生协会加强非公企业、流动人口协会组织建设，发挥基层协会的独特作用，开展非公经济企业和新经济团体中外来务工人群的计划生育政策宣传、生殖健康宣传服务活动，维护流动人口合法权益。年内，辖区成立3个非公企业及流动人口计生协会，增加流动人口会员248人，扩大协会基层网络，拓宽服务范围。

【系列爱心保险项目】 2018年，区计生协会继续推进自治区、南宁市系列"生育关怀·爱心保险"项目的实施。通过广泛宣传，提高群众项目知晓率，动员群众参保，做到应保尽保。区计生协会为8471户农村独生子女家庭和农村双女结扎家庭购买爱心保险。为4836户城镇独生子女家庭购买城镇爱心保险。同时，为932名特扶人员购买特殊计生家庭综合保险。年内，发动计划生育家庭自费投保关爱保险5.7万份，扩大计生家庭参保的覆盖面，帮助计划生育家庭提高抵抗风险的能力及社会保障福利水平。

【农村计生家庭小额贷款贴息项目】 2018年，区计生协会为92户农村计生家庭发放小额贴息贷款181.5万元。同时，为贷款到期已还本息的82户计生家庭贷款发放贴息金额5.45万元。改善农村计生家庭生产条件，促进增产增收。

政治

【特殊计生家庭帮扶模式探索项目】
2018年，西乡塘区申报自治区特殊计生家庭帮扶模式探索项目试点县区，统筹推进特殊计生家庭帮扶模式探索项目工作。结合实际情况，在经济扶助、养老保障、社会关怀方面对特殊计生家庭进行扶助，取得阶段性成效。辖区有失独家庭、独生子女伤残家庭499户，与366名志愿者结成帮扶对子，建立长期的帮扶关系。区计生协会组织，镇（街道）、村（社区）通过组织开展活动，给予特殊计生家庭送温暖。7月，区法律援助中心制定《关于为特殊计生家庭开辟法律援助"绿色通道"的实施方案》，增加特殊计生家庭为法律援助对象，设立特殊计生家庭接待室，专人负责特殊计生家庭申请法律援助接待工作，维护其法律权益。9月，配合自治区计生协会，组织各镇（街道）展开摸底调查，为符合参保条件的特殊计生家庭成员购买特殊计生家庭综合保险932人，投保金额37.28万元。11月，区计生协会组织405个特殊计生家庭奖扶对象进行免费健康体检和免费咨询。在衡阳街道南铁北四区、新阳街道万力社区举办2场中老年人健康知识讲座，帮助特殊计生帮扶对象了解自身的健康状况，掌握日常保健知识。

【生育关怀·医疗帮扶】 2018年，区计生协会实施"生育关怀·医疗帮扶"活动，提高广大育龄群众的生殖健康水平。6月，区计生协会联系南宁市妇幼保健院在各街道举办5场"生育关怀·医疗帮扶"免费妇检活动，有250名计生家庭的育龄妇女、外来务工计生家庭育龄妇女享受免费妇检福利。

【生育关怀·圆梦工程】 2018年，区计生协会通过排查摸底、宣传发动，组织18对家庭困难的不孕不育夫妇参加南宁市计生协会的"圆梦工程"。经诊查筛选，辖区有10对夫妇符合扶助条件，每对夫妇均将获得1万元的"圆梦工程"不孕不育治疗扶助。10月，有2对2017年得到"圆梦工程"扶助的夫妇报送"圆梦"喜讯。

【"5.29"会员活动日】 2018年，在"5.29"计生协会会员活动日期间，西乡塘区各级计生协会组织开展文艺演出、免费义诊、有奖问答、游园等群众喜闻乐见、贴近生活的宣传服务活动。免费发放宣传资料1.5万份、避孕套2200盒，为群众义诊3500人次。

【生育关怀·微笑行动】 2018年，区计生协会配合自治区计生协会开展"生育关怀·微笑行动"。组织各级计生协会对辖区的唇腭裂患者进行调查登记，动员并组织有治疗意愿的患者到医院进行免费治疗修复手

2018年5月29日，在华强街道开展计生协会纪念日宣传服务活动 （计划生育协会供图）

术。年内，区计生协会组织开展微笑行动摸底调查活动2期，报送免费手术对象4人。

【青春健康教育】 2018年9月至12月，区计生协会在辖区高校学生中开展7场青春健康教育宣传活动。通过人口国策、生殖健康、防艾等内容的主题教育，培养青少年健康的性观念，引导大学生树立正确的人生观、恋爱观和婚育观，促进青少年的健康成长，以及人口素质的全面提高。

（陈桂妹　卢海丽）

西乡塘区法学会

【法学会组织及工作概况】 2018年，西乡塘区法学会（简称"区法学会"）有会长1人、副会长8人（专职副会长兼秘书长1人、兼职副会长7人），人员编制2名，实有1人，会长由中共西乡塘区委常委、政法委书记兼任。年内，区法学会继续组织开展法学研究、法治宣传、法律服务、法治人才培养等工作。6月，西乡塘区获"全国法治县（市、区）创建活动先进单位"。

【法学研究】 2018年，区法学会组织会员参加第十三届"中国法学青年论坛主题"征文、第十三届"泛珠三角合作与发展法治论坛"征文、"社区矫正"和"反恐怖与处置突发事件"主题征文、第五届"民族区域法治论坛"征文、广西侦查学研究会2018年学术年会征文等活动。通过课题研究、交流培训、专题研讨等，为建设法治西乡塘、平安西乡塘提供合理化建议对策，不断提高社会治理法制化水平。

【法律服务】 2018年，区法学会继续做好法律咨询服务和信访代理工作室建立，以及"一村（社区）一法律顾问"全覆盖工作。同时，组织开展"法治实践搭平台·平安和谐当'红娘'"法治实践活动。年内，组织法律工作者到镇（街道）参与矛盾纠纷协调，为群众答疑解惑，排忧解难。10月，区法学会与区妇联、区法院、区司法局联合成立婚姻调解委员会，构建专业性、行业性人民调解服务体系。切实抓好搭建平台，参与公共法律服务体系建设。

【法治教育】 2018年，印发《南宁市西乡塘区2018年"百名法学家百场报告会"暨"法治西乡塘讲堂"法制宣讲活动实施方案》，组织开展16场法治宣讲活动，1600人参加。区法学会、区综治办、区司法局、区教育局等会员单位到各社区、村进行网格精准普法，引导群众参与平安建设。同时，开展"互联网+基层网格+法治宣传+法律服务"行动，在区政务网和南宁市"一服务、两公开"等平台进行法治宣传的基础上，创建"平安西乡塘区"微信、微博、今日头条等，推送图文信息开展法治宣传。在机关、社区、乡村、学校、企业、单位普遍开展"法律六进"活动，通过消防安全知识、人民调解、禁毒、社区矫正、打击黑车、打击传销、"反恐防恐"、维护公共安全、反家庭暴力法等系列法律宣传，提高民众尊法学法用法守法意识。辖区有22个村、社区建有电子法治宣传栏，并实现在线播放法治视频、图片等。组织建立镇（街道）和村（社区）法治文艺队、法治文化活动室、"农家书屋""社区书屋"等，扩大法治文化宣传阵地，营造乡村、社区法治文化氛围。

（谢艳）

法治

政法委工作

【政法机构及工作概况】 2018年，中共西乡塘区委政法委员会（简称"区委政法委"）下设西乡塘区委政法委员会办公室、社会治安综合治理委员会办公室、维护社会稳定工作领导小组办公室、防范和处理邪教问题领导小组办公室、国家安全人民防线工作领导小组办公室、流动人口管理领导小组办公室、法学会办公室和综合治理中心、禁毒中心，有在职在编人员10名，借调6人，聘用20人。区委政法委坚持以习近平总书记系列重要讲话精神和党的十九大、十九届二中、三中全会精神为指引，深入贯彻落实各级政法工作会议精神，积极服务区经济社会发展大局。以深化"平安西乡塘"建设为重点，深入开展扫黑除恶专项斗争，大力推进社会治理创新，推进社会治理网格化信息化建设，不断深化平安西乡塘建设，提升人民群众获得感、幸福感、安全感。西乡塘街道荣获自治区党委政法委表彰的"全区无邪教乡镇（街道）"称号，坛洛镇坛洛村、金陵镇金城社区、上尧街道大学南社区、新阳街道新秀社区、安吉街道桃花源社区、西乡塘街道北大北路社区、衡阳街道衡阳南社区、北湖街道北湖东社区荣获自治区党委政法委表彰的"全区无邪教村（社区）"称号；区国家安全人民防线工作领导小组办公室荣获自治区2018年度"一级防线办"称号。

【扫黑除恶专项斗争】 2018年，西乡塘区深入贯彻习近平总书记的重要指示，响应和落实中央、自治区和南宁市的工作部署，在辖区掀起声势浩大的扫黑除恶专项斗争。

成立扫黑除恶领导小组和办事机构　西乡塘区成立由区委书记廖伟福、政府区长陆广平担任组长，纪委书记、监委主任、组织部部长、政法委书记担任副组长，区委政法委牵头，纪委、组织部、宣传部、政法各部门等多个单位参加的西乡塘区扫黑除恶专项斗争领导小组，负责区扫黑除恶专项斗争的统筹协调、督查指导等工作。从区委政法委、法院、检察院、公安分局、流动办抽调人员组成扫黑办。各镇、街道和政法各部门也建立相应的领导小组和办事机构。

扫黑除恶专项斗争会议　3月7日，西

乡塘区召开扫黑除恶专项斗争动员大会，部署扫黑除恶专项斗争。先后召开5次扫黑除恶推进会、10次扫黑除恶领导小组联席会议、6次区委常委会和3次政府常务会，多次召开重点案件专题会议。党政主要领导先后5次深入基层开展扫黑除恶专题调研。2018年第三季度自治区扫黑除恶专项斗争成效调查中，西乡塘区指标得分91.69%，在全区111个县区中排名第53名。

广泛宣传营造氛围　11月16日至22日组织文艺小分队在友爱广场、美丽南方、坛洛镇、金陵镇、双定镇开展5场以"清风正气促脱贫、扫黑除恶创平安"为主题的文艺巡演。11月6日组织召开西乡塘区综治干部提升群众安全感、扫黑除恶专项斗争工作再动员大会暨业务培训会。全年辖区各级召开会议184次，报送工作简报102期，下乡、进社区实地宣传207次，悬挂宣传横幅1141条，发放宣传单41.89万份，张贴举报通告6900张，制作墙体广告320平方米。做到"抬头见宣传标语，低头见手机微信微博宣传，转身见各类广告宣传"，营造扫黑除恶的浓厚氛围。

深入开展扫黑除恶行动　2018年，辖区公安机关破获涉黑恶案件102起，刑事拘留涉黑恶嫌疑人542人，打掉团伙67个，逮捕直诉258人，起诉252人；检察机关批准逮捕涉黑恶案件37件175人；审判机关判处涉恶团伙4件8人。区扫黑办制定扫黑除恶工作制度8份，收到涉黑涉恶群众举报11件，其中接待群众来访举报2件，移送线索11件。开展专项督查5次，下基层走访调研26次。

【社会治理】　2018年，全力抓好社会治理，全面提升群众安全感工作。各级各部门按照网格责任分工安排表，组织干部深入群众家里开展送温暖和问计于民活动，掌握群众对辖区社会治安的满意度、意见及建议；落实网格管理责任，把平安创建工作和提升群众安全感满意度任务分解落实到处级领导及综治委各成员单位肩上，实行包点包案，将综治工作（平安建设）纳入部门绩效考评指标范畴，调动各部门工作主动性和积极性。同年，西乡塘区一至四季度安全感得分为95.06%、93.81%、93.64%、95.81%，全年94.58分，比上年全年平均分91.71%有较大幅度提高。

【群众安全感宣传】　2018年，抓好宣传发动工作，调集各方资源，发动各级各部门，全力开展提升群众安全感和满意度工作。综治办充分利用各种平台开展安全感满意度宣传工作，公安、消防对行业场所下发宣传资料；工商、税务部门向门店业主发放一封信；住建局督促各小区LED显示屏滚动播放安全感满意度宣传标语；教育局组织各中小学校开展创"小手拉大手"活动，司法局组织法制副校长进校园授课。各镇、街道和社区综治工作人员开展文艺汇演、入户走访宣传活动，交警一大队在各重点路段、路口、花带设立户外铁架固定广告。政法干警、公务员、行政事业单位人员、社工、招聘人员、物业小区管理人员、在校学生等群体，带动居民群众参与"人人积小安，共建大平安"活动。年内，辖区共发放安全感满意度宣传资料35万多份、宣传环保袋1.7万个、扇子4000把、围裙2100条、抽纸1万盒、手机架

1万个、纸杯4万个、雨伞500把,悬挂横幅880条,户外宣传一封信1800张,印制墙体广告1300平方米,群发宣传短信220万条,营造"人人向往平安、人人关心平安、人人建设平安"的浓厚氛围。

【落实群众安全感提升奖惩】 2018年,持续落实《西乡塘区提升群众安全感和满意度工作目标专项考评暂行办法》,由区综治委委托自治区统计局社情民意调查中心,每半年对辖区镇、街道开展一次群众安全感满意度调查,根据单项安全感得分高低进行排名,对排在前列的实行奖励,对连续排在靠后名次的实行通报批评、诫勉谈话、挂牌整治、黄牌警示、一票否决警示直至一票否决。

【网格化信息化建设】 2018年,深入推进网格化信息化建设工作。推进辖区网格管理中心建设,加强综治信息系统、视联网、视频监控平台、数字城管系统深度应用,抓好安吉、北湖街道综治中心试点。加强吸毒人员、消防安全网格化服务管理。建立规范、通畅、高效的网格化管理工作运行模式。同年,区综治信息系统各模块累计采集和录入数据,实有人口信息115.53万条,登记房屋信息46.11万条,特殊人群关注信息中,刑满释放人员114人,社矫人员81人,易肇事肇祸精神病人657人,吸毒人员1740人,重点上访人员79人,危险品从业人员144人,重点青少年64人,安全生产重点单位138个,消防安全重点单位360个,治安重点单位189个,危险化学品单位124个,上网服务单位48个,公共场所61个,各类教学院校906个,排查矛盾纠纷案件271389件。通过层层培训,加强网格化管理队伍建设。分批组织网格员、镇(街道)和职能部门综治信息系统管理员开展综治系统平台应用、网格综合业务、岗位素质教育等内容的培训。5月起分批组织约450名网格员到消防大队进行消防知识培训,6月组织街道业务骨干和综治信息系统管理员到南宁市进行综治信息系统消防管理模块业务知识培训,9月组织城中村负责人到消防大队新阳中队进行电动自行车火灾防控培训,10月组织召开网格化管理和信息化建设工作综合业务培训;组织新聘网格员到万秀村跟班学习和实训。各镇、街道也落实网格员培训任务。

【预防和减少社会矛盾】 2018年,全面推行"小事不出村、大事不出镇、矛盾不上交"的基层治理模式。运用"组织建设走在工作前,预测工作走在预防前,预防工作走在调解前,调解工作走在激化前"的"四前工作法",学习借鉴枫桥"四先四早"的工作机制,创新符合辖区实际的工作机制。建立健全党和政府主导的维护群众权益机制,不断完善科学有效的利益协调机制、诉求表达机制、矛盾调处机制、权益保障机制和稳定风险评估机制。把调处矛盾纠纷与"两上升三下降"活动紧密结合起来,始终坚持"周排查""月讲评""旬通报""区委书记大接访""领导接待""区长热线电话接待""社会稳定风险评估""民情分析会"等八项制度,有效预防并及时化解大量影响社会和谐稳定的矛盾纠纷问题和群体性事件。年内,辖区发生矛盾纠纷258起,调处260起,调解成功254起,调解成功率97.69%。矛盾纠纷得到有效化解或稳控，没有发生造成严重社会影响的群体性突发事件。

【重点行业和重点人群服务管理】 2018年，西乡塘区全面加强消防安全隐患排查整改工作。实行每月检查通报制度。每月由区综治委、消防大队牵头组成9个检查小组，对各镇、街道落实消防安全隐患排查整改情况进行检查。辖区配备灭火器8.66万个，进行安全培训28.34万户，发放消防安全知识宣传资料28.51万份，开展消防培训演练1.68万户，安装智能充电器3598个，安装简易喷淋系统8256个，安装点式报警器6127个，电动车充电处与疏散通道设置防火分隔505栋，排查存在隐患的房屋1.63万栋（处）。推进微型消防站建设。北湖街道建成微型消防站7个，石埠街道6个，衡阳街道5个，上尧街道3个，新阳街道3个，西乡塘街道2个，安吉街道2个，各镇和其他街道均建成1个以上。加强肇事肇祸等严重精神障碍患者服务管理。贯彻落实《南宁市落实严重精神障碍患者监护责任实施以奖代补政策的实施意见》，辖区危险性评估等级在三级以上的严重精神障碍患者名单648人，签订以奖代补协议的严重精神障碍患者监护人284人；加强对严重精神障碍患者肇事肇祸行为的预防处置。探索对流动人口的服务管理。加强出租屋大排查、推行居住证等工作，抓好流动人口信息系统建设，开展慰问活动，做好出租税收工作。全年开展出租屋清查行动48次，出动警力360人次，网格员775人次，排查出租屋9286套；新登记出租屋1301户，核查流动人口1.29万人，新登记流动人口4076人，发放宣传资料约1.2万份。

【禁毒工作】 2018年，西乡塘区党委、政府高度重视禁毒工作。区委书记、政府区长担任禁毒委主任，亲自主抓禁毒工作，定期到基层督导检查和实地调研禁毒工作；各镇、街道也相应成立禁毒工作机构。成立西乡塘区禁毒工作中心。进一步加强对基层单位的检查指导，形成党委领导、政府组织、综治牵头、部门协作、群众参与、综合治理的良好格局。中心设在友爱南路20号。落实禁毒工作经费。区政府把禁毒工作纳入国民经济和社会发展规划，把禁毒经费列入财政预算；全年安排禁毒专项经费200万元，给予每个镇、街道安排专项经费5万元。深入基层开展禁毒预防宣传教育。6月13日，在坛洛举办西乡塘区2018年"6.26国际禁毒日"集中宣传暨"全民禁毒宣传月"活动启动仪式；南宁市禁毒办领导到现场指导工作，区委书记参加活动并致辞，干部群众共计800余人参加活动。推进青少年毒品预防教育"6.27"工程建设。教育局组织学校开展毒品预防教育"五个一"活动；将毒品预防教育列入师资培训内容达100%；配备校外辅导员的学校达100%；落实禁毒专题2课时以上学校达100%；将毒品预防教育内容纳入县级地方课程教材达100%；建有4所县级禁毒教育基地、园地，开辟有园地的学校有40所。全年辖区开展各类禁毒宣传活动146次，其中大型宣传活动3次，进校园宣传21次，进社区（村）122次。西乡塘区禁毒预防宣传教育与执法宣传工作引起多家媒体关注，被各级媒体报道214篇，其中中央主流媒体报道69篇，自治区级媒体报道20篇，市级媒体报道94篇，县级媒体报道31篇。破案打击工作取得较好成效。西乡塘公安分局全年破获毒品案件180起，同比上升13.21%；抓获犯罪嫌疑人206人，逮捕、直诉犯罪嫌疑人177人，同比上升14.94%；查处吸毒人员1502人次，同比上升29.82%；强制隔离戒毒356人，同比上升8.82%。利用网格化管理平台，做好吸毒人员社会化服务管理工作，成为西乡塘区禁毒工作的一大亮点。利用网格管理平台对社会面吸毒人员进行风险分类评估，将吸毒人员信息发至各镇、街道，对吸毒人员进行风险分类管控。同年，辖区社会面吸毒人数1830人，分类管控人数1792人，其中一级管控人数16人，二级管控人数202人，三级管控人数1574人。辖区总体管控率99%。促推辖区社区戒毒和社区康复工作，全年累计办理入戒吸毒人员185名，其中社区戒毒91名，自愿戒毒65名，社区康复29名。对有困难的入戒人员给予美沙酮服药补贴，补贴政策实行以来累计审批发放服药补贴932人次、补贴费用22.39万元。

【基层平安创建工作】

平安景区 2018年，按照西乡塘区打造美丽南方生态综合示范区的整体部署，在美丽南方构筑立体化治安防控网络。建立完善人防体系。石埠街道组织美丽南方各村成立治保组织，建立一支村干带头、群众参与的治安巡防大队；建设美丽南方警务室，公安、交警、城管、工商等部门进驻合署办公；发动入驻企业出人出资，共同维护景区治安秩序。加强景区技防建设。安装摄像头299个，覆盖关键部位和重要区域，所有数据后端接入交警；在警务室设监控中心，安排民警值班，实时监控景区治安动态；动员各企业负责人安装监控设备。加强物防建设。以跑马场为中继台，警务室为中枢，派出所、街道办、村委、旅游中心、核心园区配备对讲机，建立对讲机指挥系统；购置一批执法记录仪、警棍、警灯等警用器材。各部门配合拟出村规民约九条和游园规定，在景区推行。

平安校园 成立西乡塘区校园周边治安管理综合治理工作领导小组，办公室设在西乡塘区教育局。由区综治办、公安分局、教育局牵头，严格按照"五个全面"工作标准，在辖区开展"护校安园"行动。全面强化校园内部安全管理，提升校园"三防"建设水平；全面强化校园内外安全隐患排查整改，严防造成现实危害；全面强化校园周边巡逻防控，织牢织密安全屏障；全面强化涉校园高危人员排查管控，严防发生个人极端事件；全面强化校园安全督导检查机制，确保安全责任落实到位。加强中小学、幼儿园安全防范工作，严厉打击涉校涉园违法犯罪活动，维护校园安全稳定辖区平安校园创建率100%。

铁路护路工作 西乡塘区以保障2018年春运和全国两会期间铁路安全畅通为重点，深入开展铁路沿线"反恐怖、保安全"工作，巩固"平安铁路示范路段"成果，坚持路、地、警、民协作，齐心协力，齐抓共管。辖区有普铁线路约25.58千米，高铁线路约22.69千米，按照每2千米配备1名护路志愿者的标准，从基层村（社区）换届选举后人员中选录24名相对稳定的、有责任心和奉献精神的人员组成护路志愿者队伍。加强涉路纠纷排查，全力维护铁路安全运输；加强宣传教育，提高沿线群众护路意识。2018年，辖区没有发生涉铁重大刑事案件，没有发生重大路外伤亡事故，没有发生因车辆、牲畜挡道影响行车超过30分钟以上的事故，辖区铁路沿线没有发生各类线路治安案件，有效地维护铁路安全畅通，保持铁路沿线治安秩序的持续稳定。

【综治和平安建设宣传主阵地建设】2018年，西乡塘区坚持团结稳定鼓劲、正面宣传为主的方针，大张旗鼓地开展集中宣传活动，以群众喜闻乐见的宣传形式和载体，提高群众对政法综治工作和平安建设的知晓率和参与度；以鼓舞人心的成果展示和舆论引导，全面提升公众安全感和满意度。注重分类宣传，创新宣传方式方法，提高宣传层次，扩大宣传范围。为新闻媒体提供宣传报道素材，采写稿件400余篇。通过南宁电视台《政法在线》、南宁法制网宣传活动开展情况，在南宁法制网、《法学纵横》上推出典型经验。在恒大新城、桃花源、北湖安居、鲁班社区等4个小区各建设一套LED宣传大屏，滚动播放社会治理、国家安全、反邪教、消防安全、政法队伍建设等宣传内容。年内，辖区开展平安建设集中宣传活动466次，其中大型宣传活动13次，发放宣传资料9000多份，送出小礼品3000多份。

（潘莹莹）

法治政府

【政府法制机构及工作概况】2018年，西乡塘区法制办公室（简称"区法制办"）有人员编制内5人，聘用4人，借调2人。现有办公室4间。主要负责全面推进法治政府建设工作的规划、综合协调、业务指导、监督考核，完善和推进法治政府建设工作考核制度；负责对区人民政府及各部门拟定的规范性文件、重大决策进行合法性审查，承办区人民政府规范性文件报备案工作；承办向区人民政府申请的行政复议、行政诉讼、民事诉讼案件，对辖区诉讼工作进行指导和监督；设立政府法律顾问室，负责区政府法律顾问事务的有关工作；监督指导区行政执法部门开展执法工作，组织辖区行政执法人员的执法行政知识培训等；承办区人民政府交办的其他事项。

【法治政府建设】2018年，区法制办在区党委、政府的领导下，贯彻中央《法治政府建设实施纲要（2015—2020年）》精神，落实自治区、南宁市关于2018年法治政府建设工作具体实施方案要求，围绕工作大局，不断开拓进取，奋力推进法治政府建设工作。落实领导干部学法制度和加强行政执法人员培训。落实政府常务会议学法制度，举办"法治西乡塘讲堂"专题讲座活动，组织学习《中华人民共和国宪法》《中国法治政府评估报告（2017）》等内容，增强区领导干部法治意识，提高依法行政自觉性；政府常务会4次听取法治政府建设工作汇报。各镇、街道和政府各部门落实法治政府建设工作要求，推进依法行政，全区上下运用法治思维和法治方式分析问题，形成良好氛围。组织开展行政执法人员专题培训，以行政执法案件庭审现场观摩等形式，结合具体案例审理，通过以案释法强化培训效果；采取集中授课等形式，邀请政府法律顾问进行授课，强化行政执

法 治

2018年2月27日，区政府领导班子成员进行常务会学法培训。图为区政府法律顾问、广西政法管理干部学院教授廖原在培训会中授课　　　　　　　　　　（区法制办供图）

法人员严格、规范、公正、文明执法理念。组织行政执法人员参加自治区行政执法人员资格（续职）考试。组织年度考评和开展法治政府建设工作督查。组织开展各镇、街道和机关各部门法治政府建设考评工作，考评结果纳入绩效考评体系，并落实南宁市推行依法行政考核末位约谈制度的要求，启动约谈程序。

【建立重大决策机制】 2018年，落实《南宁市重大行政决策程序规定》的要求，对区政府及各部门制定重大行政决策进行严格把关，出台前必须经过完整规范的程序再提交政府常务会议审议。不断健全公众参与重大行政决策机制，强调落实重大行政决策的预公开制度，维护人民群众的切身利益；对涉及重大公共利益、影响社会和谐稳定等内容的，由相关部门组织听证会广泛征求意见，更好地提高依法决策水平。年内，区法制办审查涉及农林水利、民政、卫生计生、教育、交通等内容的重大行政决策42件，出具合法性审查意见建议139条，有效保障重大行政决策的合法性和有效性。

【规范性文件审查】 2018年更加注重加强规范性文件的监督管理。区法制办不断规范政府部门制定规范性文件的权限和程序要求，做好规范性文件出台前的备案审查及完善及时报备工作，落实部门规范性文件的"三统一"制度（统一登记、统一编号、统一发布）。年内制定规范性文件5件。各部门认真落实南宁市有关文件的要求，在《西乡塘区人民政府关于公布继续有效的2017年6月31日以前制定的规范性文件目录》的基础上，按照"谁起草、谁实施、谁清理"原则，开展涉及产权保护的规范性文件清理工作，营造平等保护各种所有制经济产权和合法权益的法治环境。清理结果未发现有违反涉及产权保护的规范性文件。

【行政执法监督】 2018年，开展行政执法案卷评查工作。区法制办成立评查组，在组织各镇政府和石埠街道办事处进行自查自评的基础上，对其行政执法案卷进行评查。各镇政府和石埠街道办事处在2017年1月1日至2017年12月31日期间已办结的行政处罚、行政许可和行政强制及其他类型行政执法案卷共242件，其中行政许可案卷182件、行政处罚案卷32件、行政征收案卷28件、行政强制案卷0件、行政检查0件，其他行政执法0件，未发现不合格的案卷；落实"三项制度"，规范执法行为。区法制办组织各行政执法部门完成本年度行政执法情况报告工作，及时总结法治政府建设工作情况；开展行政执法"三项制度"督查，强化各部门实施行政执法公示制度、执法全过程记录制度、重大执法决定法制审核制度的责任意识，促进依法执法行为的规范化、制度化建设，提高行政执法的效率和水平；调查处理上级转办的行政执法监督投诉举报案件，依法履行监督职责，规范行政执法行为。

【行政复议和出庭行政应诉】 2018年，区法制办认真履行行政复议工作职责，主动化解矛盾纠纷。推进行政复议的规范化建设，依法受理行政复议申请，坚持疑难复杂案件集体讨论和征询法律顾问意见，依法公正审理行政复议案件；在行政复议案件采取书面审理基础上，依法依规沟通调解，化解行政争议纠纷。年内，行政复议办收到行政复议申请56件，受理56件，撤诉1件，审结53件，未审结3件。做好行政应诉工作。落实行政诉讼法规定，重视做好法院受理的行政诉讼案件的证据提交、如期答辩和出庭应诉等工作；行政机关负责人积极履行被诉行政案件出庭应诉职责，树立政府机关的良好形象。年内，区政府被诉的行政诉讼案件20件，行政机关负责人出庭应诉案件19件，出庭应诉比例为95%。

（邓玉莲）

公　安

【公安机构及工作概况】 2018年，南宁市公安局西乡塘分局（简称"区公安分局"）有在职民警575人，聘用辅警869人。内设7个科室中心，15个大队，下辖15个派出所，1个战训基地、1个警犬基地，4个警务站。公安分局着力抓好社会治安和人口管理，开展巡逻防范、执勤保卫、消防抢险、群众接访、打击刑事、经济、毒品犯罪等工作，加强公安队伍和执法规范化建设。公安分局有7个集体、56名个人获得县级以上荣誉称号。禁毒大队、北湖派出所被南宁市公安局记三等功，吴英沈、李雁等13人被南宁市公安局记三等功。刑侦一大队被自治区公安厅记三等功，邓嘉民被自治区公安厅记个人一等功，赵卫锋被自治区公安厅记二等功，蓝勇被自治区公安厅记三等功。

2019年1月18日，西乡塘公安分局召开2018年度工作总结表彰大会　　　　　　　　　　（区公安分局供图）

【情报信息与反恐维稳】 2018年,公安分局紧盯反恐维稳,夯基础抓落实,实现无暴力恐怖案件、无较大影响群体性事件。强化情报搜集工作。构建职能部门、派出所、社区警务多位一体的情报信息网络和人力情报队伍,及时掌握辖区治安动态和不稳定因素,收集上报各类情报信息416条。强化隐蔽战线斗争。梳理和排查可能影响和危害国家政治安全的重点组织、重点人员和重点问题,开展"敲门行动"回头看工作,提升对失控人员的动态掌控力,得到市反邪支队的表扬与肯定。做实反恐防暴处突。严格落实重点人、重点目标、重点关注群体的动态管控措施,逐一盯死看牢,纳入可管可控范围;修订完善反暴恐、群体性事件处置等预案,严格按照"1、3、5分钟"梯次响应要求不定期组织开展应急演练,有效提升队伍的反恐处突能力。强化指挥体系建设。规范基层调度模式,推动建立可视化、扁平化指挥调度机制,进一步完善接处警规范,提升快速反应、应对处置的能力和水平。强化矛盾纠纷排查化解。狠抓问题隐患排查,加大依法治访力度,防止矛盾激化,圆满完成重要节点的安保维稳工作任务,实现零进京上访。强化网络舆情管控引导。加强网评队伍建设、网络舆情引导和重点舆情处置,及时落地查人,处置有害信息,年内累计处置网络舆情30起,牢牢地把握网上舆论的主动权。

【打击刑事犯罪】 2018年,区公安分局紧盯打击主业,坚持以打开路,以"神剑3号"系列专项行动为龙头,向涉黑恶、涉枪爆、"盗抢骗""黄赌毒"及涉众型、风险型经济犯罪等治安问题突出的违法犯罪活动发起严打整治攻势。全年总警情5.95万起,同比下降0.86%。其中"两抢"警情108起,平均每天0.3起,同比减少0.2起;"入室盗窃"警情445起,平均每天1.22起,同比减少0.32起;"盗窃电动车"警情3346起,平均每天9.17起,同比减少0.22起。刑事发案1.28万起,同比减少959起,下降6.95%,立刑事案件1.28万起,同比下降6.95%,破获刑事案件2533起,同比上升6.37%,打击1096人,完成98%,逮捕1024人,直诉72人。命案发9起,破获9起,实现命案全破的目标。

【治安整治】 2018年,区公安分局认真落实党中央开展扫黑除恶专项斗争的部署要求,重点打击黄赌违法犯罪、治爆缉枪专项行动和打击盗销电动车行动。查处治安案件1.36万起,同比上升7.78%。继续开展打击涉黄涉赌违法犯罪专项行动。破获黄赌刑事案件34起,刑事拘留127人、逮捕55人,其中涉赌刑事案件15起,刑事拘留57人、逮捕25人;涉黄刑事案件19起,刑事拘留70人、逮捕30人。查处涉黄赌治安案件331起,抓获违法人员1093人,其中行政拘留819人、罚款274人;查处涉赌博治安案件138起,行政拘留403人、罚款158人;查处涉黄治安案件193起,行政拘留416人、罚款116人。深入开展涉枪爆问题专项整治行动。加强对治安要素和重点部位的源头管控,强化对各类重点人员和枪支弹药、危爆物品、管制器具、散装汽油等特种物品的日常监管,抓好寄递、物流等行业重点环节,坚决防止"打响、炸响、丢失、流失"。收缴各类枪支20支,仿真枪190支；子弹861发，铅弹50发，其他19发；炸药2千克；雷管75枚；索类爆炸物品23米；废旧炮弹5枚；手榴弹1枚；其他1枚；管制刀具748把；弓弩2把。开展打击整治盗窃电动车专项行动，逮捕盗窃电动自行车犯罪158人，直诉10人。全年路面盘查电动车39127辆，查扣771辆；清查停放城中村出租屋的电动车3158辆，查扣185辆，返还322辆。开展校园及周边治安整治行动。排查涉校涉生矛盾纠纷和可能危及校园安全的重点人员，有针对性地落实化解稳控措施，防止重点人员到校滋事肇祸，防止矛盾激化影响校园稳定。

【扫黑除恶】 2018年，区公安分局进一步强化组织领导、强化工作措施、强化监督问责，明确职责、突出重点，扎实推进扫黑除恶专项斗争。年内，破获九类涉恶案件102起，刑事拘留涉恶犯罪嫌疑人542人，逮捕258人，打掉涉恶犯罪团伙53个，打击黑恶犯罪分子的嚣张气焰。公安分局侦办的"7.13"苏卢村特大涉黑涉恶案件，成功逮捕犯罪嫌疑人78人。

【打击经济犯罪】 2018年，区公安分局经侦工作始终以维护经济秩序稳定为第一要务，严厉打击各类经济犯罪和非法集资、传销等犯罪行为。年内，经济案件立案359起，破案53起，抓获犯罪嫌疑人147人，刑事拘留129人，逮捕57人，取保候审35人，移送起诉54人。破获非法吸收公众存款案3起，逮捕犯罪嫌疑人6人。

【禁毒斗争】 2018年，区公安分局开展"两打两控"、禁毒严打整治、"大排查、大收戒、大管控"、禁毒"夏季风暴"等系列专项行动。年内，破获毒品案件186起，任务完成率105.68%，与去年同期相比上升14.81%；抓获犯罪嫌疑人212人，逮捕、直诉犯罪嫌疑人178人，任务完成率86.4%，同比上升16.34%；查处吸毒人员1507人，任务完成率76.81%，同比上升0.6%；强制隔离戒毒356人，任务完成率79.46%，同比上升8.54%。

【人口管理】 2018年，区公安分局抓好户籍"放管服"改革，推行限时办理、预约办理、网上办理以及增加自助服务设备等措施，有效提升服务效能。辖区常住人口21.78万户68.65万人，其中男34.51万人，女34.14万人，未成年人13.75万人。全年分局受理审批户口业务46.44万份；办理身份证7.22万张，其中全国异地身份证3181张，省内异地证1.89万张，自助受理9750张，自助发证1.64万张。受理各项出入境办证业务5.68万人次，其中办理护照2.79万本，港澳通行证2.75万本，台湾通行证6688本。年内，分局辖区登记在册流动人口34.84万人，出租房35.68万间，受理审批居住证3万张；通过"i微警"外网登记9502人次，"i微警"居住证申领91条；辖区延伸点受理居住登记1008条，受理居住证申领153条；辖区各派出所受理"港澳台"居住证162人次。

【基层基础信息采集】 2018年，区公安分局开展"一标三实"信息采录工作，抓好"高标定位、无缝指导、创新方法、科学考核"等环节，取得显著效果。年内，完成采集量7.54万条，完成率99.9%，差错率仅0.1%，圆满完成市局布置的阶段性任务，工作做法作为典型在全市推广。结合信息采集，加大对"三非"人员查处力度，年内查获"三非"人员148人，完成全年任务的185%。办理宾馆境外人员违反临时住宿登记案件249起，居民区境外人员违反临时住宿登记案件32起。

【巡逻防范】 2018年，区公安分局不断创新社会面巡控方式和手段。实行24小时不间断巡逻防控机制，设定路面巡逻必到点，将原有4个警务站设施改造成分局、派出所的接警点、示警点和巡逻警组的停留点。建立敏感节点和特殊时期分级巡防机制，实行一二三级巡逻勤务，最大限度地屯警街面，提高街面见警率和管事率。围绕重要目标、重点单位、治安复杂场、人流密集场所划分5分钟巡逻处置区域，实现网格防控，提升社会面治安管控和快速反应能力。在盗窃电动车案件高发的主干道、城中村周边道路，分四个时段开展对可疑车辆及人员的武装设卡查缉工作。规范安吉和安吉东治安检查站建设，建立完善检查站勤务机制和查控模式。

【警务实战化建设】 2018年，区公安分局紧紧围绕情报信息主导警务理念，积极探索服务实战工作。不断深化警务机制改革。筹措资金300万元在鲁班路办公区建成"情指行"实战中心并投入使用。通过对监控视频的研判，协助办案单位查看案件视频资料1970起，收集整理案件视频资料1317起，累计提供案件线索983条，协助基层所队抓获犯罪嫌疑人268人。通过情报、视频研判协破命案4起、"两抢两盗"案件172起。

【执法规范化建设】 2018年，区公安分局紧抓执法规范化建设，包括抓案件审核把关，完善和加强执法质量考评工作机制，发挥法制部门职能作用，使考评工作常态化，提高民警办案质量；抓执法行为专项检查，通过梳理自查发现执法办案过程中存在问题并抓好整改；抓执法办案区升级改造，分局在唐山派出所办公点建成"四位一体"智能化执法办案中心并投入使用，该办案中心是南宁市首个集执法办案、案件管理、物证管理、执法执纪监督"四位一体"的执法办案管理中心。

【队伍正规化建设】 2018年，公安分局紧盯战力提升，坚持政治建警、从严治警、从优待警、素质强警战略，强化制度建设，坚持用制度管人管事，不断提升队伍的执行力和战斗力。强化党建引领促发展。抓好党内制度落实，把学习宣传贯彻党的十九大精神作为首要政治任务，深刻领会新时代中国特色社会主义思想有关公安工作的新部署、新要求，增强"四个意识"，自觉地把公安工作置于党政工作大局中来谋划推进。强化纪律作风树形象。严格贯彻落实中央八项规定精神、公安部"三项纪律"、自治区政法委"五查五整顿"专项行动，严肃整治队伍中的歪风邪气和执法活动中存在的突出问题，进一步纯洁警风，促进队伍健康发展。强化督导检查提效能。落实"两个责任"，围绕党建、队建和业务等重点工作开展专项督察，抓制度、抓执行，提升执行力。强化实战训练提能力。推行"战训合一、轮训轮值"训练模式，举办训练及培训班共19期，加强队伍教育训练和体能技能训练。邀请专家举办侦查破案、现场勘验等业务培训。落实从优待警聚人心。落实民警生病住院慰问、战地慰问、年休假、生日送蛋糕、健康体检等措施，保障民警切身利益，有效提升队伍的凝聚力与向心力。推进辅警管理改革和建设。按照市局警务辅助人员管理暂行办法，对分局在职在岗协警开展聘用考录工作，择优录取辅警835名；以考录工作为契机精准研判队伍状况，加强管理和使用，促进辅警队伍素质提升。

【入户走访】 2018年，区公安分局继续实行以入户走访为主要内容的考评责任制，举行"警营开放日"、警察公共服务队进社区、进学校等活动，多渠道拓展警民互动交流，提升人民群众安全感和满意度。

（马英强）

2018年4月10日，西乡塘公安分局群众工作队、警察公关服务队到龙腾路小学开展"对校园欺凌说不 让校园和谐美好"——法制进校园主题教育活动暨2018年"基层行"活动

（区公安分局供图）

检 察

【检察机构及工作概况】 2018年，西乡塘区人民检察院（简称"区检察院"）在职干警总人数59人（工勤人员5人）。内设办公室、政工科、侦查监督科、公诉科、控告申诉科、民事行政检察科、人民监督员办公室、案件管理办公室、法警大队、未成年人刑事案件检察科、行政财务装备科、技术科、金陵检察室等13个部门。

【基层基础建设】 2018年，区检察院进一步加强基础建设。推进院办公楼、检务中心建设，完成二次装修工程结算审核；建设扫黑除恶专案工作室，配齐配好扫黑除恶工作办案办公设备。与高新管委会相关部门共同推进高新检察室建设，完成办公楼的内部装修。

【刑事检察】

打击各类刑事犯罪 2018年，区检察院公诉部门受理案件1423件1920人，比2017年受理案件数上升9.4%，人数上升10.51%。在办案压力增大的情况下，全年结案率92.88%。全面启动轻微刑事案件快速办理机制，做到快审快诉。全年受理案件854件931人，起诉案件838件889人，利用轻微刑事案件快速办理机制起诉的刑事案件占69%，案件平均办理期限为8天，提高办案效率，节约司法资源。加大侦查活动监督工作力度，追诉遗漏罪行45件，追诉40人。提高办案质量，一批优秀案件得到上级院肯定。全年提起刑事抗诉案件13件，获上级检察机关支持抗诉12件，支持抗诉率92.3%，二审法院已改判5件。对在旧城改造项目中向民营企业索贿132万元的原平新村村委会主任卢某某提起公诉，其被依法判处有期徒刑五年六个月。该案指控有力，获评2018年度广西检察机关"优秀公诉庭"。

"远程庭审"诉讼机制 2018年，区

法治

2018年，区检察院院长黄朝科（右一）、公诉科科长胡艳（左一）在启用远程庭审系统中出庭公诉 （区检察院供图）

检察院引入"远程庭审"模式的单位，突破传统庭审模式的空间局限，为西乡塘区刑事案件的办理搭建一个新的平台。远程视频庭审模式依托"互联网+"，跨越空间的限制，突破公诉人前往法院支持公诉的传统模式，实现让数据信号多跑腿，让庭审质效有提升，让信息化建设实实在在服务于检察工作，在节约司法资源的同时，使庭审过程公开透明。

【扫黑除恶专项斗争】 2018年，区检察院成立扫黑除恶专项工作小组，设立领导小组办公室，由检察长、副检察长领导指挥，组织实施扫黑除恶专项斗争。自开展专项斗争以来，共受理涉恶案件32件112人，审结15件48人。联合侦查监督部门办理"7.13"专案，取得良好的社会效果。批准逮捕涉寻衅滋事、组织卖淫、聚众斗殴等涉黑恶犯罪案件36件166人。实行"捕诉一体"的办案模式，提前介入"7.13"苏卢村重大涉黑恶案件，抽调业务骨干成立专案组。针对"7.13"案件暴露出的村民委员会自身建设、流动人口治安管理、城中村建设管理等问题提出检察建议，为铲除黑恶势力滋生土壤献言献策。

【侦查监督】 2018年，区检察院认真履行审查逮捕、立案监督和侦查活动监督三项职能，做好刑事检察第一步。受理审查逮捕1248件1895人，批准逮捕931件1311人。严格把牢案件证据审查标准，以证据不足不批准逮捕429人，发出逮捕案件继续补充侦查意见书247份，审查起诉退回补充侦查提纲200余份，列明补充侦查事项2000余项，对侦查机关监督提质效提升明显。与高新公安分局、西乡塘公安分局法制大队共建的案件沟通常态化模式发挥较大作用，监督侦查机关立案30件、撤案138件。依法追捕犯罪嫌疑人168人，纠正侦查活动违法案件72件。其中，监督公安机关对孙某某等4人涉嫌妨害作证、帮助伪造证据进行立案侦查，为此类犯罪在广西监督立案的首例，该案获评2018年全区检察机关优秀刑事立案监督案件；在办理黎某某贩卖毒品案中，针对侦查机关的取证问题和程序违法行为发出《纠正违法通知书》，该案获评2018年全区检察机关精品侦查活动监督案件。

【诉讼活动监督】

环境公益诉讼 2018年，区检察院民行部门摸排公益诉讼案件线索18件，发出诉前检察建议8件，其中环境资源类线索8件，食品药品类线索8件，国有资产保护类线索2件，公益诉讼成为区检察院在新时代法治环境下新的发力点。在环境公益诉讼案中成效显著，督促拆除无证网箱4.1万格，拆解面积约101.47万平方米；督促拆除畜禽禁养区养殖场131家；督促处置危险废旧电池 147 吨；督促恢复受损公益林地约 33800 平方米。

民事行政监督　2018 年，区检察院对认为确有错误的民事行政生效裁判提请抗诉 7 件，上级检察机关提出抗诉 7 件，支持抗诉率 100%；对审判程序中的违法情形提出检察建议 33 件，对民事执行活动提出检察建议 27 件。办理的杨某某与工商银行广西分行金融借款合同纠纷执行监督案，为辖区旧城改造提供助力。该案获评南宁市第四届民事行政检察精品案件。

关注民生　2018 年，区检察院通过办理莫某某拒不支付劳动报酬案，帮助 130 名农民工追回拖欠工资 320 余万元。办理的孙某某等 4 人虚构 243 万元债务骗取法院判决一案，4 人均获有罪判决。该案为南宁市首例虚假诉讼案件并获评 2018 年全区检察机关精品刑事案件。

【涉检信访处理】　2018 年，区检察院控申科共受理控告申诉 76 件，受理举报线索 24 件，办理阻碍辩护人、诉讼代理人行使诉讼权利案件 2 件，立案复查后改变检察机关原决定案件 1 件，法律监督作用得到充分发挥。挂牌成立 12309 检察服务中心，实现检察服务再升级。开展分管检察长对口接访工作，检察长接访案件 12 件 17 人次；探索刑事申诉和服务民生有机结合，延伸检察职能服务非公经济职能；在办理新胜利公司不服法院生效判决一案中，根据该公司的法律服务需求，由控申部门牵头开展检企党建共建。依法妥善处理涉法涉诉信访 186 件，全力做好检察机关恢复重建 40 周年、广西壮族自治区成立 60 周年、环广西公路自行车世界巡回赛等重要节点的维稳工作。主动融入精准扶贫工作大局，发挥乡镇检察室的作用，开展因案致贫人口司法救助，救助 17 人，发放救助金 5.9 万元。该项创新做法由自治区检察院在全区范围内推广。

【案管工作】

数字案管　2018 年，案管部充分运用数字检务思维，发出流程监控口头预警 385 次，接收外来法律文书 1833 份，接待律师人 588 次；检察机关案件信息公开发送程序性信息 2846 条，文书公开 607 份。编写流程监管报告 10 篇，案管工作情况 10 篇，专题分析 4 篇，其中 1 篇专题分析被自治区检察院采纳。

调查研究　2018 年案管部紧紧围绕检察机关中心工作和中央关于深化检察改革的热点问题，制定专题调研方案，组织开展专题调研工作。上报调研文章 7 篇，在全国性的杂志发表 6 篇，其中 1 篇被自治区检察院评为理论调研优秀奖。

数据服务　2018 年，案管部依托统一业务应用软件和报表系统配合业务工作，及时受理逮捕、起诉案件，分配至相关业务部门承办人手中。每天定时 2 次查看案件统一管理系统中的办案期限预警监控报警，利用节点控制方法，对办案程序、办案期限等进行全流程控制。逐人逐案进行全面排查，实行定期通报制度，有效防止超期限办案等问题的发生。严格执行案件信息公开的操作规范和技术标准，规范公开的时间节点、内容和程序，提高案件信息公开质量。

【职务犯罪预防】　2018 年，区检察院反贪、反渎及预防局因监察体制改革转隶至西乡塘区监察委员会共12人，未转隶人员转入其他部门，其中，政治监察部1人、侦查监督部3人、诉讼监督部2人、检务保障部1人。结合"五查五整顿"专项行动、年度组织生活会，各支部、各部门对日常司法办案当中存在的不足及不规范之处深入查摆共35处。政治监察部对窗口部门开展专项督查工作，对存在的公示情况不明、便民设施不够完善、工作效率不够高等3项问题进行整改。2月办理入额检察官检察晋升，其中9名四级检察官晋升为三级检察官、3名三级检察官晋升为二级检察官、2名二级检察官晋升为一级检察官。

【诉讼活动监督】 2018年，区检察院自侦部门正式转隶监察委员会，法警职能发生重大变化。原本传唤、拘传、监视居住、拘留、搜查等业务发生转移。法警大队及时变换工作模式，与公诉、侦监等业务部门做好业务对接，完成看管、押解、送达任务；执行看管任务21次、出警42人；协助提审83次、出警151人；协助公诉部提审30次、出警60人；协助取保候审78人、出警156人；送达法律文书198次共806卷、出警396人；协助诉讼监督部调查取证8次、出警13人；检务大厅值班共接待来访人员6000余人；处置突发事件4次、出警40人；执行安保任务6次、出警84人。以警护检，保障检察工作顺利开展。

【接受人大监督】 2018年，区检察院继续联系邀请区人大代表、政协委员参加检察开放日，联络接待人大常委会对司法体制改革调研和案件质量调研，听取人大委员对检务工作的意见。

（韦敏峰　黄农芳）

法　院

【审判机构及工作概况】 西乡塘区法院（简称"区法院"）成立于2005年，由原永新区人民法院和原城北区人民法院合并而成，管辖西乡塘区、高新区。目前，区法院由2个办公区组成，第一办公区位于衡阳西路35号，第二办公区位于人民西路17号，两个办公区共占地约2560平方米。现有12个部门，有金陵人民法庭、双定人民法庭、坛洛人民法庭、高新人民法庭等4个派出法庭。在编干警162人，其中党员125人，员额法官67人，法官助理42人，书记员17人，司法行政人员18人，司法警察9人；研究生学历34人，大学本科学历107人。聘用干警141人，其中法官助理7人，书记员93人，司法行政人员11人，司法警察30人。区法院在审判方式和法院管理机制方面进行探索和创新，先后被定为国家级刑事案件量刑规范化、简案快审试点法院，自治区家事审判改革、反家暴工作改革工作试点法院。近年来，先后获得"全国三八红旗集体""全国法院第二十届学术讨论会组织工作先进奖""全国青少年维权岗""全国法院人民法庭工作先进集体"及全区十佳法院，并荣记集体二等功、南宁市首批"文明机关"和南宁市先进单位等荣誉称号，多次获得南宁市法院系统绩效管理考评一等奖。涌现出"全国法院司法警察先进个人"何树林、"全国法院办案标兵"梁娴、"全国法院少年法庭工作先进个人"刘春花、"全区法院办案标兵"窦红兵等为代表的大批先进个人。年内，区法院受理各类案件2.47万件，其中新收案件1.9万件，新收案件数量同比增长45.43%。审执结案1.88万件，结案数同比增长43.74%，结案率76.2%，同比增长6.6%。员额法官人均收案374件、结案285件，均位居自治区基层法院前列。

【刑事审判】 2018年，区法院受理刑事案件1425件，审结1223件，同比分别增加9%和15.5%；严惩严重扰乱社会秩序犯罪。审结"两抢一盗"等危害群众生命财产安全的刑事案件452件，判处513人。保持对毒品犯罪的高压态势，审结毒品犯罪235件，判处267人。开展扫黑除恶专项斗争，严厉打击为非作恶、残害群众的黑恶势力犯罪，审结涉恶案件7件55人。严惩涉众型经济犯罪，依法审结非法吸收公众存款案件3件10人，涉案资金1.8亿元；审结组织、领导传销活动案件11件25人。审结食药卫生领域刑事犯罪案件7件9人，审理梁某某生产、销售有毒、有害食品附带民事公益诉讼一案，依法加大食药卫生领域违法犯罪成本。严惩职务犯罪，审结贪污、贿赂等职务犯罪案件4件4人，审理由自治区监察委员会指定来宾市兴宾区监察委员会调查的利某某挪用公款一案。完善人权司法保障措施。坚持宽严相济刑事政策，判决宣告缓刑和免予刑事处罚96人，非监禁刑适用率7.1%。落实以审判为中心的刑事诉讼制度改革，对121件被告人认罪认罚的案件适用普通程序简化方式进行审理，召开庭前会议8次，启动证据收集合法性调查程序2件。

【民事审判】 2018年，区法院受理民商事案件1.65万件，审结1.2万件，同比分别增加24%、33.8%；调解结案2009件，调解率10.9%，同比上升1.2%。加强民生案件审理。审结教育医疗、人身损害赔偿等纠纷69件，审结劳动争议、劳务派遣合同等纠纷763件，审结消费者维权、惩罚性赔偿等纠纷10件，保护群众切身利益。防范和化解金融风险。审结民间借贷、买卖合同、借款合同等纠纷5383件，规范融资行为，审结股权转让、损害公司利益、返还公司证照等公司诉讼56件，开辟诉调对接通道，加强对股东权利的保护。促进房地产市场规范。审结房屋拆迁安置补偿、商品房逾期交付、物业服务争议等居民住房类纠纷3573件，化解因住房引发的群体性矛盾；审结较受关注的秀隆市场等地因对外出租未经规划、许可的房屋引发的租赁合同系列纠纷，规范房产租赁行业的市场管理。服务供给侧结构性改革。受理破产、清算案件8件，执转破案件1件；加强对公司破产、清算案件的审理，逐步建立僵尸亏损企业退出市场的诉讼机制。开展家事案件审理。审结婚姻、继承、抚养、析产等家事纠纷2066件，调解1063件，维护婚姻家庭和谐稳定；发布"人身保护令"6件，全部纳入反家暴网格化管理体系监管。加强涉军维权工作，审结涉军停偿案件2件。

【行政审判】 2018年，区法院共受理行政案件527件，审结384件，同比分别减少25%、28%。着力化解行政纠纷。开展劳动和社会保障、工商登记、食品投诉举报、房屋征收补偿等不同领域行政纠纷的审理工作，引导群众通过法律途径正确表达行政诉求。协调化解城市建设和行政机关管理执法过程中产生的各类争议，促进行政争议实质性解决，从源头上减少行政纠纷。服务法治政府建设。开展行政机关非诉执行审查工作，裁定准予17家行政机关提出的执行申请。通过主动沟通和书面建议等方式，推进行政机关负责人出庭应诉常态化，127件案件被诉行政机关负责人出庭应诉。加强司法与行政良性互动，完善人民法院与行政机关之间的联席会议机制，与行政机关开展交流活动16次，邀请行政机关执法人员旁听庭审6次。

【案件执行】 2018年，区法院以"四个基本"为目标，决战决胜"基本解决执行难"，努力形成"党委领导、人大监督、政府支持、政法委协调、法院主办、部门配合、社会各界参与"的执行工作大格局。加大强制执行力度。全年受理执行案件6171件，结案5137件，同比分别增加88.67%、119.88%；结案率84.03%，同比上升11.93%；执行到位金额6.74亿元，同比增长4.68亿元。累计发布失信被执行人名单1474例，限制5438名失信被执行人购买机票、动车票，拘留失信被执行人61人次。开展"执行冲刺行动""飓风行动"等专项行动，惩治严重失信行为，促进社会诚信体系，捍卫司法权威。创新执行工作机制。提高执行指挥中心实体化运作能力，通过强化执行指挥中心"三统一"、执行信息公开、网络司法拍卖等手段，规范执行行为。研发执行案件移动电子送达平台，通过电子化手段实现文书送达"零距离""零等待"。率先制定《西乡塘区人民法院司法拍卖辅助工作机构管理办法》，引入"拍—辅—贷"机构及司法拍卖按揭贷款，全年网络拍卖成交量255件，成交额2.2亿元，其中单笔最高成交额8000余万元，为全区法院最高。强化执行联动。区党委对法院执行工作高度重视、靠前指挥，推进形成强大执行合力；区法院联合工商部门、银行金融机构、不动产和车辆管理部门、公安机关等执行联动机制，实现信息共享和业务协同，破解查人找物难题，强化联合信用惩戒。在区党委、政府和社会各界的大力支持下，妥善处置南宁市四职校坛洛校区约16万平方米教学用地被侵占案、坛洛镇"叫淋"一带约53.3万平方米土地权属纠纷案等影响较大的执行案件，维护安全稳定大局；顺利执结一批传销案件，执行得款4000余万元，为国家和受害人挽回大量经济损失。全年执结涉民生案件383件，执行到位金额1.6亿元。加强执行宣传。结合重大案件执行、社会关注焦点，有针对性地开展执行宣传工作，召开新闻发布会2次，发布执行工作典型案例9个，在各级各类媒体发表执行工作报道151篇，借助新浪微博、网易新闻、今日头条等新媒体平台直播执行活动71件次。参与全国法院"决胜执行难——广西执行风暴"直播活动，获人民日报、中央电视台等57家新闻媒体报道，1100万网友在线观看点赞。

【规范立案】 2018年，区法院注重优化配置，实现案件快审快结。加快导诉、分流、审查工作，进一步规范立案行为，诉讼服务大厅当场立案率超过90%，排队现象有较大改善。调整内设机构，成立诉讼服务中心，承担辅助性、事务性、社会服务性工作及部分审判工作；成立财产保全中心，引入执行网络查控系统，提高保全率和查控率。有效应对民商事案件持续大幅增长趋势，重新整合民商事速裁团队，配齐配强人员，速裁团队6名员额法官全年累计结案3916件，占全院民商事结案数量的33%，个人最高结案数达1317件。区法院受理案件数占全市基层法院的19.1%，审执结案数占全市基层法院的17%，员额法官人均收案、结案数量分别超出全市平均数量56.8%、39.7%。全年案件服判息诉率86.8%，同比增长8%。上诉案件改判率0.8%、发回重审率0.57%，分别下降0.17%、0.18%。

【推进司法改革】 2018年，区法院严格落实司法责任制改革"让审理者裁判，由裁判者负责"的要求，明确和细化裁判文书签发权限和流程，充分尊重独任法官与合议庭意见，全院99%以上的审结案件由独任法官或合议庭自行定案。落实院、庭领导办案要求，院、庭长带头办理重大疑难复杂案件，共办理案件8728件。落实人民陪审员工作机制改革，人民陪审员陪审率100%。落实司法职业保障，完成2018年度法官单独职务序列晋升工作，36名员额法官晋升等级。完善专业法官会议制度，共召开专业法官会议、执行联席会议33次，专业法官会议在解决法律适用分歧、深化业务交流学习等领域正发挥越来越重要的作用。持续深化司法公开，做好裁判文书公开工作，上网公布裁判文书2344篇，同比增加12%。大力推进庭审直播，在中国庭审公开网直播案件347件，其中5件获全市法院优秀示范庭审。

【司法服务】 2018年，区法院继续做好司法便民服务。

推动基层地区依法治理 区法院以调解、判决、司法确认等多种纠纷解决方式，处置大量涉农纠纷，最大限度将矛盾纠纷化解在基层。年内，共审结侵害集体经济组织成员权益纠纷、承包征地补偿费用分配纠纷、农村土地承包合同纠纷等涉农案件超528件。金陵、双定、坛洛3个驻镇法庭，积极构建具有本地特色的多元化纠纷解决网络，加强与镇党委、政府和相关职能部门的沟通协作，广泛开展诉前联调，高效处理纠纷矛盾。驻镇法庭全年受理案件970件，审结案件786件，累计开展巡回立案、巡回调解36次，就地化解矛盾21件。驻镇法庭广泛吸收群众担任人民陪审员，陪审员成为推进基层地区依法治理的重要力量。

助建营商环境 区法院坚决落实党中央、上级法院关于支持民营经济发展壮大的政策举措，服务保障民营企业和企业家的合法权益。依法审结严重侵害民营企业家合法权益的滕某某等14人敲诈勒索案、孙某某等3人虚假诉讼案。依法执结以民营企业作为申请人的执行案件285件，执行到位金额1.17亿元。在执行中对资金周转暂时困难、尚有发展前景的负债企业，采取分期履行、执行担保等柔性执行方式，最大限度降低对企业正常生产经营带来的不利影响。

服务经济创新发展 区法院指派专业法官列席辖区重要项目会议，以提供法律意见等形式，为加快经济政策落地、健全依法决策机制提供有力支撑。8月，高新人民法庭投入运作，审结涉企案件超2200件，高效化解各类经济纠纷;9月,成立美丽南方巡回法庭,就地化解景区矛盾,服务田园综合体建设。

护航青少年健康成长　2018年,区法院依托与南宁市中级人民法院、广西大学共建的"心蕾"少年司法科研项目,开展刑事未成年被告人心理辅导教育51次,项目研究成果将于2019年正式出版。以挂点联系、担任法制教导员等方式,常态性举办送法进校园活动,开展"防范校园欺凌"等主题教育活动6次,累计受教育学生1万人。1月起,陆续受理428件"校园贷"案件,针对无一学生到庭应诉的现象,指派办案法官到江西等地高校走访,并开展相关法制宣传;中央电视台新闻频道等媒体进行专题报道,观看量超过1.6亿人次,引发社会各界广泛的正面讨论。

服务保障脱贫攻坚　2018年,区法院制定和实施帮扶措施,派出2名干警驻村开展扶贫工作,资助上正村文体场地建设5.5万元,为无劳动力和残疾贫困户提供鸡苗和饲料。推动"法治扶贫",为帮扶对象提法律指导。

【自觉接受监督】　2018年,区法院主动接受人大及其常委会监督,落实人大及其常委会的各项决议,严格执行重大事项报告制度,加强和人大代表的联络。自觉接受政协民主监督,配合开展政协专题调研1次,办结政协提案1件。全年共邀请代表、委员旁听案件庭审、监督执行活动、开展阳光评议等9次。依法接受法律监督,支持检察机关履行法律监督职责。尊重和保障律师依法履职,推进法律职业共同体建设。加强和新闻媒体的沟通,接受舆论监督,主动邀请新闻媒体报道法院工作81次,向社会发布工作信息221篇。打造"两微N端"的法院自媒体宣传格局,年内官方微博总访问量近40万人次,微信公众号总用户数超5000人,转发浏览量近10万人次。

【两庭建设】　2018年,区法院加快推进"两庭建设",新审判大楼主体内部装修工作稳步进行;逐步提高坛洛、高新等4个人民法庭的办公硬件水平。数字化档案和诉讼服务平台全面上线,为群众参加诉讼、参与监督提供最大便利。陆续购置执行单兵车载装备、执法记录仪、2辆法院专用囚车等警务保障设备。

（蔡梦婕　徐凤霞）

司法行政

【司法机构及工作概况】　2018年,西乡塘区司法局(简称"区司法局")有编制58人,实有编制人员43人。区司法局内设法宣股(普法办)、基层股、社区矫正股、财务股、办公室等5个业务机构,下辖公证处1个、法律援助中心1个、基层司法所11个。辖区有人民调解委员会145个、调解委员会主任145人、调解员565人、农村"三土六员"238人,社区矫正协管员40名、公证辅助人员6人、交通调解员2人。年内,区司法局持续推进"两学一做"学习教育常态化制度化,深入开展全面从严治警"五查五整顿"专项行动,坚持党对司法行政工作的绝对领导,坚持以人民为中心的发展思想,持续深入实施南宁市司法行政"1512"工作思路,组织开展普法、

2018年11月6日,在南宁市妇女儿童中心举办西乡塘区"宣传十九大 宪法进万家"文艺晚会

(区司法局供图)

法治宣传、依法治理工作,继续推进法律援助、法律服务、人民调解、社区矫正、刑释人员的安置帮教工作,加强司法行政系统队伍和基础设施建设。推进司法行政"九项业务"(普法宣传、法律援助、公证改革、基层服务、人民调解、社区矫正、安置帮教、社区戒毒社区康复、人民监督员管理),提升司法行政队伍的业务工作能力和整体综合素质。全年共办司法行政人员培训班18期,培训800人次,组织参加自治区、南宁市司法厅(局)培训960人次。

【法治宣传教育】 2018年,区司法局狠抓"七五"普法和法治宣传教育。重点抓好国家工作人员、青少年、农民法治宣传教育。组织新任领导职务的领导及辖区国家工作人员参加普法考试,举办"法治西乡塘讲堂"等法治教育活动,提高领导干部学法、尊法、守法、用法意识;10月31日,区依法治区领导小组在区7楼礼堂举办"法治西乡塘讲堂——西乡塘区领导干部法治讲座",邀请专家讲授《宪法》。抓好青少年法治宣传教育,结合第二课堂和社会实践活动,举办法治副校长授课、网络培训、普法考试等法治教育,开展以"珍爱生命、远离毒品、禁毒入校园""加强青少年法治教育,促进青少年健康成长"等为主题的"法律进学校"法治宣传活动。组织开展多种形式的法治宣传活动。全年组织开展法治宣传活动337场次,解答群众法律咨询约1.23万人次,编印发放宣传资料21.3万份(册),制作板报110块,制作宣传横幅约262条;举办法治文艺晚会及参加市、区文艺巡演14次,编排11个宣传十九大、宪法等法律法规的歌舞、小品情景剧、魔术等节目;组织开展以"尊崇宪法、学习宪法、遵守宪法、维护宪法、运用宪法"为主题的"12·4"宪法宣传月活动。6月，西乡塘区被全国普法办授予"全国法治县（市、区）创建活动先进单位"荣誉称号。

【人民调解】 2018年，区司法局健全完善各级、各行业人民调解委员会规范化建设和"三调联动"（人民调解、司法调解、行政调解有机结合）工作体系，深入开展人民调解工作。加大矛盾纠纷排查调处力度。加强对重大疑难纠纷和社会不稳定因素的排查调处力度，将排查调解任务落实到基层。注重队伍建设，实行每月排查和月报制度，对预警信息和重大突发性事件进行梳理、调处和分析预防，有效地提高基层司法行政工作队伍的业务素质和工作水平。年内，排查受理矛盾纠纷803起，调解成功799起，调解成功率99.5%。其中，婚姻家庭纠纷128起，邻里纠纷233起，房屋宅基地纠纷10起，合同纠纷28起，生产经营纠纷17起，人身损害赔偿纠纷22起，山林土地纠纷194起，劳动争议纠纷6起，医疗纠纷3起，物业管理纠纷19起，其他纠纷128起，防止群体性上访2起，防止群体性械斗5起，无民间纠纷引起自杀的现象。加强经常性人民调解和专业性、行业性人民调解工作。与区妇联、法院联合成立婚姻调解委员会。推进11个司法所规范化建设，建立健全人民调解组织网络。建立调解组织145个（其中镇、街道调委会11个，村、社区调委会128个，区级调委会1个，专业性调委会5个）。5月，区道路交通事故人民调解委员会被司法部授予"全国人民调解工作先进集体"。

【刑释人员安置帮教】 2018年，区司法局继续做好刑释人员安置帮教工作。严格规范安置帮教工作程序，健全完善刑满释放人员档案管理、衔接流程等工作机制。辖区共有刑满释放人员539名，其中空挂户94人，已落实帮教445名，安置438名，帮教率和安置率均100%。开展安置帮教专项法治宣传活动。对刑释人员全面、专项排查，对排查出思想极端、有重新违法犯罪倾向的刑释人员列为重点帮教对象。不断完善特殊人群管理服务政策措施，激励引导其遵纪守法。

【社区矫正】 2018年，区司法局认真抓好社区矫正工作。开展"社区矫正基层基础建设加强年"活动，加强对服刑人员的监管，确保无脱控漏管人员。年内，全区累计接收社区服刑人员791人，解除社区矫正647人，尚有在册社区服刑人员144人（其中缓刑136人，假释2人，暂予监外执行6人，未成年人12人）。社区服刑人员年重新犯罪率均在0.1%以内，连续多年实现无脱管、漏管、无参与群体性事件、无参与制造安全性事故、无发生重大刑事案件的目标。社区服刑人员信息录入率100%，手机定位100%，人脸指纹考勤机签到率98%以上。推进司法行政信息化建设，建成社区矫正远程视频督察系统及视频点名系统，充分发挥司法行政指挥中心的应急指挥调度职能。

【法律服务】 2018年，区司法局严格落实基层法律服务工作者执业准入制度，教育引导基层法律服务工作者依法履行职责，严格遵守法定程序和执业规范。全面完成18个公共法律服务工作室、12个公共法律服务工作岗、98个公共法律服务工作席的建设任务。落实法律顾问制度，推动法律顾问开展法律服务工作并进行严格考核，建立三级法律顾问微信群，确保法律顾问工作扎实有效开展。

【法律援助】 2018年，区法律援助中心为困难群体提供方便快捷、优质、高效的法律援助服务。创新服务模式。对于医疗纠纷、劳动纠纷等援助事项，指派律师提前介入，尽最大可能地维护受援助人权益；开拓非诉讼法律援助事项，鼓励受援人采用非诉讼手段来先行寻求解决矛盾纠纷的可能性，尽量提供解决问题的多种办法和措施，为当事人节约成本和时间。规范制度管理。以案件全程监督为抓手，抓好法律援助日常管理工作；建立重点专人负责、全程跟踪监督、联系人回访、重点案件旁听等质量监督管理制度，对案件质量进行有效监控和动态管理。广泛开展法律援助下乡、进社区活动，积极利用新闻媒介把法律援助工作情况和典型案件、事例向社会各界传递。全年办理法律援助案件418件，其中刑事案件126件，民事案件292件。法律援助机构信息管理系统案件录入率100%；联合辖区人民武装部成立军人军属合法权益法律援助工作站工作。

【公证事务】 2018年，区司法局抓好公正事务工作。完成西乡塘公证处公证体制改革各项工作，新考录的公证员正式上岗。推进公证"最多跑一次"工作，对出生公证、未婚声明书、未受刑事处分公证、驾驶证公证、毕业证公证、学位证公证、身份证公证、生存公证、国籍公证和曾用名公证等10个公证事项，实行"最多跑一次"。全年办结各类公证事项626件，其中国内民事362件、涉外255件、港澳台9件，业务收费36.92万元，接待来访当事人4479人次，其他来电咨询5112人次，做到零投诉。

【社区戒毒社区康复】 2018年，区司法局创新社区戒毒社区康复工作，推进"社区戒毒社区康复示范工程"项目。按照《全区司法行政系统第二批结对共建社区戒毒社区康复示范工程方案的通知》，区司法局与广西女子强制戒毒所"结对子"，推进社区戒毒社区康复示范工程，开展社区戒毒社区康复及后续照管工作。主要抓以下工作：核实解戒人员信息，落实"必接必送"制度，确保后续照管服务到位。落实困难帮扶和就业安置，为每一位后续照管人员协调解决生活上的困难，使重新融入家庭、社会，增强戒治毒品的决心和信心；联合举办社区戒毒社区康复培训班和就业安置指导会。年内，帮助1人解决低保，1人就业安置。围绕法治宣传、党支部共建、回访慰问、心理辅导等内容，开展共建活动。

【人民监督员管理】 2018年，区司法局落实最高人民检察院、司法部《人民监督员选任管理办法》，加强与区人民检察院沟通联系，依法保障人民监督员履行监督职责，加强对人民监督员履职情况考核，畅通群众向人民监督员反映情况的渠道，切实发挥人民监督员的作用。

【青年志愿者彩虹桥行动】 2018年，区司法局按照自治区司法厅和南宁市司法局关于开展广西"青年志愿者彩虹桥行动"暑假、寒假服务活动的要求，在辖区各高校招募青年志愿者，年内寒暑假共招募彩虹桥青年志愿者77名。志愿者利用寒暑假返乡期间到司法局、司法所、公证处、法律援助中心，开展志愿者服务活动，为群众提供法治宣传、法律服务、法律援助、人民调解、安置帮教等服务活动。组织志愿者对社区服刑人员的未成年子女和未成年服刑人员开展专项帮教活动，总结经验，发挥特长，提高服务活动质量。

（冯桂芬）

社会治安综合治理

【严打整治】 2018年，西乡塘区深入开展治安大排查、大整治，重点排查"黄赌毒"、治安问题突出的城中村、出租屋、社区、市区社会面、街道、小巷、校园周边、城乡接合部，远郊地区矛盾纠纷较多的村坡，涉危涉爆物品和寄递物流行业网点等区域，找准治安薄弱环节，推进打防管控措施。全年共立刑事案件1.28万起，同比下降6.95%，破获刑事案件2533起，同比上升6.37%，打击1096人，完成98%，逮捕1024人，直诉72人。命案发9起，破获9起，实现命案全破的目标。

【社会治安整治】 2018年，西乡塘区针对安吉大道涉"黄赌"问题，西乡塘、北湖街道2017年以来发生精神障碍患者肇事肇祸问题，恒大新城、棕榈湾、振宁现代鲁班、云星城市春天、北湖安居小区传销问题，成立以区委政法委书记为组长的专项整治领导小组，组织多部门进行联合整治。全年辖区共破获黄赌刑事案件34起，刑事拘留127人、逮捕55人，其中涉赌刑事案件15起，刑事拘留57人、逮捕25人；涉黄刑事案件19起，刑事拘留70人、逮捕30人。查处涉"黄赌"治安案件331起，抓获违法人员1093人，其中行政拘留819人、罚款274人；查处涉赌博治安案件138起，行政拘留403人、罚款158人；查处涉黄治安案件193起，行政拘留416人、罚款116人。经整治，上述问题全部得到有效解决。

【整治"两抢一盗"】 2018年，西乡塘区大力开展打击"两抢一盗"专项整治行动。公安机关发挥主力军作用，加大对违法犯罪活动的打击力度，破积案、打现行、追逃犯，快侦快捕快判，震慑违法犯罪分子。对涉及面广、情况复杂、解决难度大的"两抢一盗"问题突出的地区，由区党委、政府统一部署，集中火力，连根拔除。不断创新社会面巡控方式和手段，实行24小时不间断巡逻防控机制，设定路面巡逻必到点，将原有4个警务站设施改造成分局、派出所的接警点、示警点和巡逻警组的停留点。建立敏感节点和特殊时期分级巡防机制，实行一二三级巡逻勤务，最大限度地屯警街面，提高街面见警率和管事率。围绕重要目标、重点单位、治安复杂场、人流密集场所划分5分钟巡逻处置区域，实现网格防控，提升社会面治安管控和快速反应能力。在盗窃电动车案件高发的主干道、城中村周边道路分4个时段开展对可疑车辆及人员的武装设卡查缉工作。

进一步规范安吉和安吉东治安检查站建设，建立完善检查站勤务机制和查控模式。

【公共安全智能系统建设】 2018年，西乡塘区按照市委统一部署，依托各级综治中心，整合镇、街道、公安、交警、企业、群众安装的摄像头资源，集中接入综治中心视频监控平台，实现跨区域、跨部门的信息互通和资源共享。全年新装摄像头746个，其中枪机708个，半球7个，球机25个，全局摄像机6个，全部联入区综治中心视频监控系统。针对辖区电动车盗窃案件高发、多发态势，选取盗窃问题较为严重的城中村和住宅小区作为推广试点。推广治安险，将传统"人防、物防、技防"+"保险"兜底的防控模式相结合，将事先防范与事后补偿相结合，有效助力和化解基层纠纷调解矛盾。以安吉街道为试点，大力推进电动车智能充电桩安装，有效防范电动车火灾发生。

【治安大联防行动】 2018年，西乡塘区坚持"专群结合、群防群治"的工作思路，以公安机关专业治安巡逻队为主力军，以保安队伍、镇、街道专兼职巡防人员和辖区退休党员、门岗保安、护村队员、志愿者、妈妈队、治安积极分子、环卫工人等群体为辅助力量，开展治安巡逻防范，构建全民共建共享的社会治理格局。

（谢　艳）

军 事

人民武装

【**军事机构及工作概况**】 2018年,西乡塘区人民武装部(简称"人武部")内设军事、政治工作、保障3个科。下辖民兵训练基地1个,基层武装部23个,其中街道、镇人武部13个,企业、大专院校人武部10个,有专职武装干部41人(3个镇、10个街道办),兼职专武干部19人。主要负责贯彻落实上级关于民兵、预备役工作的指示,拟制本地区后备力量建设和战时动员计划;抓好民兵组织建设、军事训练、政治教育和装备管理;搞好专武干部和民兵干部的教育、培养、考核和选配;负责兵役和动员工作,指挥民兵的作战行动;搞好预备役军官登记、储备和管理;协助地方有关部门做好通用装备物资征用、国防教育、学生军训工作;组织民兵预备役人员完成抢险救灾等急难险重任务;承办区武委会、国防动员委员会日常工作。

【**军事斗争准备**】 2018年,区人武部根据上级作战会议精神和应急、应战要求,结合辖区实际和所担负的任务,修订完善作战方案和制定保障计划共20个。继续加强战备基础设施建设,对作战室、作战值班室和战备器材库进行整修,完善战备值班系统。先后购置野战指挥、应急维稳、抢险救灾等战备物资器材,使战备物资器材基本达到配套标准。继续完善西乡塘区武委会和国防动员委员会等指挥机构,重点加强人民武装动员、经济动员、信息动员、交通战备

2018年12月10日,西乡塘区人武部组织辖区处级领导干部参加"军事训练日"活动 (区人武部供图)

动员、政治动员等专业办公室的建设。协调各部门和大专院校对辖区内的动员潜力进行调查，掌握辖区人员、物质、财政、信息、通信设备等动员潜力的基本情况。结合辖区的作战力量进行合理的任务区分，确保辖区战时重要目标的安全。

【民兵预备役】 2018年，区人武部按照南宁警备区关于民兵预备役建设的要求，重点抓好民兵预备役队伍的组织整顿、军事训练、政治教育和执勤演练等各项工作。

编实建强民兵队伍 为加强民兵队伍建设，区人武部采取主官带队，分片划块的方式，深入13个基层武装部和148个村（社区）民兵连，对民兵组织建设进行实地检查调研，开展对辖区民兵预备役队伍的组织整顿。10—11月，完成3.11万名普通民兵和2524名基干民兵的整组任务，内容包括政审、确定出入（转）队人员、调配干部骨干、清点装备、集合点验分队、健全有关制度，保障人员满编、组织健全功能发挥，使民兵组织保持良好的战斗状态。

加强民兵军事训练 10—11月，先后共组织3期民兵集训，完成360名民兵的军事训练任务；抽调8名专武干部参加军区、警备区组织的专武干部集训，成绩优异。

抓实民兵政治教育 主要结合民兵组织整顿和集中军事训练的时机进行，重点抓好民兵性质、宗旨、任务教育，不断打牢民兵的思想基础，确保"三个到位"（指挥一线到位、人员满编到位、完成任务到位）。

组织民兵执勤演练 在"两会一节"期间，每天组织200名民兵参与设卡守点、巡逻执勤等任务，确保"两会一节"的正常进行；协助公安、交警部门上街巡逻维护社会治安。同时，加强抢险救灾训练，制定各种抢险救援预案，把任务、职责落实到各相关部门和民兵应急分队，随时应对抢险救灾任务。7月初，派出专武干部和基干民兵5人参加南宁警备区在老口水利枢纽邕江段举办为期一周的冲锋舟驾驶培训，提高抢险救灾能力。

【兵员征集】 2018年，区人武部根据国务院、中央军委征兵命令，开展对各级、各类院校应届毕业生和直招士官的兵员的征集工作。征集对象主体是高中以上文化程度和有专业技能的适龄青年，有效地保证征集兵员的质量。辖区报名应征人数2125人，共征集优秀青年282名入伍，其中大学生兵269人，大学毕业生69人，大学生比例达到95%，大学毕业生占大学生兵比例达到25.8%，圆满完成上级赋予的兵员征集任务，被自治区评为征兵工作先进单位。

【党管武装建设】 2018年，中共西乡塘区委坚持党管武装制度。区政府年内列入财政预算用于国防动员和民兵后备力量建设经费在200万元以上。12月，区党委常委召开议军会，专门研究解决人武部提出的加快推进人武部新营院问题；全面提升全民国防教育水平，拓展国防教育宣传阵地；选拔补充专武干部队伍，做好资格认证工作；落实人武部政治工作科干事苏胜名家属随调西乡塘区中学任教等问题，为武装工作的开展和后备力量建设提供有力保障。西乡塘区委、区政府关心支持民兵预备役建设，贯彻军区《民兵预备役基层建设规范》，按照"要素齐全、功能完善、布局合理"的原则，扎实推进基层人武部和民兵营连部规范化建设。结合乡镇领导班子换届选举，严把专武干部提拔使用和调整交流关，年内有1名街道武装部长得到调整使用，新任命5名能力素质强的专武干部。专武干部队伍的年龄结构进一步优化，能力素质进一步提高。

【部队正规化建设】 2018年，区人武部坚持依法从严治军，抓好正规化建设。抓好"四个秩序"（战备秩序、训练秩序、工作秩序、生活秩序）规范化建设。投入资金10万元，设置教育宣传长廊。筹措资金8万元，对安吉街道武装部进行规范化建设。加强后勤装备建设。按照"一保战备，二保生活"的原则，坚持勤俭建部，落实党委集中理财制度，加大战备经费投入。扎实抓好安全工作，加强重大安全问题防范，突出特殊敏感期和大项军事活动管控，扎实推进安全隐患整治，严防事故案件发生。结合民兵整组工作，建立健全辖区民兵维稳情报信息员队伍，做到"四无"（无事故、无案件、无军警民纠纷、无失泄密）事件发生。

【拥政爱民】 2018年，区人武部继续做好拥政爱民工作。开展"军事日"活动，12月10日，组织区"四家班子"开展"军事日"活动，增强区武委会、国动委会成员及党政领导的国防观念与武装意识。加强国防知识宣传教育，在征兵和春节期间开展对入伍新兵、困难复退军人的走访慰问，在重点路段、人员集中的场所开展国防知识宣传活动。参与支持地方经济建设和脱贫攻坚工作，帮助金陵镇刚德村村道绿化，救助贫困户3户，累计投入1.8万元。3月上旬，组织人武部全体干部先后2次到刚德村进行扶贫指导，到6户困难户家中了解情况，进行一对一的帮扶。发挥人武部应急应战职能，成立抢险救灾指挥部，负责抢险救灾工作。同时，在西乡塘区委、区政府的支持下，先后投入15万元，为抢险救灾分队购置冲锋舟、救生衣等抗洪抢险器材。

【干部队伍建设】 2018年，区人武部重视领导班子和干部队伍建设。坚持部党委集体领导，贯彻落实民主集中制。在年度和阶段性大项工作研究部署、大项经费开支、干部及文职人员晋职晋衔等重大敏感问题上，坚持党委集体研究讨论决定。加强理论学习，提高干部队伍思想政治素质。按照上级党委部署和年度政治工作计划，落实党委抓学习的主体责任，组织全体干部开展理论学习和政治教育活动。抓好党委中心组理论学习。以党委中心组带机关干部理论学习，重点学好党的十九大精神和习近平新时代中国特色社会主义思想、习主席训词、训令，坚持用党的创新理论统思想、凝共识。采取集体学与个人学相结合，做到有自学计划、有理论摘抄、有学习笔记、有心得体会，通过讨论交流，互相促进，共同提高。抓好"两学一做"教育，开展"传承红色基因，担当强军重任"主题教育。学习党章党规和宪法修正案，领导进行专题党课辅导，通过学习教育，全体党员干部"听党言、信党话、跟党走"政治意识不断增强。贯彻军区"两个经常性工作"研讨会精神,抓好"两个经常性工作"(经常性思想工作和经常性管理工作)。加强条令法规、防间保密、安全常识等经常性思想政治教育,不断增强干部职工的法纪观念和安全意识;针对意识形态领域斗争新形势,开展政治纪律、政治规矩教育和"四反"(反渗透、反心战、反策反、反窃密)教育,抓好干部职工思想管控,确保政治上的坚定和思想上的纯洁,把管思想与管行为有机结合,促进两个经常性工作落实。开展反腐廉洁自律教育,加强干部队伍思想作风建设。部党委通过召开干部职工大会,观看各类警示教育片,结合"郭、徐、房、张案件",开展警示教育,肃清涉及"郭、徐、房、张"信息及其不良影响;开展针对性的反腐倡廉学习讨论和自律教育,提高防腐拒变的政治鉴别能力,从思想、政治、行动上自觉与党中央、中央军委和习近平主席保持高度一致,坚决听从党指挥。

(林德贤)

人民防空

【人防机构及工作概况】 2018年,西乡塘区人民防空办公室(简称"区人防办")是区人民政府主管,区住房和城乡建设局内设机构,有编制1名,实有人员3人。下辖街道(镇)人防办22个,工作人员24人。主要职责是开展人民防空宣传教育、人口疏散基地建设、人防工程管理,组建人防应急专业队伍并组织培训,维护和保养指挥自动化系统,修订《防空袭预案》《战时城市人口离城疏散方案》,维护警报设施,组织警报管理员培训和每年一次的警报试鸣暨防空袭疏散隐蔽演练,战时组织开展城市人民防空袭斗争。

【人防工程建设和管理】 2018年,区人防办根据人防工作工程建设和平战管理职能,抓好辖区人防工事设施管理;开展人防工事安全大检查,对辖区还在利用的旧地下人防工事以及部分重点的人防地下工事进行全面检查,发现问题及时整改,杜绝人防工事安全事故的发生,做到平时能用、战时好用,提高人防战备效益。推进人防建设管理信息化,完善人防工程信息。3—6月,在对本辖区内原有244个人防工程进行实地核查的基础上,更新及完善原有档案,建立人防工程档案电子化管理系统。定时对辖区范围内的69台人防报警器进行检查维修,并对辖区内的电声防空警报进行升级改造,将新建工程防护设施设备同步安装落实到位,确保辖区各点警报器完好率和覆盖率100%。根据"以洞养洞"的原则及南宁市人防办要求,做好辖区人防工事开发利用、平战结合,提高人防工程社会效益。受区财政和南宁市人防办公室的委托,向利用人防工事的用户收取人防工事使用费,上缴财政用于人防建设,实现人防经济效益。加强对人防工程易地建设审批及收费工作的管理,为南宁市人民防空办公室受理人防工程易地建设审批217件,收取人防易地建设费约5万元。

【宣传教育】 2018年,区人防办在辖区各社区和学校推广人防知识宣传教育,向社区居民和学校师生发放人防教育读本7万册,利用广播、墙报、挂横幅、设点咨询等形式宣传《中华人民共和国国防法》《中华人民共和国人民防空法》，提高广大干部群众的国防观念及人防意识。10—12月，区人防到北湖街道和华强街道等社区开展人防知识宣传教育活动。

【防空演练】 2018年，西乡塘区成立防空警报试鸣分指挥部。9月18日，区人防办组织辖区各有关中小学校在校师生3万多人参加防空疏散隐蔽演练。同时，辖区69台警报器与南宁市统一进行试鸣。10月24—26日，组织各镇政府、街道办事处、区机关各部门及二层机构和直属各事业单位、双管单位等工作人员共500余人，分别到隆安县城乡镇宝塔村、大林村和小林村和武鸣区双桥镇伏林村及美丽南方3个疏散点，开展人口疏散隐蔽演练活动，检验和提高辖区实施战时人口离城疏散、接收能力。

【人口疏散基地建设】 2018年，区人防办按照自治区政府办公厅和广西军区要求，筹建新的战时人口离城疏散基地。新建的3个疏散基地分别设在美丽南方忠良村、美丽南方永安村和美丽南方老口村。美丽南方忠良村基地完成836人疏散任务，美丽南方永安村基地完成1079人疏散任务，美丽南方老口村完成2585人疏散任务。

【人防基层组织建设】 2018年，区人防办根据与市人防办签订目标责任状，加强辖区基层人防组织建设。在街道、镇成立13个人防办的基础上，向社区、村拓展，建设基层人防组织，在金陵、坛洛、双定3个镇及石埠、西乡塘、衡阳、北湖、安吉、新阳、华强、上尧8个街道，分别设立2个人防组织，共建成基层人防组织22个，有专、兼职工作人员24人。

（朱美燕）

经 济

个体经济与私营经济

综 述

【管理与从业概况】 2018年,西乡塘区市场监督管理局内设登记注册与信用管理股,负责个体私营经济工作的日常事务。年内,西乡塘区新发展个体、工商户1.5万户,从业人员3.14万人,注册资金14.55亿元。主要集中在批发和零售业、居民服务业、住宿餐饮业、租赁与商务服务业和制造业5个行业。至年末,辖区个体工商户有4.99万户,从业人员12.77万人,注册资金24.32亿元。新开业私营企业4948户,投资者0.62万人,雇工1.21万人,注册资金179亿元。至年末,辖区私营企业有2.14万户,投资者约2.7万人,雇工约6.33万人。

【年度主要特点】 2018年,西乡塘区个体、私营经济呈以下发展特点:个体、私营经济持续发展,辖区2018年新登记个体工商户1.5万户,新增从业人员3.14万人。辖区内私营企业有2.14万户,投资者约2.7万人。按行业划分,个体户数主要分布在批发和零售业、住宿餐饮业、居民服务业、租赁和商务服务业;私营企业主要分布在批发和零售业、租赁和商务服务业、科学研究和技术服务业、制造业、建筑业。第三产业增速最快,居主导地位。从三大产业中个体工商户和私营企业的登记情况看,第一产业新增201户,第二产业新增593户,第三产业新增1.91万户。上述数据显示,第三产业的增速最为显著,其中,批发和零售业、住宿和餐饮业及居民服务业仍是投资热点,租赁和商务服务业、科学研究和技术服务业为主的服务行业成为投资的新热点,第三产业仍居个体、私营经济的主导地位。按行业分布来看,各行业的增幅都很显著。一是批发和零售业仍为投资首选,仍然是服务行业的领头军。从新开业绝对量来看,作为西乡塘区传统的"批发和零售业"登记户数居各行业第一位,新登记个体私营企业从事批发和零售业有8915户,占新登记总户数的45.13%。住宿餐饮业增速显著,新登记从事住宿和餐饮业的个体私营企业4364户。其中,私营企业107户。新登记从事居民服务、修理和其他服务业的个体私营企业2244户,注册资本2.5亿元。以租赁和商务服务业、科学研究和技术服务业为主的新兴服务行业持续发展，新登记从事租赁和商务服务业、科学研究和技术服务业两大服务行业的个体私营企业2252户。

个体经济

【**个体工商户**】 2018年，西乡塘区登记在册的个体工商户按产业划分：第一产业有643户，从业人员1547人，注册资金2.35亿元，分别占总数的1.29%、1.21%和8.82%；第二产业有1007户，从业人员2959人，注册资金0.6亿元，分别占总数的2.02%、2.32%和2.25%；第三产业有4.81万户，从业人员12.3万人，注册资金23.69亿元，分别占总数的96.68%、96.47%和88.92%。按行业划分：主要分布在批发和零售业，居民服务和其他服务业，住宿和餐饮业，农、林、牧、渔业，制造业，租赁与商务服务业6个行业。其中，批发和零售业共有个体工商户3.13万户，占总户数的62.91%；住宿和餐饮业共有个体工商户7765户，占总户数的15.61%；居民服务业共有个体工商户6690户，占总户数的13.45%；制造业共有个体工商户980户，占总户数的1.97%；租赁与商务服务业共有个体工商户1004户，占总户数的2.02%；农、林、牧、渔业643户，占总户数的1.29%。

【**个体社会服务业**】 2018年，西乡塘区登记在册的个体社会服务业有4.81万户，从业12.3万人，注册资金23.69亿元。按行业划分：批发和零售业3.13万户，占总户数的65.07%；住宿和餐饮业7765户，占总户数的16.14%；居民服务和其他服务业6690户，占总户数的13.91%；租赁和商务服务业有1004户，占总户数的2.09%；交通运输、仓储和邮政业629户，占总户数的1.31%；卫生和社会工作业342户，占总户数的0.68%；文化、体育和娱乐业150户，占总户数的0.3%；信息传输、软件和信息技术服务业88户，占总户数的0.18%。

私营经济

【**私营经济分布状况**】 2018年，西乡塘区登记在册的私营企业按产业划分：第一产业389户，注册资金7.12亿元，分别占总数的1.93%、1.58%；第二产业1613户，注册资金72.59亿元，分别占总数的8%、16.09%；第三产业1.76万户，注册资金371.46亿元，分别占总数的87.25%、82.33%。按行业划分：主要分布在批发和零售业，租赁与商务服务业，科学研究和技术服务业，制造业，建筑业，信息传输、软件和信息技术服务业6个行业。其中，批发和零售业共有私营企业9401户，占总户数的43.86%；租赁与商务服务业共有私营企业3989户，占总户数的18.61%；科学研究和技术服务业共有私营企业2347户，占总户数的10.94%；建筑业共有私营企业331户，占总户数的1.64%；制造业共有私营企业636户，占总户数的2.97%；信息传输、软件和信息技术服务业共有私营企业595户，占总户数的2.95%。

（刘佳林）

招商引资

【招商机构及工作概况】 2018年，西乡塘区投资促进局（简称"区投促局"）内设综合股、财务室、招商政策组、招商一组、招商二组等5个部门，有人员编制4名，实有18人。下辖招商促进服务中心，在职在编人员6人。年内主要工作包括贯彻执行国家、自治区、南宁市有关投资促进、区域经济合作的法律、法规和政策；拟订辖区投资促进和区域经济合作发展战略和规划、计划并组织实施；具体负责有关重点目标、重点产业、重大项目的招商引资任务；组织辖区重大投资促进活动；负责辖区重大招商引资项目的协调推进工作；调查、研究辖区招商引资、投资环境建设工作情况，配合有关部门协调做好投资环境建设的有关工作；负责与投资促进、招商引资业务相关的国内外客商、团组和投资促进机构的联系、接待；负责辖区组织的国内外投资合作项目的洽谈、签约和跟踪、协调、服务工作；参与中国—东盟博览会有关投资促进工作；承担非政府投资项目、重点外来投资项目的投资促进工作，协调推进重大项目落地；负责辖区国内外招商引资项目数据统计、分析和编报工作；建立和管理辖区招商项目数据库，组织开展招商引资项目的规划、包装推介等工作，协调做好招商项目储备工作；负责辖区投资环境的宣传推介工作。全年完成区外境内到位内资金75.65亿元，完成任务的100.87%。

【招商推介活动】 2018年，区投资促进局开展外出招商活动6次。先后前往上海、山东、江苏、福建、广东、海南、湖南、四川、云南等地进行招商引资，对接宇培集团、苏宁集团、融信集团、万和集团、恒大集团、绿地集团、新希望集团、中京城旅游发展有限公司等知名企业，考察宇培江苏昆山物流园、徐州苏宁广场、苏宁雨花现代综合物流园、融信双杭城、福州三坊七巷旧改、绿地中央文体中心、恒大集团养生谷、浔龙河生态艺术小镇、新希望D10天府等项目。9月，在"美丽南方"紫薇庄园举办"2018年西乡塘区投资环境推介会暨项目签约仪式"，邀请广东万和集团、美的置业集团、苏宁易购集团股份有限公司等32家企业参加，推介美丽南方田园综合体、东南产业园、安吉CBD和辖区旧改片区4个重点发展区域。同南宁万昂投资有限公司、南宁市美曦房地产开发有限公司、宝湾物流控股有限公司、广西汇晨环保材料有限公司以及中国丝绸之路投资管理有限公司签订投资框架协议、投资合同，项目总投资约59.8亿元。

【项目引进】 2018年，区投资促进局引进由美的置业集团投资的"美的慧城"、阳光城集团股份有限公司投资的"阳光城檀悦"、美的置业集团与旭辉集团共同合作开发投资的"美的旭辉城"、大唐地产集团投资的"大唐天悦"等项目，打造高端商住小区；引进由广隆汽车投资有限公司投资的"华尔街工谷"二期项目，为中小企业搭建"苗圃—孵化—加速"的全生命周期服务体系；引进华润水泥有限公司投资的年产150万吨水泥磨用混合材料生产线技改项目、华润环保工程有限公司投资的利用水泥窑无害化协同处理生活垃圾项目，培育新的工业增长点；与广西广投文化旅游投资有限公司、广西老木棉投资有限公司、康盛时代控股有限公司、苏宁易购股份有限公司、广西南宁高斯特科贸有限公司等国内知名企业签订战略合作协议、投资合同。

【优化营商环境】 2018年，区投资促进局协调解决盛天西城、安吉山语城、碧桂园新城之光等重大项目建设中存在的困难；为进驻企业实行一站式代办服务，协助南宁万昂投资有限公司、广西淘乐邦电子商务有限责任公司、南宁美曦房地产有限公司、广西苏宁易达物流投资有限公司申请办公注册地址，并全程跟踪解决企业在办理营业执照出现的各种问题和困难。

财政·税务

财 政

【财政机构及工作概况】 2018年，西乡塘区财政局(简称"区财政局")内设办公室、国库股、预算股、经济建设股、农业股、农村股、社会保障股、教科文股、会计股、票据股、行政政法股、税源办、采购办、金融办、国有资产管理股、工资统发股、监督股、代征处、农业综合开发办公室等局机关股室19个，下设财政稽查队、国库集中支付中心二层机构2个，共有在编人员37人，实有61人。年内，主要编制和组织执行区财政中长期规划和区财政收支预决算草案；研究提出运用财政税收政策对经济进行调控和综合平衡的建议；管理全区各项财政收入、政府性资金、财政专户；做好全区国有资产、会计的管理和监督工作；负责区政府采购和区党政机关、事业单位汽车定编工作。

【财政收入】 2018年，西乡塘区组织财政收入44.67亿元，同比增长13.34%，完成上级目标任务39.09亿元的114.28%。面对增收困难的形势，区财政局把财政收入作为各项工作的重中之重来抓，年初及时将全年收入任务分解下达各税务征管部门，明确各单位收入任务；按照大税小税齐抓共管的原则，协调税局完成税收稽查工作；及时跟踪监控项目投资进展情况，在税务登记、税源管理等方面加强与区政府相关部门的密切交流与合作，确保项目税收及时入库；对各单位非税收入征收项目进行梳理，加大对重点非税收入的监控分析和催缴力度。

【财政支出】 2018年，西乡塘区一般公共预算支出31.13亿元，同比增加2.34亿元，比上年增长8.11%。完成年初预算的102%。其中，八项支出27.33亿元，同比增加2.63亿元，比上年增长10.64%；民生支出25.87亿元，比上年增长8.74%，占一般公共预算支出的83.11%。

【预算绩效管理改革】 2018年，区财政局引入第三方中介机构，协助建立健全预算绩效管理体系，完善评价指标、评价制度等，区属67个一级预算单位的160个项目列入绩效管理，实现财政预算绩效管理全覆盖，金额共计14.5亿元。区本级选取2个一级预算单位作为绩效评价试点单位。通过绩效评价管理有效完善财政资金分配、使用和管理，强化支出责任，加强财政支出管理，提高财政资金使用效益。

【预算执行动态监控】 2018年，区财政局加强预算单位使用公务卡结算情况监控，对未按照公务卡强制结算目录结算的支付业务进行预警，定期进行分析，并根据分析结果采取进一步的工作措施，建立公务卡执行监督管理机制，提高公务卡结算率，公务卡使用率从2016年的1%到目前的83%，使用率在县区处于领先位置。年内，取现金额254.58万元，同比上年减少723.59万元，比上年减少73.97%；公务卡刷卡金额1583.67万元，同比上年增加156.16万元，比上年增长10.94%。

【预决算信息公开】 2018年，区财政局根据财政部、财政厅的相关要求，完成预决算信息平台建设。通过"统一页面，统一板块，统一内容"，分级分类公开全区总预决算及部门预决算信息，全面提升预决算信息公开的完整性、及时性和真实性。区属67个一级预算单位对部门预决算信息进行公开，实现部门预决算信息公开全覆盖。

【盘活财政存量资金】 2018年，西乡塘区共收回存量资金1亿元，收回的存量资金统筹用于全区精准扶贫、农村道路建设、新增事业单位绩效增量等支出，发挥财政资金效益，避免财政资金出现二次沉淀。

【中期财政规划管理】 根据上级要求，西乡塘区从2016年起全面启动编制三年中期财政规划。围绕区委、区政府重大战略部署，梳理部门职能和工作计划，明确部门重大改革和政策事项、分年资金安排和预期绩效，科学合理地编制支出规划，加强与国民经济和社会发展五年规划纲要、相关专项规划、区域规划等的衔接。在科学预判未来三年收支情况的基础上，合理确定财政收支政策和重大项目资金安排，实现逐步滚动管理，搭建规划期内跨年度平衡预算收支框架。

【经济发展拨款】 2018年，区财政局多渠道筹措资金，保障全区基础设施建设，促进经济发展。

推进城市发展建设 筹措资金16.28亿元用于城建项目、棚户区改造项目征拆，主要用于东西向快速路、邕江北沿岸综合整治工程、南棉片区棚改等项目；筹措5.46亿元用于五里亭三街、南棉片区、北大客运片区路等城市旧改项目建设。

落实各项强农惠农政策 2018年，发放耕地地力保护补贴资金1638万元；计划投资一事一议财政奖补项目143个，共2440.06万元，主要用于巷道硬化、太阳能路灯安装、篮球场和文化室等项目建设。

【社会事业拨款】 2018年，区财政局做好社会事业各项拨款。

教育文体 教育事业费支出9.14亿元，增长36.63%。主要用于义务教育学校农村贫困寄宿生生活补助，建档立卡贫困户学生资助，义务教育学校、幼儿园办学条件基本达标建设等教育资源优化。文体事业费支出1473万元，其中22%主要用于文体设施基建项目以及"两馆免费开放"、自助图书馆、农村电影放映等群众文体活动。

各项民政事务 拨付基本公共卫生服

务5457.87万元，用于保障各基层卫生医疗机构开展基本公共卫生服务；发放城市低保金1082万元；发放农村低保金730万元；拨付残疾人事业各项支出854万元，主要用于发放各类残疾人补助、残疾人康复与培训、春节慰问残疾人等支出。

【精准扶贫】 2018年，西乡塘区财政专项扶贫资金到位4434.6万元，支出4381.5万元，支付进度94.87%。区财政局积极配合精准扶贫工作小组日常工作，对精准扶贫工作中所需的工作经费、专项资金第一时间落实到位。

【会计教育培训】 2018年11月，区财政局在南宁市银林山庄举办西乡塘区会计人员继续教育培训班，培训时间为3天。辖区各行政、事业单位在岗并持会计从业资格证书的财务人员360多人参加此次培训。本次培训课程包括会计档案管理办法及新旧衔接规定、会计基础规范、预算执行监控、财政存量资金管理等内容。

（财政局编写组）

税 务

【税务机构及工作概况】 2018年，国家税务总局南宁市西乡塘区税务局（简称"区税务局"），设置办公室、法制股、税政股、社会保险费和非税收入股、收入核算股、纳税服务股、征收管理股、税收风险管理股、税源管理股、财务管理股、人事教育股、机关党委（党建工作股）、纪检组等13个内设机构；第一税务分局（办税服务厅）、第二税务分局、北湖税务分局、衡阳税务分局4个派出机构；下辖信息中心，共有编制人员162名，实有162人。主要负责辖区内的各项税收和非税收入征收和管理。年内，有正常纳税户5.1万户，其中重点税源44户，非重点税源企业2.6万户，个体工商业户2.5万户。全年累计组织税收收入106.75亿元（不含1—8月区地税直属分局收入），其中区级税收收入40.64亿元。

【税收收入】 2018年，区税务局完成区级地方税收收入40.64亿元（不含1—8月区地税直属分局收入），比上年增收8.99亿元，增长28.41%，完成区政府下达工作目标数的116.51%。

【税收征管改革】 2018年，区税务局新机构顺利挂牌成立，落实"三定"工作，完成派出机构属地挂牌。深化"放管服"改革，完善和落实首问责任制、提醒服务、预约服务、延时服务、24小时领导带班值班等制度，升级办税服务厅硬件设施，开启"套餐式"服务新模式，落实"最多跑一次"，推进"全程网上办"。推进税制改革，召开专题推进会，部署增值税三项措施改革工作，组织人员对疑点数据进行比对核实，确保政策正确实施，为360户纳税人转登记为小规模的纳税人。

【税收征管】 2018年，区税务局充实风险管理团队，配置专业人员负责重点税源企业的管理服务工作以及重大税收风险应对工作，查补税款6306.98万元，加收滞纳金405.13万元。税源管理部门设置专岗负责办理税收高风险业务，降低执法风险。执行简政放权的同时加强事中事后管理，真正实现"放管服"目标。开展大企业集团管理工作，按照案头分析、调查评价、税务应对层层推进的方法，确保内控机制有效开展，累计为大企业开展培训16户次，推送风险提示109条。

【依法治税】 2018年，区税务局发挥税收职能作用，主动服务大局，全面落实各项减税政策和降成本"新28条"措施，释放改革、政策、制度三大红利，为企业发展增添动力，为优化营商环境提供支持。构建税收执法风险防控屏障，推进内控平台的应用，执法过错得到有效防控。依法处理法院拍卖、变卖房产和土地使用权有关地方税费的计算工作，共办理法院拍卖房产计算税款30户，入库税款380.19万元。

【税收优惠政策落实】 2018年，区税务局落实支持科技研发、创业创新、小微企业、特殊群体、结构性改革、"三去一降一补"等税收优惠政策。全年共有征前减免记录11.8万条，减免金额7.05亿元；对2017年申报出口免抵退的12户企业开展收汇凭证、备案单证的检查工作，完成出口退免税审核数据80户，共审核免抵退税151.3万元。

【纳税服务】 2018年，区税务落实"一厅通办"，梳理统一、简化、规范办税流程及资料报送，对8大类32个原国税地税相同业务事项进行整合，优化窗口设置，实现"一人一窗两系统"联合办税新模式。创新网上办税新举措，开展"全程网上办"，新增"二维码"一次告知新举措、手机移动办税APP和微信公众号"微办税"，推出"二手房自助办税系统"，实现二手房网签交易自助办税。落实"最多跑一次"清单，为纳税人提供办税事项报送资料、办理条件、办理时限、办理方式及流程等的自我查询服务，实现5大类116个涉税事项在资料完整且符合法定受理条件的前提下，最多只需要到主管税务机关跑一次。发挥新媒体的优势，多角度对地税工作进行宣传报道，提升纳税人税法遵从度。

【税收宣传】 2018年，区税务局通过多种渠道与形式开展新个人所得税法宣传、社保和非税收入征管划转工作宣传、电子税务局上线宣传，借助纳税人学校开展各种业务培训近20场（次），涉及纳税人超过3000户（人）。开展税收宣传月活动，邀请区委领导、产业园区领导及区相关部门负责人和部分企业代表，开展税收宣传月启动仪式，创新思维开展税收知识大讲堂、税收宣传进校园、微信游戏"集税卡"活动、拍摄税收宣传片等活动。

金融·保险

【广西北部湾银行南宁市城北支行】 广西北部湾银行南宁市城北支行（简称"北部湾银行城北支行"）位于明秀东路175号广西师范学院综合楼1—4层。2018年年末，下辖6个二级支行、2个社区支行，有职工115人。各项存款余额76.65亿元，各项贷款余额47.84亿元，贷款投向主要为西乡塘辖区内企业。年内，电子银行发展迅速，新增网银有效客户1.33万户、新增手机银行有效客户1.07万户，形成集网上银行、手机银行、短信银行、微信银行、电话银行、社区银行、ATM、CRS、IC圈存设备、自助服务终端、POS业务、电子商务、

2018年5月8日，北部湾银行城北支行召开2018年全行员工大会，城北支行行长刘跃（主席台右二）、支行副行长刘丹华（主席台右一）、支行行长助理李灿前（主席台左二）、支行行长助理许培清（主席台左一）及支行全体员工参加会议

（北部湾银行城北支行供图）

第三方支付合作等一体化的综合型电子银行产品服务体系，并为客户提供便捷的柜面通、跨境人民币结算等金融服务业务，实行借记卡跨行取款和网银、手机银行跨行转账免手续费优惠政策。秉承"因您而升，富桂相伴"的服务理念，积极创新开发互联网金融产品，形成涵盖公司金融、个人金融、普惠金融、机构金融、国际金融、金融市场、投资银行、资产管理、数字金融等九大条线产品在内的"富桂"系列金融品牌。坚持立足广西、立足中小、立足社区，统筹面向东盟、服务三南、融通全球的战略定位，不断以差异化和特色化产品服务供给，优化营销环境，打造辖区金融服务支柱，中小企业优先选择，社区居民信任的银行。2018年9月5日，广西北部湾银行南宁市中海国际社区支行挂牌开业，是广西北部湾银行改制设立以来成立的第100家网点。这是该行践行"根植社区，服务大众"的理念，大力发展普惠金融、下沉金融服务的重要举措。响应政府要求，保障民工权益。贯彻落实自治区关于规范房屋建筑和市政工程建设领域用工管理的政策要求，开展农民工工资专户"一金三制"工作，深入区内各大项目施工工地现场营销桂建通业务。坚持党建引领，助力脱贫攻坚。与西乡塘区人民法院开展结对共建，两次奔赴扶贫村西乡塘区坛洛镇上正村开展扶贫；参加扶贫项目农产品慈善公益活动；开展捐赠活动，募集图书助力定点扶贫村百济镇红星小学建立"爱心书屋"；发挥信贷金融扶贫作用，为贫困户立卡建档，精准掌握扶贫情况，年内，共放个人精准扶贫贷款3661万元。

【中国人民财产保险股份有限公司南宁市城北支公司】 位于明秀西路109号。1997年3月成立。2018年，有员工50多人。在售产品种类涵盖机动车辆险、财产险、船舶货运险、责任信用险、家庭责任险、意外健康险、能源及航空航天险、农村农业保险、林木险等非寿险业务领域，拥有一批行业领先的创新产品。2018年保费收入达1亿元。

（蓝夏梅）

2018年各大金融单位驻西乡塘区主要营业网点名录

中国工商银行广西分行一览表

名称	地址	名称	地址
瑞士花园支行	大学东路160号	甘蔗站分理处	大学西路44号
南棉支行	北湖南路28号	城北支行	明秀西路111号财院对面
明秀支行	明秀东路143号	北湖支行	明秀东路与北湖北路交叉口
衡中分理处	衡阳西路31号	白苍岭支行	南铁北二区9号
衡阳支行	衡阳西路20号	安吉支行	安吉大道8号
恒大支行	秀安路16号	科园支行	科园大道31-1号
高新支行	火炬路3号	南铁支行	地洞口路31-1号
苏卢分理处	秀安路1号	五里亭支行	明秀西路118号
东博支行	秀灵路东五里路口	华西分理处	华西路19号
北湖北路支行	北湖北路20号	农学院储蓄所	西大东校园综合楼1楼
西乡塘支行	大学西路78-6号	钢贸支行	安吉大道安园大厦
中尧路支行	中尧路9-16号	工业园支行	高新大道东段5号
秀厢大道支行	秀厢大道		

中国建设银行广西分行一览表

名称	地址	名称	地址
衡阳东路支行	友爱南路26号	永新支行	新阳路78号3栋
新阳路支行	新阳路286号	鲁班路支行	鲁班路87号
北湖南路支行	北湖南路29-2号	秀灵路支行	秀灵路东四里2号
华西路支行	华西路50号	安吉路支行	安吉大道2号
铁道支行	衡阳西路17-2号	城北支行营业部	友爱北路4-1号
苏北支行	秀安路3-1号	明秀西路支行	明秀西路102号
苏卢支行	安园东路北1号	北郊支行	明秀东路175号
大学路支行	大学路29号	明秀路支行	明秀路151号

中国银行广西分行一览表

名称	地址	名称	地址
人民路支行	人民西路110号	南棉支行	友爱南路22号
西大支行	秀灵路13号	新阳西分理处	明秀西路156-32号
衡阳中支行	友爱南路33号	明秀西支行	明秀西路96号
火炬大厦支行	滨河路1号火炬大厦	明秀东支行	明秀西路100-3号

中国农业银行广西分行一览表

名称	地址	名称	地址
科园支行	科园大道31号	安吉支行	安吉大道47-2号
北大支行	北大北路25号	建材支行	明秀东路84号
碧园分理处	明秀西路122号碧园C栋	秀安支行	秀安路15号
五里亭支行	衡阳西路42号2栋	师院支行	明秀东路171号
高新区分理处	火炬路19-10号	中兴支行	明秀西路156-32号
坛洛分理处	坛洛镇新街1号	秀灵机电城分理处	秀灵路62号综合商城
华西分理处	新阳路68号	友爱支行营业室	友爱南路41号
北湖中支行	北湖北路6号		

中国交通银行南宁分行一览表

名称	地址	名称	地址
北大支行	大学东路5号	北湖支行	北湖南路26-1号
人民西支行	人民西路23-1号	明秀中支行	明秀路175-2号
大学路支行	大学西路55号	秀灵支行	秀灵路33-7号
高新区支行	火炬路4号	华西路分理处	华西路21-1号
科园支行	科园大道33号	友爱支行	友爱南路35-1号

广西北部湾银行一览表

名称	地址	名称	地址
城北支行	衡阳西路11-1号	新阳支行	人民西路50-9、10号
明秀东支行	明秀西路16-1号	秀灵支行	秀灵路79号
高新支行	科园大道49号	相思湖支行	大学东路44号
明秀支行	明秀西路16-1号	秀厢支行	秀厢大道103号
高新东支行	高新大道光辉大楼1楼		

经济管理与监督

宏观经济管理

【发改机构及工作概况】 2018年,西乡塘区发展和改革局(简称"区发改局")内设深化医药卫生体制改革工作领导小组办公室。挂有物价局、粮食局两块牌子,有人员编制10名,实有9人。年内主要负责拟订并组织实施全区国民经济和社会发展战略、中长期规划、重点专项规划、主体功能区规划和年度发展计划；研究经济运行中带有全局性的重大问题，提出对策建议，协调解决经济运行中的重大问题；负责固定资产投资管理；承担区规划重大项目、重要工业基地和生产力布局的责任，按规定权限核准备案企业投资项目；负责监测和预测辖区价格总水平变动趋势，落实上级价格总水平的调控目标和价格改革措施；组织实施临时价格干预措施，规范市场价格秩序，开展价格公共服务；会同有关部门研究提出储备粮的规模、收购、销售计划；会同有关部门审批储备粮轮换计划并监督实施，监督检查储备粮的数量、质量和储存安全；组织实施粮食市场体系建设与发展规划；贯彻落实与深化医药卫生体制改革的政策措施，统筹协调推进辖区深化医药卫生体制改革；承担辖区深化医药卫生体制改革工作领导小组的日常工作。

【固定资产投资】 2018年，西乡塘区完成全社会固定资产投资同比增长14.3%，高于年度目标增速（14%）0.3个百分点。其中5000万以下项目下降22.78%，5000万以上项目下降43.12%，房地产开发投资增长75.96%。

【重大项目建设】 2018年，西乡塘区统筹推进重大项目共18项，总投资67.79亿元，年度计划投资共计12.12亿元。其中，自治区层面重大项目2项，总投资22.3亿元，年度计划投资3亿元；市级层面重大项目16项，总投资41.04亿元，年度计划投资9.12亿元。同年，辖区自治区级重大项目年度计划投资共计3亿元，1—12月，项目完成投资0.76亿元，完成年度计划的25.33%；市级层面重大项目年度计划投资共计9.12亿元，全年完成项目投资8.27亿元，完成年度计划的90.68%。其中已完成年度计划投资的项目有西乡塘产业园区1号路项目、南城百货物流中心、西乡塘区兴贤小学迁建项目；未完成年度计划投资的项目有低碳节能环保玻璃深加工项目、南宁市西乡塘区秀厢消防站建设、南宁圣名岭东盟文化旅游区项目（一期）、农院路改造工程（秀灵路西一里—丽园小区）、005县道（石埠至老口段）改扩建工程、金陵产业园项目、南宁水街片区旧城区改建项目一期（水街中央城一期）、西乡塘区明天学校迁建（第二期）项目。

【项目前期工作】 2018年，西乡塘区负责城建计划项目22个，总投资约4.3亿元，年度计划投资约6000万元。

【中央预算内项目建设】 2018年，中央预算内投资项目共2个，完工1个，内部装修1个。项目分别为西乡塘区兴贤村兴联坡饮水安全巩固提升工程、西乡塘区兴贤小学迁建1#教学综合楼。项目计划投资1441万元，完成投资1180万元，累计支付中央资金830万元。

【立项备案】 2018年，区发改局共审批项目696个，总投资为329.97亿元。其中，备案103个项目，总投资为320.98亿元；立项593个项目，总投资为8.98亿元。按照审批权限受理辖区范围内项目立项和备案，按公开的办理时限办结，按时办结率100%，准确率100%。

经 济

【医药卫生体制改革】 2018年，西乡塘区全年城乡居民享受待遇共15.26万人次，参保患者获得补偿医疗费11789.2万元，其中住院补偿2.35万人次，补偿金额11036.58万元；门诊统筹补偿10.62万人次，补偿金额302.63万元；门诊大病2.3万人次，补偿金额449.99万元；城乡居保大病救助3980人次，大病保险救助资金1949.07万元。建立医联体单位以诊疗服务、技术指导、人员培训、双向转诊等内容开展医联体合作机制，提供优先预约专家门诊、优先安排检查、优先安排住院的"三优先"服务，充分发挥市级人民医院的优质医疗资源优势。在辖区多家二级医院的大力帮扶下，执行医保政策转诊转院有关规定，利用基本医疗保险的经济杠杆作用，实施资源下沉，充公调动合理就医的气氛。加强组织签约动员工作，推开家庭医生签约服务面，全年累计家庭医生签约人数46.65万人，签约覆盖率42.06%，重点人群签约人数18.56万人，重点人群签约覆盖率65.64%。

【节能减排】 2018年，南宁市下达给西乡塘区的节能目标任务是万元生产总值能耗目标下降2.3%，能源消费总量控制目标233.8万吨标准煤。年末，西乡塘区能源消费总量228.31万吨标煤，万元生产总值能耗下降1.76%（包含高新区）。

【信息化工作】 2018年，区发改局组织开展辖区政务外网建设工作，年底，已完成区政府所属各组成部门、直属机构、特设机构、挂牌机构、政府服务中心、乡镇及街道办事处电子政务外网接入工作。做好辖区电子政务外网安全措施，开展电子政务外网信息系统安全等级保护测评工作，完成电子政务外网等级备案，预计2019年10月完成定级测评工作。推进辖区信息化建设工作，推进三镇一办视频会议系统建设，完成并通过验收。对政府网站进行维护，并根据绩效考评标准做好辖区政务信息网信息发布更新以及运维等工作，对辖区政务网站开展规范化建设，2018年度荣获自治区"红榜"网站数量共6个。区门户网站及49个部门子站点整体迁入南宁市集约化平台，并对栏目数据整理迁移。11月底新网站已正式上线。对区信息系统基本情况进行全面摸排统计，包括系统名称、功能、使用网络等内容，梳理上级建设系统、本级自建系统，对僵尸系统进行清理。对本级自建系统的数据资源进行整理填报，对西乡塘区政务信息资源目录梳理。

统 计

【统计机构及工作概况】 2018年，西乡塘区统计局（简称"区统计局"），分核算与综合统计、农业统计、工业统计、交通和能源统计、劳动工资统计、批发零售贸易业与住宿餐饮业统计、固定资产投资专业统计等部门，有人员编制6人，实有20人。下辖社会经济调查队及普查中心。

【经济数据统计】 2018年，区统计局统计西乡塘区主要经济指标完成情况，分别为实现地区生产总值（在地口径）按可比价计算，比上年（下同）增长3.5%。其中，第一产业增长7.4%；第二产业下降0.8%；第三产业增长9.4%，三大产业比重为2.9∶43.6∶53.5。固定资产投资增长14.3%；社会消费品零售总额增长10.1%；

全部工业总产值增长17.4%，其中规模以上工业总产值增长19.5%；全部工业增加值增长5.9%，其中规模以上工业增加值增长6.5%；农林牧渔业总产值37.87亿元，增长7.9%；城镇居民人均可支配收入达3.36万元，增长8%，农村居民人均可支配收入达1.38万元，增长9%。

【数据质量管理】 2018年，区统计局采取措施提高统计数据质量。抓好各级领导和统计人员的业务学习，利用年报会、年中工作会议及各专业工作布置会等，对各镇、街道办事处统计员、社区统计协管员、"四上"企业统计员等基层统计工作人员进行业务培训，共培训8次，参加人员500余人次；把好数据源头关，对基层上报的数据采用相关指标对比分析、比例控制、抽样推算等多种方法进行验证，对数据波动较大的企业进行统计查询，确保统计数据真实性，完善基层企业统计台账，基层单位统计台账建账率100%；建立以国民经济核算为中心的数据联审联评制度，形成各专业数据与国民经济数据相衔接，以GDP核算为龙头的数据审核体系。

【统计规范化建设】 2018年，区统计局推进统计规范化建设。全局各专业按照自治区统计局关于开展统计规范化教室的相关文件精神，按照资料归档细则，高标准开展区级统计规范化建设工作；在11个镇、街道办开展统计规范化建设工作，并将各镇、街道办事处开展统计工作规范化建设工作经费列入年初经费预算项目；在辖区内规模以上工业企业、限额以上贸易企业、资质建筑业企业、房地产开发企业和规模以上服务业等"四上"单位建立统计规范化资料档案。

【咨询服务】 2018年，区统计局拓宽服务领域，发挥经济联席会议作用，强化经济运行的监测分析，组织各相关专业人员有针对性地撰写统计分析和信息，及时向辖区各部门各单位提供经济运行动态，分析存在问题，发布经济运行预警等，编印《西乡塘区经济数据》11期，在区政府门户网站发布信息45条。

【经济普查】 2018年，区统计局根据全国第四次经济普查方案及自治区、南宁市普查机构文件精神，开展经济普查各项前期准备及培训工作。5月，组织各镇、街道办事处、社区（村）完成响应经济普查机构成立工作；8月，完成辖区内各个普查小区的划分；11月，完成基本单位清查工作。

（农晨欣）

审 计

【审计机构及工作概况】 2018年，南宁市西乡塘区审计局（简称"区审计局"）有人员编制5名，实有2人。下辖公共投资审计中心，人员编制6名，实有3人。全年完成审计项目19个，查出主要问题金额21911.9万元，其中应上缴财政4102.36万元，应归还原渠道资金970.93万元，应调账处理金额4835.89万元。提交审计建议70条，审计要情4篇。

【财政审计】 2018年，区审计局完成财政审计项目5个，查出主要问题金额10095.36万元。从预算编制及执行完成率、规范性，财务支出的合法性、合规性，财务核算的准确性，国有资产管理的规范性以及政府采购的合法性等5个方面组织审计，审计查出发现非金额计量问题17个。

【农业与资源环保审计】 2018年，区审计局完成领导干部自然资源资产离任审计项目1个，审计发现非金额计量问题3个。

【固定资产投资审计】 2018年，区审计局完成跟踪审计、竣工财务决算审计和工程结算审计项目共3项，查出主要问题金额53.78万元，审计发现非金额计量问题11个。开展的工程结算审核通过委托第三方审核830项，送审造价2.61亿元，核减金额1573.72万元，核减率5.97%。

【企业审计】 2018年，区审计局完成国有企业审计项目1个，查出主要问题金额9473万元，审计发现非金额计量问题9个，提出审计建议5条。

【经济责任审计】 2018年，区审计局完成经济责任审计项目7个，涉及责任人员7人，通过审计，查出主要问题金额2284.93万元，审计发现非金额计量问题27个。

【专项资金审计】 2018年，区审计局实施党费审计、扶贫专项资金审计、优化营商环境政策调查等3个审计调查；结合2018年财政审计实施2017年扶贫专项资金审计调查，调查9个单位的产业扶贫、危旧房改造、基础设施等48个项目。

（李星良）

物价管理

【物价机构工作概况】 2018年，西乡塘区物价局开展辖区大力加强价格监管，全力整顿和规范价费秩序，有效地保持价格总水平的基本稳定。

【收费管理】 2018年，区物价局强化收费监管，规范收费行为。开展2017年度行政事业性网上年审上报工作，下发《关于开展2017年度行政事业性收费情况报告的通知》，年内，共对公办中小学63所、行政事业性收费单位（部门）11个进行年审，审验收费单位74个，参加年审74个，年审率100%，合格率100%。

【价格监督检查】 2018年，区物价局加强市场监管，强化节假日、重大活动的市场监管和价格监督检查。深入辖区大型农贸市场，对市场物价、环境卫生、经营秩序等情况进行检查。针对市场可能出现的蔬菜供应不足问题，市场管理方及时从外地调运大批蔬菜，满足市场需求。规范教育收费管理，春、秋季学期开学期间会同教育局、联合检查组对辖区所属的公办中小学春季教育收费进行全面的检查工作，收费项目和标准符合规定，收费公示到位情况。

【受理价格举报】 2018年，区物价局严格按照《价格举报程序规定》的有关规定，对价格举报、投诉和咨询问题，及时调查、及时反馈，化解价格矛盾，维护社会稳定。年内，处理价格举报转办案件和12358价格举报平台案件58件，结案率100%。

【钢材价格信息采集上报】 2018年，区物价局作为广西两个钢材价格监测点之一的价格信息采集负责单位，严格遵守采集报价时间，每周上报价格监测品种55个，每月上报市场价格预期定期调查表。

工商管理

【工商质监机构及工作概况】 2018年，南宁市西乡塘区工商行政管理和质量技术监督局（简称"区工商"和"质监局"）内设办公室、法制与行政执法督察股、经济执法与商标广告监督管理股、消费者权益保护股、市场规范管理股、企业与个体私营经济监督管理股（行政审批办公室）、人事与财务股、质量技术监督综合管理股等8个股室，下设经济检查大队，12315、12365消费者申诉举报中心。共有人员编制114人（行政编制数106人，机关后勤服务人员控制数8人）。辖水街、北湖、唐山、火车站、五里亭、新阳、边阳、五里亭批发市场、明秀、安吉、石埠、金陵、双定、坛洛14个工商和质监所。

（苏小英）

【企业登记管理】 2018年，区工商和质监局将500万元以下（含500万元）的中小企业登记注册事权下放至14个基层工商和质监所，推行"审核合一""容缺后补""3个工作日内办结"制度，最大限度减少审批环节，有效提高登记效能。年内，已向各类市场主体发放"多证合一、一照一码"营业执照2.26万份，其中新设立登记"多证合一、一照一码"营业执照超1.7万份。推进电子政务服务、个体户简易注销改革，受理辖区企业网上名称预先核准申请18次，企业自主申报名称数量171次，开通微信预约窗口4个，办理微信预约业务2902个。清理"僵尸户"，共办理个体户简易注销3462户，办理企业简易注销登记345户，依职能注销个体户2993户。9月，启用全国市场监管动产抵押登记业务系统，实现动产抵押登记"一次不用跑"，年内成功办理网上动产抵押登记11起。

【服务经济发展】 2018年，区工商和质监局开展"个转企"工作，指导个体户转型升级为企业15户。开展服务非公有制经济发展宣传月活动，提供上门服务48次，发放宣传资料6000多份，发送年报宣传短信15万余条。推进"小个专"党建工作，经地毯式摸底排查、走访服务，辖区新成立"小个专"党支部4个，动员非公经济人士在非公经济服务平台上进行注册认证3199名，成功举办"小个专"党建工作培训班。做好政府部门涉企信息统一归集公示工作，督促各相关部门归集涉企信息，已归集涉企信息7602条。

（刘佳林）

【特种设备监管】 2018年，区工商和质监局共办理特种设备登记证728台/套，处置电梯、计量、产品质量等各类投诉31起，办结率100%。开展辖区特种设备安全隐患专项整治工作，累计检查电梯、叉车、锅炉、压力容器、大型游乐设施等特种设备700余台，发现存在隐患42起，均已督促完成整改；组织9名干部职工参加2018年特种设备安全监察员取证培训，召开安全现场会2次，利用安吉万达电梯、市动物园大型游乐设施开展手把手现场教学，培训辖区 18 家特种设备使用单位及 14 个基层工商和质监所特种设备监察员 88 人。

（陆　辉）

【农资监管】　2018 年，区工商和质监局开展红盾护农保春耕、护夏种、促秋播打假行动 3 次，共检查辖区内农资经营户 181 户；打击非法经营野生动物及其制品，共检查经营主体 253 户次，发放宣传资料 100 份，立案 1 起；打击违法广告，重点检查医疗药品及器械、房地产、非法集资广告资讯，年内共立案查办发布虚假违法广告案件 119 起，已办结 29 起，罚没款 4.78 万元；配合辖区打私办开展打击走私冻品、黑油联合执法行动 15 次；联合区多个部门打击辖区黑燃气，查扣百富岭液化气钢瓶 144 个，办结充装过期液化气钢瓶案 1 起，罚款 2.1 万元；派出执法骨干配合辖区对常胜岭墓园进行整治。

【市场监管执法】　2018 年，区工商和质监局开展每月防禽流感休市消杀，并制定工作方案，督促辖区所有农贸市场按计划开展休市 9 次，共集中冲洗 968 次，集中消毒 612 次，消毒面积约 18.3 万平方米；联合区消防大队开展重点节假日集贸市场消防安全隐患和特种设备安全专项整治，出动执法人员 220 人次，执法车 95 辆次，排查各类市场共 80 个，责令整改 4 个市场。推进创卫迎检工作。以联合整治为基础，以培训促提高，以约谈促履职。共培训工商业务骨干、市场方 230 人次；行政约谈执法人员、市场方共 81 人次。年内，共开展农贸市场联合执法 261 次，处罚金额 4.52 万元，纠正场内跨门槛经营等各类违规行为 2783 起。

【网络市场监督】　2018 年，区工商和质监局共检查网站、网店 893 个，实地检查网站、网店 228 个，删除违法商品信息 60 条，责令整改网站 58 个，实地检查网站、网店 102 个，未发现违法行为。共查处办结网络商品交易案 10 起，罚没 1.69 万元。

（覃秋晓）

【商标监督】　2018 年，区工商和质监局开展商标培育工作，组织企业、基层骨干开展商标培训及商标宣传，组织辖区 10 余家驰名著名商标企业负责人召开工作会，探讨和指导品牌建设问题；走访"多丽电器"等企业，指导企业申报中国驰名商标、马德里商标国际注册；指导辖区坛洛香蕉申报西乡塘区"坛洛香蕉"地理标志；到双定镇义平村开展农产品商标品牌指导工作，指导南宁市三角州果蔬种植农民专业合作社做好柑橘商标品牌注册、无公害农产品认证。提供商标品牌创建指导服务，建议并指导辖区水街以"南宁水街美食协会"名义申报"水街美食"集

2018 年 5 月 6 日，区食药局局长黄伟（前排左三）等人在水街市场检查经营户的证照是否齐全　　　　　　　　（区工商局供图）

体商标、"南宁老友粉"参考"桂林米粉""柳州螺蛳粉"申报地理标志证明商标。年内，全区有效注册商标共7272件，比去年同期增加1994件，增长37.78%。

（何　晅）

【消费维权】　2018年，区工商和质监局共受理消费者投诉2974起，办结2000件，调解成功668起，挽回经济损失171.88万元。收到举报513起，其中"诉转案"立案共129件，结案77件，罚没入库13.1万元，并按照"五进"维权服务站设立标准，新增广西大学、永宁社区等4个消费维权服务站，依托消费维权服务站零距离受理消费投诉。开展3·15、"防忽悠大讲堂"暨新消法宣传月等大型系列消费维权主题宣传活动，走进广西大学、广西工业器材城、双定市场等地开展消费维权宣传30余场次，走进衡阳路小学、老年大学等地召开消费维权宣讲课堂、知识讲座25多期，共计参与人员约1.4万人，发放宣传资料2万余份，接受咨询0.35万人次，发放有奖问答奖品800余份；为基层所消费维权骨干、商超企业维权服务站代表1000多人开展消费维权培训15班次。组织多家涉及老年保健品投诉的企业开展行政约谈，督促参会企业整改虚假宣传等问题；走进"诚信经营、放心消费"创建示范点美丽南方、九州出租车公司、南城百货、安吉青苹果开展回访督查，推进"诚信经营·放心消费"创建工作进程，组织召开放心消费创建动员会3期，培育打造南宁市金大陆海鲜世界等一批放心消费创建先进示范单位，指导录入系统并审核通过167户，其中参创类型涉及商圈有5个（安吉万达、青苹果家具城、南城南棉店、大润发、华尔街）、街区1条（安吉青苹果广西味道美食街）、市场4个（万盛市场、罗文市场、新阳北三里市场、陈东市场）。

（谭　英）

【流通领域商品质量监管】　2018年，区工商和质监局开展流通领域电动自行车商品质量抽查检验，共抽检4批次，立案调查3起；对辖区加油站、汽修店进行抽样检测，共抽检柴油、汽油、机油9个样品，全部合格。对辖区流通领域家用燃气灶具等5类型41个批次产品进行抽检，其中17批次不合格，已立案调查7起，结案2起，没收不合格照明电器2只；对流通领域单相潜水电泵等4个类型产品进行法定抽检共9个批次，不合格1批次，立案调查1起。年内，共立案查处商品质量不合格案24件，结案16起，罚没入库5.8万元。

【打击传销违法行为】　2018年，区工商和质监局成立打传专业宣讲队、打传专业执法队，先后在广西大学、工业器材城、大润发广场、居民区等地开展宣传活动20场次，累计发放相关宣传资料5700余份，并在2个涉传重点小区进出口道闸投放打传广告12条，提高辖区居民抵制传销意识；共对6个涉传重点小区开展入户排查25次，排查户数4697户，排查经营户722户，配合区公安分局开展打击传销突击执法，对恒大新城、北湖安居小区前期摸排的16个涉传窝点进行检查。年内，已办结52起涉传案件，合计罚没款5.7万元。

（牙　璞）

【执法监督】 2018年,区工商和质监局共立案查办一般程序案件628件,结案330件,罚没款金额93.89万元。其中传销案件52件,商标侵权类案件34件,无照无证经营类案件184件,广告违法案件29件,合同案件7件,其他违法违规案件24件,立案查处反不正当竞争案7件,结案2件。开展"双随机、一公开"监管。建立"一单两库一细则",公布随机抽查事项清单,并编制汇总完成区政府部门随机抽查事项清单;已完成国家总局抽取的部分领域企业双随机定向抽查65户、自治区工商局抽取的企业登记事项双随机不定向抽查538户,检查结果已全部录入和公示。已通过广西协同监管平台实施"计量标准"专项随机抽查和"广告行为检查"双随机抽查,共随机抽取市场主体6户,检查结果均已录入并公示,联合区食药监局开展餐饮服务行业双随机联合抽查,随机抽取市场主体20户、执法人员16人,检查结果已录入和公示。

(裴铁庆)

【广告监管】 2018年,区工商和质监局加强对中国—东盟"两会"、环广西公路自行车世界巡回赛等各项大型活动广告内容的监管,开展互联网广告、房地产市场广告、医疗药品保健食品医疗器械虚假违法广告等各项专项整治行动,年内共办结广告违法案件42起,罚款约9.51万元;依托广西协同监管平台开展广告企业定向双随机抽查,共随机检查辖区广告业市场主体5户,抽查结果已通过国家企业信用信息公示系统对外公示。

(张丽丽)

【"小个专"非公党建】 2018年,区工商和质监局提升党组织在小微企业、个体工商户和专业市场中的覆盖面和影响力,初步形成以"机关党建带小个专党建,以小个专党建促非公党建",不断扩大党的组织覆盖和工作覆盖,强化"小个专"党支部功能。通过"三查三建"工作,累计排查出党员33名,共成立"小个专"党支部9个。

(蓝益桃)

安全生产监督管理

【安监机构及工作概况】 西乡塘区安全生产监督管理局(简称"区安监局")成立于2005年3月,为区政府工作部门,机关行政编制核定为8名,事业编制4名。2018年,有工作人员18名,其中局长兼书记1名,副局长2名,行政编制科级干部1名,行政编科员2名,安全生产监察大队(二层机构)事业编制4名,借调人员1名,编制外人员7名。辖区管辖内有危险化学品生产企业1家,使用、经营单位46家,非煤矿山14座,烟花爆竹临时经营(零售)65家。

【安监体系建设】 2018年,区安监局按照单位行政主管负总责、分管领导负主责,镇(街道办事处)有安全管理机构、村(社区)有安全管理员的要求,完善安全生产监管队伍,落实安全生产责任制,健全安全生产管理网络。制定《南宁市西乡塘区推进安全生产领域改革发展重点任务实施方案》及《南宁市西乡塘区推进安全生产领域改革发展重点任务分工方案》,确保2020年前完成各项改革任务；与50个安委会成员单位签订《2018年度南宁市西乡塘区安全生产目标管理责任书》，签订率100%。根据《2017年西乡塘区人民政府安全生产责任书》有关规定，区安委办按照《2017年西乡塘区安全生产工作职责和目标管理考核评分细则》，完成对签订责任书单位的安全生产工作目标和工作职责完成情况进行综合考评，受考评单位均达到优秀等级；年内，召开4次季度防范重特大事故安全生产工作会议，针对不同时段特点，明确重心重点工作：一季度以"春节"期间安全生产大检查为主。二季度以防高温、防汛期以及组织开展"安全生产月"宣传教育等活动为主。三季度主要围绕全国安全生产大检查及南宁市"两会"为主题，扎实开展全区范围安全生产大检查、重点行业领域安全隐患整治、防范重特大道路交通安全专项整治、易燃易爆隐患排查治理及高温汛期期间等重点安全生产工作。四季度结合辖区实际，开展以安全生产大检查、隐患排查、安全生产事故防控为重点的工作；推进安全生产生产经营单位分级管控建设工作。按照南宁市统一部署，组织辖区有关行业主管部门对所属行业领域的生产经营单位进行分类分级，辨识风险点并进行安全生产风险等级评定，逐步实现安全风险分级管控和隐患排查治理双重预防体系，有效预防各类安全事故发生。

【安全生产培训】 2018年6月28—29日，区安监局在广西电信职工培训中心举办西乡塘区三级安监员培训班，11个镇（街道办）、村（社区）及14个行业主管部门参加培训，共216人。

【安全生产宣传教育和应急演练】 2018年，区安监局组织开展应急管理培训3期，培训人数86人。三大领域应急预案备案方面情况：非煤矿山企业备案1家，危化企业备案55家，烟爆企业备案0家（无要求备案），安监部门2018年已开展应急管理执法检查22家，处罚金额3.9万元。

【隐患排查】 2018年，通过各镇（办）和部门排查，辖区"四级"重点监督整改隐患立项共123项。其中，市级安全隐患1项（具体为324国道隐患，目前隐患已整改完毕，辖区政府已组织交通、交警、安监等部门于2018年11月20日到现场验收完成）、辖区级安全隐患10项、镇（街道）级安全隐患47项、村（社区）级安全隐患65项，均已全部整改完成；年内，辖区已注册生产经营单位831家开展隐患排查，自查自报790家，自查自报率95%；开展安全

2018年2月7日，西乡塘区副区长李刚（右一）到金陵镇、双定镇开展春节前安全生产检查工作 （区安监局供图）

风险点排查企业共378家,其中辖区级管控企业328家(分属安监、住建、交通、公安、消防、商旅、工信等部门进行责任监管),镇、街道办事处管控企业50家,共排查出安全风险点516个。

【**安全生产标准化创建**】 2018年,区安监局召开标准化创建推进会,并把指标分解到各镇(街道),年内,完成工贸行业新增标准化企业任务数为18家(获得证书),完成的企业占任务数的45%。

【**执法检查**】 2018年,区安监局组织开展安全生产"强监管、严执法"专项行动,并对进一步加强当前安全防范工作进行部署。年内,共检查271家(个)企业(项目、场所),发现283项问题隐患,已全部整改完成,采取"四个一律"21起。各行业主管部门立案处罚情况:安监局立案24起,处罚62.86万元,交通局立案74起,处罚84.06万元,消防大队立案94起,处罚64.75万元,城管局(住建局立案处罚权已移交城管局)立案4起,处罚16万元;印发专项行动方案并组织各镇(街道)国土规建环保安监站、局各股室、区安全生产监察大队开展防范矿山生产安全事故专项行动工作。专项行动开展以来,各相关部门共检查11家露天采石场,整治隐患31处,处罚3.7万元;印发专项行动工作方案并立即组织开展危险化学品、烟花爆竹、工贸行业等领域安全管理专项行动工作。共检查危化企业2家,整治隐患5处,处罚4.8万元,烟爆企业4家,整治隐患1处,处罚0.3万元,工贸企业5家,整治隐患15处,处罚16.5万元。

(文 琳)

食品药品监督管理

【**食品药品监管机构及工作概况**】 2018年,西乡塘区食品药品监督管理局(简称"区食药监管局")内设办公室、财务室、综合协调股、食品餐饮股、药械与保化监管股、食品生产股、食品流通股、法规股、稽查股、科技信息股、行政审批办公室11个职能股室。编制在职人员14人。下辖二层机构稽查大队,有事业编制在职人员18名、后勤控制人员2名。派出机构有西乡塘、衡阳、华强、北湖、上尧、新阳、安吉、石埠、金陵、双定、坛洛食品药品监督管理所(简称食药所)11个,参公在职人员43名、常务副所长(副科级)11人。年内主要负责辖区内食品、药品、医疗器械、保健食品、化妆品(简称"四品一械")的抽检、市局下放或委托的其他行政审批许可事项、行政执法、案件查办的相关事务性和服务性工作、重大食品安全保障工作,承担城区食品安全委员会日常工作。稽查大队、11个乡镇街道食药所对基层食品生产企业、加工小作坊、流通环节、餐饮消费环节监管和基层药品安全监管任务。

(顾莉曼)

【**食品安全综合协调机制**】 2018年,区食药监管局与局机关各股室、各食药所签订《2018年工作目标责任书》,明确各部门2018年度的工作目标、任务及完成时限,明确各部门食品安全工作任务,强化食品安全监管责任。制定《2018年南宁市西乡塘区食品药品监管工作要点》《2018年度食品安全绩效考评方案》等一系列食品药品安全工作运行、考核制度和规定,对各部门食品药品安全工作完成情况进行考核、评定。

【食品药品安全宣传】 2018年，区食药监管局制定《西乡塘区食品药品监督管理局新闻宣传工作方案》，明确食品安全宣传重点，指导局机关各股室、各食药所有计划、有步骤地开展食品安全宣传活动。构建食品安全宣传大格局，发挥社会新闻媒体作用，发布食品药品监管重点工作动态信息，拓宽信息传播渠道；通过门户网站、官方微信、微博等加强食品安全宣传，扩大食品安全宣传教育范围和效果，努力营造食品安全社会共治格局的作用。年内，共开展食品安全宣传"六进"活动240场，向南宁市及区各信息部门报送信息稿件223篇，上报区党委政府反响类信息30篇，上报创食安微信322余条，上报创卫信息110条，群众参与数达2.14万人次，现场提供咨询服务1.23万人次，发放宣传资料2.8万份，设立食品安全知识宣传专栏17个，悬挂食品安全宣传周主题标语73条，出墙板报3期，发布专题微信微博宣传信息71条。

2018年8月2日，西乡塘区举行食品安全宣传周主题活动暨无偿献血活动（区食药监管局供图）

【创建国家食品安全城市】 2018年，区食药监管局在食品安全城市创建、农贸市场蔬菜农残检测管理、餐饮服务监管（明厨亮灶、示范街示范店）等方面的工作走在全市前列。广西大学的"无水厨房"、秀田小学的"阳光厨房"等食堂提升工程得到自治区原副主席黄日波的肯定，并提议在全区推广。

（李雪群）

【食品生产安全专项整治】 2018年，区食药监管局加强食品生产环节监督抽验，前移监督关口，着力提高监督抽验的"靶向性"。重视抽检中发现的问题，做好核查处置工作，强化检验检测结果的运用，对抽检不合格产品及时采取防控措施，做到早研判、早预警、早处置，主动防范、及时化解和消除各种食品安全风险。开展元旦春节节日食品、糕点专项、食用植物油、月饼等专项抽检工作，年内，在食品生产环节共开展监督抽检136个批次（含食品加工小作坊），其中不合格有16个批次，对抽检不合格的产品依法依规严肃处理，坚决杜绝其流入市场，对抽检不合格的企业已依法立案查处。

重点品种食品生产专项整治 围绕糕点企业"两超一非"、大米、食用植物油、月饼、食品添加剂等重点品种，进行食品生产环节专项整治工作。年内，食品生产环节共开展各类专项整治工作7次，检查食品生产单位共357家，其中食品生产企业84家（其中13家停产）、食品生产加工小作坊273家，出动执法人员681人次，出动执法车辆180台次，下达当场行政处罚决定书26份、责令整改通知书48份，要求生产单位限期整改，监督抽检229批次（含食品加工小作坊），其中2批次不合格，合格率99.%。

稽查工作情况 落实各项稽查办案工作机制，以查办违法案件、强化稽查办案能力为抓手，加大案件查处力度，维护良好食品安全秩序。年内，食品生产案件共立案20起，结案15起，罚没款56.35万元。

（卢　丰）

2018年，区食药监管局为保障美丽南方美食节顺利开展，进行食品安全检测　　　　　　（区食药监管局供图）

【餐饮服务监管】 2018年，区食药监管局开展学校食堂日常食材供应及餐饮服务等食品安全专项整治活动。对辖区餐饮服务单位食材质量精准化监管做好数据支撑。在西乡塘区大中专院校食堂、中小学食堂、幼儿园食堂进行试运行，指导试点食堂开展日常食材供应信息录入工作，通过试点，逐步完善食材追溯系统，初步摸索辖区食材供应源头，全程把控进入餐饮环节的食材安全。帮助每个基层食药所成功打造1—2条食品安全示范街；提升"3个10"示范项目建设（即10所大中专院校示范食堂、10所中小学校示范食堂、10所幼儿园示范食堂建设），推进中小学食堂食品原材料统一采购配送工程，从源头上把好食品安全关，保障在校学生的餐饮安全，严防食源性食品安全事故发生；开展推广食药网格化监管食材追溯系统，通过试点，逐步完善食材追溯系统，初步摸索辖区食材供应源头。在辖区300多所学校，探索引入食品安全第三方监管机构对学校食堂进行全面风险排查，特别是食堂原材料采购管理工作和对食材集中配送工作各环节的监管，降低食品安全风险。

【节日及重大活动食品安全保障】 2018年，区食药监管局结合全年重点监管品种、重大活动节日消费品种、重点区域监管对象等有针对性地开展专项监督抽检、各项食品安全保障工作。特别是元旦、春节、三月三、端午节、中秋节、两会期间、国庆节等大型节日、活动期间，在重要旅游场所（如美丽南方）、人群密集场合餐饮供餐点、"东盟美食节"及"美丽南方·香蕉旅游文化节"等食品安全保障工作。活动期间，共出动执法人员3256人次，开展重大活动餐饮服务食品安全保障工作30余次，保障21356人次用餐，检查食品流通经营户2540家次，餐饮服务行业802家次，生产企业76家次，现场下达责令改正通知584份。

（李　锋）

【药品医疗器械安全监管】 2018年，区食药监管局在"三品一械"监管环节，开展特殊管理药品专项检查，中药饮片专项治理，终止妊娠药品和促排卵药品专项监管，对疫苗质量、制售和使用注射用透明质酸钠、医疗器械使用环节、功能饮料类保健食品等进行专项整治行动。年内，共开展食品药品专项行动350次，累计出动执法人员15208人次，巡查食品药品生产经营单位15402家。

（吴　畏）

2018年3月13日，安吉工商和质监所联合北湖食药监所在秀安市场开展打击保健食品、医疗器械等虚假广告专项行动

（区食药监管局供图）

【食品安全信息化建设】 2018年，区食药监管局食品安全信息化建设二期项目正常运行，形成"食安业务通"执法系统，辅助执法人员开展日常检查、专项检查、业务沟通等工作。

（孙少波）

【食品生产企业诚信档案和风险等级建设】 2018年，区食药监管局构建"工作规范化、监管痕迹化、定位网格化、管理动态化、责任追究严格化"的监管模式。加强食品生产企业诚信体系建设，健全"黑名单"制度，加大曝光生产企业违法添加生产行为的力度，对有失信行为的企业增加监督检查频次，及时公布失信行为。年内，对辖区食品生产企业开展信用分级评定76家，其中A级企业34家，B级企业22家，C级企业17家，D级企业3家。开展风险分级评定工作，对食品生产企业主体进行风险分级监管，准确掌握辖区内生产企业食品安全风险状况，是实现科学监管的目的，能进一步加强食品安全监管工作，督促食品生产企业落实食品安全主体责任，保障食品质量安全。将风险分级评定结果分为A、B、C、D四个等级，风险评定分值越高，风险等级越高。按照风险等级高低，合理确定食品生产企业的年度监督检查频次和抽检频次，科学有效地实施监管。对辖区90家食品生产企业（其中14家停产）进行风险分级评定，评定率100%，其中A级风险企业34家，B级风险企业22家，C级风险企业17家，D级风险企业3家。

（卢　丰）

【保健食品与化妆品监管】 2018年，区食药监管局根据市食安办及区主要领导提出的食品、保健食品欺诈和虚假宣传整治工作部署，开展食品、保健食品欺诈和虚假宣传整治、保健食品标签标识和宣传专项整治，组织食药、工商、公安部门及各街道办开展为期一年的打击食品、保健食品欺诈和虚假宣传"护老行动"整治工作。年内，组织开展保健食品专项整治行动，共出动执法人员595人次，检查保健食品经营企业650家次，排查保健品会销场所110家次，重点检查涉及"美罗、紫微星、巴马良品"的企业，其中涉及"美罗"10家。检查中发现违法违规的主体12家次，当场下达责令改正通知书12份，立案2起，其中，无食品经营许可证立案1起，无法提供所售产品供应商的相关资质证明材料及产品检验报告立案1起；加强保健食品的宣传，制作宣传视频、印刷宣传资料4万份；检查化妆品经营企业50多家，现场向经营企业发放"化妆品安全监管告知书""化妆品经营质量安全承诺书"50多份，立案查处3家经营不合格化妆品的经营企业。保健食品抽检样本已完成3批次，化妆品抽检样本已完成20批次。

（吴　畏）

【行政审批】　2018年，区食药监管局利用信息化手段，将"审批信息化、管理标准化、服务均等化"，区、镇（街道）一体化的行政审批工作模式全面铺开，年内，共受理《食品经营许可证》6252家，发放5187家；受理《小餐饮登记》3821家，发放2622家；受理《食品小作坊》292家，发放253家；受理《生产许可证》5家，发放6家。

（蒋智然）

【案件查处】　2018年，区食药监管局"四品一械"立案查处数218起，共办结177起，罚没款总共323.71万元；收到诉讼案件11起，审核案件177起，复议案件21起；完成案件信息双公开177起。

【投诉举报】　2018年，区食药监管局加强监管部门与群众互动，做好投诉举报处理工作，保持12331投诉举报热线畅通并及时处理投诉。年内，投诉举报中心共接收食品药品投诉举报1083起，其中食品1012起，占比为93.44%；药品31起，占比为2.86%；化妆品16起，占比为1.48%；医疗器械6起，占比为0.55%；特殊食品（包括保健品）18起，占比为1.66%；职业打假数量为320起，占比为29.55%。

（曾令双）

【政务信息公开】　2018年，区食药监管局细化和明确信息公开工作程序、信息公开范围、方式与时限、监督保障等措施，不断健全政务信息公开制度，政务公开工作日趋规范。根据集约化平台建设要求，完成"广西壮族自治区政府信息公开统一平台——西乡塘区食品药品监督管理局"和"西乡塘政务信息网——西乡塘区食品药品监督管理局"子网站关停与内容迁移工作；加强对新平台"南宁市西乡塘区人民政府门户网站——西乡塘区食药局"各栏目内容完善与检查调整工作，实现常态化管理。全年主动公开工作动态类信息300余条，行政处罚、行政许可信息270余条，办事指南类信息30余条，决策类、机构设置类信息60余条，共计公开政府信息660余条。加强对西乡塘区食品药品监督管理局微信公众号（"西乡塘区食品药品监管"，微信号：xxtsyjsyjg）的管理，共发布微信文章75条。完善并规范发文属性，共向政务服务中心、档案馆、公共图书馆报送主动公开文件30份。年内，共收到政府信息公开申请7个，均已依法进行受理并在时限内进行答复。

（杜书萍）

产 业

农 业

综 述

【农林水利机构及工作概况】 2018年，西乡塘区农林水利局（简称"区农林水利局"）内设农业股、农经股、林业股、水利股、水产畜牧股、财务股、人事股7个部门，有行政人员编制15名，实有13人。下辖农业服务中心、动物卫生监督所、农机监理站、农业执法大队4个参照公务员法管理事业单位，共有人员编制87名，实有75人。区农林水利局主管农业、水利、农机、水产畜牧、扶贫开发等各项业务工作，贯彻执行党和国家有关农业和农村工作的方针、政策，依法开展农业、林业、水政、农机监理、水产畜牧政执法工作，依法征收有关规费。组织开展区农村集体经济管理工作，主管区森林防火指挥部办公室和防汛抗旱指挥部办公室的日常工作，农村生态能源的开发利用和综合管理，农机安全监理，指导水产畜牧业生产及扶贫开发工作。年内，西乡塘区农、林、牧、渔业总产值37.87亿元，同比增长14.04%；农村居民人均可支配收入13820元，增长率9%。其中农业产值25.2亿元，同比增长16.91%；林业产值0.42亿元，同比增长1.49%；牧业产值8.23亿元，同比下降1.7%；渔业产值2.37亿元，同比增长74.52%；农、林、牧、渔服务业产值1.64亿元，同比增长9.26%。

（吴翠珠）

【粮食种植】 2018年，全区粮食种植面积约115.69平方千米，产量5.95万吨，比上年减少3.71%。其中水稻种植面积约65.7平方千米，产量约3.7万吨，比上年减少5.58%；玉米种植面积约44.45平方千米，产量约2.15万吨，比上年增长0.06%。花生种植面积约29.99平方千米，产量约0.91万吨，比上年减少3.65%；甘蔗种植面积约30.57平方千米，产量的22.39万吨，比上年增加20.80%；木薯种植面积约17.51平方千米，产量约1.92万吨，比上年减少40.83%；蔬菜种植面积约153.94平方千米，产量约32.13万吨，比上年增长4.15%；水果种植面积约193.24平方千米，产量60.6万吨，比上年增加2.35%，其中香蕉种植面积约120.12平方千米，产量49.74万吨，比上年减少3.81%。

（李雪英）

【养殖概况】 2018年，生猪出栏23.74万头，同比增长2.59%；家禽出栏1097.61万羽，同比增长1%；肉类总产量38109吨，同比增长3.36%；禽蛋产量3917吨，同比增长3.62%；水产品产量22534吨，同比增长75%。

（马伊丽）

【放心农产品工程】 2018年，区农林水利局加强食用农产品源头治理及食用农产品风险隐患排查工作。年内，共开展食用农产品质量安全"清源"行动87次，出动执法人员305人次，执法车辆87车次，检查农资经营场所416家，检查规模农产品生产基地119个，例行抽检蔬菜样本23个。农资打假专项整治行动立案查处4个，罚款2.1万元。同年，辖区5个蔬菜基地抽样检测样品数4298个，合格样品数4298个，合格率100%。

（马世蒋）

【农业示范区创建】 2018年，西乡塘区创建并获得认定的示范区（园、点）共34个，其中自治区核心示范区（三星级）1个、南宁市县级示范区2个、西乡塘区乡级示范园4个、西乡塘区村级示范点27个。西乡塘区群南柑橘产业示范区获认定为广西现代特色农业核心示范区（三星级）称号；双定镇顶哈鸽产业示范区和金陵鸡产业示范区获认定为南宁市现代特色农业县级示范区；金陵镇三联香葱产业示范园、坛洛镇富庶村特色水果产业示范园、双定镇兴平村沃柑产业示范园、石埠街道乐洲村休闲农业示范园获认定为西乡塘区现代特色农业乡级示范园；27个村级示范点通过考评获得认定为西乡塘区现代特色农业村级示范点。示范点产业类型包括桑蚕2个、龟鳖1个、花卉1个、柑橘5个、肉猪2个、苗木1个、优质水稻2个、三红蜜柚1个、瓜菜1个、糖蔗"双高"1个、蔬菜2个、休闲农业1个、火龙果1个、中药材1个、循环农业1个、水果1个、葡萄2个、辣木1个。村级示范点的创建数量按照所辖行政村总数100%启动创建，全年创建完成27个，达到52%，完成创建任务。

（杨爱芬）

【农业龙头企业】 2018年，西乡塘区有农业生产（加工）企业500多家，现有自治区级和南宁市级以上农业产业化重点龙头企业8家。其中，自治区级农业重点龙头企业5家：广西农垦国有金光农场、金陵农牧集团有限公司、广西兆和种业有限公司、广西烟农农业生产资料有限公司、广西桂洁农业开发有限公司；市级农业重点龙头企业3家：广西丰湖农业投资有限公司、广西普乐福畜牧科技有限公司、南宁市富庶百乡果农业发展有限公司。同年，西乡塘区农业龙头企业销售收入约11.1亿元。其中，年销售收入5000万元以上的龙头企业有5家，年销售收入1亿元以上的有3家。通过农业龙头企业带动农业产业发展，形成香蕉、柑橘、甘蔗、西香瓜、木薯、肉鸡、生猪、龟鳖、鱼类、蔬菜等特色产业。

（梁妹慎）

【农民专业合作社和家庭农场】 2018年，西乡塘区新设立农民专业合作社26个，累计设立农民专业合作社227个；新设立家庭农场4家，累计设立家庭农场41家。其中，新增包括南宁市超农种养专业合作社、南宁市老石三角梅种植专业合作社、南宁市天天种养专业合作社、南宁市景广蛇类养殖专业合作社、南宁市葫芦桑蚕养殖农民专业合作社、南宁市六顺果蔬种植农民专业合作社、南宁市乐兴养殖农民专业合作社、南宁市海龙火龙果种植农民专业合作社、南宁市腾翔养鸽专业合作社、广西福桂果蔬种植专业合作社等26家农民专业合作社。

（莫玉凤）

2018年10月19日，西乡塘区农机监理站举办西乡塘区农村党员农机手培训班

（区农林水利局供图）

【农村土地承包经营权确权登记颁证】 2018年，西乡塘区农村土地确权工作任务涉及金陵镇、坛洛镇、双定镇、石埠街道办事处，49个行政村，782个生产队，二轮延包面积约157.87平方千米，集体耕地面积约241.53平方千米。年内，区已完成可发证农户41756户，可发证率96.83%；完成自治区下达的可发证率95%以上的工作任务。

（黄雪琼）

【农村土地流转】 2018年，西乡塘区新增农村土地承包经营权流转面积约320.7万平方米，流转形式主要有出租、转包、入股等，用于休闲观光农业、都市农业等特色农业发展。辖区农村土地承包经营权流转面积约90.2平方千米，占区耕地总面积约366.13平方千米的24.6%，占区农村集体耕地面积约239.4平方千米的37.67%；规模经营面积达62平方千米，占区耕地总面积约366.13平方千米的17%。

（莫玉凤）

【农民负担监测】 2018年，西乡塘区农民负担总额302.31万元，同比下降1.97%，其中上交集体各种款项为0，各种社会负担为0，"一事一议"筹资302.31万元，农民人均负担11.57元。西乡塘区作为自治区15个农民负担监测点之一，金陵镇金陵村8户、南岸村7户共计15户、59人农民社会负担总额为37948元，比上年减少13478元，下降26.2%；农民人均总负担为643.17元，比上年减少228.46元，同比减少26.2%，监测点数据统计分析，农村合作医疗收费标准大幅提高，参保人数增加，在校中专学生、高中学生、大学学生各1名，农村养老保险缴费人数增加。其中农村合作医疗收费9900元，比上年增加2100元，增加26.92%。高中学生1名，学费2200元/学年，中专学生1名，学费900元/学年，大学学生1名，学费6000元/年，直接增加农民社会负担。

（梁妹慎）

种植业

【香蕉种植】 2018年，受香蕉枯萎病影响，西乡塘区香蕉种植面积有所下降。香蕉种植面积120.12平方千米，比2017年减少25.48平方千米。香蕉产量约49.74万吨。香蕉种植技术上广泛应用水肥一体化滴灌、"三避"技术、抹花套果、无伤采收等，保证香蕉产量和品质。

【水稻种植】 2018年，西乡塘区水稻播种面积65.7平方千米。其中早稻30.49平方千米，晚稻35.21平方千米，全年推广超级稻面积约26.87平方千米，产量13986吨。水稻总产量36972吨，其中早稻19460吨，晚稻17512吨。主要栽培品种有"特优"系列、"金优"系列、"博优"系列、"秋优"系列等杂交稻，种植超级稻有中浙优1号、中浙优8号、丰田优553、丰田优089、新两优6号、Y两优900、野香优、Q优6号等。

【玉米种植】 2018年，西乡塘区玉米播种面积44.45平方千米，其中早玉米29.61平方千米，晚玉米14.84平方千米。玉米总产量21460吨，其中早玉米15773吨，晚玉米5687吨。主要栽培品种迪卡007、迪卡008、正大808、太平洋98等。

【大豆种植】 2018年，西乡塘区大豆播种面积3.12平方千米，其中早大豆1.07平方千米，晚大豆2.05平方千米。豆类总产量556吨，其中早大豆186吨，晚大豆370吨。豆类生产主要采取推广黄豆新品种、实施间套种栽培技术、实行推广地膜覆盖高产栽培技术的措施。

【红薯种植】 2018年，西乡塘区红薯种种植面积1.94平方千米，总产量（湿重）2190吨，种植品种主要有新农一号、新农四号、苏薯八号、日本黄金薯等。

【花生种植】 2018年，西乡塘区花生种植面积为29.99平方千米，总产量9112吨。花生种植品种有主要有桂花17号、桂花22号、桂花23号、桂花26号、粤油79号等。

【蔬菜种植】 2018年，西乡塘区蔬菜种植面积（含复种）面积153.94平方千米，比2017年增加6.08平方千米，增长约9.14%，产量约32.13万吨，比2017年增产约1.28万吨，增长4.15%。主要种类有白菜、生菜、芥菜、春菜、蕹菜、卷同青、甜唛菜、椰菜、菠菜、茼蒿、四季豆、豆角、冬瓜、南瓜、番茄、萝卜、香葱、辣椒、茄子等。坛洛镇、双定镇、金陵镇以种植瓜菜类、香葱为主，产品主要销往北方市场；石埠办、安吉办以种植叶菜类、豆类、黄瓜、茄果类为主，叶菜类主要供应南宁市区，瓜豆类和茄果类则销往华东、华北地区。

【蔗糖生产】 2018年，西乡塘区甘蔗种植面积30.57平方千米，比2017年增加2.61平方千米，产量223911吨，比2017年增加77997吨。主要品种有新台糖22号、桂糖42、桂糖49、台优、粤糖93/159、柳城05/136。

【水果生产】 2018年，西乡塘区水果种植面积193.24平方千米，总产量60.6万吨。

香蕉种植虽然受香蕉枯萎病影响,但仍是西乡塘区农业的支柱产业,2018年香蕉种植面积120.12平方千米,产量约49.74万吨。品种有威廉斯B6、巴西蕉,传统的本地品种"那龙香蕉"因果指小产量低,已很少有农户种植,亟待进行品种资源保护。由于农业产业结构调整,2018年柑橘种植面积大幅增加,种植面积31.42平方千米,比2017年增加12.41平方千米,产量约47.22万吨,主要有沃柑、茂谷柑、皇帝柑、椪柑、砂糖

千米,主要分布在双定、坛洛等镇,总产量19174吨,比2017年减少4083吨。主要栽培品种有华南205、南植199、GR911等。

(李雪英)

农业科技

【植物病虫害防治】 2018年,西乡塘区农作物病虫害总体发生程度为中等偏轻,发生面积约573.33平方千米次。在病虫害综合防治工作中,技术人员积极开展田间调查,掌握病虫发生动态,及时发布病虫情报,有针对性地指导农民开展防治工作。年内,区农林水利局发布病情报15期,指导开展综合防治面积160平方千米次,建立病虫防治示范点5个,示范面积约1.67平方千米,安装频振式杀虫灯250盏,放置害虫诱捕器1500个,放置黏虫黄板2500张,辐射防治面积280平方千米次,平均防治效果90.68%。

西乡塘区现代特色农业乡级示范园的双定镇兴平村沃柑产业示范园柑橘加工生产线　　　　　　　　(区农林水利局供图)

橘等品种。龙眼种植面积1.63平方千米,产量1494吨,比2017年减少126吨,品种有石硖、储良。荔枝种植面积2.5平方千米,产量2488吨,比2017年增加94吨。品种有黑叶荔、三月红、桂味。芒果种植面积3.03平方千米,比2017年增加0.49平方千米,产量3160吨,比2017年增加1416吨。品种有金煌芒、台农8号、象牙芒。此外,还有少量的大青枣、火龙果、葡萄、梨、李。

【木薯生产】 2018年,西乡塘区木薯种植面积为17.5平方千米,比2017年少3.5平方

(李雪英)

【农民培训】 2018年,区农林水利局牵头,组织师资、招纳学员开展农民实用技术培训工作。根据辖区产业特点,结合扶贫工作,重点围绕产业构建提升,开展柑橘、超级稻、蔬菜等农作物栽培技术培训,培训形式主要是专题讲座、现场观摩、发放宣传资料等,全年共开展各种技术培训45期,培训农民4756人次,发放资料2万份。

(韦艳选)

水产畜牧业

【**水产畜牧业机构及工作概况**】 2018年，水产畜牧业机构核定编制数25人，实际在编人数20人（其中事业编制1名，后勤控制数1名）。年内主要职责包括落实动物强制免疫以及动物疫病防控计划、方案；负责动物疫情调查、监测、报告，协助处置突发动物疫情；负责动物产地检疫、屠宰检疫，动物产品质量安全以及兽药、饲料监督和管理；负责畜牧、饲料、草地、渔业等方面法律法规的公益性技术推广工作等。全年累计生猪出栏23.74万头，同比增长2.59%；家禽出栏1097.61万羽，同比增长1%；肉类总产量38109吨，同比增长3.36%；水产品产量22534吨，同比增长75%。

【**生猪养殖**】 2018年，西乡塘区生猪出栏22.69万头，比上年减少1.94%；生猪存栏19.09万头。辖区有规模养猪场（户）70户，主要养殖品种有二元杂、三元杂。

【**家禽养殖**】 2018年，西乡塘区家禽出栏1092.56万羽，比上年增加0.54%；家禽存栏362.76万羽。辖区共有家禽规模养殖场（户）42户，多数采用"公司+农户"养殖模式，以圈养饲料养殖为主，少数辅以放养。主要养殖品种包括金陵三黄鸡、金陵花鸡、金陵麻鸡、金陵乌鸡、金陵黑凤鸡、北京鸭、麻鸭等。

【**奶牛养殖**】 2018年，西乡塘区有金光奶牛场、石埠乳业奶牛场、石埠二队三队奶牛场，主要养殖品种为黑白花奶牛。年内，奶牛存栏1931头，牛奶产量6129.58吨。

【**养殖业标准化基础设施建设**】 2018年，南宁农口建设项目市本级财政投资计划共3个项目，包括南宁市大兴养殖农民专业合作社畜禽产业提升示范项目，建设标准化生态猪舍3000平方米、配备水帘降温设施，发酵床、集污池、雨污沟及自动投料线等设施建设；刚德村扶贫创业园贫困户养牛托管区生态养殖项目，建设发酵床、饲草加工棚、化粪池、隔离牛舍等建设；广西南宁雨来安养殖有限责任公司生态猪舍建设，主要用于标准化高低介网床生态猪舍、产床、雨污分离、干湿分离机、堆粪房、污水池、兽医室等建设。

【**动物防疫**】 2018年，区农林水利局在全年免疫的基础上，重点抓好春季、秋季及冬季重大动物疫病防控工作。与各镇、

南宁市现代特色农业县级示范区的金陵鸡产业示范区种鸡养殖基地 （区农林水利局供图）

街道办事处签订防控工作责任状,层层落实责任,实行分级管理、分片包干和领导负责制。做好应急预案,落实应急队伍,做好物资的储备,加强演练,确保一旦发生疫情,能够有序处置,迅速扑灭。做好防疫物资储存配送,组织疫苗下乡,保证疫苗供应;加强督促检查,及时解决防疫过程中出现的问题;全年区春、秋季重大动物疫病防控工作通过上级检查组的检查、验收,没有发生动物重大疫情。

【渔牧产品质量安全管理】 2018年,区农林水利局要求养殖企业(户)严格遵守相关法律法规,并签订畜禽产品质量安全承诺书。建立兽药使用台账,规范兽药使用程序,并严格执行休药期制度,严禁在各个养殖环节中使用违禁药品。要求动物检疫员严格按照《动物防疫法》《动物检疫管理条例》等相关规定进行检疫,规范检疫行为。对辖区内养殖场、屠宰场和牲畜交易市场等进行动物产地检疫和屠宰检疫,年内,产地检疫生猪70.35万头、家禽1664.82万羽,屠宰检疫生猪80.43万头、牛5.99万头,上市交易的肉品检疫合格率100%。对养殖户使用的兽药进行监督指导,并对每批进入定点屠宰和上市销售的生猪都进行抽样检测。年内,共抽检动物产品及生猪尿样共计3.1万份次进行"瘦肉精"残留检测,生鲜乳抽样检测三聚氰胺等300份次,水产品抽样检测50份次(检测氯霉素、孔雀石绿、硝基喃喃等),均没有发现违法添加非食用物质和滥用食品添加剂。加强兽药、饲料及卫生监督执法,确保养殖环节和流通环节的渔牧产品安全。全年出动检查人员555人次,车辆412车次,共检查兽药经营店294家次;检查奶牛养殖基地5个、奶站3家;饲料厂8家、屠宰场6家、养殖场90家、活畜禽交易市场1个;立案查处违反动物防疫法律法规案件10起,违反兽药管理条例的案件11起,共处予罚没款7.5万元,没收库存的假兽药一批。做好动物标识和建立健全疫病可追溯体系。全面开展生猪、牛二维码耳标的佩戴,使用的耳标统一由上级指定的生产厂家生产,严格采用镇(办事处)畜牧兽医站领用登记制度。在溯源门户网站的建设和维护上,做到基础数据录入完整、准确,及时更新。健全防疫证章的管理制度、核销制度、检疫证明专用印章使用登记制度。

【鱼类养殖】 2018年,西乡塘区水产养殖面积16.25平方千米,其中池塘7.1平方千米、山塘水库4.73平方千米。主要养殖品种有草鱼、鲤鱼、鲢鱼、鳙鱼、白鲳鱼、罗非鱼等。水产品产量10467吨。

【龟鳖养殖】 2018年,西乡塘区龟鳖养殖面积739440平方米,其中龟类39610平方米,鳖类699830平方米。龟类主要有黄喉拟水龟、安南龟、三线闭壳龟等20个品种,有成品龟38.8万只,种龟6.6万只,养殖方式为庭院养殖。鳖类主要有黄沙鳖、山瑞鳖、珍珠鳖等,有成品鳖32.48万只,种鳖5.2万只,养殖方式主要为外塘养殖。辖区内有大型龟鳖养殖公司(场)6家,分别是桂海野生动物养殖有限责任公司、泰宁龟鳖产业园、广西正一元龟鳖生态繁育科技培训休闲博览示范园、广西南宁金坛龟鳖有限公司、梁杰品龟鳖养殖场。在金陵镇、坛洛镇、双定镇有4个龟鳖养殖合作社。

【网箱清理工作】 2018年,区农林水利局主持领导河水污染源整治,开展网箱清理工作,着力推进左江、右江及武鸣河(西乡塘段)网箱养殖清理工作,共有网养殖户992户,网箱实际格数2.9万格,折后格数为4.95万格,已全部完成所有网箱清理整治工作。

【渔业安全生产】 2018年,区农林水利局在辖区内渔船、网箱养殖集中的地方,通过悬挂宣传横幅、张贴标语,以及挂图、制作板报、设置专栏、展览图片、给渔民发放安全知识手册等形式,加强渔业安全宣传教育,制定渔业安全生产应急预案,与渔民签订渔业安全生产责任书,做好安全检查。年内,进行安全检查4次,共出动人员37人次。

【珠江禁渔期制度】 2018年,根据南宁市水产畜牧兽医局《关于印发南宁市2018年珠江禁渔期制度实施方案的通知》决定禁渔时间为4月1日12时至6月1日12时,禁渔时段为2个月。禁渔范围为郁江(邕江三江口至横县百合同菜村河段)。西乡塘区禁渔范围是邕江三江口至民生码头河段。禁渔期间,河段内渔船一律停港、封网,同时做好防火、防盗措施。禁渔期间,没有发现违规作业的渔船。

(马伊丽)

农业综合开发

【农业综合开发项目建设】 2018年,西乡塘区获批美丽南方田园综合体建设试点项目13个(其中高标准农田建设项目1个,产业化扶持项目12个),总投资约0.81亿元(中央财政资金4000万元、自治区财政资金1600万元、市级财政资金400万元,自筹2122.76万元);获批国家级农业综合开发高标准农田建设项目1个,总投资825万元。美丽南方田园综合体高标准农田项目共8平方千米,项目批复资金4760万元,目前已全部竣工验收,正在开展结算工作;产业化扶持项目方面,自治区批复美丽南方田园综合体产业扶持项目12个,总扶持资金1240万元,目前已通过验收并报账11家,还有1家未能提供完整的验收资料。国家级农业综合开发高标准农田建设项目是坛洛合志村项目,目前已全部完成竣工验收,正在开展结算工作。

(发改局编写组)

2018年西乡塘区农业综合开发验收项目情况表

项目名称	级别	计划投资(万元)	完成投资(万元)	完成率(%)
"美丽南方"才子塘四季花果乐园扩建项目	国家级	165.49	165.56	100
"美丽南方"木兰田园合作社特色种养殖基地建设项目	国家级	100	104.94	104.94
"美丽南方"农园乐生态农业示范项目	国家级	350	385.87	110.25
"美丽南方"有机固体废弃物生物降解无害化处理技术建设项目	国家级	160	173.26	108.29
"美丽南方"胤龙生态农业产业园建设项目	国家级	400	未提供资料	未验收完成
"美丽南方"蜜枣种植温室大棚和生态温室建设项目	国家级	60	60	100

续表

项目名称	级别	计划投资（万元）	完成投资（万元）	完成率（%）
"美丽南方"葡馨园生态葡萄基地建设项目	国家级	100.29	102.54	102.24
"美丽南方"乐活农事体验园项目	国家级	110	112.7	102.46
"美丽南方"生态立体农业产业园项目	国家级	1150	1186.66	103.19
"美丽南方"鹏宇农副产品展销深加工项目	国家级	503.28	503.28	100
"美丽南方"无为谷葡萄基地建设项目	国家级	200	204.68	102.34
"美丽南方"高标准农田套种百香果建设试点项目	国家级	63.7	64.08	100.6
"美丽南方"高标准农田建设项目	国家级	4760	4668.92	98.09
西乡塘区坛洛镇合志村高标准农田建设项目	国家级	825	769.1	93.22

农业机械化管理

【农业机械化管理机构及工作概况】 2018年，西乡塘区农业机械安全监督管理站（简称"区农机监理站"）隶属区农林水利局，为副科级事业单位，编制9名，在编7人，主要负责全区农业机械安全生产监督管理及农机质量投诉监督管理工作。年内，农业机械总动力38.74万千瓦。各种拖拉机拥有量16454台。其中大中型拖拉机596台，小型拖拉机15858台；耕整机1425台；微耕机2475台；各种机引农具18061台套；农用排灌机械17566台（套）；水稻插秧机117台；水稻联合收割机46台；脱粒机械4743（套）；农副产品加工机械659台（套）。农机供应店23家，农机维修网点6个，农机供应、维修从业人员239人，其中持有技术等级证人员47人。

【农机化管理】 2018年，区农机监理站着重抓好《中华人民共和国农业机械化促进法》《农业机械质量投诉监督工作管理办法》《广西壮族自治区农业机械安全监督管理条例》和落实国家农机购置补贴政策等宣传贯彻工作，印刷各种宣传册、宣传单等4万多份。与市农委、区工商质监等部门开展3.15农机"打假护农"活动，同时成功举办全国农机"3.15"消费者权益保护日广西分会场活动。春耕、双抢、秋冬期间，组织协调农业机械投入安全生产工作，完成区农业生产计划任务；结合实际开展"十万农机闹春耕"活动。

【农机购置补贴】 2018年，西乡塘区共使用中央农机购置补贴资金156.46万元，占全年总补贴资金300万元任务的52.15%。受益户数204户，补贴机具227台（套）。其中微耕机140台、大中型拖拉机38台、秸秆粉碎还田机1台、联合收割机4台、旋耕机30台、谷物烘干机1台、粮食清选机1台、水果打蜡机10台、水果分级机1台、水果清选机1台。

【农机科技推广】 2018年，区农机监理站把农机推广工作和农机购置补贴工作紧密结合起来，引导农民和农机合作组织购买先进适用、安全可靠、环保节能的新技术、新机具。推广实施化肥深施技术、秸秆还田技术、深耕深松技术等新技术，推广各种新机具达227台。全年完成各类农机人员培训432人次。其中农机管理人员100人，农机驾驶员28人，农村党员农机手培训102人，新购农机具农民202人，发放宣传资料1万余份。

【农机安全监理】 2018年，区农机监理站共办理农机安全技术检验1576台，新入户注册登记拖拉机46台，拖拉机驾驶员考试发证28人。开展"农机安全生产月""道路交通安全专项整治大行动活动""创建平安畅通县区、校园周边安全环境专项整治""农机安全隐患大检查大排查大整治活动"等活动，组织开展专项整治工作28次，全年共出动农机监理车115次，农机监理人员525人次，检查拖拉机1036台次，查处各类拖拉机违章行为106起，当场已整改51起，行政处罚29起。印发宣传资料2.2万多份，张挂横额45幅，出版墙报22板，受教育群众5600人，农机伤亡事故为零。

（卢珍琼）

林 业

【林业概况】 2018年，西乡塘区林业用地面积约285.19平方千米，有林地面积约222.13平方千米，森林覆盖29.05%，森林蓄积量约188.68万立方米，森林保有量1.85万立方米（包括辖区国有林业企业高峰林场和金光农场）。

【植树造林】 2018年，西乡塘区发动群众义务植树活动，做好村屯绿化、山上造林、林地及森林资源变更调查等工作。继续对2015—2016年已建成的村屯绿化成果开展绿化成效巩固提升工作，完成植树造林约117.3万平方米，完成中幼龄林施肥抚育约2733.3万平方米，全民义务植树50万株。

【林改办工作】 2018年，区林改办开展政策性森林保险工作，年内，已参保约2206.7万平方米公益林，保额1655万元，保费49650元。完成自治区"产业富民"林下经济项目一个：南宁市西乡塘区广道村林下放养引种野猪示范项目。林下经济涉及林地面积2820万平方米，产值4936万元。涉及农户261户，惠及林农6714人。

【林政管理】 2018年，区林改办依法办理林木采伐申请98宗，发放林木采伐许可证426份，批准面积490.32万平方米，采伐林木蓄积55412.7立方米（其中不含高新区和金光农场）。采伐管理做到伐前设计，伐中检查，伐后验收，严禁超范围、超面积砍伐。依法开展木材经营（加工）许可和年度检查工作。木材运输管理工作共办理采伐运输及二次运输木材运输证9435份。开展木材经营（加工）企业的安全生产管理结合安全生产督查专项行动，对重点木材经营（加工）企业和木材市场进行重点检查。开展非法侵占林地清理排查专项行动，年内，累计出动人员52人次，车辆21次，制作宣传板报3版，发放宣传资料300份。

【生态公益林建设】 2018年，区林改办纳入补偿的国家重点公益林面积约4593.3万平方米，其中双定镇约2386.67万平方米、坛洛镇约2206.67万平方米。开展公益林补偿基金落实工作，抓好管护合同的完善工作，按实施细则发放补偿金。公益林管护合同签订面积约4458.67万平方米，合同签订完成率92.97%，生态公益林补偿金下拨兑付约94.99万元，兑付率93.46%。

【森林防火】 2018年，区林改办加强森林消防应急队伍管理，组织队员进行防火演练，组织队员开展森林消防业务培训。强化森林防火宣传教育工作。在春节、"清明""三月三""五一""国庆""两会一节"等重要节日、活动和防火高危险期在林区悬挂防火标语60多条，发放森防资料1.5万份，宣传围裙1000件，组织各镇（办）对森林防火设备进行检修和使用培训工作，共计培训200人，并安排好节假日防火值班工作。实现全年未发生森林火灾。

【森林病虫监测和防治】 2018年，区林改办做好森林病虫害防治与检疫监测规划工作，落实防治任务，开展林木松材线虫病以及薇甘菊等森林病虫害普查。在松材线虫春季普查中，发现长客分场12林班10小班（西乡塘区）和安吉大塘村1林班5小班确定感染松材线虫病。疫情发生后及时上报上级部门，并及时召开松材线虫病防控领导小组联席会议，启动《西乡塘区松材线虫病防控应急预案》，开展枯死木清理工作，以防疫情扩散。

【野生动物保护】 2018年，区林改办加大野生动植物资源保护力度，开展爱鸟周活动宣传，组织开展"打击走私陆生野生动植物违法犯罪行动"专项活动，加大执法力度，坚决打击违法扑杀、经营陆生野生动物行为。年内，出动车辆90车次，人员400人次，对西乡塘辖区农贸市场、饭店及野生动植物产品经营店进行检查执法，共发放830份宣传资料。

【非法侵占林地清理排查专项行动】 2018年，区林改办开展打击非法占用林地等涉林违法犯罪专项行动，严厉打击非法占用林地等涉林违法犯罪行为，强化依法治林，守住生态红线。年内，对违规使用林地疑似图斑进行清查，目前已结案5起，对达到刑事立案标准的5宗案件，移交南宁市森林公安分局三大队立案查处，依法对违法侵占林地案件进行行政处罚，共收缴罚金约593.02万元。对涉及违法侵占林地的采石场、砖厂等企业及时下发《停止违法侵占林地行为通知书》，要求违法企业停工整顿依法接受调查，并限期恢复森林植被。

（刘希兰）

水　利

【水利机构及工作概况】 2018年，西乡塘区水利工作由区农林水利局负责，日常工作由内设的水利股办理。年内，辖区内已建水库37座，其中小（一）型水库16座，小（二）型水库21座。由市水利局直属管理水库4座（银岭、九宋滑石、金沙湖、罗西），由区直属管理水库3座（义梅、定龙、河建），由各镇政府直属管理水库7座（坛增、那民、后皇、万礼、派尧、群怀、插花），其余均为由各村坡（队）管理的集体水库。水库总库容6477万立方米，有效库容3761.9万立方米，设计灌溉面积约67平方千米，有效灌溉面积约44.1平方千米；建成山塘203座，总库容683.8万立方米，灌溉面积34.6平方千米；已建提水泵站349座，总装机8980千瓦，年设计总提水量约2.45亿立方米，灌溉面积约

69.1平方千米；农村饮水方面，供水量较大的主要有金陵水厂、坛洛人饮水厂、那龙水厂等集中供水工程，其他村坡共有农村饮水工程点346个，基本解决26.35万人饮水困难问题，占区农村人口的99.7%，供水到户人口26万人，自来水普及率99.2%。其中，正规自来水人口8.97万人，占区农村人口的34%，简易自来水人口16.87万人，占区农村人口的64%。

【防汛抗旱】 2018年，西乡塘区全年各个月都有降雨，但雨量分布不均，汛期提前，汛中降雨较常年偏少，汛后降雨多，汛情不明显，全年未出现较为严重的洪涝灾害和旱情，受灾情况较轻，防洪工程运行正常，汛前阴雨天气和汛后连续降雨天气对农作物生长、工程项目建设等带来不利影响。

雨　情　年内，各个月都有降雨但雨量分布不均，降雨特点是年初汛前阴雨连绵但雨量不大，1月26.33毫米，3月43毫米；2月春节前后晴天较多，无雨；降雨主要集中在5—9月，5月82.53毫米、6月182.55毫米、7月143.87毫米、8月145.9毫米、9月97.42毫米。

防　汛　印发《南宁市西乡塘区2018年防洪应急预案》《南宁市西乡塘区2018年山洪灾害防御预案》《南宁市西乡塘区2018年防御台风预案》《南宁市西乡塘区2018年抗旱预案》《南宁市西乡塘区2018年防内涝预案》《小型水库汛期水位运行调度计划》，按一库一案的要求编制区39座水库防洪应急预案。根据实际情况落实抢险物资储备，共组织麻袋5500条、编织袋2.85万条、编织布5000平方米、小车22辆、橡皮艇11只、救生衣650件、移动水泵20台、电缆200米、冲锋舟5艘、铲车4辆、翻斗车2辆、手推车80辆，其他防汛物资一批，各镇、街道办按照防洪预案的要求储备防汛抢险物资，保障辖区在超标准洪水出现时防汛工作的物资需要。组建由500名队员组成的西乡塘区防汛抢险应急分队，抢险队伍以乡镇民兵、社区工作者、厂矿和企事业单位的职工为主，做好迎战大洪水的各项准备工作。4月1日起，实行汛期24小时防汛值班，实行技术人员值班、领导带班制度，做好汛情、雨情、险情、灾情的上传下达工作，镇管和村坡管理水库也从4月1日起执行24小时值班，发现险情及时上报处理。辖区每座水库均落实防汛行政责任人和技术负责人，非国营水库均落实3名管理员负责水库汛期检查和值守工作，政府财政给予工资补助和通信话费补助，市级、区财政共投入经费55.8万元，落实非国有水库每月3000元的值守补助和每月100元的通信补助，共发6个月，实现年度安全度汛目标。

抗　旱　组织水库、灌溉山塘做好蓄水、科学放水管理工作，组织国营水库、电灌站开展机电设备和灌溉设施检修，保障工程随时都能正常放水、抽水，把因旱情带来的损失降低到较低限度，未出现因旱人畜饮水困难，未出现因旱涝灾害造成的经济社会及人民群众生命财产的损失。

洪　灾　2018年，影响西乡塘区的台风有9月14日的第22号台风"山竹"，区政府启动防台风Ⅲ级应急响和Ⅱ级应急响，切实做好强台风"山竹"防灾避灾的防御工作要求，做好各项防御工作措施，台风安全度过未造成破坏和损失，安全地度过持续性强降雨期。

【水利工程建设】 2018年,西乡塘区有水利建设项目4大项25项工程,其中农村饮水安全工程12项,工程维修养护项目7项,水利项目前期工作项目5项,下达计划工程总投资587.77万元,其中中央财政资金投入78万元,自治区财政资金72万元,南宁市财政资金278.8万元,区财政配套148.97万元,群众自筹10万元。年内,25项工程全部动工和完工,完成投资587.77万元,完成计划总投资的100%,解决1.35万人饮水问题、保障3万人饮水安全,恢复灌溉面积526.67万平方米。

【水土保持监督与宣传】 2018年,区农林水利局对辖区开发建设项目进行梳理排查,共有水土保持审批的开发建设项目57个,在方案的编制、审批及实施过程中都严格按照水土保持"三同时"制度进行过程监督。年内,共收取水土保持补偿费767.87万元。设立"世界水日""中国水周"宣传活动点,搭建宣传平台分别到3镇和街道办开展宣传活动,深入重点取水单位开展宣传咨询活动,向各取水户和群众发放自治区水利厅统一印制的精美宣传挂历、宣传材料等,开展宣传活动3天,出动水法宣传车1辆,发放水法宣传标语5条,印发宣传资料1000份,悬挂横幅标语3幅,接待水法咨询对象3500人次。

【水资源管理】 2018年,区农林水利局配合市水利局完成最严格水资源管理考核工作,按照机关行政效能建设的要求,按时对新增取水户进行许可,实行水资源费征收和新的取水许可证换发工作同时进行的办法,全年共收取水资源费25.18万元。

【河道采砂管理】 2018年,西乡塘区河道采砂管理范围为右江武鸣河口至邕江三江口,全长39.73千米。针对采砂船无证采砂、不按规定采砂越来越频繁的特点,区农林水利局加强河道的日常巡查工作,对河道采砂管理实行"一周一巡查,一月一整治"。年内,联合乡镇公安派出所、航道、海事管理部门,组织较大规模的联合行动2次,对无证无序采砂进行专项打击,出动执法人员369人次,出动执法车辆111次,出动执法船只111次,纠正违章行为48次。处理河道非法采砂案5件,立案数5件,已结案4件;同时还处理市长热线投诉7件,打击非法采砂活动,规范采砂秩序。全年未发放采砂许可证。

【小型水利工程管理体制改革】 2018年,区农林水利局按照自治区、南宁市总体进度要求和《西乡塘区深化小型水利工程管理体制改革实施方案》要求,对辖区小型水利工程进行管理体制改革共有1120处,明晰工程产权1120处,落实管护主体1120处,颁发权属证书1120处小型水利工程,其中小型水库33座、小型堤防3座、小型水闸1座、泵站工程151座、农村饮水工程349处、灌区工程216处、山塘工程127座、机井工程234口、高效节水灌溉工程6处。

(李 华)

水库移民

【水库移民机构及工作概况】 2018年,西乡塘区水库移民工作管理局(简称"区水库移民局")在编人员5人,聘用人员21人。年内,负责贯彻落实国家和自治区、市水库移民工作的方针政策和法律法规，依法管理、服务辖区水库移民；负责在建水库库区征地补偿、水库淹没处理和移民安置工作；对辖区水库移民进行扶持，落实大中型水库移民后期扶持政策；实施库区基础设施项目建设；维护库区和移民安置区和谐稳定。

【邕宁水利枢纽工程移民安置】 2018年，邕宁水利枢纽工程下闸蓄水阶段西乡塘区移民安置先后通过区级、市级、自治区级验收。年内累计征收库区农村集体土地面积约100.02万平方米，完成总面积的97%；补偿抽水站30处；补偿渡口、码头8处；补偿沙场1处；补偿大口井2处；补偿投资共计12586.91万元，占总投资的92%；实施儒礼坡、老口旧圩渡口工段坍岸防护工程建设1914米，实现下闸蓄水目标。

【水库移民基础设施项目建设】 2018年，区水库移民局实施农口建设项目市本级财政投资建设项目共11个项目，涉及"三镇一办"建设总里程26.9千米（其中贫困村项目4条，建设规模共计9.8千米），总投资1026.6万元。年内，所有项目均已竣工并投入使用，受益1.24万人（其中贫困人口211户697人）。

【水库移民后期扶持】 2018年，区水库移民局分成三个工作组深入2个乡镇、1个街道办事处、26个村民委、173个自然坡开展老口航运枢纽工程农村水库移民后期扶持人口核定登记工作，根据国家核定的后期扶持人数对后期扶持人口核定初步成果进行复核，经过最终核定确认，老口航运枢纽工程西乡塘区共7660个后期扶持指标（其中，搬迁人口76户346人；生产安置人口7314人），基本将该7660个指标分解落实到户到人（或村民小组）。

【水库移民信访维稳】 2018年，区水库移民局办理日常来信来访，开展水库移民信访积案化解、信访突出问题排查等专项活动。节假日及重大活动会议，安排专人值班，及时汇报辖区水库移民稳定情况。填报信访月报12份，季报4份，接待老口库区16批43人、邕宁库区8批21人，年内，没有发生移民群体性事件和越级上访事件。

【水库移民干部培训】 2018年，区水库移民局举办2期4场水库移民乡村干部培训班，组织坛洛镇、金陵镇共25个行政村、137个村民小组村干参加，针对水库移民资金直补、教育扶持、基础设施建设扶持、增收项目扶持、后期扶持人口核定登记等方面工作进行系统培训。助推移民村各项事业发展，助力乡村人才振兴，提高乡村水库移民干部业务知识和工作水平，帮助农村培育出本土的高水平、高质量移民干部。

【精准扶贫结对帮扶】 2018年，区水库移民局通过帮助申请危房改造补助资金及发动爱心捐款为挂点村没到达"八有一超"标准的贫困户解决住房问题。全局干部职工和社会各界爱心人士为贫困户捐款共计4.2万元。

（苏小霞）

工 业

综 述

【工信机构及工作概况】 2018年,西乡塘区工业和信息化局(简称"区工信局")内设工业股、信息化股、党政办、信访办、改制办、项目股6个部门,行政人员编制9名、事业编制30名,实有34人。辖西乡塘区城镇企业管理站、南宁市那龙矿区留守工作处2个二层机构。年内,西乡塘区完成规模以上工业总产值(本级口径)54.88亿元,比上年增长19.49%;规模以上工业增加值(本级口径)18.79亿元,增长6.5%。有规模以上工业企业23家。涉及建材、化工制药、农副产品加工、机械加工等。其中,规模以上建材生产企业4家,完成产值21.91亿元,比上年增长43.11%,占规模以上工业总产值39.91%;农副食品加工企业6家,完成产值10.05亿元,比上年增长0.35%,占规模以上工业产值18.31%;化工制药企业3家,完成产值6.44亿元,比上年下降10.03%,占规模以上工业总产值11.73%;机械加工制造企业3家,完成产值3.81亿元,比上年下降1.77%,占规模以上工业总产值6.95%。

【技术改造与创新】 2018年,区工业企业完成技术创新项目20项,投资61.35亿元。区工信局指导获得南宁市2018年第二批技术创新体系建设补助资金;组织4家企业获得2018年度广西企业创新创业奖,奖励资金共80万元,其中化工院20万元、中烟工业公司20万元、广西大学16万元、南宁职业技术学院24万元;组织广西万通制药有限公司获得2018年自治区财政乡村振兴(健康产业)补助资金100万元。

【企业节能降耗】 2018年,区经信局组织华润水泥(南宁)有限公司的利用水泥窑协同处置生活垃圾及智能化工厂项目申报2018年自治区工业绿色发展项目,项目申报成功,获得项目资金奖励150万元;年内,华润水泥获得自治区配电变压器能效提升奖励项目补助资金167.1万元。区经信局还组织万通制药、崛起饲料、青岛啤酒和中烟工业申报2018年清洁能源资金补助,并已通过市工信委、市财政局的现场核查,4家企业获得2018年清洁能源专项补助资金,共计277.19万元。

2018年西乡塘区规模以上企业情况表

(单位:万元)

企业名称	利税	产值	比上年增减±(%)
华润水泥(南宁)有限公司	140758	28614	39.85
南宁青岛啤酒有限公司	5990	45671	-3.86
广西农垦糖业集团金光制糖有限公司	1720	38308	20.99
广西南宁高斯特科贸有限公司	211	37805	613.3
南宁腾宁商品混凝土有限公司	2063	34109	45.72
广西盛达混凝土有限公司	1525	27081	69.3

续表

企业名称	利税	产值	比上年增减±（%）
广西壮族自治区化工研究院	116	26000	-34.83
南宁广发重工集团有限公司	2081.49	25992	-3.06
广西金陵王饲料有限公司	24.44	25236	7.74
广西南宁百会药业集团有限公司	566	20958	15.99
广西万通制药有限公司	3566	17412	28.2
南宁华润西乡塘混凝土有限公司	1243.4	17107	31.49
南宁帝旺村木业有限公司	626	13828	19.03
南宁崛起饲料有限公司	3	12474	-36.35
广西农垦永新畜牧集团金光有限公司	28	12350	-0.03
南宁市林润木业有限公司	138.59	12072	-19.9
南宁五丰联合食品有限公司	477.81	10708	3.15

辖区主要企业简介

【华润水泥（南宁）有限公司】 位于双定镇。2004年11月成立，是香港华润集团有限公司旗下华润水泥控股有限公司的全资子公司，从事水泥、混凝土、预制件生产，是南宁最大的水泥生产企业及现代化环保型的花园式工厂。在南昆铁路南武康站建有专用铁路货场。设有矿山、制造、储运、质管、设备、运行、行政、人力资源、财务、采购、项目11个部门，有员工800多人，其中各类专业技术管理人员200多人。公司投资13亿元建设两条日产5000吨水泥熟料新型干法水泥生产线，其中一线于2006年7月开工建设，2007年12月建成投产；二线于2007年12月开工建设，2009年2月建成投产。两条线均采用当今国际最先进的旋风预分解窑新型干法水泥生产工艺技术，关键设备、部件从国外进口，采用中央控制室集散控制系统，实现整个生产流程自动化，并配备齐全的环保收尘设备，排放水平达到国家标准要求。均配备9兆瓦纯低温余热发电机组，充分利用窑头、窑尾排放的废热资源进行发电。主要水泥品种有优质PⅡ52.5纯硅水泥、PⅡ42.5纯硅水泥、PO42.5R普通硅酸盐水泥、PC32.5复合硅酸盐水泥。形成年产水泥熟料330万吨、水

2018年7月13日，市长周红波（左二）到华润水泥（南宁）有限公司开展现场调研活动［华润水泥（南宁）有限公司供图］

泥400万吨的生产能力。2018年，工业总产值14.08亿元，税收2.86亿元。

【南宁青岛啤酒有限公司】 位于明秀西路154号。2004年2月21日成立，是由青岛啤酒股份有限公司和泰国正大集团共同出资组建的中外资公司。是花园式工厂、市首家工业旅游示范点、广西青少年科技教育基地、自治区绿色环保企业、市节约用水管理先进单位。设有生产、酿造、品管、包装、工程、营销、人力资源、财务、综合9个部门，有员工380人。引进全套德国Steinecker公司先进的啤酒生产设备，包括糖化、发酵、包装以及检验等设备及技术，设备水平处于国内领先地位，从进料到清酒过滤，全线均由计算机自动控制。可以生产包括纯生啤酒在内的瓶装、易拉罐、桶装等高档青岛啤酒。导入青岛啤酒先进的管理模式与经营理念，采用青岛啤酒严格的啤酒质量控制工艺，引入多项先进生产工艺，在同行业中率先通过ISO9001、ISO14001、OHSAS18001、ISO22000、HACCP五大管理体系认证，实行高效的管理方式，打造成为一个与国际接轨、制度健全、系统经营、市场化运作的现代化企业。实施绿色生态化建设，低碳经济循环生产，厂区绿化面积达可绿化率的90%以上，废水废气达到国家一级排放标准。2018年，啤酒生产能力25万千升，完成产值4.57亿元，税收5590万元。

【广西化工研究院】 位于望州路北一里7号。1958年成立，是省级综合性化工科研院所，国有优秀科技型高新技术企业。有草甘膦车间、兽药厂、三聚磷酸铝车间等18个部门，员工173人，其中70%以上员工为具有中级技术职称的化工科技人员。拥有2000多平方米工艺工程实验室和气相、液相色谱、质谱等一大批先进分析仪器。从事兽药、饲料添加剂、农药、化肥、精细有机化学品等农业和工业化学品的研究和应用；拥有100多项省部级科技创新成果和拥有自主知识产权的高新技术产品。建设占地面积9.33万平方米的广西化工中试基地和通过农业部验收的GMP兽药厂。建立严格规范的质量控制机构和完善的质量保证体系，2005年通过ISO9001管理体系认证。自主开发生产80多种"三晶"牌科技产品，其中"三晶"牌兽药产品牲血素、富血精、农药草甘膦、蔗田除草剂、蔗兴净以及精细无机化学品三聚磷酸铝、长寿命合成切削液等都是蜚声海内外的名牌优质产品。2018年，工业总产值2.6亿元，税收116万元。

【广西南宁百会药业集团有限公司】 位于中尧南路2号。由南宁制药厂、南宁制药二厂、市中药厂、南宁建筑建材厂于1991年初合并组建成南宁制药企业集团公司，为国有大型二类企业。2000年改制为广西南宁百会药业集团有限公司。公司生产大容量注射剂、小容量注射剂、口服液体制剂、口服固体制剂和化学原料药（含中药提取）等14个剂型200多个品种的药品，是国家少数民族成药定点生产企业。所有的剂型均已通过GMP认证。设有生产、质控、质保、供应、财务、人力资源、资产核查、营销综合9个部门，员工800多人，各类科技人员占40%。检测中心配备有高效液相色谱仪、气相色谱仪、红外分光光度计等检测仪器和精确的检测方法。产品质量稳定，合格率100%，拥有一个自治区级技术中心的药物研究所，具有一定自主研发能力，独立开发新药10个，其中铝碳酸镁混悬液为全国首创独家产品。公司拥有注册商标34个，专利6个，"百会商标"为广西著名商标，主要产品胃友双层片为"广西名牌产品"，50%葡萄糖注射液为"广西优质产品"。公司多次被评为南宁市先进单位，多次获南宁市经济效益"金杯奖""银杯奖""铜杯奖"及南宁市"十佳"纳税企业、"重合同守信誉"企业等称号。2018年，工业总产值2.1亿元，税收566万元。

【广西盛达混凝土有限公司】 位于大学西路环城高速入口（金沙湖对面）。2006年7月成立，是盛天集团旗下子公司。具备专业承包商品混凝二级资质企业。主要产品为预拌商品混凝土，年生产能力为150万立方米混凝土，公司设经营部、总调度、财务部、审计部、综合部、采购部、砂石供应部、运输部、试验室、盛达站、施工部11个部门，员工167人。客户网络覆盖南宁市，除向本集团下的盛天茗城、盛天尚都、盛天熙园、盛天华府、盛天名都供应商品混凝土，还向南宁市政重点工程南宁大桥、葫芦顶大桥、凌铁大桥、翰林华府、大观天下、同和慧源、云星城市春天、中房翡翠园、柳沙半岛丽园、大自然花园等楼盘供应商品混凝土。2018年，工业总产值2.71亿元，税收1525万元。

【广西农垦金糖业集团金光制糖有限公司】 位于坛洛镇金光农场内。1976年成立，是国有大型制糖企业集团——广西农垦金糖业集团的全资子公司，广西农垦骨干企业之一。占地面积44.13万平方米，拥有固定资产3.7亿元，员工575人，其中各类专业技术人员68人。具有日处理甘蔗量8000吨，年产糖8万吨，蔗渣5万吨，桔水2万吨的生产能力。配套有蒸发量150t/h（吨每小时）的工业锅炉、发电量12000kw/h（千瓦每小时）的汽轮发电机组和一座污水处理站。制糖生产采用压榨法提汁，亚硫酸法清净工艺。从2001年起先后通过质量ISO9001、环境ISO14001、职业健康安全GB/T28001和ISO22000食品安全管理体系认证。生产全程实现电子数控和计算机内部网络管理。主要产品"三冠牌"白砂糖先后获全国压法糖质量评比第二名、自治区优质食品奖、绿色食品标志使用资格，产品销往全国各地，企业录入全国食品加工行业500强。获"统一""娃哈哈""皇氏乳业""康师傅""百事可乐"等著名企业合格供应商资格。公司先后获"全国轻工企业信息化先进单位""广西清洁生产企业""广西制造业信息化示范企业""南宁市明星企业""南宁市纳税信用等级A级企业"及振兴南宁"创新经济效益杯"劳动竞赛金杯奖等称号。2018年，工业总产值3.83亿元，税收1720万元。

（韦 虹 杨欣欣）

交通运输业

交通运输管理

【交通运输机构及工作概况】 2018年，西乡塘区交通运输局（简称"区交通局"）

有行政编制4名，实有4人。下辖公路管理所和道路运输管理所（航务管理所）2个事业单位，共有人员编制21名，实有18人。年内，区交通局推进农村交通基础设施"建、管、养、运"各项工作，强化交通运输行业安全监管，提高依法行政能力和公共服务水平。

【交通基础设施建设】 2018年，区交通局共完成安防项目6个，累计完成投资131万元；完成建制村硬化路项目2个，累计完成投资504万元；完成大修工程1个，累计完成投资76万元；在建路网提级改造工程1个，累计完成投资6700万元；在建县乡联网提级改造工程1个，累计完成投资1700万元；完成非贫困村通屯道路项目20个，累计完成投资3300万元，完成建设里程40千米。对辖区所有未硬化的农村公路项目进行现场数据采集。

【农村公路养护】 2018年，区交通局组织路政执法人员对公路沿线的建筑工地、采石场运输车辆遗留的渣土、砂石等抛洒物及路障进行集中整治清理，及时修补破损、病害路面；对农村公路管理养护台账资料进行检查，并对检查中发现的问题提出具体指导意见。

【路政执法】 2018年，区交通局开展打击"百吨王"运输车辆、联合治超、货运源头监管等5个专项行动，年内共出动执法车辆210辆次，查处车辆350辆，立案73起，结案73起，结案率100%，卸载货物1904.9吨，处罚金额83.9万元。

【交通运输服务】 2018年，区交通局派出工作人员进驻区政务服务中心，依法依规受理申请业务。年内，共受理道路运输类行政许可案件498件，车辆营运证换证业务5854件，新增车辆营运证业务2518件，车辆营运证注销业务214件，其他道路运输经营相关业务17245件，办结率100%。

【道路运输】 2018年，区交通局在元旦、春节、五一期间派出工作组深入辖区普货企业、三类机动车维修店、三级驾驶员培训学校进行现场检查和日常监管，重点对车辆安全检查、消防设备的配备、驾驶员安全培训、安全经费的投入和使用记录等方面进行检查，同时检查企业安全员是否存在无资格证、驾驶员资料是否完善、三类维修行业场地是否杂乱等现象。年内，共出动工作人员1026人次，完善现场检查记录600份，做到安全检查交通运输行业全覆盖。下发整改通知书2份，并跟踪落实整改情况，对存在安全生产隐患突出的企业进行处罚，共计罚款0.5万元，警告企业4家。

【渡运安全】 2018年，区交通局继续分别与相关镇（办）、村委、船主签订渡口渡船安全生产责任状。做好元旦、春节、清明、五一、中秋、国庆期间及汛期、台风等恶劣天气条件下交通运输行业安全监管工作。3月28日，在金陵镇刚德渡口开展2018年渡口客渡船安全突发事件应急处置演练。4月底，完成对所辖渡口所有渡船的年度审验工作，并向负责人发放船舶年审合格证。成立渡运安全生产督查小组，依次前往各个渡口，重点监管渡船超载、违章冒险航行、消防设备和救生设备的配备、渡船是否在显著位置标注船舶乘客定额标牌等，并做好详细安全检查记录。

【打造优质服务窗口】 2018年，区交运局严格按照南宁市交通运输局下放的职能，派出工作人员进驻区政务服务中心，依法依规受理申请业务，为群众提供热情周到的服务。年内，共受理道路运输类行政许可案件498件，车辆营运证换证业务5854件，新增车辆营运证业务2518件，车辆营运证注销业务214件，其他道路运输经营相关业务17245件，办结率100%。

【办理人大政协议案提案以及网民投诉】 2018年，区交通局收区人大建议6件，政协委员提案0件，市长公开电话、网民投诉25件，办结率100%。

（区交通局编写组）

驻区交通运输企业选介

【广西超大运输集团有限责任公司】

概况 位于高新区总部路1号。是一家以客、货运输为主营业务，集国际货代、仓储、物流配送、集装箱运输、汽车维修、宾馆、旅游、广告、驾驶员培训、公共交通、汽车租赁等为一体的大型综合民营运输企业，也是目前广西唯一一家同时获得国家一级货运和一级客运双资质企业。企业注册资本5500万元，现拥有资产总额17亿元，生产占地面积约150万平方米。拥有70多个下属企业，控股广西梧州金辉超大公司和广西防城港超大公司。是中国服务业企业500强、中国交通企业500强、中国道路运输500强、中国物流民营企业100强和广西企业100强企业。

重大项目建设 2018年，伶俐公路物流中心顺利完成最后一期用地招拍挂工作；在伶俐物流中心、标准厂房、玉洞物流中心投资建设的物流仓储综合楼、厂房配套综合楼以及仓库，解决进驻企业办公、住宿、商务等功能需求，进一步增加和完善物流中心的整体功能。完成宾阳、五塘、老口、石埠、安吉等6个公交站场共计61个充电桩和变电站的建设工作。整合处置风险高、难以监控、效益不好的单位，注销危险品分公司，退出超大石化公司、招通检测公司的经营，收回投资。调整经营模式，整体出租绍毅停车场。

客运产业 2018年，新增旅客自助售票扫码支付、行包快运微信支付、人工售票窗口微信支付及支付宝支付功能，横县中心、宾阳中心、上林站、水口站、大沙

广西超大运输集团车辆动态监控调度中心

（广西超大运输集团有限责任公司供图）

田站等客运站全部接入区联网售票。按照"一站多用"的要求，在江南站、安吉站、西站、伶俐物流中心设立旅游集散中心。龙州水口客运站、金龙客运站在保留客运功能的前提下，部分场地通过租赁方式，合理进行开发利用。

物流产业　2018年，伶俐物流中心新建3、4、5、6号仓库全部出租，玉洞物流中心大型仓库已全部出租，2号仓库建成后引进大型物流企业、汽修类客户入驻，形成配套完善的汽配维修市场；货运南站实现仓库全部出租，全年营收、利润均超额完成任务；平升环保公司、集装箱公司在青秀区垃圾清运和南宁市各污水处理厂污泥运输业务的基础上，继续增加生活垃圾运输业务，不断提升超大环保运输业务品牌影响力。圆满完成国家A级物流企业复审工作，延续3A国家物流企业荣誉称号。

安全管理　2018年，集团公司落实"监管为主，指导为辅"的指导思想，开展"走动管理"，全年无较大责任以上交通事故、场内事故和消防综治事故，各类营运车辆的行车安全指标均低于行业下达的控制要求。开展"安全带—生命带"专项隐患排查整治活动，有效整治驾驶员、乘客不系安全带存在的安全隐患；针对部分单位存在交通违法违规行为突出和处理不及时等问题，集团公司董事会主持召开安全生产集中警示约谈会；推广安装使用4G车载终端，强化动态监控，有效消除各类安全隐患；进一步加强动态监控工作，所有营运车辆全部安装使用4G监控设备；发挥好动态监控中心的作用，排查、督促处理交通违法行为1048条。

（黄影阳）

【南宁安吉客运站】　位于安吉大道42号。1999年12月开工建设，2000年12月建成，2002年10月投入使用。为广西超大运输集团有限责任公司投资经营的汽车客运服务站。2018年，有员工93人。受高铁、武鸣K5和115路公交车影响，加上私家车增多原因，客源骤降。客运站根据节假日客流高峰特点，组织落实春运、清明、"三月三"、中秋和国庆等节日的旅客运输生产工作，客流高峰期间对武鸣、都安、大化主要班线采用"通票制"和"车辆滚动发班"方式，提高运输生产效率。每月开展安全生产隐患排查治理活动。按照交通部对客运站场"三不进站，六不出站"〔易燃、易爆和易腐蚀等危险品不进站，无关人员不进站（发车区），无关车辆不进站；超载客车不出站、安全例行检查不合格客车不出站、驾驶员资格不符合要求不出站、客车证件不齐全不出站、出站登记表未经签字审核不出站、乘客未系好安全带不出站〕的安全工作要求，严格营运客车安全检验和驾驶员报班核查制度，落实封闭式管理，抓好车站治安和维护稳定工作，确保安全生产。

（卢尚彪）

【南宁车站】　南宁车站管辖南宁站、南宁东站，南宁站位于南宁市中华路82号，南宁东站位于南宁市长虹路66号。2018年，南宁车站行政职能机构设办公室、劳动人事科、计划财务科3个综合科室，安全科、技术科、业务科、信息技术科、职工教育科5个业务科室，下设客运一、客运二、售票、运转、行包、设备6个生产车间和1个物业服务中心。党群组织机构设党委、纪检、工会、团委，下设党委办公室，车间党总支5

个、科室党总支1个。年内，突出重点风险防控，通过开展管理人员包保、对抗式检查等方式，确保春暑运、改革开放40周年、自治区成立60周年等重点时期的运输安全稳定，截至2018年12月31日，实现安全生产9699天，安全成绩位居中国铁路南宁局集团有限公司车务系统首位。同时，修订完善防洪应急、旅客列车大面积晚点应急处置等预案，组织开展非正常情况下接发列车作业、恶劣天气应对、设备故障处理等应急演练。年内，启动防洪应急响应6次，启动大面积晚点响应4次，组织应急处置26件，特别是经受强台风"艾云尼"和超强台风"山竹"影响的考验，全年抗洪度汛安全平稳。并大力推广"乘高铁、游广西、看发展"，推出7条"看广西发展"动车旅游线路，对接当地旅游部门，制定推送旅游攻略；实行"四精准""五进入"营销活动，营销水平持续提升；国庆节当日发送旅客7.71万人，再创新高。2018年完成旅客发送量1228.8万人，同比增长5.3%，客运收入完成13.65亿元，同比增长3.3%，均超额完成年度计划。2018年，南宁车站保持"总公司安全生产标准化直属站""全国文明单位"荣誉称号。荣获集团公司"治安综合治理达标单位""新闻宣传先进单位""干部人事档案目标管理工作先进集体"等荣誉称号。

（廖爱桂）

商贸服务业

商业综述

【商贸机构及工作概况】 2018年，西乡塘区商务和旅游发展局（简称"区商旅局"）内设部门有党政办、商贸运行服务股、商贸建设流通股、旅游产业规划股、旅游综合服务股、打私办、电商办、财务室8个，行政人员编制6名，实有44人。年内，完成社会消费品零售总额409.31亿元，增长10.13%。其中，限额以上商贸企业109家，实现销售额（营业额）114.83亿元，占社会消费品零售总额的28.05%；限额以上汽车企业9家，实现销售额45.84亿元，增长9.62%。完成住宿、餐饮行业营业额总额70.32亿元，占社会消费品零售总额17.18%。新增限额以上商贸企业共21家，亿元企业共4家，分别是广西远信投资有限公司、广西华恩投资有限公司、南宁冀冠钢材有限公司、广西誉可新贸易有限公司。辖区"一园一带一中心六商圈"（安吉物流园，邕江北岸沿江经济带，城北餐饮娱乐中心，安吉商业圈、秀灵路商业圈、大学路商业圈、北湖路商业圈、人民西路商业圈、"三华"商业圈）的商贸流通产业格局形成规模，并逐步升级。分布各类中大型专业批发市场60多家，包括钢材、汽车、家具、家饰材料、机电产品、五金水暖器材、塑料制品、家电小商品、农副产品、药业物流市场以及南城百货、利客隆、人人乐、北京华联、国美电器、苏宁电器、南宁百货新世界店等多家大型超市。

【其他营利服务业】 2018年，西乡塘区其他营利服务业总营业收入为8.02亿元，同比增长20.51%。外贸进出口总额完成89756万元，同比增长30.4%，进出口完成率115.4%。

【住宿与餐饮业】 2018年，西乡塘区限额以上住宿餐饮业有40家，完成营业额4.01亿元。三星级以上酒店、宾馆有3家，分别是南宁永恒朗悦酒店有限公司（四星级）、南宁相思湖大酒店（四星级）、南宁天妃商务酒店（三星级）。各星级饭店加大对团队、会议、散客、商务、假日潜在客源市场开发销售力度，降低客源分散的幅度，在保持旅游团对接客源稳定的基础上，开展会议市场促销，提高饭店的住房率。规模较大的餐饮店有南宁市好友缘西大餐饮有限公司、金大陆海鲜世界、南宁市肥仔海鲜酒家、南宁市笆题丰餐饮有限责任公司等。规模较小的餐饮业，遍布辖区街巷。传统特色美食有水街的生榨米粉、水饺、粉虫、粽子、扣肉糯米饭，北大南的田螺，南铁的肉包子，灵马的鲶鱼豆腐等。

（严雯锦）

【商务综合执法】 2018年，西乡塘区打私办与各部门开展联合执法行动75次，共出动巡查车辆442余次，对走私货物中转地、集散地和粮食市场、冻库进行整治，发现辖区共有走私可疑点及过驳点39处，共受理群众举报16起，组织出动80次，成功缉私75次（扑空5次），共查扣涉嫌走私无主冻品约190.05吨、大米65.255吨，暂扣非法经营成品油共计87.24吨（汽油：12.48吨，燃料油：74.46吨），以及涉嫌走私活牛38头。

（黄俊杰）

【农贸市场升级改造】 2018年，西乡塘区规模较大的农贸市场有水街农贸市场、白苍岭农贸市场、北湖农贸市场、五里亭农贸批发市场等50家，总面积25万平方米，其中在市区有42家、乡镇内有8家。

2018年西乡塘区主要农贸市场情况表

市场名称	营业面积（平方米）	固定摊位（个）	经营范围	地址
南区市场	1000	38	蔬菜、肉类、海鲜、水产品、蛋品、水果、干杂、烧卤、粮油、百货、糖烟酒等	衡阳东路衡秀里3号
凤和市场	1000	100	蔬菜、肉类、海鲜、水产品、蛋品、水果、干杂、烧卤、粮油、百货、糖烟酒等	北湖路东二里南一街
万秀村中心市场	800	294	蔬菜、肉类、海鲜、水产品、蛋品、水果、干杂、烧卤、粮油、百货、糖烟酒等	友爱路东一巷249号
大板市场	12500	266	蔬菜、肉类、海鲜、水产品、蛋品、水果、干杂、烧卤、粮油、百货、糖烟酒等	北湖安居二区
北湖农贸市场	7625	680	蔬菜、肉类、海鲜、水产品、蛋品、水果、干杂、烧卤、粮油、百货、糖烟酒等	北湖北路15号
万恒市场	800	100	蔬菜、肉类、海鲜、水产品、蛋品、水果、干杂、烧卤、粮油、百货、糖烟酒等	秀厢大道36号

续表1

市场名称	营业面积（平方米）	固定摊位（个）	经营范围	地址
三秀市场	2670	340	蔬菜、肉类、海鲜、水产品、蛋品、水果、干杂、烧卤、粮油、百货、糖烟酒等	秀厢大道10号
秀安市场	22000	400	蔬菜、肉类、海鲜、水产品、蛋品、水果、干杂、烧卤、粮油、百货、糖烟酒等	秀安路1-8号
安吉综合市场	2200	200	蔬菜、肉类、海鲜、水产品、蛋品、水果、干杂、烧卤、粮油、百货、糖烟酒等	安吉大道51号
海湾水产批发市场	3300	70	蔬菜、肉类、海鲜、水产品、蛋品、水果、干杂、烧卤、粮油、百货、糖烟酒等	屯渌村二队、三队天地源建材市场
安吉海鲜市场	3200	100	蔬菜、肉类、海鲜、水产品、蛋品、水果、干杂、烧卤、粮油、百货、糖烟酒等	安吉大道西一里
宁海市场	5038	200	蔬菜、肉类、海鲜、水产品、蛋品、水果、干杂、烧卤、粮油、百货、糖烟酒等	安吉苏卢一路34号
永康市场	2000	210	蔬菜、肉类、海鲜、水产品、蛋品、水果、干杂、烧卤、粮油、百货、糖烟酒等	苏卢村二路258号一楼第一间铺面
欧艺苏卢农贸市场	10000	209	蔬菜、肉类、海鲜、水产品、蛋品、水果、干杂、烧卤、粮油、百货、糖烟酒等	安吉大道30号
万盛市场	1700	85	蔬菜、肉类、海鲜、水产品、蛋品、水果、干杂、烧卤、粮油、百货、糖烟酒等	桃花源小区
水街市场	7400	300	蔬菜、肉类、海鲜、水产品、蛋品、水果、干杂、烧卤、粮油、百货、糖烟酒等	人民西路67号
广西大学东市场	1066	130	蔬菜、肉类、海鲜、水产品、蛋品、水果、干杂、烧卤、粮油、百货、糖烟酒等	广西大学东校园
广西大学西市场	1093	130	蔬菜、肉类、海鲜、水产品、蛋品、水果、干杂、烧卤、粮油、百货、糖烟酒等	广西大学西校园
白苍岭市场	4000	677	蔬菜、肉类、海鲜、水产品、蛋品、水果、干杂、烧卤、粮油、百货、糖烟酒等	衡阳西路23号
友爱农贸市场	4500	250	蔬菜、肉类、海鲜、水产品、蛋品、水果、干杂、烧卤、粮油、百货、糖烟酒等	明秀西路52号
五里亭农贸市场	4000	401	蔬菜、肉类、海鲜、水产品、蛋品、水果、干杂、烧卤、粮油、百货、糖烟酒等	大学东路70号
秀厢市场	500	275	蔬菜、肉类、海鲜、水产品、蛋品、水果、干杂、烧卤、粮油、百货、糖烟酒等	友爱路西三巷28号

续表 2

市场名称	营业面积（平方米）	固定摊位（个）	经营范围	地址
秀隆市场	2100	57	蔬菜、肉类、海鲜、水产品、蛋品、水果、干杂、烧卤、粮油、百货、糖烟酒等	秀灵路东五里9号
相思湖农贸市场	6000	200	蔬菜、肉类、海鲜、水产品、蛋品、水果、干杂、烧卤、粮油、百货、糖烟酒等	相思湖东路6号
建政鲁班农贸综合市场	3000	160	蔬菜、肉类、海鲜、水产品、蛋品、水果、干杂、烧卤、粮油、百货、糖烟酒等	鲁班路46-5号
建政农贸市场	18000	281	蔬菜、肉类、海鲜、水产品、蛋品、水果、干杂、烧卤、粮油、百货、糖烟酒等	新阳路314号
陈东市场	1500	200	蔬菜、肉类、海鲜、水产品、蛋品、水果、干杂、烧卤、粮油、百货、糖烟酒等	大学东路75号
永和壹农贸市场	1800	50	蔬菜、肉类、海鲜、水产品、蛋品、水果、干杂、烧卤、粮油、百货、糖烟酒等	新阳南路33号
永和农贸市场	3000	180	蔬菜、肉类、海鲜、水产品、蛋品、水果、干杂、烧卤、粮油、百货、糖烟酒等	中尧南路84号
雅里农贸市场	5000	255	蔬菜、肉类、海鲜、水产品、蛋品、水果、干杂、烧卤、粮油、百货、糖烟酒等	龙腾路162号
边阳农贸市场	1000	320	蔬菜、肉类、海鲜、水产品、蛋品、水果、干杂、烧卤、粮油、百货、糖烟酒等	雅际路17号
新阳北三里市场	1250	109	蔬菜、肉类、海鲜、水产品、蛋品、水果、干杂、烧卤、粮油、百货、糖烟酒等	新阳北三里1号
二桥北市场	6000	200	蔬菜、肉类、海鲜、水产品、蛋品、水果、干杂、烧卤、粮油、百货、糖烟酒等	中尧路17号
金沙湖市场	2200	30	蔬菜、肉类、海鲜、水产品、蛋品、水果、干杂、烧卤、粮油、百货、糖烟酒等	南百公路16千米处石西村二组金湖市场办公楼二楼201号
南郊市场	2000	50	蔬菜、肉类、海鲜、水产品、蛋品、水果、干杂、烧卤、粮油、百货、糖烟酒等	大学西路65号
石埠奶场市场	3333	40	蔬菜、肉类、海鲜、水产品、蛋品、水果、干杂、烧卤、粮油、百货、糖烟酒等	石埠路奶场136号
云埠市场	8333	60	蔬菜、肉类、海鲜、水产品、蛋品、水果、干杂、烧卤、粮油、百货、糖烟酒等	江北大道石埠匝道南侧
罗文农贸市场	2000	100	蔬菜、肉类、海鲜、水产品、蛋品、水果、干杂、烧卤、粮油、百货、糖烟酒等	大学西路鹏飞路中
金陵农贸市场	6000	535	蔬菜、肉类、海鲜、水产品、蛋品、水果、干杂、烧卤、粮油、百货、糖烟酒等	金陵镇兴陵街南一里25号
坛洛市场	7011	324	蔬菜、肉类、海鲜、水产品、蛋品、水果、干杂、烧卤、粮油、百货、糖烟酒等	坛洛镇新街284号

续表3

市场名称	营业面积（平方米）	固定摊位（个）	经营范围	地址
富庶市场	4500	112	蔬菜、肉类、海鲜、水产品、蛋品、水果、干杂、烧卤、粮油、百货、糖烟酒等	坛洛镇富庶社区
双定市场	2000	156	蔬菜、肉类、海鲜、水产品、蛋品、水果、干杂、烧卤、粮油、百货、糖烟酒等	双定镇兴隆新街128号
那龙市场	2000	115	蔬菜、肉类、海鲜、水产品、蛋品、水果、干杂、烧卤、粮油、百货、糖烟酒等	金陵镇那龙社区
广西农垦金光农场综合农贸市场	10816	177	蔬菜、肉类、海鲜、水产品、蛋品、水果、干杂、烧卤、粮油、百货、糖烟酒等	坛洛镇广西农垦国有金光农场小城镇
安之吉市场	4900	328	蔬菜、肉类、海鲜、水产品、蛋品、水果、干杂、烧卤、粮油、百货、糖烟酒等	安圩路
建安白苍岭市场	3750	274	蔬菜、肉类、海鲜、水产品、蛋品、水果、干杂、烧卤、粮油、百货、糖烟酒等	衡阳西路23-2号
昌泰清华园综合市场	3200	270	蔬菜、肉类、海鲜、水产品、蛋品、水果、干杂、烧卤、粮油、百货、糖烟酒等	石埠路东68号
石埠新街市场（原石埠圩街临时交易点）	30666	400	蔬菜、肉类、海鲜、水产品、蛋品、水果、干杂、烧卤、粮油、百货、糖烟酒等	江北大道与石埠岔路口（江北大道怡璟湾楼盘对面）

（农佳非）

【专业市场】 2018年，西乡塘区拥有钢材、汽车、机电产品和家居四大专业市场。规模较大的有广西工业器材城、南宁大商汇商贸物流中心、虎邱城北钢材市场、广隆二手车市场、福安家（国际）家居广场等。

2018年西乡塘区专业市场情况表

市场名称	营业面积（平方米）	经营范围	地址
广西工业器材城	310000	五金、机电产品	安园东路18号
南宁大商汇实业有限公司	300000	陶瓷、卫浴、橱柜、窗帘、家具、家居饰品、涂料、门窗、红木等	安吉大道47-2号
虎邱城北钢材市场	122000	主营钢材、管材、板材、型材的批发零售	秀安路15号
广西南大物流有限公司	213000	钢材、管材、板材、型材的批发零售	安园东路3号
南宁市荣宝龙钢材市场有限公司	200000	钢材、管材、板材、型材的批发零售	秀安路16号

续表

市场名称	营业面积（平方米）	经营范围	地址
广隆二手车市场	30000	二手车交易	安阳路9号
福安家（国际）家居广场	60000	民用家具、办公家具、儿童家具、家居饰品、酒店家具、橱柜卫浴	安吉大道43号
南宁东博国际五金机电市场	70000	五金、机电产品	秀灵路81号
南宁大北大物资机电市场	40000	五金、机电产品	大学路1号
南宁市正培五金机电市场	4000	五金、机电产品	北大北路37-3号
春城家居广场	50000	民用家具、办公家具、儿童家具、家居饰品、酒店家具、橱柜卫浴	安吉大道45号
安吉青苹果家居城奥特莱斯商场	30000	民用家具、办公家具、儿童家具、家居饰品、酒店家具、橱柜卫浴	安吉大道47号

（谢俊原）

【南宁大商汇商贸物流中心】 位于安吉大道综合物流园内，占地面积70.67万平方米。2006年开工建设，至2017年完成投资20多亿元。集商品交易、现代物流、展览展示、电子商务办公居住、文化娱乐等诸多功能为一体的商贸物流中心。由全国500强企业之一的信息网集团投资兴建。大商汇国际建材城、大商汇东盟国际红木城、家居博览中心等建成开业，F1汇豪华庭建成交房使用，D1锦城完成建设交房，希望城C1正在建设。

【南城百货物流中心】 位于南宁市西乡塘区金陵镇东南村，临靠南宁至百色公路（324国道），申报用地约23.91万平方米，计划总投资60602万元。项目主要建设常温仓储配送、家电仓储配送、农产品加工配送、中央厨房、冷链仓储配送、电子商务配送、分销配送、城市便利店系统配送、零担分拨、办公及员工宿舍等配套建筑。总建筑面积约26万平方米。

【大唐天城购物中心项目】 项目业主大唐地产南宁商业管理公司，商业体量近10万平方米，规划共5层，定位都市休闲生活中心，集购物、餐饮、娱乐、休闲于一体，项目于2019年9月开业。

（谢俊原）

粮食商业

【粮食机构及工作概况】 2018年，西乡塘企业粮食局（简称"区粮食局"）在区发展和改革局挂牌办公，有行政人员1人。主要负责对粮食流通行业进行指导以及对粮食经营者从事粮食收购、储存、运输活动和政策性用粮的购销活动，执行国家粮食流通统计制度等情况的监督检查和依法进行管理职能。

【"放心粮油"工程建设】 2018年，西乡塘区累计共完成26个放心粮油项目建设，目前在经营21家（5家配送中心、8家经销店、8家超市专柜），关停5家（2家经销店、3家超市专柜）。

【粮食应急体系】 2018年，区粮食局按照区政府制定下发的《关于印发南宁市西乡塘区粮食应急预案的通知》（西府办【2016】76号）文件精神，对组织机构和职责、预警监测、应急预案的启动及终止、应急保障、后期处理等都作出明确规定，以保证粮食市场价格基本稳定，维护正常的社会秩序和社会稳定，确保粮食安全。完成18个粮油应急供应点、2个粮油应急加工点的落实及协议书的签订。

【粮食价格监督检查】 2018年，区粮食局做好粮食监测点价格监测和信息直报工作，定点对五里亭批发市场、白苍岭粮食批发市场、南城百货、白苍岭农贸市场等13家企业进行价格监测，每三天一报，为政府提供及时、准确的粮油价格信息。多次深入粮食经营市场和转化用粮企业，宣传《国家粮食流通统计制度》和粮食政策法规，增强各类粮食经营和转化企业的统计法制观念，指导粮食经营户建立台账，规范台账管理，同时强化依法统计的职责，不断扩大粮食统计的覆盖面，提高统计数据的及时性、准确性和全面性。

（韦 琦）

烟草专卖

【烟草机构及工作概况】 2018年，西乡塘区烟草专卖局（营销部）（简称"区烟草专卖局"）有从业人员62人。全年实现卷烟销量5.22万箱，同比增长1.67%，完成年度计划的102.54%，其中一、二类卷烟销售2.49万箱，同比增长8.61%；8元以上真龙销售2.3万箱，同比增长13.2%，10元以上真龙销售2.22万箱，同比增长11.5%；单箱销售额实现3.32万元，同比增长3.26%，完成年度计划的98.77%。

【营销网络建设】 2018年，区烟草专卖局根据外部销售环境，提出对零售户进行分类指导的要求。针对城中村客户，10元（含）以下的卷烟以真龙（珍品）、真龙（天翔）、真龙（甲天下）为培育的中心，进行真龙消费梯次的引导，同时引导零售户增加7.5元价位区外烟的上柜宽度，确保销量能平稳过渡。针对因道路围挡，销量受到影响的零售户，引导客户改变经营思维，改坐商为行商，通过朋友圈扩大影响力，拓宽销售渠道。针对外部环境相对比较平稳的零售户，结合其消费环境，引导其上柜新品，拓宽20元以上价位卷烟的上柜品规。通过提高这些品牌的上柜水平，达到以点带面，以面增量的效果。

【专卖管理】 2018年，区烟草专卖局联合公安、工商、城管等执法部门，开展"三重"问题、无证经营及无证运输专项整治工作。对无证摆卖假非私烟的重点对象展开突击整治行动，协调工商部门针对卷烟市场无证经营行为的查处，对不符合办证条件的一般无证户，进行无证户识别。对屡查屡犯的无证"钉子户"，按照精准打击"四要素"原则，加大打击力度并由工商组织这部分无证户进行统一培训、教育。全年共查处涉烟违法案件404起。其中有证户案件91起，无证案件211起（含工商自查案件40起），其他案件102

起；万元以上案件54起，其中5万元以上案件19起；查获各类非法卷烟397.87万支。在行政许可方面，受理行政许可事项3187起；其中新办申请1165起，准予新办许可717起，不予许可389起；注销许可证300本，依职权注销133本，收回98本；延续行政许可1574本，不予延续2本。

（吴婷婷）

食盐商业

【盐业机构及工作概况】 2018年，广西壮族自治区盐业公司南宁分公司更名为广西盐业集团有限公司南宁分公司（简称"广西盐业南宁分公司"），内设综合办公室、市场销售科、市场管理科、财务科4个部门，下设黎塘支公司及沙井食盐配送中心，在职员工55人。负责南宁市12个县（区）及崇左市扶绥县共729万人的食用碘盐、多品种盐、小工业盐、农牧渔业用盐及其他用盐的供应和管理工作。同时承担国家、自治区储备盐任务。

【盐品购进与销售】 2018年，广西盐业南宁分公司主要经营"桂山"牌精制盐、日晒精盐、海晶盐和腌制用盐等。推广销售"桂盐""桂山"品牌食盐和普通精制碘盐、海藻碘盐等食盐品种，推广澳洲系列海盐4个新品。全年盐品购进2.98万吨；盐品销售2.76万吨（直接食用盐销售2.14万吨，加工用盐销售6219.9吨、小工业盐销售2145.9吨）。

【盐政执法】 2018年，广西盐业南宁分公司会同食品药品监督、工商、卫生、物价等部门开展多部门联合执法行动，共出动执法车辆110余台次，累计出动盐政执法人员588人次，共查处涉盐违法违规案件80余起、查处涉案盐品184吨，其中责令改正50余起、扣押10余起、登记保存10余起、没收1起，扣押违法盐品7吨，登记保存约32.43吨，责令整改（含下架、退回）盐品140余吨。6月29日，南宁市食盐质量安全管理、市场监管与盐政执法职能从南宁盐务管理局剥离，正式移交南宁市食药监部门。自8月23日开始，与南宁食药监部门联合，开展为期两个半月的食盐安全专项整治行动，共开展执法检查9次，出动人员108人次，检查食盐零售经营户300余户次，食品加工用盐户20户次，工业盐用户15户次，消除一批重点场所、重点环节中存在的安全隐患，查处涉盐案件7起，查获各类违法盐品230.26吨，移交公安机关1人。

（蓝雪萍）

石油商业

【成品油供应】 2018年，南宁石油分公司全年销售成品油88.41万吨，完成年度任务指标96.2%，减少1.92%。其中汽油51.29万吨、增长2.49%，柴油37.12万吨、减少7.43%。零售量70.04万吨，减少2.97%。直分销量18.37万吨，增加2.27%。天然气LNG销售13575吨（其中CNG销售9286吨，LNG销售4289吨）。

【非油品业务】 2018年，南宁石油分公司全年非油品营业额2.7亿元，累月任务完成率100%，其中基础品类同比增长6%，实现毛利率7%。吨油费用293.02元/吨，同比增长2.4元/吨。实现报表利润1.84亿元，减少 31%。

【加油站网店建设】 2018 年，南宁石油分公司新建加油站 4 座（龙岗二站、世乐站、金海站、相思湖站），其中 3 座投营（龙岗二站、世乐站、金海站）；新租赁加油站 1 座（马山永州加油站）；续租 2 座（武鸣客运、武鸣腾翔）。完成防渗改造项目 22 个，提量改造项目 5 个，隐患整改项目 4 个，环保隐患治理项目 31 个，非油品改造项目 36 个，自然灾害受损库站专项修复项目 43 个，一般零星维修项目 176 个。取得福平加油站土地及规划点，完成邕宁世龙加油站拆迁回建用地的土地收储。办结罗文、秀厢、武鸣标营等 3 座加油站《工程规划许可证》，办结龙岗二站、相思湖站等 2 座加油站《成品油证》。

【打非治违】 2018 年，南宁石油分公司配合区政府行动，在提供线索、收储罚没油、宣传报道等有关方面全力支持。全年共开展打击行动 116 次，取缔各类非法经营窝点 52 个，查封非油储油罐 87 个，查扣非法流动加油车 131 辆，罚没汽、柴油约 528 吨。中心片区从非法销售手中拉回工地 2 个，京东、唯品会等物流公司城区配送板块柴油的定点 4 个，旅游公司 8 辆旅游大巴车的定点 2 个等，每月为柴油销售贡献增量 100 吨。

【安全生产】 2018 年，南宁石油分公司根据部门 HSSE 职责分解，制定安全生产、环境保护、合法合规、隐患治理、以人为本、过程控制、数质量、考核与问责等八大管理目标，分公司领导班子及部门负责人、片区经理签订《QHSSE 责任书》，全体员工签订《HSSE 承诺书》。从安全生产、合法合规、环境保护、职业健康、隐患治理、数质量、建设项目"三同时"七大方面明确分公司具体 HSSE 指标。开展安全活动日活动。所有油库、加油（气）站、仓库及各部门每月按照安全活动日内容，统一开展"安全五个一"活动：开展一次全员安全培训、做一次安全检查、组织一次预案演练、进行一次风险识别、提出一条安全建议。为提高库站的安全执行力，继续推行设备日保养、周检查、月计划工作标准，将每周周四定为油库、加油站固定的安全周检日，每周固定在这一天对库站的设备设施、作业环境进行安全检查。全年委托广西安全生产职业培训中心开办安全管理资格证培训班 6 期，其中新证培训班 2 期，培训取证 86 人；换证培训班 3 期，培训换证 59 人；再教育培训班 2 期，培训 193 人。委托广西工业技师学院职业培训中心开办安全管理资格证再教育培训班 1 期，培训人数 109 人。组织开展管理人员安全检查技能、监控中心值班人员操作技能、管理人员风险识别、环保管理、现场安全监护人、三级标准化达标、职业卫生、计量员、超耗索赔分析等 10 期培训班，提高各层级人员的管理技能。年内，列入分公司风险清单的风险指数总值降至 87（新增风险不列入计算），完成风险降级降值（126）的管理目标。完善预案及应急演练，开展应急预案演练，全年开展应急演练 4 次。

（严雯锦）

旅游业

综 述

【旅游机构及工作概况】 2018年，西乡塘区商务和旅游发展局（简称"区商旅局"）内设旅游产业规划股、旅游综合服务股。主要责任是根据旅游业发展空间布局，做好旅游文化资源的发掘和保护，整合人文景观资源，初步形成乡村旅游、文化体验、都市休闲三大核心旅游产品，以及休闲度假、研学旅行、养生康体、运动休闲四大支撑旅游产品。年内，西乡塘区接待游客1564.97万人次，比上年增长37.53%，旅游总收入182.33亿元，比上年增长24.84%。

【旅游精品路线】 2018年，区商旅局继续整合优势旅游资源，形成以美丽南方旅游区和龙门水都文化生态旅游景区为核心，休闲农业旅游区为支撑的农业生态休闲旅游线路。已规划的精品旅游路线：都市休闲游：唐人文化园—南宁市花卉公园—龙门水都文化生态旅游景区—动物园—民生旅游码头邕江夜游；民俗风情游：民生广场—水街—五通庙—黄氏家族民居—老木棉·匠园；乡村度假游：芦仙山—老木棉·匠园—南宁金沙湖风景区—美丽南方旅游区—清水泉休闲生态园—下楞龙舟文化村—坛洛三景乡村旅游区。美丽南方田园游线路：老木棉匠园—青瓦房古村落—美丽南方国际水上基地—美丽南方忠良村。

【旅游项目建设】 2018年，区商旅局配合自治区旅发委等部门，根据《南宁市都市休闲观光农业发展规划》谋划《西乡塘区全域旅游》编制工作。南宁圣名岭东盟文化旅游区入选自治区、南宁市统筹推进重大项目，年内累计总投资7806万元。龙门水都文化生态旅游景区（二期）项目，年内累计总投资4450万元。万礼云山养生之都项目，年内累计总投资75万元。全年旅游项目固定资产投资完成1.23亿元。同年新秀公园获评3A景区，南宁金沙湖风景区、芦仙山景区获评三星级乡村旅游区。

旅游景区（点）

【南宁市动物园】 位于大学东路73号，距市中心7千米。大门朝向大学东路，东邻心圩江。始建于1973年，1975年建成正式对外开放，总面积为36.56万平方米（其中陆地面积为32.4万平方米，水面积4.16万平方米），是广西目前唯一一家以观赏野生动物为主，并对野生动物进行异地保护、饲养管理、科学研究及繁育的专业性大型动物园。是国内一家AAAA级旅游景区的城市动物园。园内有动物综合技能展示馆、海洋动物技能展示馆、大象馆、黑猩猩馆、长臂猿馆、猛兽馆、两栖爬行馆等31个动物展示区和2大主题游乐园。常态展出动物有长臂猿、金丝猴、中华白海豚、亚洲象、东北虎、非洲狮等230多个种群、2900多头（只）世界各地的珍稀动物。主题游乐园有过山车、大摆锤、太空梭、海浪海啸、大喇叭冲浪、4D影院等42个游乐项目。3月20—26日，为南宁市动物园联合多个单位前往宾阳县武陵镇开展以"人人参与，争做自然保护先行者"为主题的"爱鸟周"科普下乡宣传活动。年内，南宁市动物园共接待游客253.15万人次，门票总收入8666.58万元。

【龙门水都文化生态旅游区】 位于振宁路（外环高速旁），距离市区15千米。占地面积2014万平方米，森林覆盖率98%，湖水面积46.67万平方米。旅游区是以广西桂学文化为依托，打造集游览观光、生态住宿、文化体验、户外拓展、商务会议、温泉养生、水上乐园、特色美食、休闲度假等功能于一体，"自然、观赏、休闲、康乐、保健、养生"为特色，形成"可游、可玩、可居、可尝"的休闲大型旅游综艺项目。景区内兴建亭台楼阁、水榭城墙，遍植奇花异木，奇石碑刻随处可见，文化气息浓厚。景区拥有近300间客房，其中五星级酒店拥有203间豪华客房，山景酒店、石洞酒店、山上别墅、滨水别墅、温泉别墅、水上会所等多种住宿生态共85间客房。2月16—22日，旅游区举行"走龙门行大运"系列新春活动，有舞龙、舞狮子、龙鼓舞等民族歌舞表演和赏花灯等特色景观。8月26日，"舞动时代——广西俱乐部第二届千人旗袍秀"在龙门景区举办。上千余名身穿旗袍的佳丽，上演一场时尚旗袍秀，演出规模盛况空前，让龙门水都景区处处充满中华文化气息。国庆期间，推出神龙之谜、飞龙在天、寻龙记等活动，在玻璃桥上设置灯谜供游客猜谜。年内，龙门水都文化生态旅游区共接待游客108.44万人次，门票总收入1156.01万元。被评为国家AAAA级景区。

【美丽南方景区】 位于石埠街道，距市中心15千米，东临相思湖，南接南昆铁路金鸡段，西邻江西镇，北至金沙湖风景旅游区。324国道、005县道、大学西路、堤园路、南坛高速公路贯穿全境，乡村柏油公路交织，交通十分便利。自然田园风光秀丽，四季分明，物产丰富。环绕一江（邕江）、一湖（金沙湖）、一岛（太阳岛），原生橄榄树林遍布和安、永安、忠良等村，绿叶成荫，景色宜人，素有"美丽南方"之称，乃壮族著名作家陆地创作《美丽的南方》的诞生地，为广西农业旅游示范点。美丽南方景区以产业为依托，引进胤龙生态休闲基地、洛克玫瑰庄园、烟农台湾名优水果园、新科葡萄园、亿鼎山庄、忠良山庄、和美航空直升机飞行基地、杰斯奇水上休闲运动基地等二十多项现代农业和休闲旅游项目，力求形成"一区一主题，一园一特色"。2018年2月8日至3月18日，美丽南方·凤凰园举办"美丽南方·凤凰园樱花艺术节"活动。开展一系列趣味新奇活动，在漫天飞舞的樱花下看孔雀开屏，在儿童欢乐城里享受一次大型游乐城派对，还有免费的特色樱花美食。9月21—23日，在美丽南方举办西乡塘区2018年首届农民丰收节活动，在丰收节期间开展农民运动会、农民表演、农产品展示、"丰收家宴"农村流水席等活动。9月，举办西乡塘区第三届休闲农业嘉年华活动。国庆期间，美丽南方开展民俗风情活动，有簸箕宴、长桌宴、民俗风情表演等。年内，美丽南方景区共接待游客108.56万人次，门票总收入4197.09万元。

【老木棉匠园】 位于广西南宁市西乡塘区树人路延长线，占地约26.67万平方米，拥有秀美的湖光山色、丰富的人文建筑及别具一格的园林小品，自然景观与艺术情怀完美融合，以"匠人艺术"为主题，以匠人街、艺术家驻地酒店、智慧生态农庄三大核心功能区为依托，汇聚中华名陶园、贝侬寨等特色文化项目。目前园区已有木艺、皮艺、陶艺、布艺、金属工艺、漆艺、琴艺、雕刻、扎染、帆船模型、书画等30多位手工技艺匠人、艺术创作专家入驻，游客不仅能零距离欣赏高水平的匠心之作，还能亲自参与其中，体会传统手工的魅力。被誉为"南宁城市艺术客厅"，2018年被评为"广西文化产业示范园区"。年内，景区共接待游客12.72万人次，门票总收入265.72万元。

【芦仙山】 位于南宁市西乡塘区罗文大道广西艺术学院正北侧，占地约280万平方米，距离南宁市中心约20千米。景区南面与广昆高速紧邻，区域位置优越。园区依山近水，四季鸟语花香，具有清灵秀美的谷地生态环境、苍翠繁茂的森林景观、恬静悠然的隐居环境、丰富多样的生物群落以及优质特色的名优土特产品等资源。在此得天独厚的自然资源之上，设置以特色鲜明、多功能、现代化、综合性等特点的旅游功能及价值为主题的集餐饮、娱乐、养生、休闲、度假民宿于一体的高端休闲度假综合体。2018年园区内举办"迎中秋庆国庆"主题音乐美食啤酒灯光节，为游客提供谜领豪礼，音乐啤酒派对，美食自选烧烤派对等活动。

【南宁金沙湖风景区】 位于大学西路尾，距离西乡塘客运站约3千米（即804路公交车终点站），景区占地约133.34万平方米（其中湖水面积66.67万平方米，山林面积66.67万平方米），湖中大小岛屿18座，有白鹭等珍稀鸟类25种，在湖中鸟岛上栖息的白鹭及灰鹭有2000多只，数百羽天鹅落户金沙湖。景区内现有宾馆、餐馆、球馆和会议室等设施，以及钓鱼、野战、户外拓展、烧烤、游船、采摘、卡拉OK、儿童充气城堡、室内外气排球、羽毛球、棋牌室等健身休闲娱乐项目及设施，可为各机关、企事业单位开展会议培训、大型婚庆及聚会等活动提供场地，也是南宁市民周末及平日休闲游玩、团体活动的好地方。2018年10月1—5日，景区举办广西牛王争霸赛暨金沙湖千人全牛宴，开展趣味斗牛竞技大赛、大师特技烤牛、全牛宴美食等活动。年内，南宁金沙湖风景区共接待游客34.46万人次，门票总收入375.18万元。

【八桂田园】 位于大学东路176号广西农业职业技术学院实习农场内，距市中心5千米。1999年建立，为全国农业旅游示范点，国家AAAA级旅游景区。自建园以来，先后从国内外引进农作物新品种900多个，建成10万平方米的农业展示区。围绕"现代农业展示基地，新型观光旅游农业基地，现代农业科技教育、培训、实习基地，新品种、新技术、新成果应用及推广基地，农业产业化经营示范基地"五大功能进行定位建造经营，是集生产、科研服务、科普培训、旅游观光于一体的现代化农业综合展示园，也是广西最具代表、影响力最大的现代农业展示窗口，设有八桂田园野菜馆、植物迷宫、农业科普长廊、趣味儿童乐园、百花宫等服务设施。4月18—22

日，八桂田园举办"三月三"民俗文化节。为游客提供具有壮乡特色的歌舞秀，还推出竹竿舞、板鞋体验、互动抽奖、书法表演、农产品和美食展销、无公害瓜果采摘等多项具有壮乡特色的游乐项目，让游客感受浓浓的壮乡田园文化风情。年内，八桂田园共接待游客69.2万人次，门票总收入253.5万元。

【唐人文化园】 位于唐山西路36号。利用20世纪70年代修建的原南宁市手扶拖拉机配件厂、汽车配件三厂和柴油机配件厂的厂房和库区进行兼并改制和重新定位而建成，占地面积3.6万平方米，园内有经营店铺及木屋摊位450间，主要经营古玩字画、根雕艺术、红木家具、瓷器古玩、金玉铜器、香茗咖啡、主题酒吧、摄影创作、主题园艺、水族花卉等。一年一度的"唐人文化节"，是唐人文化园的文化品牌，举办文化讲座大展台、群芳荟萃大舞台等活动。打造人文环境氛围，建造多个婚照和真人写真摄影平台，成为南宁市知名摄影基地之一。年内，唐人文化园共接待游客83.6万人次，旅游总收入816万元。

【新秀公园】 位于明秀西路159号，地处西乡塘区西北部，距市中心3千米。公园于1992年建立，1995年12月建成开园，占地13.49万平方米，其中绿地面积11.93万平方米，水体面积1.56万平方米，绿化率86.7%，是该片区唯一免费开放的市级综合性公园。经多年建设，公园功能分区及基础条件逐步完善，环葵湖休闲区、运动健身区、儿童游乐区等功能区已成为公园特色。其中位于公园中心位置、占地约1.56万平方米的葵湖经过多年建设，环湖休闲区在600多株大型葵类植物、数百块叠垒的园林景石及4座民族风情浓郁的观景亲水亭廊的映衬下，加之叠水瀑布、椰林广场、阳关沙滩等精品小景点缀，造就了游船随波荡漾、岸边葵林葱郁的公园核心园林美景；运动健身区目前拥有大小健身器械60多组，是南宁市室外健身器械数量较多、品种较丰富的健身场所之一；公园北部的儿童游乐区，设置有旋转木马、立环跑车、海陆空、追逐车、轮滑等20组游乐项目。此外，公园还设有南宁市最大的室内溜冰场，年内，新秀公园共接待游客195万人次。

【南宁市花卉公园】 位于安吉大道31号。原名为南宁市河北苗圃，始建于1958年8月。2009年5月，经市政府批准改建为安吉花卉公园。2011年5月14日，更名为南宁市花卉公园。2013年1月25日，公园正式开放。总面积46.62万平方米，其中公园一期29.11万平方米，公园二期17.51万平方米。是以花卉观赏、游览为主，集科普、科研、生产、休闲、健身于一体的市级专类公园。公园景观规划概括为"一心、两带、七园"，即名优花卉品种观赏中心，水生花卉景观带和流线型花带，百花园、紫薇园、蔷薇园、苏木园等特色花卉区，形成"四季有花开、时时有花赏"的游园环境。花卉公园最具特色的景点是苏州园林古建筑及花卉生产展示区。该古建筑是南宁市引进的第一个江南古建筑群，主体建筑"幽兰苑"采用传统工艺建设，市民足不出南宁就可以观赏到纯正的苏州园林古建筑。花卉生产展示区总面积7.27万平方米，其中温室花卉生产大棚2万平方米，常年生产销售各种草花、小盆栽、阴生植物及中高档花卉近百种。年内，南宁花卉公园共接待游客168.13万人次。

【南宁三江口风景名胜区】 地处左江、右江和邕江三江交会处而得名。距市中心36千米。起着水路上下左右转承启合的纽带作用，逆邕江而上，左边为左江，右边为右江；左江江水较清，右江江水较浑浊，使三江口江面呈现出半边碧绿半边浊的奇景。两岸怪石嶙峋，树木青葱，山影倒落水中，水光山色，相映成趣。旧时运输，以水路为主，南宁地控三江，从三江口往上逆左江可以到达龙州乃至越南，逆右江可以抵达百色以及云贵。明代旅行家徐霞客曾到过此地。古代留传有诗《合江八景》："怀古悠悠山口冲，左右双龙汇成邕；哥潭夕照波光粼粼，镇江晨晓雾重重；七星伴月圆六岸，金猫积翠尽葱茏；十五铜鼓盈盈月，那廊晚钟夜夜风。"除《合江八景》外，还有文钱滩、花仙泪、官台石和白鹤颈等美丽动人的传说，令人心驰神往。从324国道旁边的金陵镇兴贤村白沙渔民点乘船溯流而上三江口，便可以浏览三江口沿岸风光。2016年9月郁江老口航运枢纽工程全部建成，正常蓄水位为75.5米，左江和右江航道达到III级标准，通航1000吨级船舶，南宁三江口河面开阔，左右江汇合，河畔一带溪流湖泊纵横交错，是搭建骆越文化传承与交流平台的最佳选址。

【下楞民俗文化村】 位于坛洛镇。距市中心60千米。为南宁三江口风景名胜区的一部分，含"古村、古街、古埠"为一方，纳"民族、民俗、民居"为一体，素有"前河后溪，左狮右象"之称，是"左江四大骆越古镇"之一。下楞民俗文化村有"一村两街八巷九码头"之说。"一村"即下楞村，将近600户3000人，多为梁姓壮族人。"两街"即明清老街和民国百间骑楼新街。新老两街沿河相接，有2.5千米。新街百间骑楼保存完整，从中可以窥见近代南方骑楼街市的风情；明清老街原为一条青砖古屋街，由于受到战火和人为的两次大破坏，至今街已不成街，但行走其中，仍可拾取许多骆越古风。"八巷"即沿着明清老街从上而下所设置的那康巷、正宁巷、永康巷、中华巷、祥集巷和大王一巷、大王二巷、大王三巷。每巷都设有一个古色古香的巷门。"九码头"亦即这些古巷跨过老街正对着左江的8个码头，外加1个新街码头。最具壮族特色的码头是中华巷码头，全用坚硬的青砖砌成。下楞民族风俗尤为奇特，最具特色的是下楞农历五月初五逆水龙舟竞渡、九月初九的老人提篮节、正月十二"吃粽节"，还有为节庆或祝寿而做的"放河灯"和"上天桥"等，以及《秋梧桐》《一炷香》《点子指》等古乐。下楞可供人们游览的主要景点有雄师啸天、象石榕阴、东岭留阳、江岸趣答、将军把渡、情田石树、奇滩双栖等。

【壶天岛】 位于下楞民俗文化村。因三面环江，形似"葫芦"状而得名。距市中心60千米。是个"只见水来不见水去"的风水宝地，与左江对岸的扬美古镇遥相呼应，形成奇特的"太极图"。岛屿历史悠久，与"古村、古街、古埠"相邻，山环水绕，风景秀丽,潺潺左江水之如绿色飘带将其迂回缠绕。独特的地理位置和深厚的文化底蕴,使壶天岛极具度假休闲、人文观光及旅游开发价值。规划建设的南百高速公路马村出口建成通车后,市区至壶天岛路程缩短18千米左右。

【粤东会馆】 位于壮志路22号。清乾隆年间（1736—1795年）建立,由当时旅居南宁的广东商人集资兴建,作为商会及同乡聚会活动场所。整个建筑沿中轴线对称布局,以前、中、后三大堂为主轴,两侧对称地配以厢房和走廊,在两侧厢房与中间主堂之间,隔有一条一米多宽的小巷,称之为"火巷",总体看上去像个"日"字。通面宽29.65米,通进深12.14米。正厅面宽3间计16.6米,进深12.14米,花岗岩台基高1.1米,通高约10米。于道光年间（1821—1850年）重修。1950年曾对门楼作局部修缮,1997年市政府拨款进行维修,局部恢复建筑原貌。1982年被市政府公布为文物保护单位。现仅存正厅。

【黄氏家族民居】 位于中尧南路东三里88号,距中兴大桥（又称邕江二桥）约800米。清康熙初年（1661—1669年）建立,距今有300多年历史,是南宁市八大人文景观之一。其建筑群共四排六番九进,大小房间共118间,占地面积约3300平方米,坐西北向东南,屋中神厅、道厅、花厅、厨房等一应俱全,是南宁市至今保护较为完好的清代建筑群。所用青砖青瓦和梁木依旧坚固结实,屋檐和墙壁上的龙凤花鸟雕刻和绘画依然明晰可辨,地下水道、青砖地板等也大都完好无损。已居住过黄氏12代子孙,出了2名留学生、40多名大学生。具有较高的人文景观价值。2001年,被市政府公布为文物保护单位,是南宁市清朝建筑物中目前保存得最完整、规模最大、最具有南方传统特色的民宅群落。

【那学坡古宅】 位于坛洛镇东佳村那学坡。紧邻南百高速公路和南百二级路,距坛洛镇2.5千米,距市中心40千米。由兴建于清代晚期至民国时期（1840—1949年9月30日）的19座砖木地居式单体建筑组成。民居群坐东向西分布在缓坡上,分布面积约6000平方米,建筑面积约2000平方米。其聚族而居,以宗族为单位设置村寨,具有壮族聚落的特色,并沿袭明代民居单立座的建筑风格,注意内外装饰,使用灰塑、石雕、木雕、木刻、朱彩等装饰工艺,形成具有广西民族特色的建筑装饰,兼具岭南传统民居的建筑风格。那学坡民居群保存较为完整,具有一定的历史、艺术、科学价值,2011年,西乡塘区政府将那学坡古宅列为区级文化保护单位。

【陈东傩文化展示点】 位于上尧街道陈东村。距市中心8千米。2006年,陈东村成立傩文化艺术团,恢复和发掘陈东古傩戏,有名的是《大酬雷》。《大酬雷》不仅被纳入自治区级非物质文化遗产保护名录,而且在中国首届社区艺术节比赛中荣获金奖、在"中国民间文艺山花奖"评奖活动中荣获国家级奖项——中国民间文艺"山花奖"。每逢农历正月至二月十六,举行大型的师公傩祭活动和演出活动,祈求风调雨顺、五谷丰登、六畜兴旺。傩文化是具有世界性影响的中国传统文化,具有民族文化的深厚历史沉淀和民间基础，陈东村古傩是南宁市具有浓郁地方民族特色的非物质文化遗产。2007年被公布为市首批非物质文化遗产代表作名录。

旅游活动

【广西马术锦标赛】 2018年10月30—31日，广西马术锦标赛在美丽南方胤龙马术俱乐部举行。本次马术锦标赛是西乡塘区第三次承办自治区级的马术比赛，共设有场地障碍赛、地杆赛、场地全能赛等8个比赛项目，吸引来自区内各市多支代表队、100多名运动员参赛。本次马术锦标赛的举办，丰富了全民健身内容，推动了马术运动在西乡塘区的宣传与推广，促进了西乡塘区体育产业的繁荣与发展。同时也为市民奉上一场精彩纷呈的马术盛宴，让市民近距离地感受马术的魅力与激情。

【南宁国际民歌艺术节西乡塘区歌台暨香蕉文化旅游节】 2018年9月12日，由南宁国际民歌艺术节组委会、西乡塘区委、区政府主办的第二十届南宁国际民歌艺术节"绿城歌台"群众文化活动暨西乡塘区香蕉文化旅游节、美丽南方·休闲农业嘉年华开幕式活动在忠良村文化广场举行。开幕式由西乡塘区人民政府区长陆广平主持，文艺演出由震撼的《盛世大鼓》拉开文艺演出帷幕，俄罗斯黑莓乐队带来俄罗斯流行歌曲 ohhlove 与乌克兰的国际友人带来的舞蹈 happydolls 深受观众喜爱。本次文艺演出增加了与"一带一路"倡议相吻合的舞蹈《丝路霓裳》以及杂技《肩上芭蕾》等多元素节目亮点。同时分别评选出十大"蕉王""重量王"和"质量王"。

【2018美丽南方·休闲农业嘉年华】 2018年9月至2019年2月，在美丽南方举办"2018美丽南方·休闲农业嘉年华"活动。本次嘉年华有"美丽南方·唱响田园""美丽南方·收获田园""美丽南方·韵动田园""美丽南方·邂逅田园""美丽南方·寻味田园"五大板块共25个项目活动，其中最吸引观众的是首次举行的乡村民俗大巡游活动。大巡游以"美丽南方·唱响田园"为主题，以"农民、农业、农事"为核心，通过农民身穿农作物服饰展示、园区企业文化展示、非物质文化展示、美丽南方园区企业文化展示、小黄车骑行等，来展示美丽南方田园综合体的产业、文化内涵。同时，为做好扶贫攻坚工作，还开设农产品展示区，专门销售贫困户自产的花生油、南瓜、大米、茄子、鸡蛋等。

会展节庆经济

【西乡塘区第二届元宵花灯文化艺术节】 2018年3月2日至11日，在安吉万达广场举办"西乡塘区第二届元宵花灯文化艺术节"，万达场内门店、金街商户、各中小学校自行制作各式手工花灯约1000组在商场内及金街内街集中展示，同时开展少儿文艺汇演、DIY汤圆、非遗手工艺体验、传统民俗文化、写春联送福字等的元宵庙会集市。

【西乡塘区"迎国庆·百店惠"狂欢购活动】 2018年9月22日至10月7日，辖区内知名企业和有影响力的商家举行"西乡塘区

'迎国庆·百店惠'狂欢购活动",打造"魅力西乡塘购物圣天堂"品牌,促进西乡塘区商贸流通业健康持续发展。

【阿里巴巴9.20商人节暨西乡塘区2018美丽南方·休闲农业嘉年华线下展示会】 2018年9月15日,在安吉万达广场举办阿里巴巴9.20商人节(全球双11备货节)暨西乡塘区2018美丽南方·农业休闲嘉年华线下展示会活动。活动以线下展示,线上联合的推广方式,深掘西乡塘区消费市场,扩大企业商品销售范围,提升美丽南方·农业休闲嘉年华活动知名度。

信息业

信息化建设

【工信机构和工作概况】 2018年,西乡塘区工业和信息化局(简称"区工信局")有编制36名,在职人员88人,下设机构2个。信息化建设工作主要是负责贯彻执行国家、自治区和南宁市有关信息化工作的法律、法规、规章和各项方针、政策,研究辖区信息产业和信息市场的发展前景,提出相应的政策建议、发展年度计划和目标,参与制定涉及信息产业的经济政策和经济调节措施;指导信息化市场建设;组织协调、指导社会公共服务领域及企业信息化的规划、推进、建设等工作。

【信息基础设施建设】 2018年,西乡塘区积极服务企业,协调联系铁塔公司及电信、移动、联通运营商,为辖区重点区域、重点项目做好通信基础设施的规划设计,并配合做好通信局域网、基站、室内分布系统等信息化配套建设项目,推动光缆入村入屯入户,提高宽带通信网络覆盖能力。协助完成石埠美丽南方景区005县道(石埠至老口段)改扩建工程涉及通信线缆迁移,牵头组织运营商及施工单位召开现场协调会11次;配合市有关部门开展辖区12个贫困村脱贫攻坚基础设施的电信普遍服务试点工作,协助移动公司完成金陵镇业仁村互联网通信项目,实现行政村通网率100%;组织各基础电信运营商,参与建设并完成雅里村电网示范改造工作。配合开展美丽南方田园综合体建设项目申报,收集并上报规划所需的通信和信息化基础设施建设项目材料。此外,配合做好电子政务统一平台建设工作,完成网络架构中内网局域网建设的验收工作,为辖区电子政务系统的平稳运行奠定基础。

【通信信号保障】 2018年,西乡塘区工信局协调并发挥铁塔公司及电信、移动、联通运营商的技术与资金资源,保障辖区重点区域、重点项目的通信信号覆盖并畅通。年内完成美丽南方核心区域的亿仓花海、青瓦房、老木棉、圣名岭、龙门水都等景区的基站建设等。截至2018年末,共建成通信基站8座。此外,做好辖区重大活动及节假日的通信保障,出动通信应急车50车次、人员200人次。

(方 婧)

开发区·产业园区

南宁产业技术开发区

【高新区概况】 南宁高新技术产业开发区（简称"南宁高新区"）规划总面积182.15平方千米，人口约42万人，下辖心圩、安宁2个街道，分为5个片区，包括心圩片区、安宁片区、相思湖片区、综保区、武鸣产业园。2018年，财政收入完成45.87亿元，同比增长10.25%，税收1000万以上的企业达78家；固定资产投资完成134.73亿元，同比增长8.41%；社会消费品零售总额同比增长11.1%，增速全市排名第三；进出口总额完成167.01亿元，同比增长51.82%，增速南宁市排名第四。服务业成为稳增长新亮点，全年实现服务业增加值100亿元，同比增长13.1%。产业结构持续优化，第三产业占GDP比重由2016年12.13%提高到2018年40.89%，第二产业与第三产业的结构更加趋于科学合理。同年辖区高新技术企业保有量达279家，净增长100家；完成科技成果转化项目21项；新认定广西"瞪羚企业"2家，累计达10家，占全市的52.63%。43个产品获得广西名牌产品，占南宁市的52.4%，创历年新高。

实现润建通信成功上市，成为全年广西唯一一家上市企业，绿友农、华南通信成功挂牌，园区上市（挂牌）企业累计达24家。

南宁高新区党工委、南宁高新区管委会为自治区党委、自治区人民政府的派出机构，由南宁市管理。高新区党工委与高新区管委会合署办公，一个机构、两块牌子，机构规格为副厅级。内设办公室、人力资源和社会保障局、财政局、经济发展局、投资促进局、建设房产局、安全生产监督管理局、社会事业局、城市管理局9个机构，另设机关党委（党工委办公室）和纪检监察室，同时管理南宁综合保税区管理委员会。

【投资环境建设】 2018年，南宁高新区在全国率先启动"证照分离"改革试点工作，为1840余户市场主体办理准入服务事项；推进自治区企业投资项目承诺制试点工作，编制完成《企业投资建设项目报批流程指引》等制度，优化简化审批流程，采取合并审批、并联办理、"容缺后补"等措施，将企业投资项目从项目备案到施工许可证核发等流程的承诺办结时限压缩至33个工作日，实现95.7%以上审批服务事项"最多跑一次"办结。组织"百名干部进百企"活动，组织42个服务小分队深入企业排忧解难，共收集企业需解决问题305条、意见建议265条；建立完善园区重点企业"白名单"，实行专人专窗办理，推行重点项目、规上企业绿色通道服务机制；组建人力资源公司，帮助园区15家重点企业招工近千人。

【项目建设】 2018年，南宁高新区36项区市层面统筹推进重大项目累计完成投资28.3亿元。万纬南宁金海物流园等开工建设项目9个，南宁综保区商务中心、万德铝模装配式建筑生产基地等19个续建项目完成年度投资15.99亿元，南宁禾田信息港、金红制药生产基地等6个项目顺利竣工投产。全年推进105项道路等基础设施项目建设，新增道路里程4.05千米。强化重点项目征拆工作，完成征地58.06万平方米，拆迁29.9万平方米。

【招商引资】 2018年，南宁高新区围绕全市招商引资三年行动计划，实施区域驻点招商和登门精准招商。全年评审项目153个，落地中新南宁国际物流园等82个项目。招商引资到位资金107.55亿元，增长22.66%。其中全口径利用外资完成1.56亿美元，增长38.88%。重点推进微电子产业链招商，突出对手机整机生产制造企业及上下游配套企业招商引资，引进了蓝水星智能科技、百事超科技；中国电声行业龙头企业歌尔股份公司也成功签约，项目一期计划总投资10亿元，建设TWS（无线双耳蓝牙）耳机、无人机结构件及SMT（表面组装技术）加工生产基地；广西新升轻质铝深加工项目落户南宁·中关村科技园，计划投资11亿元，建设轻量化铝合金新材料研发中心。

【科技创新】 2018年5月，南宁高新区成为国务院给予督查激励的全国15个区域双创示范基地之一，获得3000万元双创专项资金支持。9月，新一代信息技术产业创新小镇获批2018年自治区创新小镇培育试点。北京创业黑马落户高新区，成立黑马城市学院·南宁分院，帮助培育一批高成长性的"瞪羚企业"。11月7日，国家财政部下达广西首批中小企业发展专项资金（双创升级特色载体项目），南宁高新区是广西3家获首批国家中小企业双创升级特色载体项目单位之一。年内，发明专利申请1748件，拥有有效发明专利3508件。新增自治区级众创空间2家，自治区级孵化器2家。累计各类孵化载体27个，自治区级以上众创空间10家，自治区级以上孵化器7家，

2018年4月26日，南宁·中关村科技园揭牌

（南宁高新区管委会供图）

新增广西交通研究院、田园生化2家国家级企业技术中心，实现南宁市国家级企业技术中心零的突破；新增1家自治区级企业技术中心，累计达38家；新增4家广西院士工作站，累计达25家。成功举办2018南宁高新区"槿英汇"创新创业大赛。

【城市管理】 2018年，南宁高新区全面推进河长制，落实覆盖高新区、街道、村（社区）三级河长52名，不断完善明月湖、相思湖公园基础设施；完成年内建成区朝阳溪a段等14个黑臭水体河段污染治理长效制度，PM10、PM2.5均值列全市前列，辖区环境空气质量连续4年达到国家二级考核标准。整治"两违"，全年清理违法占地47.35万平方米，拆除违法建设39.13万平方米，完成年度目标任务130.45%。抓好重点行业领域安全监管，完成创建三级工贸行业标准化企业31家、二级标准化企业9家，率先在全市全面推开安全风险分级管控。

【南宁·中关村建设】 2018年，南宁·中关村创新示范基地合作高校32所，新增入驻重点企业24家，总数达57家；新增入孵创新团队41个，总数达93个，初步形成智能制造、信息技术、生命健康、科技服务四大产业微集群。4月26日，南宁·中关村科技园揭牌运营，成为继滨海新区、雄安新区之后，北京中关村在全国重点打造的第三个科技园。7月24日，南宁·中关村创新示范基地（相思湖区）正式启用，形成由点到面、深度融合的"一基地、一园区"发展格局。

【南宁创客城】 2018年，南宁创客城新引进团队29家，园区在孵团队43家，带动就业人数800余人，协助团队申请创业补贴累计约42万元。创客城通过先问卷调查，后一对一访谈的方式，给团队提供创业"问诊"。主动提供创业扶持政策申请服务，全年推送政策惠利信息累计52条，并开展相关政策宣讲课程，累计协助触碰科技、戴月科技等12家团队申请创业补贴约42万元。开展创业赛事宣讲进高校活动。年内，创客城围绕"广度"促进双创开放合作形成新格局，联合专业机构，打造泛娱乐创业平台。经自治区人社厅批准，南宁创客城获批"自治区级创业孵化示范基地"。

【南宁广告产业园】 2018年12月29日，南宁高新区正式认定为南宁国家广告产业园区。年内，园区新增高新技术企业2家，获实用新型专利、发明专利等证书7个；园区开设的南宁商标受理窗口2018年共受理商标注册申请1706件，较2017年增长111.67%，接待咨询2700余人次，较2017年增长234.98%，受理商标专用权质权登记5件，涉及出质注册商标191件，担保债权数额37700万元。该园主要引进广告产业生态圈及体现广告业态元素的企业，重点引进新媒体、互联网+广告、电商+广告、3D设计、广告展示设备等具备创新广告业态元素的企业以及成熟的传统广告业态入驻，包含设计类企业、传媒企业、影视拍摄、文化传播等企业。目前建成录音棚、摄影棚、3D动捕中心、3D打印平台、新媒体发布厅、IDC机房等公共及专业技术服务平台。

【南宁高新区与武鸣区合作共建"飞地园区"】 2018年9月28日，南宁高新区武鸣产业园签约暨揭牌仪式在南宁·中关村创新示范基地举行。南宁高新区武鸣产业园是高新区和武鸣区合作共建的"飞地园区",园区规划面积18.74平方千米,东面以增坝水库为界,西面以兰海高速150米隔离带为界,南面以千艺大观园北面边界线为界,北面以基本农田为界。

(黄 敏)

产业园区

【**产业园区机构及工作概况**】 2018年,南宁市西乡塘产业园区管理委员会(简称"区园区管委会")内设综合部、业务部、财务部3个部门,人员编制30名,实有27人。西乡塘产业园区属县区级产业园区。按照"一区多园"的发展模式规划建设,在安吉片区规划建设安吉产业园·华尔街工谷、在金陵镇东南村规划建设金陵东南产业园、在金陵镇金城社区规划建设金陵河西产业园、在双定镇规划建设坛立工业园等4个园区。园区项目共14个,其中已投产的4个,在建的8个,基础设施项目2个,总投资达35亿元。全年西乡塘区有入园项目12个,总投资35亿元,其中金起桦农副产品加工、腾宁混凝土、银都混凝土等4个项目竣工投产,金陵东南产业园1号路、河西产业园一期给排水工程、南城百货智慧物流园、迈宏标准厂房等82个项目开工建设。

【**安吉产业园·华尔街工谷建设**】 位于安吉街道CBD内,由广西广隆汽车投资有限公司投资建设,总用地面积4.8万平方米,计划总投资8亿元,总建筑面积23万平方米。2018年,已完成北区(一期)建设并投入使用,建筑面积10万平方米;正在进行南区(二期)建设,计划2019年底完工。引进"阿里巴巴"农村淘宝、"三农365"农产品信息平台、"微薄利"电子商务销售平台、联诚物流公司等物联网企业,以及广西阳升新能源有限公司等高新技术企业,入驻中小微企业达350多家。以国家级科技企业孵化器这一平台,主要发展科技金融、物联网、高新技术产业、互联网+和电子信息、生产性服务业等产业,将依托首府高校科研院所聚集的资源优势,打造安吉产业园·华尔街工谷"智汇安吉·双创"核心区。

2018年1月10日,南宁市统战部副部长、市工商联党组书记李忠南(右三)考察安吉产业园·华尔街工谷

(区园区管委会供图)

【金陵东南产业园】 位于金陵镇东南村，规划总用地面积约5.6平方千米，建设用地面积485万平方米，其中工业用地约146.67万平方米，商住用地面积100万平方米，仓储用地面积28万平方米；规划区范围内总人口规模约为7.04万人。基础设施建设：西乡塘产业园区1号路建设，用地面积约17.67万平方米，概算总投资2.2亿元，道路总长2474米，路基宽42米，为自治区2016年西江经济带基础设施建设大会增补项目，2018年年底完成全线水稳层及排水设施建设。项目建设：已有步步高集团南城百货物流中心项目，总用地面积约23.87万平方米，计划总投资60602万元，已完成一期1号仓库建设，将建设成为现代物流配送中心，预计提供就业岗位1000多个；正在进行东南智慧电商产业园、东南现代电商产业园等2个项目征地拆迁工作。重点发展现代智慧物流、休闲旅游、养生保健等产业，将依托金陵东南产业园地处东南半岛的地理环境优势，打造城西产业功能新一级智慧生态园区、特色小镇。

【金陵河西产业园】 位于金陵镇金陵村金城社区，规划总用地面积1.6平方千米，其中工业用地面积约39.47万平方米，商住用地面积3.6万平方米，仓储用地面积约52.53万平方米；规划区人口规模约为2.3万人。基础设施建设：园区一期给排水工程建设，概算总投资0.18亿元，解决沿324国道的入园项目给排水问题，2018年年底完成70%工程量。项目建设：已引进5个项目，其中广西南宁市金起桦农副产品加工有限公司项目已投产，产值2000万元，税收57.79万元；金陵河西产业园迈宏标准厂房、南宁农产品物流集散交易中心、年产2000套车车厢生产线项目正在建设中，计划总投资4.1亿元。重点发展农产品精深加工、先进机械装备制造、大型物流配送等产业，打造金陵河西产城融合特色园区。

【双定坛立工业园】 位于双定镇坛立坡，规划用地面积约133.33万平方米，2018年有乙炔厂、玻璃厂等4个项目入驻。依托华润水泥、腾宁混凝土等项目发展新型建材及上下游产品，延长产业链，打造新型建材工业集中区。

（陆生宜）

城乡规划建设与管理

规划编制

【**规划机构及工作概况**】 2018年，南宁市规划管理局西乡塘分局现有在岗人员7人，其中在编人员3人，聘用人员4人。南宁市规划管理局西乡塘分局是南宁市规划管理局的派出机构，并授权负责所在辖区内的城乡规划管理工作。主要职责：宣传和贯彻执行国家、自治区、南宁市有关城乡规划的法律、法规、规章和政策；负责组织开展有关城乡规划编制、审核工作；负责核发辖区内相关建设项目的《建设项目选址意见书》《建设用地规划许可证》《建设工程规划许可证》，指导《乡村建设规划许可证》的核发工作；负责辖区内建设项目的规划条件核实（竣工验收）工作；承办南宁市规划管理局交办的其他事项。

【**法律法规宣传**】 2018年，南宁市规划管理局西乡塘分局做好城乡规划法宣传及项目建设现场服务活动。年内，进行规划宣传及现场指导2次，向群众发放规划宣传资料300余份。同时，对辖区内三镇一办国土规建环保安监站开展规划业务指导，以提问、演示、解答等方式讲解农宅审批环节中遇到的具体问题，提高基层规划建设管理站工作人员的业务水平。

【**乡村规划编制和审核**】 2018年，南宁市规划管理局西乡塘分局配合辖区开展"美丽南方休闲农业示范区"的规划建设工作，对石埠街道办、田园综合体规划、村庄规划编制和示范村规划建设等工作进行研究和现场指导。批复完成忠良村2队、4队、5队村庄规划和双定镇6个、坛洛镇7个村屯规划，组织召开《南宁市西乡塘区2017年度6个一般性村庄规划》和《南宁市西乡塘区2017年度3个示范性村庄规划》评审会。

【**项目规划审批**】 2018年，南宁市规划管理局西乡塘分局共受理各类案件378份，收文1268份（其中办文304份）。

重大项目的规划审批 美丽南方博物馆重大项目因需进行村庄规划编制后方可开展项目审批，2018年1月3日，南宁市规划管理局西乡塘分局批复该项目所处村庄规划，并指导项目业主申报项目用地。批复低碳节能环保玻璃深加工项目，总平和建筑方案，由于双定镇总规修编尚未批复，且双定镇尚未编制控规，故暂未批复该项目的工程规划许可手续。

基础设施项目规划审批 2018年，南宁市规划管理局西乡塘分局受理道路、给水、排水、电力等市政类项目16份。完成北湖南路西侧规划道路及明唐路2条道路的选址意见书的办理。另外，桃花源路用地选址、吉园街二期项目用地选址也在同步办理中。

重大项目征地拆迁 2018年，南宁市规划管理局西乡塘分局配合辖区政府开展南宁市的轨道交通、东西向快速路、旧城改造及棚户区改造等项目沿线单位的搬迁选址及征地工作，参加辖区征拆工作联席会，协调安吉水利电力片区旧改项目确权拆迁，推进万力社区拆迁安置等问题。

【规划服务】 2018年3月30日，南宁市规划管理局西乡塘分局组织双定镇政府、双定镇总规编制单位与南宁市总体规划编制单位对接。3月14日及4月13日，组织市级相关部门及规划编制单位等前往双定镇镇区、坛立工业区、雷耀工业集中区以及镇区范围内的农村开展再调研活动。3月16日，组织召开《南宁市西乡塘区坛洛镇总体规划修编（2017—2035年）》评审会，《南宁市西乡塘区双定镇总体规划（2016—2030年）》现正在按程序报市人民政府审批，拟于近期予以批复。同时，两镇控制性详细规划也在稳步筹备编制中，南宁市规划管理局西乡塘分局将继续做好西乡塘区各乡镇的规划编制指导工作。

（苏宏晓）

城乡建设

【住建机构及工作概况】 2018年，西乡塘区住房和城乡建设局（简称"区住建局"）有行政编制8人，在编6人。下辖园林绿化管理所、村镇建设管理站、房屋管理所、燃气管理站4个单位。其中园林绿化管理所在编15人、房屋管理所在编15人。年内主要负责辖区房屋建筑、市政基础设施工程、公共事业项目的建设行业管理；权限范围内房屋建筑和市政工程项目招标投标活动的监督管理；权限范围内建设工程消防设计审查、验收、备案和抽查工作，以及辖区村镇建设、园林绿化、房屋管理、燃气管理、旧城改造等各项工作。

【旧城改造】 2018年，区住建局按照"建设一批、推进一批、储备一批"的改造工作思路，将62个项目列入辖区旧改项目库，涉及改造用地面积826.4万平方米。正在建设的项目有25个，有五里亭一二街旧改、新阳路292号片区、北湖北路4号（南宁伞厂）片区等，涉及改造用地面积219万平方米，涉及单位182个，涉及被征收户7633户，拆旧面积约227万平方米，需征收资金约153亿元，项目全部建成后，新建面积达839万平方米，可完成投资451亿元；推进改造项目有23个，包括北大客运中心片区、五里亭片区旧改等，涉及改造用地面积442.73万平方米，涉及单位143个，涉及被征收户18557户，拆旧面积约362万平方米，征收概算223亿元。其中，有15个项目已确定土熟化人或获得国开行贷款，落实征收资金并开展房屋征收工作。在征集熟化人工作方面，完成崇左老干局、公安局片区、北湖南路36号等4个项目的征集熟化人工作，涉及土地面积24.6万平方米；储备项目有14个，包括雅际片区二期、新阳龙腾片区等，涉及改造用地面积161.2万平方米，一旦条件成熟即可加快推进。

【惠民工程】 2018年，区住建局根据辖区创建"绿色村屯"及各镇"基础便民"活动示范村工作部署，确定金陵镇龙达村沙洲坡、坛洛镇殊湖村定内新村、双定镇秀山村陇丰坡、石埠办乐洲村17队、永安村4队等18个村屯为公共照明项目试点。每个试点村屯配备约10盏太阳能路灯。项目年内已全部完工，并正常投入使用。

【危房改造】 西乡塘区2018—2019年危房改造任务为132户（其中第一批为48户，第二批为84户），其中金陵镇17户、坛洛镇99户、双定镇12户、石埠办4户。年内，整体已开工136户，其中已竣工102户，开工率103.03%，竣工率77.27%。第一批任务已全部完成，通过辖区级验收，并于11月30日完成补助资金拨付工作。

【宜居乡村建设】 2018年，区住建局抓好宜居乡村建设。

乡土特色示范村屯建设 石埠街道办永安村4队建设项目内容为古民居、老建筑修缮保护，村巷、道路、四微化、排污排水管道改造等。项目总投资300万元，自治区级补助资金150万元，辖区配套资金150万元。项目于2017年9月开工建设，2018年6月底完成全部建设并通过辖区级验收，完成项目总投资额300万元，7月中旬通过市级验收，获得全市年度37个乡土特色示范村屯排名第六名。石埠街道办乐洲村14队、16队建设项目内容为古民居、老建筑修缮保护，村巷、道路、四微化、排污排水管道改造等。项目总投资300万元，自治区级补助资金150万元，辖区配套资金150万元。项目于2017年9月开工建设，2018年6月底完成全部建设并通过辖区级验收，完成项目总投资额300万元，7月中旬通过市级验收，获得全市年度37个乡土特色示范村屯排名第二名。

绿色、基础便民示范村建设 石埠街道办乐洲村17队绿色示范性和基础便民示范性村屯建设内容为对村屯内巷道乡土硬化、房前屋后四微化、排污排水管道进行改造及亮化美化建设等。项目总投资100万元，辖区自筹资金100万元。项目于2018年8月中旬开工建设，10月底已完成全部投资和建设。石埠街道办永安2队基础便民示范性村屯建设项目内容为对村屯内巷道乡土硬化、房前屋后四微化、排污排水管道进行改造及亮化美化建设等。项目总投资80万元，辖区自筹资金80万元。项目于2018年8月中旬开工建设，10月底已完成全部投资和建设。石埠街道办永安4队基础便民示范性村屯建设项目内容为对村屯内巷道乡土硬化、房前屋后四微化、排污排水管道进行改造及亮化美化建设等。项目总投资40万元，辖区自筹资金40万元。项目于2018年8月中旬开工建设，10月底已完成全部投资和建设。坛洛镇中北村公交坡绿色示范性村屯建设项目内容为对村屯内巷道两边四微化、排污排水管道进行维修改造、亮化美化建设等。项目总投资30万元，辖区自筹资金30万元。项目于2018年8月中旬开工建设，10月底已完成全部投资和建设。2018年南宁市"美丽南宁·宜居乡村"基础便民专项活动现场会观摩点提升工程，石埠街道办乐洲村17队建设项目内容为进一步对村屯内巷道乡土化硬化、房前屋后四微化、排污排水管道进行改造，对休憩广场进行改造、亮化、美化建设等。项目总投资约85万元，辖区自筹资金85万元。项目于2018年9月6日开工建设，9月25日完成全部投资和建设。10月18日，南宁市"美丽南宁·宜居乡村"基础便民专项活动现场会圆满举办。

【村镇建设管理】 2018年，区住建局执行首问负责制度、一次性告知制度、办结期限承诺制度，与市接轨规范行政审批行为，为建设单位和个人提供优质高效的服务。年内，受理事项91件，其中办理建设工程报建备案20件；施工图审查情况备案14件；建设工程质量安全监督登记和安全措施备案19件；建筑工程施工许可证16件；建设起重机械安装拆卸告知使用注销登记12件；拆除工程安全施工备案1件；私有房屋建筑工程开工证5件；私有房屋建设工程竣工验收备案4件。其中立案查处申请补办手续的违法建设工程3宗，共处罚金2500元。

【工程质量监督】 2018年，区住建局开展预防建筑施工坠落施工安全专项整治，清明节、壮族"三月三"安全生产检查，防范重特大事故专项整治、打击生产销售"地条钢"违法行为专项整治工作及建设工程质量安全和建筑工地扬尘整治的日常监管工作，检查并制作现场勘验笔录295份，下发整改通知书86份，停工整改7份，监督行政处罚7宗。

【燃气安全管理】 2018年，区住建局采取多种形式开展"正确安全使用燃气，预防一氧化碳中毒"主题宣传活动。辖区13家燃气企业、8个街道办事处、3个镇以及辖区相关部门共出动8.56万人次，印制宣传资料209万份，发放宣传资料约192万份，维护更新城中村和老旧小区内的大型不锈钢燃气安全知识宣传栏393块，张挂预防一氧化碳中毒知识宣传横幅1245条，在各小区、村的楼栋单元门、楼栋口等地张贴燃气安全使用温馨提示10万多份，燃气安全宣传车巡回城中村和老旧小区广播宣传540多个小时，上门入户安检约53万户（次），发现隐患567处，已完成整改。借助南宁电视台《南宁新闻》《新闻夜班》《政法在线》栏目、广西电台《930私家车》栏目进行了10次宣传报道预防一氧化碳中毒的知识和西乡塘区燃气安全管理工作开展情况，同时通过《南宁晚报》《南宁日报》以及南宁新闻网等媒体平台宣传正确安全使用燃气、预防一氧化碳中毒知识32次；开展大型燃气知识宣讲活动57场，设点宣讲512场次，宣传活动覆盖人群达120万人。

【园林绿化管理】 2018年，区住建局加强园林绿化管理。

城市道路沿线挡墙护坡绿化 完成龙腾路、吉兴东路（2处）、友爱北路（3处）6个地点的挡墙护坡绿化建设。绿化面积共1535.5平方米，投资金额约50.9万元，完成率100%。

园林绿化用地扬尘治理　完成大化路、秀灵西一里、北际南路、秀园南路、高新大道、安阳路、西耐路、北湖东二里、云亭街、新阳北三里、水悦龙湾小绿地等绿化用地的缺株绿化、黄土裸露整治、超高土整治及树木修剪工作，并加强对道路绿植的冲洗工作。出动1200人次，共完成黄土裸露整治面积7420平方米，清理、修剪杂草8200平方米，补植缺失绿化树186株，清理超高土、枯枝败叶、建筑垃圾、土渣102车，淋水86车。对焚烧园林废物的现象进行巡查，共发现并制止15处焚烧行为。

立体绿化　完成南宁木材厂、安吉万达屋顶绿化、鲁班商贸城屋顶绿化，绿化面积共2800平方米；完成江北大道2号、4号、8号公厕立体绿化建设，共种植鸭脚木、绿萝、肾蕨、红粉佳人等绿植450平方米。

黑臭水体治理绿化改造工程　完成黄泥沟绿化改造工程，共种植3100平方米铺地菊、120株散尾葵、420株三角梅和400株七彩大红花。完成细冲沟绿化改造工程，共种植1500平方米草皮、350株三角梅、150株垂叶榕、9棵小叶榕和9棵宫粉紫荆，增加长195米、高1米的护栏。

古树名木挂牌　园林所全面启动古树名木挂牌保护工作，牌上记录古树编号、树龄、所属科、拉丁学名、挂牌时间、监督单位以及保护等级等信息，右下角有可扫描的二维码，方便实行动态管理，基本做到"一树一卡一照片一标牌"。完成辖区内608株古树名木的挂牌工作。

美丽南方田园综合体绿化建设　完成美丽南方石埠堤沿线绿化整治、美丽南方永安7队游步道周边复绿、美丽南方忠良3队鱼塘周边景观步道遮阴绿化建设、美丽南方树人路道路绿化建设、美丽南方永安7队那造坡周边绿化、美丽南方水塘周边象草种植等工作，共种植宫粉紫荆、美丽异木棉、黄花风铃木、秋枫、香樟、三角梅、铺地菊、非洲茉莉球、满天星等乔灌木176078株，种植山管兰花、软枝黄蝉、鸭脚木、白蝴蝶等片植灌木15624.33平方米，种植玉韵竹、天堂鸟等丛生植物1097丛，铺设马尼拉草、象草，植草砖植草共94646.5平方米。

【工程招标管理】　2018年，区住建局开展辖区招标投标活动监督管理。受理政府投资工程南宁市金陵大桥维修加固工程、北大路人行道整治工程、南宁市连福—安吉立交一期工程（绿化、绿化给水工程）、南宁市金光小学教学楼工程、石西万达小学教学楼等项目11宗；受理非政府投资项目广西迈宏投资管理有限公司南宁市西乡塘产业园区—河西产业园标准厂房项目（一期）、河西产业园标准厂房—C栋厂房等项目6宗；受理解除广西迈宏投资管理有限公司南宁市西乡塘产业园区—河西产业园标准厂房项目（一期）合同备案手续1宗；受理系统变更政府投资工程项目中标后项目经理、安全人员变更10宗；推进电子化招标投标管理，与工程有关的设计、监理、检测等相关的项目全部进入南宁市公共资源交易中心交易。对工程施工招标投标活动实施监督，依法查处工程施工招标投标活动中的违法行为。施工项目全部依据自治区南宁市招标文件范本，电子化招标投标活动。设计项目招标相继采购电子化。年内检测项目招标相继采购电子化；推进工程总承包模式招投标管理，3月起推进对工程项目的设计、采购、施工等实行全过程的承包，工程总承包一般采用设计—施工总承包模式招标进程；推进中标建筑业企业诚信库诚信卡解卡锁卡管理，推进各建筑企业诚信化管理，实行建筑市场"诚信卡"管理取代备案制。把诚信与失信分列入招投标评分的总分，加强对工程招投标活动的事中事后管理。

【物业小区管理】 2018年，区住建局协调街道办事处、社区居委会（村委会）、业主委员会、物业服务企业、房地产开发商及小区业主，严格按照制定的有关处理物业投诉受理流程及制度，及时处理在物业管理活动中的投诉和纠纷。共接待群众来电咨询1107人次，接待来访群众408人次。受理市长热线、区长热线等群众投诉及物业纠纷259起（来函210起，来电49起）全部按照投诉处理时限给予投诉人答复处理。年内，共计指导32个小区召开业主大会选举业主委员会，其中16个小区成功选举产生业主委员会。为加强对本辖区居住小区的电动自行车消防安全管理工作，出动巡查组工作人员对小区电动车消防问题进行检查，年内，暂无新建停车库、智能充电设施。清理违规停放充电车共320辆。在住宅消防方面，组织人员对居住小区进行逐楼、逐层、逐户、全方位、多层次的火灾隐患排查，对245个住宅小区逐楼、逐层、逐户、全方位、多层次的排查火灾隐患，共发现安全隐患589项，已整改485项，限期整改隐患104项；开展对居住小区联合执法整治行动，对居住小区普遍存在的违规违法设置广告、无序停车、乱搭乱建和杂物乱堆放等乱象开展联合整治工作。累计开展联合执法156次，出动工作人员约4550人，清理杂物约573车，共对106个小区开展联合整治工作。

市政市容管理

【城管机构及工作概况】 西乡塘区城市管理局（简称"区城管局"）加挂西乡塘区城市管理综合行政执法局牌子，2018年主要负责辖区20米以下道路市政基础设施维护，环境卫生综合管理，城市管理综合行政执法，制止和查处违法占地违法建设，数字化城市管理案件处置和协调，防内涝应急抢险指挥和协调。下辖4个事业单位：城市管理综合行政执法队、环境卫生管理站、城市管理指挥中心、市政设施维护所。城市管理综合行政执法队，队长由城管局局长兼任，下设4个大队：城管监察大队、国土监察大队、规划监察大队、特勤大队。

【为民办实事项目】 2018年，区城管局承办市级、区级的为民办实事项目，分别是改造6座公厕（新阳路尾公厕、新阳一街公厕、华强西四里公厕、华西路公厕、上尧公厕、唐山中公厕）和提升改造南铁垃圾转运站项目。各项目均按时完成，通过验收并投入使用。

【防内涝应急抢险】 2018年，西乡塘区防内涝抢险指挥部办公室设在区城管局，为保辖区安全度汛，区城管局在汛期完成《西乡塘区2018年内涝应急抢险工作预案》修订、易涝点普查、各街道办防内涝物资仓库的检查、购买防内涝抢险物资、小街巷排水管渠清淤等工作。汛期严格执行汛期24小时值班制度，及时收集雨情、汛情，做好信息上传下达、内涝时的抢险物资调配和应急指挥协调。年内，联合各街道办事处抢险排涝共出动1700人次，车辆370次。

【扬尘专项治理】 2018年，区城管局持续推进扬尘污染治理。抓扬尘卡点守控，派城管和特勤大队执法人员与各部门联合值守扬尘卡点，形成整治合力，严查渣土运输车辆，严控车辆密闭不严、撒漏、车轮带泥污染路面等现象，加强"泥头车"整治，卡点守控和流动巡查相结合，抑制道路扬尘污染。年内，区城管监察大队共查处违章建筑渣土运输车辆492辆。加强消纳场审批和管理，规范消纳场"八个一"建设，年内，办理城市建筑垃圾处置核准25件。加强洒水控尘力度，年内，区环境卫生管理站共出动人员624296人次，水车、两用车49680台次，洒水量112万吨。

【"两违"执法】 2018年，区国土监察大队和规划监察大队进一步规范查处违法占地、违法建设工作程序，明确工作职责，落实工作责任，积极配合辖区政府拆除违法建设。年内，配合辖区依法组织清理拆除"两违"294次，累计清理拆除"两违"1114处，清理违法占地面积约93.75万平方米，拆除违法建设面积约127.33万平方米；遏制新生"两违"。年内，清理拆除新生"两违"529处，清理违法占地面积26.07万平方米，拆除违法建设面积17.71万平方米；消除建成区存量违法建设。通过行政处罚、限期改正、旧改征拆等方式消除存量违法建设面积134.2万平方米，通过清理拆除方式消除存量违法建设109.69万平方米。完成2017年度土地变更调查和卫片执法工作。通过自治区国土资源厅对西乡塘区2017年度土地矿产卫片的检查验收。

【数字城管】 2018年，西乡塘区在南宁市"数字城管"平台运行的基础上，自主研发西乡塘区"智慧城管"系统，两个平台双管齐下，相互补充，建立一整套巡查发现、快速分派、分类处理的处置机制，切实提高辖区"大行动"案件处置效率。年内，城管指挥中心平台共接收案件2.32万起，案件处置率94.85%；"智慧城管"系统平台共接收案件6.82万起，案件完成率99%。

【综治维稳】 2018年，区特勤大队实行24小时备勤、半军事化管理。年内，出动配合开展综治维稳工作人员3052人次，出动配合开展"大行动"整治人员1.07万人次，出动配合开展"两违"执法工作人员7730人次，出动参加预备役和民兵军事训练人员943人次。

【市政基础设施建设】 2018年，区市政设施维护所加强基础设施建设，为市民营造良好生活环境。年内，共维修道路3.41万平方米，修复井盖230个，维修路灯275盏，清淤疏通下水管道38130米，完成西耐路、北际路等南宁市城市棚户区改造项目配套道路的基础设施建设6条，改造面积2.98万平方米。

【环卫清扫保洁】 2018年，区环境卫生管理站清扫保洁面积约为1400万平方米，全年清运垃圾26.5万吨，日均清运垃圾约726吨；全年道路洒水、清洁用水145万吨；完成公厕升级改造6座，提升垃圾转运站1座。辖区保洁质量有效提高，确保重要街区场所、主次干道干净整洁。

【行政审批】 2018年，西乡塘区城管局负责规划路幅20米以下道路的临时占用、临时挖掘和辖区门店招牌标识牌的设置等事项的审批。年内，共受理挖掘审批26件、临时占道审批744件、招牌标识核准573件、建筑垃圾处置核准25件、生活垃圾经营性服务审批18件，办结率100%。

（卢 弋）

房屋征收补偿与征地拆迁

【征地拆迁机构及工作概况】 2018年，西乡塘区房屋征收补偿与征地拆迁办公室（简称"区征地拆迁办"）在编人员25人，共有工作人员103人。设正职领导1名，副职领导6名。年内主要职责：实施房屋征收与补偿的各项具体工作，协助进行房屋调查、登记，协助编制征收补偿方案，协助进行房屋征收与补偿政策的宣传、解释，就征收补偿的具体问题与被征收人协商，与被征收人签订征收补偿协议，协助组织征求意见、听证、公示以及组织对被征收房屋的拆除。承办受市国土资源局委托的征地拆迁工作。

【征 地】 2018年，区征地拆迁办推进各重大重点工程项目的征地拆迁工作。年内，累计完成邕江综合整治和开发利用工程（南岸：老口枢纽—托洲大桥）项目、圣名岭土地储备项目等项目集体土地征收签约88.37万平方米，完成责任状面积约147%。

【国有房屋征收】 2018年，区征地拆迁办推进国有房屋征收工作，按时完成各项任务。全年累计完成五里亭片区旧改项目及南棉片区旧改项目等国有土地上房屋征收签约31.4万平方米，完成责任状面积约167%。同年，推进轨道5号线项目的征拆交地工作，保证辖区站点全部进场开工；旧改方面，及时编制旧改项目结算，确保4个旧改项目地块（大学东路154号、北湖旧货市场二期、南地教育学院片区一期、北际二轻构件片区）的顺利出让。

【信息信访】 2018年，区征地拆迁办主动协调或参与协调解决各类信访上访事件，处理信访件137件次，办结率100%，接待来访人数139人次，开具征拆证明602份。此外，主动参加区党委、政府组织的各类群众大接访活动。信访股工作人员本着讲清政策，缓解情绪，化解矛盾的原则，做好来访群众的思想工作，有效地化解征地拆迁矛盾，预防并避免群体性上访事件发生，维护西乡塘区征地拆迁区域的社会稳定。

（区征地拆迁办）

教 育·科 技

教 育

综 述

【教育机构及工作概况】 2018年，西乡塘区有各级各类学校（含幼儿园）328所，专任教师2.5万人，学生（含成教或函授学员）58.4万人。年内，义务教育推进优质均衡发展，获"广西壮族自治区民族团结进步模范集体"称号、广西第六届中小学生艺术展演活动优秀组织奖、2018年广西"书香校园·阅读圆梦"系列评选活动优秀组织奖、2018年南宁市校园中华经典诵读比赛优秀组织奖、南宁市中小学生航空航天模型比赛优秀组织奖、第十七届南宁市中小学生机器人竞赛暨第二届南宁市中小学生创客竞赛优秀组织奖、2018年南宁市第三届中小学体育教师教学技能比赛小学组一等奖。小学适龄儿童入学率100%，初中阶段入学率99.5%，九年义务教育巩固率101.38%。学前三年毛入园率100.56%，质量在自治区名列前茅。三类残疾儿童入学率96.18%。教师参加各级各类比赛活动，获国家级综合荣誉奖2个，课堂教学9节，优秀论文、教案65篇；自治区级综合荣誉奖14个，课堂教学101节，优秀论文、教案58篇；市级综合荣誉奖45个，课堂教学65节，优秀论文、教案58篇；区综合荣誉奖198个，课堂教学382节。学生参加中考有10人获全A+、330人获总分A+，获总分A+的初中学校分布率76.1%，综合成绩继续位列南宁市各区之首，取得"十三连冠"的佳绩。

西乡塘区教育局（简称"区教育局"）内设教育教研室、学生资助管理办公室、素质教育中心3个部门，有编制在职人员42人。

（唐铁军）

【学校基础设施建设】 2018年，西乡塘区把标准化学校建设与布局调整、危房改造、寄宿制学校建设、薄弱学校帮扶等有机结合，组织实施义务教育学校"标准化建设工程"和学前三年行动计划。投资4702万元，完成友衡学校教学楼、那龙小学教学综合楼、那龙民族中学教学综合楼、坛洛中学学生宿舍楼建设，总建筑面积16660平方米。投资9672万元，建设第三十七中学东校区教学综合楼，合志小学教学楼、学生宿舍楼，石埠中学教学综合楼，双定中学教学综合楼，总建筑面积3.26万平方米。投资3698万元，实施农村中小学薄弱学校改造和校舍维修改造工程16个，总建筑面积1.42万平方米。继续推进建设明天学校迁建（二期）工程（总投资1.2亿元，总建筑面积28200平方米，班级规模24个教学班），2018年完成投资额4000万元；兴贤小学迁建工程（新征土地26700平方米，办学规模30个教学班、1350人，总建筑面积20119平方米，总投资8661万元），2018年完成投资额4000万元。加大学前教育投入（总投资5524万元），建设双定镇中心幼儿园和兴贤幼儿园，改扩建教育系统幼儿园，总建筑面积13200平方米，2018年完成投资额2700万元。

（梁　寒）

【扶困助学】 2018年，西乡塘区继续开展扶困助学工作，帮助贫困家庭学生完成学业。资助农村义务教育阶段寄宿生2025人次，金额300.44万元；资助家庭经济困难中小学生1593人次，金额103.75万元；免除建档立卡贫困户幼儿保教费683人，金额51.33万元；接受大学生生源地信用贷款申请1671人，合同金额1240.1万元。全区户籍建档立卡贫困户子女（贫困初中毕业生）141人，100%升入高中阶段学校就读，100%获得精准资助，100%得到结对帮扶，中职学校、高等学校贫困毕业生100%就业创业，实现自治区教育厅教育精准扶贫4个100%的要求。

（詹绍华）

【教育经费投入】 2018年，西乡塘区财政投入教育经费9.14亿元，占公共财政支出的31.24%（公共财政第一大支出）。兑现2016年、2017年绩效工资增量1.87亿元；拨付义务教育免除学杂费、生均公用经费9646万元；安排义务教育学校家庭经济困难寄宿生生活补助301万元；安排建档立卡贫困户学生资助金210万元；安排教育基建预算经费11520万元，其中本级教育费附加安排4741万元，农村税费改革转移支付资金安排477.1万元，全部用于学校教育基建、运动场改造、校园文化建设、教学设备购置、增班扩容等项目；拨付明天学校、双定中学、石埠中学、苏卢小学、那龙小学、兴贤小学等基建项目工程款9656万元；累计投资3591万元，建成坛洛中心幼儿园、金光幼儿园、金陵中心幼儿园并投入使用；安排教学设备采购资金233万元；累计拨付工程款1375万元，续建兴贤幼儿园、教育系统幼儿园、双定中心幼儿园3个基建项目；拨付民办普惠性幼儿园生均补助专项经费616万元。

（李飞燕）

【学校安全稳定】 2018年，西乡塘区在春节、清明节、壮族"三月三"、五一劳动节、国庆节、中秋节、两会一节、"环广西"公路自行车世界巡回赛等节日及活动期间，做好学校安全隐患排查及值班工作，确保校园安全。年内，开展防溺水、防火灾、防交通安全事故、食品卫生安全、防拥挤、防雷防电等安全知识的宣传教育，出版板报1650版，举办各种安全知识主题大队会4800次，提高师生的应急知识和安全防范意识，增强师生的应急避险技能和自救互救能力。各学校在全国"防灾减灾日"开展应急教育,参与人数达13万多人次、演练270多场次。中小学校将毒品预防教育纳入学校日常教育教学管理重要工作,小学五年级至初中三年级学年至少安排2课时毒品预防教育专题课程,学生定期参观学校毒品预防教育基地和示范园地。3月和10月,集中整治、严厉查处取缔非法接送学生的车辆2次,有效预防交通事故的发生。通过公开招投标方式引入供应商,2018年11月5日起,对区教育系统51所公办中小学、幼儿园实行学校食堂食品原材料统一配送。

(李 程)

【教育教学】

学区建设 2018年,西乡塘区设5个初中学区和9个小学学区,开展形式多样、内容丰富的集体备课、送教下乡、跟班学习等教研活动。初中学区分别开展12次共84场次集体备课活动,每个牵头学校分别送教4次共20次课,选派180名领导和骨干教师到6所乡镇中学送教;乡镇中学、市区薄弱学校选派60名教师到牵头学校跟班学习;5个学区长学校分别对乡镇帮扶学校举行教学开放日2次共10场,参加观摩活动的人数为3600人次。小学学区对乡镇帮扶学校开展学区联片教研活动172次,参加观摩活动的人数为7224人次,带动和培养青年乡村教师134人;开展送教下乡活动68次,参与送教领导及教师354人次,乡村小学教师1297人次受益。通过开展城乡学区集体教研活动,发挥优质学校的示范引领作用,共享教育资源、共享发展成果,进一步缩小校际、城乡学校之间教育的差距,促进教育均衡发展。

教师队伍培训 2018年,西乡塘区组织语文、数学、英语骨干教师、网络研修坊教师开展线下研修活动,合格率100%,学员的专业核心素养得到提升。组织初中和小学教学副校长、兼职教研员、骨干教师专业能力提升高级研修班166人,分别赴成都、长春参加培训,更新理念,提高管理能力和学科素养。组织相关教师参加自治区教育厅组织的新部编教材培训,确保教师准确把握新教材内容。

教育科学研究 2018年,西乡塘区获南宁市教育科学"十三五"规划课题立项22个;有1个课题通过自治区级结题鉴定,1个课题通过南宁市结题鉴定,区级结题课题17个。年内,开展学科优秀课例展示活动,发挥名师示范引领作用,探讨高效课堂教学模式,提高课堂教学效益。组织学生参加南宁市中考一模、二模测试,统一质量分析,保证学生成绩的真实有效,并为下阶段复习提供数理依据,提高复习效率。春季学期期末学科素养评价由区统一命题、统一组织考试、统一质量分析,学区统一评卷;秋季学期参加南宁市统考,以学区为单位,做好统一阅卷工作,保证阅卷质量。区教研室组织中考学科毕业班教师参加南宁市教育局组织的中考备考研讨活动;举办2次中考备考优秀课例展示及研讨活动,邀请市教科所中考学科教研员到区指导中考备考,探索高效复习课型,提高备考质量和效率。

(梁丹译 雷艳红)

学前教育

【概 况】 2018年,西乡塘区有幼儿园

151所，其中广西残疾人联合会直管1所、崇左市直管1所、西乡塘区直管149所（公办幼儿园12所、企事业办幼儿园11所、民办幼儿园126所）；自治区示范性幼儿园13所，市示范性幼儿园23所。教师2026人，在园幼儿3.07万人。实施第三期学前教育行动计划，开展集团化办园和自治区学前教育改革发展实验区建设，不断提升保教质量，促进学前教育健康可持续发展。年内，学前三年毛入园率100.56%。获市级以上荣誉1109项。

【第三期学前教育行动计划实施】 2018年，西乡塘区继续推进第三期学前教育行动计划，抓好"自治区学前教育改革发展实验区"工作，围绕"扩大普惠性资源和提升学前教育质量"试点任务，创新机制，强化管理，不断提升学前教育质量，促进西乡塘区学前教育的普惠优质发展。新开办公办幼儿园3所（金陵镇中心幼儿园、坛洛镇中心幼儿园、金光幼儿园），投入资金3000万元续建公办幼儿园3所（双定中心幼儿园、兴贤幼儿园、南宁市教育系统幼儿园教学楼）。免除建档立卡贫困户在园幼儿保教费51.32万元（683人）。年内，开展自治区学前教育改革发展实验区工作推进经验在南宁市会议上进行典型经验介绍；学前教育成果多次在《南宁日报》、"南宁教育"微信公众号等媒体上宣传报道；有3所幼儿园通过市级示范幼儿园评估验收。

【民办幼儿园扶持】 2018年，西乡塘区采取建立健全管理机构，构建学前教育管理联动机制，实行批管合一，严格审查等措施，对126所民办幼儿园（含自治区多元普惠幼儿园41所）一方面强化监督和管理，另一方面做好专业指导，规范办园行为。年内，开展幼儿园"小学化"专项治理和规范办园行为督导检查，建立幼儿园教研互助网，依托幼儿园"教育共同体"，开展定点、定向指导帮扶工作。通过专家指导、学科培训、课题研究等方式，提升民办幼儿园的整体办学水平。

（青海华）

【幼儿园选介】

南宁市教育系统幼儿园 位于西关路尾南伦街二里4号。1977年10月创建，原位于壮志路4号，2001年8月与市第一职业高中附属幼儿园合并，迁至现址。2015年1月由南宁市教育局划归西乡塘区教育局管辖。2018年，占地面积5600平方米，绿地面积2128平方米。有教学班13个，在园幼儿418人，教职员工65人，其中专职教师45人、本科学历26人、大专学历18人、高级职称1人、一级职称25人，广西名园长培养工程

2018年10月8日，金陵镇中心幼儿园举行开园仪式
（区教育局供图）

培养对象1人、南宁市学科带头人2人、南宁市教学骨干14人、西乡塘区园丁工程C类培养对象9人。有大型玩具、戏水池、攀岩墙、功能室、一教一寝国家标准的幼儿活动室，各班配置电脑、打印机、高清电视、录音机、照相机等教学设备。年内，获全国啦啦操联赛（南宁站）公开幼儿乙组集体花球自选动作第二名、公开幼儿乙组集体花球规定动作第三名；获全区幼儿园"自主游戏"案例视频评比三等奖3人次；获南宁市"我最喜爱的老师""李国伟荣幕蕴教育园丁奖"荣誉称号；获南宁市2018年优秀童谣征集评比一等奖，南宁市幼儿园优秀自制玩教具展评活动二等奖、三等奖，南宁市幼儿园教师风采大赛（城市组）三等奖2人次，南宁市幼儿园第九届心理辅导课评比三等奖2人次。

（黄 芳）

南宁市第二幼儿园 位于人民西路6号。前身是民国三十五年（1946年）创建的邕西幼稚园（位于今壮志路），1949年12月迁至粤华中学旧址（今人民西路51号），1951年3月更名为南宁市第二幼儿园，1991年4月迁至现址。1987年由南宁市教育局管理变更为隶属永新区管辖，2005年3月划归西乡塘区管辖。2018年，占地面积772平方米，建筑面积2012平方米。有幼儿活动室8间，幼儿寝室4间，功能室6间，配备大型淘气堡玩具、戏水池、礼堂，操场铺设悬浮地板，活动室铺设PVC地板，每班配有电钢琴、饮水机、一体机等。教职工40人，其中研究生学历1人、大学本科学历20人、大专学历8人、专业技术人员27人、广西A类培养人才1人、南宁市骨干教师10人、西乡塘区C类培养人才4人。设大班、中班、小班3个年龄段8个班，幼儿258人。是南宁市示范幼儿园，南宁市第二幼儿园教育集团龙头园。年内，《我是中华好宝宝》《我驾巨轮去远航》分别获南宁市2018年优秀童谣传唱比赛一等奖、二等奖；教师获市级奖16人次，区级奖29人次；接待教研观摩及跟岗学习活动400人次。

（梁新荣）

南宁市第三幼儿园 位于华强路97号。前身为邕北镇中心小学。1952年10月建立南宁市第三幼儿园，由南宁市人民政府主办，南宁市教育局主管。1954年7月更名为南宁幼儿师范附属幼儿园，1958年8月改现名。2005年起由西乡塘区教育局主管。2018年，占地面积2262平方米，建筑面积3962平方米。有教学楼、办公楼、塑胶操场、攀岩墙壁画、户外拓展设施及绘本馆、生活馆、美术馆等功能室。设教学班9个，在园幼儿271人，教职工48人，其中专任教师26人。年内，进行户外拓展项目的改造、大门重建、戏水池改造等，拓展活动空间。获南宁市幼儿园教师教学技能大赛活动一等奖；南宁市教师风采大赛活动团体三等奖，单项一等奖1人次，单项二等奖1人次，单项三等奖2人次；接待实习149人次、园长研修班园长240人次、教研观摩180人次。2014年被评为"自治区示范幼儿园"。

（韦 涛）

2018年西乡塘区直管幼儿园情况表

类型	序号	单位	建园年月	地址
公办	1	南宁市教育系统幼儿园	1977年10月	南伦街二里4号
公办	2	南宁市第二幼儿园	1946年2月	人民西路6号
公办	3	南宁市第三幼儿园	1952年10月	华强路97号
公办	4	南宁市衡阳西路第一幼儿园	1952年8月	铁路北三区5号
公办	5	南宁市衡阳西路第二幼儿园	1953年9月	秀灵路20号
公办	6	南宁市西乡塘区衡阳西路第三幼儿园	2015年8月	南铁北四区278—2号
公办	7	南宁市西乡塘区那龙中心幼儿园	2014年8月	金陵镇那龙新街
公办	8	南宁市西乡塘区富庶中心幼儿园	2014年8月	坛洛镇富庶街6号
公办	9	南宁市西乡塘区鑫利华幼儿园	2017年8月	秀厢大道秀园三里1号鑫利华小区内
公办	10	南宁市西乡塘区金陵镇中心幼儿园	2018年10月	金陵镇西林街和向阳街交会处
公办	11	南宁市西乡塘区坛洛镇中心幼儿园	2018年10月	坛洛新街291号
公办	12	南宁市西乡塘区金光幼儿园	2018年10月	原金光中学南面
企事业办	13	广西大学第一幼儿园	1958年1月	广西大学校园内
企事业办	14	广西大学第二幼儿园	1956年8月	广西大学校园内
企事业办	15	广西民族大学幼儿园	1956年1月	大学西路80号
企事业办	16	广西壮族自治区农业科学院幼儿园	1958年2月	大学西路44号广西农科院内
企事业办	17	南宁市福利院慈海幼儿园	2004年3月	新阳路北三里16号
企事业办	18	南宁振宁物业公司南棉管理处幼儿园	1977年9月	友爱南路22号
企事业办	19	广西银雪面粉有限责任公司南宁厂幼儿园	1958年5月	新阳路292号
企事业办	20	广西南宁机械厂幼儿园	1968年1月	新阳路288号
企事业办	21	南宁广发重工集团有限公司幼儿园	1958年3月	秀安路2-9号
企事业办	22	南宁手扶拖拉机厂幼儿园	1974年2月	北湖北路51号
企事业办	23	广西建工集团机械制造有限责任公司幼儿园	1971年7月	秀安路1号
民办	24	南宁市西乡塘区壮志幼儿园	2009年8月	中兴街6号壮志小学后门
民办	25	南宁市西乡塘区常青藤幼儿园	2014年2月	壮志路5号
民办	26	南宁市西乡塘区翠堤湾幼儿园	2015年7月	西关路85号
民办	27	南宁市西乡塘区文华幼儿园	2002年9月	大学东路59号
民办	28	南宁市西乡塘区丽园幼儿园	2012年3月	农园路10号丽园小区内
民办	29	南宁市西乡塘区振宁·现代鲁班幼儿园	2010年8月	鲁班路振宁现代鲁班小区内
民办	30	南宁市西乡塘区小博士幼儿园	2002年5月	大学路10号瑞士花园内
民办	31	南宁市西乡塘区红苹果幼儿园	2008年8月	大学新村路上坡3号
民办	32	南宁市西乡塘区金天地幼儿园	2006年3月	沈阳路46号
民办	33	南宁市西乡唐区梦泽幼儿园	2006年9月	北大中路25号

续表 1

类型	序号	单位	建园年月	地址
	34	南宁市西乡塘区位子渌社区幼儿园	2002年8月	位子渌4号位子渌小学后
	35	南宁市西乡塘区彩虹幼儿园	2014年1月	沈阳路52号
	36	南宁市西乡塘区甘蔗幼儿园	2014年2月	大学东路172号
	37	南宁市西乡塘区金梓幼儿园	2016年8月	明秀西路111正恒国际广场小区内
	38	南宁市西乡塘区振宁公寓幼儿园	2004年8月	北湖路西二里48号振宁公寓内
	39	南宁市西乡塘区明秀幼儿园	1995年8月	明秀小区内
	40	南宁市西乡塘区柏涛湾心心幼儿园	2005年3月	北湖路25-1号柏涛湾小区
	41	南宁市西乡塘区建兴幼儿园	2006年1月	北湖路东二里南一街32号
	42	南宁市西乡塘区小百灵幼儿园	2009年12月	明秀路北一里45号
	43	南宁市西乡塘区小百花幼儿园	2005年6月	唐山路27号
	44	南宁市西乡塘区万秀幼儿园	2007年5月	友爱路东一巷168号万秀村委旁
	45	南宁市西乡塘区五色花幼儿园	2005年8月	友爱北路东一巷3号
	46	南宁市西乡塘区恒大新城幼儿园	2005年9月	秀厢路32号恒大新城社区
	47	南宁市西乡塘区七色阳光幼儿园	2009年6月	万秀村二队友爱东一巷196号
	48	南宁市西乡塘区万恒幼儿园	2009年8月	秀厢大道36-1万秀三组
	49	南宁市西乡塘区明秀二区幼儿园	2002年1月	明秀东北四里8-2号
	50	南宁市西乡塘区棕榈湾幼儿园	2009年3月	棕榈湾小区内
	51	南宁市西乡塘区秀华幼儿园	2009年8月	秀灵村灵厢路东三巷
民办	52	南宁市西乡塘区佳杰幼儿园	2010年9月	北湖南路16号
	53	南宁市西乡塘区童洲·春天幼儿园	2010年9月	北湖北路20号
	54	南宁市西乡塘区万秀涵雅幼儿园	2008年8月	万秀村三队扶壮学校对面
	55	南宁市西乡塘区秀湖幼儿园	2008年8月	北湖北路秀湖花园二区
	56	南宁市西乡塘区隆源幼儿园	2012年7月	北湖路10号
	57	南宁市西乡塘区友灵幼儿园	2013年12月	秀灵村灵厢路32—4号
	58	南宁市西乡塘区育新幼儿园	2013年7月	友爱路万秀村一队95号
	59	南宁市西乡塘区涵雅幼儿园	2002年8月	友爱北路23-2号
	60	南宁市西乡塘区新阳南社区幼儿园	1999年3月	新阳南社区新阳南路永和小区7栋
	61	南宁市西乡塘区壮棉幼儿园	2006年8月	新阳路221号
	62	南宁市西乡塘区康美幼儿园	2003年9月	新阳路北三路1-5号
	63	南宁市西乡塘区万力幼儿园	1953年9月	明秀西路152号
	64	南宁市西乡塘区永新幼儿园	1987年7月	北际路13-2号
	65	南宁市西乡塘区永宏育苗南宁市幼儿园	2009年8月	中尧南路6号
	66	南宁市西乡塘区快乐源幼儿园	2008年11月	新阳路227-2号
	67	南宁市西乡塘区台湾街蒙台梭利幼儿园	2014年8月	龙腾路78号台湾街花莲府
	68	南宁市西乡塘区桃李水悦龙湾幼儿园	2016年8月	明秀西路170号水悦龙湾小区内
	69	南宁市西乡塘区城北幼儿园	1983年12月	衡阳西路北二巷4号
	70	南宁市西乡塘区同一幼儿园	2002年9月	衡阳西路南二巷4-22号
	71	南宁市西乡塘区新贝贝幼儿园	2007年12月	衡阳西路北一巷582号

续表2

类型	序号	单位	建园年月	地址
民办	72	南宁市西乡塘区博士摇篮幼儿园	2003年9月	白苍岭路南铁北四区
	73	南宁市西乡塘区英华幼儿园	2009年9月	明秀西路53号
	74	南宁市西乡塘区超杰幼儿园	2001年9月	秀灵路东四里2号
	75	南宁市西乡塘区小摇篮幼儿园	2000年9月	友爱北路西三巷83号
	76	南宁市西乡塘区秀厢幼儿园	1999年9月	秀厢村委会旁
	77	南宁市西乡塘区紫苑幼儿园	2007年12月	秀灵路23号
	78	南宁市西乡塘区金贝贝幼儿园	2009年8月	友爱路西五巷50号
	79	南宁市西乡塘区世纪春天幼儿园	2014年10月	友爱北路23-2号
	80	南宁市西乡塘区恒大幼儿园	1998年1月	秀厢大道53号北湖安居小区内
	81	南宁市西乡塘区金太阳幼儿园	2006年3月	苏卢村一路35号
	82	南宁市西乡塘区满天星幼儿园	2007年12月	安吉大道东一里
	83	南宁市西乡塘区屯渌幼儿园	2003年9月	屯渌村一队77号
	84	南宁市西乡塘区万秀苑幼儿园	2007年8月	秀安路东段39号
	85	南宁市西乡塘区苏卢星星幼儿园	2009年8月	安吉中路苏卢一路32号
	86	南宁市西乡塘区北湖苑幼儿园	2009年12月	北湖路49号北湖小区
	87	南宁市西乡塘区贝贝佳幼儿园	2009年12月	安吉大道苏卢南路苏卢村一队南七里8号
	88	南宁市西乡塘区桃花源幼儿园	2012年5月	安园东路9号
	89	南宁市西乡塘区童洲安吉幼儿园	2009年2月	安吉大道39号
	90	南宁市西乡塘区桃花源第二幼儿园	2013年9月	安园东路9号桃花源小区内
	91	南宁市西乡塘区市政苑幼儿园	2009年9月	秀厢大道东段39号
	92	南宁市西乡塘区七彩幼儿园	2009年9月	安吉大道安吉街8号
	93	南宁市西乡塘区安吉幼儿园	2009年8月	安吉街11号
	94	南宁市西乡塘区鹧鸪渌幼儿园	2006年1月	秀厢大道鲁班路屯渌村
	95	南宁市西乡塘区三秀幼儿园	2006年1月	友爱北路秀灵村三组
	96	南宁市西乡塘区卓越幼儿园	2014年10月	南宁市安吉大道33号
	97	南宁市西乡塘区鑫鑫新阳幼儿园	2008年9月	新阳路尾建政商业广场314号
	98	南宁市西乡塘区陈西幼儿园	2007年6月	陈西村
	99	南宁市西乡塘区陈东幼儿园	1999年9月	陈东村
	100	南宁市西乡塘区童星幼儿园	2012年10月	鲁班路6号
	101	南宁市西乡塘区上尧幼儿园	2007年5月	新阳路239号上尧小学旁
	102	南宁市西乡塘区启亚幼儿园	2008年11月	大学西路7号
	103	南宁市西乡塘区金豆苗幼儿园	2010年9月	相思湖东路3号西湖东郡3号楼
	104	南宁市西乡塘区英培幼儿园	2009年8月	大学路23号广电职工培训中心
	105	南宁市西乡塘区罗文阳光幼儿园	2001年8月	大学西路160号
	106	南宁市西乡塘区希望幼儿园	2001年8月	石埠路237号
	107	南宁市西乡塘区石埠千千幼儿园	2006年1月	石埠奶场路107号
	108	南宁市西乡塘区石埠新星幼儿园	2005年7月	石埠奶场

续表3

类型	序号	单位	建园年月	地址
民办	109	南宁市西乡塘区金沙湖幼儿园	2009年8月	石埠街道石西村二队
	110	南宁市西乡塘区智慧树幼儿园	2009年8月	大学西路91号
	111	南宁市西乡塘区和安幼儿园	2014年8月	南宁市西乡塘区和安小学内
	112	南宁市西乡塘区乐洲幼儿园	2014年8月	南宁市西乡塘区乐洲小学内
	113	南宁市西乡塘区永安幼儿园	2014年8月	南宁市西乡塘区永安小学内
	114	南宁市西乡塘区灵湾幼儿园	2014年8月	南宁市西乡塘区灵湾小学内
	115	南宁市西乡塘区石埠街道办事处老口幼儿园	2014年8月	西乡塘区老口小学内
	116	南宁市西乡塘区金陵欣欣幼儿园	2008年12月	金陵镇陵海路北一里
	117	南宁市西乡塘区东升幼儿园	1993年9月	金陵镇金城路51号
	118	南宁市西乡塘区那龙小博士幼儿园	2009年8月	金陵镇那龙新街230-231号
	119	南宁市西乡塘区金陵那龙育英幼儿园	2009年8月	金陵镇那龙政府大院
	120	南宁市西乡塘区东南幼儿园	2014年8月	南宁市西乡塘区东南小学内
	121	南宁市西乡塘区居联幼儿园	2014年8月	金陵镇那龙居联村
	122	南宁市西乡塘区龙达幼儿园	2014年8月	南宁市西乡塘区龙达小学内
	123	南宁市西乡塘区邓圩幼儿园	2014年8月	南宁市西乡塘区邓圩小学内
	124	南宁市西乡塘区乐勇幼儿园	2014年8月	南宁市西乡塘区乐勇小学内
	125	南宁市西乡塘区广道幼儿园	2014年8月	南宁市西乡塘区广道小学内
	126	南宁市西乡塘区业仁幼儿园	2014年8月	南宁市西乡塘区业仁小学内
	127	南宁市西乡塘区小阳阳幼儿园	2003年9月	双定镇英龙村英吉坡
	128	南宁市西乡塘区英吉幼儿园	2011年9月	双定镇英龙村
	129	南宁市西乡塘区双定七色花幼儿园	2012年8月	双定镇加降路
	130	南宁市西乡塘区梦之始幼儿园	2013年3月	双定镇中心校大门旁
	131	南宁市西乡塘区英龙幼儿园	2014年8月	双定镇英龙村
	132	南宁市西乡塘区秀山幼儿园	2014年8月	西乡塘区秀山小学内
	133	南宁市西乡塘区武陵幼儿园	2014年8月	西乡塘区武陵小学内
	134	南宁市西乡塘区和强幼儿园	2014年8月	西乡塘区和强小学内
	135	南宁市西乡塘区定顿欣欣幼儿园	2005年10月	坛洛镇定顿村兰里坡2-1号
	136	南宁市西乡塘区坛洛远景幼儿园	1998年9月	坛洛镇新街市场
	137	南宁市西乡塘区坛洛欣欣幼儿园	2005年10月	坛洛镇新街市场2-38.39号
	138	南宁市西乡塘区坛洛镇定久幼儿园	2010年9月	西乡塘区群南小学内
	139	南宁市西乡塘区贝宁幼儿园	2009年9月	坛洛镇新圩街
	140	南宁市西乡塘区新蓝天幼儿园	2009年9月	坛洛镇新圩街
	141	南宁市西乡塘区金宝宝幼儿园	2006年9月	坛洛镇富庶村132号
	142	南宁市西乡塘区富庶快乐幼儿园	2006年5月	坛洛镇富庶街
	143	南宁市西乡塘区同富幼儿园	2014年8月	西乡塘区同富小学内
	144	南宁市西乡塘区上正幼儿园	2014年8月	西乡塘区上正小学内
	145	南宁市西乡塘区坛马伦幼儿园	2014年8月	西乡塘区马伦小学内

续表4

类型	序号	单位	建园年月	地址
民办	146	南宁市西乡塘区坛上中幼儿园	2014年8月	西乡塘区上中小学内
	147	南宁市西乡塘区武康幼儿园	2014年8月	西乡塘区武康小学内
	148	南宁市西乡塘区群南幼儿园	2014年8月	坛洛镇群南村村委旁
	149	南宁市西乡塘区下楞幼儿园	2014年8月	西乡塘区下楞小学内

（青海华）

义务教育

【义务概况】 2018年，西乡塘区有中学34所（普通初中11所，九年一贯制学校11所，社会办九年一贯制学校12所），在校生4.1万人，教职工2604人。有小学105所（含教学点29个，社会办8所），在校生8.11万人，教职工3912人；接收外来务工人员随迁子女入学5.2万人，购买学位4742个。年内，辖区直管学校获14项自治区级以上特色文化荣誉称号。

（唐铁军）

【义务教育发展基本均衡巩固提升】 2018年，西乡塘区实施"义教均衡巩固提升工程"，组织22名督学对区91所公办中小学、29个教学点进行"义教均衡回头看"月督导活动，并每月通报督导情况。对管理精细化的学校予以通报表扬，对有创新有实效的工作经验大力推广，责成存在问题较多的学校校长作表态发言。通过"回头看"督导，推动区义务教育从"基本均衡"向"优质均衡"迈进。依据2018年《基层统计报表》测算，2018年西乡塘区义务教育学校综合差异系数与2017年的基本持平（2017年，小学0.33、中学0.25；2018年，小学0.34、中学0.27），均优于教育部规定"小学、初中综合差异系数分别控制在0.60、0.50以内"的标准。《广西日报》对西乡塘区义务教育均衡发展成效进行报道。

【控辍保学】 2018年，西乡塘区通过召开义务教育控辍保学工作专题会议，部署落实控辍保学"双线四包"（区、各镇、村一条线，区领导包镇、镇领导干部包村、村干部包村民小组、村民小组包户；教育局、学校、班级一条线，教育局领导包学校、校领导包年级、班主任包班、科任教师包人）责任制和"三级联动"（各镇人民政府，村、居民委员会,村民小组联动）防护网络。5月、11月，由区教育局，镇、村干部及学校领导、老师组成劝学工作组，分赴广东省东莞、佛山等地，动员辍学打工的学生返校上学。对返校学生的学习和生活做好安排；对多次动员仍未返校的学生家长下达《义务教育复学通知书》。截至12月31日，劝返学生47名，全区小学辍学率0，初中辍学学生5名，辍学率0.18%，在南宁市各县区中率先实现"无一建档立卡贫困户学生辍学"脱贫指标。区控辍保学工作经验在中国扶贫网、教育部网站、《南宁日报》等多家媒体进行报道，并列入南宁市"义务教育控辍保学红榜"。

【责任督学挂牌督导】 2018年,西乡塘区实施"三三五"模式(实施"三给",即给人员、给经费、给机制;落实"三有",即有督学工作室、有办公设备、有信息平台;持有"一牌一册二表",即责任督学持有工作牌、工作手册、记录及反馈表和听课情况记录表进校园;通过"五法",即听、看、访、查、写,发现工作亮点,推广创新经验,指出存在不足,提出整改建议,回访促进落实),责任督学挂牌督导工作实现挂牌督导公信力、义务教育均衡发展水平、人民群众对教育的满意度的"三提升"。11月,教育部督导局组织专家对西乡塘区申报全国中小学校责任督学挂牌督导创新县(市、区)进行实地核查,给予高度肯定,并上报国务院督导委发文予以表彰。

(韦 东)

【外来务工人员子女入学】 2018年,西乡塘区结合实际,制订《2018年南宁市西乡塘区小学招生简章》,就进城务工人员子女报名入学明确切实可行的具体办法,通过政府购买服务方式,安排4742名随迁子女在普惠性民办学校就读。年内,辖区学校接收进城务工随迁子女5.23万人就读(小学4.15万人、中学1.08万人),占在校生42.84%。

(农建华)

【自治区级以上特色学校】 2018年,西乡塘区有9所学校获得14项自治区级以上特色文化荣誉称号。其中,南宁市新阳路小学、南宁市中尧路小学、南宁市西乡塘区坛洛中心校、南宁市西乡塘区石埠中学、南宁市西乡塘区鸿运小学、南宁市秀田小学获"全国青少年校园足球特色学校";南宁市新阳路小学、南宁市第三十七中学、南宁市西乡塘区双定中学获"全国青少年校园篮球特色学校";南宁市北湖路小学、南宁市秀田小学获"广西中小学生发明创造示范单位";南宁市北湖路小学获"全国青少年人工智能活动特色单位"、第33届全国青少年科技创新大赛"优秀科技教育创新学校""自治区防震减灾科普示范学校"。

(罗宇宏)

2018年2月28日,西乡塘区教育系统在南宁孔庙开展传承中华优秀传统文化活动

(区教育局供图)

【德育教育】 2018年,西乡塘区在中小学开展"实施中华优秀传统文化教育培育和践行社会主义核心价值观行动研究"课题研究,83所学校有子课题项目86项。组织520名教师参加南宁市师德教育巡回大讲堂西乡塘区、高新区专场巡讲活动;在6所学校开展"南宁市2018年未成年人心理辅导进社区暨家庭教育专题讲座",构建家、校、社会"三结合"教育网络,提高家庭教育水平。开展"学雷锋·行善立

德·志愿服务满绿城"活动45场次，参与师生3868人次；"我们的节日·清明"期间，开展网上寄语、主题教育、主题中队活动，参与人数35.19万人次；壮族"三月三"期间，有52所学校开展丰富多彩的民俗活动，增强学生民族团结、热爱家乡的意识；南宁市"戏曲进校园""送戏进校园"活动到13所学校演出20场；组织3629名学生和家长到妇女儿童活动中心、邕州剧场观看7场儿童优秀剧目的演出。组织南宁市第十八中学参加南宁市"新时代 新南宁 我邀明月颂中华"演出，《邕江水 壮乡情》获一等奖；学生参加讲故事比赛，获全国三等奖1个、自治区一等奖1个、南宁市一等奖2个；参加南宁市2018年优秀童谣征集评选活动，教师获一等奖1个、二等奖1个、三等奖2个，学生获二等奖2个、三等奖1个。全年有65所中小学被评为西乡塘区文明校园，占比59.09%；全区各中小学评为自治区级、南宁市级、区级文明校园覆盖率80.91%。11月，西乡塘区教育局获"广西壮族自治区民族团结进步模范集体"称号。

（卢建运）

【**体育教育**】 2018年，西乡塘区教育系统开展暑期中小学教师继续教育全员培训（体育科目专场）活动，邀请名师讲授《短跑》《田径新规则和裁判方法学习》，有350人参加；开展"推门听课"检查活动，进一步规范中小学体育课堂教学；开展中小学体育教师身体素质和教学技能测试活动，有300名体育教师参加；组织参加第二届南宁市中小学体育教师十项教学技能比赛，有4人获一等奖，3人获二等奖。

受教育部委派，南宁市第三十一中学朱海锋到法国参加"2018年校园足球教师、教练员赴法留学项目"培训。3月至10月，举办2018年区第六届中小学生运动会，设武术、乒乓球、气排球、田径、民族体育、篮球六大项目，有近3000名中小学生参加；11月，举办2018年区中小学校园足球比赛，有63所学校、84支队伍、1187人参赛。南宁市第三十七中学男子足球队和双定中学女子足球队参加南宁市第四届"千里杯"校园足球联赛，分获初中组男子和女子冠军；组队参加南宁市第十一届中小学少数民族传统体育运动会，小学组荣获团体总分第八名。组织参加南宁市第三届中小学体育教师教学技能比赛，中、小学代表队分获团体比赛一等奖，7人获个人一等奖，3人获个人二等奖。5月，完成2018年南宁市初中学业水平体育与健康测试，西乡塘区有34所学校、7277名考生参加测试，平均分53.92分、及格率96.48%、优秀率83.69%；组织111所符合数据上报条件的中小学完成《国家学生体质健康标准》测试和数据上报工作。新阳路小学、中尧路小学、坛洛中心校、石埠中学、鸿运小学、秀田小学被教育部认定为2018年全国青少年校园足球特色学校；新阳路小学、南宁市第三十七中学、双定中学被教育部认定为2018年全国青少年校园篮球特色学校。

（黄 漫）

【**艺术教育**】 2018年，西乡塘区教育系统全面落实《学校艺术教育工作规程》，组织开展艺术教育活动。参加第六届广西中小学艺术展演活动，秀田小学获合唱类第一名，友爱小学荣校园剧类第一名，并获优秀创作奖，西乡塘区教育局获优秀组织奖。参加南宁市教育系统第十六届师生迎春艺术作品展活动，获一等奖22幅、二等奖20幅、三等奖205幅。参加南宁市第二十届中小学艺术节表演类总决赛，南宁市第十八中学、锦华小学、桃花源小学、明秀小学、华西路小学、秀厢小学、秀厢东段小学、鑫利华小学、华衡小学、南宁市教育系统幼儿园、南宁市第三幼儿园获金奖，南师附小、龙腾路小学、新阳路小学荣获银奖，南宁市第十八中学获艺术节优秀团体奖，区教育局获优秀组织奖。参加南宁市第二十届中小学艺术节艺术作品类评比，获金奖111幅、银奖742幅、铜奖1601幅。参加南宁市民族器乐比赛，秀安小学获一等奖、南宁市第十八中学获二等奖、南师附小荣获三等奖。参加南宁市2018年中小学生打击乐比赛，秀田小学、南宁市第十八中学获一等奖，明秀小学等3所学校获二等奖，北湖路小学等4所学校获三等奖。举办西乡塘区中小学音乐、美术教师基本功比赛，评出特等奖14名、一等奖40名、二等奖41名、单项奖30名。举办西乡塘区第十四届中小学艺术节比赛，评出特等奖14名、一等奖26名、二等奖35名。

（覃　莹）

【科技教育】 2018年，西乡塘区教育系统组织开展春季、暑期、秋季3期普惠性学生公益培训班115个，免费服务学生约3万人次。年内，组织和承办"圆梦蒲公英"暑期系列主题活动、爱科学实践活动、校园科技节、区科技创新大赛和科学节启动仪式、区中小学航空航天模型比赛、区中小学第一届创客比赛等活动，同时，各校举办校园科学节活动，全区中小学生参与人数约10万人次，各校开展科普活动参与率100%。5月，开展科技活动周科普进校园活动，营造浓郁的科学探究氛围，培养师生崇尚科学的精神；举办2018年西乡塘区中小学航空航天模型比赛，有35支代表队、近200名选手参赛，选拔出优秀选手参加南宁市航模比赛，获得一等奖33人、二等奖77人、三等奖96人。8月，明天学校、新阳西学校、上尧小学、北湖路小学的优秀选手代表广西参加全国青少年航空航天模型锦标赛，获得一等奖3个、二等奖3个、三等奖5个。10月，举办2018年西乡塘区青少年科技创新大赛，有80余所中小学师生的科技小发明、科学幻想绘画、科技辅导员创新成果等十大类、3000多件作品参赛，从中评选出优秀作品参加南宁市青少年科技创新大赛。12月，举办区中小学第一届创客比赛，525名选手参赛，设3D打印设计、3D打印笔工程设计、疯狂投石比赛、小车马拉松、创意编程赛5个项目11个组别。评出学生单项奖一等奖65名、二等奖93名、三等奖145名，优秀组织奖21个，优秀指导教师89名。组织12所学校参加第十七届南宁市中小学生机器人竞赛暨第二届创客比赛，获一等奖33人、二等奖53人、三等奖93人。南宁市新秀学校获WER（世界教育机器人大赛）积分赛项目中学组冠、亚、季军，小学组冠、亚军；南宁市师范学校附属小学获疯狂投石项目冠军；南宁市位子渌小学获小车马拉松项目第二名；南宁市秀田小学获基本技能赛第二名；南宁市衡阳路小学获基本技能赛第三名。参加 2018 年广西青少年机器人竞赛，位子渌小学获团体亚军。参加第九届亚洲机器人锦标赛 VEX 中国区选拔赛华南区赛，位子渌小学获 VEX—IQ 挑战赛（小学组）总决赛亚军。参加在澳门举行的第十二届 VEX 亚锦赛，位子渌小学获 VEX-IQ 项目金奖和银奖。参加在上海举行的世界教育机器人大赛（WER）锦标赛，新秀学校获初中组 WER 创新设计赛冠军。南宁市北湖路小学、南宁市秀田小学获 2018 年广西发明示范单位；南宁市北湖路小学获第 33 届全国青少年科技创新大赛优秀科技教育创新学校；南宁市第三十一中学蒙科祺副校长获首届广西创新争先奖，并获"南宁市第九批专业技术拔尖人才"。

【研学实践活动】 2018 年，西乡塘区组织学校到美丽南方开展包括农业产业园游学、桑蚕丝文化探寻、团队拓展竞技游戏、学习制作古法无铅皮蛋、陶瓷彩绘、航空科普等多种课程内容的研学教育实践活动 63 次，有 49 所学校、2.39 万名学生参加。

（罗宇宏）

【特殊教育】 2018 年，西乡塘区进一步推进特殊教育工作，普及残疾适龄儿童随班就读和送教上门。年内，全区普通学校随班就读残疾儿童 233 人，接受送教上门服务重度残疾适龄儿童 77 人，残疾适龄儿童入学率 96.18%。五里亭第一小学与"安琪之家"合作办学，使"安琪之家"的孩子融合到普通班的教学活动中。9 月，在南宁市龙腾路小学新开设特教班 1 个，普通学校特教班增至 5 个。

（农建华）

【民办教育】 2018 年，西乡塘区有民办中小学 20 所。其中，小学 8 所（爱华小学、华星小学、创新小学、解元坡小学、明秀二区小学、红阳小学、西大君武小学、上尧新南小学），九年一贯制学校 12 所（育才双语实验学校、扶壮学校、兴桂学校、星星学校、龙华学校、壮新学校、景明学校、永兴学校、裕兴学校、育才中学、蓝天学校、智高学校）。有在校学生 2.3 万人（小学生 1.99 万人，初中生 0.31 万人），教职工 1271 人（专任教师 1082 人）。年内，在民办学校建立党支部、共青团组织、工会组织；民办学校的校长培训，教职工继续教育、职称申报评定和评优评先，学生的评优评先、考试、学籍管理、毕业升学等均与公办学校享有同等待遇；区财政划拨民办学校生均公用经费 1473.45 万元，资助民办学校在校生 1462 人（初中 207 人、小学 1255 人），资助金额 75.69 万元；区民办义务教育阶段学校的学生享受国家免费提供教科书的政策。区政府表彰民办学校先进教育工作者 16 人、优秀教师 38 人。民办学校学生被评为市三好学生 1135 人（初中 156 人、小学 979 人）、优秀学生干部 30 人。

（周志宁）

【区直管学校选介】

南宁市第十八中学 位于衡阳西路北二巷 1 号。1969 年创办，原址位于长堽路（现南宁师范大学长堽校区），1973 年停办，1977 年恢复办学，1979 年与大寨路学校（今秀田小学）初中分部合并为现南宁市第十八中学。2005年1月，由市直属学校划归西乡塘区管辖。2018年，占地面积11437.63平方米，建筑面积12096.69平方米，物理、化学等实验室、功能室均达到国家标准。有教学班38个，在校学生2060人，教职员工153人（高级教师15人、中级教师67人、初级教师32人，研究生学历教师17人），南宁市学科带头人3人，西乡塘区学科带头人7人。年内，获教育部颁发"中小学国防示范学校"和共青团广西区委颁发"广西五四红旗团委"荣誉。举办汉字听写、演讲、朗诵、舞蹈、大合唱、书画等特色活动训练，参加自治区和南宁市的比赛，成绩名列前茅。师生在主流媒体发表作品近百篇。教师中有3人获部级（国家级）优质课比赛一等奖，30人获自治区级奖，80人获南宁市级奖项，1人被评为自治区级"优课"评审专家。中考，2名学生获全A+、49名学生获总分A+的成绩。接待参观、学习、培训3000多人次。

（施　明）

南宁市第三十一中学　位于秀厢大道东段15号。2000年创建，2005年1月由市直属学校划归西乡塘区管辖。2018年，占地面积21187平方米，建筑面积12091平方米。有教学班24个，在校学生1170人，教职工100人（本科学历82人、研究生学历7人、高级教师13人、中级教师46人）。有全国模范教师1人，全国创新型优秀教师1人，全国特色教育优秀教师1人，全国特色教育先进工作者1人，全国教育科研先进工作者1人，全国高级科技辅导员1人，自治区优秀教师1人，市优秀教师1人，市专业技术拔尖人才1人，市教坛明星1人，市学科带头人2人，市教学骨干23人，西乡塘区学科中心组成员3人，兼职教研员6人。1人获国家公派赴法国里昂参加足球教练班培训，1人获首届广西创新争先奖。物理、化学、生物等实验室、功能室全部达到国家一类标准。学校确立"依法办学、质量立校、特色强校、科研兴校"办学理念，以"让每个学生都拥有成功的机会，让每个家庭都拥有回报的快乐"为办学宗旨，秉承"博爱·厚德"的校训，弘扬"友爱、和谐、求实、创新"的校风，发扬"爱生、敬业、严谨、求学"的教风，营造"尊师、守纪、勤学、奋进"的学风，走"规范加特色的精品学校、育合格加特长的学生"的发展道路，形成科技和足球两大办学特色。年内，获全国中小学知识产权教育试点学校、全国青少年足球特色学校、广西壮族自治区卫生优秀学校、广西中小学发明创造示范单位、广西"新派作文"研究优秀学校、南宁市文明学校、南宁市青少年足球冠军杯第二名、南宁市第三届"千里杯"校园足球联赛男子乙组第三名等荣誉。编著出版《点燃发明创造之火——青少年发明创造简明读本》（学生用书）和《为中国梦插上科技的翅膀——青少年科技创新教育指导》（教师用书）。

（李　翔）

南宁市第三十七中学　位于秀灵路16号。原为柳州铁路局南宁第二中学，1975年创建，2004年划归城北区政府管理，更现名。2018年，占地面积28976.98平方米。有在校学生2900人，教职工259人，其中高级教师22人，全日制硕士研究生25人，南宁市学科中心组成员9人。办学理念：让学生能发展，让教师有成就。育人目标：培养现代文明素养，学会承担社会责任，做同龄人中的优秀分子。校训：敏行敬事，励志有为。校风：和谐，合作，严谨，创新。教风：以爱心育人，以理性教书。学风：入室即静，入座即学，入学即专。年内，学校学科组建设、中考备考、学生体能训练等工作方法和经验多次在南宁市相关会议上进行介绍和推广。骨干教师到外校讲学、上示范课110多节次，获区级以上集体荣誉称号19个，接待参观交流7000多人。中考，获全A+成绩4人，总分A+成绩171人，综合成绩居全市中学前列。组队参加区中学生创客比赛，包揽所有项目第一名；参加区中学生艺术比赛获金奖。男子足球队获南宁市中学生足球比赛"千里杯"冠军；田径队参加南宁市中学生田径比赛，获团体总分第二名。

（周万忠）

南宁市北湖北路学校 位于北湖北路24号。1974年创建。是九年一贯制学校，学校由原北湖片区14家厂矿企业单位联办，原名北湖路职工子弟学校，1999年隶属市教育局直属学校，更名为南宁市北湖北路学校，2004年划归城北区管理，2005年3月划归西乡塘区管辖。校园由新、旧两部分校区组成。2018年，占地面积28295.31平方米，总建筑面积18262.35平方米。有南宁市青少年法治教育示范基地、文化长廊、档案室、现代化校园网络、校史馆、少年宫、专用实验室、录播室、电脑室、语言室、图书馆、音乐室、美术室、舞蹈室、劳技室以及多媒体教室和多媒体会议室等。设教学班71个，在校学生3728人；教职工426人，其中硕士研究生学历4人，大学本科学历170人，中学高级教师16人，中级教师89人，市级学科带头人3人，教学骨干43人。年内，"准军事化+法治教育"的德育特色在"新华网"等多家媒体报道。获南宁市消防宣传工作先进学校、南宁市青少年无线电测向定向竞赛决赛团体第一名和优秀组织奖、南宁市2018年"童心向党"歌咏比赛二等奖、西乡塘区初中毕业班工作成绩卓越奖、西乡塘区第十四届中小学艺术节比赛校园剧类一等奖等荣誉。

（涂兴初）

南宁市新秀学校 位于中尧路48—1号。1959年创建，前身为南宁机械厂和南宁制药厂子弟学校，2003年合并改称现名，2005年由市直属学校划归西乡塘区管辖。是九年一贯制学校。2018年，占地面积5979.58平方米，建筑面积6924.02平方米。有教学班32个，在校学生1736人；教职工220人，专任教师104人，市级教学骨干34人，西乡塘区C类人才9人。物理和化学实验室、功能室等均按照国家标准配置。年内，参加世界教育机器人大赛WER2018赛季世界锦标赛分获一等奖、二等奖、三等奖，参加2018广西中小学电脑制作活动竞赛、2018广西北部湾创客教育大赛、第十七届南宁市中小学生机器人竞赛暨第二届南宁市中小学生创客竞赛、"点亮科学梦想"2018年南宁市青少年科技创新生物能源DIY大赛等省市级竞赛，获一等奖28个、二等奖32个、三等奖25个。

获第十七届南宁市中小学生机器人竞赛暨第二届南宁市中小学生创客竞赛优秀组织奖,"点亮科学梦想"2018年南宁市青少年科技创新生物能源DIY竞赛优秀组织奖,2018年南宁市中小学生车辆、建筑模型比赛优秀组织奖,南宁市青少年爱科学实践活动先进集体,2018年南宁市青少年书法、绘画大赛优秀组织奖,西乡塘区初中毕业班工作成绩优秀奖,西乡塘区2016—2017年度"一师一优课,一课一名师"工作先进单位等荣誉。

(韦峥嵘)

南宁市西乡塘区坛洛中学 位于坛洛镇硃湖村花邓坡1号。民国三十四年(1945年)十一月筹建,民国三十五年(1946年)八月建成招生,原名坛洛创进初级中学。1946年9月至1949年12月先后改称邕宁县第五初级中学、邕宁县第四初级中学,1956年后改为坛洛初级中学,1978年改称坛洛中学,2005年改称现名,是全日制初级中学。2017年9月坛洛中学与坛洛二中合并。2018年,总面积80537.8平方米,建筑总面积45492.4平方米,学农基地186700平方米。有教学班54个,学生2834人;教职工197人,其中高级职称教师19人,一级职称教师86人,南宁市教学骨干23人,西乡塘区C类人才39人。建有综合楼,学生宿舍楼,学生公寓楼,学生食堂,教工宿舍楼,教师周转房,计算机教室,物理、化学、生物实验室及仪器室,图书阅览室;设有心理辅导室、团队活动室。各功能室按照国家标准配置,通过自治区级义务教育学校办学基本条件达标均衡评估验收。年内,获自治区级科技事业单位档案管理奖、西乡塘区初中毕业工作成绩卓越奖、西乡塘区第六届中小学生运动会篮球比赛女子组第二名、田径比赛初中团体总分第三名等荣誉。中考,有39人被南宁市二中、三中录取,136人被南宁市示范性高中录取。

(马 俊)

南宁市西乡塘区金陵中学 位于金陵镇新秀路196号。1988年创建,寄宿制公办初级中学,是西乡塘区标准化建设示范学校。2018年,占地面积87194平方米,建筑面积22743.3平方米,体育运动场地面积15700平方米,绿化面积33600平方米。有教学楼、实验图书综合楼、师生宿舍楼、食堂、塑胶篮球场、气排球场、羽毛球场、健身器材运动场、塑胶跑道田径运动场等教育教学设施,均按照自治区义务教育学校标准配置。有教学班36个,学生1852人;教职工134人,其中专任教师126人,高级教师17人,一级教师56人,南宁市教学骨干28人。校训:律己敬人、团队协作、终身学习;教风:厚德博学、理性人文、教学相长;学风:好学惜时、善思敏行、自信自主;校风:勤奋文明、和谐合作、严谨创新。年内,获南宁市教育局颁发的"学校文化建设之精神文化典型奖"、初中毕业班工作进步奖,西乡塘区第六届中小学生运动会比赛中学组抛绣球项目第二名等荣誉。

(李有本)

南宁市秀田小学 友爱校区位于友爱

北路30号，恒大校区位于秀厢大道32号恒大新城小区内，五象校区位于五象新区玉成路北侧。民国十三年（1924年）创建，前身为"三圣学堂"，1979年定名南宁市秀田小学。2018年，学校占地面积56653.93平方米，教学及辅助用房建筑面积51754平方米。有教学班80个，学生4029人；教职工221人，其中高级教师5人，广西特级教师2人，南宁市专业技术拔尖人才1人，南宁市优秀青年专业技术人才2人，南宁市教坛明星2人，南宁市学科带头人8人，南宁市教学骨干37人。年内，承担自治区教育科学"十一五""十三五"规划课题均通过结题验收；获国际生态学校、全国青少年校园足球特色学校、广西中小学生发明创造示范单位、南宁市先进单位、南宁市红旗大队等荣誉；童悦合唱团参加2018年自治区团拜会文艺演出，获广西第六届中小学生艺术展演评比活动声乐类第一名，并代表广西参加全国比赛；机器人社团参加上海世界教育机器人大赛（WER）2018赛季世界锦标赛，两支队伍获一等奖、一支队伍获二等奖；学生运动代表队获全国啦啦操联赛（南宁站）儿童丁组花球规定动作冠军，南宁市运动系列挑战赛篮球邀请赛U10组第一名、U12组第二名，恒大校区获南宁市中小学校园跳绳比赛3分钟10人长绳8字跳第一名、友爱校区获3分钟10人集体跳第二名；12月，被中央文明办评为全国"童画新时代手绘价值观"主题活动优秀组织奖；教师获各级比赛和综合荣誉奖共320余人次。

（张　萦）

南宁市衡阳路小学　位于衡阳西路16号。1964年创建。2018年，占地面积38065.7平方米，建筑面积22501.18平方米。有教学班47个，学生2429人；教职工144人，其中学科带头人4人，市教学骨干20人，中学高级教师4人，小学高级教师52人。年内，举办第三届吟诵节、自治区第一届创新杯"我的家风·家教"主题征文总结暨第二届"广西美·少年美"主题征文启动仪式、祭奠孔子2569周年诞辰等活动。获南宁市少先队红旗大队、南宁市"童心向党"歌咏比赛二等奖、西乡塘区"我邀明月诵中华"朗诵比赛一等奖等荣誉；4位教师的课堂教学获"一师一优"课部优奖，广西数学课堂教学竞赛一等奖，参与全国前沿课堂教学展示；有45人次参加自治区级、市级、区级等各级各类课堂教学竞赛获一等、二等奖；获广西心理健康教育特色学校，受益家长2100多人；组织举办学区联片教研活动6次，指导学区9名教师获各级各类课堂教学比赛一等奖、二等奖；组织送教帮扶到坛洛镇、马山县4次。

（朱剑梅）

南宁市新阳路小学　位于新阳路85号。1954年创办，是南宁市小学生"新阳杯"乒乓球比赛永久举办地（已连续17年承办赛事）。2018年，占地面积14323平方米，建筑面积7478.63平方米，塑胶跑道2700平方米。有教学班39个（含1个特教班），学生2012人；教职工103人，其中高级教师3人，一级教师43人，研究生学历5人，本科学历82人，南宁市学科带头人1人，南宁市教学骨干20人。教学班全部配备电子白板、投影仪等教学装备。年内，教师参加各级各类比赛获一等奖25人次、二等奖33人次；获2018年"全国青少年校园篮球特色学校"、南宁市第二十届中小学生艺术节总决赛舞蹈银奖（舞蹈《小鸟归家家》）、南宁市第十届"享受阅读 快乐成长"阅读表演秀邀请赛二等奖、南宁城市运动系列挑战赛篮球邀请赛U10组第二名、西乡塘区第六届中小学生运动会篮球比赛男子U10组第三名、广西中小学书法大展赛优秀组织一等奖、南宁市首届无偿献血主题儿童绘画大赛最佳组织奖、南宁市梦想飞扬阳光女孩"阳光耕耘奖"、南宁市巾帼文明岗、"南宁市优秀班集体"、西乡塘区"青少年爱科学实践活动先进集体"等荣誉。

（孟 琳）

南宁市清川小学 位于陈东路18号。1995年创建。2018年，占地面积12415平方米，建筑面积8115.94平方米。有教学班40个，学生2101人；教职工110人，其中南宁市学科带头人2名，南宁市教学骨干21名，高级教师2人，中级教师43人。有教学楼、综合楼各1栋，小型足球场1个，标准篮球场3个，塑胶跑道200米，健身器材运动场地1个。配备电脑室、音乐室、科学实验室等专用教室，及科学仪器室、理科仪器室、保健室、心理辅导室、图书室、阅览室、体育器材室等功能室，40间普通教室均配备电子白板。学校推进主题学习教学机制，阅读量全面提升，教学成效明显。开展针对二十四节气文化的课题研究，以中队为单位，多方位进行传统文化的学习。年内，获南宁市少先队红旗大队、南宁市青少年田径锦标赛团体第六名等荣誉。

（姜翠微）

南宁市锦华小学 位于南铁北三区2号。1951年创建。原是南宁铁路第一小学校，2005年8月移交西乡塘区教育局管理，并改称现名。2018年，占地面积19143.02平方米，建筑面积7727.4平方米。有教学班37个，学生1884人；教职工103名，其中研究生学历9人，本科学历86人，高级教师2人，一级教师49人，国家级骨干教师1人，市学科带头人1人，市教学骨干16人。获广西基础教育教学成果一等奖（课题《"双体一核"小学信息化教学探索与实践》）、南宁市第二十届中小学艺术节艺术表演类节目全市总决赛声乐类（小学组）金奖、南宁市档案年度检查优秀等级、"我是领队"第四季"20人21足"绑腿跑校际竞赛优胜校队、"为乡村儿童捐牛奶"公益行动热心公益宣传学校、"争当新时代好少年"主题宣传文艺节目展演评比优秀节目创作奖（节目《阳光宣言》）、2017—2018年度西乡塘区少先队红旗大队、西乡塘区第十四届中小学艺术节比赛合唱类一等奖、西乡塘区第一届中小学创客竞赛优秀组织奖等荣誉。

（刘春梅）

南宁市明秀小学 位于明秀东路145号明秀小区内。1995年2月创建。2018年，占地面积6219平方米，建筑面积7710.7平方米。有教学班24个，学生1233人；教职工69人，其中高级教师1人，一级教师32人,市学科带头人1人,市骨干教师12人。有多媒体电脑室、音乐室、美术室、图书室、科技室、录播室、绣艺坊、心理咨询室等功能室,24个班均配备一体机、投影仪等教学装备,功能室均按国家标准配置。学校以"民俗润泽 秀雅人生"为办学理念,建设有形似侗族风雨桥的明明廊、秀秀廊及"山歌美酒迎亲人""藤缠树""荷美月色""赶圩归来啊哩哩"等"双廊八景"民族主题景观。开设天琴、原生态山歌等12个弘扬民族艺术、民族体育的社团,连续与广西电视台携手举办两届中国壮乡"三月三"校园民族文化艺术节。年内,承担的自治区教育科学"十二五"规划课题《小学英语综合实践课程开发》结题;获"广西优秀少先队集体"、市第二十届中小学艺术节器乐专项比赛金奖(第一名)、西乡塘区第十四届中小学艺术节比赛金奖、西乡塘区中小学足球赛男子丙组冠军、西乡塘区"一师一优课"先进单位等荣誉。接待考察12次、200多人次。

(潘卫红)

南宁市师范学校附属小学 位于北湖南路13号。1977年创建。原由市教育局直属管理,2008年年底划归西乡塘区教育局管理。2018年,占地面积7122平方米,建筑面积7990平方米。有教学班24个,学生1278人;教职员72人,其中专职教师56人,本科以上学历43人,研究生学历3人,高级教师3人,一级教师31人,市学科带头人4人,教学骨干18人。教辅用房5659平方米,科学实验室、功能室均按国家标准配置。年内,获2018年"环球自然日"全球总决赛一等奖、第二届南宁市中小学生创客比赛一等奖、南宁市青少年无线电测向和定向竞赛无线电测向比赛二等奖、南宁市第二十届中小学艺术节艺术表演类节目全市总决赛声乐类小学组银奖、2018西乡塘区校园中华经典诵读比赛集体组一等奖、西乡塘区第六届中小学生运动会气排球比赛第一名和乒乓球男子团体第一名等荣誉。

(孙红梅)

南宁市江北小学 位于义忠街28号。2008年10月,由原市永红街小学和市江滨路学校小学部合并组建。2018年,占地面积9292.24平方米。有教学班19个,学生912人;教职工62人,其中市学科带头人1人,市教坛精英领航工程培养对象1人,市教学骨干8人,区C类人才5人,高级教师1人,一级教师35人,研究生学历2人,本科学历35人,大专学历10人。校训:立德、至善、博学、笃行;教风:以爱育爱,以智启智;学风:乐学善思,多彩发展;校风:赏识合作,知行合一。年内,承担的市教育科学"十二五"规划课题《新课改下小学语文阅读课文本拓展的有效性研究》结题;获区以上奖励教师85人次、学生326人次,其中教师参加南宁市课堂教学比赛、艺术作品评比、艺术展演、课例比赛等获一等奖、二等奖近30人次。

(罗 立)

南宁市华衡小学 位于地洞口路8号。1957年6月创建,原为南宁铁路第二小学,2005年划归西乡塘区教育局管理。是广西唯一一所全国"国际象棋教学研究"实验学校，全国青少年校园足球特色学校。2018年，占地面积17062.27平方米，建筑面积8863.05平方米，其中教辅用房5615.92平方米。有教学班34个，学生1592人；教职工100人，其中一级教师34人，市学科带头人1人，园丁工程（B类）骨干教师2人、教学骨干13人。有图书室、阅览室、科学实验室等功能室，均按国家标准配置。年内，获南宁市第二十届中小学艺术节艺术表演类节目全市总决赛舞蹈类小学组金奖、西乡塘区2016—2017年度"一师一优课、一课一名师"工作先进单位、西乡塘区十四届中小学艺术节舞蹈类特等奖、西乡塘区第十三届职工气排球比赛（教育系统）第一名、南宁市青少年科技创新大赛先进集体、西乡塘区第六届中小学生运动会武术套路比赛团体总分第二名、广西中小学师生书法大赛团体优秀奖、南宁市青少年国际象棋比赛团体甲组第一名、南宁市青少年国际象棋比赛团体丙组第一名、南宁市青少年国际象棋比赛团体乙组第二名、西乡塘区中小学校园足球比赛女子乙组第一名、西乡塘区中小学校园足球比赛男子乙组第二名、西乡塘区中小学校园足球比赛男子丙组第二名、广西中小学音乐教师"五项技能"比赛一等奖（李智）等荣誉。

（卓丽美）

南宁市明天学校 屯里校区位于安吉大道西二里2号，安吉校区位于新峰路3号。1984年8月创建，前身是南宁市郊区安吉中心校，2001年12月划归兴宁区管辖并更名南宁市兴宁区明天学校，2003年4月归属城北区管辖并改称现名，2005年3月归属西乡塘区管辖。是一所收容孤儿融入社区地段儿童共同教育成长的九年一贯制公办学校。2018年，占地面积56000.04平方米，建筑面积37456.21平方米，其中教辅用房面积13200平方米。有教学班62个，学生3432人；教职工356人，其中本科以上学历109人，研究生学历6人。有物理、化学、微机、科学等实验室，均按国家标准配备。招收南宁市各县区及百色、河池革命老区的孤儿累计530人。年内，获第十届广西体育节"旭辉杯"广西象棋锦标赛优秀组织奖、南宁市中小学生航空航天模型比赛小学组团体总分第二名、"点亮科学梦"南宁市青少年科技创新生物能源DIY竞赛优秀组织奖、南宁市青少年爱科学实践活动先进集体等荣誉。

（莫荣斌）

南宁市北湖路小学 位于北湖北路49号。1981年9月创建。2018年，占地面积7936平方米，建筑面积6387平方米，运动场地面积4753平方米。有教学班23个，学生1187人；教职工69人，其中市学科带头人1人，教学骨干14人。建有科技大道、时空隧道、乐思长廊、求知长廊、空中生态园、科学工作室、创客中心、壁挂式科技馆等。年内，获全国航天特色学校、全国青少年科学调查体验活动特色学校、全国青少年人工智能活动特色单位、自治区防震减灾科普示范学校、第33届广西青少年科技创新大赛基层赛事优秀组织单位等荣誉。

（李长久）

南宁市西乡塘区石埠中心小学 位于石埠2街23号。前身是清宣统二年（1910年）创建的"作英学校"。1936年春，原石埠乡把老圩镇迁移重建，名为"石埠新圩"，作英学校随圩场迁到石埠新圩西侧新建，并更名"石埠小学"。1951年春更名石埠中心校，1968年更名石埠中心小学；2005年改称现名。2018年，占地面积3133.49平方米，建筑面积3488.88平方米。有教学班16个，学生868人；教师56人，其中本科以上学历42人，小学高级教师31人，八桂优秀乡村教师2人，南宁市"我最喜欢的老师"1人，市学科带头人1人，市骨干教师5人，市优秀教师4人，西乡塘区优秀教育工作者、优秀教师23人。有电脑室、图书室、阅览室、保健室、仪器室、实验室、体育器材室等教学辅助用房，各教室均配有多媒体教学设备，图书馆有图书19667册。年内，获西乡塘区教育系统宣传工作集体一等奖、西乡塘区中小学生篮球比赛女子组第六名、西乡塘区校园中华经典诵读比赛集体组二等奖、西乡塘区第十四届艺术节比赛校园剧类一等奖等荣誉。

（覃少曾）

南宁市西乡塘区金陵镇中心小学 位于金陵镇新秀路276—1号。1989年创建，前身为南宁市郊区金陵中心校，2001年11月更名城北区金陵镇中心小学，2005年3月改称现名。2018年，占地面积19014.32平方米，建筑面积11223.84平方米。有教学班26个，学生1262人；教职工75人，其中大专以上学历76人，小学一级教师51人，八桂优秀乡村教师1人，南宁市骨干教师11人。有普通教室、专用教室、功能室和综合运动场等，均按国家标准配置。年内，获自治区第六届乡村学校少年宫素质教育技能竞赛三等奖，南宁市中小学生航空航天模型比赛优秀组织奖，南宁市中小学生车辆、建筑模型比赛优秀组织奖，西乡塘区第十四届中小学艺术节舞蹈类比赛一等奖，第六届中小学生运动会女子气排球比赛第五名，第六届中小学生运动会优秀组织奖等荣誉。接待广西各地义务教育均衡发展参访团160人次。

（宁桂春）

南宁市西乡塘区坛洛镇中心小学 位于西乡塘区坛洛镇新街291号。1982年创建，前身为坛洛小学，2001年11月更名南宁市永新区坛洛镇中心小学，2005年3月更为现名。2018年，占地面积7551.04平方米，建筑面积4738.24平方米。分教学区、生活区、活动区三大区域。有教学班20个，学生888人；教职工57人，其中中小学高级教师1人，一级教师18人，大专以上学历52人，八桂优秀乡村教师1人，南宁市骨干教师9人，区C类学员4人。教学辅助用房及师资配备均达到国家标准。学校校风：与真为伴、与人为善；教风：德才兼备、教人求真；学风：知行合一、学做真人；校训：好学求真、厚德至善。年内，获西乡塘区第十四届中小学艺术节舞蹈类比赛一等奖、西乡塘区中小学校园篮球比赛男子乙组冠军、西乡塘区中小学田径比赛总分第六名等荣誉。

（马志明）

2018年西乡塘区公办中小学校情况表

学校名称	建校时间（年）	班额（个）	学生（人）	教职工（人）	占地面积（平方米）	建筑面积（平方米）	地址
南宁市第十八中学	1979	38	2060	153	11437.63	12096.69	衡阳西路北一巷1号
南宁市第二十五中学	1983	18	870	74	13956.31	7115.27	边阳新街7号
南宁市第三十一中学	2000	24	1170	100	21187	12091	秀厢大道东段15号
南宁市第三十五中学	1963	31	1683	115	16492	16595	科园大道16号
南宁市第三十七中学	1975	51	2900	259	28976.98	19255.46	秀灵路16号
南宁市西乡塘区石埠中学	1966	24	1197	81	32509	20660.48	石埠路99号
南宁市西乡塘区安吉中学	1963	25	1372	90	23160	10837	安吉大道北段安吉街18号
南宁市市西乡塘区金陵中学	1988	36	1852	134	87194	22743.3	金陵镇新秀路196号
南宁市西乡塘区那龙民族中学	1966	18	944	73	61211.79	18650.72	金陵镇广道村
南宁市西乡塘区双定中学	1985	22	1137	84	50763	28410	双定镇兴教街3号
南宁市西乡塘区坛洛中学	1946	54	2834	197	80537.8	45492.4	坛洛镇珠湖村花邓坡1号
南宁市西乡塘区富庶中学	1989	25	1098	180	43393.56	13964.8	坛洛镇富庶村
南宁市新秀学校	1959	32	1736	220	5979.58	6924.02	中尧路48-1号
南宁市新阳中路学校	1960	16	818	116	2257.89	2764.6	新阳路221号
南宁市新阳西路学校	1960	18	888	122	5022	4145	新阳路316号
南宁市明秀西路学校	1952	35	1748	226	16986.5	6542	明秀西路152号
南宁市北湖北路学校	1974	71	3728	426	28295.31	18262.35	北湖北路24号
南宁市秀灵学校	1960	36	1681	236	6004.24	7219.28	明秀西路32号
南宁市友爱南路学校	1980	40	2016	244	9502	8912	友爱南路22号南棉街31号
南宁市文华学校	1960	33	1618	200	13673.69	7591.9	鲁班路29号
南宁市友衡学校	1958	23	1091	162	3404.19	6908.43	友爱南路28号
南宁市明天学校	1984	62	3432	356	56000.04	37456.21	屯里校区：安吉大道西二里2号；安吉校区：新峰路3号
南宁市罗文学校	1961	4	199	11	1389.74	584.85	大学西路95号
南宁市秀田小学	1924	80	4029	221	56653.93	51754	友爱校区：友爱北路30号；恒大校区：秀厢大道32号秀田恒大新城小区内；五象校区：五象新区玉成路北侧

续表 1

学校名称	建校时间（年）	班额（个）	学生（人）	教职工（人）	占地面积（平方米）	建筑面积（平方米）	地址
南宁市衡阳路小学	1964	47	2429	144	38065.7	22501.18	衡阳西路16号
南宁市明秀小学	1995	24	1233	69	6219	7710.7	明秀东路145号明秀小区内
南宁市五里亭第一小学	1953	18	886	56	9617	5417	五里亭四街109号
南宁市五里亭第二小学	1958	19	923	52	3644	3845	五里亭新一街31号
南宁市北湖路小学	1981	23	1187	69	7936	6387	北湖北路49号
南宁市华西路小学	1965	19	926	56	6491	4476.78	华西路5号
南宁市卫国小学	1956	21	1028	56	6194	5170	人民西路76号
南宁市西乡塘区壮志路小学	1928	24	1119	65	7899	6089	中兴街6号
南宁市新阳路小学	1954	39	2012	103	14323	7478.63	新阳路85号
南宁市中尧路小学	1950	32	1612	94	17553.44	9697.22	中尧路一街1号
南宁市上尧小学	1926	18	952	53	6276.06	3665.91	新阳路241号
南宁市清川小学	1995	40	2101	110	12415	8115.94	陈东路18号
南宁市陈村小学	1946	19	982	59	5010.6	5600.28	大学路陈东村谷塘东181号
南宁市西乡塘小学	1926	35	1895	100	11145.96	6053.21	大学东路115号
南宁市金光小学	1960	18	812	66	20028.6	8292.93	坛洛镇金光农场
南宁市友爱小学	1953	19	1000	61	4532	4122.23	明秀西路16号
南宁市西乡塘区万秀小学	1952	37	1886	110	9330.69	9242.5	明秀东路北一里403号
南宁市秀灵小学	1969	20	1014	59	4280	3585	友爱北路东五巷18号
南宁市秀厢小学	1952	21	1177	74	2840	10476.5	友爱北路西五巷9号
南宁市锦华小学	1951	37	1884	103	19143.02	7727.4	南铁北三区2号
南宁市华衡小学	1957	34	1592	100	17062.27	8863.05	地洞口路8号
南宁市西乡塘区苏卢小学	1942	24	1331	78	8193.96	6224.46	安吉街道苏卢村一路东15号
南宁市西乡塘区大塘小学	1930	13	662	41	4875	2263.59	安吉大道大塘村西坡39号
南宁市西乡塘区大塘小学赤里教学点	1930	2	102	4	1704	496.72	大塘村赤里坡
南宁市西乡塘区屯渌小学	1964	7	347	20	1648.6	1339	安吉大道屯渌村36号
南宁市位子渌小学	1959	25	1291	80	12408.94	8287.1	大学东路位子渌路19号
南宁市秀安路小学	1960	19	923	56	3973	4198.6	秀安路2号
南宁市鸿运小学	1981	9	400	26	6449.01	1975	石埠路奶场133号
南宁市秀厢东段小学	1977	19	971	57	5127	4304.61	秀安路4号
南宁市师范学校附属小学	1977	24	1278	72	7122	7990	北湖南路13号

续表2

学校名称	建校时间（年）	班额（个）	学生（人）	教职工（人）	占地面积（平方米）	建筑面积（平方米）	地址
南宁市江北小学	1905	19	912	62	9292.24	3596.61	义忠街28号
南宁市西乡塘区桃花源小学	2013	27	1456	88	12500	5018.2	安东园路9号
南宁市鑫利华小学	2015	25	1273	80	17071	6884.48	秀园三里一号
南宁市龙腾路小学	2016	17	764	64	6248.59	4313.48	龙腾路156号
南宁市西乡塘区石埠中心小学	1910	16	868	56	3133.49	3488.88	石埠2街23号
南宁市西乡塘区石西万达希望小学	1935	12	634	33	8882.05	2682.2	石埠街道石西村
南宁市西乡塘区灵湾小学	1956	12	545	32	4994.05	2504.2	石埠街道办灵湾村
南宁市西乡塘区乐洲小学	1926	7	291	21	6597.23	1989.48	石埠街道乐洲村
南宁市西乡塘区和安小学	1969	6	259	16	4210.47	1653	石埠街道和安村
南宁市西乡塘区永安小学	1935	7	311	21	5108.14	1580.77	石埠街道永安村
南宁市西乡塘区老口小学	1931	11	388	26	4684.37	4094.79	石埠街道老口村
南宁市西乡塘区老口小学乔华教学点	1967	6	129	9	1957.05	1012.24	石埠街道乔华村
南宁市西乡塘区老口小学三民教学点	1967	4	87	7	2050	614.36	石埠街道三民村
南宁市西乡塘区老口小学建宁教学点	1906	3	78	6	1695.1	799.16	石埠街道建宁村
南宁市西乡塘区兴贤小学	1963	14	687	44	3909.42	2069.86	石埠街道兴贤村
南宁市西乡塘区兴贤小学儒礼教学点	1963	4	83	6	1600	388	石埠街道儒礼村
南宁市西乡塘区金陵镇中心小学	1989	26	1262	75	19014.32	11223.84	金陵镇新秀路276-1号
南宁市西乡塘区金陵镇金腾小学	1996	17	815	66	15341	11820.7	金陵镇金腾村
南宁市西乡塘区金陵镇金腾小学宁村教学点	1950	2	20	3	3054	569	金陵镇宁村
南宁市西乡塘区金陵镇金腾小学大林教学点	1934	2	34	3	3200	520	金陵镇大林村

续表3

学校名称	建校时间（年）	班额（个）	学生（人）	教职工（人）	占地面积（平方米）	建筑面积（平方米）	地址
南宁市西乡塘区金陵镇陆平小学	1958	12	393	26	7689	3279	金陵镇陆平村
南宁市西乡塘区金陵镇南岸小学	1957	6	147	14	6083	1391	金陵镇南岸村
南宁市西乡塘区金陵镇三联小学	1956	7	200	13	3473	1534.4	金陵镇三联村
南宁市西乡塘区金陵镇金腾小学东南教学点	1933	3	39	4	3728	1660	金陵镇东南村
南宁市西乡塘区金陵镇金腾小学大滩教学点	不详	1	4	1	700	158	金陵镇大滩村
南宁市西乡塘区金陵镇那龙小学	1929	18	803	83	15956	11964.5	金陵镇那龙村
南宁市西乡塘区金陵镇那龙小学双义教学点	1935	3	28	6	2719	871	金陵镇双义村
南宁市西乡塘区金陵镇那龙小学居联教学点	1935	5	113	9	5487.04	1803.68	金陵镇居联村
南宁市西乡塘区金陵镇那龙小学广道教学点	1935	3	16	4	3180	883	金陵镇广道村
南宁市西乡塘区金陵镇那龙小学龙达教学点	1965	3	35	7	3597	1208	金陵镇龙达村
南宁市西乡塘区金陵镇那龙小学邓东教学点	1976	6	59	8	5482	785.78	金陵镇那龙矿区
南宁市西乡塘区金陵镇那龙小学乐勇教学点	1935	5	56	7	4263.7	1313	金陵镇乐勇村邓佳坡
南宁市西乡塘区金陵镇那龙小学业仁教学点	1951	3	53	5	4000	752.25	金陵镇业仁村
南宁市西乡塘区金陵镇邓圩小学	1924	6	111	12	8273	2434	金陵镇邓圩村
南宁市西乡塘区金陵镇刚德小学	1966	6	140	12	4687.22	1143.96	金陵镇刚德村
南宁市西乡塘区双定镇中心小学	1901	33	1663	117	35863.81	19686.67	双定镇兴平村兴教街1号
南宁市西乡塘区双定镇中心小学义平教学点	1939	5	163	10	10253	4515	双定镇义平村上坡
南宁市西乡塘区双定镇中心小学武陵教学点	1950	3	46	6	9982.64	1484	双定镇武陵村委会
南宁市西乡塘区双定镇中心小学和强教学点	1926	3	96	7	6694.2	2225.8	双定镇和强村委会
南宁市西乡塘区双定镇中心小学英龙教学点	1926	3	75	8	10656	2370	双定镇英龙村委会

续表4

学校名称	建校时间（年）	班额（个）	学生（人）	教职工（人）	占地面积（平方米）	建筑面积（平方米）	地址
南宁市西乡塘区双定镇英龙小学龙山教学点	1935	3	54	5	8950	1107	双定镇龙山村
南宁市西乡塘区双定镇中心校秀山教学点	1966	2	25	2	4512	2546	双定镇秀山村
南宁市西乡塘区坛洛镇中心小学	1982	20	888	57	7551.04	4738.24	坛洛镇新街291号
南宁市西乡塘区坛洛镇硃湖小学	1974	6	215	14	7512.8	1700	坛洛镇硃湖村
南宁市西乡塘区坛洛镇丰平小学	1973	8	307	19	4493.18	1743.5	坛洛镇丰平村
南宁市西乡塘区坛洛镇东佳小学	1965	3	100	8	5340.38	1296.5	坛洛镇东佳村
南宁市西乡塘区坛洛镇中北小学	1965	7	240	13	10400	2589	坛洛镇中北村
南宁市西乡塘区坛洛镇上正小学	1956	12	376	24	6597.17	2345.3	坛洛镇上正村
南宁市西乡塘区坛洛镇定顿小学	1946	10	340	22	6905	2591.17	坛洛镇定顿村
南宁市西乡塘区坛洛镇定顿小学马床教学点	不详	3	58	4	2051.96	507.04	坛洛镇马床村
南宁市西乡塘区坛洛镇庆林小学	1931	6	111	12	8052	2061	坛洛镇庆林村
南宁市西乡塘区坛洛镇群南小学	1931	7	229	13	5986.62	2026.48	坛洛镇群南村
南宁市西乡塘区坛洛镇合志小学	1964	10	314	17	8105	2487	坛洛镇合志村
南宁市西乡塘区坛洛镇群南小学坛楼教学点	1918	4	115	7	1622.69	509	坛洛镇坛楼村
南宁市西乡塘区坛洛镇那坛小学	1956	6	176	16	5482.41	1569	坛洛镇那坛村
南宁市西乡塘区坛洛镇上中小学	1964	6	203	14	4617.57	2290	坛洛镇上中村
南宁市西乡塘区坛洛镇马伦小学	1949	3	116	7	4102.65	1578	坛洛镇马伦村
南宁市西乡塘区坛洛镇马伦小学马村教学点	1949	3	41	4	3464	446	坛洛镇马村
南宁市西乡塘区坛洛镇武康小学	1925	12	393	24	15000	3655.8	坛洛镇圩中村圩中街2号

续表5

学校名称	建校时间（年）	班额（个）	学生（人）	教职工（人）	占地面积（平方米）	建筑面积（平方米）	地址
南宁市西乡塘区坛洛镇武康第二小学	1983	6	248	14	6278.04	1924	坛洛镇武康村
南宁市西乡塘区坛洛镇金光小学坛草教学点	1952	3	27	4	3774.87	587	金光总公司坛蓬村
南宁市西乡塘区坛洛镇下楞小学	1933	6	140	13	9734.25	1574	坛洛镇下楞村
南宁市西乡塘区坛洛镇富庶中学富庶教学点	1930	4	75	8	3396.35	1441.78	坛洛镇富庶村
南宁市西乡塘区坛洛镇富庶中学三景教学点	1956	4	60	9	7997.34	1583.4	坛洛镇三景村
南宁市西乡塘区富庶中学同富教学点	1965	4	106	10	18748.43	1752	坛洛镇同富村

驻区教育机构

【驻区中学】 2018年，驻西乡塘区的市管中学及大学附中有12所，分别为南宁市第一中学、第五中学、第八中学、第十五中学、第二十中学、第二十四中学、第二十八中学、第三十三中学、第三十六中学和南宁外国语学校、广西大学附属中学、广西民族大学附属中学。年内，有学生28809人（初中生9516人、高中生19293人），教师1999人，毕业生9292人（初中生2894人、高中生6398人），新招生10183人（初中生3317人、高中生6866人）。

【驻区中等职业学校】 2018年，驻西乡塘区的公办中等职业技术学校有9所，分别为广西华侨学校、广西物资学校、广西交通运输学校、广西纺织工业学校、广西机电工程学校、广西银行学校、广西工商学校、广西新闻出版技工学校、南宁市第一职业技术学校（新阳路北一路19号校区）。年内，有学生（含成人教育或函授学员）39115人，教师1664人，毕业生9375人，新招生14682人。

【驻区高等院校】 2018年，驻西乡塘区的高等院校有17所，分别为广西大学、广西民族大学、广西师范学院（明秀路东路175号校区）、广西中医药大学（明秀路东路179号校区）、广西财经学院、广西农业职业技术学院、广西电力职业技术学院、广西工商职业技术学院、广西经济管理干部学院、广西机电职业技术学院、广西国际商务职业技术学院、广西建设职业技术学院、南宁职业技术学院、广西金融职业技术学院、广西工业职业技术学院、广西社会主义学院、中共南宁市委党校。年内，有学生（含成人教育或函授学员）万人，专任教师万人，毕业生（含成人教育或函授学员）万人，新招生（含成人教育或函授学员）万人。

（谢 梦）

2018年驻西乡塘区中学情况表

学校名称	建立时间（年）	地址	占地面积（平方米）	建筑面积（平方米）	班额（人） 初中	班额（人） 高中	学生（人） 初中	学生（人） 高中	教师（人）	毕业生（人） 初中	毕业生（人） 高中	新招生（人） 初中	新招生（人） 高中
南宁市第一中学	1981	云亭路56号	50020.83	39739.91	—	12	—	1905	163	—	594	—	641
南宁市第五中学	1905	华强路95号	41525	45507	16	24	787	1164	135	211	360	286	393
南宁市第八中学	1958	明秀西路26号（初中部）、高新西九路18号（高中部）	117900	63176	24	48	1413	2571	226	376	858	463	861
南宁市第十五中学	1969	中尧路13号	3518.71	22315.23	18	24	892	1270	172	307	421	299	421
南宁市第二十中学	1964	大学东路132号	41511.6	25123	14	23	639	1204	149	242	359	239	422
南宁市第二十四中学	1971	秀安路8号	39095	22127	26	24	1483	1245	184	420	410	553	421
南宁市第二十八中学	1992	北湖北路西三里36号	4662	23491	15	24	716	1254	126	198	397	246	424
南宁市第三十三中学	1979	安吉大道12号	45532.6	42954	—	42	—	1504	177	—	730	—	756
南宁市第三十六中学	1959	衡阳西路3号	60400	47000	0	36	0	1916	195	0	665	0	649
南宁外国语学校	1962	大学东路107号	92625	50407	28	28	1389	1474	182	395	501	476	532
广西大学附属中学	1934	大学东路100号	26680	38687	43	37	2646	2483	233	848	813	901	883
广西民族大学附属中学	1957	大学东路188号	6667	4525	18		940		66	292		330	
合计			502045.74	425573.14	174	294	9516	19293	1999	2894	6398	3317	6866

2018年驻西乡塘区公办中等专业技术学校情况表

学校名称	建立时间（年）	地址	占地面积（平方米）	建筑面积（平方米）	学生（人）	成人教育或函授学员（人）	教师（人）	毕业生（人）	新招生（人）
广西华侨学校	1960	清川大道1号	453333	63767.6	4945	0	294	1500	2312
广西交通运输学校	1959	大学东路109号	72600	107000	2886	341	231	778	1427
广西机电工程学校	1956	安吉大道16号	83237.08	126501	8056	45	288	2134	2862
广西工商学校	1984	大学大岭路77号	32166.83	22000	2245	577	546	853	
广西新闻出版技工学校	1980	北大北路24号	4000	5807	2279	73	98	307	865
广西银行学校	1952	大学东路91号	68199	67408	2087	0	140	784	599
南宁市第一职业技术学校	1935	新阳北一路19号、五象大道东段152号	43882.18	37348.03	1938	300	177	638	637
广西物资学校	1979	大岭路75号	120805.28	95575.73	7051	14	172	1916	2800
广西纺织工业学校	1979	大学路陈西23号	14492.12	76921	5423	900	200	772	2327
合计			892715.49	602328.36	36910	2205	1664	9375	14682

2018年驻西乡塘区高等院校情况表

学校名称	建立时间（年）	地址	占地面积（平方米）	建筑面积（平方米）	学生（人）	成人教育或函授学员（人）	教师（人）	毕业生（人）	新招生（人）
广西大学	1928	大学东路100号	14400000	1700000	38163	38756	1902	8019	25975
广西民族大学	1952	东校区：大学东路188号西校区：鹏飞路1号	1240575.85	722796.79	19516	21219	867	4895	5890
广西师范大学	1953	明秀东路175号、燕子岭路4号	1084955	558246	18562	18437	1454	4035	6298
广西中医药大学	1956	明秀东路179号	101070	114578	6849	5824	1035	3783	1290
广西财经学院（明秀校区）	2004	明秀西路100号	2468588	661244	25583	14843	1199	7044	6015

续表

学校名称	建立时间（年）	地址	占地面积（平方米）	建筑面积（平方米）	学生（人）	成人教育或函授学员（人）	教师（人）	毕业生（人）	新招生（人）
广西农业职业技术学院	1942	大学东路176号	661160	370800	13334	168	574	3377	4931
广西电力职业技术学院	1979	科园大道39号	510437	254431	10147	99	535	3273	3616
广西工商职业技术学院	1953	东校区：中尧路15号 西校区：鹏飞路15号	1114500	510000	9373	1687	333	2828	3690
广西经济管理干部学院	1951	大学东路105号	362562	182661	6761	1853	441	2086	2679
广西机电职业技术学院	1958	大学东路101号	517328	397873	13255	867	618	4279	4498
广西国际商务职业技术学院	1965	大学东路168号	620003	157218	9452	1745	611	2875	3122
广西建设职业技术学院	1958	秀灵校区：秀灵路西一里6号 相思湖校区：罗文大道33号	471694.82	340704.88	15534	250	694	3907	5331
南宁职业技术学院	1984	大学西路169号	1098000	522000	17866	1500	782	5091	5562
广西金融职业技术学院	2014	大学西路168号	333310	67201	8823	0	239	614	3254
广西工业职业技术学院	2003年8月由原广西南宁化工学校和广西经工业学校合并升格成立，2013年10月贵港职业学院并入。原广西轻工业职业学校始建于1956年，原广西南宁化工学校始建于1958年，原贵港职业学院，始的前身贵港市师范学校，始建于1904年。	秀灵一校区：秀灵路37号 二校区：贵港市城北新区桂林路西1118号 三校区：武鸣高中定罗湖校区东面地块（正在建设）	2107142	279463	41392	1515	1572	5443	8062
合计			27091325.67	6559753.67	254610	108763	12856	61549	90213

（谢 梦）

科学·技术

【概　况】 2018年，西乡塘区下达本级科技项目31项，继续推进科技惠农活动和农业科技园区建设，做好知识产权管理、贫困村科技帮扶工作，开展各类科普活动800多场次。同时，以专业论坛为载体，搭建交流平台，促进高端人才交流合作，助推产业升级。年内，辖区企业、高等院校、科研院所的科技成果参加自治区科技进步奖评选，有38个项目成果获奖，其中广西壮族自治区农业科学院农产品加工研

2018年6月29日，由广西农业科学院、西乡塘区政府主办，西乡塘区科技局承办的广西乡村振兴（美丽南方）大讲堂活动在美丽南方紫薇庄园举行　　　　　　（区科技局供图）

究所实施的"龙眼采后保鲜、商品化处理与加工关键技术研发与应用"项目获自治区科学技术进步奖一等奖。

西乡塘区科学技术局（简称"区科技局"）内设知识产权局、项目股、办公室、财务室4个部门。有人员编制4名，实有11人。下辖西乡塘区生产力促进中心1个事业单位，有人员编制6名，实有6人。

【科技创新计划实施】 2018年，西乡塘区本级安排科技经费3089万元，征集到城区本级科技项目48项，通过论证实际分两批下达31项，涉及财政资金430万元，有14个区级项目完成结题验收，承担区级为民办实事项目——"科技惠民工程"任务3项。年内，搭建科企联合工作站平台，有"科企联合工作站"32家，形成集技术普及、研究推广、成果转化于一体的交流平台。科技主管部门主动到南宁南机环保科技有限公司、广西万佳葡萄科技有限公司、广西腾龙环保科技有限公司等16家企业开展服务工作，促成广西机电职业技术学院与广西华翼联创科技有限公司开展技术合作，申报本级科技项目开展技术攻关。1月19日，举行产业园区安吉·华尔街工谷国家级科技企业孵化器揭牌暨齐迹智慧金融孵化基地揭牌仪式，在国内首创科技与金融相结合的企业孵化器。至年末，辖区有国家高新技术企业33家。

【科技惠农活动】 2018年，西乡塘区选派12名科技特派员到12个贫困村开展工作，举办科技特派员培训2期。年内，在各贫困村举办精准扶贫培训班28期，培训2563人次（含科技特派员现场培训364人次）；根据贫困村的需求，组织广西大学、广西兽医研究所等单位的专家到12个贫困

村开展"点单式"种养技术专题培训、产业指导。与相关部门、镇、办事处举办各类技术培训72期,培训并指导农民1.17万人次,发放资料9300份。

【知识产权管理】 2018年,西乡塘区的自治区知识产权试点县区、南宁市知识产权强区项目通过验收。年内,举办专利培训班2期,培训人员300多人次,开展知识产权宣传2场次。完成发明专利申请量677件,有效发明专利928件,发明专利授权量226件。

【科技项目实施】 2018年,西乡塘区辖区企业获南宁市下达2017年第三批科技项目1个,2017年南宁市科技项目经费后补助项目1个,资金55万元。年内,自治区项目验收1项,南宁市项目验收1项,区项目验收14项。

【广西西乡塘农业科技园区建设】 2018年,西乡塘区继续推进广西西乡塘农业科技园区建设。促成广西农科院蔬菜所与胤龙公司、葡萄与葡萄酒研究所与无为谷万佳等多方合作,促进园区蔬菜、葡萄、园艺、花卉等产业的发展。建成葡萄一年两熟标准化种植示范基地2个,蔬菜新品种新技术展示基地1个,三红蜜柚高产高效栽培示范基地1个。6月4日,广西西乡塘农业科技园区建设项目通过自治区科技厅委托广西山区中心组织的专家组验收。

【科普活动】 2018年,西乡塘区举办大型科普活动2场次,科普成员单位开展各类科普活动855场次,参加人数80.13万人次,发放宣传资料78.76万份。衡阳街道办南铁北四社区获"2018年南宁市基层科普示范社区"称号,西乡塘区肉鸽养殖协会获"2018年南宁市农村专业技术协会"称号。

【全国科技活动周西乡塘区活动启动仪式】 2018年5月23日,2018年全国科技活动周西乡塘区活动启动仪式暨科普广场宣传活动在双定镇文化活动中心举行。区政府主办,区科学技术局、双定镇政府联合承办。现场举办科研院所新产品、新技术展示推介,科技咨询服务活动与义诊等活动。有600多人次接受咨询,发放各类科技资料4600多份。

(卢 妍)

2018年5月23日,2018年全国科技活动周西乡塘区活动暨社会科学普及活动周启动仪式在双定镇文化活动中心举行(区科技局供图)

文化·体育

文化

综述

【文化体育机构及工作概况】 2018年，西乡塘区利用专场演出、展演等形式开展各类群众性文艺活动，结合实际进一步加强文化市场管理，切实做好文化基础设施建设，以及非物质文化遗产保护，公共图书、档案、地方志管理等工作。

西乡塘区文化新闻出版体育局（简称"区文新体局"）有编制在职人员4人。下辖文化市场综合执法大队，编制在职人员18人（含2名工勤人员）；文化馆（广播影视站），编制在职人员6人；图书馆，编制在职人员5人。办公地址位于西乡塘区新阳路87号2—5楼。

【文化基础设施建设】 2018年，西乡塘区在石埠街道办事处石埠村、西明村建设2个村级公共服务中心。每个村级公共服务中心点建设1个文化综合楼（建筑面积约600平方米）、1个戏台（约140平方米）、1个篮球场（建设面积627平方米，长33米、宽19米），1个宣传文化栏（墙），组建1支文艺队、1支体育队。

【文艺团体扶持】 2018年，西乡塘区有市级扶持文艺队16支，分别为傩文化艺术团、海韵艺术团、罗文社区文艺队、中华中路社区夕阳红少数民族文艺队、同心艺术团、万秀金凤凰管乐艺术团、明秀南莺之声合唱艺术团、广西知青合唱团、万力社区舞蹈艺术团、科园大道众乐舞蹈武术队、北湖综艺艺术团、台湾街舞舞蹈队、华强社区合唱艺术团、英吉文艺队、东南村文艺队、坛洛镇常青文艺队。分别到村、社区演出480场次，受益人数30万人次；每个文艺队获南宁市扶持资金5000元。原创节目《祈雨》《送嫁》等参加南宁市第九届乡村社区和谐文艺大展演分获奖项。区级扶持文艺队6支，分别为壹心平话山歌艺术团、石埠山歌队、东盟之星艺术团、蒙古包艺术团、朱槿花艺术团、龙腾金凤艺术团。分别到村、社区演出180场次，受益人数10万人次；每个文艺队获区扶持资金3000元。

【非物质文化遗产保护】 2018年，西乡塘区推动"大酬雷""安龙歌会""南宁大王节""西乡塘歌圩""下楞龙舟节""天天生榨粉"等非物质文化遗产的传承与保护，不断提升发展空间。年内，完成"天天生榨米粉制作技艺""化皮猪脚制作技艺"申报南宁市第六批非物质文化遗产项目代表性传承人工作，并得以公布。同时，组织辖区内学校及社区开展非物质文化遗产日活动。

（韦　玮）

【文化市场管理】　2018年，西乡塘区以清理整治网吧经营场所、净化出版物市场、规范游戏娱乐行业、强化管理艺术品市场为目的，严管重罚文化市场经营单位各类违法违规经营行为，落实文化市场红黑名单制度，切实加强文化市场管理。年内，结合实际开展"扫黄打非·清源2018""扫黄打非·秋风2018""扫黄打非·固边2018""扫黄打非·护苗2018"等综合执法行动。累计出动执法人员6200多人次，检查网吧3600余家次，娱乐场所（电子游戏室、KTV娱乐场所、电子游艺场所、电影院）420余家次，书报刊（店）亭、打字复印、印刷企业等1400余家次；收缴盗版、淫秽光碟2800余张，各类非法出版物4600多册（份）；依法立案61起，罚没款10多万元；收到各类举报案件20件，办结案件20件，办结率100%。辖区的文化市场经营秩序进一步规范，未发生行政复议、行政诉讼等案件。承办的南宁市聚义网吧接纳未成年人进入营业场所及出借《网络文化经营许可证》案获评"2017—2018年度全区文化市场重大案件"。

（卢武森）

群众文化

【群众文化概况】　2018年，西乡塘区举办各类群众性文艺活动，主要有春节醒狮会、元宵花灯节、壮族"三月三"文艺演出、西乡塘区外来务工人员文化艺术节、第九届乡村社区和谐文艺大展演、南宁国际民歌艺术节西乡塘区歌台暨香蕉文化旅游节；开展四省山歌大赛及2018年"美丽南方"八桂民俗盛典广西优秀民间艺术表演（民歌）评选活动、第六届平话山歌争霸赛等，受益群众100万人次。组织农村电影放映744场次，社区放映电影768场次，外来务工文化艺术节专场9场，观众12万人次。

【元宵花灯文化艺术节】　2018年3月，西乡塘区在安吉万达金街举办第二届元宵花灯文化艺术节。除花灯展和文艺演出外，还邀请花灯制作传承人现场传授传统的花灯制作工艺，展示糖画、泥陶、棉花糖等民间技艺，以及别具一格的行为艺术快闪活动，观赏群众2000多人。

【第九届乡村社区和谐文艺大展演】　2018年，西乡塘区组织开展第九届乡村社区和谐文艺大展演活动。5月中旬至8月下旬，辖区3个镇、8个街道办事处共开展初赛11场，参赛节目200个，演员2000多名，观众3万多人。8月31日，各镇、街道办事处选送的17个节目进行复赛。9月，区选送5个节目参加南宁市第九届乡村社区和谐文艺大展演总决赛，《美丽的南方》获音乐类（社区组）一等奖，《送嫁》获舞蹈类（社区成年组）二等奖，《祈雨》获舞蹈类（社区中老年组）二等奖，《痴梦》获戏曲小品类二等奖，《庆余年》获大展演"美在壮乡美丽南宁"文艺专场银奖。

2018年9月，西乡塘区选送戏曲节目《痴梦》参加南宁市第九届乡村社区和谐文艺大展演

（区文化馆供图）

【戏曲进校园活动】 2018年7月至10月，西乡塘区文新体局及文化馆组织文艺团队，到辖区50所中小学及幼儿园表演曲艺剧目《大酬雷》《柳毅传书》，演出50场。

2018年7月至10月，区文体局及文化馆组织文艺团队开展"戏曲进校园"活动

（区文化馆供图）

【香蕉文化旅游节】 2018年9月12日，西乡塘区第二十届南宁国际民歌艺术节"绿城歌台"群众文化活动暨西乡塘区香蕉文化旅游节、美丽南方休闲农业嘉年华活动在石埠街道忠良村美丽南方开幕。邀请国内外文艺爱好者11人参加，表演大鼓《忠良鼓韵响春播》、异域风情舞蹈《丝路霓裳》和杂技《肩上芭蕾》等节目，参与群众约600人。

2018年12月31日，西乡塘区第六届平话山歌歌王争霸赛在石埠街道忠良村美丽南方举办，图为现场颁奖合影

（区文新体局供图）

【平话山歌歌王争霸赛】 2018年12月31日，西乡塘区第六届平话山歌歌王争霸赛复赛与决赛在石埠街道忠良村美丽南方举办。有参赛者51人。经过初赛、复赛、半决赛、决赛，评出平话山歌歌王2人（莫若芬、黄庆婵），最佳歌手4人，优秀歌手20人。

【文化馆免费服务】 2018年，西乡塘区文化馆免费为艺术团队提供排练场地，接待人员4万人次；免费举办文体协管员、讲解员、平话山歌、舞蹈、摄影、化妆等培训30场（次）。

（韦 玮）

公共图书

【图书馆概况】 2018年，西乡塘区有公共图书馆1个（西乡塘区图书馆），是国家（县级）三级图书馆。有工作人员7人。建筑面积1563平方米。藏书11.2万册，其中纸质图书5.2万册，电子图书6万册，报刊256种。馆藏图书中，社会科学文献占75%，自然科学文献占23%，其他文献占2%。设置9个藏、借、阅一体化的外借书库、报刊阅览室、少儿阅览室、读者活动室、自修室及多媒体电子阅览室，阅览座位300个，持证读者950多人。建立鲁班路社区等图书流动阅览点3个。年内，为读者免费提供图书开架借阅、免证阅览、代查代检、查收查引、图书借阅办证补证、图书借还、书刊阅览、自助阅览咨询、电子信息资源查询、全国文化信息资源查询、政务网信息查询等服务项目；开展"书香西乡塘，阅读成就梦想"全民阅读推广等服务活动。接待阅览、外借、咨询的读者约5.5万人次，借阅图书、期刊约3.2万册次，电子阅览室接待读者约8000人次。

【农家书屋建设】 2018年，西乡塘区进一步完善64家农家书屋建设。为47家农家书屋各补充更新出版物153种154册，音像制品（DVD光碟）1种5张，期刊6期6本，并对出版物进行登记造册，统一贴签编目标序，分类上架陈列。同时，各配送书柜1个、阅读桌椅4套、书报架1个。各书屋均按规定悬挂统一标牌，公示开放时间、管理员信息，公布管理制度和借阅制度，定时向农民群众开放。

【服务读者活动】 2018年，西乡塘区通过"走出去"的形式，开展主题为"阅读提高素质，学习激发梦想"的阅读推广活动。主要形式是送文化"六个进"（进乡镇、进村屯、进社区、进小区、进工地、进学校）。内容包括文化科普讲座、培训，现场阅读，宣传资料发放，图书漂流，谜语竞猜，免费赠书等。年内，举办各类活动14次，参加读者2万多人次。

【送文化服务活动】 2月，区有关机构分别在坛洛镇同富村、新阳街道边阳社区开展"文化惠民"送春联下乡活动；4月18日，区图书馆在石埠街道忠良村美丽南方文化广场举办"筑梦广西·文化同心"三月三民俗文化读书活动；4月19日，区图书馆在石埠街道忠良村美丽南方文化广场举办"弘扬好家风，传递好家训"风筝之旅亲子文化活动节，活动吸引众多群众参与；4月25日，区有关机构在南宁儿童康复中心举行共筑中国梦·书香润童心暨庆祝自治区成立六十周年——关爱儿童文化服务活动，结合特殊儿童特点精选节目进行表演，并赠送绘本、七巧板、文具盒等礼物。

【全民阅读服务宣传活动】 4月28日，西乡塘区组织人员参加2018年南宁市全民阅读主题为"不忘初心，阅读圆梦"阅读推广活动；5月25日，区有关机构在新阳街道万力社区开展"阅读，与法同行"主题宣传活动，对新颁布的《中华人民共和国图书馆法》进行广泛宣传；5月26日，组织人员参加南宁市图书学会开展的"阅读，与法同行"主题宣传活动，通过条幅、谜语彩条、板报、图书杂志，及设置服务咨询台等形式，开展内容丰富的图书馆服务宣传周活动。

【读书学习与交流活动】 2018年，西乡塘区通过制作黑板报、发放宣传资料、制作宣传标语、张贴海报等形式，营造"全民学习、终身学习"的氛围。同时，向市民发放推荐书目表、免费赠阅图书，开展读书交流、学习竞赛等形式多样的读书学习活动。年内，举办读者交流会3次，吸引众多读者参与。

（杨秋华）

档 案

【档案机构及工作概况】 2018年，西乡塘区档案局（国家档案馆）有1966年至2017年馆藏档案76个全宗，18354卷、355411件，折合53895卷。馆藏档案以纸质为主，还有照片、光盘、录音、录像等载体的档案。馆藏资料有史志、著作、政策法令等1820册。举办专题展览8期，接待参观人数630多人次。年内，结合实际继续做好相关工作，切实加强"五位一体"（爱国主义教育基地、档案安全保管基地、档案利用服务中心、政府信息公开中心、电子文件管理中心）功能建设。3月，在南宁市县（区）2017年档案工作目标管理考核结果通报中，考核得分1021分，列县（区）档案局（馆）首位；12月，区档案局（馆）在2012—2018年度档案工作中贡献突出，获自治区档案局、自治区人力资源和社会保障厅给予记集体二等功。

西乡塘区档案局（简称"区档案局"）、西乡塘区档案馆（简称"区档案馆"）合署办公。实有工作人员20人。2018年2月，整体迁至位于兴津路与兴津一支路交会口的新馆，占地面积3333.4平方米，总建筑面积5200平方米。

【档案宣传】 2018年，西乡塘区档案局通过印发学习资料、举办业务知识培训班等形式开展档案法制度宣传、学习和教育活动。6月8日，围绕"档案见证改革开放"主题，在安吉街道桃花源社区小广场举办纪念"6·9国际档案日"宣传活动，接待群众300多人次，通过短信平台发送档案法律法规知识宣传短信350多条次。同时，在各镇、街道，各部门等结合实际同步开展主题宣传活动。累计悬挂横额、条幅100条，电子显示屏滚动播出宣传标语350条次，展出板报、展板90期，挂图65幅，发放宣传资料3500余份，接受群众现场咨询2000多人次。年内，在市级以上媒体刊发档案信息79篇

2018年4月27日，区委常委、区委办主任何史年（中）出席西乡塘区2018年档案工作暨档案系统党风廉政建设工作会议并讲话

（区档案局供图）

（含重复使用）；订阅《中国档案报》116份，《中国档案》75份。

【档案事业发展经费投入】 2018年，区政府投入档案事业发展经费607.76万元，基建项目建设经费508万元，人员经费63.56万元，公用事业经费36.2万元（含馆藏档案数字化扫描经费15万元）。

【档案执法检查】 2018年9月20—28日，西乡塘区组织2个检查组，对45个直属机关、企业、事业单位开展年度档案行政执法检查，下发限期整改通知书11份，并印发《关于开展西乡塘区2018年档案行政执法检查情况的通报》。检查中未发现有档案管理违法违纪行为的情况。

【档案年度检查】 2018年11月13—21日，区档案局组织2个检查考核组，对283个立档单位开展档案年度检查。年检参检率100%；合格281个，总合格率99.29%；优秀186个，优秀率65.72%；不合格2个，不合格率0.71%。

【档案征收】 2018年，区档案馆接收档案33263件、6543卷，折合9869卷，馆藏总量增长22.53%。新增馆藏档案种类2种，重大活动档案40件。年内，征集文书、实物、资料、照片等各类档案78件。

【档案室等级认定】 2018年，西乡塘区对获得县直机关档案室等级认定满5年或科学技术事业单位档案管理等级认定满3年的金陵镇、华强街道办、安吉街道办、石埠街道办、秀厢小学、秀安小学、衡阳路小学、明秀小学、金光小学、坛洛第二中学、明秀西路学校、上尧小学12个单位档案室进行复查，合格率100%。年内，金陵中学、石埠中学、双定镇中心小学、位子渌小学、秀灵小学、新阳西路学校6所学校档案室申报科技事业单位档案管理自治区级认定，12月，全部通过市档案局考评认定。

【农业农村与社区档案】 2018年，西乡塘区档案部门通过检查指导、举办业务培训等方式，进一步加强村级和社区档案管理规范化建设，以及做好精准扶贫和脱贫、集体林地林权登记发证、农村土地承包经营权确权登记颁证的档案收集整理工作。年内，辖区64个村委，档案年检率100%，合格率100%，优秀率35.93%。6月，举办《村级档案管理办法》学习宣传和村级档案业务培训班，培训86人。8月，部署推进农村土地承包经营权确权登记颁证档案工作，并进行相关培训；至年末，双定镇整理归档土地确权档案1139卷、10312件，完成数字化扫描工作，石埠街道整理完成确权档案699盒、12229件。12月，西乡塘街道瑞士花园社区档案工作示范社区通过市档案局考评认定。

【重大建设项目档案】 2018年，西乡塘区档案部门继续做好重大建设项目档案的登记备案和建档工作的监督指导。年内，完成重大建设项目档案管理登记备案自治区级5个、市级33个、区级22个。5月，对南宁市盛都城市开发有限责任公司代建重大项目施工档案的收集分类、规范整理、安全保管等进行指导。7月，派员参与对广西金皇品食品有限公司特色饮料生产项目档案的验收。

【档案利用服务】 2018年,区档案局(馆)接待咨询、查阅利用档案2344人次,提供利用档案和资料2119卷、2458件,提供档案复印件2319份,复印1万页,接收可供查阅的政府主动公开规范性文件725份。利用馆藏档案资料编辑《南宁市原城北区、永新区第五次人口普查资料汇编》《2018年西乡塘区国家档案馆档案利用效果实例汇编》2种专题资料;收集、整理、记录大事记128条报送市档案局。完成1988年以前(含1988年)馆藏到期档案鉴定开放工作,涉及7个全宗19个单位共76卷、1202件档案,经过鉴定,可开放55卷、601件。

【档案安全管理】 2018年,区档案局(馆)切实加强档案安全管理和消防安全四个能力(检查消除火灾隐患能力、组织扑救初起火灾能力、组织人员疏散逃生能力和档案安全处置能力)的建设。完善和落实档案收集、整理、消毒、保管、修裱、鉴定、保密、利用、统计、信息安全、安全保卫等各项工作规章制度及库房管理人员岗位职责;组织开展消防安全应急演练活动,消防教官现场指导,相关人员参与;将第七期、第八期馆藏档案数字化扫描成果及新增进馆档案目录3.96万条,刻录成光盘141张报送市档案馆、自治区档案馆异地异质备份。

【档案信息化建设】 2018年,区档案局(馆)完成馆藏纸质档案数字化4070卷、51.76万页、189.09GB,其中馆藏档案数字化照片789张。投入48.95万元,完成计算机中心机房建设,配备磁盘阵列、扫描仪、光盘刻录机、光盘检测机等设备。年内,"南宁档案信息网"发布工作动态信息69篇(条),其他信息13篇(条)。镇(街道)的土地确权档案、精准扶贫档案数字化工作有序开展,双定镇完成农村土地确权档案数字化1139卷、10040件,共357895页。

【档案业务培训】 2018年,西乡塘区档案部门组织业务骨干参加自治区、南宁市有关培训40多人次。举办分级分类档案业务知识培训班5期、精准扶贫档案工作专题培训班1期,专(兼)职档案业务人员参加培训378人。

(石继武)

2018年6月12日,西乡塘区档案局举办2018年档案业务知识培训班 (区档案局供图)

地方志

【地方志机构及工作概况】 2018年，西乡塘区地方志办公室（简称"区志办"）组织完成《西乡塘区年鉴2018》的编纂出版。承担并完成《广西年鉴》《南宁年鉴》《南宁地情手册》《南宁市地方志资料年报》等西乡塘区部分资料的收集整理、编纂报送工作。同时，根据实际进行地方志业务培训。

区志办是区政府办的内设机构。有工作人员15人，其中在职在编兼职人员1人，编外聘用人员2人，退休返聘人员12人。

【《西乡塘区年鉴（2018）》出版】 2018年10月，《西乡塘区年鉴（2018）》由线装书局出版。本书为精装，16开，封面插入石埠街道忠良村图片，整体风格清新淡雅；全书101.3万字，315张图片，518页。内容分为综合情况、动态信息、辅助资料三大部分，设置类目20个。其中，综合情况设特载、西乡塘概貌2个类目；动态信息设政治、法治、军事、经济、产业、开发区·产业园区、城乡规划建设与管理、国土资源管理·环境保护·园林绿化、教育、科学技术、文化·体育、卫生、社会民生、镇·街道、人物15个类目；辅助资料有大事记、图片专辑、索引、附录4个类目。图片专辑以彩色照片集中反映西乡塘区物质文明、政治文明、精神文明建设的成就。

【地方志业务培训】 2018年，区志办根据安排，结合实际，选派人员分别参加南宁市政府地方志办公室举办的地方志资料年报业务培训及2018年度年鉴编纂培训会。同时，区志办采取"以会代培、兼以自学"的方式，对相关人员进行业务培训。年内，内部集中以会代培6次。

体 育

【体育概况】 2018年，西乡塘区通过实施为民办实事项目，建设篮球场7个，安装体育健身路径20套；扶持坛洛村篮球队、乐茵足球俱乐部、美丽新阳男子气排球队、太阳花女子气排球队开展形式多样的体育活动。年内，举办第五届广西万村篮球赛西乡塘赛区比赛、西乡塘区老年人迎新春联欢活动、西乡塘区"五一"国际劳动节中老年人门球赛等群众体育活动；组织参加2018年广西第二届百县青少年五人制足球比赛、第十四届南宁—东盟国际龙舟邀请赛、南宁市第三届青少年"未来之星"阳光体育大会等活动和赛事；承办2018广西轮滑公开赛、2018年全区体育旅游产业发展会议、2018年国家体育产业基地工作会议、2018广西马术锦标赛等大型赛事和会议。南宁太阳谷—航空基地—卡丁车俱乐部—马术俱乐部体育旅游线路被评为广西体育旅游精品线路，胤龙国际马术文化产业园、南宁万骏城卡丁车俱乐部被评为广西体育产业示范项目。

【体育比赛与活动】

2018年广西第二届百县青少年五人制足球比赛 2018年7月26—30日，2018年广西第二届百县青少年五人制足球比赛

2018年7月26—30日，西乡塘区代表队参加2018年广西第二届百县青少年五人制足球比赛，获第三名，图为获奖后合影
（区文新体局供图）

在广西体育局江南训练基地举办。自治区各地的59支队伍、600多名队员参加。西乡塘区组队参赛，获季军。

第三届广西万名全民健身志愿者服务百县千乡万村活动　2018年7月至2019年3月，第三届广西万名全民健身志愿者服务百县千乡万村活动举办期间，西乡塘区组织开展第五届南宁市太极大赛西乡塘赛区比赛、2018年西乡塘区全民健身志愿者八段锦（太极拳）培训班、2018年西乡塘区八段锦（太极拳）展示活动、2018年西乡塘区"全民健身　健康广西"百万群众健步走活动等一系列赛事与活动。

【承办体育赛事与会议活动】

2018南宁"三月三"全地形车场地锦标赛　2018年4月20—21日，南宁市社会体育发展中心、南宁市汽车摩托车运动协会主办，区文新体局承办的2018南宁"三月三"全地形车场地锦标赛在石埠街道美丽南方赛车场举行。分全地形车赛和越野摩托车展演2个部分，设成人组、女子组、青少年组、团体赛4个组别，全国各地的30多名车手参赛，最小的参赛选手年龄仅为12岁。

2018广西轮滑公开赛　2018年4月29—30日，广西社会体育运动发展中心主办，南宁市社会体育发展中心、区文新体局、广西轮滑协会承办的2018广西轮滑公开赛在西乡塘区友爱法治广场举行。设速度轮滑计时赛、速度过桩计时赛、滑板赛、花式刹停赛4个竞赛项目，有上海、广东、柳州、桂林、南宁等地的57支队伍、600多名运动员参赛。

2018年12月22日，中国轮滑嘉年华南宁站滑板车活动在西乡塘区友爱法治广场举办
（区文新体局供图）

2018年国家体育产业基地工作会议调研活动　2018年9月19日，2018年国家体育产业工作会议调研团到西乡塘区石埠街道美丽南方开展实地调研活动，国家体育总局、各省（区、市）的与会代表约260人参加。调研团成员听取各体育基地

负责人的情况介绍,详细了解各基地建设情况、主要特色、运行机制及建设成效,对美丽南方因地制宜,大力发展体育运动休闲、竞赛表演、健身养生、节庆会展等多种业态,走体育旅游与生态旅游融合发展、体育产业与旅游经济相互促进的良性发展道路表示赞赏。

2018年全区体育旅游产业发展会议现场教学活动 2018年11月29日,2018年全区体育旅游产业发展会议及体育旅游产业培训班到西乡塘区石埠街道美丽南方进行现场教学活动,会议代表及区内优秀、典型体育旅游企业代表400多人参加。先后到美丽南方杰斯奇水上运动中心、和美航空飞行基地、万骏城卡丁车俱乐部、胤龙马术俱乐部进行实地观摩,现场观看水上飞人表演、滑翔伞飞行表演、美丽南方山地自行车越野赛、2018年广西卡丁车邀请赛,以及2018年马术邀请赛等赛事活动,并听取相关情况介绍。

2018年中国轮滑嘉年华南宁站滑板车活动 2018年12月22日,中国轮滑协会、广西体育总会主办,广西社会体育运动发展中心、区文新体局承办的2018年中国轮滑嘉年华南宁站滑板车活动在西乡塘区友爱法治广场举办。内容包括滑板车免费体验、滑板车表演,滑板车比赛。比赛每人两轮,每轮60分钟,分两组进行,四川选手贾彦标获冠军。

2018广西马术锦标赛 2018年12月30—31日,广西社会体育运动发展中心、南宁市体育总会主办,南宁市社会体育发展中心、区文新体局、南宁市胤龙马术俱乐部承办的2018广西马术锦标赛在西乡塘区石埠街道美丽南方景区胤龙马术俱乐部举行。设场地障碍赛、地杆赛、场地全能赛三大项目,自治区各地市俱乐部及个人等10多支马术赛队、200多名运动员和教练员、70多匹马参赛。凯比泰马术队获全能赛A组和B组冠军;胤龙马术队获场地障碍赛(110厘米级别)冠军;乘风马术队获场地障碍赛(90厘米、70厘米级别)、地杆赛A组和B组等多项冠军。

(莫 露)

卫生·计生

综 述

【卫生计生机构及工作概况】 2018年,西乡塘区继续做好基层医疗卫生服务、疾病预防控制、爱国卫生、卫生监督、艾滋病防治、流动人口及计划生育等各项工作。年内,西乡塘区卫生和计划生育局获2018年度自治区卫生计生委网站宣传通联工作先进单位、西乡塘区疾控中心获自治区2018年度肿瘤登记工作进步奖、卫生和计划生育工作分获南宁市卫生和计划生育目标管理责任制党政线二等奖、卫计线一等奖。

西乡塘区卫生和计划生育局(简称"区卫计局")内设办公室、财务股、公卫办、基卫股(医政医管股)、妇幼健康股、疾控股、防艾股、中医股、规划信息股、宣传教育股、综合监督股、计划生育基层指导股、计划生育家庭发展股、流动人口计划生育服务管理股、项目办、绩效办、应急办17个股室。有行政编制12名,实有54人。下辖西乡塘区卫生计生监督所、疾病预防控制中心、卫生和计划生育宣传信息中心3个事业单位,工作人员113人。与爱国卫生运动委员会办公室、防治艾滋病委员会办公室、计划生育协会、卫生和计划生育宣传信息中心合署办公。

【医疗卫生机构】 2018年,西乡塘区辖区有各级各类医疗卫生机构558家。其中,驻区的自治区、市、部队医院12家,区直属卫生院9家,社区卫生服务中心(站)44家(包括民营医疗机构3家),村卫生室62家(政府举办),个体诊所431家。设床位8154张,有医技人员1.15万人,全年总诊疗956.54万人次,床位使用率86.78%。

【诊疗服务】 2018年,西乡塘区辖区医疗卫生机构收治入院病人26.63万人次。其中,公立医院23.4万人次,民营医院1.98万人次,卫生院1.25万人次。总门急诊量851.77万人次。其中,公立医院567.21万人次,民营医院31.86万人次,卫生院63.85万人次,其他188.85万人次。出院总人数42.15万人次。其中,公立医院23.52万人次,民营医院17.52万人次,卫生院约1.11万人次。

【无偿献血】 2018年，西乡塘区辖区组织开展21场无偿献血活动。有1384人参加，献血量415950毫升，超额完成南宁市下达的全年指标任务，获南宁市献血委的通报表扬。

（何耀勇）

2018年2月1日，西乡塘区卫计局组织医务人员参加无偿献血活动 （区卫计局供图）

卫 生

医政管理

【医疗设备配置】 2018年，区政府为坛洛中心卫生院配置太阳能与空气源热泵热水系统、医用中心供氧系统、医用负压吸引系统、智能传呼对讲系统，进一步改善就医条件，提升诊疗技术水平、服务质量。

【医疗机构秩序管理】 2018年，西乡塘区依法维护医疗机构秩序，妥善化解医疗纠纷，构建和谐医患关系。年内，受理医疗纠纷8起，调处成功8起（包括引导医患双方走司法途径解决问题），调解率100%，调解成功率100%，涉及索赔金额65万余元。

【医师定期考核新系统启用】 2018年，西乡塘区546家基层医疗卫生机构（乡镇卫生院、社区卫生服务中心、社区卫生服务站、民营医疗机构、个体诊所）启用医师定期考核新系统。发放卫生机构用户名、密码546家。1840名医师参加2018年自治区卫生健康委员会组织的基层医疗卫生机构医师定期考核工作。

（何耀勇）

疾病预防与控制

【传染病疫情报告】 2018年，西乡塘区卫计局继续加强突发公共卫生事件与传染病疫情监测信息报告管理工作，每月定期完成辖区传染病疫情监测简报，以及传染病疫情分析。年内，漏报法定传染病0例，其中乙类0例，丙类0例；迟报法定传染病1例；法定传染病报告及时率99.9%，报告卡完整率平均为98.55%、准确率平均为99.71%，网报一致率均为100%。

【免疫规划】 2018年，西乡塘区国家免疫规划疫苗接种率、各单苗接种率分别为乙肝疫苗99.77%（首针乙肝及时接种率99.22%），卡介苗99.62%，脊灰疫苗99.67%，百白破疫苗98.91%，麻疹类疫苗99.74%，A群流脑疫苗99.60%，A+C群流脑疫苗99.60%，乙脑疫苗99.73%，甲肝99.69%。完成国家免疫规划疫苗接种率99.56%，达到接种率95%以上的要求。年内，无麻疹暴发疫情，无脊髓灰质炎、百日咳、白喉病、流脑病例报告。

【免疫针对性疾病监测】 2018年，西乡塘区继续做好免疫针对性疾病的主动监测和

2018年8月8日，广西壮族自治区副主席黄俊华（左二）到西乡塘卫生院调研疫苗接种工作
（区卫计局供图）

个案调查工作。监测麻疹疑似病例102例，排除病例报告发病率2.45/100000。个案调查102例，48小时内个案录入率100%；48小时内个案调查完整率95.1%；确诊麻疹病例0例，确诊风疹病例75例。1月至12月，辖区报告疑似AFP病例3例，确诊AFP病例3例，外地转入病例4例。15岁以下儿童报告发病率达到2.06/100000监测要求，无脊灰野毒株引起的脊灰病例。

【手足口病防治】 2018年，西乡塘区辖区报告手足口病4780例（实验室确诊病例72例，临床诊断病例4708例），对28例手足口病重症病例流行病学个案调查，对162例轻症病例进行流调、采样，采集324份咽、肛拭子标本分别送样检测。通过监测发现聚集性手足口病疫情111起，均采取相应的防控措施，将疫情遏制在萌芽状态。

【结核病防治】 2018年，西乡塘区辖区非结防机构综合医院网络直报的现辖区住址的结核病确诊病人、疑似结核病病人1331例，应转诊1176例，已转诊1176例，转诊率100%，转诊到位596例，转诊到位率约50.68%（596／1176）；还需追踪252例，实际追踪252例，追踪率约65.48%（165／252）；追踪到位161例，追踪到位率57.5%（161／280）；转诊、追踪到位人数1218例，总体到位率约91.51%（1218／1331）。年内，对97例学校结核病病例进行密切接触者筛查，筛查密切接触者9900例。完成为民办实事项目救助贫困肺结核患者46人（上级下达指标40人），完成率115%。

【艾滋病防治】 2018年，西乡塘区继续实行艾滋病防治工作目标管理责任制，签订工作责任状，将艾滋病防治工作纳入政府绩效考核内容。每半年定期召开多部门防治艾滋病工作部署与协调会，每季度定期召开"西乡塘区打击卖淫嫖娼治理性传播艾滋病公安、卫生工作联席会"，部署工作，协调解决存在的问题。年内，新发现报告艾滋病病毒感染者195例，病人124例（约占63.59%），艾滋病病人71例（约占36.41%），新发感染数较去年同期（174例）上升12.7%。为197名入组抗病毒治疗的感染者和病人减免首次上药辅助检测费用，完成全年任务数（168人）的117.26%；为177名入组抗病毒治疗的感染者和病人减免首次复查肝功能检查费用，完成全年任务数（130人）的136.15%。

【艾滋病防治经费保障】 2018年，西乡塘区按"人均1元"的艾滋病防治专项经费纳入年度财政预算，投入专项经费93.23万元。至12月底，按工作计划与进展情况落实到位63.44万余元，经费使用率69.12%。

【艾滋病防治宣传教育】 2018年，西乡塘区组织开展"防艾宣传讲座下基层、宣传图展进社区"的系列宣传活动。在各镇（街道）的重点村屯（社区）、重点建筑工地、重点学校、重点企业、重点场所举办防艾宣讲活动25场、警示图片展87场，播放警示教育宣传短片1000余场次；在节假日、世界艾滋病日，举办大中型主题宣传活动30场，辖区艾滋病警示性宣传实现全覆盖。

【艾滋病防治综合治理】 2018年，西乡塘区对卖淫嫖娼违法犯罪及故意传播艾滋病行为实行"零容忍"打击，涉嫌故意传播艾滋病的暗娼全部移送司法机关立案处理，立案故意传播艾滋病案件1起。同时，扩大暗娼人群监测与干预覆盖面。对生活困难的艾滋病感染者和病人、致孤儿童重新进行排查核实，有困难且自愿接受救助的感染者和受影响儿童，开通救助绿色通道，进行生活困难及医疗一站式救助；针对疫情特点与防控的难点问题，组织开展"新型社交软件对男男性行为艾滋病感染影响因素的研究"项目研究；探索城市流动人口的艾滋病防治、高校青年学生艾滋病防治的新模式等。

（何耀勇）

社区卫生服务

【社区卫生服务机构概况】 2018年，西乡塘区有社区卫生服务机构45个。其中，社区卫生服务中心11个、社区卫生服务站34个，社区卫生服务覆盖面100%。

【基本公共卫生服务】 2018年，西乡塘区建立规范化电子档案89.23万份，建档率87.13%；一类疫苗累计接种1.78万次，疫苗接种率99.87%；新生儿访视1.52万人，新生儿访视率98.41%；0—6岁儿童保健系统管理人数8.26万人，儿童系统管理率93.58%；孕产妇建卡1.5万人，建卡率96.95%；孕产妇产后访视1.5万人，产后访视率97.18%；老年人健康管理率69.28%；高血压患者管理人数4.27万人，规范化管理率86.75%；2型糖尿病患者管理人数1.4万人，规范化管理率88.85%；登记在册重性精神病患者人数3513人，规范管理率81.13%；传染病疫情报告率100%，及时报告率100%；老年人中医中药健康管理人数5.26万人，老年人中医药健康管理率51.63%；0—36月龄儿童中医药健康管理覆盖人数2.63万人，儿童中医药健康管理率56.16%；结核病患者管理率100%。年内，发放健康资料57.16万份，举办健康讲座498次，接待健康咨询3.05万人；协助开展食源性疾病、饮用水卫生安全、学校卫生、非法行医和非法采供血、计划生育实地巡查1270次。家庭医生签约人数46.73万人，签约覆盖率45.63%；重点人群签约人数19.21万人，重点人群签约覆盖率64.26%；农村建档立卡扶贫人口签约率100%。

【基本药物制度实施】 2018年，西乡塘区进一步巩固政府办基层医疗卫生机构实施基本药物制度的成果，落实基本药物配备使用和医保支付政策。辖区9个乡镇卫生院、44个社区卫生服务机构、62个村卫生室（政府办）继续实施国家基本药物制度，严格执行国家基本药物价格政策，全部实行零差率销售，以及网上统一招标采购、统一配送。

【中医药服务】 2018年，西乡塘区委托南宁市中医医院对116名基层医务人员进行中医药适宜技术培训，辖区100%的乡镇卫生院、社区卫生服务中心（站）和90%以上的村卫生室可提供中医药民族医药服务，在乡镇卫生院、村卫生室广泛运用中医非药物治疗技术。年内，65岁及以上老年人中医药健康管理率51.63%，0—36月儿童中医药健康管理率56.16%。同时，组织开展对65岁及以上高血压和2型糖尿病患者进行中医药保健指导。

（何耀勇）

妇幼保健

【孕产妇保健】 2018年，西乡塘区辖区应筛产妇数3828人，筛查产妇人数3201人，筛查率83.62%，达到自治区80%以上的要求，其中筛查出高危人数387人，阳性率7.2%，对阳性者实行追踪随访或转到上级医院进行产前诊断。分娩活产数9123人，住院分娩活产数9121人，住院分娩率99.98%，其中高危孕产妇5256人，管理率100%，住院分娩率100%。孕产妇系统管理率62.37%，产后访视率99.07%，孕产妇死亡1人。监测辖区医疗机构围产儿总数24562例，出生缺陷儿642例，发生率262.97‰。孕产妇健康管理率88.25%，产后访视率94.94%，孕产妇系统管理率60.38%。

【出生医学证明发放】 2018年，西乡塘区医疗机构活产2.44万人，出生证实际发放数2.53万张。小于等于30天出生证发放数1.97万张，小于30天首次签发率80.67%；当年出生签发数2.27万张，当年出生签发率93.13%；换发180张，换发率0.71%；废证数91张，废证率0.36%。

【儿童保健】 2018年，西乡塘区有0—6岁儿童人数8.82万人，儿童健康管理人数8.26万人，健康管理率93.57%。辖区户籍活产人数9723人，访视人数8661人，新生儿访视率94.94%，无新生儿破伤风发生。年内，新生儿死亡率2.08‰，婴儿死亡率3.40‰，5岁以下儿童死亡率4.38‰。新生儿疾病筛查人数8936人，筛查率97.93%，达到自治区93%以上的目标要求。新筛苯丙酮尿症阳性人数0，阳性率0，新筛先天性甲低阳性人数129人，阳性率1.44%。听力筛查初筛8913人，筛查率97.69%，听力筛查阳性人数817人，阳性率9.17%；听力复筛人数1347人，复筛阳性人数105人，阳性率7.8%；听力诊断76人，通过32人，治疗0人。对符合补助对象给予项目补助，新筛补助每人52元，产筛补助每人115元，听力初筛补助每人50元，听力复筛补助每人50或120元，听力诊断补助每人250元。

【免费婚前医学检查】 2018年，西乡塘区婚姻登记人数6328人，其中参加免费婚前医学检查人数6218人，婚检率98.26%。检出疾病人数838人（男369人，女469人），其中指定传染病检出5人（男），性传播疾病检出2人（男），严重遗传病检出2人（男），有关精神病检出2人，生殖系统疾病检出816人，内科系统疾病检出16人，对影响婚育疾病的医学指导意见人数25人。

【增补叶酸预防神经管缺陷项目实施】 2018年，西乡塘区继续实施妇女孕前和孕早期补服叶酸预防神经管缺陷项目。年内，新增应服用人数2.6万人，新增免费服用人数1.49万人，完成年任务数106.26%；叶酸服用率57.03%，服用依从率87.17%；目标人群增补叶酸知识知晓率100%。

【地中海贫血防治】 2018年，西乡塘区对婚检对象进行地中海贫血筛查6218人，筛查率100%。筛查阳性人数2409人，阳性率38.74%，其中双方地贫筛查阳性孕妇夫妇480对（孕期双阳86对），进行基因诊断83对，基因诊断率96.51%。孕期产检进行地中海贫血筛查4.16万人，筛查阳性1.1万人，阳性率26.58%，双阳1325对，基因诊断1159对，诊断率87.47%。

（何耀勇）

卫生计生监督

【卫生计生监督概况】 2018年，西乡塘区继续做好监督检查卫生计生法律法规的落实，依法开展综合监督行政执法，受理对违法行为的投诉、举报，查处违法行为，保障重大活动卫生安全等工作。同时，将专职卫生监督协管员分成5个小组，开展日常卫生监督巡查工作；不定期对11个卫生计生监督协管站进行业务培训和指导。年内，根据部署监督检查双随机（执法人员随机抽取、被检查单位随机抽取）场所251家，监督监测双随机单位133家，立案处罚29家，下达卫生监督意见书29家，并向社会公开检查结果。

南宁市西乡塘区卫生计生监督所（简称"区卫生计生监督所"）原为2005年6月成立的南宁市西乡塘区卫生监督所，2017年8月更为现名。2018年，有在编卫生监督员12人，实际在岗9人，专职卫生监督协管员22人；内设办公室、法制与监督科、许可审查科和综合监督科4个科室；办公地址位于南宁市大学东路192号西乡塘区卫生院业务综合楼10楼。

【卫生行政许可】 2018年，西乡塘区受理各类卫生行政许可申请事项2402件，办结2402件。其中，医疗机构设置47件，医疗机构校验475件，医疗机构变更审批办理事项22件，医师变更注册审批办理事项606件，放射预评审批办理事项15件，放射诊疗审批办理事项28件，注销审批办理事项153件，其他审批办理事项1056件。

【卫生行政处罚】 2018年，西乡塘区立案办理卫生行政处罚案件114起（公共场所类案件45起、医疗机构和放射卫生案件69起），结案104起。执行罚款金额40.24万元，没收非法所得约10.29万元。

【医疗机构监督】 2018年，西乡塘区监督检查辖区各级各类医疗机构816家次。其中社区卫生服务机构56家次，卫生院24家次，医院、门诊部和个体诊所736家次。年内，查处取缔黑诊所10家，无证行医违法行为立案查处10起；开展打击"两非"（非医学需要的胎儿性别鉴定、非医学需要的选择性别的人工终止妊娠）行动3次，查处"两非"违法活动的医疗机构1家；对违反医疗机构管理条例的单位，执法人员现场下达卫生监督意见书，要求责令限期整改；对非法行医的医疗机构单位及个人进行立案查处，没收医疗器械、文书、药品等一批。

【公共场所卫生监督】 2018年，西乡塘区出动卫生监督人员2645人次，执法车辆396辆次，检查公共场所经营单位5680家次（旅馆2326家次、美容美发店2802家次、游泳场所30家次及其他公共场所经营单位522家次），发出卫生整改意见书1830份，责令限期整改296家。年内，立案45起，执行罚款金额5.95万元；公共场所卫生许可量化分级管理率100%，完成上级下达的量化分级管理任务。

【学校及周边环境卫生监督】 2018年，西乡塘区在春、秋季学期分别对辖区中、小学校和幼托机构的传染病防控、饮水卫生、教学环境等进行检查；开展幼儿园和中、小学校医疗保健健康服务专项检查及周边环境专项整治活动。年内，对261所中、小学校及幼托机构开展传染病，特别是手足口病防治监督检查，发现个别托幼机构存在问题，现场下达卫生监督意见书，并限期整改。同时，要求托幼机构落实防治措施，发现可疑或确诊患儿，及时采取消毒隔离措施。

【生活饮用水卫生监督】 2018年，西乡塘区检查辖区供水单位82家次，其中乡镇水厂2家次、二次供水单位80家次，均持有有效卫生许可证。对存在问题的供水单位现场提出整改意见，出具卫生监督意见书38份。现场用快速检测设备对12家供水单位的末梢水水样中的pH值、余氯、色度等指标进行检测，检测结果均为合格。

【传染病卫生监督】 2018年，西乡塘区对辖区医疗机构传染病防控和医疗废物排放情况进行监督检查（4家一级综合医院、35家社区卫生服务机构、9家卫生院、86个村卫生室、564家个体诊所、25家专科医院和二级以上医疗机构）。检查旅馆、学校、美容美发等经营单位485家次，下达卫生检查笔录和卫生监督意见书182份。辖区重点公共场所张贴宣传画报率100%，宾馆摆放安全套率100%。

【放射职业卫生监督】 2018年，西乡塘区出动执法人员96人次，执法车辆25车次，对开展放射诊疗活动的35家医疗机构放射执业活动进行监督检查。持有效《放射诊疗许可证》的医疗机构35家；持有《放射工作人员培训合格证》的工作人员20人。

【消毒产品卫生监督】 2018年，西乡塘区出动车辆42车次，卫生监督执法人员136人次，抽查辖区61家消毒产品经营单位和使用单位。其中，抽查消毒产品使用单位38家（一级综合医院4家、乡镇卫生院9家、社区卫生服务中心10家）；消毒产品经营单位（含乡镇母婴店、药店和超市）40家。抽查消毒产品157个，合格率94%；对不符合消毒产品相关规定的经营单位下达卫生监督意见书，并责令其限期整改。

【卫生法律法规宣传】 2018年，西乡塘区组织开展"3.15"保障健康权益卫生监督执法周活动。其间，通过展板展示、发放宣传材料等形式，宣传非法行医、违法医疗美容和医疗广告的危害，普及放射防护知识，以及非法行医、违法医疗美容和医疗广告的防范手段，发放资料422余份，咨询服务群众210多人次。

（何耀勇）

爱国卫生运动

【国家卫生城市巩固】 2018年，西乡塘区按照《国家卫生城市标准》《首府南宁迎接国家卫生城市复审工作方案》的要求，继续做好城市市容环境卫生综合整治、农贸市场建设和管理、重点场所行业公共场所卫生监管、病媒生物防制、健康教育和健康促进活动等工作，推进迎接国家卫生城市复审各项工作指标落实，巩固提升国家卫生城市成果。

【基层卫生创建】 2018年，西乡塘区以乡村建设活动为载体，继续有序推进基层卫生创建工作。年内，申报创建南宁市级卫生村11个，市级爱国卫生单位3个，自治区级卫生村6个，自治区级爱国卫生单位9个；复审自治区级爱国卫生单位（村、镇）40个，12月获通过自治区爱卫会命名。

【病媒生物防制】 2018年，西乡塘区重点对居住小区、村、城乡接合部开展环境卫生整治，清除"四害"（苍蝇、蚊子、老鼠、蟑螂）滋生地。按照部署，在辖区开展统一除"四害"行动，依托专业消杀公司，加强病媒生物防制监测；投入经费185万元，通过购买服务方式，聘请专业公司对辖区400多个公共场所、无人管理小区等进行除"四害"消杀，清除"四害"滋生地115900处、鼠迹112560处。年内，发放除"四害"手册3300份、折页34000多份、海报1000份。

（何耀勇）

区基层医疗机构选介

【新阳中兴社区卫生服务中心】 位于西耐路178号。2015年2月建立，是区政府举办，集预防、保健、医疗、康复、健康教育、计划生育技术指导为一体的非营利性综合性基层医疗卫生服务机构。承担7个社区、3个卫生服务站、7.5万居民的基本医疗和公共卫生服务工作。2018年，业务用房面积2500平方米；注册床位25张，专业技术人员47人；设全科、中医、预防保健、检验、影像等12个临床科室；配备数字化医用X射线摄影系统、彩超、全自动生化分析仪、儿童综合素质测试仪等数十种医疗设备；与广西中医药大学进行技术合作，开展火疗、针灸、推拿、埋线、穴位贴敷、艾灸、小儿推拿等中医特色诊疗服务。指定为广西中医药大学社区（全科）医学实践教学基地、广西医科大学第二附属医院全科住院医师规范化培训基层实践基地、广西中医药大学瑶医药学院新阳实践基地、南宁市西乡塘区心脑血管专科联盟成员单位。

（林伟颖）

【上尧社区卫生服务中心】 位于江北大道47号。2015年2月建立，是区政府举办的非营利性医疗机构。承担3个社区、2个行政村、6万多常住人口的基本医疗和公共卫生服务。2018年，业务用房约2000平方米；专业技术人员41人；设全科、内科、外科、妇科、儿科、口腔科、中医科、放射科、医学检验科、心电、B超室，以及保健科、康复科、妇女保健科、儿童保健科、健康教育及多功能室等；配备500mAX线诊断仪、全自动生化分析仪、血球分析仪、尿液分析仪、高清B超机、心电图仪、心电监护仪等医疗设备。与广西壮族自治区中西医结合医院建立广西中西医结合急危重症创伤联盟单位、与南宁市第三人民医院建立心脑血管专科联盟单位、与南宁市中医医院建立医联体单位。年内，门诊量7.8万人次，业务收入700万元。

（甘文叙）

【双定中心卫生院】 位于双定镇圩街上（双龙路74号）。前身是1987年成立的防疫保健所，1997年更名卫生院，2011年改为现名。2000年、2001年、2006年分别被评为合格卫生院、爱婴卫生院、自治区示范卫生院。是一所集基本医疗、基本公共卫生服务为一体的乡镇卫生院，为南宁市职工和城乡居民医保定点医疗机构。2018年，占地面积3905平方米，建筑面积3300平方米；职工54人，其中专业技术人员48人，大专以上学历30人，高级职称4人，中级职称8人；开放病床45张，固定资产825.74万元；分为综合门诊部、住院部、公共卫生服务部，设门急诊全科诊室、中医科、口腔科、妇产科、医技科等科室；按标准配备DR数字化医用X射线摄影系统、彩色B超机、十二通道心电图机、移动心电工作站、全自动血球仪、全自动生化仪、电解质分析仪、母婴胎监仪、妇科治疗仪、电子阴道镜、中医外治全套设备等诊疗设备；开展普外科门诊手术、中医特色诊疗、孕妇孕期保健等。年内，新建标准化急救点项目，配置多功能心电监护仪、心电图机、呼吸机、除颤仪、救护车等陆续投入使用；选派6人到市急救中心参加培训，并获合格证书。门诊、急诊5.89万人次，住院1163人次，住院分娩47人，医疗业务收入674.33万元。

（李鸿凡）

【坛洛中心卫生院】 位于坛洛镇。1958年创建，原为南宁市郊区坛洛卫生院，2004年7月改为现名。承担坛洛镇及周边毗邻乡镇10万多人口的基本医疗和公共卫生服务；公共卫生服务部承担12个行政村4.5万人口的国家14项公共卫生服务和国家重点惠民项目工作。2018年，占地面积约8900平方米，业务用房面积5400平方米，开放床位80张；卫生技术人员96人，其中高、中级职称23人，本、专科学历48人；分门诊部、住院部和公共卫生服务部；设内科、外科、妇产科、儿科、中医科、口腔科、急诊科、手术室、B超室、心电图室、胃镜室、放射室、化验室等功能科室，住院部分妇产科、综合科和中医科，开放床位52张；配备多功能口腔治疗椅、中科美仑高精度DR、电子胃镜、西门子彩色B超ACUSONX150诊断仪、阿洛卡黑白B超、电子阴道镜、动态心电监护仪、12导心电图机、全自动生化分析仪、全自动五分类血球仪、血凝仪、尿分析仪、化学发光仪、电解质分析仪等设备；开展普通外科、骨科、泌尿系、妇科、五官科等手术，小针刀、针灸、推拿、按摩、拔罐、牵引、疼痛、正骨等中医特色诊疗。年内，门诊急诊量9.1万多人次，住院3324人次，住院分娩171多人次，外科手术488例，业务收入2112万元。在建10层业务综合楼，总面积10200平方米，150个床位，总投资2000多万元，拟于2019年底验收使用。

（甘 明）

【金陵中心卫生院】 位于金陵镇内。前身为1987年成立的金陵防保所，1997年改为金陵卫生院，2004年改为现名。是一所集公共卫生服务和基本医疗服务为一体的综合性乡镇中心卫生院。2018年，占地面积1.93万平方米，建筑面积7195平方米（业务用房3695平方米、生活用房3500平方米）；职工98人，其中各类卫生技术人员85人，中级以上职称20人，本科以上学历20人，专科学历51人；开放病床96张；分门诊部、住院部和公共卫生服务部，设内科、外科、妇产科、儿科、中医科、口腔科、B超室、心电图室、放射室、化验室、手术室、计划免疫和传染病管理室、健康档案和健康教育室、妇幼和老年人保健室、行政办公室等；配备DR数字化医用X射线摄影系统、阿洛卡台式彩B超、十二通道心电图机、多功能心电监护仪、母婴胎监、全自动生化分析仪、洗胃机、麻醉呼吸机、高频电刀、血液分析仪、多功能牙科治疗椅等设备；开展普外科、骨科、妇产科等手术。

（方加琼）

【安吉卫生院】 位于安吉大道安吉圩路19号。1956年建立，原为市郊区安吉卫生所，1986年更名为市郊区安吉卫生院，2002年更名为兴宁区安吉卫生院，2003年更名为城北区安吉卫生院，2005年改为现名。是西乡塘区有40余年历史中医小儿疳积治疗特色专科的基层医疗机构。2018年，占地面积2213平方米，建筑面积1955平方米；卫生技术人员64人，其中高级职称1人，中级职称22人；产科床位4张，急诊留观床位4张；固定资产736万元；设急诊科、妇产科、内科、外科、儿科、中医科、小儿疳积专科、检验科、预防保健科、B超心电图室、放射科、药剂科等科室；配备DR、半自动生化分析仪、全自动血球分析仪、全自动电解质分析仪、尿液分析仪、经皮黄疸测试仪、日本进口十二导连心电图机、美国进口B超机、多普勒胎心仪、母婴监护仪和成套抢救器械等设备；开展常见病、多发病的诊治，急诊抢救，无痛人流术、药流术、放取环术、无痛分娩，预防计划免疫、慢性病管理、妇女儿童保健、健康体检、健康教育和康复指导、计划生育技术指导等。年内，门诊量13.81万人次，急诊量3.03万人次，业务收入1409万元。

（黄玉秀）

【石埠卫生院】 位于石埠路331号。1958年创建。是一所集医疗、预防、保健为一体的综合性公立卫生院，为南宁市职工和城乡居民医保定点医疗机构。2018年，占地面积3345平方米，业务用房面积3550平方米；职工65人，其中医疗专业技术人员57人，副主任医师2名，副主任技师1名，主治医师6名，执业医师22人，执业护士19人，检验师2人，医技4人，药剂师7人；分门诊部、住院部和公共卫生服务部；设内科、妇产科、儿科、外科、中医科、医技科（B超室、心电图室、检验室、数字平板X线成像系统室）、妇女保健科、儿童保健科、急诊医学科、康复医学科、全科医疗科、预防保健科、儿童保健科等科室；配备全自动生化分析仪、全自动血液分析仪、电解质分析仪、彩色多普勒超声诊断仪（彩超）、阴道镜、化学发光仪、心电监护仪、洗胃机、麻醉机、多功能治疗仪、尿液分析仪、中频治疗仪、电针治疗仪、数字平板X线成像系统（DR）等设备；开放床位45张；开展内科、外科、妇产科、儿科、急诊科常见病、多发病的门诊和住院诊治。年内，门诊急诊5.5万人次，住院1052人次，业务收入819.29万元。

（李奕阳）

【西乡塘卫生院】 位于大学东路192号。前身为1956年建立的郊区上尧卫生院，2002年更名为城北区西乡塘卫生院，2005年改为现名。2018年，占地面积1.51万平方米，业务用房面积5000平方米；职工86人（编内人员43人，聘用人员43人），其中卫生技术人员73人，研究生学历1人、本科学历25人、大专学历40人、中专学历7人，高级职称2人，中级职称28人；固定资产655万元；设急诊科、妇产科、内科、外科、儿科、中医科、口腔科、检验科、B超心电图室、放射科、药剂科、计划免疫和传染病管理室、健康档案和健康教育室、妇幼和老年人保健室、行政办公室等科室；配备数字平板X线成像系统（DR）、全自动生化分析仪、全自动血液分析仪、电解质分析仪、彩色多普勒超声诊断仪（彩超）、阴道镜、化学发光仪、十八导心电图机、尿液分析仪、心电监护仪、洗胃机、多功能治疗仪、中频治疗仪、电针治疗仪等设备；开放床位50张；开展内科、外科、妇产科、儿科、急诊科常见病、多发病的诊治，预防保健、计划免疫、老年人管理、慢性病管理、妇女儿童保健、重性精神病管理、健康教育等国家基本公共卫生服务。年内，门诊量16.82万人次，急诊量4.12万人次，业务收入1849.7万元。

（李日珍）

【富庶卫生院】 位于坛洛镇富庶村富庶街238号。1989年9月成立。是集医疗、预防、保健、康复为一体的综合性乡镇卫生院，为南宁市职工和城乡居民医保定点医疗机构。医院实行无假日值班制度，承担4个行政村、5336户、1.97万人的医疗保健。2018年，占地面积2800平方米，建筑面积2100平方米，业务用房1800平方米；开放病床30张；设内科、外科、妇产科、儿科、中医科、公共卫生管理科等科室；职工28人，其中中级职称5人，初级职称9人；配备DR、彩色超声诊断仪、心电图机、全血细胞分析仪、尿液分析仪、全自动生化分析仪、电解质分析仪、幽门螺旋杆菌检测仪等设备及2辆救护车。年内，门急诊量14304人次，住院997人次，业务收入370.67万元。

（潘立纲）

【那龙卫生院】 位于金陵镇那龙圩新街区。1956年创建，原址在那龙旧街上渡，2011年搬至现址。是一所集基本医疗、疾病预防、公共卫生服务为一体的乡镇基层医疗机构，为南宁市职工和城乡居民医保定点医疗机构、爱婴卫生院、"降消"定点卫生院、那龙片区公共卫生突发事件应急处理医疗机构。承担7个行政村、1个社区、2.83万人的医疗保健。2018年，占地面积4366平方米，建筑面积4200平方米（门诊综合楼、公共卫生服务楼、职工保障房各1栋）；卫生技术人员34人（医生13人，护士15人，医技6人），其中中级职称9人，初级职称17人；开放床位30张；设急诊科、妇产科、内科、外科、儿科、中医科、妇女儿童保健科、检验科、预防保健科、公共卫生科、口腔科、放射科、药剂科、检验科等科室；配备DR机、全自动生化分析仪、全自动血球分析仪、全自动电解质分析仪、尿液分析仪、国产十二导联心电图机、彩色B超机、电动洗胃机、多普勒胎心监护仪、母婴监护仪、成套抢救器械等设备；开展常见病、多发病的诊治，急诊抢救，无痛人流术、药流术，放取环术、无痛分娩，预防计划免疫、慢性病管理、妇女儿童保健、健康体检、健康教育、康复指导，计划生育技术指导等。年内，门诊量2.57万人次，住院病人748人次，业务收入368万元。

（黄史卫）

【金光卫生院】 位于坛洛镇金光农场。前身为金光实业总公司医院，后改制成坛洛镇第二卫生院，2010年改为现名。2018年，占地面积约2万平方米，有门诊楼、住院楼、职工宿舍楼各1栋及其他辅助性用房；卫生技术人员37人（中医师4人），其中高级职称1人、中级职称9人；开放床位30张（牙椅2张）；设急诊科、妇产科、内科、外科、儿科、中医科、妇女儿童保健科、检验科、预防保健科、公共卫生科、口腔科、放射科、药剂科、检验科等科室；配备数字化X射线摄影系统（DR机）、全自动生化分析仪、全自动血球分析仪、全自动电解质分析仪、尿液分析仪、十二导联心电图机、彩色B超机、洗胃机、多普勒胎心仪、母婴监护仪、成套抢救器械等设备；开展常见病、多发病的诊治，急诊抢救，无痛人流术、药流术，放取环术、无痛分娩，预防计划免疫、慢性病管理、妇女儿童保健、健康体检、健康教育、康复指导、计划生育技术指导等。年内，门诊量2.9万人次，住院474人次，业务收入277万元。

（甘令献）

2018年西乡塘区属基层卫生院基本情况表

单位名称	建立时间（年）	地址	占地面积（平方米）	建筑面积（平方米）	医技人员（人）	床位（张）	门诊（人次）	急诊（人次）	入院（人次）	出院（人次）
西乡塘卫生院	1954	大学东路192号	15100	2513	86	50	168200	41200	0	0
石埠卫生院	1958	石埠路331号	3345	3980	65	45	55000	0	1052	1052
双定中心卫生院	1987	双定镇双龙路74号	3905	3300	54	45	58900	0	1163	1163
金陵中心卫生院	1987	金陵镇	19300	7195	98	96	73204	7300	2560	2530
那龙卫生院	1956	那龙圩新街区	4366	4200	34	30	25682	8850	603	601
坛洛中心卫生院	1958	坛洛镇	8900	5400	96	80	9100	7300	2560	2530

续表

单位名称	建立时间（年）	地址	占地面积（平方米）	建筑面积（平方米）	医技人员（人）	床位（张）	门诊（人次）	急诊（人次）	入院（人次）	出院（人次）
富庶卫生院	1989	坛洛镇富庶村富庶街238号	2800	2100	28	30	14304	2825	997	997
安吉卫生院	1958	安吉大道安圩路19号	2213	1955	64	8	138100	33000	0	0
金光卫生院	2010	金光实业公司	20000	4206	37	30	2900	3225	424	424
新阳中兴社区卫生服务中心	2015	西耐路178号	1700	2500	47	25	28749	57303	0	0
上尧社区卫生服务中心	2015	江北大道（原西乡塘街）47号	950	2000	41	0	78010	0	0	0
合计			82579	39349	650	439	678249	458003	9359	9297

驻区医疗机构

【驻区公立医院】 2018年，驻西乡塘区自治区、市、部队医院（含中医、壮医医院2家）有14家，分别为广西壮族自治区妇幼保健院（新阳院区）、广西民族医院、广西国际壮医医院明秀分院、广西医科大学第二附属医院、广西中医药大学第一附属医院仁爱医院、南宁市中医医院、南宁市社会福利医院、南宁市红十字会医院、南宁市第三人民医院、南宁市第六人民医院、南宁市第八人民医院、南宁武警医院（无数据）、广西大学医院、广西民族大学医院。有医技人员8948人，床位6194张，年门诊4923381人次，急诊554895人次，住院188419人次。

【驻区民营医院】 2018年，驻西乡塘区的民营医院有9家，分别为南宁友爱医院、南宁长江医院、南宁同济医院、南宁肤康医院、南宁东方医疗美容专科医院、南宁医博中医肛肠医院、南宁天伦医院、南宁爱尔眼科医院、南宁北大医院。有医技人员682人，床位528张，年门诊178316人次，急诊7857人次，住院31337人次。

（谢 梦）

2018年驻西乡塘区公立医院情况表

单位名称	成立时间(年)	地址	占地面积(平方米)	建筑面积(平方米)	医技人员(人)	床位(张)	门诊(人次)	急诊(人次)	入院(人次)	出院(人次)	备注
广西壮族自治区妇幼保健院（新阳院区）	1965	新阳路225号	13500	31472	1968	340	429849	79131	13567	13367	三级甲等
广西民族医院	1954	明秀东路232号	51494	119630	2100	1800	1031269	132672	54000	53762	三级甲等
广西国际壮医医院明秀分院	1985	明秀东路234号	11000	12700	158	200	29473	845	2008	2015	二级甲等
广西医科大学第二附属医院	2003	大学东路165号	112000	43656	1387	1022	621825	145004	32831	32057	三级甲等
广西中医药大学第一附属医院仁爱分院	1999	明秀东路181号	6848	9897	344	83	570000	0	1831	1795	
南宁市中医医院	1956	本部：北湖北路45号 分部：新华街28号	18029	56434	793	650	556716	28720	20121	20701	三级甲等
南宁市社会福利医院	1981	明秀西路155号	32600	34018	62	493	16139	211	3136	3107	
南宁市红十字会医院	1933	人民西路13号	7326	34380	513	436	525239	13304	15702	15641	二级甲等
南宁市第三人民医院	1962	新阳路227号	25100	50600	498	306	423127	63788	14197	14205	三级心血管专科医院
南宁市第六人民医院	1952	秀灵路38号	8000	18705	297	223	325618	28682	10080	10070	二级甲等
南宁市第八人民医院	1952	明秀西路63号（北门） 沈阳路2号（南门）	41038	45581	751	600	331475	52469	20941	20845	二级甲等
广西大学医院	1997	广西大学内	3970	3800	47	21	35808	5648	0	0	一级综合
广西民族大学医院	1953	大学东路188号七坡3栋	800	2885	30	20	26843	4421	5	5	一级综合
合计			331705	463758	8948	6194	4923381	554895	188419	187570	

2018年驻西乡塘区民营医院情况表

单位名称	成立时间（年）	地址	占地面积（平方米）	建筑面积（平方米）	医技人员（人）	床位（张）	门诊（人次）	急诊（人次）	入院（人次）	出院（人次）	备注
南宁友爱医院	1988	友爱北路120号	1560	6800	105	50	5386	2068	1997	1960	
南宁长江医院	2002	秀厢大道31-1号	5000	1000	132	110	41483	108	15211	1617	二级综合医院
南宁同济医院	1957	北际路5号	2748	5479	60	105	15128	2529	728	724	二级综合医院
南宁肤康医院	2006	安吉大道28-2号	600	1800	30	20	0	0	6	6	一级综合医院
南宁东方医疗美容专科医院	1989	北湖北路西乡塘区城市坐标33-2号10、11号商铺	474	6697	69	20	25000	0	600	600	AAAA级医疗美容医院
南宁医博中医肛肠医院	2009	安吉大道11号	1392	4181	66	80	9830	0	3101	3156	二级
南宁天伦医院	2010	明秀西路152-58号	2130	5430	32	30	15	5	5	5	三级
南宁爱尔眼科医院	2011	秀灵路126号	6808	6808	146	80	79948	3142	9320	9354	
南宁北大医院	1999	大学东路4号	271	5760	42	33	1526	10	369	367	一级综合医院
合计			20983	43955	682	528	178316	7857	31337	17789	

计划生育

【计划生育服务管理】 2018年，西乡塘区继续做好卫计、托幼、教育、社会保障、就业、养老等公共服务资源的合理配置，以更好地适应全面两孩政策的实施。制定《西乡塘区加强母婴设施建设工作实施方案》，投入18万元，建成一批标准化的母婴室，提高公共场所对母婴的服务供给能力。进一步推进网上办理生育服务证工作，解决群众反映的"堵点"问题。年内，办理生育登记和再生育审批证8298本；立案查处违法生育312起，立案率100%，征收社会抚养177.9万元。

【计划生育家庭奖励扶助】 2018年，西乡塘区为1247名农村部分计划生育家庭人员兑现奖扶金135.65万元；为746名计划生育家庭特别扶助人员（含高新区）兑现奖扶金859.91万元，兑现率100%。年内，优先安排60周岁及以上的计划生育特殊家庭夫妻，特别是失能或半失能的夫妻入住政府投资兴办的养老机构；对个人自愿入住民办养老机构的，在城市低保标准给予补助的基础上，再增加每人每月350元的补助；投入45万多元，对计划生育特殊家庭进行慰问和人员体检。

【出生人口性别比综合治理】 2018年，西乡塘区继续实行孕情消失"倒查倒排"工作制度和出生实名登记工作制度。年内，组织开展打击"两非"（非医学需要的胎儿性别鉴定、非医学需要的选择性别人工终止妊娠）专项督查行动4次，出动82人次，执法车辆30辆，检查医疗机构78家、个体诊所133家、零售药店128家，查处"两非"案件2起，查扣人流手术包、药品等物品，没收非法所得约2.36万元，罚款约13.43万元，给予非法执行"两非"手术的医生暂停执业6个月的行政处罚。

【基层卫计工作规范化建设】 2018年，西乡塘区为村（居）委会增配卫生计生专干36人。按照要求组织学习卫生计生基层工作规范30多期。区、镇（街道）、村（居）委会定期召开卫生计生工作例会，分析和总结工作，对下一步卫生计生工作进行部署。年内，划拨14万多元作为基层相关工作经费，促进规范建设的落实。

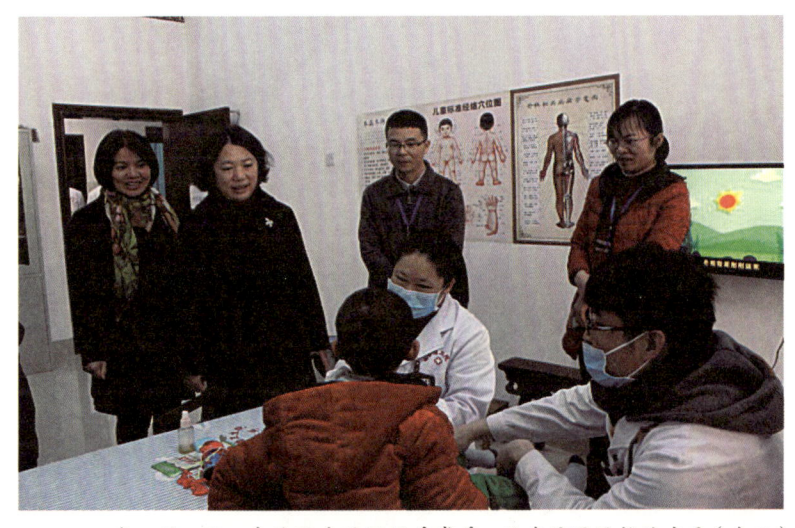

2018年2月1日，中共西乡塘区区委常委、西乡塘区区长陆广平（左二）到西乡塘卫生院调研基层医联体工作　　　　　　（区卫计局供图）

【卫计宣传教育】 2018年,西乡塘区通过组织举办文化科技卫生"三下乡"活动、"把健康带回家"流动人口卫生计生关怀关爱专项行动启动仪式暨主题宣传活动等,不断做好卫生计生的宣传教育工作。年内,投入经费30多万元,切实加强卫生计生宣传文化阵地规范化建设。更新区、镇(街道)、村(居)委会宣传栏400块,新开设卫生计生专栏、公益宣传栏115块,新建卫生计生文化阵地3个,印发宣传资料6万余册。

(何耀勇)

社会民生

扶贫开发

【**扶贫机构及工作概况**】 2018年，西乡塘区扶贫开发办公室（简称"区扶贫办"）内设社扶组、项目组、资金组、综合组、信息组5个工作小组，共有行政编制人员2名，聘用人员9名，从兄弟单位借调人员8名，实有19人。主要负责全面统筹西乡塘区精准扶贫工作，贯彻执行国家、自治区和南宁市扶贫开发方面的法律、法规、政策，拟订辖区扶贫开发的中长期规划、年度计划并组织实施，抓好精准扶贫各阶段的工作，开展精准扶贫在产业扶持、基础设施建设、"雨露计划"等方面的精准扶贫承担和落实扶贫开发各类项目的有关工作。同年，西乡塘区共有农村户籍人口约24万人，已脱贫摘帽村12个，建档立卡贫困户3373户1.18万人。根据自治区下达的任务指标，2018年西乡塘区要实现脱贫计划数202户685人。根据核验结果反馈，全部完成脱贫任务。同年，西乡塘区扶贫办共投入扶贫项目建设资金720万元（其中上级财政资金435万元，区本级财政资金285万元），完成上级扶贫专项资金项目24个，投入扶贫资金1120万元。

2018年11月9日，西乡塘区召开2018年贫困村和贫困户脱贫摘帽认定工作动员部署会议，副区长李刚（右）、扶贫办主任马建德（左）在会上讲话　　　　　　　　（区扶贫办供图）

【**贫困村基础设施项目建设**】 2018年，西乡塘区共投入扶贫项目建设资金720万元，完成贫困村基础设施项目建设有贫困村基础设施道路建设共14条21.72千米（其中水泥路11条16.72千米，砂石路3条5千米），投入705万元，使6个村6759名贫困人口受益；完成贫困村人饮建设1处，投入17万元，使1个贫困村98名贫困人口受益。

【**扶贫产业开发**】 2018年，西乡塘区扶贫专项资金实施扶贫产业项目24个，累计投入财政扶贫资金570万元,其中,金陵镇刚德村投入10万元到南宁市水丰种养殖专业合作社(卢绍敏养猪场),使25户未脱贫贫困户受益;坛洛镇合志村利用2018年第一书记10万元产业帮扶资金作为贫困村集体资金,委托南宁市牧笛农业科技有限公司进行合作经营,发展大棚种植基地种植蔬菜,形成"公司+村集体+贫困户"的经营方式,达到互利共赢的目的,使110户贫困户受益;坛洛镇三景村投入10万元到南宁市渔粮生态农业有限公司,发展沃柑种植产业,每年按照此项资金的8%给予三景村民委员会收益,3年共计2.4万元;双定镇利用扶贫资金发展贫困户"以奖代补"自选产业项目,使66户贫困户受益。同时,利用市财政专项资金550万元,依托晚熟柑橘优势产业和"5+2"特色产业在城区7个贫困村建设7个产业扶贫示范园,特色产业示范引领作用进一步凸显。辖区2个贫困村(脱贫村)"3+1"特色产业覆盖率已达96.9%;全区建档立卡贫困户3376户(含2014年、2015年退出户),无劳动能力和外出务工728户,"5+2"特色产业覆盖2391户贫困户,覆盖率已达90.29%。

【"雨露计划"扶贫培训】 2018年,区扶贫办根据自治区扶贫开发办公室《自治区扶贫办关于做好2018年雨露计划扶贫培训工作的通知》(桂开办发〔2018〕24号)精神,培训资助农村建档立卡扶贫对象就读于中高等职业学历教育、普通高校本科学历教育的学生和参加技能培训的青壮年劳动力。春季学期第一批补助100人共计15万元,第二批补助118人共计17.7万元,第三批补助86人共计12.9万元。秋季学期第一批补助139人共计28.2万元,第二批补助47人共计8.8万元,第三批补助85人共计12.75万元,第四批补助23人共计3.45万元。补发2017年秋季学期第一批15人共计2.95万元,补发2016年春季、2017年春季、秋季学期第一批34人共计5.1万元,补发2016年春季、2017年春季、秋季学期第二批51人共计9.5万元,补发2016年春季、2017年春季、秋季学期第三批51人共计8.35万元,补发2016年春季、2017年春季、秋季学期第四批83人共计13.5万元。

【职业培训和就业创业支持精准脱贫项目】根据《自治区扶贫办关于做好2018年雨露计划扶贫培训工作的通知》(桂开办发〔2018〕24号)文件精神,自主参加技能培训、获得国家承认并可在网上查证的职业资格证的广西农村建档立卡扶贫对象可以获得以奖代补补助金。2018年,扶贫办根据城区人社局提供的培训人员名单,组织各镇、各村发动符合条件的参训人员踊跃报名,并严格按照程序规定进行审查。经审查,2018年建档立卡贫困户短期技能培训以奖代补工作,共82人,每人补助800元,共拨付6.56万元,补助金已拨付到各贫困户账户。

【"两后生"职业培训】 根据《广西壮族自治区人力资源和社会保障厅、财政厅、扶贫开发办公室关于印发技工院校结对帮扶贫困家庭"两后生"职业培训专项计划实施方案的通知》(桂人社发〔2016〕49号)文件精神,参加中期就业技能培训的"两后生"可以获得生活费补贴,补贴标准为5500元/人/学年，按学期分两次（2750元/人/学期）拨付到学员就读的技工院校，由就读院校补贴给学生。2018年西乡塘区"两后生"中期就业技能培训生活补贴7人共计1.93万元。

【小额信贷贴息】 2018年，区扶贫办根据《广西壮族自治区扶贫小额信贷管理办法》（桂银监发〔2018〕4号）文件精神，制定《西乡塘区扶贫小额信贷管理办法》及小额信贷风险补偿金管理规范，政府、农合机构、委托经营主体签订《小额信贷风险补偿金三方共管协议》，定期检查委托小额信贷经营主体委托经营情况，经营主体委南宁市盛都城市开发有限公司定期报送银行对账单。截至2018年12月31日，当年累计发放贷款户数为837户，同比增长（减少）0；累计发放贷款金额为3758.5万元，同比增长（减少）0；2018年上级下达财政专项扶贫资金切块小额信贷贴息资金自治区扶贫185万元。扶贫小额信贷第一季度贴息44.63万元，第二季度贴息45.62万元，第三季度息贴45.22万元，第四季度贴息总额44.42万元，合计贴息179.9万元。2018年8月8日，盛都城市开发有限责任公司已发放分红835户（有两户自主经营）150.04万元。11月20日，盛都城市开发有限责任公司发放本年度第二次分红148.19万元。

【扶贫产业分红项目】 根据扶贫特色产业（入股）项目协议要求，合作社（公司）给予入股贫困户（贫困村）固定分红。2018年发放分红32.2万元，其中发放贫困户16.8万元，发放贫困村15.4万元。

2018年10月11日，扶贫办主任马建德（左三）陪同南宁市督查组检查全区脱贫电视电话会议整改情况　　　　　　　　（区扶贫办供图）

【对口帮扶】 2018年，区扶贫办根据市委、市政府《关于加强"十二五"时期社会扶贫工作的意见》的精神和南宁市扶贫开发领导小组《南宁市"十二五"时期经济较发达城区、开发区对口帮扶贫困县（区）工作方案》的要求，西乡塘区政府对口帮扶隆安县，帮扶资金每年500万元。全年西乡塘区扶贫办协助区财政局将帮扶资金500万元按时转到隆安县政府，完成市委、市政府给西乡塘区政府下达的对口帮扶工作任务。

（西乡塘区扶贫开发办公室）

居民生活

【城乡居民生活】 2018年，西乡塘区城镇居民人均可支配收入33683元，同比增长8%；城镇居民生活消费支出21455元，同比增长29.4%。农村居民人均可支配收入13820元，同比增长9%；农村居民生活消费支出13025元，同比增长31%。在岗职工年平均工资92777元，同比增长16.83%。

【城镇居民收入构成】 2018年,西乡塘区城镇居民人均可支配收入33683元,主要由工资性收入、经营净收入、财产净收入和转移净收入等4个部分构成。其中,工资性收入是居民收入的主要来源,占整个人均家庭总收入的61.88%。同年人均工资性收入2.16万元,比上年同期增加1453元,增长7.2%;经营净收入3681元,比上年同期增加373元,增长11.3%;财产净收入6095元,比上年同期增加398元,增长7%;转移净收入2277元,比上年同期增加271元,增长13.5%。

【城镇居民消费结构】 2018年,西乡塘区城镇居民生活消费支出21455元,同比增长29.4%。八大类消费支出呈七升一降的态势,其中食品烟酒支出7470元,同比增长20.5%;衣着支出1087元,同比增长30%;居住支出4376元,同比增长33.5%;生活用品及服务支出1125元,同比增长16.8%;交通通信支出3187元,同比增长103.5%;教育文化娱乐支出2024元,同比下降2.1%;医疗保健支出2569元,同比增长25.7%;其他用品和服务支出517元,同比增长47.8%。

【农村居民收入构成】 2018年,西乡塘区农村居民人均可支配收入13820元,主要由工资性收入、经营净收入、财产净收入和转移净收入4个部分构成。其中,工资性收入是居民收入的主要来源,占整个人均家庭总收入的48.7%。同年工资性收入6724元,比上年同期增加737元,增长12.3%;经营净收入5705元,比上年同期增加311元,增长5.8%;财产净收入350元,比上年同期增加59元,增长20.3%;转移净收入1041元,比上年同期增加34元,增长3.4%。

【农村居民消费结构】 2018年,西乡塘区农村居民生活消费支出13025元,比上年同期增加3080元,增长31%。八大类消费支出呈六升二降的态势,其中食品烟酒支出3753元,同比下降1.5%;衣着支出514元,同比增长5.8%;居住支出3454元,同比增长61.8%;生活用品及服务支出837元,同比增长53%;交通通信支出2344元,同比增长113.1%;教育文化娱乐支出1265元,同比增长2.7%;医疗保健支出767元,同比增长58.5%;其他用品和服务支出91元,同比下降40.2%。

(农晨欣)

人力资源和社会保障

【人社机构及工作概况】 2018年,西乡塘区人力资源和社会保障局(简称"区人社局")编制7人,实有人员22人。设有劳动保障管理中心、劳动保障监察大队、企业退休人员档案管理中心3个二层机构。全局和部门所属事业单位干部职工86人。坛洛、金陵、双定3个镇和衡阳、西乡塘、北湖、安吉、新阳、华强、上尧、石埠8个街道办事处都建立劳动保障事务所,64个社区和64个村设立劳动保障工作站。工作职责:负责拟定辖区就业再就业工作总体规划并组织实施,完善公共就业服务体系,会同有关部门研究落实统筹城乡的就业发展规划、政策和就业援助制度;落实职业资格制度相关政策和统筹面向城乡劳动者的技能培训制度；落实高校毕业生就业政策和高技能人才、农村实用人才培养和激励政策。贯彻落实国家、自治区、南宁市制定的劳动与社会保障的法规政策，建设和完善以城乡养老保险、失业登记、社会保障、城乡居民基本医疗保险为主要内容的社会保障体系。负责辖区公务员综合管理，辖区机关科以下及区属事业单位人员年度考核、奖惩、干部调配、培训和专业技术人员职称评聘审核认定及人才交流、干部统计工作。负责辖区机关、企事业单位人员工资晋级晋档、转正定级、增资升级、退休审批和工资统计等工作。负责辖区劳动保障监察和人事、劳动争议，维护劳资双方合法权益。负责全区军转干部及家属安置、自主择业军转干部管理服务、企业军转干部解困等。

【人力资源市场就业服务】 2018年，人力资源市场共为340家用人单位办理用工登记手续，提供就业岗位6699个，接待各类求职人员1437人，成功推荐就业862人，举办大型招聘会10场次，完成"就业援助月""春风行动"等大型就业服务专项活动，共有各类用工单位336家参加上述招聘会，提供就业岗位1.67万个，获得广大人民群众的好评，取得良好的社会效益。

【就业与再就业】 2018年，西乡塘区开展职业培训、帮扶就业、民营企业招聘周、大学生就业服务月等系列活动，全年，城镇新增就业人数1.53万人，完成108.8%；城镇下岗失业人员再就业5373人，完成110.1%；大龄就业困难再就业1198人，完成159.7%；农村劳动力转移就业新增3.32万人，完成105.4%；城镇登记失业率2.81%。组织各类培训1507人，其中就业技能培训519人，创业培训988人；发放创业贷款251笔，放贷金额1969.8万元。

【精准扶贫促就业】 2018年，按照南宁市的工作要求，西乡塘区举办3场进村扶贫招聘会，组织企业到村口进行招聘，实现贫困户转移就业263人，扶持创业135人，超额完成南宁市下达的指标任务。在贫困户技能培训方面，针对辖区贫困村的实际情况，开展调查摸底掌握精准扶贫对象的就业以及培训需求。编印各类培训、就业社保信息资料，送村入户宣传发放《建档立卡贫困户参加职业技能培训告知书》3600多份，收集有培训意愿的贫困户253人，并在6月中旬对建档立卡贫困劳动力较为集中的坛洛镇上正村开展中式烹调师培训，组织发动71人报名培训，其中63人完成培训。同时，结合自治区举办的第五届农民工技能大赛，西乡塘区在初赛阶段单独设立贫困村分赛场，组织参训的贫困户64人进行厨艺大比拼，通过比赛的形式检验培训成果。在政策落实方面，实地认定第一批4个就业扶贫车间，累计吸纳和带动就业100多人。

【城乡居民养老保险】 2018年，城乡居民已参保人数9.7万人，其中，成功缴费5.84万人，已领取待遇3.37万人，参保率98.55%，缴费率90.06%。

【机关事业单位养老保险】 2018年机关事业单位养老保险制度改革工作有条不紊地推进，辖区参保的机关事业单位241个，单位参保率100%；参保在职人员6832人，人员参保率100%。每月支付3629名离退休人员基本养老金，月均支付养老金1900万元，退休人员养老金100%实现社会化发放。当期养老基金征缴总额1.58亿元，支付基本养老金总额2.26亿元。

【劳动保障监察】 2018年，区劳动保障监察大队接到举报投诉咨询742起，立案及协调处理案件22起，涉及人数148人，为劳动者追回工资约166.98万元，有效地维护劳动者的合法权益，促进城区经济发展和社会稳定。

【劳动合同签订】 2018年，区劳动保障部门依托"两网化"管理，开展日常巡查、专项检查及书面材料审查，已督促辖区内各类企业签订劳动合同人数2.24万人，各类企业劳动合同签订率97.44%，其中国有企业签订劳动合同人数2325人，劳动合同签订率100%；企业集体合同签订人数5.78万人，企业集体合同签订率95.61%以上，推进劳动合同和集体合同制度的实施。

【人力资源市场秩序专项检查】 2018年3月5—27日，西乡塘区开展整顿人力资源市场秩序大检查，重点针对华西路、大学路及西乡塘客运中心、安吉客运站等流动人口集散地、职业中介机构聚集地进行排查检查，共检查53户，其中用人单位41户，人力资源服务机构12家，进一步规范辖区人力资源市场秩序，维护劳动者和求职者的合法权益，取得较好的效果。7月5—25日，开展用人单位遵守劳动用工和社保法专项检查，组织人员到辖区各类用人单位进行广泛宣传，共检查15家劳务派遣单位，213家企业，295家个体工商户，责令46家用人单位补签劳动合同人数189人。

【企业薪酬调查】 2018年，西乡塘区开展企业薪酬调查工作，安排专人负责企业催报和审核校验工作，严把数据质量关，确保样本企业及时准确填报数据，做到接收一户、审核一户、合格一户、上报一户，按时按质按量完成南宁市102家和自治区19户抽样企业调查数据的汇总和上报。

【企业退休职工管理】 2018年，进入西乡塘区社会化管理的企业退休职工7964人，累计总人数96366人。社会化管理企业退休职工全年进行生存验证达8万多人。在春节、重阳节期间，先后组织社会化管理的企业退休职工座谈1692人，上门慰问病患职工957人，为退休职工申办丧葬费2229人。

【企业退休人员档案管理】 2018年，档案中心共接收新增退休人员人事档案4389人册（单位1084人册，城镇自由职业者3305人册），累计接收退休人员档案85974卷册。因居住地发生变更转出退休人员人事档案378人册，接待来电来访共5022人，其中政策及人事档案业务咨询1727人，接待查档利用3207人，单位外借档案99卷册。发放退休资格证共124张，录入新增退休死亡人员信息并抽档入死亡专柜1344人，调整、更新、盘点库存退休人员人事档案共85974卷册。

【城乡居民基本医疗保险】 2018年，西乡塘区城乡医保参合居民35.6万人，其中15.26万人获补偿医疗费用11789.1万元。其中，住院补偿2.34万人，补偿金额11036.57万元；门诊统筹补偿10.62万人，补偿金额686.16万元；门诊大病2.3万人，补偿金额449.9万元。

（吕秋运　梁新兴　张子莹　卢承行
卢周念）

老龄事业

【养老事业】　2018年，西乡塘区完成20个社区日间照料中心和4个城市养老服务中心的招标运营，重点打造南宁市三医院与南宁市新阳真情养老院医疗联合体，开设就医绿色通道，为老人增加福祉。年内，有4家养老机构能够以不同形式为入住老年人提供医疗卫生服务，11个社区卫生服务中心为居住在养老院和社区的老人提供慢病防治、康复理疗及老人健康档案建档等服务，实现小病在社区，康复在机构，大病在医院的精准医疗服务体系。制定出台《西乡塘区民政局、西乡塘区老龄办关于加强农村留守老年人关爱服务工作的实施意见》，创建32个基层老年协会、12个农村幸福院，配置电视机、音响、棋牌等5种以上文化娱乐设施，《广西老年报》等4种适合老年人阅读的书刊报纸及老年人健身运动器材等。

（刘丁宁）

传统美食

【传统美食概况】　2018年，西乡塘区水街片区汇聚着本土众多传统小吃，共有南宁传统老字号美食89家，经营生榨米粉、粉饺、糍粑等63种本地美食。

【老友面（粉）】　南宁传统小吃。关于它的来历，民间众说纷纭。据说，在20世纪30年代，有一位食客经常去中山路一间小吃店就餐，久而久之，与客主成了朋友。有一次，食客外感风寒卧床不起，店师傅听说后便给食客做了一碗面，放上酸笋、辣椒、豆豉、姜、葱等，食客吃完后大汗淋漓，感觉全身舒畅放松，连打一串喷嚏后风寒痊愈，高兴之下给小吃店送去"老友常来"牌匾。"老友面"从此得名，也传入水街片区。制作方法：先将精面粉加鸡蛋和面，反复搓揉、用竹竿反复压挤，切成细面条，再以爆香的蒜泥、豆豉、酸辣椒、酸笋、碎牛肉、醋、骨头汤等配料与之烹煮而成。其特点是酸、辣、咸、香兼备，有祛风散寒、通窍醒食和兴奋精神的作用。主料用米粉称"老友粉"。

【米　粉】　南宁传统食品。制作方法：选用大米淘净浸透加水磨浆，掺入用开水冲兑的适量熟浆拌匀（或用适量米饭与米一同磨浆），放入金属托盘（米浆以仅铺过盘底），蒸成薄片，折叠切成条，叫作切粉；在舀米浆入托盘后加入碎肉、葱花、香菇末、碎虾米等配料，蒸煮后卷成筒状称卷筒粉（又称肠粉）；用粉榨器就着沸水锅压榨入锅煮熟成线的叫生榨粉；配以肉类的称肉粉，肉粉又依据不同肉类称为猪肉粉、牛肉粉、鸡肉粉、牛腩粉、鸡杂粉、杂烩粉。用油炒的称炒粉，配以叉烧、卤水相拌称干捞粉。

【糯米绿豆粽】　西乡塘区水街传统风味

食品。制作方法：将去皮肥猪肉洗净切条，加入佐料腌制半天待用；绿豆磨碎淘净洗去皮，选用大糯米掏净泡透后沥干，将粽叶（冬叶）若干张摊开，放上适量糯米，放入绿豆和一条经腌制的猪肉，再加一次绿豆，加一次糯米覆盖好豆、肉，然后包起，中部微突隆，用棉、麻绳扎牢，置沸水锅中煮半天左右即可。品种根据所包裹料的不同，有板栗肉粽、绿豆肉粽、饭豆肉粽、虾米粽、蟹肉粽、腊肠粽、牛肉粽等。

【炒田螺】 西乡塘区水街传统风味小吃。制作方法：将田螺置清水盘中养数日，常换水，让田螺吐尽泥污，然后洗净外壳的泥苔，用刀敲碎螺尾顶尖，加入少许食油、盐、姜、酒等配料爆炒片刻，以除去腥味，再加些水入锅煮至熟透，最后加入紫苏、假蒌、香葱、蒜苗、酸笋、啤酒及适量油、盐调味拌匀，便可上桌食用。多在夜市小吃档供应。

【五色糯米饭】 西乡塘区水街传统食品。制作方法：分别将旱米果、香饭花或姜葱、枫叶或枫树皮、红蓝草捣烂加水加热制成大红色、黄色、黑色和紫红色液体，将糯米分别浸泡在各色液体中，待米粒通体染上颜色后滗去余汁，分别入甑蒸煮，出甑后再将各色熟饭放入大铁锅中搅匀或分色放置，便呈黑、红、黄、紫、白5种色彩。饭色油光鲜亮，互不沾染。饭质嫩软，气味清香。

【靓 粥】 西乡塘区水街传统食品。制作方法：选用上好大米，明炉微火煮至米烂待用。食用时可根据口味，明火现煮制成猪肉粥、牛肉粥、鸡肉粥、鱼片粥、猪杂粥、鸡杂粥、皮蛋瘦肉粥、三鲜粥、猪红粥等，上碗时加入姜丝、葱花、胡椒粉即成为美味粥品。粥品稠滑、味道鲜美。

【豆蓉糯米饭】 西乡塘区水街传统食品。水街、壮志路早市常见卖糯米饭的小摊设在街头，供人们"食过早"（即吃早餐）。制作方法：摊档主将大口陶盆放在箩中，盆内盛满糯米饭，饭旁放着绿豆蓉；不论冬夏，盆底均置一炭炉，盆上放着一钵油炸糯米锅巴，另一钵则放着一块块卤熟的半肥瘦肉或腊肠。出售时摊档主用双手或饭勺将糯饭捏好，夹入绿豆蓉、油炸锅巴或猪肉或腊肠在糯饭中间，捏成饼状，沾上香酥芝麻、葱花、生晒豉油，放在一块清洁的荷叶上（现一般用食品袋），顾客即可拿着食用。清淡可口，柔软香甜，油而不腻，可谓色香味俱全。

【苦瓜酿】 西乡塘区水街特色家常菜。制作方法：选用粗直的青嫩苦瓜，洗净切成每节7厘米长的瓜筒，掏出瓜瓤，将猪肉与花生仁剁成泥，与浸透的糯米、盐、猪油、香葱、香料拌匀作馅，填入瓜筒中，置锅中蒸熟，即可上碟食用。既有苦瓜的清香，又有肉馅的鲜美，味道甘甜可口。

（地方志办公室）

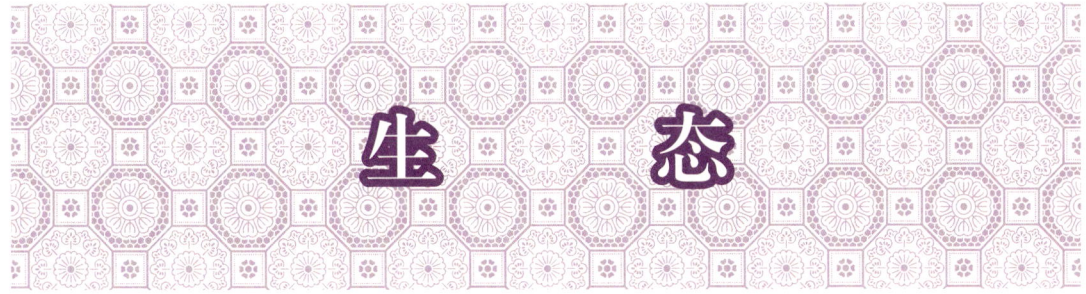

生 态

国土资源管理

【国土机构及工作概况】 2018年,南宁市国土资源局西乡塘分局(简称"区国土分局")有在岗人员19人,其中在编人员6人,聘用人员13人。内部设置办公室、用地股、地籍监察股、地矿股、收益金股,主要负责乡镇建设用地报批、耕地保护、土地利用规划管理、集体土地登记、非煤矿山矿产资源管理、地质灾害防治、国土法律法规宣传等工作。

【用地保障】 2018年,区国土分局完成土地利用计划指标30.75万平方米的报批工作,对各类重大项目、基础设施项目实现应保尽保。其中工业项目1个,用地报批面积11.49万平方米,占39.39%;交通基础设施项目3个,用地报批面积7.32万平方米,占25.09%。区国土分局继续执行农村宅基地会审制度,全年召开农宅会审会议20次,会审农宅申请材料1036宗,呈报辖区政府批准核发建设用地批准书1036宗,核准面积共计约8.96万平方米。

【耕地保护】 2018年,市政府与区政府签订耕地保护责任状,确定西乡塘区年度耕地保护目标:耕地面积不少于437.7平方千米,基本农田保护面积约为376.9平方千米。西乡塘区人民政府分别与各镇、街道办签订耕地保护责任状,明确西乡塘区年度耕地及基本农田保护责任目标,层层落实耕地保护责任。区国土分局在"美丽南方"树立基本农田保护宣传牌2块,走访企业10余家,发放宣传材料100余份,并结合"大棚房"专项整治行动,清查设施农用地67宗,确保农地农用。开展耕作层表土剥离利用2495立方米,配合辖区农林水利局完成耕地提质改造"旱改水"项目23万平方米,提升耕地质量。

【矿山管理】 2018年,区国土分局全年开展矿山日常巡查62次,向辖区城管局移交非法采矿线索9条。指导企业履行矿山地质环境恢复治理与土地复垦义务,推进绿色矿山建设,要求列入自治区和南宁市绿色矿山创建名单的6家矿山企业按照标准建设。其中,华润水泥两家矿山——南宁市双定镇狗头山矿区水泥用灰岩矿和南宁市双定镇董必山矿区水泥用灰岩矿,于11月9日接受自治区级绿色矿山验收。

【地籍管理】 2018年,区国土分局开展集体不动产登记业务。年内,完成10宗不动产注销登记、2宗不动产首次登记、1宗不动产变更登记、1宗不动产更正登记和1宗不动产转移登记,正在办理5宗不动产注销登记。

【土地督察卫片执法】 2018年,区国土分局指导辖区各镇(办)国土规建环保安监综合执法队开展执法工作,根据辖区内国安站上报的违法用地行为进行核查。年内,协助辖区政府开展打击违法用地、违法采矿工作,与辖区政府、城管局、两违办等有关部门共同参加拆违行动14次。

【地质灾害防治】 2018年,区国土分局编制地质灾害防治方案、专项方案、应急预案等,协调各镇人民政府、街道办事处成立地质灾害防治工作领导小组,负责本行政区域内的地质灾害防治工作。组织开展汛期地质灾害防治知识的宣传教育,增强公众对地质灾害防治意识和自救、互救能力。对地灾隐患点及地灾易发区,实行专人监测、24小时值班制度。年内召开安全生产工作例会4次,对辖区内矿山、地质灾害隐患点进行专项、例行巡查36次,确保不发生矿山安全生产事故和地质灾害事故。

【国土法律法规宣传】 2018年,区国土分局高度重视国土政策和相关法律法规的宣传工作,制定2018年度宣传工作方案,全年开展现场服务企业活动7次,走访企业10余家,发放国土政策宣传材料200余份。开展"6·25"土地日、"8·29"测绘法宣传日活动,以悬挂标语、设立板报和咨询服务台、发放宣传资料等方式向群众宣传国土资源的国情国策,累计发放各类资料1000余份,现场接受群众法规政策咨询700余人次。

(苏宏晓)

环境保护

【环保机构及工作概况】 2018年,西乡塘区环境保护局(简称"区环保局")在职在编人员6人。下设环境监察大队,参公事业人员4人,工勤人员1人。区环保局贯彻执行国家、自治区、南宁市有关环境保护的法律法规和政策,拟订全区环境保护计划并组织实施,主要做好辖区环境问题的统筹协调和监督管理,协调和组织实施主要污染物减排工作,对辖区环境污染防治的监督管理及辖区内大气、水体、噪声、固体废物、化学品、放射源等物资的管理和安全监督,做好辖区环境监测、统计和信息发布工作,指导和协调辖区环境保护宣传教育工作。

【大气环境质量】

城市环境空气 2018年,按《空气环境质量标准》(GB3095—2012)评价,西乡塘区北湖监测点环境空气优良天数(空气污染指数AQI≤100)达到321天,占全年的90.7%(友爱北湖片区站点有11天不满足数据有效性审核要求),比2017年增加9天;环境空气中二氧化硫(SO_2)年均浓度为13微克/立方米,二氧化氮(NO_2)

年均浓度为 37 微克/立方米，可吸入颗粒物（PM10）年均浓度为 60 微克/立方米，细颗粒物（PM2.5）年均浓度为 34 微克/立方米。二氧化硫与二氧化氮年平均浓度均达到《环境空气质量标准》（GB3095—2012）一级标准要求，可吸入颗粒物与细颗粒物均超过二级标准要求。可吸入颗粒物年均浓度比 2017 年同期下降 1.67%。

城市降水 2018 年，辖区降水平均 pH 值为 6.2，比 2017 年上升 0.07 个 pH 单位，酸雨频率 4.43%。

【水环境质量】

主要江河水质 2018 年，在辖区内共检测 2 个断面，其中左江上中、邕江老口水质均评价为Ⅱ—Ⅲ类水质标准。

饮用水源水质 西乡塘辖区集中式饮用水源地水质总体保持良好，陈村、西郊和中尧 3 个集中式地表饮用水源地，主要水质指标达标率（Ⅲ类）100%。

城市内河水质 西乡塘辖区二坑、朝阳溪和心圩江部分流域经市环保监测站监测，水质评价均为劣五类，属重度污染。

影响水质的主要污染指标为氨氮、五日生化需氧量、总磷、化学需氧量和阴离子表面活性剂。

【城市声环境质量】 2018 年，西乡塘区区域环境噪声昼间平均值 58.3 分贝，夜间平均值 51.5 分贝，比上一年度有所下降。城市道路交通噪声昼间平均值 68.1 分贝，夜间平均值 67.1 分贝，比上一年度有所下降。

【污染物排放】

废水污染物排放 2018 年，西乡塘区内废水排放总量约 8507.57 万吨，其中工业废水排放量约 193.63 万吨，生活污水排放量约 8313.94 万吨；废水中化学需氧量（COD）排放量约 16535.87 吨，其中工业废水 COD 排放量 182.26 吨，农业废水 COD 排放量 0，生活污水 COD 排放量 16353.62 吨，集中式治理设施废水 COD 排放量 0。

废气污染物排放 西乡塘辖区内废气中二氧化硫（SO_2）排放量 2434.95 吨，其中工业源排放 91.3 吨，城镇生活源排放 2343.65 吨；废气中氮氧化物（NO_x）区域总量 2877.17 吨，其中工业源排放 2584.15 吨，城镇生活源排放 293.02 吨。废气中烟（粉）尘区域总量 554.44 吨，其中工业源排放 506.26 吨，城镇生活源排放 48.18 吨。

【固体废物】 2018 年，西乡塘辖区内一般工业固体废物产生量 23.95 万吨，综合利用量 9.25 万吨，处置量 14.7 万吨，

2018 年 5 月 31 日，区委书记廖伟福（右三）到金陵水厂取水口检查环境问题清单整改情况　　　　（区环保局供图）

其中处置往年贮存量0.00005万吨，工业固体废物综合利用率38.62%；危险废物产生量0.04万吨，综合利用量0.00002万吨，危险废物处置量0.05万吨，其中，处置往年贮存量0.007万吨；危险废物贮存量0.045万吨，危险废物累计贮存量0.0093万吨，危险废物倾倒丢弃量为0，危险废物内部年综合利用/处置能力0.00002万吨。

【污染防治】

水污染防治 2018年，以生态环境部、水利部开展的全国集中式饮用水水源地环境保护专项行动为契机，开展辖区集中式饮用水水源地环境保护专项整治工作，对辖区3个市级集中式饮用水水源地和1个备用集中式饮用水水源地（位于高新区范围）开展集中式饮用水水源地环境问题排查整治，排查发现问题6个、督查交办问题12个。辖区按照"照单全收、立行立改"的工作要求，及时组织辖区环保、城管、住建、农林水利、街道办事处等相关单位开展整治工作。10月底，18个问题已全部通过生态环境部督查组的验收并完成销号工作。区环保局牵头开展畜禽养殖排查整治工作，对建成区畜禽养殖污染进行综合治理，取缔城市内河沿岸500米范围内非法禽畜养殖户，拆除非法养猪场65家涉3239头猪，占地面积约3.2万平方米，建筑面积约1.9万平方米，基本完成建成区内河黑臭水体治理畜禽养殖污染部分工作任务。开展农村畜禽养殖污染综合整治工作，对邕江及左、右江流域离岸陆域500米范围内地畜禽养殖污染进行清理整治。排查389家畜禽养殖场所合计18.3万平方米，涉生猪10多万头，通过签订承诺书（2018年12月15日前停止养殖、清空畜禽等）、拆除等综合措施完成整治，共签订承诺书322家，清空畜禽102家，拆除59家，总体工作完成100%。

大气污染防治 2018年，西乡塘区PM10平均浓度为60微克/立方米，PM2.5平均浓度为34微克/立方米，环境空气质量优良率90.7%。完成南宁市下达的年度控制目标任务。

城市扬尘污染联防联控 2018年，区政府全面深化城市扬尘污染治理，巩固治理成果，形成扬尘治理长效机制。开展大气污染防治专项检查，深入整治涉大气污染、油烟污染、粉尘污染行业企业环境问题，强化市区扬尘污染防治。加强重点路段扬尘防控工作，区环卫站采用"夜间机扫水洗，白天快速保洁"的道路扫保作业模式实行全天保洁，及时对重点路段加大洒水降尘工作力度，严格执行监督巡查，确保洒水降尘效果稳定；加强建筑工地扬尘管控工作，辖区工地办加强对建筑工地的监管力度，督促辖区内房屋拆除工程施工方采取湿法作业等措施进行扬尘防治；开展泥头车扬尘治理联合执法，由城管大队、交警大队组成专项整治组，在夜晚22时至凌晨4时，对泥头车污染城市道路的违章行为进行严控。

市区网格化监测 为建立治尘长效机制，打赢"蓝天保卫战"，区政府根据市环境保护局要求，开展大气网格化监测项目建设，在辖区8个街道办事处建设8个大气颗粒物监测站，主要监测项目为PM10、PM2.5。2018年年底已全部完成站点硬件建设。

固体废物污染防治 开展危险废物规

范化管理工作，6—9月对辖区内南宁银杉电线电缆有限责任公司、广西社会福利印刷厂、广西昭泰子隆彩印有限责任公司、广西南宁百会集团药业有限公司、广西中烟工业有限公司等5家危险废物产生单位进行检查，现场发放限期整改通知书5份，责令产废单位对存在的问题落实整改工作。2018年，区环保局强化对产生危险废物企业的环境监管，加强信息公开力度，及时公布检查企业信息，接受社会监督。年内共检查核技术利用单位26家，其中医疗机构25家，主要使用的是辐射X光设备，均为Ⅲ类射线装置，企业1家，使用的是中子密度仪，为Ⅳ类射线装置。

噪声污染防治　2018年，区政府重点抓好建筑施工和经营场所噪声扰民问题，关注群众投诉的热点，开展建筑施工噪声集中整治行动。针对扰民严重的建筑工地进行不定期抽查，共查处扰民建筑工地35家，出动监察车辆70余次，监察人员170余人次，下发整改通知书35份。开展社会生活噪声控制，组织公安、城管、环保、工商和各街道办事处组成专项整治行动小组，实施严格巡查监管。全年共责令35家企业（个体经营户）进行整改，其中，22家餐饮店、6家KTV娱乐城、7家酒吧，按时完成整改。

【环境监察】

专业查污整改　2018年，区环保局开展"小散乱污"工业企业整治工作，根据《南宁市月均用水量超100度个人用户排查表附件》《南宁市月均用电量超2000千瓦时个人用户排查表》进行"小散乱污"工业企业排查，共排查名单内用水用电异常户总计1191户（用水1178户，用电13户），其中确认为非"小散乱污"工业企业1185户，"小散乱污"工业企业6户。对辖区内建成区内河沿岸工业企业进行排查，共排查出名单外14家重点工业污染源及"小散乱污"企业。涉及涂料生产污水直排、生活污水直排、食品加工生产污水直排。有关部门对6家用水用电异常户"小散乱污"企业、名单外14家"小散乱污"企业进行停水、停电、关停、取缔等整治措施。

环境信访案件查处　2018年，区环保局共受理环境污染投诉案件2189件次，查处2189件，查处率100%；结案2189件，结案率100%。信访处理率100%。

"双随机"抽查检查　根据污染源日常环境监管随机抽查工作要求，2018年，区环境监察大队利用自治区污染源日常环境监管随机抽查系统，对辖区49家企业开展"双随机"抽查。

行政处罚　2018年，区环保局严肃查处环境违法行为，年内共对环境违法企业立案32起，作出处罚决定数28件，结案25起，处罚金额共计38.48万元。

【生态建设】

乡村建设重点项目　推进"美丽南宁"乡村建设活动重点项目建设。2018年，区政府投入600多万元在石埠街道办、坛洛镇和双定镇建设14套农村生活污水处理设施项目。其中分别涉及石埠街道办事处永安村2队、永安村4队、永安村9队、永安村10队、和安村2队1组、和安村2队2组、下灵村、乐洲村16队、乐洲村17队，双定镇兴平村兰林坡、和强村坛糖坡，以及坛洛镇美松坡、群南村定力坡、三景村杨屋坡等14村、坡，有效解决6400多人的生活污水处理问题。

建设项目环境管理 2018年，区环保局继续严格执行环境影响评价制度，严把环保准入关口，从源头上控制人为破坏生态和严重污染环境现象的产生。年内，共受理新、扩、改建设项目环评文件33项（其中工业项目19项，市政与区域开发类9项，三产类项目5项），验收项目7项，变更项目3项。

2018年12月16日，中国生态文明论坛年会在南宁市举行 （区环保局供图）

环境宣传教育 开展"环境日"宣传活动。区政府在华西路小学开展2018年"六五"环境日"美丽中国，我是行动者"主题宣传活动。主题宣传活动通过给环保小卫士佩戴绶带、环保少年节目演出、现场签名，以及小手拉大手等活动，推动社会各界和公众积极参与生态文明建设。区环保局组织广西大学资源环境与材料学院环境系师生30余人，到第六批国家环保科普基地——美丽南方开展"美丽中国，我是行动者"环保公众开放日活动，全方位了解南宁市"十二五"以来在生态保护修复、水环境治理、生活垃圾处理、生态乡村建设等上的环境保护工作成果、当前环境现状。12月15—16日，中国生态文明论坛南宁年会在南宁市举行，"美丽南方"被列为现场参观点，圆满完成论坛年会参观考察活动的接待工作。

中央环保督察"回头看" 2018年6月7日至7月7日，生态环境部对广西开展为期一个月的中央环境保护督察"回头看"工作。在中央环境保护督察"回头看"期间，共接到中央环境保护督察组交办案件88件，累计办结100件，按时办结率100%，公示率100%。群众举报信访案件中责令立即改正37件，限期整改17件，停产整改5件，查封扣押3件，关停取缔4件，立案处罚8件，处罚金额5.42万元，举报不属实14件。

第二次全国污染源普查 组织开展第二次全国污染源普查工作。2018年为全面普查阶段。区环保局组织相关部门开展普查调查单位名录筛查、增补工作，完成工业类、农业类、畜禽养殖类、生活源类、集中式污水治理设施类等共8000多条名录比对筛查，清查对象2000多条。区环保局开展入户调查，组织普查队伍入户登记调查单位基本信息、活动水平信息、污染源治理和排放口信息，抽样调查城乡居民能源使用情况、农村居民生活水污染（用排水）情况、农业生产活动情况，采集相关数据。年内，采集入户普查数据797条，完成第二次全国污染源普查阶段性总体工作任务100%。

（李小敏）

园林绿化

【园林机构及工作概况】 2018年,西乡塘区园林绿化管理所(简称"区园林所")编制20人,实有15人。主要负责辖区园林计划制订、绿化档案管理、统计分析、绿化项目方案设计和实施,组织群众开展植树造林活动,管理维护花木、保护古树名木。年内,新增绿地面积10.78万平方米,建成区绿化覆盖率43.25%,绿地率38.19%,人均公园绿地面积13.98平方米。

【园林绿化用地扬尘治理】 2018年,西乡塘区做好"蓝天保卫战"园林绿化用地扬尘治理工作,完成大化路、秀灵西一里、北际南路、秀园南路、高新大道、安阳路、西耐路、北湖东二里、云亭街、新阳北三里、水悦龙湾小绿地等绿化用地的黄土裸露绿化补植、超高土整治及树木修剪工作,共完成黄土裸露整治面积7420平方米,清理修剪杂草8200平方米,补植缺失绿化树186株,清理超高土、枯枝败叶、建筑垃圾等102车。除此之外,区园林所还出动1200人次加强对道路绿植的日常冲洗,并且加大对焚烧绿化废物的巡查,共发现并制止15起焚烧行为。

【美丽南方片区绿化建设】 2018年,西乡塘区全面落实乡村振兴战略产业项目及环境综合整治工作,完成美丽南方石埠堤沿线绿化整治、美丽南方永安7队游步道周边复绿、美丽南方忠良3队鱼塘周边景观步道遮阴绿化建设、美丽南方树人路道路绿化建设、美丽南方永安7队那造坡周边绿化、美丽南方水塘周边象草种植等绿化工程,共种植宫粉紫荆、美丽异木棉、黄花风铃木、秋枫、香樟、三角梅、铺地菊、非洲茉莉球、满天星等乔灌木176078株,种植山管兰花、软枝黄蝉、鸭脚木、白蝴蝶等片植灌木15624.33平方米,种植玉韵竹、天堂鸟等丛生植物1097丛,铺设马尼拉草、象草、植草砖植草94646.5平方米。

2018年12月29日,美丽南方永安7队那造坡绿化建设工程　　(邱承金　摄)

【参与"美丽西乡塘·整洁畅通有序大行动"】 2018年,区园林所参与"美丽西乡塘·整洁畅通有序大行动",加大对辖区内的小街小巷、广场绿地的巡查力度,对绿化缺失、裸露的部分进行补种。共受理移植、砍伐树木申请25宗,砍伐危树、

2018年12月29日,美丽南方永安7队那造坡绿化建设工程　　(邱承金　摄)

死树 275 株；处理数字城管案件 114 宗，市长热线案件 38 宗，群众来访和投诉案件 65 宗。

【快环沿线绿化整治】 2018年，区园林所对辖区的快环沿线实施挡墙护坡绿化，完成龙腾路、吉兴东路、友爱北路的挡墙护坡绿化建设，绿化面积共 1535.5 平方米，投资金额约 50.9 万元。

【黑臭水体治理】 2018年，区园林所开展黑臭水体治理，完成黄泥沟绿化改造工程，共种植散尾葵 120 株、三角梅 420 株、七彩大红花 400 株，铺地菊 3100 平方米；完成细冲沟绿化改造工程，共种植三角梅 350 株、垂叶榕 150 株、小叶榕 9 棵、宫粉紫荆 9 棵，草皮 1500 平方米，围砌护栏 195 米。

2018年12月13日，鑫利华学校屋顶实施立体绿化建设　　　（谢元春　摄）

【立体绿化工程】 2018年，区园林所进一步贯彻落实南宁市立体绿化工作部署，推进立体绿化建设。年内，新增立体绿化总面积 6592 平方米，其中，社会投资立体绿化项目 2 处：南宁木材厂，完成立体绿化面积 1000 平方米；鲁班商贸城屋顶绿化，完成立体绿化面积 250 平方米。公共投资立体绿化项目 4 处：鑫利华学校立体绿化，完成立体绿化面积 2000 平方米；西乡塘区第一幼儿园立体绿化，完成立体绿化面积 710 平方米；西乡塘区第三幼儿园立体绿化，完成立体绿化面积 1882 平方米；江北大道 2 号、4 号、8 号公厕立体绿化建设，完成立体绿化面积 750 平方米。

2018年12月26日，对江北大道 2 号、4 号、8 号公厕实施立体绿化建设　　　（梁允廷　摄）

【古树名木管理】 2018年，区园林所为加强对古树名木的管理，落实养护责任，全面启动古树名木挂牌保护工作。年内，完成辖区内 608 株古树名木的挂牌工作。每个树牌上记录有古树编号、树龄、所属科、拉丁学名、挂牌时间、监督单位以及保护

2018年3月21日，对西乡塘区安吉街道办事处大唐村内的古树进行挂牌　　　（谢元春　摄）

等级等信息，右下角有可扫描的二维码，方便实行动态管理，基本做到"一树一卡一照片一标牌"。

（罗宝玲）

宜居乡村建设

【"美丽西乡塘"乡村建设领导机构】 根据自治区、南宁市的统一部署，2017—2018年开展"宜居乡村"活动。2018年，西乡塘区"美丽西乡塘"乡村建设领导小组共有90人，其中组长1人、第一副组长1人、副组长20人（西乡塘区处级领导兼任），成员68人。领导小组下设办公室（简称"西乡塘区乡村办"），至2018年年底共有31人，其中乡村办主任1人、副主任4人（西乡塘区处级领导兼任），全日制坐班工作人员19人，在职在编人员12人。主要负责"宜居乡村"活动的组织、综合协调、检查督办、指导及考评等工作。

【宜居乡村先进单位】 2018年，罗文村罗文国家森林康养基地试点建设单位被确定为第四批全国森林康养基地试点建设单位；西乡塘区群南柑橘产业核心示范区被授予"广西现代特色农业核心示范区（三星级）"称号；双定镇武陵村顶哈肉鸽养殖合作社和金陵镇邓圩村大兴养殖农民专业合作社被授予2018年度"广西生态养殖助农增收合作社示范点"称号，金陵镇邓圩村大王岭和双定镇武陵村三定坡被授予2018年度"广西生态养殖助农增收示范村"称号；西乡塘区被认定为南宁市"美丽南宁·宜居乡村"活动综合示范县区，1个示范片区、3个示范乡镇、4个示范村屯被认定为"美丽南宁·宜居乡村"活动各类示范县区（片区）、乡镇、村屯；金陵镇龙达村沙洲坡卢仕坚、双定镇兴平村务读坡李合其、双定镇英龙村垒英坡陆忠贝、坛洛镇群南村定力坡梁玉兴、石埠街道忠良村3队62号梁安芝、石埠街道忠良村1队53号梁茂贤、石埠街道忠良村知青路尾梁梓桂7个农户庭院被认定为2018年度市级百佳农户"美丽庭院"；石埠街道乐洲村17队被认定为2018年度市级"十佳绿色村屯"，双定镇义平村崇泽新村、双定镇秀山村陇丰坡被认定为2018年度市级"绿色村屯"；石埠街道忠良村被授予"首府南宁十大最美乡村"荣誉称号；10月，辖区推荐的"督查检查"荣获南宁市乡村建设"十佳范例"称号。

【宜居乡村宣传】 2018年，区环保局接待各级媒体专题采访10多次，在中央媒体登载乡村建设成效报道5篇，自治区、市媒体刊登稿件228篇，播放活动视频16条，提交经验材料10篇，向市乡村办报送工作信息69篇。在忠良村举行"首府十大最美乡村活动"颁奖仪式。组织参加南宁市乡村建设十佳范例并有一篇案例入围。开展以乡村建设活动为主题的各类宣传文体活动40多次，组织开展乡村建设主题宣传活动12次，制作宜居乡村各类宣传视频定期不定期地播放。制作更换各类大中小型户外广告500多处，制作横幅、宣传标语1200多条，电子屏幕300多条，更新乡村建设宣传专栏60处；制作环保购物袋、小扇子、宣传折页、小画册、宣传海报、《致农民朋友公开信》等发放至村民手中。推进"宜居乡村"活动有序开展。

【宜居乡村"三项"活动】 2018年，西乡塘区开展"产业富民""服务惠民""基础便民"三项活动（简称"三民"）。"产业富民"方面，辖区50个农村行政村全部制定产业发展计划，农村电子商务服务点全覆盖，每个行政村至少有1个以上的产业发展项目。50个村全部实现每年有5000元以上的村集体收入，其中村级集体经济年收入超过3万元的行政村有34个。挂牌成立西乡塘区柑橘产业联合会，发展会员70家，柑橘种植户50多家，推动柑橘生产"五化"发展；培育1个带动农户增收的新型农业经营主体，辖区目前已有新型农业经营主体259家；新建特色农产品标准化生产示范基地10个以上；全面开展畜禽规模养殖场生态养殖改造建设，辖区已完成80家，其中辖区级评定五星级9家、四星级13家、三星级49家。石埠街道农旅结合产业发展和田园综合体产业项目凸显实效，三个镇突出种养结合推动产业发展，产业促脱贫，带动农民增收，202户农民实现脱贫。"服务惠民"方面，重点完善"一个中心"建设，50个行政村综合服务中心全部完成建设，城乡居保参保率98.54%，养老保险缴费率87.89%，60周岁以上参保老年人100%享受基本养老待遇。年内，共开展9场"春风行动"招聘会，提供岗位1.2万余个，累计组织职业培训1500人，发放农民工贷款1707万元。全年共资助建档立卡贫困户学生3037人次，拨付建档立卡贫困户学生资助款204.95万元。辖区乡镇家庭医生签约服务总人数15.8万人，占比67.34%；重点人群签约5.6万人，占比83.43%；贫困户6642人，签约覆盖率100%。开展村级矛盾纠纷排查1280次，共排查调处矛盾纠纷660起，调解成功率99%，共开展法律援助宣传活动25场。放映公益电影660场，开展文艺演出活动160场，开展体育活动150场，辖区广播电视信号覆盖率99%。"基础便民"方面，以创建自治区宜居乡村"基础便民"示范辖区为契机，全力推进基础便民工作。全年辖区"两改"任务数为1.4万户，开工率107.5%，完工率107.5%。"六提"项目：5个村级垃圾转运设施项目已全部投入使用；共计101个道路工程竣工率100%；污水处理设施14套，现已全面完工；改造竣工农村危房48户；石埠街道永安村1队、乐洲村14、16队、永安村4队乡土特色示范村屯项目通过市级验收，被南宁市认定为乡土特色示范村屯项目。"三增"项目：农村通信基站已达到全覆盖，建制村宽带信息网络系统覆盖率99%；南宁市电信普遍服务试点项目1个，现已竣工正式通网；5个村屯公共照明试点项目已全部竣工，并交付使用。示范引领，力推乡村建设提质升级。按照打造亮点、示范引领、以点带面、整体推进的工作思路，全面开展"美丽南宁·宜居乡村"示范创建。"美丽南方"示范区依托国家田园综合体建设，充分发挥财政资金杠杆作用，各级财政资金投入达2亿多元，撬动和吸引社会资本近10亿元，为推动宜居乡村示范创建提供有力支撑。9月，辖区被市乡村办认定为宜居乡村综合示范城县区、石埠街道为综合示范乡镇、忠良村为综合示范村屯，"三民"专项活动示范方面也均有镇、村屯入选。作为自治区"基础便民"专项活动示范辖区，1.4万户的"两改"任务开工率107.5%，完工率107.5%。10月18日，2018年南宁市"基础便民"专项活动现场会在辖区石埠街道召开，市领导、市城乡建委主要领导，及市直责任单位、各县（区）领导约120人参加会议；10月26日，成功举办"首府南宁十大最美乡村"颁奖暨第四届"发现乡村之美"活动仪式，石埠街道忠良屯喜获"首府南宁十大最美乡村"第一名的殊荣。

【宜居乡村建设】

乡土特色示范村屯建设 石埠街道办永安村4队，建设项目内容为古民居、老建筑修缮保护、村巷、道路、四微化、排污排水管道改造等。项目总投资300万元，自治区级补助资金150万元，辖区配套资金150万元。项目于2017年9月开工建设，2018年6月底完成全部建设并通过辖区级验收，7月中旬通过市级验收，获得全市年度乡土特色示范村屯。石埠街道办乐洲村14队、16队，建设项目内容为古民居、老建筑修缮保护、村巷、道路、四微化、排污排水管道改造等，项目总投资300万元，自治区级补助资金150万元，辖区配套资金150万元。项目于2017年9月开工建设，2018年6月底完成全部建设并通过辖区级验收，7月中旬通过市级验收，获得全市年度乡土特色示范村屯。

绿色、基础便民示范村 石埠街道办乐洲村17队绿色、基础便民示范村建设，工程建设项目内容：对村屯内巷道乡土硬化、房前屋后四微化、排污排水管道进行改造及亮化美化建设等。项目总投资100万元，辖区自筹资金100万元。项目于2018年8月开工建设，10月底已完成全部投资和建设。石埠街道办永安2队基础便民示范性村屯建设，工程建设项目内容为：对村屯内巷道乡土硬化、房前屋后四微化、排污排水管道进行改造及亮化美化建设等。项目总投资80万元，辖区自筹资金80万元。项目于2018年8月开工建设，10月底已完成全部投资和建设。石埠街道办永安村4队基础便民示范性村屯建设，工程建设项目内容：对村屯内巷道乡土硬化、房前屋后四微化、排污排水管道进行改造、亮化美化建设等。项目总投资40万元，辖区自筹资金40万元。项目于2018年8月开工建设，10月底已完成全部投资和建设。坛洛镇中北村公交坡绿色示范性村屯建设，工程建设项目内容：对村屯内巷道两边四微化、排污排水管道进行维修改造、亮化美化建设等。项目总投资30万元，辖区自筹资金30万元。项目于2018年8月开工建设，10月底已完成全部投资和建设。石埠街道办乐洲村17队列入2018年南宁市"美丽南宁·宜居乡村"基础便民专项活动现场会观摩点提升工程，工程建设项目内容：进一步对村屯内巷道乡土硬化、美化、亮化，房前屋后四微化，排污排水管道改造，休憩广场改造、亮化、美化建设等。项目总投资约85万元，辖区自筹资金85万元。项目于2018年9月6日开工建设，9月25日完成全部投资和建设。10月18日，南宁市"美丽南宁·宜居乡村"基础便民专项活动现场会在石埠街道办乐洲村17队圆满举办。

（林灿文）

乡镇·街道

金陵镇

【金陵镇概况】 金陵镇,西乡塘区辖镇。位于区境中西部,距区政府驻地30千米。东接双定镇,西邻坛洛镇,南连石埠街道,北与隆安县丁当镇交界。是自治区小城镇综合改革试点镇和重点镇、南宁市统筹城乡发展试点镇和"卫星城"。辖区面积221平方千米。民国初年始设邕宁县金陵乡。1950年属邕宁县第六区。1951年3月属十六区,随后与坛洛、那龙、双定乡划入同正县(今扶绥县北部);7月划入隆安;10月划回邕宁县。1955年8月属那龙区。1958年2月改乡属老口办事处;8月与那龙、双定乡合为双金龙公社。1959年1月划入市郊区。1960年7月划回邕宁县。1962年7月属那龙区。1968年12月属那龙公社。1982年8月随那龙公社划归市郊区。1984年9月属那龙乡。1987年8月分置金陵镇。2001年12月划入城北区。2005年3月属西乡塘区。2005年7月那龙镇并入。2014年7月兴贤村并入。相传明代金陵(今南京)一商人到此经商留下后,把村内的圩场命名为金陵。后因圩场名得名。辖金城、那龙2个社区和金陵、陆平、三联、东南、南岸、刚德、业仁、邓圩、居联、乐勇、双义、龙达、广道、兴贤14个村;镇政府驻金城社区。2018年末,有人口约10万人,汉、壮、回、瑶等民族聚居。丘陵地貌。耕地面积51.1平方千米,林地面积46.3平方千米,镇区绿化覆盖面积0.46平方千米,镇区绿化覆盖率32.46%,人均公共绿地面积超过5.5平方米。是南宁市著名水果之乡,特产香蕉、三红蜜柚、西瓜、香(甜)瓜。有金陵村清水泉等旅游景点。南昆铁路和南百高速公路、324国道过境。右江纵贯全境。

【经 济】 2018年,金陵镇全社会固定资产保持稳定增长;农林牧渔业总产值(可比价)比上年增长9.48%;规模以上工业总产值比上年增长76.38%,规模以下工业总产值比上年增长7.4%;社会消费品零售总额比上年增长9.5%;农村居民人均可支配收入14435元,比上年增长9%。

第一产业 粮食作物产量1.6万吨(其中稻谷产量9360吨,玉米产量6730吨);蔬菜产量10.23万吨;甘蔗产量2.2万吨;花生产量2039吨;水果产量11.96万吨

（其中香蕉产量10.47万吨）；瓜果类产量1.6万吨。生猪出栏5.74万头，家禽出栏459.16万羽。肉类产量1.17万吨（其中猪肉产量4377吨，禽兽产量7055吨），禽蛋产量1375吨，水产品产量12659吨。

【城乡建设】 2018年，金陵镇农村基础设施建设、宜居乡村建设、项目投资和建设均取得新成效。

农村基础设施建设 基础设施扶贫项目投入508.8万元，在邓圩村、刚德村、南岸村、乐勇村4个贫困村共修建硬化道路15.9千米，2152户9069人受益。兰刘坡人饮工程、兰梁坡人饮工程、大石1—3队人饮工程、大石4—14队人饮工程建完并投入使用。年内共补贴农机具115台，受益户数110户，使用补贴资金20.8万元，让更多的农民从政府农机具补贴政策中获益，提高金陵镇农业机械装备水平。

宜居乡村建设 集中学习"三禁止三规范"（"三禁止"即禁止垃圾和秸秆乱焚烧、禁止建筑垃圾乱倾倒、禁止生活污水乱排放；"三规范"即规范在建工地管理、规范砂石堆放场所管理、规范农贸市场管理）内容，发放宣传单2000张，各村悬挂口号横幅130条、大型宣传板报18块、宣传海报120张。重点打造宜居示范点，开展"产业富民""服务惠民""基础便民"活动。"产业富民"：培育一批农业龙头企业和农民专业合作社，全镇流转土地13.33平方千米，成立农村专业合作社63个，家庭农场12家，打造柑橘种植基地、刚德村特色养殖产业、陆平村养鸡产业、兴贤村无公害蔬菜生产种植基地等特色产业。"服务惠民"：全镇配备协管员110名，打造三联村等"服务惠民"示范点。村级综合服务中心开设法律窗口，配置71台电脑等办公设备。2018年春季学期为13名建档立卡贫困户适龄在园幼儿免除保教费；993名学生享受义务教育阶段寄宿生活补助费；14个行政村（社区）建立卫生室并至少配备1名乡村医生，乡村医生签约服务覆盖面100%；全镇广播覆盖率97%，电视综合覆盖率98.5%以上。累计放映村级电影432场，村级文艺演出176场，开展村级体育活动52场。"基础便民"：重点推进"改厨改厕"建设，提升农村人居环境水平，"改厨改厕"建设完成任务4616户，其中改厨2311户，改厕2305户。

项目投资和建设 全力推进西乡塘产业园区（金陵东南产业园、金陵河西河东产业园、金陵兴贤产业园）建设取得新成效。园区基础设施建设加快推进，东南产业园1号道路基本完成全线稳水层和排水工程建设、污水处理厂建设以及项目建议书等前期工作，河西产业园区给排水等基础设施竣工投产。产业项目建设加快推进，金起桦农副产品加工有限公司等4个项目竣工投产，南城百货物流中心项目一、二期等8个项目正在推进。完成招商引资任务9163万元，新引进南宁金陵中华仙草园健康产业基地、金陵华府、金陵新天地房地产等项目，完成东南智慧物流园、电商物流园等征地拆迁任务。

【社会事业】 2018年，金陵镇各项社会事业实现全面发展。

文明创建活动 围绕习近平总书记系列重要讲话精神，精准扶贫系列政策、法律法规等主题，利用"新时代讲习所"开展互动宣讲116场，受宣讲群众3000余人次。结合"道德讲堂"建设，组织志愿者开展敬老爱老活动、反校园霸凌系列讲座、学雷锋活动、安全与急救知识讲座、乡村建设。开展文明村、文明单位、"星级文明户"创建活动，三联村获得西乡塘区"文明村"荣誉称号，20户农户获得西乡塘区"星级文明户"荣誉称号。开展净化社会文化环境集中整治活动4次，收缴非法出版物1500份，发放宣传资料250份。落实网络信息发布机制，加强对镇区内联网、微信群、论坛、交流群、QQ群等平台管理，营造清朗和谐的网上舆论氛围。选派专人组织运营"金陵发布"微信、微博，全年共推送各类信息480余条，党员群众点击量达到15万余次，成为全镇党员干部唱响主旋律，传播好声音，凝聚正能量的交流平台。

科教文体卫事业　科技：在14个行政村配备科技副主任，定期开展科技培训。全镇有农技、农机、畜牧、水利等农技推广机构5个，组建镇科协1个，成立金陵村香蕉协会、三联村无公害蔬菜协会、陆平村养鸡协会，14个行政村都设立农技推广指导点。建成农业科研小组14个，示范户700多户。开展各类科普宣传活动73次，招募科普志愿者58人，组织科技人员参加宣传活动17场次，发放各类宣传资料6.4万份，覆盖16个村（社区），受众8万人次。

教育：有2所中学、1所中心校、15所完小校和3个教学点，在职小学教师308人，在职中学教师199人；在校小学生4342人，入学率100%，在校中学生2790人，辍学率0.14%。幼儿园28家，其中公办幼儿园2家（那龙中心幼儿园、金陵镇中心幼儿园），教职工40人，在园幼儿200人；民办幼儿园26家，教师142人，在园幼儿2450人。

文化体育：在中国传统节日、"5·13"建镇日等节日节庆期间，开展篮球赛、游园活动、歌舞表演等文体活动52场次，观众约7万人次。成功举办西乡塘区魅力乡风·金陵玄武文化节活动。开展公益电影放映，共完成公益电影放映192场次，平均每村/社区每月放映1场，观众约2万人次。完善各村社区文体活动设施，给兴贤、金城社区及广道村各配备2张乒乓球桌；给乐勇村、陆平村、金城社区各配备1个气排球网柱；完成镇文体活动中心球场升级改造工作。16个村、社区已实现广播电视信号全覆盖，广播综合覆盖率和电视综合覆盖率均达100%以上。

卫生健康：配齐以卫计专干为主的村级防艾人员。贫困户住院、特殊门

2018年5月24日，金陵镇政府在镇区文体活动中心举行科技活动周暨科技、文化、卫生"三下乡"活动　　（金陵镇供图）

诊慢性病政府财政兜底111人，累计医治148人次，共计11.6万元。发放手足口病宣传手册1200份，对辖区5岁以下儿童实行动态管理，发现2例手足口病例及时动员去市医院就诊，情况得到有效控制。加强孕产期育龄妇女的孕情跟踪管理，落实孕情消失倒查倒排机制，落实B超管理制度。2018年金陵镇出生人口性别比为1∶20，比去年同期下降7个点。推进全面两孩政策的实施，开展专题两孩政策宣传2次，规范公开办证信息，实施电子办证。无偿献血活动现场成功采血79人，采血量2.3万毫升。

民政事业　实施城乡低保制度，健全村、镇、区三级查灾、核灾、报灾制度，全年共发放冬春救济粮1695千克、冬令衣被13件（套）。做好城乡居民医疗救助工作，为特困供养人员、低保户及城乡困难群众办理医疗救助50件，发放医疗救助金19.9万元。为双拥优抚对象统一购买医疗保险，全年办理重点优抚对象医疗补助13人次，补助总金额4.15万元；对义务兵家属实行普遍优待，全年共发放义务兵优待金15人32.54万元。继续推行殡葬改革，倡导文明新风，全年共办理免除城乡困难对象殡葬服务费14件，共补助1.7万元。做好特困供养工作，全年入住敬老院特困老人16人，发放特困供养金42.7万元，特困护理补贴9.6万元。全面掌握农村留守儿童的基本信息，排查留守儿童371人，困境儿童75名，其中无户籍儿童2名。开展妇女工作，建立基本信息台账，共有留守妇女116人，留守老人121人。完善儿童家园，组织开展"儿童安全课堂""我爱阅读"等系列活动12场次，接待妇女群众来信来访16人次，全部结案。

劳动与社会保障　选择符合本地群众就业需求的20多家企业到镇上现场招聘，提供1200多个岗位。劳务输出完成908人；城镇新增就业人数124人；贫困劳动力转移任务数50人，实际完成59人，全面完成就业任务。推进城乡居民养老保险工作，在各村、社区张贴宣传板报，宣传社保相关政策和年度集中代扣代缴精神，实际参保人数2.69万人，完成率98%，领取待遇人数8095人，领取率100%。开展志愿服务工作6次，志愿者74人，发挥镇村团组织大学生挂职副书记作用，开展预防青少年违法犯罪工作，配合镇党委政府发动辖区474名青少年关注"中国禁毒""南宁禁毒"公众号；开展控辍保学家访活动，走访辍学学生3人，进村入户，动员9名学生返校。成立防溺水工作校园安全集中整治工作领导小组，构建政府、学校等层层联动的防溺水安全预警网络。

残疾人工作　全镇共有184户232名贫困残疾人列入建档立卡贫困对象，利用阳光家园计划、家庭无障碍改造、阳光扶贫基地等项目帮助建档立卡贫困户脱贫，其中通过阳光扶贫基地项目给予70户建档立卡贫困户每户价值1200元的肉鸡进行养殖。全年有57名符合条件的贫困户列入"阳光家园计划"居家托养对象，总发放补助金每人1820元。对75户贫困残疾人家庭进行无障碍改造，提供户均价值4000元的楼梯扶手、防护网、厨厕改造、护理辅具并实施改造。利用"阳光家园计划"残疾人居家托养项目对监护人进行护理培训工作；继续给予101名困难精神残疾人实施免费服用常规药物；给予19名听力残疾人验配助听器；对有需求的残疾人发放手杖、盲杖、座便椅、浴凳、轮椅等 193 件（台）辅用器具；落实各村康复协调人员，指导开展相关康复支持性服务工作；完成 392 名残疾人康复手册填写和系统录入工作。

食药品监管　开展"3·15"消费者权益日食药食药安全联合行动，强化协调联动，扎实开展食品安全工作。全年共出动执法人员 643 人次，检查各类食品经营户 759 户次（其中餐饮经营户 284 户次，食品销售经营户 268 户次，食品生产加工小作坊 82 户次，食品生产企业 46 户次，药店 79 户次），快速检测食品 269 批次（其中餐饮环节 122 批次，流通环节 71 批次，小作坊 76 批次），快检合格率 100%，发现违法违规的问题数 53 个，责令整改 56 家次，确保食品市场安全稳定。

安全生产　镇政府分别与 16 个村（社区）、48 个企业签订安全生产目标管理责任书。召开季度防范重特大事故安全生产工作 21 次，发放各类安全宣传资料 6500 余份，对 56 家企业单位开展安全生产检查 147 次，共排查安全隐患 275 处，纠正、整改 170 处，下达责令整改指令书 12 份。清理拆除违法用地违法建设 17 次，清理总用地面积 76333.12 平方米，拆除总建筑面积 29865 平方米。

【**脱贫摘帽**】2018 年，金陵镇贫困发生率 0.64%，脱贫户 29 户 105 人，新识别贫困户 6 户 16 人，剔除 1 户 3 人，返贫 1 户 2 人。危房改造：20 户 50 人享受危房改造政策。健康扶贫：分发健康扶贫宣传手册 800 余份；所有贫困户家庭医生签约联系卡张贴上墙；全面落实建档立卡贫困人员参加医保，参保率 100%。教育扶贫：全镇无贫困子女辍学；共 73 名贫困学生得到"雨露计划"教育补助，总受助金额 10.95 万元。一帮一联：全镇帮扶干部 182 人，贫困户 518 户，实现帮扶责任明确、帮扶措施具体、帮扶效果具体，确保贫困户结对帮扶全覆盖。

（宁秋萍）

双定镇

【**双定镇概况**】双定镇，西乡塘区辖镇。位于区境西北部，距区政府驻地 40 千米。东接武鸣区和华侨投资区，西、南与金陵镇、国营高峰林场接壤，北接隆安县。面积 188 平方千米。辖英龙、义平、兴平、武陵、和强、秀山 6 个行政村、33 个自然坡。镇政府驻兴平村兴隆街。民国元年（1912 年）始设襄定乡。1950 年属邕宁县第六区。1951 年 3 月属十六区，随后金陵、那龙、双定等乡划入同正县（今扶绥县北部）；7 月划入隆安县；10 月划回邕宁县。1955 年 8 月属那龙区。1958 年 2 月属老口办事处；8 月与那龙、金陵乡合为双金龙公社。1959 年 1 月划入南宁市。1960 年 7 月划回邕宁县。1962 年 7 月属那龙区。1968 年 12 月属那龙公社。1982 年 8 月属市郊区。1987 年 8 月称双定乡。2000 年改镇。2001 年 12 月属城北区。2005 年 3 月属西乡塘区。喀斯特地貌。2018 年末，总人口约 3 万人，壮、汉、瑶等民族聚居，少数民族人口占 90.77%。耕地 8387 万平方米，林地 4933.33 万平方米。主产稻谷、甘蔗、玉米、木薯、香蕉、葡萄、桂味荔枝、砂糖橘、茂谷柑、无核黄皮、鸡蕉。214 省道过境。

【经　济】 2018年，双定镇全社会固定资产保持稳定增长，农林牧渔业总产值（可比价）比上年增长7.47%；规模以上工业总产值比上年增长31.74%，规模以下工业总产值比上年增长7.4%；社会消费品零售总额比上年增长10.6%；农村居民人均可支配收入13236元，比上年增长9%。

第一产业　种植水稻1044万平方米，总产量5575吨。柑橘种植2333万平方米，义平村为万亩柑橘产业示范区。造林面积267万平方米，封山育林0.21万平方米，封山管护2387万平方米。推进"公司+合作社+农户"的种养殖经营模式，其中，南宁市武陵顶哈化肉鸽养殖示范区采取"支部+合作社+产业基地+贫困户"的扶贫体系构架养殖肉鸽。全镇规模养殖户481户。其中养猪户191户，年总存栏量24.06万头，年出栏量23.46万头，产值3.08亿元；规模养鸡户171户，年总存栏量498.96万羽，年出栏量381.73万羽，产值0.98亿元；规模养鸭户56户，年总存栏量120.45万羽，年出栏量105.3万羽，产值2632万元；规模养鸽户63户，年出栏量296万羽，产值4155万元。

第二产业　辖区有工业企业33家（新增3家），其中规模以上3家。工业产品有复合肥、木材、水泥建材、矿石等。引进区市层面及区级重大项目28个。500千伏金陵电工程（和强站）、利用水泥窑协同处理城市垃圾、万公顷柑橘产业基地、低碳环保玻璃深加工、腾远年产60万吨预拌砂浆、宁爵年产60万吨预拌砂浆等项目启动；做好华润千万吨级建筑骨料和30万吨干混砂浆项目、双定新型工业项目的前期工作。双定镇总规调整、土规调整工作进入审批阶段。

第三产业　新增个体工商户78户，从业人员558人。

【城乡建设】 2018年，双定镇完成危房改造12户，其中建档立卡扶贫户11户，低保户1户。完善农村基础设施建设。全镇"一事一议"财政奖补申报建设项目26个，其中道路建设项目14个，太阳能路灯建设项目10个，文化室建设项目2个；项目涉及6个行政村，总投资453.55万元，受益群众8380人。定期对全镇6个垃圾堆放点进行垃圾分类处理，清运到鸿生源无害化处理中心；更换镇区及重点线路的垃圾桶700多个。完成改厨1100座，改厕1100座。做好农宅审批。全年接收农宅用地申请材料356份，完成镇一级审核337宗，核发《乡村建设规划许可证》243份，印发《建设用地批准书》122本。

2018年6月13日，南宁市第六次重大项目暨广西天勋力节能科技有限公司低碳节能环保玻璃深加工项目奠基仪式在双定镇坛立工业集中区举行　　　　　　　　　（双定镇供图）

【社会事业】 2018年,双定镇社会事业全面发展。

文明创建活动 完善制度,健全成效机制。结合乡村实际,制定出台《双定镇美丽乡村建设工作实施方案》,每周对主要地段及各村坡进行巡查,把督查指导贯穿活动全过程。经常性开展自查活动,及时发现问题,督促整改,防止反弹。对2017年"美丽双定"乡村建设活动"五佳村屯"及优秀保洁员进行表彰,表彰"五佳"村屯10个,表彰优秀保洁员27名。开展文艺演出活动。在重大节假日期间开展多种形式的文艺演出,全镇累计文艺演出12场次。全面更新宣传栏,多方筹措资金,对全镇33个坡及镇区、214省道沿线重点路段宣传栏进行更新。在214省道沿线及镇区制作户外大型广告牌12块,墙体广告70条,悬挂横幅1500多条。

科教文卫体事业 科技:在各村开展农业技术培训,主要内容是砂糖橘种植病虫害防治技术、火龙果种植病虫害防治技术等,全年共举办农技培训班23期,每期60人次,发放宣传资料2700份。举办科普讲座6次、科普活动10期(次),摆放科普宣传展板25块(次),群众参与面达90%。举办"优质稻栽培技术""水稻病虫害防治技术"培训班10期,培训250人次,印发材料360份。

教育:全镇民办幼儿园共14所,在园幼儿489人,教职工63人。3—5岁幼儿入园率100%。有小学6所(中心校1所、村小5所)、小学教学点1个,在校生2233人,教职工148人。初中1所,在校生1147人,教职工73人。小学适龄儿童入学率100%,小学毕业生升学率100%。初中义务教育入学率100%。新开工建设教学综合楼1栋6层8800平方米和学生宿舍楼2栋5052平方米。新开工建设双定镇中心幼儿园综合教学楼项目,建筑面积4890平方米。

文体:以"激发梦想 焕发学习动力"为主题开展学习讲座,丰富学生的第二课堂。组织派出所、工商所、文广站对网吧和电子游戏室等进行检查共37次。利用传统节日开展文体活动63场次,主要有篮球赛、气排球赛、游园活动。"三月三"期间,义平村、英龙村的群众自筹资金,邀请剧团到村里演出38场次。组织开展"迎新春篮球赛"27场次。有文化室7个、图书室1个、农家书屋6个。农村电影公益放映23场。

卫生健康:组织各包村组围绕"三禁止三规范"标准要求,重点整治建筑材料乱堆放、建筑垃圾乱倾倒;整治乱搭乱盖、乱摆乱停、乱涂乱挂、污水乱排放,对绿化带进行清理和简单养护。多部门联合组成检查组对双定沿街商铺及市场进行联合检查。以镇圩、校园周边及公路沿线等易产生群体性事件隐患的人员密集区域为重点,以农村食品小作坊和小卖部为隐患风险点,加大对各类食品经营户的日常巡查教育力度。采取边检查边宣传教育方式,组织检查食品经营户300余家次,小作坊30多家次,督促落实整改措施。加强督导工作。加强对保洁员的检查、培训、督导;对各村投放灭蚊、灭鼠药物进行检查、指导。有国有医疗卫生机构1个、村卫生室8个、个体医疗诊所5个,卫生技术人员40人,病床40张。年内医治病人4457人。全年无重大传染病暴发流行。年内区间出生358人,其中一孩出生122人，二孩出生203人，多孩出生33人，人口自然增长率6.33‰（死亡人数为154人）。出生政策符合率92.64%，政策外多孩率7.26%。

民政事业 及时将孤老、孤儿、特困残疾人、特困单身母亲家庭等群体纳入低保、五保。年内187户353人领取农村低保，通过上级财政发放低保金111.11万元；共对63人进行五保供养（其中分散供养53人、集中供养10人），发放五保供养金40.8万元。开展医疗救助27人次，补助金额约5.8万元；临时救助4人次，救助金额1.35万元。全镇共有烈属2人、伤残军人2人、参战退役人员30人、参战民兵104人、60岁以上农村籍退役士兵59人、现役军人军属家庭40户。发放烈属优抚金4.21万元、伤残军人抚恤金2.95万元、参战退役人员抚恤金24.66万元、参战民兵生活补助金18.72万元、60岁以上农村籍退役士兵优抚金2.78万元，12名义务兵优待金14.4万元。为全镇80岁以上老年人建立档案并进行动态管理，2018年底，全镇有80—89岁老人416人，90—99岁老人85人，百岁老人2人，发放"寿星津贴"约55万元。办理发放老人优待证90余张。

劳动与社会保障 城乡居民基本医疗保险制度整合基本完成。全镇6个行政村符合参保条件的贫困户人员1109人均已参加城乡居民养老保险，参保率100%。60周岁以上人员养老保险待遇领取率100%。全年完成生存认证2879人。全镇农村劳动力转移就业人员550人，城镇新增就业100人。召开返乡农民工座谈会7场次，举办创业培训班2个，培训人数60人。做好返乡农民工创业申请免息贷款工作，发放贷款59笔，贷款金额396万元。

残疾人工作 组织开展"阳光家园""党员扶残""重度残疾人护理补贴"工程。年内有"阳光家园"工程资助45名，资助金额6.75万元，人均资助1820元，其中建档立卡贫困残疾人39人，占总人数86.67%。扶持"党员扶残温暖同行项目（三期）"工程17户，户均资助1000元。216名重度残疾人享受"重度残疾人护理补贴"，享受低保142人享受困难残疾人生活补贴，补贴金额21.36万元。重大节日、助残日走访慰问262户次残疾人，发放慰问金18.35万元。举办残疾人实用技术培训2期，200人次参加，发放技术资料书600本。为60名建档立卡残疾户提供鸡苗。鼓励残疾人从事个体经营。

安全生产 全年召开打非治违、专项行业（领域）等安全工作会议28次，下发安全生产文件和通知360多份。落实安监专（兼）职工作人员11名。日常检查约

2017年8月18日，企业安全生产应急演练在双定镇华润水泥举行
（双定镇供图）

150次，出动检查组70个。组织开展专项整治工作。开展矿山企业检查60余次；开展消防安全整治工作，出动300人次、检查58个单位；开展烟花爆竹和民用爆炸物品安全整治工作，组织42人次检查27个单位（销售点）；针对道路交通安全整治、建筑施工安全整治、食品卫生和预防食物中毒安全整治、汛期和夏季高温季节安全生产工作，开展联合执法检查60余次，有效防范安全事故发生。

食药品监管 开展校园及周边食品经营单位、畜禽水产品抗生素和禁用化合物及兽药残留超标、保健食品、过期食品、幼儿园及午托机构、散装食品等专项检查10余次。抓好蔬菜农药残留检测、食品安全快速检测。年内开展蔬菜农药残留检测3000余批次，其他食品安全快速检测30余次，未发现存在严重安全隐患。开展食品安全专项抽检工作，与第三方检测机构对乳制品、鲜湿米粉、米酒、食用农产品开展抽样检测，抽取样品182多批次。抓好审批办证工作，安排专人帮助群众在网上申请办理《食品经营许可证》。对双定兴隆街庙会"百家宴"农村聚餐活动进行备案登记。

【脱贫摘帽】 2018年，双定镇68分，建档立卡户265户849人，其中2016年脱贫户68户258人，2017年脱贫户80户249人，2018年脱贫户33户111人，2019年脱贫户84户230人。按照自治区"二下"人数为38户120人，经"一微调"调出12人，调整后计划脱贫人数为33户107人，全部达到"八有一超"脱贫指标。利用专项扶贫资金64.5万元，以每户入股5000元的形式参与合作社建设，带动129户贫困户增收，年内发放分红款5.16万元。全镇115户贫困户利用扶贫小额信贷入股，每户每年获得分红4000元。扩大村集体经济项目建设规模，申请上级专项财政资金150万元，在西乡塘区顶哈鸽产业示范区建设产业链项目，利用上级专项扶贫资金200万在义平村柑橘市场建设果蔬保鲜冷藏库。同年，武陵村实现村集体经济收入8万元，秀山村实现集体经济收入6.5万元，兴平村实现村集体经济收入2.15万元，义平村实现村集体经济收入2.58万元，和强村实现村集体经济收入2.15万元，英龙村实现村集体经济收入2.6万元。

（江梨莉）

坛洛镇

【坛洛镇概况】 坛洛镇，西乡塘区辖镇。位于区境西部，距区政府驻地35千米。东接金陵镇，西南与扶绥县中东镇接壤，南连江南区江西镇，西北与隆安县南圩镇交界，面积345平方千米。辖坛洛、硃湖、圩中、武康、庆林、群南、马伦、上中、下楞、东佳、中北、上正、丰平、定顿、那坛、富庶、三景、合志、同富、金光社区、坛塘村21个行政村及社区、165个自然坡。镇政府驻坛洛圩。清光绪三年（1877年）始设坛洛乡。1955年7月改区。1958年2月改老口办事处；8月与富庶、下楞乡合为友谊公社。1959年9月称坛洛公社。1961年5月改区。1968年12月改公社。1984年9月改坛洛乡。1996年改镇。因镇政府驻地旁有一处深水塘，壮语称"坛"为水塘、"洛"为深，故名。丘陵山地地貌。2018年末，总人口约10万人（含广西农垦国有金光农场、金光制糖有限公司），壮、汉等民族聚居，少数民族人口占85.71%。耕地面积220平方千米，林地面积57平方千米。有千年古镇之称的下楞民族文化村及那学坡古宅群、侬智高屯兵洞、定力坡新农村建设示范点、金满园现代农业示范园、定顿象鼻山溶洞景区、金花茶故乡凤凰山、桂洁现代农业示范基地、三景休闲养生等旅游景点。坛洛村旧街坡有老街连片民宅和保存完整的石板路，老街旁的"坛洛财神砖拱桥"于2011年9月被认定为市级不可移动文物。324国道线、南百二级公路、南百高速公路贯穿全境；南昆铁路、云桂高速铁路横穿境内，设有2座客货运站，及云桂高铁客运站——南宁西站。左江、右江两大水域夹流而下，上达崇左及云贵川，下通粤港澳。

【经 济】 2018年，坛洛镇全社会固定资产投资保持稳定增长；农林牧副渔业总产值（可比价）比上年增长9.32%；规模以上工业总产值比上年增长11.41%，规模以下工业总产值比上年增长7.3%；社会消费品零售总额比上年增长9.4%；招商引资完成2.1亿元；农村居民人均可支配收入14335元，比上年增长9%。

第一产业 粮食作物种植面积5275万平方米，总产量2.73万吨；经济作物种植面积4720万平方米，总产量17.8万吨。肉类总产量0.98万吨，水产品产量0.67万吨。香蕉种植面积7775万平方米，甘蔗种植面积2500万平方米，木薯种植面积830万平方米，水稻种植面积3205万平方米，玉米种植面积1897万平方米。

第二产业 依托农垦资源优势，打造食糖、淀粉等农产品深加工基地。

第三产业 共有商贸企业9家，从业人员689人。

【城乡建设】 2018年，坛洛镇完成南宁西站进站大道征地工作。推进坛洛镇区、南宁西站片区、三景富庶休闲旅游片区及下楞壶天岛片区规划修编。坛洛中心卫生院业务综合楼于12月2日封顶。配合推进005县道贯穿群南、合志、同富连接南百二线010县道项目。推进新型农村住宅户型建设，严格按照规划发放规划许可证436宗。开展违法用地违法建筑整治12次，共清理9045平方米。投资680.92万元在非贫困村建设7条通屯路共13.78千米。全镇"一事一议"财政奖补项目22个，投入镇级财政资金320万元，群众自筹51.8万元。完成示范村屯绿化

2018年，位于坛洛镇群南村定力坡的桂洁公司柑橘基地

（桂洁公司供图）

点1个，投资118万元，其中群众自筹10万元。建成坛洛镇中心微型消防站。年内完成植树造林73万平方米，其中荒山造林7万平方米，人工更新67万平方米；桉树改造任务13万平方米；义务植树13万株，中幼林抚育533万平方米。成立坛洛镇环境保护委员会，明确职能职责。开展环保违规建设项目清理整治，查处环保违规建设养殖场6家，涉污企业21家，整治沿岸网箱201户。申报3个农村小型污水处理站建设项目（三景村杨屋坡污水处理站、群南村定力旧坡污水处理站、武康村美松坡污水处理站）。

【**社会事业**】 2018年，坛洛镇社会事业全面发展。

文明创建活动 加大建设"宜居乡村"宣传力度，组织包村干部深入农家开展宣传活动300余次，宣传覆盖率90%以上。召开村民代表动员大会，发放《爱家乡美家园迎新春——给广大村民群众的一封信》《致广大乡友的一封信——2017年美丽春节行》等宣传资料共计1.14万份。到庆林村、定顿村、下楞村、那坛村等村坡举办"宜居乡村——我们在行动"文艺晚会共20场。利用板报、广告牌、农村广播进行"宜居乡村"宣传。完成三景村委绿化提升工作，种植草皮400平方米，乔木合计24株，灌木50株。推荐2名大众宣讲员，开展宣讲活动。加强社会主义核心价值体系教育和实践活动、公民道德教育宣传。在进镇大道旁及各村，围绕社会主义核心价值观、中国梦、扶贫攻坚、廉政建设、生态乡村等内容，制作悬挂50杆灯杆广告，板报、横幅300幅，宣传海报500幅。组织开展好推荐道德模范、寻找"身边好人"等系列活动。开展文明村、星级文明户评选活动，下楞村被评为"南宁市文明村镇"先进单位，共有20户居民被评为"南宁市星级文明户"。

科教文卫体事业 **科技**：开展科技宣传和服务活动，举办培训班，培训农机大户、拖拉机、联合收割机驾驶员、农机专业合作社和农机维修网点等有关人员。实施"贫困村农业产业创新开发关键技术研究与示范""三景村柑橘产业升级关键技术研究与示范"等科技项目。引进柑橘新品种2个，示范推广柑橘高产栽培新技术2项，建立示范基地1个，面积18.4万平方米。开展柑橘新品种新技术培训193人次，其他作物技术培训382人次。实施香蕉高抗新品种中蕉9号、中蕉3号、桂蕉9号试种，通过增施生物有机肥、全园地膜覆盖、无纺布紧身袋套等新技术，使香蕉枯萎病发病率比桂蕉1号等老品种降低11.6%。转型生产优质芒果、火龙果、百香果、大青枣、茂古柑、沃柑、砂糖橘等特色水果4000多万平方米。采用地膜、小拱棚、水肥一体化等先进技术，实施生姜、蜜本南瓜、西瓜等设施栽培、支架栽培，共6700万平方米。

教育：全镇有幼儿园27所（公立幼儿园1所，私立幼儿园26所），小学21所，中学2所，共有在校教职工568人，在校学生8172人。

文体：建成村级公共服务中心，扶持村屯业余文艺队，举办"十九大精神进村屯""不忘初心跟党走，同心共筑中国梦"等大型文化活动；组织技术人员为上中、武康、圩中、东佳、庆林等村180户贫困户发放、安装卫星电视直播设备，为

12户贫困户维修或更换直播卫星电视接收设备。

卫生健康：成立坛洛镇环境卫生管理所、坛洛镇城管中队等镇级保洁长效管理机构。实施硃湖村定内坡新村和丰平村花盏坡"一事一议"美丽乡村试点项目2个，财政资金投入共500万元。全镇总人口为78228人，已婚育龄妇女13448人，区间内人口出生846人，其中男471人、女375人，计划生育率92.07%，政策外多孩率8.05%，人口出生性别比125.6∶100，征收社会抚养费5.5万元，办理登记一孩服务手册276本，二孩生育证440本，再生育证12本，流动人口证20本，独生子女证75本。计生奖励扶助落实率100%。年内新增办理各类奖励扶助2585人（户），其中领取独生子女父母光荣证奖励16人，放弃生育二孩奖励7人。做好健康扶贫工作，做好因病致贫、因病返贫人员的帮扶，运行"先诊疗、后付费"的工作机制，辖区贫困人员建档立卡100%；做好家庭医生签约服务工作，完成辖区内家庭医生签约率重点人群60%，一般人群30%的目标任务。实施免费孕前优生健康检查项目。

民政事业　建成富庶村、群南村2个村委会的"一站式"服务大厅并投入使用；建成坛洛村、中北村、武康村、圩中村、硃湖村、定顿村6个村级公共服务中心。全镇在册优抚对象667人，全年发放优抚金202万元。新增3名年满60周岁农村籍退役士兵。有1685人老龄人口符合条件享受城区发放相关的补助资金173.06万元，其中健在百岁老人7人。年满60周岁离任村干部273名，共发放补贴金额108.6万元。有农村低保户737户1590人，共发放保障金368万元。城镇低保户5户10人，共发放保障金5.04万元。特困户94户100人，共发放保障金60万元。发放困难群众医疗救助资金30万元，累计受益44人。公共租赁住房初审及年审申报材料117宗、经济适用房材料初审576宗。

劳动与社会保障　城乡居保方面，全部参保总人数33704人，参保率99.92%，同比提高1.56%，其中建档立卡扶贫对象应参5102人，已参保5102人，参保率和待遇发放率均达100%；就业方面，全镇19个行政村均设有宣传栏，信息发布6428条。转移贫困劳动力就业102人，农村劳动力转移就业新增1120人城镇新增就业人数完成130人，扶持创业52人。完成19个行政村"服务惠民"创建和验收工作。

残疾人工作　全镇持有残疾证2890人。审批并足额发放404名重度残疾人的护理补贴24.24万元。99名贫困精神病患者享受基本治疗药品补贴，102名贫困残疾人享受阳光家园护理补贴，13户贫困残疾人家庭享受无障碍改造项目。63名残疾人享受党员扶残资金，人均1000元。

调解社会矛盾　建立社会矛盾纠纷综合调处化解机制，完善人民调解、行政调解、司法调解联动工作体系。2018年共排查矛盾纠纷190起，其中镇级调处9起，村级调处181起，山林土地权属纠纷181起，邻里纠纷1起，其他纠纷8起，成功稳控190起，涉案金额12.8万元。纠纷受理率100%，调处稳控率100%。

扫黑除恶与安全生产　加大扫黑除恶打击力度，利用宣传标语、调查问卷等多种方式广泛宣传，发放宣传资料5000余份，悬挂横幅200多条，粘贴宣传板报50张、宣传海报（公告）500多张，粉刷墙体固定标语20余处，设置LED宣传屏5处。落实消防和安全生产活动工作措施，有效防范各类安全事故发生；积极实施跟踪帮教，严格落实"四位一体"帮控，确保禁毒工作措施落到实处。

食品药品监管　强化餐饮服务行业、单位食堂的日常监督，出动执法人数500多人次，检查餐饮服务单位200多家次，对餐饮服务单位的食品原料、从业人员健康证、餐具消毒、环境卫生、制度完善进行检查；发放宣传资料200余份。完成辖区单位食堂办证工作，量化等级评定156家，开展30名学校托幼机构食堂负责人餐饮服务操作规范培训和业务考核。开展对金光糖厂、富庶淀粉厂、金光淀粉厂、新强食品公司等食品安全检查，出动执法人次80人次。检查食品加工小作坊60余家次，发放《食品加工小作坊食品安全告知书》30余份，对未备案、三防设施未安装、卫生条件较差的小作坊提出限期整改。出动执法人员300多人次对农贸市场进行专项检查，严防无检验检疫合格证的禽畜肉流入市场。针对坛洛农贸市场食用农产品销售者，开展食用农产品质量安全和食用农产品合格证ABC证制度培训会。开展蔬菜农药残留快速检测1800余批次，发放《食用农产品合格证制度（试行）》《食用农产品安全告知书》50余份，开展其他食用农产品快速检测330批次，配合上级部门开展食用农产品和食品监督抽检130余批次。受理和办结食品药品投诉7起，为消费者挽回经济损失2万余元，抽检不合格花生油立案1起，参与打击走私联合执法行动5次，查处涉嫌走私车辆14辆，查获涉嫌走私大米16.75吨、涉嫌走私冻肉34.86吨；开展下楞村创建自治区级无走私示范村活动，6月，南宁市在下楞村召开全市创建无走私村庄工作推进会。

【脱贫摘帽】　2018年，全镇建档立卡贫困户脱贫摘帽472人，贫困村村级集体经济收入提前实现5万元目标，非贫困村村级集体经济收入全部达到2万元；"一户一册一卡"工作稳步推进，实现贫困户全部有干部帮扶；扶贫、扶德、扶智三管齐下，通过"贫困户+企业"入股分红模式为1267户贫困户（占总数90%以上）每年提供固定分红；利用扶贫小额贷款（3万至5万元）入股西乡塘区企业，为483户贫困户（占总数34.5%）提供固定分红。道路、饮水、危旧房改造等基础设施建设扎实推进，"雨露计划"及贫困户新型农村医疗保险政策落实到位，基本公共服务水平进一步提高。

（莫云云）

西乡塘街道

【西乡塘街道概况】　西乡塘街道，西乡塘区辖街道。位于区境西部，距区政府驻地3千米。东接衡阳街道、安吉街道，西邻石埠街道，南连上尧街道、新阳街道，北与心圩街道相接。面积20平方千米，共有11个社区及1个行政村，分别为北大北路社区、秀灵北社区、西大社区、五里亭社区、火炬路社区、科园大道社区、大学东路社区、大学西路社区、瑞士花园社区、西乡塘社区、位子渌社区和平新村。

街道党工委、办事处驻明秀西路117号。1993年6月设立,称五里亭街道。1996年10月因辖区主体在西乡塘大道两侧改今名。辖区有大学东路、大学西路、科园大道、明秀西路、秀灵路、北大路、火炬路等主干道;辖区单位119个,其中高等院校、科研院所22所,市二十中、三十五中等中小学11所,辖区的广西大学是国家"211"工程重点建设大学,广西民族大学是全国4个小语种培训基地的高校之一;有农贸、汽车、机电、建材等多家大型专业市场;有广西医科大学第二附属医院、广西武警总队医院等医疗单位,驻军单位5个。2018年末,辖区总户数5.35万户,总人口13.46万人,其中,常住人口9.14万人,流动人口4.32万人。汉、壮、苗等民族聚居,少数民族人口占25%。有动物园、八桂田园、相思湖、明月湖等旅游景点。

【经济】 2018年,西乡塘街道全社会固定资产投资实现稳定增长;规模以上工业总产值比上年增长1.5%,规模以下工业总产值比上年增长7.2%;社会消费零售总额比上年增长10%;招商引资完成2.77亿元,比上年增长10.8%;城镇居民人均可支配收入31811元,比上年增长8%。

【城乡建设】 2018年,西乡塘街道的五里亭片区旧改项目总用地面积约12万平方米。征收房屋面积120724.46平方米;其中住宅面积57341.86平方米,非住宅面积63382.6平方米;涉及被征收人529户,其中被征收个人产权户518户,被征收单位11个。南宁市轨道交通5号线一期工程广西大学站项目发布征收预公告及征收补偿方案。农院路改造工程11月30日完工,征收国有房屋面积2119平方米。

【社会事业】 2018年,西乡塘街道社会事业全面发展。

文明创建 持续开展"文明排队日""文明交通劝导"活动。组织志愿者300多名参加环广西自行车世界巡回赛(南宁站)。在西乡塘区政务信息网共发表信息372篇,网评文章10余篇,开展道德讲堂活动144场,参加人数约3100人次。组织城区及街道宣讲员队伍,围绕"习近平系列重要讲话精神""不忘初心 牢记使命"等宣讲内容,深入企业、社区、城中村、学校开展集中宣讲活动6次。以单位庭院、公共场所、社区小区为主要阵地,利用宣传栏、楼道、LED屏、大型喷绘等有形载体,制作文化墙120米、张贴"社会主义核心价值观"海报300幅、悬挂横幅68条、制作宣传板报240块、设置电子显示屏公益广告刊播96条,并发放张贴宣传资料7000份。组建"爱心小分队"13支、"爱心家教"队伍1支、"环保小分队"12支、法制宣传志愿服务队伍1支,深入社区开展科普宣传、科学讲座、家电维修等志愿服务活动36次。街道党工委联合位子渌小学开展壮族"三月三"活动,联合南宁市第三十五中学开展五四青年节主题班会;团工委联合辖区学校组织开展"六一"小学生诗歌朗诵、亲子包粽子、手工制作、校园板报绘画等活动。

科教文卫体事业 科技:2018年大学生志愿者参与环保、消防等科普宣教活动19场次,参与人数将近2000人次。街道科协利用科普学校、科普阅览室等科普阵地,邀请专家进社区举办食品安全、健康知识等科普讲座7场,开展消防、卫生科普活动17场。开展防灾减灾、"健康科普行"、艾滋病防控知识等科普活动114场,科技培训62期次,科普宣传活动97次,举办文艺演出13场。各类科普活动的参加总人数超过2万人次,发放科普资料5万多份,制作科普板报124板。

教育:辖区共有中小学、幼儿园34所,其中中学5所,小学6所(2所公办、4所民办),幼儿园23所(4所企事业办)。在职教职工2056人,在校学生约2.94万人。中、小学升学率、入学率均达100%,学前儿童入园率100%。推进义务教育均衡发展,街道、社区和学校相互配合,共同做好动员适龄儿童少年入学工作,控制义务教育阶段学生辍学,巩固和提高"两基"成果,残疾儿童少年入学率95%以上,小学生辍学率0,初中生年辍学率控制在2.5%以下。建立街道领导干部联系学校制度,帮助学校解决校外环境整治、学生入学户籍证明等问题。

文体:利用广场、公园、体育场馆,组织太极健身队、老年门球队、书画协会等,开展以居民和流动人口为主要对象的法制、科普、健康、防灾减灾、节能降耗、环境保护等培训教育,共开展114场次。发动辖区的文艺爱好者组织成立退休老干部合唱团、广场舞蹈队等群众文艺团队,共组建14支文艺团队;加强对文体社团的投入和扶持,推选一支文艺队当选南宁市2018年扶持百支村屯社区文艺队。组织并参与西乡塘区第八届乡村社区和谐文艺大展演,

举办西乡塘街道第九届乡村社区和谐文艺大展演初赛,推选出2个优秀节目进入复赛。举办文化电影进社区、村,免费放电影活动12场次,观众人数600余人次。组织社区14支广场舞蹈队、志愿者、团员、工会成员,在节日期间到社区、机关、农村、企业等演出,受到群众普遍欢迎。组织各社区、村开展迎春书法交流笔会暨送春联、送吉祥进社区活动14场次。

2018年6月28日,西乡塘街道办事处成功举办第九届乡村社区和谐文艺大展演初赛汇演　　　　(西乡塘街道办供图)

卫生健康:辖区有医院2所,卫生院1所,个体诊所30所。2018年区间出生人口1485人,其中男孩779人,女孩706人,出生人口性别比110.3%。符合政策生育率99.89%。人口自然增长率7.108‰。立案4起,征收社会抚养费11.48万元。成立诚信计生小组739个,参加诚信计生小组的育龄妇女7355人,已婚育龄妇女参与率95.75%。加强手足口病疫情防控,制作手足口病宣传横幅38条悬挂,指导辖区25家托幼机构制作宣传横幅,指导社区制作宣传板报,对辖区重点人群开展家庭医生签约60%、普通人群开展家庭医生签约达30%,均达标。组织各社区联合基层医疗

机构免费义诊16次，参加义诊人数1500多人次。

民政事业　2018年，街道为民办实事项目新增公租房受理897户，公租房变更受理9户，新增经济房受理59户，经济房变更受理1户。审批低保申请83户102人。为辖区符合条件的困难居民申请医疗救助8人。春节期间对低保、孤老、军烈属、重点优抚对象等群体进行慰问，发放慰问金和慰问品共计6万余元。上报重点优抚对象共计68人，协助辖区流浪人群救助队救助流浪乞讨人员13人次。办理老人优待证807张，为2050多名80—89岁老人申请办理高龄津贴；为170多个90岁以上老人申请办理高龄津贴。建成秀灵北社区儿童家园。为辖生活困难群众争取得市慈善慰问3人，发放慰问金1500元；慈善助老1人，发放慰问金1000元。全年完成装修一站式村委服务大厅1个，面积95平方米。申报社区惠民资金259.11万元，落实惠民项目50项。完成日间照料中心改扩建项目1个。

劳动与社会保障　城镇居民基本医疗保险总参保1.2万人；城乡居民社会养老保险参保709人，参保率104.26%；应代扣代缴人数为150人，已完成代扣代缴143人，代扣代缴率95.33%。2018年城镇新增就业人数2893人，城镇下岗失业人员再就业1022人，帮助大龄就业困难人员实现再就业174人，城镇登记失业率0.76%；办理发放《就业失业登记证》212本，年审《就业失业登记证》1071本；向服务劳动密集型重点企业富士康推荐用工，较好完成就业工作任务。为8位农民工和申请农民工创业就业补贴；为36位灵活就业的"4050"下岗失业人员办理社保补贴；大龄就业困难人员享受"两金"补贴211人。街道新增纳入社会化管理的企业退休人员524人，管理退休人员历年累计1万人，开展企业退休人员养老金资格"人脸识别"认证7995人，困难人员慰问874人次，安排企业军转干体检52人次，为进入社会化管理的企业退休人员发放重阳节慰问品8000多人次，接待走访慰问生病住院及死亡退休人员家属等业务185人次，补核工龄27人次，发放退休证467本。组织各社区退休人员参加2018年绿城夕阳风采汇演并获得市级三等奖和区级二等奖，企业退休人员纳入社区实行社会化管理率100%。开展农民工工资支付专项检查，检查单位数185户，外出发放书面材料通知书622家，劳动保障监察年度审查网上申报工作完成418家，录入系统新增用人单位300家，录入回访单位405家，发放企业薪酬调查表10家，企业劳动合同签订率96.19%，集体合同签订率97.1%。解决劳动人事争议调解及投诉案件10件（涉及人数10人，涉及拖欠工资数额2.05万元），劳动人事争议调解成功率100%，劳动保障监察案件法定结案率100%。

残疾人工作　为辖区326名重度残疾人办理护理补贴和46名困难残疾人办理生活补贴。重度护理补贴和困难残疾人生活补贴的补贴金额为每人每月50元。完成35户残疾人家庭阳光家园项目建设摸底、申请、审核和上报工作，每户残疾人家庭发放阳光家庭项目计划款1500元。完成辖区内1019名残疾人基本服务状况和需求专项调查信息核查工作，针对有康复需求和辅助器具需求的25名残疾人提供康复服务和发放辅助器具。

安全生产 组织开展安全生产大检查7次，出动检查人员326人次，组织开展事故隐患排查54次，排查出事故隐患54处，其中安全生产限期整改通知书5份，燃气上门入户达3.5万户，开展各类安全知识培训和应急演练共6场次，燃气安全宣传活动9次。开展"安全生产月"活动，加大安全生产知识教育宣传力度，悬挂横幅138幅，发放资料5.7万份，制作板报5期，街道与各社区（村）签订安全生产责任书12份，全年辖区未发生安全生产事故。

食药品监管 开展春节期间食品药品专项检查、网络订餐"净网"专项检查、托幼机构食品安全专项检查、酒类专项检查、食盐质量安全专项检查、学校食堂及校园周边食品安全专项检查、"护老行动"专项检查、医疗器械专项检查、中药饮片专项检查等各类食品药品安全专项整治工作。生产环节，出动执法人员368人次，检查食品生产企业24家次，食品加工小作坊68家次。餐饮服务环节，共出动执法人员4915人次，检查餐饮单位6450家次，量化等级应评定户数503家，下达餐饮单位责令改正通知书237份。食品销售环节，出动执法人员4541人次，检查食品销售单位4352家次，指导3家月饼摊点进行食品小摊贩临时备案、办理健康证培训证，对未建立进货查验制度、索证索票、销售不合格、过期、变质食品等违法行为，下达责令改正通知书102份。药品医疗器械环节，出动执法人员464人次，检查药店408家次，医院、诊所108家次，医疗器械销售店24家次，下达责令改正通知书3份。化妆品、保健品环节，出动执法人员459人次，检查化妆品经营店单位71家次，保健食品销售单位185家次。立案查处12件，罚没款金额5.15万元。

社会治安综合治理 按照西乡塘区扫黑除恶专项斗争有关会议精神要求，西乡塘街道党工委、办事处迅速安排部署先后召开扫黑除恶专题会议22余次，成立扫黑除恶专项斗争领导小组，将街道划分为12个片区，每个片区安排挂点街道班子领导与机关工作人员包点，分解责任。开展扫黑除恶专项宣传摆台活动65次，发放宣传材料3万份、宣传折页1万份，悬挂标语横幅235余条，粘贴墙体海报247幅，固定墙体永久性标语20处，设置LED电子显示屏30处，各社区（村）网格员入户宣传2.8万户。开展吸毒人员服务管控等专项整治工作，对辖区登记在册的206名吸毒人员进行核查并全部录入综治系统，对可管控的65名吸毒人员开展日常服务管控。推进网格化管理，将229个（安装在辖区各社区、村）天网监控探头分布安装在宽窄巷子景区及社区院落并接入网格化社会治安视频监控中心，建立街道、社区、网格三级信息化服务管理体系，形成分级管理、梯次互动的整体。

（李素婷）

北湖街道

【北湖街道概况】 北湖街道，西乡塘区辖街道。位于区境东部，距区政府驻地5千米。东、南与兴宁区、高新区交界，西连衡阳街道，北邻安吉街道。面积14.5平方千米，辖有唐山路、北湖南路、衡阳东路、明秀、明秀东、明湖、秀湖、北湖中、北湖东、秀厢路、明秀南、明秀北、友爱南13个社区和万秀村、秀灵村2个行政村。街道办事处设立于1993年6月,1996年10月唐山街道并入,现位于秀厢大道45号,因辖北湖片得名。主要街路有明秀东路、北湖路、衡阳东路、友爱南路、唐山路等。辖区内有广西师范学院、广西中医药大学等2所院校;市二十八中学、北湖北路学校、友衡学校、友爱南路学校、明秀小学、万秀小学、秀灵小学、南师附小等中小学;有南烟总厂、南城百货、万怡酒店、波斯顿酒店、天妃商务酒店、维也纳酒店、广

2018年4月1日,国家侨联副主席康晓萍(左六)一行到北湖南路社区参观考察　　　　　(李金燕　摄)

西化工研究院、广西民族医院等280个单位。2018年末,总人口约29万人(其中流动人口约11.65万人),汉、壮等民族聚居。有唐人文化园等旅游景点。北湖街道荣获"2015—2016年度建设平安广西活动先进街道",万秀村获"全国'扫黄打非'进基层示范点""自治区民族团结进步创建活动示范村",明秀社区、北湖东社区、北湖南路社区被评为自治区"星级充分就业社区",明秀社区获"广西科普示范社区"、明秀南社区获"南宁市健康社区"等荣誉称号。

【经　济】　2018年,北湖街道全社会固定资产投资保持稳定增长;规模以上工业总产值比上年下降34.83%,规模以下工业总产值比上年增长7.3%;社会消费品零售总额比上年增长10.2%;招商引资完成5亿元;城镇居民人均可支配收入34642元,比上年增长8%。

【城乡建设】　2018年,街道有征拆工作项目13项,其中涉及集体土地征收约70300平方米,国有房屋征收57678.33平方米。完成南棉片区旧改(一期)、安文街、乐安街、友爱立交等项目,征收集体土地11160平方米,拆迁面积14100平方米,国有房屋征收75800平方米。排查出新增"两违"共8处,占地面积2171.3平方米,建筑面积2171.3平方米,辖区范围内新生"两违"发现率及现场制止率100%;街道自行拆除违章搭建36处,面积约132300平方米。

【社会事业】　2018年,北湖街道社会事业全面发展。

文明创建活动　推进"两学一做"学习教育常态化制度化,定期组织党员干部集中学习,开展警示教育,学习宣传贯彻党的十九大精神,推动党员干部转变作风提高效能。结合重要节日、纪念日,开展丰富多彩的精神文明创建活动。组织理论宣讲97场,宣传党的十九大精神、社会主

2018年12月18日，北湖街道全体干部职工集中学习习总书记关于改革开放40周年主题讲话
（谭琳子 摄）

义核心价值观、扫黑除恶、中国共产党纪律处分条例等内容，累计3659人次参加。以"改革开放40周年""自治区成立六十周年"为契机，开展爱国主义教育宣传；以"三月三"等少数民族传统节庆为契机，开展民族团结宣传教育和"端午节"包粽子比赛、"中秋佳节"游园活动，宣传中国传统文化，倡导文明过节。制作喷绘、写真宣传、制作文化墙，发放创城宣传资料，主动与辖区各单位联系，整合资源，建立共驻共建机制，合力推进全国文明城市创建工作，发放宣传资料共计6万余份，制作各类宣传板报300多块。推进"我推荐我评议身边好人"活动，累计推荐120条身边好人线索，其中辖区的南宁市中医医院ICU护士石姗姗、广西民族医院高压氧科主治医师慕晓明分别于2018年3月、8月被中央文明办选入"中国好人榜"。开展文明网络传播、文明交通引导、义诊、清洁乡村等志愿服务活动，完成网上志愿者注册1.6万人。

科教文卫体事业 科技：组织志愿者开展节能环保、循环经济、防震减灾、健康生活等科普知识宣传。组织医疗志愿者开展应急救护培训进社区活动，推广和普及群众性初级救护知识。举办科普周广场宣传活动，通过科普展板宣传、科普资料发放、科普小知识竞答等形式向广大居民宣传科普知识。2018年，北湖街道各社区（村）共开展科普活动宣传108次；开展科普知识宣传85期；开展科普活动101期；开展科技培训16次；开展技术指导91次；制作科普板报86份；发放科普资料2.2万份；开展文艺演出23场，参加活动1.58万人次。

教育：辖区无公办幼儿园，有民办幼儿园31所，在园幼儿约3200人，教职工400人；有市二十八中、北湖北路学校、友衡学校、友爱南路学校、明秀小学、万秀小学、秀灵小学、南师附小等中学7所、小学9所，学生1.6万人，教职工约1600人；有中专6所、大学2所，教职工3270人，在校学生2.93万人。小学适龄儿童入学率100%，小学毕业生升学率100%；初中阶段入学率99.6%，辍学率1%；初中毕业生升高中毛入学率95.1%。年内改建了南宁市友衡学校。

文化体育：利用春节、壮族"三月三"、中秋节等节庆日组织开展社区文艺晚会及各类游园活动达50余场，开展群众性文体活动，营造文化氛围。2018年，秀湖社区组织参赛队伍参加第五届广西万村篮球赛西乡塘赛区比赛；配合服务2018广西轮滑公开赛；参加西乡塘区第九届乡村社区和谐文艺大展演活动等。

卫生健康：开展以"清洁家园 灭蚊防病"春季爱国卫生月宣传活动、"世界无烟日"等主题宣传活动，发放各类宣传资料6万多份，清除卫生死角2900多处，清理小广告1.56万张，清除杂物和建筑垃圾

150多车;参加联合执法人数4.19万人次,整治乱摆乱卖、跨门槛经营3000起,整治人行道违章停车4865起。辖区有南宁市中医医院、广西民族医院2家医院和秀厢路社区、秀湖社区、南棉社区、万秀社区4个社区卫生服务中心,登记在册诊所95家。共有各类医务人员4000余人,年内诊治病人数达5万人次。2018年区间出生人口1518人,人口自然增长率7.03‰,符合政策生育率99.34%,同比下降0.06%;政策外多孩率0.66%,同比上升0.06%。出生婴儿性别比104.86∶100,同比下降5.24%。全年生育手术共14例,其中放环1例,取环2例,人工终止妊娠11例。完成免费孕前优生检查275对,全年完成率100%。

民政事业 全街道享受城市低保152户193人,发放低保金115.64万元;农村低保1户1人,发放金额4032元。落实医疗救助18人,发放救助金1121.19万元;临时救助7人,发放救助金4.59万元。慰问辖区困难对象68户,共发放慰问金8100元,慰问品37份。年内共为辖区老年人办理优待证红卡695张、绿卡780张;辖区80—89岁老人2169人,每人每月发放高龄补助80元;90—99岁老人200人,每人每月发放高龄补助150元;百岁老人9人,每人每月发放高龄补助400元。各类优抚对象247人,全部落实各项抚恤优待政策工作,对现役军人家属、参战退役老兵等发放慰问金共计5.27万元。完成惠民资金使用项目64个,投入资金312.76万元。

劳动与社会保障 年内城镇新增就业2551人,城镇下岗失业人员再就业1200人,帮助大龄就业困难人员实现再就业207人,为72名就业困难人员办理灵活就业社会保险补贴,城镇登记失业率1.2%。较好完成就业工作任务。为16名创业农民工申请创业扶持补助及带动就业奖补共52万元;为23人申请创业小额担保贷款。城镇居民医疗保险新增参保2444人,累计参保人数2.6万人。城乡居民养老保险应参保1528人,2018年新参保103人,累计参保2111人,参保率138.15%;为979名60周岁以上领取养老待遇人员进行资格认证;为70人办理丧葬补助金。社会化管理工作累计接收企业离退休人员1.65万人,本年度共探望生病住院106人,上门慰问特困、空巢、孤寡、高龄及行动不便等退休人员252人,为160人办理企业离退休人员丧葬抚恤金;重阳节期间共发放慰问品1.42万份,组织开展重阳节座谈会8场,组织开展游园、文娱、义诊等活动15场。处理劳动纠纷案件24起,涉及人数45人,为劳动者追回工资28.44万元;全年企业劳动合同签订率96%。

残疾人工作 辖区现有残疾人1242人,其中肢体残疾699人,视力残疾114人,精神残疾145人,智力残疾128人,听力残疾117人,言语残疾23人,多重残疾16人。年内辖区有52位残疾人申请困难残疾人护理补贴,有450位重度残疾人申请重度残疾人护理补贴,每人每月获得50元补贴。利用春节、"全国助残日"、中秋及国庆节期间开展困难残疾人慰问,累计慰问171人,共发放慰问金4.73万元。完成阳光家园计划申报程序,建立一人一档,登记、建档率100%。开展"阳光家园计划"居家托养为民办实事工程,各社区、村的服务人员每月上门对收益残疾人进行2次以上服务，北湖辖区内享受居家托养服务的重度残疾人有40名。

食药品监管　以农贸市场和学校幼儿园饭堂监管为重点，开展食品安全监管工作，对辖区内餐饮、药店、诊所、保健食品店、学校、午（晚）托等3444家进行检查。对肉制品、食用油、饮料等进行食品安全监督抽检57批次，其中不合格4批次，立案4起。共处理投诉件196起，办结率100%，其中职业打假投诉51起，下达《责令整改通知书》771份，立案18起。开展食品药品监管专项行动70余次，主要包括"食品保健食品虚假宣传"专项整治、"非洲猪瘟"专项整治、校园及其周边食品安全隐患排查专项整治等内容，日常监管出动4300余人次。开展食品安全"六进"活动（进社区、进学校、进乡村、进工地、进企业、进机关），举办宣传活动35场次，参加现场咨询1600人次、现场发放资料5000余份；利用宣传栏、QQ群、微信等载体，开展食品安全宣传教育。

安全生产　年初街道与所属15个社区（村）签订责任状；全年主持召开防范重特大安全事故会议6次，开安全生产工作会议13次。组织对辖区建筑工地、大型商场、酒店、仓库、集贸市场、居住小区、城中村等重点行业重点领域开展联合排查整治，开展安全隐患大排查36次，出动人员500多人次，检查范围涵盖人员密集场所、大型购物广场、建筑工地、生产企业、酒店宾馆、农贸市产场等，排查单位500余家，联合公安、消防、工商等部门执法21次，整改消除隐患350余处，现场整改260余处。创新思路推进消防安全网格化建设，实现90%的问题就近解决在网格。开展"安全生产月"、电动车火灾防控、燃气安全、冬春火灾防控等消防安全宣传活动，发放宣传资料16.8万份，制作横幅、板报415处，利用宣传栏、QQ群、微信等开展消防安全宣传教育。

社会治安综合治理　2018年，按照城区扫黑除恶专项斗争有关会议精神要求，北湖街道党工委、办事处安排部署、层层发动、严密组织摸排、整合力量打击，召开扫黑除恶工作部署会、推进会、座谈会及培训会等扫黑除恶专题会议8次，成立扫黑除恶专项斗争领导小组，将街道划分为15个片区，每个片区安排挂点街道班子领导与机关工作人员包点；开展扫黑除恶专项宣传摆台活动35次，发放宣传材料5万余份，宣传折页1万余份，悬挂标语横幅150条，粘贴墙体海报43幅，固定墙体永久性标语1处，设置LED电子显示屏56处，各社区（村）网格员入户宣传2万余户。开展吸毒人员服务管控等专项整治工作，对辖区登记在册的457名吸毒人员进行核查并全部录入综治系统，对可管控的156名吸毒人员开展日常服务管控。推进实施网格化管理，将493个天网监控探头分布安装在宽窄巷子景区及社区院落并接入网格化社会治安视频监控中心，建立街道、社区、网格三级信息化服务管理体系，形成分级管理、梯次互动的整体。

（谭琳子）

衡阳街道

【衡阳街道概况】　衡阳街道，西乡塘辖

区辖街道。位于西乡塘区中东部，距区政府驻地 3 千米。东接北湖街道，西邻西乡塘街道，南连华强街道和兴宁区朝阳街道，北与安吉街道相接。街道办事处驻友爱北路。1993 年 6 月设立。因街道办事处原驻衡阳路得名。街道辖"三纵"（友爱路、秀灵路、北大北路）、"四横"（中华中路、衡阳西路、明秀西路、秀厢大道）7 条城市主干道及 19 条小街小巷，总面积约 14.6 平方千米。下辖南铁北一区、南铁北二区、南铁北三区、南铁北四区、中华中路、衡阳南、衡阳北、秀灵南、友爱中、友爱北、

区"党建微家"、中华中路社区"华娟党代表工作室""民族情深党旗红"等示范党建品牌。

【经　济】 2018 年，衡阳街道全社会固定资产投资保持稳定增长；规模以下工业总产值比上年增长 7.1%；社会消费品零售总额比上年增长 10.61%；招商引资完成 3.03 亿元，比上年增长 33.66%；城镇居民年人均可支配收入 34111 元，比上年增长 8%。

【城乡建设】 2018 年，衡阳街道大力推进轨道交通 5 号秀灵路站、城市东西向快速路、农院路升级改造、秀灵—友爱立交改造、五里亭四街 C1 地块旧改、北大客运中心旧改项目等项目的土地征收工作，完成国有土地房屋征收 18485.74 平方米，其中集体土地 162.63 平方米。配合城区拆除违法建设 9 次共 11 处，清理拆除违法占地总面积 2994.5 平方米、违法建筑总面积 4101 平方米。街道自行组织拆除 12 次共 12 处，清理拆除违法占地面积 79569.32 平方米、违法建筑

2018 年 11 月 7 日，区委书记廖伟福（左八）、区委组织部部长张军（左九）到衡阳街道南铁北四区社区调研指导基层党建工作，衡阳街道党工委书记王建华、副书记黄伟陪同调研

（衡阳街道办供图）

沈阳路 11 个社区和友爱、秀厢 2 个行政村，辖区单位 937 个，居民小区 152 个。2018 年末，有人口 14.23 万人（其中常住人口 9.93 万人、流动人口 4.3 万人），为汉、壮等 19 个民族聚居，其中少数民族人口占 23%。2018 年在区党委、政府和各有关部门的指导下，继续巩固深化南铁北四区社

面积 170180 平方米；推进"两违"存量消除工作，完成治理面积 410.34 万平方米，完成罚款 182.68 万元。

【社会事业】 2018 年，衡阳街道社会事业全面发展。

文明创建活动　设置核心价值观、讲文明树新风、中国梦、改革开放 40 周年与 60

大庆等各类公益广告、板报、横幅300余处，发放宣传资料5万余份。投入13400多元，完成14个街道"新时代讲习所"牌匾制度上墙与后续常态化讲习工作。开展职工维权、盛夏送清凉、金秋助学、大货车司机入会等活动。推进"智慧团建"系统建设工作，选聘优秀大学生赴街道挂（兼）职；组织开展青年联谊交友与创新创业培训，开展各类志愿者活动380多场次；组织妇联参加"巾帼文明岗""幸福和谐家庭""阳光家园"等创建活动。修订完善《街道意识形态工作应急预案》，建立完善"六支队伍"，先后跟帖引导、回复处置辖区网络舆情7条。

科教文体事业　科技：做好科普宣传并开展形式多样的科普活动。年内组织社区居民参加各类科普专题讲座35场次；开展消防、避震、避险、防溺水等相关演练50多场次；开展健康养生、母婴保健、法律法规、节能减排、食品安全、禁毒、防艾、卫生防病等科普志愿者咨询服务36场次。衡阳街道南铁北四区社区被南宁市列为"基层科普行动计划"项目实施单位。

教育：做好辖区各学校"控辍保学""义务教育均衡发展""校园周边安全""中高考""防溺水"等专项工作。做好辖区校外培训机构及校外托管机构排查整治工作，持续排查辖区校外托幼、培训机构并登记造册。制作《衡阳街道校外托管及幼儿看护点安全隐患排查明细表》，逐户建立工作台账，签订《衡阳街道校外托管及幼儿看护点安全管理责任承诺书》153份，下发整改通知书50余份，取缔关停存在较大安全隐患幼儿看护点与校外培训机构8家，拆除无证违规办学招牌6块。

文化体育：投入2万元在中华中路社区搭建"民族之家"文化舞台；为2个村农家书屋增配图书2000余册；设置硬化群众文化活动场地5处、宣传栏2处，配置石桌、石凳3处，安装全民健身路径器材1套，开展"净网""扫黄打非"等专项行动10余次，关停校园周边200米范围营业性网吧、性用品店各1所，端掉黑广播窝点1个，查处非法音像品600余张、非法出版刊物1800余册。

卫生健康：组织夜市专项整治23次，取缔占道经营6720处，整治跨门槛经营8221处，教育违章经营者5000人次，整治"门前三包"乱停车3.6万辆次，清理杂物乱堆放4.9万处，补画停车线6000余米，制作临街铺面信息牌5000张。加强居住小区的管理和城中村环境卫生的整治，全年累计清运小区废弃物6500车。清除小广告12万余条，清理城中村违章占道经营3000处。辖区内有2所公办医院、2个卫生服务中心、6个卫生服务站，承担辖区居民的医疗、预防、保健、康复、健康教育、计划生育技术指导等"六位一体"综合性卫生服务工作。2018年，居民健康建档101.65万份，建档率约86.99%；高血压患者规范管理3723人，管理率约60%；糖尿病规范管理1350人，管理率约61.76%；65岁以上老年人保健7918人，管理率68.11%。2018年区间，辖区总人口14.23万人（常住人口9.93万人，流动人口4.3万人），已婚育龄妇女2.48万人，女性初婚297人，出生1176人（男孩603人，女孩573人），出生人口性别比105.24∶100，符合政策生育率99.92%，政策外多孩率0.85‰；数据库信息准确率96%，变更及时率96%；

孕产妇死亡率、辖区婴儿死亡率、5岁以下儿童死亡率均控制在责任指标以内。为1772户计划生育家庭购买爱心保险,为240人购买特殊家庭爱心保险,完成孕前优生检查272对。

民政事业 全年新增城市低保户80人,动态管理更新减发9人,停发18人,增发9人,享受低保户152户188人,全年发放低保金99.08万元。新增特困供养人员5人,停发4人,发放特困供养金14.78万元。受理城市医疗救助申请22人,救助金额8.77万元。受理临时救助5人,救助金额1.55万元。新申请80—90岁高龄补贴821人、90岁高龄补贴165人。领取高龄补贴3657人(其中80—90岁3243人、90岁以上409人、百岁以上5人)。2018年春节期间,慰问困难群众30人,发放慰问金6000元;慰问现役军人73人,发放慰问金2.19万元。中秋节慰问民政困难对象30户,每人发放月饼、大米各1份;慰问破产倒闭企业参战退役人员28人,发放慰问金8400元。"八一"慰问优抚对象3户共计900元,礼品3份;"八一"召开优抚对象座谈会,参会41人;慰问破产倒闭企业退休后进入社区管理的参战人员28人,发放慰问金共5600元;做好退役军人和其他优抚对象信息采集工作。利用惠民预算资金221.6万元,实施监控系统安装、消防器材购买、社区环境治理、居民文体活动开展、住房新建及维修等共计54个项目。衡阳北、友爱北、友爱中、北一、北四等5个社区成功申报并通过2018年度社区减灾准备认证。

劳动与社会保障 全年累计城镇新增就业2406人,城镇下岗失业人员再就业964人,帮助大龄就业困难人员再就业130人,城镇登记失业率3.6%。2011年12月至2018年12月享受就业困难人员灵活就业申领社会保险补贴1480人;累计管理退休人员1.33万人。利用"智慧人社"系统,推行便民利民举措,全年为1.33万名退休人员办理年度基本养老保险待遇资格认证手续,认证完成率99%,在"南宁市第十四届绿城夕阳风采退休人员文艺汇演"中,劳保所组织的参赛队喜获弹唱节目一等奖。2018年,城乡医保参保1.9万人,社会保障卡信息采集2998人;城乡居保待遇发放1450人,发放金额221万元,发放率100%;处理劳资投诉2起,涉及投诉金额3347.3元,为劳动者追回资金3347.3元。

残疾人工作 春节期间走访、慰问贫困残疾人80人,发放慰问金2.4万元。中秋、国庆慰问困难残疾人70人,发放慰问金2.1万元。在第二十八次全国助残日期间走访慰问贫困残疾人40人,发放慰问金8000元。为辖区499名重度残疾人申请重度残疾人补贴,每人每月50元;为126名困难残疾人申请困难生活补贴,每人每月50元。为辖区64名贫困残疾人个体户和灵活就业人员上报参加基本养老保险补贴。辖区有精神病人109人,监护率95%,为109名特困精神残疾人申请免费服药。33名符合条件的贫困残疾人进入"阳光家园"居家托养;为7户残疾人家庭申请无障碍改造并全部获批,每户4000元标准用于改造卫生间、活动便椅、升降衣架、坡道扶手、卫生间蹲便改坐便、卫生间扶手、固定折叠浴凳、活动浴椅、洗脸盆抓杆、配备轮椅、双拐、手杖、自动晾晒架、活动马桶等残疾人生活设施,方便残疾人生活。

食药品监管 年内全街道有"四品一

械"（即食品、药品、保健食品、化妆品、医疗器械）单位共2954家，其中普通餐饮服务单位1326家、食品流通单位1153家、药品经营单位62家、医疗器械经营单位63家、保健食品专营单位26家、中小学13家、幼儿园及看护点42家、托幼机构120家、医疗机构4家、诊所50家、食品加工小作坊58家、食品摊贩（含阳光早餐点）37家。组织多部门开展联合执法行动，打击违法违规行为。共出动执法人员1.5万人次，下发责令整改通知书共337份，其中食品流通环节118份，餐饮环节219份；完成电子监管系统录入863家，其中自治区监管数据系统餐饮服务单位录入496家，食品流通单位367家。深入学校、单位、社区、城中村举办食品药品安全知识宣传活动35场，向监管对象、居民群众普及食品药品相关法律法规。活动现场接受群众咨询2403人次，发放宣传材料2704份全年受理食品经营单位审批现场核查1542家次，受理食品生产小作坊现场核查41家次，受理食品摊贩29家次，办结率100%。登记备案50人以上集体聚餐3起。全年共立案14起，共受理并办结食品安全相关投诉举报185件。

安全生产 街道开展节假日及重要活动期间安全生产工作大检查，特别是加大了对仓储物流场所、"三合一"场所、人员密集场所、餐饮场所等行业领域消防安全、燃气安全、用电安全等安全生产大检查。制定下发有关安全生产工作文件21份。由街道办事处牵头组织各部门，成立安全生产检查组，检查、抽查、督查辖区生产经营单位96个。开展"安全生产月"活动，通过悬挂主题宣传横幅、主题宣传板报以及召开安全生产专题研讨会等方式，开展安全知识宣传教育活动。联合开展"打非治违"工作，按照西乡塘区打击无证经营成品油及燃气黑窝点工作统一部署和安排，开展打击无证经营成品油及燃气联合执法行动3次，共查扣燃气钢瓶110个。

社会治安综合治理 衡阳街道党工委、办事处按照上级扫黑除恶专项斗争有关要求，先后召开扫黑除恶工作部署会、推进会、座谈会及培训会等扫黑除恶专题会议12次，成立扫黑除恶专项斗争领导小组，将街道划分为13个片区，安排挂点街道班子领导与机关工作人员包点。开展扫黑除恶专项宣传摆台活动13次，先后下发放宣传材料1万余份、宣传折页2万余份，悬挂标语横幅122条，粘贴墙体海报272幅，固定墙体永久性标语2处，设置LED电子显示屏86处，各社区（村）网格员入户宣传7000余户。开展吸毒人员服务管控等专项整治工作，对辖区登记在册的529名吸毒人员进行核查并全部录入综治系统，对可管控的141名吸毒人员开展日常服务管控。将151个天网监控探头分布安装在宽窄巷子景区及社区院落，接入网格化社会治安视频监控中心，建立街道、社区、网格三级信息化服务管理体系。

（衡阳街道编写组）

安吉街道

【安吉街道概况】 安吉街道，西乡塘区辖街道。位于区境东南部，距区政府驻地7千米。东接安宁街道，西邻心圩街道，南连衡阳、北湖街道，北与高峰林场交界。面积约16.27平方千米。辖北湖北路、北湖

乡镇·街道

安居、秀安路、吉秀、安吉路、安阳路、桃花源7个社区和苏卢、大塘、屯里、屯渌4个行政村。街道办事处驻安吉大道57号。1950年6月为邕宁县安吉乡。1958年8月与心圩、沙井、那洪乡合为城庄人民公社。1959年1月为郊区中苏友好公社。1962年12月称明秀公社。1979年7月称安吉公社。1984年9月改乡。1996年改镇（2001年12月划入兴宁区）。2003年4月改街道办事处，属原城北区。2005年3月划入西乡塘区。因街道办事处驻地得名。辖区内有单位58个，大中专院校、中小学32所，大小企业

2018年11月8日，安吉街道在3楼会议室召开扫黑除恶暨第四季度提升群众安全感满意度工作推进会。会议参加人员有街道党工委书记、办事处主任，各站所所长，各社区、村主要领导及分管领导　　　　　　　　　　（安吉街道办供图）

600余家；有北湖北路、秀安路、安吉大道、秀灵路延长线、高新大道和丰达路；东西向自北往南有外环高速、安园路、可利大道、快速环道秀厢段；有物流、钢材、汽车、家具、五金机电五大行业专业市场。2018年末，总人口有11.72万人（其中流动人口2.87万人），汉、壮等民族聚居。

【经　济】　2018年，安吉街道全社会固定资产投资保持稳定增长；农业总产值（可比价）比上年增长4.52%；规模以上工业总产值比上年下降3.06%，规模以下工业总产值比上年增长7.3%；社会消费品零售总额比上年增长10.2%；招商引资完成2.87亿元，比上年增长19.09%；城镇居民年人均可支配收入33272元，比上年增长8%。

【城乡建设】　2018年，安吉街道项新开工项目有盛天西城、碧桂园新城之光、美的慧城、云星创客园项目。屯渌村一期改造项目地块完成出让（约29300平方米）。广西虎邱东盟交易中心项目征地工作加快推进。屯渌村一队棚户区改造项目累计签约121户，面积153973.03平方米。严厉打击违法建设，全年发现新生"两违"建设共11起，总违法占地面积20385.83平方米；自行组织拆除辖区"两违"建设10次，拆除违法占地面积368949平方米，配合西乡塘区相关执法部门拆除违法建设61处。

【社会事业】　2018年，安吉街道社会事业全面发展。

文明创建活动　开展"邻里守望""学雷锋·行善立德""五个礼让"等志愿服务活动，组织志愿者、服务团队深入社区开展环境整治、宣讲教育、文明劝导、市容巡查等志愿服务活动。全年共开展志愿服务活动30余场，发动志愿者3000余人次，

利用南宁安吉发布平台宣传文章15篇,发放、张贴公益广告2万余张。结合每月"我推荐我评议身边好人"活动,组织"身边好人"等先进典型推荐工作,向区文明办推荐"身边好人"12名,报送"我推荐我评议身边好人"线索480条。全年开展"道德讲堂"活动12场次,"讲习活动"72场,助推文明创建工作。组织开展文明单位的评选工作。累计评选出文明单位12个;文明单位结对子482对,合计捐款达32.59万元,共建项目26个,开展各类讲座80余场,培训人次达1万余人,为民办实事160件,投入办实事项目37万元。

科教文卫体事业 科技:2018年邀请100余名专家走社区,开展科普知识教育培训40多场,参加总人数超过700人次,发放资料1200余份。利用墙报、大小标语、印发科普资料等方式,开展科普讲座、消防安全知识等活动。

教育:辖区有幼儿园50所,其中3所公办幼儿园,47所民办幼儿园,在园幼儿7868人,在职教师675人;中学4所,在校学生5614人,在职教师406人;小学12所,在校学生1.6万人,在职教师842人;高职学校2所,在校学生7000余人,在职教师245人。小学入学率100%、升学率100%,初中阶段入学率100%。

文体:在各村、社区及物业小区、单位建设农家书屋、学习文化阵地及宣传橱窗、宣传栏,组织舞蹈文艺队参加市级、区级活动。苏卢村举办迎新篮球比赛、农民篮球比赛、群众文艺演出、送戏下基层演出等文化体育活动;大塘村开展宣传党的十九大精神文艺演出、篮球比赛、"重阳节"中老年文艺展示等活动;桃花源社区联合南宁市老来福社区养老服务中心社工,组织社区长者开展"动手动脑,耆乐融融"预防老年痴呆小组活动。

卫生健康:有卫生院1所,医务人员64人,年内诊治13.8万人。辖区人口数11.73万人,其中常住人口8.85万人,流动人口2.88万人,已婚育龄妇女2.07万人,年度区间全年(2017年10月至2018年9月)出生1237人,其中一孩出生409人,二孩出生768人,多孩出生60人(其中政策内37人);人口自然增长率8.03‰,控制在上级下达10‰的指标之内。政策内生育1214人,出生政策符合生育率98.1%。政策外多孩率2%。出生人口性别比为111:100。

民政事业 全年新增低保44户,停保31户,现有城镇低保家庭110户、保障150人,发放保障金94.34万元;新增特困供养对象3人;现享受城镇特困供养待遇11户,共计12人,现享受农村特困供养待遇1户,共计1人。住院医疗救助18人次,发放住院医疗救助金7万元;申请临时救助2人,发放金额共5480元。对现役军人发放春节慰问金2.04万元、慰问金4200元,慰问重点优抚对象14人。为辖区内97名90岁以上老人发放寿星津贴每人每月150元,969名80—89岁以上老人发放寿星津贴每人每月80元。为辖区654位老人办理老年人优待证。建成吉秀社区日间照料服务中心(约100平方米)并配备家电及家具设备,投入约10万元。组织实施7个社区的惠民项目,主要建设项目有安防监控、广播设备、健身器材、不锈钢垃圾屋、社区环境服务、购买社会组织服务、群众休闲凉亭,总投入140万元,已投入使用。

残疾人工作 全街道有共 31 名残疾人有托养服务需求。全年开展阳光家园残疾人家属托养服务培训 2 次。开展白内障复明筛查工作。各社区、村自行开展筛查，对有需求的群众引导至爱尔眼科医院。做好精神病防治康复工作。为 43 名贫困精神病患者申请办理享受免费服用常规用药。开展摸底调查，核定符合工程改造条件对象 4 户。开展上级政策落实情况调查及残疾车主实际困难和问题情况调查，协助发放残疾人机动轮椅车燃油补贴。

劳动与社会保障 年内完成新增就业 1993 人，下岗失业人员再就业 400 人，帮助大龄就业困难人员实现再就业 99 人，城镇登记失业率 1.2%，较好完成就业任务。全年为辖区失业人员办理《就业失业登记证》共 229 本。做好灵活就业人员补贴申报工作。帮助 25 名就业困难人员申请灵活就业人员社保补贴，不符合申报条件 1 人；做好不符合享受条件人员已领取的补贴款项追回工作，追回违规领取社保补贴 18 人，已退款金额 128889.04 元，未退款人数 10 人，未退款金额 87517.34 元。3 月正式实施创业担保贷款新政。全年申请办理小额贷款 15 笔，截至年底银行实际发放贷款 3 笔，发放金额 24 万元；共有 3 笔被拒贷，9 笔正在审核。做好街道就业援助工作。发挥政策宣传栏及社区服务平台作用，宣传有关就业政策，并通过发布西乡塘区人力资源市场提供的，以及各社区采集、各用人单位提供的用工信息，帮助就业困难人员实现再就业，全年帮助就业困难人员申请公益性岗位共 7 人。做好南宁市富士康集团招聘服务工作。做好农民工创业就业补贴工作。

食药品监管 加大日常监管力度，实行"四化"（即网格化、格式化、痕迹化、信息化）管理，规范食品安全信息公示工作，做到监管工作责任到人，监管标准统一、监管工作有记录。规范食品安全信息公示工作。针对乳制品、食用油、肉类、食品添加剂、地沟油等重点问题，针对采购、贮存、加工操作、食品添加剂使用等高风险环节，针对学校食堂、旅游风景区等高风险场所，针对节假日和重大活动等高风险时段，深入开展专项整治。以学校食堂、大型社会餐饮、景区餐饮为餐饮服务食品安全监管重点，严格规范管理学校食堂人员卫生、原材料、加工流程，推进餐厨废弃物资源化利用和无害化处理。指导和督促学校食堂落实主体责任，实行晨检、进货查验、食品采购索证索票、餐用具消毒、食品留样、餐厨垃圾处理、从业人员健康管理培训等制度。开展流通环节食品安全监管，确保流通领域的食品安全。加强农村食品市场监管，以批发市场、集贸市场、商场、超市、客运站、万达商圈等为重点区域，以消费者申诉举报集中的食品和食品添加剂为重点品种，杜绝不合格食品、过期食品、"三无"食品和假冒、仿冒食品进入农村市场，取缔无证经营，维护农村食品市场秩序。开展联合执法行动 74 次，出动执法人员 7180 余人次，检查流通环节食品经营户 3560 余家次，下达责令改正通知书 90 余份。开展食品生产监管，主要检查生产单位厂区和周边环境卫生条件、从业人员健康证明、生产工艺流程、制度和记录的落实情况、产品标识、出厂检验等内容。共组织开展 4 次专项检查和整治。开展保健食品、化妆品监管工作。开展打击食品、保健食品欺诈和虚假宣传"护老行动"整治工、保健食品标签标识和宣传专项整治,出动执法人员248人次,共检查118家、责令整改5家、取缔1家。开展化妆品安全治理专项整治和风险监测工作。共出动执法人员138人次、检查68家次。开展药品、医疗器械专项治理行动。以医院、药店、诊所及其他药品、医疗器械销售使用单位为检查重点对象,开展药品经营企业GSP认证、特殊管理药品专项检查、中药饮片专项检查、医疗器械使用管理工作等9项专项检查工作。出动执法人员372余人次,检查药店148家次,医院、诊所76家次,医疗器械生产企业1家次。

安全生产 开展季度安全生产大检查3次,开展危险化学品、燃气安全、道路交通、打非治违及"重点行业领域"等安全生产大检查15次,检查生产经营企业312家。按照分级分类管理原则,开展落实企业安全生产主体责任专项检查15次,检查企业19家,发现并限期整改隐患28处。做好2018年度重大安全事故隐患项目立项工作,开展安全隐患排查工作,最终确定街道级重大安全隐患5项、社区(村)级重大安全隐患3项,并全部整改完毕。

社会治安综合治理 辖区利用宣传标语、横幅、微信群等媒介进行"扫黑除恶"宣传,年内在辖区主要干道及明显位置悬挂60条横幅,粘贴宣传墙体板报42个,发放《关于开展扫黑除恶专项斗争通告》600余份、《扫黑除恶致市民的一封信》300余份,开展摆台宣传活动20次,设置LED滚动屏3个,微信工作群推送扫黑除恶专项行动工作的意义10次。辖区结合社会治安重点问题,突出"黄赌"问题,年内联合城管、文体、派出所,组织网格员、村队队长对重点场所、出租屋、人群开展梳理和摸排,排查旅馆40家、按摩场所60家,开展出屋清查活动6次,出动清查人数162人,清查出租屋767户,核查流动人口1523人,带走疑似卖淫人员4名;对涉"赌"情况进行摸底排查5次,整治赌博3次,抓获涉赌人员33人,销毁赌博机2台。

(叶华升)

华强街道

【**华强街道概况**】 华强街道,西乡塘区辖街道。位于区境东南部,距区政府驻地4千米。东与兴宁区相连,西接北大路,南临邕江,北靠湘桂铁路,面积2.35平方千米。朝阳溪从辖区中部蜿蜒而过,汇入邕江。辖华强、龙胜(2015年5月南伦社区并入)、永宁、大同4个社区居委会。街道办事处办公地址位于华强路西一里30号。1955年12月,华强街道办事处成立。1958年7月,称人民公社。1962年1月,复称街道办事处。1968年9月,称人民公社革命委员会。1983年1月,改称街道办事处,隶属原永新区。2005年3月因区划调整划入西乡塘区。因街道办事处驻地得名。辖区内有机关企事业单位57个。有江北大道(原江滨路)、人民西路、北大路、中华路、华西路、华强路、解放路等街道,其中有南宁原著居民世居的水街、三坊街,以及南宁市最早的商品住宅小区——西平大楼;中华路、华强路、华西路组成老南宁著名的"三华路"小商品批零商圈,人民西路、北大路是建筑装饰材料批零商圈。2018年末,总人口4.1万人(其中常住人口3.02万人、流动人口

1.08万人）。汉、壮、藏、土家、仫佬、瑶、侗、回、毛南9个民族聚居。有安徽会馆、粤东会馆、董达霆商住庭院等重点文物保护单位，有现代都市园林特色的民生广场。街道荣获2018年度"广西五四红旗团委"称号；华强社区、永宁社区获"自治区卫生先进单位"称号。

【经　济】　2018年，华强街道全社会固定资产投资保持稳定增长；规模以下工业总产值比上年增长7.1%；社会消费品零售总额比上年增长10.62%；招商引资完成2.74亿元，比上年增长10.60%；城镇居民年人均可支配收入33732元，比上年增长8%。

【城乡建设】　2018年，华强街道大力推进中华路片区旧城改造项目（大和平华西商业城），占地总面积8.95万平方米，房屋征收总面积约14万平方米，规划建筑面积34万平方米；分2期、3个地块开发建设。其中，一期项目包括A地块，占地3.2万平方米，规划建筑面积24万平方米，于2014年10月交付使用；二期项目包括B地块和C地块，已完成B地块征拆，正在推进C地块征拆工作。推进南宁市酱料厂片区旧城改造项目，总面积2万平方米，分2期开发建设。其中一期占地1.39万平方米，规划建筑面积5.3万平方米，房屋征收面积3.9万平方米，总投资4.5亿元，2017年3月交付使用（鼎华府邸）；二期项目0.62万平方米，规划建筑面积2.4万平方米，正在推进征拆工作。推进水街片区旧城区改建项目，占地面积8.67万平方米，房屋征收面积15.7万平方米；分6个地块征收及建设，其中正在施工建设的A4地块占地面积1.33万平方米，规划建筑面积19.71万平方米，计划总投资12.85亿元，累计完成投资6.32亿元；加快推进其余地块征拆工作。

【社会事业】　2018年，华强街道社会事业全面发展。

文明创建活动　开展创建全国文明城市工作，推进"三城联创"，工青妇群团组织开展"千名志愿者进小区""美丽广西我在行动"巾帼志愿服务等主题志愿服务活动15场次；推荐"身边好人线索"105条；开展"新时代好少年"评选活动，组织青年参加"我邀明月颂中华"经典诵读比赛；街道挂牌成立新时代讲习所5个（街道本级成立1个，4个社区各成立1个），开展讲习活动48场次，参加3200人次；加强未成年人思想道德建设，组织开展缅怀先烈爱国主义教育、"团员青年家风家训"暨"好家风泽万代"等主题教育实践活动12场次；深化周末"爱心家教"品牌，帮助解决辖区居民及流动人口子女课业辅导问题；通过标语、海报等载体广泛宣传社会主义核心价值观、"中国梦"、庆祝自治区成立60周年等内容，共设置喷绘60余处、宣传板报80块、海报2200余张，LED滚动播放2000多次。

科教文卫体事业　科技：结合文明创建、食品安全、健康保健、环境保护等工作，更新科普宣传板报12期；举办卫生安全与健康教育培训、青少年禁毒宣传教育等各类科普讲座23场次；组织干部职工、居民群众、少数民族同胞到南宁市规划展示馆、西乡塘产业园区安吉华尔街工谷、南宁·中关村协同创新展示中心参观学习；开展"防震减灾"知识宣传、"科技服务基层系列"主题科普宣传周、科普进社区、进校园、科普咨询等活动20多场次，悬挂宣传横幅15条，印发科普宣传海报及宣传资料4000多份。

教育：有市第二幼儿园、第三幼儿园、市教育系统幼儿园3所公立幼儿园，在园儿童930人，教职工139人；有华西小学、壮志路小学、卫国小学3所小学，在校学生2979人，教职工180人；有市第一中学、市第五中学2所中学，在校学生3796人，教职工304人；有市第一职业技术学校，在校学生7351人，教职工416人。小学适龄儿童入学率100%，小学毕业生升学率100%，初中阶段入学率100%。

文化体育：辖区内有业余文艺队4支，老年人文体活动中心1个，水街百姓小舞台1个；开展"水街美食文化活动周暨宣传十九大精神"文艺汇演、第九届乡村社区文艺大展演、华强街道"鑫宁健杯"气排球比赛等各类文化体育活动8场次；开展流动影院进社区12场次。街道获西乡塘区第五届万村篮球赛（街道组）男子篮球第三名；大同社区唐人艺术团荣获南宁市第十四届"绿城夕阳风采"退休人员文艺汇演乐器类优秀奖、第九届乡村社区和谐文艺大展演西乡塘区复赛三等奖。

卫生健康：开展车辆乱停放、广告乱张贴、摊点乱摆等专项整治，共计查处跨门槛经营540多户、流动摊贩2400多个、非法粘贴小广告3万余处、户外广告破损120余处、招牌断亮70余处、门前"三包"乱停车1.2万余起，清理违章夜市摊点30个，清运旧杂物、家具、建筑垃圾190余车，整治邕江公园劝离非机动车6480辆，清理共享单车7560辆，制止垂钓者8640起，劝离遛狗者40起。开展"大行动"、创卫迎检大扫除活动260多次，共清除卫生死角500多处，更换垃圾桶200多个，更新创卫板报300多幅，悬挂横幅150条，张贴海报600多张，发放各类宣传资料2500余份。有国有医疗卫生机构1个，医务人员630多人，临床医技科室27个，开放病床457张。门诊病人50万人次，住院1.5万多人次。开展防治艾滋病、计划生育优质服务、流动人口计生关怀、爱卫创卫等宣传活动15场次，发放人口计生、二孩政策、生殖健康优生优育知识、常见传染病防治等宣传册资料3000多份。开展流动人口健康知识、急救健康讲座5场次；春节、中秋节慰问独生子女困难户6户，发放慰问金1200元；全年区间出生人口228人，人口自然增长率5‰，政策内出生率100%。

民政事业　全年审核报批享受城市低保户105户136人，发放低保金86.58万元；城市医疗救助17人次，发放救助金9.75万元；有双拥优抚对象33名，发放抚恤金38.96万；发放老人寿星津贴78.92万元；医疗救助18人次，救助金额9.865万元；受理经济适用住房15户，公共租赁住房A类（低收入住房困难家庭）54户99人，发放货币补贴金7.38万元，获得实物配租23户42人；公共租赁住房B类（本市中低收入住房困难家庭、新就业大中专毕业生、外来务工人员）受理申请158户279人。实施社区惠民资金使用项目13个，其中采购类项目9个、工程类项目4个，项目资金74.72万元。

劳动与社会保障　为辖区4259名退休

人员办理养老待遇资格认证手续。慰问54名住院的企业退休人员，为128名去世的企业退休人员办理丧葬抚恤金申请手续。帮助城镇新增就业1007人，城镇失业人员再就业322人，帮助困难人员就业71人。城乡居民养老保险参保585人，参保率111.85%，年度代扣缴费率91.22%；完成医疗参保6026人（其中普通人员参保5561人，低保对象参保295人，残疾人员参保171人）。开展企业用工宣传60余次，张贴、发放企业招聘信息2000多份。

残疾人工作 辖区有残疾人502人，全年慰问贫困残疾人103人次，发放慰问金2.84万元，发放残疾人护理补贴178人10.86万元，发放困难残疾人生活补贴44人2.64万元。开展"阳光家园计划"居家托养工作，为15位重度肢体、精神等残疾人提供相关服务。申请实施8户残疾人家庭无障碍改造项目。组织残疾人开展各类实用技术培训6次，为残疾人提供就业信息。发放残疾车主燃油补贴26人次。为59位贫困精神病人提供免费服用常规药，发放轮椅12辆、助行器5个。

食药品监管 优化行政审批流程。受理区政务中心转办审批事项437项，完成现场看点437项，发放《食品经营许可证》《小餐饮登记证》《小作坊登记备案证》等各类许可证445本；对因处于拆迁区域或其他特殊原因无法办理《营业执照》的食品经营单位进行登记备案；加大对食品药品违法违规问题的查处力度，处理食品安全投诉案件35起，调查处理35起，处理率100%；食品安全违法行为立案22起，罚没金额共6.25万元；开展各类专项整治51次；开展食品安全隐患大排查，发现食品安全隐患153处，下达责令整改通知书130份；抓好食品安全示范城市创建工作，开展食品安全宣传活动30场次，参与群众1.83万人，发放食品安全宣传材料、小礼品等1.3万份。

安全生产 深入辖区建筑工地、拆迁工地、重点路段、商场、酒店、沿街铺面等开展拉网式排查，对消防安全、烟花爆竹、危险化学品、燃气安全等重点行业领域进行专项整治，及时消除各类事故隐患。全年开展安全生产大检查19次，累计出动人员800多人次，发现各类安全隐患62处，已整改62处；宣传安全生产法律法规和相关知识，悬挂安全生产宣传横幅36幅，设置安全警示标识50余处，发放安全宣传册2万余份。

社会治安综合治理 按照区扫黑除恶专项斗争有关会议精神要求，华强街道党工委、办事处迅速安排部署，先后召开黑除恶专题会议9余次，成立扫黑除恶专项斗争领导小组，将街道划分为33个片区，每个片区安排挂点街道班子领导与机关工作人员包点，分解责任并形成合力；开展扫黑除恶专项宣传摆台活动8次，营造扫黑除恶专项斗争宣传氛围，先后下发放宣传材料1.5万份、宣传折页5000余份，悬挂标语横幅50条，粘贴墙体海报1000幅，固定墙体永久性标语12处，设置LED电子显示屏35处，各社区网格员入户宣传1800户。开展吸毒人员服务管控等专项整治工作，对辖区登记在册的76名吸毒人员进行核查并全部录入综治系统，对可管控的76名吸毒人员开展日常服务管控。推进网格化管理，先后将91个天网监控探头分布安装在大街小巷及社区院落并接入网格化社会治安视频监控中心，建立街道、社区、网格三级信息化服务管理体系，形成分级管理、梯次互动的整体。

【南宁市少数民族流动人员服务中心】 2018年，南宁市少数民族流动人员服务中心开展烹调技术、糕点制作等培训7场次，培训少数民族流动人员200多人次（含20个服务站）；开展民族传统节庆、"民族同心·邕港同行"学习交流、民族团结进步暨"我们的节日·壮族三月三"等系列活动6次；组织来邕少数民族人员游美丽南方，看南宁美丽乡村新变化；开展"共话孝老敬亲·共建民族团结·喜迎自治区六十周年"文艺演出；突出民族文化宣传，打造少数民族流动人员服务中心"六有八服务"（"六有"平台：民族工作服务队伍、就业创业孵化站点、技能培训教育基地、功能实用活动场所、矛盾纠纷调处机制、形式多样服务载体。"八有"功能：提供经商就业、住房租赁、子女入学、困难救助、继续教育、法律援助、医疗卫生、清真食品等八项服务）；先后接待南宁市人大常委会第三调研组、安徽肥东县人大考察团、防城港市组织部、来宾市少数民族培训考察团、梧州市民宗局等6批次学习考察团到服务中心参观学习指导。

【华强街道人大代表活动中心】 2018年，华强街道人大代表活动中心组织人大代表对朝阳溪黑臭水体治理、食品安全、南宁老友粉产业发展等内容开展现场视察、调研活动3次；到南宁轨道交通集团参观学习1次；到双定镇武陵村开展助力脱贫攻坚活动2次；每月开展一次"微信议政"活动，内容涉及消防安全整治、预防校园欺凌、电动自行车管理、"三华"商圈发展等；开展"两联系，两走访"活动40次（"两联系"即西乡塘区人大常委会组成人员每人联系3—5名人大代表，代表联系原选区选民或者原选举单位的代表；"两走访"即人大常委会组成人员走访联系的人大代表，人大代表走访联系的选民）。

（欧人铭）

新阳街道

【新阳街道概况】 新阳街道，西乡塘区辖街道。位于区境南部，距区政府驻地4千米。东至朝阳溪与华强街道毗邻，南临邕江，西至新阳路市第三人民医院（铁路为线），北至明秀西路铁道线。面积4.4平方千米。现辖有新秀、龙腾、中尧路、新阳路、边阳、北际、北大南、永和、中兴、万力社区共10个社区和永和村、雅里村2个行政村。街道办事处驻龙腾路。1990年9月成立，1995年11月与边阳街道办事处合并。因原街道办事处驻新阳路而得名。辖区连接江北大道，新阳路、人民路、明秀西路等主干道穿辖区而过。2018年末，总人口12.26万人，其中，常住人口约9.7万人，流动人口约2.56万人。汉、壮等民族聚居。

【经 济】 2018年，新阳街道固定资产投资保持稳定增长；规模以上工业总产值比上年增长5.54%，规模以下工业总产值比上年增长7.4%；社会消费品零售总额比上年增长10.6%；招商引资完成5.13亿元；

城镇居民人均可支配收入32803万元，比上年增长8%。

【城乡建设】 2018年，新阳街道完成国有房屋征收54400平方米、集体土地征收4960平方米。巡查发现新生"两违"点、制止并上报立案共19个，占地面积8522平方米，违法建设面积6830平方米。整治新生"两违"建设22次，街道自拆违章搭建12次，配合辖区"两违办"拆除违章搭建10次，共计拆除违法建筑面积9528平方米，存量"两违"销存面积19126平方米。全面贯彻落实河长制，设立河长13名，各级河长累计巡河700人次；统筹推进河长制、中央环保督查、水源地保护治理等工作，结合开展黑臭水体整治、沿线菜地、垃圾清理及拆除违章建筑，通过中央环保督查和"回头看"检查，在9月市建委组织召开的黑臭水体治理及海绵城市试点建设成效入户调查宣传培训会上做经验发言。

【社会事业】 2018年，新阳街道社会事业全面发展。

文明创建活动 深入开展社会主义核心价值观、改革开放40周年、自治区成立60周年、扫黑除恶专项斗争、"两会一节"、创文明城等宣传活动；共制作文化墙600多平方米、各类板报218块，悬挂横额800多幅，设置LED电子屏刊播宣传标语40多处，发放公益广告宣传资料2万余册；承办西乡塘区2018年"健康中国行—科学健身"主题宣传周活动启动仪式、西乡塘区食品安全周宣传等主题活动；组织社区开展"和谐社区幸福家园"文艺大展演暨第九届乡村社区文艺大展演选拔赛；组织社会组织、单位及辖区社区文艺队伍到社区文艺大舞台开展文艺活动10余场次。鼓励支持11个社区（村）打造具有社区（村）特色的文艺队伍，形成文化活动品牌，如北大南社区龙狮展演、边阳和北际社区的邻里百家宴、雅里五通庙庙会等。万力社区爱心家教志愿服务项目获评"全国学雷锋服务'四个100'典型最佳志愿服务项目"。开展"身边好人"推荐评选工作，新阳街道推荐的"身边好人"叶燕凤荣登中国好人榜。

科教文卫体事业科技。利用社区（村）"新时代"讲习所、综合文化活动室、妇女儿童之家等场所，举办各类科普讲座、中医药问诊、放映科普视频，发放扫黑除恶、消防安全、优生优育、预防艾滋手足口等宣传资料，普及科学文化知识，倡导健康文明生活方式。结合"食品安全六进""法律服务进社区""消防安全进社区"等活动，以及健康教育、计划生育、消防、禁毒、社区教育、暑期教育等内容，组织培训、咨询、讲习等活动96场次，发放宣传册3万多份，接受咨询服务的群众5000多人次。

教育：辖区有幼儿园17所，在园儿童4156人，教职工385人；中小学11所，在校学生8727人，教职工501人；小学适龄儿童入学率100%，小学毕业生升学率100%，初中阶段入学率100%。

文化体育：2018年，组织人员参加南宁市社区全民健身运动会气排球比赛获得第八名，组织辖区的文艺队参加第九届乡村社区和谐文艺大展演。

卫生健康：做好"整洁畅通大行动"工作。统一开展大行动325次，出动人员9125人次，整治车辆乱停放7831辆，处理跨门槛2243起，占道摆卖896起，清理违章广告牌567起，清除橱窗广告3711处，清理乱粘贴小广告7924处，清理乱堆放杂物1223处，查扣散发广告453起，拆除废弃电线杆16根；开展居住小区环境整治42次；在新阳路、龙腾路、北大南路等路段补划、增划非机动车停车位约1153平方米。做好创卫工作。发放垃圾桶80个，更换垃圾桶盖68个，增加便民信息张贴栏12个；强化"四害"消杀，放毒鼠谷3000千克，磷化铝10箱，其他各类除"四害"药品15箱。辖区医院有广西壮族自治区妇幼保健院、南宁市社会福利医院、南宁市第三人民医院。年内区间辖区总人口11.93万人，已婚育龄妇女2.14万人。区间全年出生1387人，其中男孩705人，女孩682人；计划外出生8人，一孩出生614人，二孩出生728人；多孩出生45人，符合政策生育率99.4%；出生人口性别比为103∶100，当年人口自然增长率5.9‰。

民政事业 年内为辖区城镇低保对象381户512人次累计发放低保金372.45万元；为特困供养户439人次累计发放保障金381万元；为辖区城镇困难居民发放城镇居民医疗救助金18.5万元，发放临时救济金2.11万元；发放节日慰问金7.05万元。年内上报公共租赁住房申请审核材料937户，经济适用房初审材料74份。上报惠民资金项目53项（其中采购类项目44项、工程类项目9项），总投资206.25万元。

劳动与社会保障 城镇居民新增就业2405人，帮助下岗失业人员再就业957人，就业困难人员再就业251人；城镇居民医疗保险新参保1843人，新型城乡居民养老保险参保率113.09%。创业小额担保贷款10笔，贷款100万元。组织辖区内流动人口参与职业培训43人。

残疾人工作 为80名符合条件的残疾困难户提供居家托养服务。为20户残疾人家庭实施无障碍设施改造，安装扶手、浴凳、毛巾架，更换坐便器，配置盲仗等设施器具。为839名重度残疾人（持有一、二级残疾人证的人员）申请护理补贴，为226困难残疾人申请生活补贴。

流动人口管理 辖区暂住人口约4.29万人，登记在册4.29万人，其中，男2.37万人，女1.92万人，登记率100%；全年新增流动人口数5218人，注销1636人。发放在邕居住证明2551份。出租屋1.53万套；新增1058套，注销238套。开展流动人口普法宣传，3893人次参加，发放各类宣传资料3000多份。

食药品监管 新阳食品药品监督管理所共处理办结投诉105起，办结案19件，完成经营食品单位审批看点472家,完成"三小"（小餐饮、小摊贩、小作坊）行业审

2018年4月，新阳街道书记黄开朗（左二）、主任黄英玲（左一）开展安全生产检查工作　　（新阳街道供图）

批 200 家；完成餐饮服务环节量化等级评定 672 家，张贴餐饮服务环节经营者自律制度 668 份，张贴流通环节食品经营者自律制度 370 份，发放禁烟标识 879 份。

安全生产 落实安全生产"党政同责，一岗双责，齐抓共管"，层层落实安全生产目标责任，逐级明确责任分工，与管辖的 12 个社区（村）签订安全生产目标管理责任书和消防安全管理责任书。年内，安全生产责任事故为零。开展"地毯式"燃气安全大检查，入户开展燃气用具安全检查和预防一氧化碳中毒知识宣传，督促不合格企业或居民用户进行整改，开展打击黑气专项整治行动；全面排查各类消防安全隐患。

（邓洁芳）

上尧街道

【**上尧街道概况**】 上尧街道，西乡塘区辖街道。位于区境中南部，距区政府驻地 9 千米。东接新阳街道，西连石埠街道西明村，南临邕江，北邻西乡塘街道，面积 10 平方千米。辖相思湖、大学南、鲁班、南罐 4 个社区和陈东、陈西、上尧 3 个行政村。2018 年 6 月 4 日，因清川立交建设，街道办事处从大学东路 87 号搬迁到鲁班路 1-51 号金水湾花园小区北区（西乡塘区机关第六办公区）。大学东路、清川大道、鲁班路、新阳路为主要交通干道。辖区内有广西皮肤病研究所、广西机电职业技术学院、广西华侨学校、南宁市妇女活动中心、南宁外国语学校、南宁市清川小学等 19 家自治区、市级机关事业单位，企业 332 家，旧鲁班、建政、陈东、相思湖等 4 个农贸市场。1949 年后称陈尧乡，1957 年 12 月改称尧头乡，1958 年秋为常青公社，1959 年称中苏友好公社上尧管理区，9 月属心圩公社，1961 年 9 月属西乡塘公社，1962 年属上尧公社，1984 年改乡，2001 年 12 月划入永新区，2002 年 1 月改街道，2005 年 3 月属西乡塘区。因南宁解放前，从上尧至雅里村沿江一带烧窑较多，"尧"与"窑"谐音，且地处邕江上游，故名。2018 年末，总人口 10.02 万人（含流动人口），汉、壮等民族聚居。有近 10 千米的江北大道亮丽景观交通带，有心圩江和相思湖 2 个大型休闲公园、南宁市动物园等旅游景点，以及市级重点保护的古文化陈东村"傩文化"及古村落。

【**经　济**】 2018 年，上尧街道全社会固定资产投资保持稳定增长；规模以上工业总产值比上年下降 22.67%，规模以下工业总产值比上年增长 7.2%；社会消费品零售总额比上年增长 10.6%；城镇居民年人均可支配收入 33700 元，比上年增长 8%。

【**城乡建设**】 2018 年，完成南宁市东西向快速路项目 2017 年主体项目征拆工作，完成拆迁房屋、杂物间、地上附着物 80149.64 平方米。完成商院路项目征地约 9884.47 平方米，拆迁集体房屋 984.56 平方米。完成新阳路西段扩建工程项目房屋征收 1364.52 平方米；上尧村集体部分征地约 9533.33 平方米，拆迁集体房屋 6809.65 平方米。南罐第二生活区危旧房改造项目开工建设。配合辖区拆违行动 36 次，共清理违法用地 70.32 万平方米，拆除违法建设 108.54

万平方米；街道自行组织清理拆除违法建设16起，清理违法用地13097.8平方米，拆除违法建设29993.83平方米。完成消减存量"两违"治理任务34.92万平方米。

【社会事业】 2018年，上尧街道社会事业全面发展。

文明创建活动 以"学雷锋·行善立德·志愿服务满绿城""邻里守望"志愿服务月为主线，组织开展清洁家园、关爱空巢老人等志愿服务活动46次，1300多人次参加。开展道德模范"评学"活动，发表和转发"365好人"微博240篇，上报"身边好人"线索240条，推荐"身边好人"12名，开展"道德讲堂"活动110多场次。做好社会主义核心价值观、全国文明城市创建、改革开放40周年和自治区成立60周年氛围营造。开展市容市貌综合整治。

科教文卫体事业 科技：开展科普活动24次，举办节能减排、疾病预防科普培训讲座3次，出科普板报10板，发放科普资料约6300余份。

教育：驻辖区大学3所，教师1114人，在校学生19114人；中专6所，教师978人，在校学生10405人；普通中学1所，教师178人，在校学生2777人；小学7所，其中公办小学4所，教师275人，在校学生4735人；私立小学3所，教师145人，在校学生3544人。私立幼儿园共32家，教师531人，在园幼儿5836人。

文化体育：有文化室25个，图书室25个，藏书6.1万册。有体育场馆15个。艺术表演团体8个，举办文艺演出8场次，参加观看人数1.15万人。

卫生健康：组织统一创卫行动58次，对辖区范围内蟑螂、蚊子统一消杀，对下水道、垃圾池进行彻底消杀，共投放老鼠屋985个，发放老鼠药140余包，其他四害消杀药24盒。新增、补划非机动车位41处，新增车位5500个；开展城中村整治，清理小广告4.15万张，清运251车，清理杂物垃圾870吨；开展农贸市场联合执法89次，教育跨门槛经营1311起，占道经营567起；开展环境、黑臭水体整治，出动人员1950人次，钩机71台班，清理垃圾、淤泥611车，约2420吨；开展饮用水水源地保护工作，劝阻钓鱼行为1687起，暂扣鱼竿267根，劝阻游泳行为37起。有医疗卫生机构1个，卫生服务中心2个，卫生技术人员175人，有床位数105张，年内诊治病人约1.35万人次。全年无重大传染病暴发流行。年内区间出生人口为548人，一孩出生183人，二孩出生340人，多孩出生25人（其中政策内14人）；人口自然增长率5.1‰，控制在上级下达8‰的指标之内。计划内生育536人，计划生育率97.81%，二孩政策生育率100%，政策外多孩率2.73%；男婴287人，女婴261人，男女性别比为110∶100；发放《独生子女父母光荣证》38本，生育登记360本（一孩登记133本，二孩子登记227本），再生育证5本。

民政事业 年内受理低收入家庭申请经济房36户、申请公租房395户。审批低保申请17户共26人，发放低保金11300万元。办理老人优待证326张，为116名80—89岁老人申请办理高龄津贴，发放高龄津贴约5.22万元；为30名90岁以上老人申请办理高龄寿星津贴，发放寿星津贴约1.1万元。春节对低保、孤老、军烈属、重点优抚对象等群体进行慰问，送上慰问金和慰问品共计1.2万余元。开展"中秋送月饼"活动，慰问受助对象30户，发放月饼30盒、大米30袋。做好困难家庭的医疗救助工作，救助1人，发放救助金约0.46万元。开展"慈善助老、助苗、助孤""情暖夕阳"活动，救助3人，发放救助金约0.15万元。推进社会养老服务体系建设和慈善事业。社区居家养老服务中心以生活照料服务为主，设有综合服务部、日间照料室、心理咨询室、棋牌室、图书阅览室等，为社区内60岁以上老人提供日托、法律维权、文化教育、体育健身、精神慰藉等服务。在慈善日发动辖区单位和居民为南宁慈善总会募捐，募得约0.64万元。申报社区惠民资金81.6万元，落实惠民项目12项。

劳动与社会保障　新型城乡居民养老保险参保率110.97%，城乡居民医疗保险参保人数1.16万人，新增参保人数754人。发放退休人员养老保险待遇资格证192张。城镇居民新增就业实名制人数1040人，帮助下岗失业人员再就业人数达213人，帮助大龄就业困难人员实现就业人数达70人。城镇登记失业率控制在3%内。调解决欠薪案件9起，涉及20人，追回工资8.73万元。慰问贫困残疾人，发放慰问金3.02万元。发放重阳节慰问品3880份，开展重阳节座谈会2场，重阳节游园会1场。

残疾人工作　年内共有11名残疾人享受低保。慰问贫困残疾人98人次，发放慰问金3.02万元。为1名听力残疾人配送助听器。为3名残疾人申请住房无障碍建设。为13名残疾人申请个体工商户和灵活就业残疾人基本养老保险补贴。为14名残疾车主申请机动轮椅车燃油补贴。发放轮椅、坐便椅、沐浴椅等康复辅具19件。16人申请并获"阳光家园"托养服务计划的居家托养补助。组织11名残疾人参加南宁市残疾人文化中心举行的残疾人文艺汇演活动。

食药品监管　深入开展食品药品监督检查，整顿和规范"三城联创""四品一械"秩序，对市场综合整治检查60余次，下达责令改正通知书365份，给予警告76家。全年立案14起，结案14起，执行罚没款金额38453.2元，给予警告处罚163家；处理投诉91起。开展食品安全快速检测工作，检测样品2832批次，合格2777批次，不合格55批次。发放食品销售经营许可证286家、餐饮服务食品经营许可证111家、小餐饮登记证347家、小作坊登记证21家；发放食品摊贩备案证27家。开展食品药品安全知识"六进"活动24次、保健食品安全知识"五进"活动2次，现场接受食品安全咨询1600多人次，培训食品安全知识1300多人次，发放宣传资料2100多份，张贴宣传标语等30多条（张）。

安全生产　开展消防安全"十个一"整改工作，检查房屋2176栋，排查安全隐患30余处，发整改通知书30多份。与辖区单位签订消防安全责任书80余份，向小区居民、租户发放消防安全知识小册子3万余份。安装简易喷淋、点式报警器房屋有843栋，安装率96.7%。上尧村、陈西村、陈东村微型消防站投入使用；开展消防安全知识培训和消防演练8次，3000余人次参加。全年对辖区单位小区、餐饮场所开展燃气安全检查30次，出动检查人员280人次，共入户检查3000多户、检查餐饮单位100多家，发现燃气使用安全隐患30处，并全部整改到位。开展"安全生产月"活动，制作宣传板报24版，宣传横幅36条，发放宣传资料、手册 3 万份。

社会治安综合治理 按照西乡塘区扫黑除恶专项斗争有关会议精神要求,上尧街道党工委、办事处安排部署、层层发动、严密组织摸排、整合力量打击,召开扫黑除恶工作部署会、推进会、座谈会及培训会等扫黑除恶专题会议 14 次,成立扫黑除恶专项斗争领导小组,将街道划分为 7 个片区,每个片区安排挂点街道班子领导与机关工作人员包点;开展扫黑除恶专项宣传摆台活动 94 次,下发放宣传材料 1.1 万份、宣传折页 4200 余份,悬挂标语横幅 334 条,粘贴墙体海报 229 幅、固定墙体永久性标语 25 处,设置 LED 电子显示屏 18 处,各社区(村)网格员入户宣传 9300 户。开展吸毒人员服务管控等专项整治工作,对辖区登记在册的 113 名吸毒人员进行核查并全部录入综治系统,对可管控的 61 名吸毒人员开展日常服务管控。推进实施网格化管理,将 107 个天网监控探头分布安装下辖陈东村、上尧村、鲁班社区辖区及相思湖社区院落并接入网格化社会治安视频监控中心,同时建立街道、社区、网格三级信息化服务管理体系,形成分级管理、梯次互动的整体。

【**街道商会成立**】 2017 年 12 月 22 日,上尧街道商会成立,位于南宁市西乡塘区新阳路 314 号延昌商业街 3 楼。2018 年 6 月 15 日,上尧街道商会举行揭牌仪式,区工商业联合会副主席农祺光、上尧街道党工委书记陆华贤、副书记徐金华、上尧街道商会首任会长曾智深及梁少龙等 8 名副会长共同揭牌。此届商会会员单位 50 家,主要分布在西乡塘区辖区内的商业、餐饮业、建筑业、住宿业、娱乐业、房地产业等领域。

(梁 丽)

石埠街道

【**石埠街道概况**】 石埠街道,西乡塘区辖街道。位于区境中部,距区政府 15 千米。东临相思湖,西靠江西镇,南接南昆铁路金鸡段,北至金沙湖风景旅游区。面积 148 平方千米。唐称石溪口,宋称石步镇,明称石埠圩。清光绪三年(1877 年)始设石步乡。民国时期(1912—1949 年 12 月 4 日)为邕宁县石埠乡。1959 年 1 月属群英人民公社,9 月划为老口人民公社,后划入市郊区。1961 年 9 月为西乡塘人民公社。1962 年 12 月改为石埠人民公社并分设上尧人民公社。1984 年 9 月复称石埠乡。1998 年 3 月改镇。2001 年 12 月划入永新区。2005 年 3 月属西乡塘区。2005 年 7 月改街道。因老街圩附近有历史悠久的石砌码头得名。辖罗文、石埠 2 个社区和石埠、忠良、和安、永安、西明、石西、乐洲、老口、上灵、下灵、罗文 11 村,79 个自然坡。街道办事处驻石埠街。2018 年末,有户籍常住人口 5.43 万人、1.45 万户,汉、壮等民族聚居,少数民族人口约占 22%。丘陵、河谷为主地貌,是南宁市主要蔬菜基地,特产黑白榄。辖区内的美丽南方为国家级田园综合体示范项目、首批自治区级休闲农业(核心)示范区,忠良村为全国文明村。环城高速公路纵贯南北,324 国道、大学西路、石埠路过境,地铁一号线石埠站始发于此。境内邕江河段近 20 千米。获第三次全国农业普查工作成绩突出集体、市级无邪教乡镇（街道）先进单位。

【经 济】 2018年，石埠街道全社会固定资产投资保持稳定增长；农林牧渔业总产值（可比价）比上年增长4.89%；规模以上工业总产值比上年增长42.81%，规模以下工业总产值比上年增长7.4%；社会消费品零售总额比上年增长9.2%；招商引资完成2.78亿元；农村居民人均可支配收入13099元，比上年增长9%。

第一产业 粮食作物种植面积917万平方米，总产量0.53万吨；蔬菜种植2550万平方米，产量5.07万吨；经济作物种植面积157万平方米，其中油料种植150万平方米，产量378吨，甘蔗种植面积7万平方米，产量265吨；水产品产量2200吨，肉类产量6000吨，禽蛋产量2000吨，猪存栏4.4万头，肉猪出栏2.8万头，肉牛存栏1440头，禽存栏209万羽，肉禽出栏230万羽。屠宰检疫动物产品猪20万头，产地检疫肉猪9000头，鸭10万羽，分销肉牛1.1万头。发放农业保护补贴121.93万元。新增农民专业合作社1家，合作社总数达22家。建立1家市级合作示范社，带动农户达800户以上。完成农村集体资产清产核资工作。开展农村土地承包经营权确权登记颁证工作，完成忠良村、永安村、和安村、老口村、石西村、上灵村、下灵村、乐洲村等8个村、115个队、5364户，涉及土地面积1893.13万平方米。对辖区119棵名木古树开展重新普查，完成GPS定位、登记、挂牌工作，复壮古树1株；植树造林35.73万平方米，抚育幼林216.53万平方米。

第二产业 年内新增业广西匠之鼎古建筑有限公司、南宁市博欢农业发展有限公司、广西宝叶农业科技有限公司、广西品之康农业科技有限公司、广西尚湾农业投资有限公司、广西灵湾农业科技有限公司等14家工业企业。工业企业总数118家，从业人员4028人，其中规模以上工业企业6家，员工483人，规模以下工业企业114家，员工3545人。主要为水泥制品、塑料制品、木制品、农业、食品、化工等产业。

第三产业 辖区现有农家乐45个，民宿12家，登记在册的休闲马人力自行车经营户65人共1000余辆，停车场12个，建成优质蔬菜基地、老木棉匠园、葡萄种植及葡萄酒生产、青瓦房民俗风情古村落体验等生态旅游、休闲农业、创意农业项目48个。完成土地流转857.87万平方米，新引进"乐之洲"民俗民居、微自然罗非鱼养殖、美丽南方风情园等项目。引进社会投资额50亿元以上，实际到位6亿元以上，主要有南嘉湾体育旅游城项目，计划投资3亿元以上，打造约66.67万平方米体育旅游基地；甲壳农场项目，计划投资1亿元以上，打造约66.67万平方米澳洲坚果基地；广西圣鹏汇投资集团有限公司的蔬菜配送及订单农业项目，计划投资1.5亿元，用地约200万平方米。

"美丽南方"特色文化旅游 2018年，共接待全国各地参观考察团共73个5740人次。深挖美丽南方的传统农耕文化、稻作文化、知青文化、马市历史文化、码头文化和水文化等资源，结合现代农业发展带来的新文化，完善土改文化和革命教育基地、知青院落、环保教育基地、美丽南方博物馆；大力推动水系建设，形成"一塘一景、一园一特色"的水文化格局。举办西乡塘区首届农民丰收节"百家宴"活动及美丽南方嘉年华、蔬菜新品种展示会等大型活动。引进和建设万年红、红木棉、宝樶园等以桑蚕种养殖为主的休闲文化园区和邮谷水稻种植专业合作社，成功举办桑蚕文化节暨桑蚕产业发展论坛活动。

【城乡建设】 2018年，石埠街道城乡建设全面推进。

民生项目建设 实施自治区级"一事一议"财政奖补项目29个，投入资金358.05万元，其中财政奖补资金300万元、群众自筹资金58.05万元，"美丽南宁"市级"一事一议"财政奖补项目8个，财政奖补资金184.56万元。完成农村改厨改厕2416户，其中改厨1152户，改厕1264户。开展可视范围内房屋外立面风貌改造，建设完成石埠堤沿线宽度为4.5米农村步道；加快005县道改扩建工程进度，建设650米的沿路铺面，完成主干道沿线风貌改造任务和环境改造美化的提档升级。

乡村建设 深入开展宜居乡村建设，推进"三民"专项活动。"产业富民"方面：推进农村产业"五化"建设，促进农村产业转型升级和提质增效。11个村全部制定村级经济发展计划，组建农民专业合作社22家、家庭农场2家，采用"公司+基地+农户"的经营模式，建有3个农村电子商务服务点。"服务惠民"方面：以做好就业、社保、教育、卫生、文体、法律六项服务为重点，建成11个行政村村级综合服务中心，完成制度上墙，所有行政村均达有场地、有灯光、有音响、有器材、有队伍、有活动的"六有"标准；11个行政村按要求建有村卫生室，配有乡村医生；忠良村、石埠村、老口村、石西村、罗文社区、石埠社区组建文艺队伍，经常性开展文体演出；广播综合覆盖率100%、电视综合覆盖率100%；11个行政村全部建立村级人民调解委员会，全部建成公共法律服务实体平台，法律顾问全覆盖，其中7个村获评"市级民主法治示范村（社区）"。"基础便民"方面：完成改厨改厕2200户。完成市级"三民"各项示范村屯创建任务，荣获南宁市"美丽南宁·宜居乡村"活动综合示范乡镇、"基础便民"示范乡镇等称号。推进国家级田园综合体项目，建设约2866.67万平方米旱涝保收、高产稳产、节水高效的高标准农田区。

【社会事业】 2018年，石埠街道社会事业全面发展。

文明创建活动 持续开展宣传和践行社会主义核心价值观活动，完善"我们的价值观"宣传阵地建设，年内增设社会主义核心价值观、"讲文明、树新风"系列宣传阵地94处，制作宣传板报374幅、墙体喷绘约839平方米，推进社会主义核心价值观内涵要义深入人心。开展文明村（镇）、星级文明户、身边好人等创建活动，培育、管理好自治区级和南宁市级文明单位，年内获评区级"十星级文明户"19户；全年开展理论宣讲及培训37场次，13期基层党员轮训。推荐身边好人12人、身边好人线索260条。组织开展向助人为乐、见义勇为、诚实守信、敬业奉献、孝老爱亲等先进典型学习活动36场次，宣传和弘扬社会正能量。组织辖区各中小学、文明单位开展"我们的节日"主题活动21次，

2018年9月12日，美丽南方嘉年华活动　　（杨少丽　摄）

开展社会文化环境大整治活动3次，参与志愿者近1000人。组建一支由离退休干部、返乡青年、美丽南方景区城管人员共25人组成的五彩忠良志愿服务队，开展志愿服务活动11次。成立"新时代讲习所"14个，共给村民上课（培训）60期，2000多人次参加。

科教文卫体事业　**科技**：设立各村（社区）、中小学新增科普宣传文化长廊6处；在村（社区）建立农家书屋，农家书屋图书馆图书总量达6.43万册。13个村（社区）配备科普专干，新增科技情报信息员3名。组织辖区各单位集中开展冬春种春播、清洁田园技术培训班6期，培训人数3200人次。组织开展"科技、文化、卫生"三下乡、"十月科普大行动"等科普活动18场次，发放科普资料6300份，设置展示宣传板报19处，印发技术资料1.1万份，接待技术咨询5000余人次，在中小学开展青少年科技节活动11场。

教育：有幼儿园30所，其中，中心幼儿园1所，各小学附属幼儿园6所，民办幼儿园23所，在园幼儿1872人，幼儿老师252人；中学1所（石埠中学）在编教职工71人，在校生998人，毕业率100%，贫困生40人，贫困寄宿生350人，每人每学期补助625元。小学8所、小学教学点4个，小学在职在编教职工166人，在校小学生3036人，入学率100%，辍学率0；小学阶段资助困难学生2人次，发放资助资金500元。

文体：组建石埠志缘平话山歌艺术团、罗文社区夕阳文艺队、御景湾文艺队、石埠社区文艺队、石埠村群众文艺队、忠良村、永安村文艺队等；组织到各村坡开展内容丰富的文艺演出23次，观众达1.5万人次。推广优秀电影进基层活动，播放电影142场次，观众达1.2万人次；开展传统文化进村进学校、进村坡及"乡村（社区）文艺大展演"文艺竞演、迎新春闹元宵、"三月三"嘉年华庆典等活动。在重大节日期

2018年2月8日，石埠街道"不忘初心　永远跟党走"文艺汇演
（杨少丽　摄）

· 457 ·

间举行优育比赛活动20多场次。组织开展"不忘初心　永远跟党走"文艺汇演。

卫生健康：围绕"三禁止三规范"（"三禁止"即禁止垃圾和秸秆乱焚烧、禁止建筑垃圾乱倾倒、禁止生活污水乱排放；"三规范"即规范在建工地管理、规范砂石堆放场所管理、规范农贸市场管理）整治标准开展环境卫生整治行动，清运垃圾0.87万吨，无害化处理生活垃圾0.75万吨。开展环境卫生大整治行动。在"整洁畅通有序大行动"中，共出动车辆411辆次、人员2078人次，清理各类垃圾渣土249处4355立方米。出动589人次、大小车辆115台，开展违章夜市和露天烧烤点整治、车辆乱停乱放、店外占道作业、损坏公共设施、乱贴乱涂等专项整治473次，查处教育流动摊贩104人次，取缔占道经营117余起，规划免费非机动车停车泊位249平方米；加强"三车"（人力车、摩托车和非法营运残疾人机动轮椅车）综合治理，教育违章人员217人次。开展健康教育知识讲座5场次，宣讲活动6场次，病媒生物防制知识培训1次，健康教育宣传活动4次，依托社区卫生服务机构组织健康义诊、咨询等活动11场次；制作健康知识板报36幅、创卫和控烟宣传横幅56条，发放张贴创卫海报800余张、健康宣传资料3000余份、灭"四害"小知识折页4000余份。推进病媒生物防制工作，组织环境卫生大整治行动，清理四害滋生地400余处，开展除"四害"活动4次，发放鼠药2000千克、灭蚊蝇蟑套餐10箱、灭蚊8箱、药毒鼠屋200个，完成4万平方米的"四害"消杀工作；推进艾滋病防治攻坚工程，新增艾滋病人员2名，共45名。组织开展入户6563户，发放宣传资料1.53万份；组织大型宣传活动2次、小型活动3次、防治艾滋健康讲座16次，参加宣传人员1.2万人次，发放宣传品共8500多份。

民政事业　辖区共有农村低保户106户，保障人口186人，共发放低保金约182万元。镇低保5户8人，共发放低保金3.6万元。发放救灾粮36户2850千克。特困供养人员7人，共发放特困供养金4.2万元。重点优抚对象176人，其中伤残军人2人、老复退军人3人、参战退役人员39人、参战退役民兵19人、60岁老兵77人、现役军人38人。及时足额发放各种定补和抚恤金，为优抚对象解决"三难"（指生活困难、就医困难、住房困难）问题。农村医疗救助15人，发放医疗救助金106890元；城镇医疗救助2人，发放医疗救助金17296万元。现有100岁老人1名，发放高龄津贴4800元；90—99岁老人84名，全年发放高龄津贴15.1万元；80—89岁老人589名，共发放高龄津贴56.5万元。

劳动与社会保障　全街道城乡居民养老保险参保总人数1.1万人，征缴养老保险费134.3万元，代扣率93.07%，缴费率93.17%，参保率90.65%。待遇领取3941人，累计发放待遇557.52万元。年内完成企业退休人员"人脸建模"和认证1592人，认证率99%。上门慰问孤寡老人13次，探望生病老人6次；累计办理退费和丧葬补助37人，为辖区1625名退休人员发放重阳节礼品。年内新增城镇就业200人，其中，城镇下岗失业人员再就业103人，大龄就业困难人员就业43人。农村劳动力转移新增就业650人。开展技能培训，完成培训120人。申请创业贷款获批23笔200万元，

乡镇·街道

为企业推荐员工55人。全年受理投诉举报和农民工维权案件19起，结涉及人员241人，涉及金额352万元，成功追回164万元。监督检查55家用人单位农民工工资支付情况，清理整顿人力资源市场秩序专项行动，清理检查6家劳务公司，监控建设工程项目劳动用工11个。全年招聘信息上墙30期，提供招聘岗位142个，招聘人数325人。组织春风行动招聘会，安排企业30家进场招聘，招聘人员700人。

残疾人工作 残疾人总数729人。组织17人参加盲人按摩、电子商务、手工艺技术等职业技能培训。29人申请并获批精神病残疾药物。完成阳光家园居家托养服务27人。开展残疾人"两贴"（即重度残疾人护理补贴和困难残疾人生活补贴）工作，协助申请办理重度残疾人护理补贴143人，困难残疾人护理补贴52人。利用春节、助残日等重大节日开展慰问活动，慰问贫困残疾人67名，发放慰问金1.59万元。

食药品监管 成立街道—食药所—村（社区）三级食品安全监管网格，加强日常巡查，重点督促无证经营户办理证件，规范食品加工经营行为。年内共开展食品安全风险隐患排查专项整治67次，参与重大餐饮服务食品安全保障工作31次。开展食品安全知识"六进"宣传服务活动，组织开展宣传活动22次，发放宣传资料1206份，给经营户办理健康证637人次、培训证446人次，普及投诉举报知识625人次。开展食品药品投诉举报现场核查处置工作，受理食品投诉51起，办结率100%。突击检查校园和农贸市场周边餐饮经营户1267家、生产企业32家次、小作坊52家次。

安全生产 落实安全生产主体责任和监管责任，召开大型安全生产专题会议3次，开展安全生产方面的专业培训3次，与11个行政村、2个社区签订26份责任状（燃气安全、安全生产），签订率100%；与辖区内91家企业签订91份安全生产责任状，签订率100%。开展安全生产隐患大检查，检查涉及企业135家，发现一般安全隐患问题278个、重大安全隐患2个，全面落实整改措施。开展落实企业安全生产主体责任专项行动，共处罚3家企业，下发责令整改通知书3份。开展燃气供应点专项检查10余次，出动人员55人次，下发整改通知书5份。对居民点燃气安全进行入户排查。开展校车安全专项整治行动，对辖区7家中小学校和5家幼儿园开展联合执法行动，对农用机载客、电车超载接送小孩的违法违规行为进行查处和劝阻教育。

（杨少丽）

心圩街道

【**心圩街道概况**】 心圩街道，西乡塘区辖街道。位于区境西北部，距区政府驻地10千米。东连安吉街道，西邻石埠街道，南连西乡塘街道，北与高峰林场平铺、长客分场交界。面积29.55平方千米。辖高新工业园、创新、心圩江东、梧桐苑、相贤、红豆6个社区和心圩、和德、明华、振兴、罗赖、大岭、四联、新村8个行政村，39个自然坡。街道办事处驻和德村，因其圩场位于周边各村中心得名。清光绪三十四年（1908年）始设心圩乡。1955年8月称心圩区。1958年8月与安吉、沙井、那洪乡合为城庄公社。1959年9月称心圩公社。

1984年11月改乡。1996年改镇。2001年12月划入城北区。2003年6月由南宁高新技术产业开发区托管。2005年3月属西乡塘区，6月撤销镇建制，改设心圩街道办事处。2018年末，总人口约12.5万人，汉、壮等民族聚居。有耕地面积约61.53万平方米，林地面积约972.11万平方米。有龙门水都等旅游景点。辖区有秀厢大道、科园大道、可利大道等主干道，快速环道过境。

【经　济】　2018年，心圩街道全社会固定资产投资保持稳定增长；城镇居民年人均可支配收入3.36万元；农村居民人均可支配收入1.38万元。蔬菜播种面积290万平方米，产量4970吨。木材采伐申请面积1.9万平方米，蓄积量182.2立方米，出材量150.3立方米；肉类总产量135吨，水产品总产量280吨。辖区企业13358家，其中工业企业1335家、服务业企业12023家。

【城乡建设】　2018年，心圩街道推进道路硬化、排水沟整治、路灯安装等乡村基础项目建设。街道本级完成51个20万元以上乡村基础设施整治项目的标段施工；各村完成90个20万元以下乡村基础设施整治项目。共完成排污管道铺设3813.36米、道路硬化11459.9平方米。

【社会事业】　2018年，心圩街道社会事业全面发展。

文明创建活动　开展"我们的节日"主题活动。以重大节假日为节点，广泛开展文艺晚会、游园、经典诵读等活动50场次，引导认知传统、尊重传统、弘扬传统，增进爱党、爱国、爱社会主义情感。开展学雷锋志愿服务活动，组织各村（社区）开展免费理发、健康义诊、家电维修、法制宣传、计生咨询、卫生清理、入户慰问、文艺汇演等便民志愿服务活动132场次，1万多人次获得便利服务帮助。做好先进典型的选树。指导和组织各村（社区）挖掘身边的道德模范，推荐在社会公德、职业道德、家庭美德、个人品德建设中实际突出，具有良好综合道德素质的个人参评南宁市道德模范。推荐身边好人9个、最美志愿者4个、最佳志愿服务组织3个、最美志愿社区3个、最佳志愿服务项目2个。开展交通文明引导志愿服务活动，组织64名志愿者全天在主干道路口引导机动车礼让斑马线，纠正行人、非机动车违反交通法规行为。

科教文卫体事业　科技：水产畜牧兽医站发明的家禽自动下料袋获得国家知识

2018年10月17日，心圩江东社区在盛天熙园会所开展"我们的节日·重阳节——弘扬敬老家风，情聚九九重阳"主题活动，图为高新工业园社区卫生服务中心医护人员讲解老年人秋季健康知识　　　　　　　　（心圩江东社区供图）

产权局授予的专利权。开展基地蔬菜上市前农药残留抽样检测和安全使用农药宣传活动；全年共抽样检测蔬菜样品1024个，检测合格率99%；发放宣传资料1500多份。

教育：辖区内有2所中学，在职教师156人，在校学生2147人；小学8所，在职教师518人，在校学生9863人；幼儿园公办2所，民办15所，在职教师283人，在园幼儿3672人。

文化体育：辖区内组建有14支业余文艺队，组织参加各类演出活动243场次，下拨业余文艺队活动经费28万元。配合开展南宁市2018年文化惠民送戏下基层活动，到村（居）演出8场次。以宣传板报展示、悬挂宣传横额、文艺汇演、知识问答等形式，开展2018年"扫黄打非"进基层宣传活动，制作宣传板报15个，印制宣传横额15条，发放"扫黄打非"知识宣传资料830份，举办1场"庆祝自治区成立60周年暨扫黄打非"文艺汇演。

卫生健康：有医疗机构34家，其中村卫生室7家，社区卫生服务中心1家，卫生院1家。年内共诊治约6.8万人（含门诊5.3万人、疫苗1.5万人）。2018年区间上报出生婴儿1606人，其中政策内出生1567人，符合政策生育率97.57%。死亡164人，人口自然增长率11.6‰。组织开展妇女健康体检工作，年内妇女体检人数2399人。开展学校用水安全及卫生巡查20次，建立基本档案数10家。开展饮用水卫生安全巡查23次，建立基本档案数17家。开展非法行医和非法采供血信息巡查51次，建立基本档案37家。开展公共场所卫生巡查44次，建立基本信息档案40家。开展消毒产品卫生巡查4次，建立基本档案数4家。协助有关专业机构开展培训2期，指导协助出版卫生宣传板报1期。组织开展无偿献血活动2次，334人成功献血95450毫升。开展无偿献血宣传活动15次，发放宣传横幅15条、板报15版、海报30张、宣传折页3000多份。举办健康教育知识讲座3场。发放创卫宣传横幅35条、板报60版、海报900张、宣传折页4500册。开展预防手足口病、健康66条、预防流感、预防禽流感、预防艾滋病、无偿献血等宣传活动。推进诚信计生工作，2018年区间全年共签订诚信计生协议书1.63万人，其中村级签订1.03万人，社区共签订5991人，诚信计生参与率94%。兑现诚信计生签订人员844人，每人每年50元奖励金。做好农村计划生育家庭奖励扶助审核和申报工作，审核和申报国家特扶9人、南宁市特扶12人，符合国家部分奖扶政策20人，符合自治区对计划生育家庭父母年满55—59周岁21人，符合自治区奖扶6户，符合南宁市奖扶政策11户，审核独生子女父母退休增资48人。

民政事业　年内发放农村低保33人次2.6万元、城镇低保64人次25.84万元。临时救助发放补贴4人次1.26万元，城乡医疗救助发放补贴11人次7.89万元，向2018年登记在册的8户9名特困人员发放救助金9.63万元。发放退伍军人生活补贴33.08万元，伤残军人、因公牺牲及病故军人遗属、烈士子女抚恤金85.17万元，义务兵优待金64.56万元，追加发放1人国家认定五类艰困地区增发优待金0.85万元，发放2人2017年新入伍大学生一次性鼓励金共1.6万元。2018年登记在册80—89周岁老人457人，90—99周岁高龄老人53人，100周岁以上高龄老人2人，发放高龄补助

51.07万元。慰问街道各类优抚对象87人，发放慰问金2.61万元，街道"敬老月"慰问90—99周岁高龄老人25人，发放慰问金0.25万元，下拨3.5万元给各村、社区组织开展"敬老月"活动，2018年社区惠民资金120万元，审批实施项目72项。

劳动与社会保障 2018年城乡居民医疗保险参保人数2.47万人，参保率96%以上。采集核对参保人员信息共2.16万人。城镇居民新增参保人数1363人。举办城乡居民基本医疗保险政策培训，培训8个行政村127个村民小组长，发放宣传手册1万多册，张贴固定宣传板报83幅、横幅64条。为城乡退休居民资格认证440人，办理死亡注销手续43人，转移被征地农民养老保险注销17人。为辖区企业退休人员进行资格认证3603人，接收新增企业退休人员及档案材料426人；发放南宁市享受基本养老保险待遇资格证380人；办理离退休人员死亡一次性待遇申请95人；为城镇居民办理就业失业登记证80本，帮助大龄就业困难人员介绍岗位20多人，帮助就业困难人员灵活就业享受社保补贴22人，录入新增农村劳动力资源调查286人，各村（社区）审核创业担保贷款10人。抓好劳动监察，督促登记在册企业参加社保年检、信息登记，年检率100%；开展农民工工资支付情况专项检查，检查企业用工情况128家，检查建筑工地是否规范25家。发放水库移民后期扶持资金102.56万元，确保库区移民惠民政策落实到位。做好保障房受理初审工作，接待申请人咨询、指导填写申请表格810人（次）；完成公租房受理、初审463户；完成经适房受理、初审28户。

残疾人工作 春节期间慰问低保、困难、残疾车主、残疾人专职委员共86人，发放慰问金4.3万元，"助残日"对走访慰问困难残疾人、残疾人专职委员（协管员）共94人，发放慰问金2.82万元，中秋节慰问残疾人91人，发放慰问金2.73万元。向37名符合托养"阳光家园计划"项目的残疾人发放补助5.55万元。发放精神病患者常规服药补助45人次2.7万元，发放贫困残疾人中高等教育资助金1人次1500元。发放重度和困难残疾人护理补贴757人次11.59万元，发放贫困残疾人个体户和灵活就业人员基本养老保险补贴7人次0.84万元，发放残疾人专职委员补贴15人次2万元。发放残疾人机动轮椅车发放燃油补贴24人次0.62万元。

食药品监管 出动执法人员120人次，检查食品生产加工小作坊80家，下达监督意见书31份，责令改正通知书12份。开展餐饮服务单位日常监管工作，出动人员1230人次，检查餐饮服务单位380家次，下发责令整改通知书180份、监督意见书380份，发放宣传资料1100份。出动人员610人次，检查食品流通经营单位280家次，下发责令整改通知书30份、监督意见书170份。出动人员50人次，检查幼儿园食堂20家次，下发责令改正通知书7份、监督意见书20份。开展食品安全领域抽检快检工作，抽检样品208份，合格率94%。处理餐饮、食流等环节投诉70起。

安全生产 街道年初与8个村、6个社区签订安全生产责任书，各村、社区与所辖215家企业签订安全生产责任书。结合第17个全国"安全生产月"宣传活动，突出开展"生命至上、安全发展"活动主题,举办组织街道安全生产培训班,各村"两委"成员、各社区分管领导和安全员、各村生产经营单位负责人等125人次参加培训。街道指导、各村(社区)组织开展消防演练43场次,悬挂宣传条幅166条,展示安全生产展板30块。在节假日和重大活动期间开展安全生产大检查及烟花爆竹、渡运、电动车消防安全等专项排查整治工作。全年共组织检查单位、企业687家,出动检查1713人次;下发整改通知书283份,现场排除安全隐患245处,排查和消除安全隐患和管理死角。

社会治安综合治理 2018年,心圩街道党工委、办事处安排部署、层层发动,严密组织摸排、整合力量打击,召开扫黑除恶工作部署会、推进会、座谈会及培训会等扫黑除恶专题会议2次,成立扫黑除恶专项斗争领导小组,将街道划分为14个片区,每个片区安排挂点街道班子领导与机关工作人员包点,分解责任并形成合力;开展扫黑除恶专项宣传摆台活动16次,发放宣传材料1.5万份,悬挂标语横幅235条,粘贴墙体海报132幅,设置LED电子显示屏14处。开展吸毒人员服务管控等专项整治工作,对辖区登记在册的131名吸毒人员进行核查并全部录入综治系统,对可管控的96名吸毒人员开展日常服务管控。推进网格化管理,将470个天网监控探头分布安装在宽窄巷子景区及社区院落并接入网格化社会治安视频监控中心,建立街道、社区、网格三级信息化服务管理体系,形成分级管理、梯次互动的整体。

(黄 德)

安宁街道

【安宁街道概况】 西乡塘区辖街道。位于区境东北部,距区政府驻地5千米。东起邕武路,与兴宁区兴东街道鸡村为界,西接北湖路与安吉街道相连,北攘武鸣区双桥镇,南与北湖街道东四里路为界,面积79.5平方千米。街道办事处驻园艺路106号。原为南宁市郊区安吉镇一部分。2001年12月安吉镇划入兴宁区。2003年4月安吉镇析置,设安宁街道。2005年3月划入西乡塘区,辖皂角村、北湖村、连畴村、西津村、永宁村、路西村和林科院社区。2009年恒安社区成立,安宁街道管辖范围增为6个村2个社区,2011年4月1日由南宁高新技术产业开发区代管。因设街道时取安吉镇与永宁村各一字得名。辖区有建材、物流、饲料、混凝土等各种类型工商企业2259家,中小学校13所(其中2所为九年制义务教育学校)和社区卫生服务中心2所。2018年,辖区总人口6.41万人,其中常住人口2.81万人,流动人口3.60万人,汉、壮、苗、瑶、仫佬等民族聚居。耕地面积313万平方米,林地面积625万平方米。建有路西村生态旅游示范村,是辖区园林花木生产基地。有峙村河、老虎岭、罗伞岭水库,水南高速公路、快速环道、邕武公路、南武城市大道过境。有轨道2、3号线项目过境。

【经 济】 2018年,安宁街道全社会固定资产保持稳定增长;农业总产值3738万元，比上年下降31%；规模以上工业总产值15.8382亿元，比上年下降68%；城镇居民人均可支配收入2.5万元，比上年增长8.6%；农村居民人均可支配收入1.36万元，比上年增长4.6%。

第一产业　蔬菜播种面积581万平方米，产量10080吨；草皮播种面积56万平方米，产量52万平方米；花卉苗木种植面积190万平方米，产量280万株（盆）。

第二产业　有企业581家，年内新增102家。个体经营户402户，其中年内新增87户。主要产品有建材、物流、饲料、混凝土等。

第三产业　有企业2554家，其中批发和零售业1401家，服务业1153家。个体工商户5262户，年内新增1059户。

2018年3月24日，安宁街道在永宁村开展环境卫生整治工作
（安宁街道供图）

【城乡建设】　2018年，安宁街道完成连畴路项目征地约12506.67平方米；配合完成贵南高铁项目、连福路北面收储地块、快环综合整治等26个项目征地约30.07万平方米。大力推进连畴路项目、高改快二期工程项目涉及西津一队的拆迁工作。开展"两违"及卫片巡查整治，拆除整改违法占耕地图斑12个，清理面积3.08万平方米。落实新增"两违"零报告制度，发现制止疑似新生"两违"245处。依法拆除"两违"建筑108处，清理违法占地约18.85万平方米，拆除违法建筑约14.45万平方米。完成2018年度乡村基础设施整治项目99个。

【社会事业】　2018年，安宁街道各项社会事业全面推进。

文明创建活动　2018年，安宁街道开展社会主义核心价值观主题宣传，制作和悬挂户外喷绘宣传标语12幅、海报228版，在路西村老直队村道入口处设置24块社会主义核心价值观的宣传牌；累计开展讲习活动43场，开展"不忘初心　牢记使命"主题教育4场。开展志愿服务活动。共开展环境卫生整治志愿服务活动6次，便民利民志愿服务2次，植树活动1次，关爱帮困慰问志愿服务活动6次，慰问278人。社区文明宣传活动4次，发放有关宣传资料2680份，在小区草坪、绿化带设置有爱护花草标语牌45个，张贴公益广告115张。走访慰问困难群体。开展元旦、春节、"三八"妇女节慰问活动，慰问困难职工、困难青少年、特（贫）困妇女、残疾人等特殊群体，共慰问157人次，发放慰问金5.27万元、慰问品73份；深入开展文化、科级、卫生"三下乡"活动。开展卫生计生宣传34场，累计发放知识手册6.4万份,受益群众近1.7万人次;开展文艺汇演5场;组织各村干部群众观看"五个礼让"动漫宣传公益广告6场次。深入实施"文明交通行动计划",开展文明交通引导志愿服务活动,倡导"我礼让我自豪"理念,组织文明交通引导员在北湖秀厢路口和北湖农贸市场公交车站开展文明交通引导活动,社区组织志愿者在辖区主要交通路口、公车站等开展文明交通劝导活动。动员干部职工和群众1451人次开展整治,清理暴露性垃圾、建筑垃圾等541处、房前屋后杂物乱堆放344处;规范建筑物料堆放145处;整治车辆乱停放133处,小广告120条,乱涂乱画小广告19处,广告、横幅破损20处,乱摆卖85处,跨门槛经营43处,超范围经营9处,占道摆放30处,线缆掉落32处,乱搭盖5处,乱挂晒7处,污水横流9处。督促店铺、企业做好"门前三包"工作,张贴"门前三包"责任牌。开展"十项集中整治行动",整治杂物83处、清理小广告319条、清理垃圾134处。

2018年2月8日,安宁街道在北湖村文化广场开展"把健康带回家"流动人口卫生计生关怀关爱暨"健康幸福过大年"主题宣传活动文艺汇演　　　　　　　　(安宁街道供图)

卫生健康　2018年,安宁街道总人口数为6.41万人(其中户籍人口数2.81万人,流动人口数3.6万人),已婚育龄妇女数1.27万人(其中户籍已婚育龄妇女数4787人,流动人口已婚育龄妇女数7911人)。人口出生604人,其中一孩出生207人、二孩出生349人、多孩出生48人;出生符合政策生育率95%,政策外多孩率4.43%;出生人口性别比值106.8∶100。全面完成卫生健康惠民服务工作:兑现国家部分农村奖扶32人,特别扶助8人;自治区55—59岁奖扶74人,自治区一次性奖励扶助6户,南宁市奖扶27户,累计发放奖扶金22.64万元。兑现224人农村独生子女、纯二女户家庭新农保补助1.22万元。对参加新型农村合作医疗(城乡居民基本医疗保险)的农村独生子女户、双女结扎户和计划生育特殊家庭574户1351人按每年每人180元的标准进行补助。给予1861名诚信计生小组成员按每人50元的发放诚信计生奖金,累计兑现诚信计生奖励金9.31万元;农村计划生育家庭小额贴息贷款率100%,计生家庭372户1092人购买爱心保险,参保率100%,计生奖励扶助政策兑现率100%。免费孕前优生检查88对。辖区有医疗卫生机构10个、床位数256个,有卫生技术人员598人。完成常住人口家庭医生签约1.52万人,常住人口签约率63%;国家基本公卫65岁以上老年人健康体检2503人,完成率78%。生育关怀康检及"两癌"筛查2392名。无偿献血346人共10.08万毫升。推进防艾工作和创卫工作。完成永宁村林坡、西津村1队、恒安社区保利爱琴海的健康村（居）创建工作，通过南宁市考核验收。

民政事业 2018年，安宁街道有城市低保对象15户19人，全年发放城市最低生活补助金7.83万元；农村低保对象8户10人，发放农村最低生活补助金3.45万元。审批困难学生减免学费申请24人次。农村特困人员2户5人，发放特困人员生活补助金4.17万元。城市特困人员2户2人，发放特困人员生活补助金1.98万元。参战退役人员、重点优抚对象16人，发放生活补助金共14.13万元；60周岁以上农村籍退役士兵39名，发放生活补助金共7.02万元；"八一"慰问优抚军人61人，发放慰问金1.83万元；发放入伍大学生一次性鼓励金40.93万元。发放高龄补助金48.3万元；慈善助老2人，发放慰问金2000元。免费为60周岁以上老人办理老年优待证300本。

劳动与社会保障 2018年，城乡居民养老保险累计新增参保37人；待遇发放累计1.18万人次，发放待遇金额148.56万元。参保缴费代扣代缴成功2092人，缴费金额31.84万元。办理死亡注销和丧葬补助手续41人，发放丧葬补助金额3.28万元。离退休人员人脸识别生存认证1695人，办理退休手续169人，办理死亡丧葬补助手续39人，丧葬补助金额共计123.23万元。城镇居民基本医疗参保306人，农村居民基本医疗累计参保1.54万人，办理医疗报销514人。办理就业失业登记30人。

残疾人工作 2018年，辖区持二代残疾人证残疾人总人数为334人，其中肢体残疾177人、智力残疾27人、视力残疾47人、听力残疾43人、言语残疾3人、多重残疾9人、精神残疾28人；一、二级残疾人77人，新办残疾人证（二代证）12人。在春节、助残日、中秋佳节共慰问贫困残疾人77人，慰问金总额2.79万元。做好精神病患者免费服药补助和住院救助，精神病患者免费服药补助23人，补助金额1.38万元。10名残疾人符合托养服务条件，其中肢体残疾人1人、智力残疾人2人、精神残疾7人、资助金额每人1500元，共计1.5万元。

食药品监管 2018年，检查农贸市52家次，食品流通单位384家次，餐饮服务单位478家次，学校幼儿园食堂114家次，食品生产加工小作坊及食品生产企业96家次，药品、医疗器械及化妆品经营单位25家次。

安全生产 2018年，安宁街道发放"安全生产法""职业病防治法"等各类知识宣传资料、读本、宣教品6220份，制作水上安全警示牌15块，"安全宣传月"主题展板共计5块，发放生产、消防安全宣传横（条）幅23幅。检查辖区各类生产经营单位、场所493家，检查出动检查人员496人次，检查出一般性安全隐患1223处，发出整改通知书1223份，要求当场整改8处，限期整改1215处。复查435家，复查已完成整改946处；检查复查便利店、小卖铺等15家，8家烟花爆竹个体经营（零售）临时摊点。

社会治安综合治理 按照区扫黑除恶专项斗争有关会议精神要求，安宁街道党工委、办事处安排部署、层层发动、严密组织摸排、整合力量打击，召开扫黑除恶工作部署会、推进会、座谈会及培训会等扫黑除恶专题会议16余次，成立扫黑除恶专项斗争领导小组,将街道划分为8个片区,每个片区安排挂点街道班子领导与机关工作人员包点;开展扫黑除恶专项宣传摆台活动10余次,下发放宣传材料2万份、宣传折页2.83万份,悬挂标语横幅480条,粘贴墙体海报1008幅,固定墙体永久性标语150处,设置LED电子显示屏16处,各社区(村)网格员入户宣传1万户。开展吸毒人员服务管控等专项整治工作,对辖区登记在册的69名吸毒人员进行核查并全部录入综治系统,对可管控的14名吸毒人员开展日常服务管控。推进实施网格化管理,将700个天网监控探头分布安装在宽窄巷子景区及社区院落并接入网格化社会治安视频监控中心,建立街道、社区、网格三级信息化服务管理体系,形成分级管理、梯次互动的整体。

(岑沁芳)

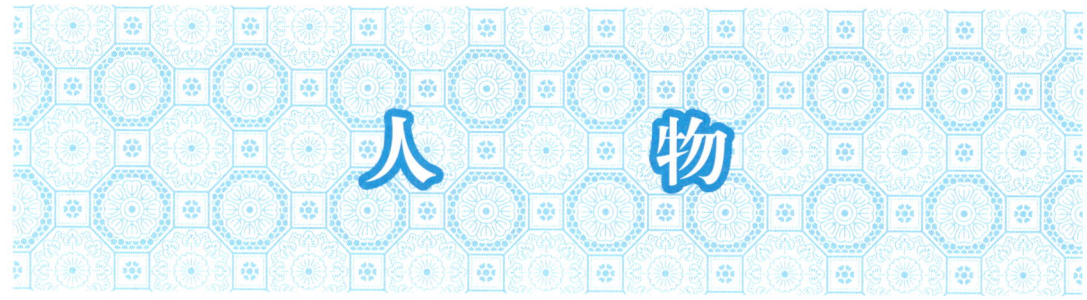

人 物

获部级机关授予个人荣誉名录

全国农机监理岗位示范标兵

（2018年1月 农业部、国家安全监管总局授予）

徐正军 西乡塘区农业农村局副局长

全国检察宣传工作先进个人

（2018年3月 检察日报社）

郭 颖 女，南宁市西乡塘区人民检察院诉讼监督部员额检察官、新媒体负责人

2018年4月荣登中国好人榜

（2018年4月 中央精神文明建设指导委员会办公室授予）

叶燕凤 女，西乡塘区新阳街道中兴社区居民

2016—2017年度全国无偿献血促进奖个人奖

（2018年10月 国家卫生健康委员会、中国红十字会总会、中央军委后勤保障部卫生局授予）

梁红英 女，壮族，西乡塘区人民政府副区长

2018年度全国优秀少先队辅导员

（2018年12月 中国共产主义青年团中央委员会、教育部、中国少年先锋队全国工作委员会授予）

李江北 西乡塘区教育局教育团工委书记

获自治区级机关授予个人荣誉名录

教育改造类岗位能手

（2018年1月 广西壮族自治区司法厅授予）

吴力萍 女，壮族，西乡塘区华强司法所所长

人　物

广西壮族自治区"三大纠纷"调处工作先进个人

（2018年2月　广西壮族自治区调解处理土地山林水利纠纷工作领导小组授予）

　　梁启公　壮族

先进通讯员

（2018年3月　广西日报授予）

　　蒋得兴　西乡塘区司法局科员

全区检察机关第十九期司法警察业务骨干

（2018年3月　广西壮族自治区人民检察院授予）

　　廖　震　南宁市西乡塘区人民检察院司法警察大队副大队长
　　韦松涛　壮族，南宁市西乡塘区人民检察院司法警察大队

全区优秀人民警察

（2018年4月　广西壮族自治区公安厅授予）

　　罗建东

2016—2017年度全区"美丽广西"乡村建设（扶贫）优秀工作队员

（2018年4月　中共广西壮族自治区委组织部授予）

　　梁艳秋　女，双定镇人民政府妇联主席

全区检察机关第二十期司法警察业务骨干

（2018年5月　广西壮族自治区人民检察院授予）

　　廖　震　南宁市西乡塘区人民检察院司法警察大队副大队长
　　韦松涛　壮族，南宁市西乡塘区人民检察院司法警察大队

广西优秀少先队辅导员

（2018年6月　中国共产主义青年团广西壮族自治区委员会、广西壮族自治区教育厅、中国少年先锋队广西壮族自治区工作委员会授予）

　　李江北　西乡塘区教育局教育团工委书记

广西检察机关第二届刑事申诉检察理论与实务研究征文活动三等奖

（2018年9月　广西壮族自治区人民检察院控告申诉处、法律政策研究室授予）

　　黄　聪　南宁市西乡塘区人民检察院控告申诉检察科科员

全区法院审判管理工作先进个人

（2018年9月　广西壮族自治区高级人民法院授予）

　　兰　岚　女，壮族，审判管理办公室副主任

全区红十字会系统记二等功个人

（2018年11月　广西壮族自治区红十字会、广西壮族自治区人社厅授予）

　　何卓姿　女，西乡塘区红十字会常务副会长

广西壮族自治区民族团结进步模范个人

（2018年11月　广西壮族自治区党委、广西壮族自治区人民政府授予）

　　孙红梅　女，南宁市师范学校附属小学校长

全区优秀人民调解员

（2018年11月 广西壮族自治区司法厅授予）

欧德明　西乡塘区北湖街道人民调解委员会主任

姚　伟　西乡塘区坛洛镇人民调解委员会主任

2016—2017年度全区党委信息工作先进个人

（2018年11月 广西壮族自治区党委办公厅授予）

曾思海　西乡塘区委办公室工作人员

全区人力资源和社会保障系统记二等功个人

（2018年12月 广西壮族自治区人社厅授予）

王金全　女，壮族，西乡塘区劳动保障管理中心主任

广西第三次全国农业普查工作自治区级工作成绩突出个人

（2019年1月 广西壮族自治区第三次全国农业普查领导小组办公室、广西壮族自治区统计局授予）

梁韶才　壮族，西乡塘区财政局副局长

2018年度全区统战信息工作优秀信息员

（2019年1月 中共广西壮族自治区委员会统战部授予）

曾广源　西乡塘区委统战部副部长，工商业联合会党组书记

广西十佳公安新闻媒体采编能手

（2019年1月 广西壮族自治区公安厅授予）

吴　舜

广西第三次全国农业普查工作突出个人

（2019年1月 广西壮族自治区第三次全国农业普查领导小组办公室授予）

沈民选　壮族，双定镇人民政府镇长
梁艳秋　女，双定镇人民政府妇联主席
郭俏玲　女，壮族，双定镇人民政府统计站工作人员
林庄运　壮族，双定镇秀山村村民

2018年度"美丽广西"乡村建设模范保洁员

［2019年1月 广西壮族自治区乡村振兴（"美丽广西"乡村建设）领导小组办公室授予］

黄义俊　壮族，双定镇武陵村三定坡保洁员
梁负舅　女，壮族，双定镇和强村那淡坡保洁员

广西日报2018年优秀通讯员

（2019年3月 广西日报授予）

蒋得兴　西乡塘乡村办宣传组组长

2018年度自治区优秀科技特派员

（2019年3月 广西壮族自治区党委组织部、广西壮族自治区科技局授予）

马珍莲　女，壮族，坛洛镇农业技术推广站副站长

2018年广西优秀共青团员

（2019年4月　共青团广西壮族自治区委员会授予）

谭　琳　　女，壮族，共青团西乡塘区委员会

2018年度全区组织系统信息工作先进个人

（2019年5月　自治区党委组织部授予）

黎　涛　　壮族，西乡塘区新阳街道办事处社区党建工作组织员
黄存臣　　壮族，西乡塘区城市管理综合行政执法队科员

获市级机关授予个人荣誉名录

全市法院系统先进个人

（2018年2月　南宁市中级人民法院授予）

刘春花　　女，民事审判第一庭庭长
黄子祥　　壮族，行政审判庭副庭长
唐运明　　速裁组审判员
李东阳　　壮族，立案庭法官助理

全市法院"百日清案"专项活动先进个人

（2018年2月　南宁市中级人民法院授予）

唐运明　　速裁组审判员
潘艳华　　女，壮族，速裁组审判员
滕　彬　　壮族，高新法庭审判员
杨建臣　　双定人民法庭副庭长
郑忠林　　执行局（庭）副局（庭）长
罗忠布　　壮族，执行局审判员
刘荣冬　　执行局（庭）副局（庭）长
窦红兵　　坛洛人民法庭副庭长
罗　媛　　女，壮族，高新人民法庭副庭长
陈　实　　行政审判庭副庭长

全市法院系统办案能手

（2018年2月　南宁市中级人民法院授予）

唐运明　　速裁组审判员
罗忠布　　壮族，执行局审判员
窦红兵　　坛洛人民法庭副庭长
陈　实　　行政审判庭副庭长
潘艳华　　女，壮族，速裁组审判员
郑忠林　　执行局（庭）副局（庭）长

2017年度整治违法用地违法建设工作表现突出个人

（2018年5月　南宁市整治违法用地违法建设协调领导小组授予）

徐家彬　　西乡塘区规划监察大队副大队长

全市法院优秀共产党员

（2018年6月　中共南宁市中级人民法院党组授予）

刘荣冬　　执行局（庭）副局（庭）长

2016—2017 年度南宁市社会治安综合治理（平安建设）先进个人

（2018 年 12 月　中共南宁市委、南宁市人民政府授予）

罗建东　壮族，南宁市公安局交通警察支队一大队大队长

2018 年度个人三等功

（2019 年 1 月　南宁市公安局授予）

周兴来　南宁市公安局交通警察支队一大队副教导员

邓俊旻　南宁市公安局交通警察支队一大队中队长

2018 年南宁市优秀社工

（2019 年 1 月　共青团南宁市委员会授予）

赵晓晓　女，壮族，共青团西乡塘区委员会

韦婉艳　女，壮族，共青团西乡塘区委员会

2018 年南宁市"绿城科普大行动"活动表现突出个人

（2019 年 3 月　南宁绿城科普大行动组委会办公室授予）

肖建辉　西乡塘区科学技术协会副主席

卢　妍　女，仫佬族，南宁市西乡塘区科学技术局办公室主任

2018 年南宁市青少年爱科学实践活动优秀组织工作者

（2019 年 3 月　南宁市科学技术协会、南宁市教育局、共青团南宁市委员会、南宁市体育局、南宁市文化新闻出版广电局授予）

苏丽芬　女，西乡塘区科学技术协会工作人员

首府南宁 2015—2017 年创建全国文明城市工作表现突出单位（集体）个人和个人立功嘉奖个人三等功

（2019 年 5 月　中共南宁市委、南宁市人民政府授予）

班　宁　女，西乡塘区文明办副主任

2018 年南宁市优秀共青团员

（2019 年 5 月　共青团南宁市委员会授予）

尹媛丽　女，壮族，共青团西乡塘区委员会

2018 年度南宁市优秀共青团干部

（2019 年 5 月　共青团南宁市委员会授予）

刘文誉　女，西乡塘区衡阳街道办事处街道团工委书记

南宁日报 2018 年优秀二等奖

（2019 年 6 月　南宁日报授予）

蒋得兴　西乡塘乡村办宣传组组长

新闻人物

潘玉勤

潘玉勤近照　　（区人民法院供图）

2018年3月,广西南宁市西乡塘区人民法院法官潘玉勤受理一起关于房屋产权、遗产继承的案件。案件中,当事人朱奶奶已是70多岁高龄,家住深圳市,在老伴病故近5年后,与在南宁生活的继子张某因为数年前所购房屋的产权问题、老伴遗产继承问题发生纠纷,一直协商未果,双方矛盾不断加深。潘玉勤受理案件后,考虑到双方关系的特殊性,且当事人年岁已高,决定开展庭前调解。她通过电话沟通、面对面交流、心理疏导等多种调解方式对双方当事人细心释法、耐心劝导,最终双方互相退让,达成调解协议。

"我无论如何都要来见您一面,亲自向您表达谢意!"2018年5月2日坐了一夜火车特地从深圳赶到南宁的朱奶奶,一大早就将一面印有"悉心调解化矛盾,司法为民显真情"的锦旗送到潘玉勤手中。朱奶奶说道:"潘法官,在您的协调帮助下,我了结了晚年生活中的一件大事,现在终于可以安心了,真的很感谢您在这段时间里所做的工作。"

谭兆春

谭兆春,1976年生,西乡塘区司法局双定司法所所长兼双定镇人民调解委员会主任。作为新时期司法行政工作者,他勇于干事创业,不仅是化解矛盾纠纷的能手,而且是社区服刑人员人生路上的"引路人"。

谭兆春深入基层,扎根一线,立足岗位14年,勇当维护社会稳定的"第一道防线"。自2017年1月,担任双定司法所所长,谭兆春参与调处各类矛盾纠纷105件,调解率100%,调处成功率98%以上,解双方矛盾,护一方平安,勇当维护社会稳定的"第一道防线"。他的先进事迹被人民日报、广西日报、南宁日报等媒体报道。

谭兆春(左二)在田间地头调解

（双定镇司法所供图）

马珍莲

马珍莲,1973年生,西乡塘区坛洛镇农业技术推广站副站长。20多年来,马珍莲作为一名基层农业技术工作者,把美好的青春年华无私地奉献给了家乡热土,通过引进项目、技术培训、指导成立合作社等方式,大力推进科技下乡,促使农业产

马珍莲(右一)在农业基地指导柑橘技术

(坛洛镇供图)

业转型升级,带领父老乡亲依靠科技实现脱贫致富梦想。她的科技帮扶事迹被人民网、南宁日报、南宁晚报等媒体报道。

谭翼广

谭翼广,1976年出生,西乡塘区坛洛镇三景村第一书记。自担任坛洛镇三景村第一书记以来,他脚踏实地,以基层党建为基础,把文化高、本领强、思想正的致富能人吸纳入党。通过讲习所,向党员群众传达各项政策方针,鼓励贫困群众苦干、实干、巧干。

他发挥典型示范作用,打造、壮大村集体经济,心系百姓,走村串户,为民解忧,为三景村的发展注入强心剂。他的事迹被南宁日报、南宁晚报等媒体报道。

庞　照

庞照,1984年生,西乡塘区双定镇秀山村第一书记。自担任第一书记以来,庞照不忘初心,牢记使命,沉下身子"零距离"接触群众,撸起袖子落实"两不愁三保障",袋子产业富民脱贫奔小康,用真心、真情投入乡村建设和脱贫攻坚工作中,为群众谋福利、干实事,获得全村群众的称赞。其先进事迹被南宁日报等媒体报道。

第一书记庞照(右一)帮村民干农活

(双定镇秀山村委会供图)

卢烘学

卢烘学,西乡塘区金陵镇南岸村村民,创业路上不服输,不靠天不靠地,用自己的行动书写脱贫故事。2016年初,卢烘学试养了50对种鸽,自学养鸽技术,虚心向

谭翼广(中)与贫困户交流脱贫致富心得体会　　　　　　　　　(坛洛镇供图)

有养鸽经验的朋友请教,功夫不负有心人,6个月后,第一批乳鸽长大开始下蛋,而卢烘学的养鸽技术也日渐成熟。至2017年底,养殖的肉鸽达到600对,孵化率80%,年产幼鸽3000对,年收入达9万元,当年就脱贫了。

脱贫后,卢烘学并不满足于现状,经过几年的苦心经营,现在他已建成鸽棚300平方米,养殖种鸽1500多对、幼鸽1000多对,保守估计2018年年收入可达30万至40万元。

2019年6月2日,卢烘学(左)和第一书记孙家兵(右)探讨养鸽项目的发展前景

(金陵镇人民政府供图)

梁集启

梁集启,1964年生,南宁市西乡塘区金陵镇南岸村人。2002年8月开始任党总支书记,村里群众找他办事,他总是满口答应:"得、得、得。"所以人称"得大叔"。

南岸村有4个自然坡,村民4557人,贫困人口342人。近年来,为带领村民脱贫、改善村庄条件,壮大村集体经济,"得大叔"走出了一条特色脱贫路。

梁集启针对致贫原因,因人施策、精准施策,帮助他们摆脱贫困。卢烘学家有7口人,父亲常年卧病在床,他渴望养殖肉鸽创业致富,梁集启就想方设法帮扶他养殖了几千羽肉鸽。如今,卢烘学家庭人均年收入达5600多元,成为特色养殖脱贫"明星户"。

梁集启致力于改善村里的基础条件,硬化了18千米道路,村里的瓜果"土货"销售更顺畅,成为经济发展"致富路",村里新楼房渐渐地多了起来。梁集启利用"一事一议"筹集资金,建设4个高标准灯光球场和文化活动室,定期组织开展篮球、乒乓球等文体活动,组织村民开展各项文体活动。

过去,村里想发展产业,村民不支持、不同意,因为没钱,怕亏本。如今,南岸村入股龙头企业,投入大兴产业园、南宁三角梅合作社等多个扶贫合作项目,一个个扶贫产业如雨后春笋般不断涌现、茁壮成长。

十多年来,梁集启爱岗敬业、廉洁奉公、心系群众,他抓党建、抓产业、抓服务,满腔热情服务群众,带领村民脱贫攻坚,一件件工作落实得力,一个个问题处理及时,他的事迹被广西日报、南宁日报报道。

梁集启(中)与三角梅种植户交流致富经验

(韦鑫杰 摄)

韦柳静

韦柳静，1984年生，南宁市西乡塘区金陵镇陆平村人，是金陵镇返乡创业妇女的一个典型。2012年前，她在南宁市一家企业工作，拮据的经济条件和繁重的生活压力让她陷入迷茫。经过慎重考虑，2012年她决定跟爱人一起回乡创业。

创业初期，韦柳静既缺资金又缺技术，找不准创业方向，跟风养猪养鹅项目都接连失败。生性要强的她没有被挫折击倒，而是决心凭双手闯出一片新天地。韦柳静了解到刚德村养殖黄沙鳖效益不错，操作简便，在家就能养殖，还可以同时种植农产品。凭着一股干劲和韧劲，她向刚德村黄沙鳖养殖大户购买鳖苗，学习建鳖池方法和养鳖技术，发展家庭养殖。

2013年，韦柳静发现小丁香荔枝、桂味荔枝和冰糖黄皮果产量高、品质好。为培育出产量高、品质好的优质果苗，韦柳静学习果苗嫁接技术，多次尝试后，终于嫁接成功。她在自家土地上种植了约5333平方米荔枝、4000平方米黄皮果，第二年就挂满枝头，果实饱满，甜度高，深受收购商的青睐。

南宁市海吉星水果批发市场与韦柳静达成协议，每年荔枝、黄皮果成熟后直接到她的果园采购。随着种养规模的扩大，韦柳静的创业之路越走越宽，越走越顺，成了远近有名的"种养达人"，她的事迹被南宁日报报道。

邓明中

邓明中，1981年生，南宁市西乡塘区双定镇武陵村村民。2004年回乡创业养鸽，在武陵村成功建起了他的"鸽子王国"。

2016年以邓明中为负责人的南宁市顶哈化肉鸽养殖农民专业合作社成立，邓明中在脱贫致富的道路上不忘生活在贫困线上的村民们，在他的合作社里做工的大部分都是贫困户。截至2018年，邓明中共带动了23户贫困户脱贫。

邓明中的养鸽事迹被广西日报、南宁

韦柳静（左二）向种植户讲解种植技术
（黄丽红 摄）

2018年9月23日，邓明中在顶哈肉鸽养殖示范区鸽棚内检查鸽子的健康状况 （双定镇供图）

日报等媒体多次报道。在他的带动下，武陵村的肉鸽产业规模日渐扩大，通过养鸽或在合作社务工而脱贫致富的村民越来越多，他所在的顶哈肉鸽养殖基地也被评为南宁市2018年市级现代特色农业示范区。

叶燕凤

叶燕凤，1953年生，南宁市明秀西路宏锦苑小区居民，1993年从南宁市卫生纸厂退休，由于女儿出嫁，老伴过世，就一个人独居，平时喜欢在小区里捡些瓶瓶罐罐补贴家用。

2017年11月4日下午5时多，她像平常一样在小区楼下回收废旧时，意外拾到20万现金。叶燕凤第一次见到这么多的现金，可是她首先想到的是，丢失钱的人肯定很着急。于是，她毫不犹豫地打电话报警，将20万元如数交到新阳派出所。次日，她把此事告知小区物业管理人员，物业人员协助叶燕凤挨家挨户上门讯问，三天后，一个刚从外地出差回来的张姓租户来到物业办公室，说钱是他丢的。后经新阳派出所的警察查实张生为失主身份，警方按程序办理将此笔现金交还失主。

叶燕凤拾金不昧的事迹先后被南宁电视台、广西新闻在线等媒体争相报道。2018年4月，上榜中央精神文明建设指导委员会办公室主办的中国好人榜——诚实守信好人。

百岁老人

健在百岁老人简介

2018年，西乡塘区有百岁老人47人，其中男性5人，女性42人。

（按出生年月日先后排序）

唐毓铃 女，1907年11月28日生，广西梧州市藤县人，新阳路社区居民。目前健在，有1个儿子、2个孙子女。住在南宁市西乡塘区新阳路221号26栋5单元52号。生活健康状况：一日4餐，每餐适量，主食为米、面；每天睡眠10小时，行动较方便，手脚麻利；靠儿子赡养。

黄四姐 女，1910年4月27日生，广西南宁市人，退休职工。有5个子女（二女儿于2017年6月去世）、3个孙子女、4个外孙、2个曾孙。住在南宁市西乡塘区明秀东路179号14栋506号房（现住重阳老年公寓养老院）。生活健康状况：一日3餐，每餐适量，主食为米饭；每天睡眠9小时，行动不便，有糖尿病症；有退休金。

黄干英 女，1912年8月3日生，广西南宁市人，村民。有1个女儿、3个孙子。住在南宁市西乡塘区坛洛镇砾湖村兰马坡。

叶燕凤生活照　　　（新阳街道办供图）

生活健康状况：一日3餐，主食为米饭、粥、青菜、肉类；每天睡眠10个小时，行动较为方便，无重大疾病；靠女儿赡养。

陆桂兰 女，1912年9月14日生，广西南宁市隆安县人，居民。有1个儿子、4个孙子女、4个曾孙子。户籍是南宁西乡塘区明秀东路238号106栋1单元201号房，现居住在广西隆安县南圩镇伶俐村。生活健康状况：一日3—4餐，每餐适量，主食为玉米粥；每天睡眠时间6小时左右，行动迟缓，腿脚不太便利，无重大疾病；靠子女赡养。

黄丽娟 女，1914年2月5日生，广西宜州人，居民。有3个女儿、5个外孙。户口在南宁市西乡塘区大学东路188号8坡7栋611号房。生活健康状况：一日3餐，每餐适量，主食为米饭；每天睡眠10小时，每天主要活动是屋内走动，有白内障、高血压；有退休金，现住新阳路北三里二十号7栋1单元703号。

黄　瑾 1914年12月17日生，广西南宁市人，有2个儿子、3个女儿、2个孙子女、3个外孙、1个曾孙。现住在南宁市玉洞山庄别墅。生活健康状况：一日3餐，主食为米饭、粥、青菜、肉类；每天睡眠10小时，身体健康、行动方便，无重大疾病；有退休金。户籍是西乡塘社区。

曾秀珍 女，1915年1月1日生，广西南宁市人，有2个儿子、1女儿、3个孙子女、4个外孙、1个曾孙。现住在南宁五一路新三元小区C座1栋3-306号。生活健康状况：一日3餐，每餐适量，主食为米饭、粥；每天睡眠10小时，腿痛，行动不方便；有退休金。户籍是华强大同社区。

麦晚女 女，1915年1月12日生，广西南宁市人，居民。有2个儿子、5个女儿（其中一儿一女长期居住在香港）、3个孙子、1个孙女、4个外甥女、1个曾孙。户口所在地为南宁市西乡塘区水街2号邕江一品2单元2006房。现在人民西路82号2单元802房随小女赵新焕居住。生活健康状况：一日3餐，每餐适量，主食为米饭、粥；每天睡眠10小时，行动不方便，不能自理。主要疾病：糖尿病、高血压。无退休金，平时靠儿女赡养。

李秀英 女，1915年2月18日生。广东信宜人，居民。有四个女儿、9个外孙、11个曾孙。户口所在地为：南宁市明秀东路232号4栋3单元401号房，现在广州市番禺区新造镇谷围新村商业街6栋3梯401随二女儿罗绍娟居住。生活健康状况：一日4—5餐，每餐主食为米饭和粥；每天睡眠10小时；行动方便，可以自理；主要疾病为白内障和糖尿病。没有退休金，平时靠女儿赡养。

李七嫂 女，1915年6月21日出生，广西南宁市人，有1个儿子、2个孙子孙女，住在南宁市西乡塘区明秀东路179号东3栋1单元602号房。生活健康状况：一日3餐，每餐中等量，主食为米饭，每天睡眠时间6—8小时，腿脚不方便，有腰椎间盘突出，平时爱好打麻将。

方兆娟 女，1916年8月22日生，广西南宁市人，有2个女儿，2个儿子、户籍在南宁市西乡塘区唐山路41栋2-303房，（现住在南宁市金象大道72号广西重阳老年公寓），生活健康状况，一日3—4餐，每餐适量，主食为粥、米糊，每天睡眠10小时，行动不便，有退休金。

梁丽娥 女，1917年2月21生，南宁市人，家住西乡塘区上尧村十一组中团坡35号，现年101岁，有2个儿子、2个女儿、3个孙子、3个外孙，现住在真情养老院，生活可自理。

李亚七 女，1917年3月8日生，户籍地址为南宁市西乡塘区坛洛镇下楞村下楞航运社18号；有4个儿子、2个女儿、6个孙、3个曾孙、5个外甥；居住地址为南宁市安园东路9号桃花源小区；生活健康状况：一日3餐，每餐适量，主食为米饭、粥；每天睡眠10小时，行动不方便，半自理，无疾病；有退休金，平时靠儿女赡养。

黄贤芳 女，1917年4月6日生，广西南宁市西乡塘区坛洛镇人，农民。有1个儿子、4个孙子女、2个曾孙。户口所在地为南宁市西乡塘区坛洛镇武康村定志坡7号。生活健康状况：一日3餐，每餐适量，主食为米饭、粥；每天睡眠10小时，行动较方便，稍微能自理，无疾病，无退休金，平时靠儿子赡养。

周家庆 女，1917年8月5日生，广西南宁市宾阳县人。老伴病故，无儿无女（女儿在月子里夭折），妹妹周家玉见其一人孤苦伶仃、无依无靠就接来一起共同生活。户籍和现居住地是明秀东路238号88栋1单元502号房，该老人为我社区特困供养人员。生活健康状况：一日2餐（需要人喂食），主食为粥，辅食为牛奶、汤水，老人耳朵聋，身体状况不好，行动不便，基本不出门。

孙锡秋 女，1917年9月4日生，湖北武汉人。有2个儿子、2个女儿、5个外孙。户口在南宁市西乡塘区明秀西路100-3号1栋8号房。生活健康状况：一日3餐，每餐适量，主食为米饭；每天睡眠8小时左右，每天主要活动是屋内走动，有高血压；1978年退休，有退休金，现与女儿住在明秀西路100-3号1栋8号。

马骥英 1917年9月6日生，广西南宁市西乡塘区坛洛镇人，离休老师，有2个儿子、4个女儿、3个孙子、4个孙女、3个曾孙、7个外甥儿、3个外甥女。户口所在地为南宁市西乡塘区坛洛镇中北小学14号，一日3餐，每餐适量，主食为米饭、粥，每天睡眠8小时，行动较方便，能自理，无疾病，有退休金。

廖建娴 女，1917年9月8日出生，籍贯是广东南海。有一子、两外甥。其户籍在2014年底转来秀灵路东三里10号，属于社区老龄人员。生活健康状况：现跟儿子媳妇住，靠儿子赡养。其只领南宁市高龄补助，无退休金。在2017年2月跌过一跤，腿不太方便，只能拄着拐杖慢慢行走。年底时去医院做检查，发现肠胃患有个肿瘤。现今一日3餐，主要吃少量米饭、面条。每天睡眠时间不定，睡睡起起，睡眠质量不好。

梁凤英 女，1917年10月10日生，广西南宁市人。有3个儿子、6个孙子女、曾孙13个，有3个女儿、14个外孙、5个曾外孙。户口所在地：南宁市西乡塘区双定镇英龙村垒英坡。生活健康状况：一日4—5餐，每餐主食为米饭和粥；每天睡眠10小时；行动方便，可以自理；没有退休金，平时靠子女赡养。

梁婉成 女，1917年10月15日生，广西南宁市人，退休职工，无子女。户口所在地为南宁市西乡塘区五里亭三街53号，现在南宁市西乡塘区五里亭三街53号居住。生活健康状况：一日3—4餐，每餐适量，每天睡眠6—8小时；生活不能自理；主要疾病为老年痴呆症；有退休金。

黄保华 1917年12月10日生，家住西乡塘区金陵镇金城社区，家庭主要经济来源一部分依靠本人退休金维持，一部分依靠儿子黄文明照料。

朱秀英 女，1917年12月14日生，广西梧州人。有2儿4女、8个曾外孙、2个曾孙。户口所在地为南宁华强路49-1号，现在随小女儿李越红居住在邕武路3-1号环卫公寓1-925号房。生活健康状况：一日3餐，早餐以鸡蛋、麦片、水果为主，中餐米饭为主，多爱吃肉；晚餐以牛奶、水果、粥为主。每天早上9—10点起床，晚上7—8点睡觉，睡眠时间约10小时；行动方便，生活能自理；身体健康；有退休金。

廖建娴 女，1917年9月8日生，广东南海人。有一子、两外甥。其户籍和现居住地都在秀灵路东三里10号。属于社区老龄人员。生活健康状况：现跟儿子媳妇居住，靠儿子赡养。其只领南宁市高龄补助，无退休金。2017年底检查发现肠胃患有肿瘤。经治疗一次后，感觉难受，后面就不去了。腿脚不便，偶尔下楼，平时在家缝补一下衣服，打打毛线。每天六点半到七点起床，晚上八点半睡觉。早上吃一碗面条或麦片，中午和晚上吃一碗米饭，和少许青菜和肉，喝一点汤。

黄素珍 女，1918年1月24日生，广西平乐人。家庭情况：1个儿子、1个儿媳、孙子1人、孙女1人、重孙女1人、重外孙女1人、重外孙子1人。住在明秀东路179号1栋1单元701。生活健康状况：一日3餐，每餐中等量，主食为：米饭、粥、

每天睡眠时间8—9小时，腿脚不方便，平时看书、报纸。没有退休金。

李保年 男，1918年7月2日生，广西南宁市人。有2个儿子（均已故）、1女儿（已故）、2个孙女、1个外孙女（居住香港）。户籍是南宁西乡塘区友爱北路26号电影制片厂2号楼1单元1002号。生活健康状况：一日3餐，每餐适量，主食为米饭、肉类、牛奶、包子、番薯、水果等；每天睡眠时间6—7小时，行动较为方便，无重大疾病；靠儿媳妇赡养。

陈光荣 男，1918年11月5日生，广西浦北县人，户籍是北际社区居民。有4个儿子（2位已故）、3个女儿（1位已故）孙子2个、孙女3个。现居住在西乡塘区北际路3号平方1排1号。生活健康状况：一日3餐，主食为米饭；睡眠正常，行动方便，有退休金。

杨超乾 男，1918年12月28日生，广西博白县人，北际社区居民。有2个儿子、3个女儿、1个孙子、1个孙女。现住在南宁市西乡塘区北际路3号3栋302号。生活健康状况：一日5餐，每餐适量，主食为米、面；每天睡眠10小时，行动较方便，有退休金。

曾爱舅 女，1918年3月16日生，新阳路社区居民。有1个儿子、1个女儿、3个孙子女。住在南宁市西乡塘区新阳南路南三区4栋2单元101号。生活健康状况：一日5餐，每餐适量，主食为大米、面；每天睡眠11个小时，行动不便，手脚麻木；靠儿子赡养。

熊寿明 男，1919年3月16日生，衡阳街道衡阳北社区居民。有1儿子、1孙女，户口所在地和居住地为衡阳西路北一巷479

人　物

号,随儿子居住。生活健康状况:良好还能走路;一日3餐,每餐主食为米饭和粥;每天睡眠8小时。行动方便,无重大疾病,靠儿子赡养。

庄惠清　女,1918年6月5日生,衡阳街道衡阳北社区居民。有2个儿子、1个女儿、6个曾孙、2个曾外孙。户口所在地为友爱南路41号6栋2单元302号房(现居园湖南路24号文本艺术学校4-2-2楼左),随二儿子居住。生活健康状况:良好,一日3餐,每餐主食为米饭和粥;每天睡眠8小时。行动方便。

陈元娥　女,1918年12月24日生,湖南湘潭人,户籍是西乡塘区南铁北一区35栋2-12号,现居住秀灵路柏林养老院。有5个子女(1位已故)。生活健康状况:一日3餐,主食为米饭或面条;睡眠正常,行动方便,无退休金,无重大疾病。靠子女赡养。

石如瑞　女,1919年1月8日生,南宁市西乡塘区金陵镇那龙社区。有5个子女、5个孙子、6个曾孙子。户籍金陵镇那龙社区小石坡,生活健康状况:一日3餐,每餐适量,主要饭粥;每日睡眠6个小时,行动迟缓,腿脚不太方便,靠子女赡养。

潘玉琼　女,1919年1月10日生,南宁市西乡塘区金陵镇南岸村。有6个子女、8个孙子、8个曾孙子。户籍为金陵镇南岸村兰梁坡,生活健康状况:一日3餐,每餐适量,主要饭粥;每日睡眠6个小时,行动迟缓,腿脚不太方便,靠子女赡养。

卢枚青　女,1919年2月3日生,南宁市西乡塘区金陵镇乐勇村。有4个儿子、7个孙子、4个曾孙子。户籍为金陵镇乐勇村邓佳坡60号,生活健康状况:一日3餐,每餐适量,主食为米饭、粥;每日睡眠6个小时,行动迟缓,腿脚不太方便,靠子女赡养。

李月英　女,1919年3月8日生,南宁市西乡塘区金陵镇乐勇村。有3个儿子、7个孙子、2个曾孙子。户籍是金陵镇乐勇村坛民坡87号,生活健康状况:一日3餐,每餐适量,主食为米饭、粥;每日睡眠6个小时,行动迟缓,腿脚不太方便,靠子女赡养。

李秀娥　女,1918年3月10日生,南宁市西乡塘区金陵镇陆平村。有4个子女、2个孙子。户籍为金陵镇陆平村陆村坡。生活健康状况:一日3餐,每餐适量,主食为米饭、粥;每日睡眠6个小时,行动迟缓,腿脚不太方便,靠子女赡养。

黄秀佳　女,1918年3月19日生,广西南宁市西乡塘区人,户籍地为西乡塘区坛洛镇。现居住在南宁市唐山路2号小区4栋3单元202房其儿子家。有1个儿子、2个孙子。生活状况:一日3餐,主食为米、面,背略驼,耳聋眼花,无重大疾病,生活能自理,靠儿孙赡养。

蒋玉英　女,1919年3月18日生,祖籍为广西桂林临桂县人,户口所在地为南宁市城北区秀灵路13号,现居住在仙湖大道57号,随儿子蒙飞才居住。有1个儿子、4女儿、1个孙子、1个孙女、1个曾孙、6个外甥孙。生活健康状况:一日3餐,每餐适量,主食以米饭为主;每天睡眠6—7小时,行动不方便,不能自理。有退休金。

邓加翠　女,1918年4月14日生,广西南宁市西乡塘区人,户籍地为西乡塘区坛洛镇硃湖村坛斧坡,现居住坛洛镇硃湖村坛斧坡其儿子家。有2个儿子、4个孙子女。生活状况：一日3餐，主食为饭、粥，生活能自理，无重大疾病，靠儿女赡养。

邓进英 女，1918年6月24日生，广西南宁市永安村人，户籍是石埠街道办，住儿子家。有2个儿子（1位已故）、4个孙子。现居住在石埠街道办事处永安村8队40号。生活健康状况：一日3餐，主食为米、面、粥；睡眠正常，没有退休金，平时靠儿子赡养。

张云英 女，1918年8月20日生，广西南宁市永安村人，户籍是石埠街道办，现居住在石埠街道办事处永安村8队15号。有5个女儿、2个儿子、13个外孙、6个孙子。生活健康状况：一日3餐，主食为米饭、粥；睡眠正常，没有退休金，行动不便卧床，无重大疾病，靠儿子赡养。

卢秀娥 女，1918年6月10日生，广西南宁市西乡塘区人，户籍为坛洛镇居民。有2个儿子、6个孙子女。住在南宁市西乡塘区坛洛镇圩中村广东坡。生活状况：一日4餐，每餐适量，主食为米、玉米，每天睡眠10个小时，行动方便，靠儿子赡养。

李秀芬 女，1919年2月6日生，广西南宁市西乡塘区人，户籍地为西乡塘区坛洛镇上正村莲塘坡，现居住坛洛镇上正村莲塘坡其儿子家。有4个儿子、4个女儿。生活状况：一日3餐，主食为米饭、粥，生活能自理，无重大疾病，现在和儿子共同生活。

唐秀金 女，1919年2月15日生，户籍地为广西南宁市西乡塘区大学东路172号5栋2单元10号。现居住在广西桂平市江口镇和合村。有1个儿子、2个孙子。生活健康状况：一日3餐，主食以米饭为主，睡眠正常，行动上方便无重疾，无大病，靠儿子赡养。

邓维敦 男，1919年2月18日生，广西南宁人，户口所地在南宁市西乡塘区龙胜街22号101号，有1个儿子、4个女儿（其中有1个女儿过世）、1个孙子、3个外甥、2个曾孙。生活状况：一日3餐，每餐适量，主食为米饭、粥；每天睡眠时间不定，行动基本自理，视力不好，有白内障，有一只眼睛已完全失明。

邓国莲 女，1919年2月25日生，广西南宁市西乡塘区人，户籍地坛洛镇坛洛村。现住坛洛村九甲坡，生有4个女儿，皆已外嫁。邓国莲目前身体健康，一日4餐，主食为米饭，睡眠基本正常，行动较方便，无重大疾病，靠女儿赡养。

郑洪开 女，1919年3月12出生，广西南宁市西乡塘区人，户籍地西乡塘区坛洛镇。现居住在坛洛镇同富村岜池坡的老房子。其本人为五保户，无儿无女。生活状况：一日3餐以大米为主，食宿正常，现已眼盲、耳背，无重大疾病，生活不能自理，由侄子卢明升照顾。

陈银菊 女，1919年6月7日生，出生地广东省。有2个儿子、3个女儿。户口所在地为南宁市西乡塘区科园大道39号，现在跟大女儿居住在邕宁中医医院生活区。一日3—4餐，每餐适量，每天睡眠6—8小时；生活不能自理；主要疾病为左眼看不见东西，右眼看东西比较模糊；没有退休金。

附 录

先进单位（集体）

全国人民调解工作先进集体

（2018年5月　司法部授予）

西乡塘区道路交通事故人民调解委员会

全国法治县（市、区）创建活动先进单位

（2019年6月　全国普及法律常识办公室授予）

西乡塘区

2018年度全国检察宣传先进单位

（2018年9月　检察日报社授予）

西乡塘区人民检察院

全区优秀人民调解委员会

（2018年11月　司法厅授予）

西乡塘区衡阳街道人民调解委员会

全区优秀人民调解委员会

（2018年11月　司法厅授予）

西乡塘区石埠街道人民调解委员会

全区发展改革工作集体二等功

（2018年2月　广西壮族自治区人社厅、广西壮族自治区发改委授予）

西乡塘区发展和改革局

全区法院家事审判工作先进集体

（2018年8月　广西高级人民法院授予）

未成年人案件审判庭

2018年关爱女性健康"两癌"保险工作优秀基层单位

（2018年9月　广西壮族自治区妇女联合会授予）

西乡塘区妇女联合会

广西壮族自治区民族团结进步模范集体

（2018年11月　广西壮族自治区党委、广西壮族自治区人民政府授予）

西乡塘区教育局

全区人力资源和社会保障系统集体二等功

（2018年12月　广西壮族自治区人社厅授予）

西乡塘区人力资源和社会保障局

2012—2018年度档案工作中做出重大贡献给予记集体二等功

（2018年12月　广西壮族自治区档案局、广西壮族自治区人社厅授予）

西乡塘区档案局（馆）

2017年度档案新闻宣传工作先进单位

（2018年1月　广西壮族自治区档案局授予）

西乡塘区档案局（馆）

2018年全区农机质量投诉监督体系全区最高分的优秀档次

（2018年12月　广西壮族自治区农业农村厅授予）

西乡塘区农业农村局

2016—2017年度全区党委信息工作先进单位

（2018年11月　广西壮族自治区党委办公厅授予）

西乡塘区委办公室

2016—2017年度全区党委督查工作先进单位

（2018年11月　广西壮族自治区党委办公厅授予）

西乡塘区委办公室

第四届广州国际城市创新奖

（2018年9月　第四届广州国际城市创新奖组委会授予）

"美丽南方"田园综合体

2016—2017年度全区党委信息工作先进单位

（2018年11月　广西壮族自治区党委办公厅授予）

西乡塘区委办公室

2016—2017年度全区党委督查室工作先进单位

（2018年11月　广西壮族自治区党委办公厅授予）

西乡塘区委办督查室

2018年度"万企帮万村"精准扶贫行动台账管理工作先进单位

（2019年1月　广西壮族自治区南宁市工商业联合会授予）

西乡塘区工商业联合会

2018年"八桂科普大行动"优秀组织单位

（2018年12月　广西壮族自治区科学技术协会授予）

西乡塘区科学技术协会

2018年度全区组织系统信息工作优秀集体二等奖

（2019年5月　广西壮族自治区党委组织部授予）

西乡塘区党委组织部

全市法院集体三等功

（2018年2月 南宁市中级人民法院授予）

执行局

全市法院先进集体

（2018年2月 南宁市中级人民法院授予）

刑事审判庭、执行局

全市法院"百日清案"专项活动先进集体

（2018年2月 南宁市中级人民法院授予）

刑事审判庭、执行局

全市法院绩效考评工作二等奖

（2018年2月 南宁市中级人民法院授予）

西乡塘区人民法院

全市法院先进基层党组织

（2018年6月 中共南宁市中级人民法院党组授予）

西乡塘法院第六党支部

南宁市"美丽南宁·宜居乡村"活动"产业富民"示范片区

（2018年9月 南宁市乡村办授予）

西乡塘区乡村办

南宁市"美丽南宁·宜居乡村"活动综合示范县区

（2018年9月 南宁市乡村办授予）

西乡塘区乡村办

南宁市乡村建设十佳范例

（2018年10月 南宁市乡村办授予）

西乡塘区乡村办

2018年南宁市共青团工作优秀奖

（2019年4月 共青团南宁市委员会授予）

共青团西乡塘区委员会

2017年南宁市五四红旗团委（总支部、支部）

（2018年5月 共青团南宁市委员会授予）

西乡塘区华强街道办事处

2016—2017年度南宁市社会治安综合治理（平安建设）工作先进集体奖

（2018年12月 中共南宁市委、南宁市人民政府授予）

西乡塘区人民政府西乡塘街道办事处

2018年南宁市"绿城科普大行动"活动表现突出单位

（2019年3月 南宁绿城科普大行动组委会办公室授予）

西乡塘区科学技术局
西乡塘区科学技术协会

2018 年度"一级防线办"

（2019 年 2 月　南宁市国家安全人民防线工作领导小组办公室授予）

西乡塘区国家安全人民防线工作领导小组办公室

2018 年度民营企业调查点工作先进单位

（2019 年 1 月　南宁市工商业联合会授予）

西乡塘区工商业联合会

2018 年度县区工商联工作考评优秀单位

（2019 年 1 月　南宁市工商业联合会授予）

西乡塘区工商业联合会

2018 年南宁市青少年爱科学实践活动先进集体

（2018 年 12 月　南宁市科学技术协会、南宁市教育局、共青团南宁市委员会、南宁市体育局、南宁市文化新闻出版广电局授予）

西乡塘区科学技术协会

南宁市第三次全国农业普查工作成绩突出单位

（2018 年 12 月　南宁市第三次全国农业普查领导小组办公室、南宁市统计局授予）

西乡塘区坛洛镇人民政府

深入学习习近平总书记关于加强和改进人民政协工作的重要思想理论征文优秀组织单位

（2018 年 12 月　南宁市政协办公厅授予）

西乡塘区政协

《老梁和他的孩子》获 2018 年全市党员教育系列专题片典型人物系列二等奖

（2018 年 11 月　南宁市委组织部授予）

西乡塘区委组织部

《土地爷扶贫记》获 2018 年全市党员教育系列专题片典型人物系列三等奖

（2018 年 11 月　南宁市委组织部授予）

西乡塘区委组织部

2018 年全市党员教育电教片摄制工作先进单位

（2018 年 11 月　南宁市委组织部授予）

西乡塘区委组织部

《全域党建视角下创新城市基层党组织设置的实践与思考》获 2018 年度全市组织系统调研成果一等奖

（2019 年 1 月　南宁市委组织部授予）

西乡塘区委组织部

《关于新形势下提升基层党组织组织力的探索与实践》《西乡塘区推进区校人才合作的实践与思考》获 2018 年度全市组织系统调研成果二等奖

（2019年1月　南宁市委组织部授予）

西乡塘区委组织部

2018 年度全市组织系统优秀组织

（2019年1月　南宁市委组织部授予）

西乡塘区委组织部

文件选编

南宁市西乡塘区专利资助奖励办法

第一章　总　则

第一条　为深入实施创新驱动发展战略和知识产权战略，鼓励发明创造，激励自主创新，促进创新成果知识产权化，提高西乡塘区专利工作质量和发明专利拥有量，根据《国家知识产权局关于进一步提升专利申请质量的若干意见》《广西壮族自治区专利条例》《广西壮族自治区专利资助和奖励办法》《南宁市人民政府办公厅关于印发南宁市发明专利双倍增计划实施方案（2016—2020 年）的通知》和《南宁市专利资助奖励办法》，结合西乡塘区实际，制定本办法。

第二条　西乡塘区专利资助奖励经费由西乡塘区财政预算安排，在西乡塘区本级科技经费中列支。

第三条　资助奖励经费的管理和使用遵循"公开透明、科学管理、注重实效、利于监督"的原则。资助奖励经费由西乡塘区财政局、科学技术局和知识产权局共同管理。

第二章　管理职责

第四条　西乡塘区财政局负责资助奖励经费预算安排，会同西乡塘区科学技术局、知识产权局对经费使用情况进行监督检查等工作。

西乡塘区科学技术局、知识产权局负责编制年度资助奖励经费的预算和决算，管理资助奖励经费，做好资助奖励申报受理、审核、公示、拨付等环节的工作。

第三章　资助奖励的对象、范围、标准和条件

第五条　资助奖励的对象包括在西乡塘行政区（不含高新区）注册或登记的企业、事业（不含中直、区直、市直的高校和科研院所）、社会团体等法人单位或法定代表人；身份证或居住证地址在西乡塘区行政辖区内（不含高新区）的中国公民。申请人或专利权人为两个或两个以上的，资助奖励对象为第一申请人或第一专利权人。专利申请及授权地在南宁市西乡塘行政区内（不含高新区）。

第六条　范围和标准

（一）资助范围和标准

1.资助国内授权发明专利未获专利费用减缴的部分申请费和实质审查费 0.05 万元/件。

2.资助通过专利合作条约（即PCT）的国际申请费用0.05万元/件。

（二）奖励范围和标准

1.奖励授权的国内发明专利0.15万元/件。

2.奖励通过PCT获授权的国外发明专利0.15万元/件，同一发明技术获得多个国家授权的最多奖励2次。

3.奖励代理发明专利并获授权的专利代理机构0.05万元/件。

4.规模以上企业首次获得国内发明专利授权奖励1万元。

5.奖励国家知识产权示范企业2万元/家，奖励国家知识产权优势企业1万元/家。

6.奖励中国专利金奖、中国外观设计金奖5万元/件；奖励中国专利优秀奖、中国外观设计优秀奖2万元/件。

第七条 资助奖励条件

（一）权属清晰、明确，无专利权属纠纷。

（二）资助奖励对象近3年内未被纳入各级政府或部门的失信惩戒名单。

（三）属于国家知识产权局《关于规范专利申请行为的若干规定》所列非正常申请专利行为获得的专利不予资助奖励。

（四）要求非受让取得。

（五）本办法的资助奖励，不管是否已经获得自治区级、南宁市级的资助奖励，都可申领。

第四章 申办期限和流程

第八条 符合本办法第六条规定的资助和奖励项目（另有规定的除外），应由符合条件的申请人或申请人委托的专利代理机构在满足条件起六个月内申报，逾期不再受理。

第九条 申办流程

（一）申报。申请人于每月最后5个工作日将申报材料报送到西乡塘区科学技术局（知识产权局）。南宁市西乡塘区科学技术局（知识产权局）负责受理申请。奖励经费一般在每年度六月份和十一月份集中审批和发放，具体时间以西乡塘区科学技术局通知为准。

（二）初审。西乡塘区科学技术局（知识产权局）负责受理申请。即办理材料形式审查，材料不足的，一次性书面告知，材料齐备的，出具受理收件回执。

报验材料

（1）《南宁市西乡塘区专利授权奖励申请表》；

（2）企业提交营业执照、税务登记复印件及单位介绍信；代办人身份证；个人提交本人南宁市西乡塘区居民身份证，如由他人代办，同时提交代办委托书及代办人身份证；

（3）国家知识产权局专利局及其代办处出具的专利申请受理通知书、开具的收费收据，分案申请、优先权申请交国家知识产权局出具的专利申请受理通知书、开具的收费收据；

（4）通过专利代理机构代理专利申请的，提供专利代理委托书；

提交专利证书

以上文件均需提交原件及复印件一份，单位申请人提交的申请文件需加盖单位公章，原件审核后退回。

（三）公示。初审通过后在西乡塘区科学技术局网站上公示5个工作日。经公示有异议且异议成立的，不予资助或奖励。

（四）拨付。经公示无异议或异议不成立的，按照财政国库集中支付的有关规定，将资助奖励经费拨付至申请人或申请人指定的专利代理机构账户。

第五章 经费管理

第十条 资助奖励经费实行总额控制，以当年预算额度为限，专款专用。经费主要用于推动西乡塘区专利工作，开展专利申请、维持和托管、委托专利服务以及资助奖励有关发明人及相关人员等。当年的资助奖励经费如有结余，由西乡塘区财政收回总预算统筹安排。任何单位和个人不得以任何理由和方式截留、挤占和挪用。

第十一条 资助奖励经费的使用单位应自觉接受财政、审计、科技、知识产权等部门的监督检查，如实提供相关数据和资料。对提供虚假数据和资料应付监督检查的，一经发现，3年内不再予以资助和奖励。

第十二条 违规处理

（一）申请资助奖励经费的单位或个人应提供真实的材料和凭证，如有弄虚作假，一经发现，悉数追回已资助奖励的经费，且3年内不予资助奖励，并纳入单位和个人诚信记录；情节严重的，依法追究其相关责任。

（二）办理资助奖励业务的工作人员在工作中存在失职渎职、滥用职权、玩忽职守、徇私舞弊等违法违纪行为的，按照《公务员法》《行政监察法》《预算法》《财政违法行为处罚处分条例》等国家有关规定和法律法规追究相应责任；涉嫌犯罪的，依法移送司法机关处理。

第六章 附 则

第十三条 本办法自2019年1月8日起实施，有效期为5年。

第十四条 本办法由西乡塘区科学技术局（知识产权局）、西乡塘区财政局负责解释。

行政审批事项一览表

西乡塘区政务服务中心事项办理清单

序号	事项名称	属于单位	审批类型	受理方式	计量单位	是否收费
1	人民防空工程易地建设许可证	人防办	行政审批	承诺件	0	否
2	科技计划项目审批	科技局	行政审批	承诺件	0	否
3	临时占用城市绿化用地审批	住建局	行政审批	承诺件	0	否
4	砍伐城市树木审批	住建局	行政审批	承诺件	0	否
5	私有房屋建筑工程开工证	住建局	行政审批	承诺件	0	否
6	建筑工程施工许可证核发	住建局	行政审批	承诺件	0	否
7	《建筑工程施工许可证》延期	住建局	行政审批	承诺件	0	否
8	《建筑工程施工许可证》变更	住建局	行政审批	承诺件	0	否

续表1

序号	事项名称	属于单位	审批类型	受理方式	计量单位	是否收费
9	建设工程竣工验收备案	住建局	行政审批	承诺件	0	否
10	南宁市建设工程质量安全监督登记	住建局	行政审批	承诺件	0	否
11	私有房屋建筑工程竣工验收备案	住建局	行政审批	承诺件	0	否
12	拆除工程备案	住建局	行政审批	承诺件	0	否
13	限价普通商品住房购买资格审核	住建局	行政审批	承诺件	0	否
14	经济适用住房购买资格审核	住建局	行政审批	承诺件	0	否
15	建设工程质量事故处理意见或方案备案	住建局	行政审批	承诺件	0	否
16	施工起重机械和整体提升脚手架、模板等自升式架设设施验收合格登记	住建局	行政审批	承诺件	0	否
17	建筑工程报建备案	住建局	行政审批	承诺件	0	否
18	建筑起重机械安装、拆卸、使用、注销	住建局	行政审批	承诺件	0	否
19	市政基础设施工程施工图设计文件审查情况备案	住建局	行政审批	承诺件	0	否
20	房屋建筑工程施工图设计文件审查情况备案	住建局	行政审批	承诺件	0	否
21	本市城市低收入家庭和个人公共租赁住房资格审核	住建局	行政审批	承诺件	0	否
22	本市城镇非低收入家庭、本市农村家庭、新就业大中专毕业生、外来务工人员公共租赁住房资格审核	住建局	行政审批	承诺件	0	否
23	建设项目（噪声或者固体废物）环境保护设施竣工验收	环保局	行政审批	承诺件	7	否
24	排污许可证变更	环保局	行政审批	承诺件	0	否
25	排污许可证延续	环保局	行政审批	承诺件	0	否
26	排污许可证补办	环保局	行政审批	承诺件	0	否
27	建设项目环境影响报告书审批	环保局	行政审批	承诺件	0	否
28	建设项目环境影响报告表审批	环保局	行政审批	承诺件	33	否
29	首次申请危险废物经营许可证	环保局	行政审批	承诺件	0	否
30	危险废物经营许可证换证	环保局	行政审批	承诺件	0	否
31	排污许可证首次申请	环保局	行政审批	承诺件	0	否
32	拆除或者闲置环境保护设施的同意	环保局	行政审批	承诺件	0	否
33	夜间建筑施工许可延续	环保局	行政审批	即办件	0	否
34	夜间建筑施工许可	环保局	行政审批	即办件	0	否
35	重点污染源自动监控设备的建设、运行和维护经费补助	环保局	行政审批	承诺件	0	否
37	环境保护表彰和奖励	环保局	行政审批	承诺件	0	否
40	环境应急预案备案	环保局	行政审批	承诺件	28	否
41	三级、四级病原微生物实验室环境保护审批备案	环保局	行政审批	承诺件	0	否
42	危险废物管理计划备案	环保局	行政审批	承诺件	0	否

续表2

序号	事项名称	属于单位	审批类型	受理方式	计量单位	是否收费
43	污染源自动监控设施、设备的维修、更换、停用、拆除批准	环保局	行政审批	承诺件	0	否
44	除剧毒化学品、易制爆化学品外其他危险化学品（不含仓储经营）经营许可（延期换证）	应急管理局	行政审批	承诺件	0	否
45	烟花爆竹经营（零售）许可证核发	应急管理局	行政审批	承诺件	0	否
46	除剧毒化学品、易制爆化学品外其他危险化学品（不含仓储经营）经营许可变更	应急管理局	行政审批	承诺件	0	否
47	除剧毒化学品、易制爆化学品外其他危险化学品（不含仓储经营）经营许可	应急管理局	行政审批	承诺件	0	否
48	省级范围危险化学品生产企业安全生产许可证核发（非中央企业及其直接控股涉及危险化学品生产企业〈总部〉）	应急管理局	行政审批	承诺件	0	否
49	烟花爆竹批发企业和零售经营布点审批	应急管理局	行政审批	承诺件	0	否
50	第二、三类非药品类易制毒化学品生产、经营备案	应急管理局	行政审批	承诺件	0	否
51	危险物品的生产、经营、储存和使用单位以及矿山企业安全评价报告备案	应急管理局	行政审批	承诺件	0	否
52	残疾人证	残联	行政审批	承诺件	0	否
53	民办非企业单位变更登记	民政局	行政审批	承诺件	0	否
54	民办非企业单位成立登记	民政局	行政审批	承诺件	0	否
55	民办非企业单位注销登记	民政局	行政审批	承诺件	0	否
56	民办非企业单位修改章程核准	民政局	行政审批	承诺件	0	否
57	社会团体注销登记	民政局	行政审批	承诺件	0	否
58	社会团体修改章程核准	民政局	行政审批	承诺件	0	否
59	社会团体成立	民政局	行政审批	承诺件	0	否
60	社会团体变更	民政局	行政审批	承诺件	0	否
61	因灾倒损居民住房恢复重建补助对象审批	民政局	行政审批	承诺件	0	否
62	伤残军人集中供养	民政局	行政审批	承诺件	0	否
63	退役士兵自谋职业一次性安置补助金给付	民政局	行政审批	承诺件	0	否
64	退役士兵待安置工作期间生活补助费给付	民政局	行政审批	承诺件	0	否
65	烈士褒扬金给付	民政局	行政审批	承诺件	0	否
66	烈士、军人等死亡一次性抚恤金给付	民政局	行政审批	承诺件	0	否
67	烈士、军人等遗属定期抚恤金给付	民政局	行政审批	承诺件	0	否
68	复员军人、带病回乡退伍军人生活困难定期定量补助给付	民政局	行政审批	承诺件	0	否
69	退出现役的残疾军人残疾抚恤金给付	民政局	行政审批	承诺件	0	否
70	退出现役的因战、因公、因病致残的因病死亡的残疾军人死亡丧葬补助费给付	民政局	行政审批	承诺件	0	否

续表 3

序号	事项名称	属于单位	审批类型	受理方式	计量单位	是否收费
71	退出现役的分散安置的一级至四级残疾军人护理费给付	民政局	行政审批	承诺件	0	否
72	特困人员供养待遇审批	民政局	行政审批	承诺件	0	否
73	临时救助待遇审批	民政局	行政审批	承诺件	0	否
74	城乡医疗救助待遇审批	民政局	行政审批	承诺件	0	否
75	城乡最低生活保障待遇审批	民政局	行政审批	承诺件	0	否
76	农村五保供养待遇审批	民政局	行政审批	承诺件	0	否
77	高龄老人津贴给付	民政局	行政审批	承诺件	0	否
78	城市生活无着流浪乞讨人员救助给付	民政局	行政审批	承诺件	0	否
79	对自行前来祭扫经济上确有困难的烈士遗属的补助给付	民政局	行政审批	承诺件	0	否
80	自主就业退役士兵一次性经济补助发放	民政局	行政审批	承诺件	0	否
81	烈士遗属、因公牺牲军人遗属、病故军人遗属、复员军人、带病回乡退伍军人等死亡丧葬补助费给付	民政局	行政审批	承诺件	0	否
82	带病回乡退伍军人定期补助发放	民政局	行政审批	承诺件	0	否
83	军队离退休干部死亡一次性抚恤金发放	民政局	行政审批	承诺件	0	否
84	现役军人义务兵家庭优待金	民政局	行政审批	承诺件	0	否
85	孤儿基本生活费给付	民政局	行政审批	承诺件	0	否
86	婚姻登记	民政局	行政审批	承诺件	0	否
87	民办非企业单位年度检查	民政局	行政审批	承诺件	0	否
88	社会团体年度检查	民政局	行政审批	承诺件	0	否
89	调拨分配城区接收的救灾捐赠款物	民政局	行政审批	承诺件	0	否
90	临时占用公共体育场（馆）设施审批	文体局	行政审批	承诺件	0	否
91	博物馆处理不够入藏标准、无保存价值的文物或者标本审批	文体局	行政审批	承诺件	0	否
92	对文物保护单位、未核定为文物保护单位的不可移动文物修缮许可	文体局	行政审批	承诺件	0	否
93	文物保护单位原址保护措施审批	文体局	行政审批	承诺件	0	否
94	营业性演出审批	文体局	行政审批	承诺件	0	否
95	对新闻出版广电总局负责的广播电台、电视台设立、终止审批的初审	文体局	行政审批	承诺件	0	否
96	广播电视视频点播业务许可证（乙种）审批（初审）	文体局	行政审批	承诺件	0	否
97	乡镇设立广播电视站和机关、部队、团体、企业事业单位设立有线广播电视站审批（初审）	文体局	行政审批	承诺件	0	否
98	电影放映单位设立审批	文体局	行政审批	承诺件	0	否
99	举办健身气功活动及设立站点审批（举办健身气功活动）	文体局	行政审批	承诺件	0	否

附 录

续表4

序号	事项名称	属于单位	审批类型	受理方式	计量单位	是否收费
100	出版物零售单位和个体工商户变更企业登记事项审批	文体局	行政审批	承诺件	0	否
101	非国有文物收藏单位和其他单位借用国有文物收藏单位馆藏文物审批（初审）	文体局	行政审批	承诺件	0	否
102	核定为文物保护单位的属于国家所有的纪念建筑物或者古建筑改变用途审批（初审）	文体局	行政审批	承诺件	0	否
103	设置卫星电视广播地面接收设施审批（初审）	文体局	行政审批	承诺件	0	否
104	卫星电视广播地面接收设施安装服务许可（初审）	文体局	行政审批	承诺件	0	否
105	文物保护单位建设控制地带内建设工程设计方案审核（初审）	文体局	行政审批	承诺件	0	否
106	在文物保护单位的保护范围内进行其他建设工程或者爆破、钻探、挖掘等作业审批（初审）	文体局	行政审批	承诺件	0	否
107	互联网上网服务营业场所经营单位设立审批——筹建阶段	文体局	行政审批	承诺件	0	否
108	互联网上网服务营业场所经营单位设立审批——最终审核阶段	文体局	行政审批	承诺件	0	否
109	互联网上网服务营业场所经营单位——变更法定代表人	文体局	行政审批	承诺件	0	否
110	文艺表演团体设立	文体局	行政审批	承诺件	0	否
111	举办健身气功活动及设立站点审批（设立健身气功站点）	文体局	行政审批	承诺件	0	否
112	娱乐场所设立审批——歌舞娱乐场所审批	文体局	行政审批	承诺件	0	否
113	娱乐场所设立审批——游艺娱乐场所设立	文体局	行政审批	承诺件	0	否
114	娱乐场所变更审批——变更法定代表人、主要负责人、投资人员	文体局	行政审批	承诺件	0	否
115	有线广播电视传输覆盖网工程建设及验收审核（初审）	文体局	行政审批	承诺件	0	否
116	出版物零售单位和个体工商户设立审批	文体局	行政审批	承诺件	0	否
117	对文物的认定	文体局	行政审批	承诺件	0	否
118	社会体育指导员技术等级审批	文体局	行政审批	承诺件	0	否
119	（三级）运动员技术等级审批	文体局	行政审批	承诺件	0	否
120	非国有不可移动文物转让、抵押或者改变用途备案	文体局	行政审批	承诺件	0	否
121	博物馆陈列展览的备案	文体局	行政审批	承诺件	0	否
122	电影放映经营许可证年检	文体局	行政审批	承诺件	0	否
123	艺术品进出口经营单位设立备案	文体局	行政审批	承诺件	0	否
124	个体演员、个体演出经纪人备案	文体局	行政审批	承诺件	0	否
125	从事出版物发行的单位、个人年度核验	文体局	行政审批	承诺件	0	否
126	坝顶兼做公路审批	农业农村局	行政审批	承诺件	0	否

续表5

序号	事项名称	属于单位	审批类型	受理方式	计量单位	是否收费
127	从事营利性治沙活动许可	农业农村局	行政审批	承诺件	0	否
128	动物防疫条件合格证核发	农业农村局	行政审批	承诺件	0	否
129	动物及动物产品检疫合格证核发	农业农村局	行政审批	承诺件	0	否
130	动物诊疗许可证核发	农业农村局	行政审批	承诺件	0	否
131	河道管理范围内有关活动（不含河道采砂）审批	农业农村局	行政审批	承诺件	0	否
132	勘查、开采矿藏和各项建设工程占用或者征收、征用林地审核	农业农村局	行政审批	承诺件	0	否
133	利用堤顶、戗台兼做公路审批	农业农村局	行政审批	承诺件	0	否
134	猎捕非国家重点保护陆生野生动物狩猎证核发	农业农村局	行政审批	承诺件	0	否
135	林木采伐许可证核发	农业农村局	行政审批	承诺件	0	否
136	临时占用林地审批	农业农村局	行政审批	承诺件	0	否
137	木材运输证核发	农业农村局	行政审批	即办件	0	否
138	农业植物及其产品调运检疫及植物检疫证书签发	农业农村局	行政审批	承诺件	0	否
139	农作物种子生产经营许可证核发	农业农村局	行政审批	承诺件	0	否
140	取水许可	农业农村局	行政审批	承诺件	0	否
141	森林高火险期内进入森林高火险区的活动审批	农业农村局	行政审批	承诺件	0	否
142	森林经营单位修筑直接为林业生产服务的工程设施占用林地审批	农业农村局	行政审批	承诺件	0	否
143	生产建设项目水土保持方案审批	农业农村局	行政审批	承诺件	0	否
144	食用菌菌种生产经营许可证核发（母种、原种）	农业农村局	行政审批	承诺件	0	否
145	水产苗种生产审批	农业农村局	行政审批	承诺件	0	否
146	水利基建项目初步设计文件审批	农业农村局	行政审批	承诺件	0	否
147	水域滩涂养殖证的审核	农业农村局	行政审批	承诺件	0	否
148	蓄滞洪区避洪设施建设审批	农业农村局	行政审批	承诺件	0	否
149	在大坝管理和保护范围内修建码头、鱼塘许可	农业农村局	行政审批	承诺件	0	否
150	占用农业灌溉水源、灌排工程设施审批	农业农村局	行政审批	承诺件	0	否
151	国内异地引进水产苗种检疫	农业农村局	行政审批	承诺件	0	否
152	运输、携带、邮寄自治区重点保护水生野生动物及其产品审批	农业农村局	行政审批	承诺件	0	否
153	种畜禽生产经营许可	农业农村局	行政审批	承诺件	0	否
154	生鲜乳收购站许可	农业农村局	行政审批	承诺件	0	否
155	生鲜乳准运证明核发	农业农村局	行政审批	承诺件	0	否
156	河道采砂许可审批	农业农村局	行政审批	承诺件	0	否
157	森林防火期内在森林防火区野外用火活动审批	农业农村局	行政审批	承诺件	0	否
158	拖拉机、联合收割机注册登记、号牌（临时号牌）、行驶证核发	农业农村局	行政审批	承诺件	0	否
159	拖拉机、联合收割机变更登记	农业农村局	行政审批	承诺件	0	否
160	拖拉机、联合收割机注销登记	农业农村局	行政审批	承诺件	0	否

续表6

序号	事项名称	属于单位	审批类型	受理方式	计量单位	是否收费
161	拖拉机、联合收割机转移登记	农业农村局	行政审批	承诺件	0	否
162	拖拉机、联合收割机抵押登记	农业农村局	行政审批	承诺件	0	否
163	省内	农业农村局	行政审批	承诺件	0	否
164	出省	农业农村局	行政审批	承诺件	0	否
165	从事主要农作物杂交种子及其亲本种子的生产经营、实行选育生产经营相结合并符合国务院农业部门规定条件的种子企业的农作物种子生产经营许可证审核	农业农村局	行政审批	承诺件	0	否
166	因科学实验需要在禁渔区（期）内试捕或者因渔船检验需要在禁渔区（期）内试拖试捕的批准	农业农村局	行政审批	承诺件	0	否
167	渔业捕捞许可审批——内陆机动渔船捕捞许可证核发	农业农村局	行政审批	承诺件	0	否
168	渔业船舶及船用产品检验——渔业船舶初次检验	农业农村局	行政审批	承诺件	0	否
169	渔业船舶及船用产品检验——渔业船舶营运检验	农业农村局	行政审批	承诺件	0	否
170	渔业船舶及船用产品检验——渔业船舶临时检验	农业农村局	行政审批	承诺件	0	否
171	渔业船舶登记——渔业船舶所有权登记	农业农村局	行政审批	承诺件	0	否
172	渔业船舶登记——渔业船舶国籍登记	农业农村局	行政审批	承诺件	0	否
173	渔业船舶登记——渔业船舶变更登记	农业农村局	行政审批	承诺件	0	否
174	渔业船舶登记——渔业船舶注销登记	农业农村局	行政审批	承诺件	0	否
175	农药经营许可证核发	农业农村局	行政审批	承诺件	0	否
176	渔业船舶船员证书核发——渔业船舶船员证书核发（新办）	农业农村局	行政审批	承诺件	0	否
177	渔业船舶船员证书核发——渔业船舶船员证书核发（换发）	农业农村局	行政审批	承诺件	0	否
178	渔业船舶船员证书核发——渔业船舶船员证书核发（补发）	农业农村局	行政审批	承诺件	0	否
179	兽药经营许可证核发——兽药经营许可证核发、变更经营范围或迁址	农业农村局	行政审批	承诺件	0	否
180	拖拉机、联合收割机操作人员操作证件核发	农业农村局	行政审批	承诺件	0	否
181	兽药经营许可证核发——兽药经营许可证企业名称、法人代表变更	农业农村局	行政审批	承诺件	0	否
182	兽药经营许可证核发——兽药经营许可证补领证书	农业农村局	行政审批	承诺件	0	否
183	猎捕、收购、出售、邮寄、加工、利用自治区重点保护陆生野生动物或其产品审批	农业农村局	行政审批	承诺件	0	否
184	在江河、湖泊、水库、渠道、运河上新建、改建或者扩大排污口设置同意审批	农业农村局	行政审批	承诺件	0	否
185	河道管理范围内建设项目工程建设方案审查	农业农村局	行政审批	承诺件	0	否
186	农村集体经济组织修建水库批准	农业农村局	行政审批	承诺件	0	否

续表7

序号	事项名称	属于单位	审批类型	受理方式	计量单位	是否收费
187	水工程建设规划同意书审查	农业农村局	行政审批	承诺件	0	否
188	水工程保护范围内从事工程建设和生产作业的许可批准	农业农村局	行政审批	承诺件	0	否
189	在洪泛区、蓄滞洪区内建设非防洪建设项目洪水影响评价报告审批	农业农村局	行政审批	承诺件	0	否
190	蜂种生产、经营许可证核发	农业农村局	行政审批	承诺件	0	否
191	蚕种生产、经营许可证核发	农业农村局	行政审批	承诺件	0	否
192	核发	农业农村局	行政审批	承诺件	0	否
193	变更	农业农村局	行政审批	承诺件	0	否
194	延续	农业农村局	行政审批	承诺件	0	否
195	补发	农业农村局	行政审批	承诺件	0	否
196	林业部门主管的古树名木移植审查	农业农村局	行政审批	承诺件	0	否
197	非重点保护陆生野生动物经营利用许可证核发	农业农村局	行政审批	承诺件	0	否
198	乡村兽医登记许可	农业农村局	行政审批	承诺件	0	否
199	水资源费缓缴审批	农业农村局	行政审批	承诺件	0	否
200	征收森林植被恢复费	农业农村局	行政审批	承诺件	0	否
201	农机监理行政事业性收费－驾驶许可考试费	农业农村局	行政审批	承诺件	0	否
202	执业兽医注册	农业农村局	行政审批	承诺件	0	否
203	林木资产抵押物登记	农业农村局	行政审批	承诺件	0	否
204	农业机械事故责任的认定	农业农村局	行政审批	承诺件	0	否
205	水库大坝、水闸安全鉴定	农业农村局	行政审批	承诺件	0	否
206	森林、林木和林地所有权、使用权证书核发	农业农村局	行政审批	承诺件	0	否
207	水库大坝注册登记	农业农村局	行政审批	承诺件	0	否
208	水闸注册登记	农业农村局	行政审批	承诺件	0	否
209	对节约、保护和管理水资源有突出贡献的单位和个人给予表彰与奖励	农业农村局	行政审批	承诺件	0	否
210	水利建设和管理先进集体、先进个人表彰、奖励	农业农村局	行政审批	承诺件	0	否
211	对重大事故安全隐患报告或者安全生产违法举报的奖励	农业农村局	行政审批	承诺件	0	否
212	水事纠纷裁决	农业农村局	行政审批	承诺件	0	否
213	对水利工程项目招标投标投诉的处理决定	农业农村局	行政审批	承诺件	0	否
214	地方负责初步设计审批的政府投资水利建设项目竣工验收前抽检	农业农村局	行政审批	承诺件	0	否
215	地方负责初步设计审批的政府投资水利水电工程建设项目竣工决算审查	农业农村局	行政审批	承诺件	0	否
216	水利工程安全生产措施备案及水利工程拆除工程和爆破工程方案备案	农业农村局	行政审批	承诺件	0	否
217	政府投资建设项目阶段验收和竣工验收	农业农村局	行政审批	承诺件	0	否

续表8

序号	事项名称	属于单位	审批类型	受理方式	计量单位	是否收费
218	水库降等与报废备案	农业农村局	行政审批	承诺件	0	否
219	江河及水利工程防汛抗旱调度计划审查备案	农业农村局	行政审批	承诺件	0	否
220	取水许可证延续	农业农村局	行政审批	承诺件	0	否
221	年度用水计划下达	农业农村局	行政审批	承诺件	0	否
222	水利工程施工起重机械和整体提升脚手架、模板等自升式架设设施验收合格登记	农业农村局	行政审批	承诺件	0	否
223	改变水库用途备案	农业农村局	行政审批	承诺件	0	否
224	水能资源开发利用管理项目安全管理年检、备案、审查、验收	农业农村局	行政审批	承诺件	0	否
225	联合收割机插秧机跨区作业证核发	农业农村局	行政审批	承诺件	0	否
226	农业机械质量投诉处理	农业农村局	行政审批	承诺件	0	否
227	签发产地检疫合格证	农业农村局	行政审批	承诺件	0	否
228	水利工程依法必须进行招标项目的招标方式、招标组织形式等招标内容核准	农业农村局	行政审批	承诺件	0	否
229	依法必须进行招标的项目因情况特殊可以不进行招标的审批	农业农村局	行政审批	承诺件	0	否
230	农业机械事故损害赔偿调解处理	农业农村局	行政审批	承诺件	0	否
231	水利工程项目招标事项（招标文件的修改澄清、招标文件、招标投标情况书面报告与公告、中标通知书）备案	农业农村局	行政审批	承诺件	0	否
232	拖拉机、联合收割机每年进行一次安全技术检验	农业农村局	行政审批	承诺件	0	否
233	地方企业实行不定时工作制和综合计算工时工作制审批	人社局	行政审批	承诺件	0	否
234	民办职业培训学校分立、合并、变更及终止审批	人社局	行政审批	承诺件	0	否
235	民办职业培训学校正式设立审批	人社局	行政审批	承诺件	0	否
236	筹设同意审批	人社局	行政审批	承诺件	0	否
237	从事生活垃圾（含粪便）经营性清扫、收集、运输服务审批	城管局	行政审批	承诺件	0	是
238	城市建筑垃圾处置核准	城管局	行政审批	承诺件	0	是
239	设置招牌、指示牌、标识牌备案	城管局	行政审批	承诺件	0	是
240	在城市道路（规划路幅红线20米以下）禁挖期内因特殊情况需要挖掘城市道路的批准	城管局	行政审批	承诺件	0	是
241	占用城市道路（规划路幅红线20米以下）审批	城管局	行政审批	承诺件	0	是
242	挖掘规划路幅红线20米以下城市道路审批	城管局	行政审批	承诺件	0	是
243	临时使用城区管理的城市广场审批	城管局	行政审批	承诺件	0	是
244	在城区管理的城市道路上修建车辆出入道口审批	城管局	行政审批	承诺件	0	是
245	对举报盗窃破坏、非法收购城市市政公用设施违法行为的奖励	城管局	行政审批	承诺件	0	是

续表9

序号	事项名称	属于单位	审批类型	受理方式	计量单位	是否收费
246	对举报市容环境卫生违法行为的奖励	城管局	行政审批	承诺件	0	是
247	技术改造类固定资产投资项目节能评估和审查	经信局	行政审批	承诺件	0	否
248	企业、事业单位、社会团体等投资建设的固定资产投资项目核准（技术改造类）	经信局	行政审批	承诺件	0	否
249	中小企业认定	经信局	行政审批	承诺件	0	否
250	煤炭经营企业告知性备案	经信局	行政审批	承诺件	0	否
251	适龄儿童、少年因身体状况需要延缓入学或者休学审批	教育局	行政审批	承诺件	0	否
252	教师资格认定	教育局	行政审批	承诺件	0	否
253	校车使用许可	教育局	行政审批	承诺件	0	否
254	初中及初中以下学历教育、学前教育及其他文化教育的学校合并、分立审批	教育局	行政审批	承诺件	0	否
255	初中及初中以下学历教育、学前教育及其他文化教育的学校变更审批	教育局	行政审批	承诺件	0	否
256	初中及初中以下学历教育、学前教育及其他文化教育的学校终止办学审批	教育局	行政审批	承诺件	0	否
257	民办学校以捐赠者姓名或者名称作为校名的审批	教育局	行政审批	承诺件	0	否
258	初中及初中以下学历教育、学前教育及其他文化教育的学校筹设审批	教育局	行政审批	承诺件	0	否
259	初中及初中以下学历教育、学前教育及其他文化教育的学校设立审批	教育局	行政审批	承诺件	0	否
260	义务教育毕业证书核发	教育局	行政审批	承诺件	0	否
261	中小学校学生学籍注册、变更等事项的确认	教育局	行政审批	承诺件	0	否
262	学生申诉处理	教育局	行政审批	承诺件	0	否
263	民办教育机构出资人要求取得合理回报的比例备案	教育局	行政审批	承诺件	0	否
264	教师申诉处理	教育局	行政审批	承诺件	0	否
265	学生伤害事故调解	教育局	行政审批	承诺件	0	否
266	校车安全管理责任书备案	教育局	行政审批	承诺件	0	否
267	放射源诊疗技术和医用辐射机构许可——变更许可	卫健局	行政审批	承诺件	0	否
268	放射源诊疗技术和医用辐射机构许可——校验许可	卫健局	行政审批	承诺件	0	否
269	放射源诊疗技术和医用辐射机构许可——新办许可	卫健局	行政审批	承诺件	0	否
270	医疗机构放射性职业病危害建设项目竣工验收	卫健局	行政审批	承诺件	0	否
271	医疗机构放射性职业病危害建设项目预评价报告审核	卫健局	行政审批	承诺件	0	否

续表 10

序号	事项名称	属于单位	审批类型	受理方式	计量单位	是否收费
272	医疗机构执业登记（人体器官移植除外）——变更执业登记	卫健局	行政审批	承诺件	0	否
273	医疗机构执业登记（人体器官移植除外）——新办执业登记	卫健局	行政审批	承诺件	0	否
274	医师执业注册——医师离开执业岗位备案	卫健局	行政审批	承诺件	0	否
275	医疗机构执业登记（人体器官移植除外）——遗失补办	卫健局	行政审批	即办件	0	否
276	医疗机构执业登记（人体器官移植除外）——停业	卫健局	行政审批	即办件	0	否
277	医疗机构执业登记（人体器官移植除外）——注销	卫健局	行政审批	即办件	0	否
278	医师执业注册——变更注册	卫健局	行政审批	承诺件	0	否
279	放射源诊疗技术和医用辐射机构许可——遗失补办	卫健局	行政审批	即办件	0	否
280	放射源诊疗技术和医用辐射机构许可——注销	卫健局	行政审批	即办件	0	否
281	公共场所卫生许可——新办公共场所卫生许可证	卫健局	行政审批	即办件	0	否
282	公共场所卫生许可——变更公共场所卫生许可证	卫健局	行政审批	即办件	0	否
283	公共场所卫生许可——延续公共场所卫生许可证	卫健局	行政审批	即办件	0	否
284	公共场所卫生许可——遗失补发公共场所卫生许可证	卫健局	行政审批	即办件	0	否
285	公共场所卫生许可——注销公共场所卫生许可证	卫健局	行政审批	即办件	0	否
286	乡村医生执业注册——首次注册（再次注册）	卫健局	行政审批	承诺件	0	否
287	医师执业注册——首次（重新）注册	卫健局	行政审批	承诺件	0	否
288	乡村医生执业注册——遗失补办	卫健局	行政审批	即办件	0	否
289	乡村医生执业注册——变更	卫健局	行政审批	承诺件	0	否
290	乡村医生执业注册——注销	卫健局	行政审批	即办件	0	否
291	新办水供水单位许可	卫健局	行政审批	承诺件	0	否
292	变更许可项目：变更企业名称、所有制形式、法定代表人、门牌号（非经营权转让或搬迁）	卫健局	行政审批	承诺件	0	否
293	延续水供水单位许可有效期	卫健局	行政审批	承诺件	0	否
294	饮用水供水单位许可遗失补发	卫健局	行政审批	即办件	0	否
295	饮用水供水单位许可——注销	卫健局	行政审批	即办件	0	否
296	母婴保健技术服务机构许可证——新办执业许可	卫健局	行政审批	承诺件	0	否
297	母婴保健技术服务机构许可证——校验	卫健局	行政审批	承诺件	0	否
298	母婴保健技术服务机构许可证——变更	卫健局	行政审批	承诺件	0	否
299	母婴保健技术服务机构许可证——遗失补办	卫健局	行政审批	即办件	0	否
300	母婴保健技术服务机构许可证——注销	卫健局	行政审批	即办件	0	否
301	医师执业注册——医师多机构备案	卫健局	行政审批	即办件	0	否

续表 11

序号	事项名称	属于单位	审批类型	受理方式	计量单位	是否收费
302	医师执业注册——医师执业证书补办	卫健局	行政审批	即办件	0	否
303	医师执业注册——医师取消多机构备案	卫健局	行政审批	即办件	0	否
304	医师执业注册——医师取消离岗备案	卫健局	行政审批	即办件	0	否
305	医师执业注册——医师注销注册	卫健局	行政审批	即办件	0	否
306	医疗机构执业登记（人体器官移植除外）——校验医疗许可	卫健局	行政审批	即办件	0	否
307	乡村医生执业注册——重新注册	卫健局	行政审批	即办件	0	否
308	母婴保健服务人员资格认定--新办资格认定	卫健局	行政审批	承诺件	0	否
309	母婴保健服务人员资格认定--校验资格认定	卫健局	行政审批	承诺件	0	否
310	母婴保健服务人员资格认定--补办资格认定	卫健局	行政审批	即办件	0	否
311	母婴保健服务人员资格认定--注销资格认定	卫健局	行政审批	即办件	0	否
312	卫生专业技术资格考试	卫健局	行政审批	承诺件	0	否
313	医师资格考试	卫健局	行政审批	承诺件	0	否
314	护士执业资格考试	卫健局	行政审批	承诺件	0	否
315	向农村艾滋病病人和城镇经济困难的艾滋病病人免费提供	卫健局	行政审批	承诺件	0	否
316	计划生育手术并发症鉴定	卫健局	行政审批	承诺件	0	否
317	母婴保健医学技术鉴定	卫健局	行政审批	承诺件	0	否
318	医疗事故争议处理	卫健局	行政审批	承诺件	0	否
319	病残儿医学鉴定	卫健局	行政审批	承诺件	0	否
320	因预防接种导致受种者死亡、严重残疾或者群体性疑似预防接种异常反应应急处置措施	卫健局	行政审批	承诺件	0	否
321	举报非医学需要鉴定胎儿性别和选择性别人工终止妊娠奖励	卫健局	行政审批	承诺件	0	否
322	对在学校卫生工作中成绩显著的单位或者个人给予表彰、奖励	卫健局	行政审批	承诺件	0	否
323	母婴安康卫士奖励	卫健局	行政审批	承诺件	0	否
324	防治艾滋病工作先进集体和个人表彰、奖励	卫健局	行政审批	承诺件	0	否
325	对人口与计划生育工作作出显著成绩的组织和个人的奖励	卫健局	行政审批	承诺件	0	否
326	对参与突发公共卫生事件应急处置工作人员的奖励、表彰	卫健局	行政审批	承诺件	0	否
327	精神卫生工作先进集体和先进个人评选	卫健局	行政审批	承诺件	0	否
328	爱国卫生工作突出贡献表彰	卫健局	行政审批	承诺件	0	否
329	社会急救医疗工作先进单位和个人表彰、奖励	卫健局	行政审批	承诺件	0	否
330	医疗机构名称裁决	卫健局	行政审批	承诺件	0	否
331	医疗事故赔偿调解	卫健局	行政审批	承诺件	0	否

续表 12

序号	事项名称	属于单位	审批类型	受理方式	计量单位	是否收费
332	疑似输液、输血、注射、药物等引起不良后果检验机构指定	卫健局	行政审批	承诺件	0	否
333	药用植物资源迁地保护基地备案	卫健局	行政审批	承诺件	0	否
334	医师定期考核管理工作	卫健局	行政审批	承诺件	0	否
335	传统医学医术确有专长考核	卫健局	行政审批	承诺件	0	否
336	南宁市国家机关、事业单位实行计划生育人员退休后依法享受增加待遇申报审批	卫健局	行政审批	即办件	0	否
337	中医诊所备案——新办备案	卫健局	行政审批	即办件	0	否
338	病媒生物预防控制服务机构备案凭证——新办	卫健局	行政审批	即办件	0	否
339	病媒生物预防控制服务机构备案凭证－变更	卫健局	行政审批	即办件	0	否
340	病媒生物预防控制服务机构备案凭证－补办	卫健局	行政审批	即办件	0	否
341	病媒生物预防控制服务机构备案凭证－注销	卫健局	行政审批	即办件	0	否
342	公共用品清洗消毒服务机构备案－变更	卫健局	行政审批	即办件	0	否
343	公共用品清洗消毒服务机构备案－补办	卫健局	行政审批	即办件	0	否
344	公共用品清洗消毒服务机构备案－注销	卫健局	行政审批	即办件	0	否
345	公共用品清洗消毒服务机构备案——新办	卫健局	行政审批	即办件	0	否
346	固定资产投资项目节能评估和审查	发改局	行政审批	承诺件	0	否
347	企业、事业单位、社会团体等投资建设的固定资产投资项目核准	发改局	行政审批	承诺件	0	否
348	《政府核准的投资项目目录》以外的企业投资项目备案	发改局	行政审批	承诺件	0	否
349	政府投资项目审批——初步设计（概算）审批阶段	发改局	行政审批	承诺件	0	否
350	依法必须进行招标项目的招标范围、招标方式、招标组织形式等招标内容核准—自行招标	发改局	行政审批	承诺件	0	否
351	依法必须进行招标项目的招标范围、招标方式、招标组织形式等招标内容核准—邀请招标	发改局	行政审批	承诺件	0	否
352	依法必须进行招标因情况特殊可不进行招标审批、核准	发改局	行政审批	承诺件	0	否
353	政府投资项目审批——项目建议书审批阶段	发改局	行政审批	承诺件	0	否
354	政府投资项目审批——可行性研究报告审批阶段	发改局	行政审批	承诺件	0	否
355	对档案工作有贡献的单位或个人的奖励	档案局	行政审批	承诺件	0	否
356	档案提前或延期移交进馆检查和同意	档案局	行政审批	承诺件	0	否
357	重大建设项目档案验收	档案局	行政审批	承诺件	0	否
358	船舶安全检验证书核发	交通局	行政审批	承诺件	0	否
359	港口采掘、爆破施工作业许可	交通局	行政审批	承诺件	0	否
360	港口经营许可	交通局	行政审批	承诺件	0	否
361	港口内进行危险货物的装卸、过驳作业许可	交通局	行政审批	承诺件	0	否

续表13

序号	事项名称	属于单位	审批类型	受理方式	计量单位	是否收费
362	港口危险货物作业的建设项目安全设施设计审查	交通局	行政审批	承诺件	0	否
363	更新采伐护路林审批	交通局	行政审批	承诺件	0	否
364	公路建设项目施工许可	交通局	行政审批	承诺件	0	否
365	公路建筑控制区内埋设管线、电缆等设施许可	交通局	行政审批	承诺件	0	否
366	建设港口设施使用非深水岸线审批	交通局	行政审批	承诺件	0	否
367	跨越、穿越公路及在公路用地范围内架设、埋设管线、电缆等设施，或者利用公路桥梁、公路隧道、涵洞铺设电缆等设施许可	交通局	行政审批	承诺件	0	否
368	设置非公路标志审批	交通局	行政审批	承诺件	0	否
369	新建、改建、扩建从事港口危险货物作业的建设项目安全条件审查	交通局	行政审批	承诺件	0	否
370	与航道有关的工程建设项目对航道通航条件影响评价审核	交通局	行政审批	承诺件	0	否
371	专用航标设置、撤除、位置移动和其他状况改变审批	交通局	行政审批	承诺件	0	否
372	出租汽车经营许可	交通局	行政审批	承诺件	0	否
373	车辆运营证核发	交通局	行政审批	承诺件	0	否
374	公路水运工程建设项目设计文件审批	交通局	行政审批	承诺件	0	否
375	机动车驾驶员培训经营许可	交通局	行政审批	承诺件	0	否
376	在公路增设改造平面交叉道口审批	交通局	行政审批	承诺件	0	否
377	道路货物运输站（场）经营许可	交通局	行政审批	承诺件	0	否
378	道路旅客运输站（场）经营许可	交通局	行政审批	承诺件	0	否
379	占用、挖掘公路、公路用地或者使用公路改线审批	交通局	行政审批	承诺件	0	否
380	公路超限运输许可证核发	交通局	行政审批	承诺件	0	否
381	公路建设项目竣工验收许可审批	交通局	行政审批	承诺件	0	否
382	道路货运经营许可	交通局	行政审批	承诺件	0	否
383	道路货物运输车辆道路运输证配发	交通局	行政审批	即办件	0	否
384	道路旅客运输经营许可	交通局	行政审批	承诺件	0	否
385	增加、变更客运班线许可	交通局	行政审批	承诺件	0	否
386	道路旅客运输车辆运输证配发	交通局	行政审批	即办件	0	否
387	对在公路桥梁跨越的河道上下游各500米范围内依法进行疏浚作业是否符合公路桥梁安全要求进行确认	交通局	行政审批	承诺件	0	否
388	道路运输车辆过户、转籍变更登记	交通局	行政审批	即办件	0	否
389	道路运输驾驶员完成继续教育确认	交通局	行政审批	承诺件	0	否
390	客运站站级验收定级	交通局	行政审批	承诺件	0	否

续表 14

序号	事项名称	属于单位	审批类型	受理方式	计量单位	是否收费
391	异地设立的分公司的营运车辆及质量信誉情况证明	交通局	行政审批	承诺件	0	否
392	客运发车时间安排纠纷裁定	交通局	行政审批	承诺件	0	否
393	道路客运经营业户名称、注册地址及客运站业户名称变更备案	交通局	行政审批	承诺件	0	否
394	道路运输以及道路运输相关业务经营者分公司设立备案	交通局	行政审批	承诺件	0	否
395	暂停、终止客运班线经营备案	交通局	行政审批	承诺件	0	否
396	道路旅客经营者及客运站经营者终止经营备案	交通局	行政审批	承诺件	0	否
397	道路运输以及道路运输相关业务暂停、终止经营和经营者变更名称、法定代表人、地址、设立分支机构等备案	交通局	行政审批	即办件	0	否
398	货运代理（代办）等货运有关服务业务备案	交通局	行政审批	承诺件	0	否
399	机动车驾驶员培训机构学时收费标准备案	交通局	行政审批	承诺件	0	否
400	道路运输企业新建或者变更监控平台的备案	交通局	行政审批	承诺件	0	否
401	维修经营者机动车维修工时定额备案和收费标准备案	交通局	行政审批	承诺件	0	否
402	道路运输驾驶员继续教育机构备案	交通局	行政审批	承诺件	0	否
403	机动车维修经营者变更名称、法定代表人、注册地址备案	交通局	行政审批	即办件	0	否
404	机动车维修经营者终止经营备案	交通局	行政审批	即办件	0	否
405	机动车驾驶员培训机构变更名称、法定代表人、注册地址等备案	交通局	行政审批	承诺件	0	否
406	机动车驾驶员培训机构终止经营备案	交通局	行政审批	承诺件	0	否
407	维修质量纠纷调解	交通局	行政审批	承诺件	0	否
408	应急运输协调及调度	交通局	行政审批	承诺件	0	否
409	道路货物运输车辆年度审验、道路旅客运输车辆年度审验	交通局	行政审批	即办件	0	否
410	道路运输以及道路运输相关业务企业质量信誉考核及等级评定	交通局	行政审批	承诺件	0	否
411	事业单位变更登记	编办	行政审批	承诺件	件	否
412	事业单位设立登记	编办	行政审批	承诺件	件	否
413	事业单位注销登记	编办	行政审批	承诺件	件	否
414	筹备设立宗教活动场所审批	民宗局	行政审批	承诺件	0	否
415	在宗教活动场所内改建或者新建筑物审批	民宗局	行政审批	承诺件	0	否
416	地方性宗教团体成立、变更、注销前审批	民宗局	行政审批	承诺件	0	否
417	宗教活动场所登记、合并、分立、终止或者变更登记内容审批	民宗局	行政审批	承诺件	0	否

续表 15

序号	事项名称	属于单位	审批类型	受理方式	计量单位	是否收费
418	公民民族成分变更审核	民宗局	行政审批	承诺件	0	否
419	基层法律服务工作者执业许可	司法局	行政审批	承诺件	0	否
420	基层法律服务工作者变更许可	司法局	行政审批	承诺件	0	否
421	基层法律服务工作者注销许可	司法局	行政审批	承诺件	0	否
422	基层法律服务所变更许可	司法局	行政审批	承诺件	0	否
423	基层法律服务所注销许可	司法局	行政审批	承诺件	0	否
424	公证机构负责人核准	司法局	行政审批	承诺件	0	否
425	表彰先进基层法律服务所	司法局	行政审批	承诺件	0	否
426	表彰先进人民调解组织和个人	司法局	行政审批	承诺件	0	否
427	表彰先进基层法律服务工作者	司法局	行政审批	承诺件	0	否
428	政府法律援助者执业证核发	司法局	行政审批	承诺件	0	否
429	中介机构从事代理记账业务审批	财政局	行政审批	承诺件	0	否
430	小餐饮登记（新办）	市场监管局	行政审批	承诺件	0	否
431	小餐饮登记（延续）	市场监管局	行政审批	承诺件	0	否
432	小餐饮登记（变更）	市场监管局	行政审批	承诺件	0	否
433	小餐饮登记（补证）	市场监管局	行政审批	承诺件	0	否
434	小餐饮登记（注销）	市场监管局	行政审批	承诺件	0	否
435	食品小作坊登记（补证）	市场监管局	行政审批	承诺件	0	否
436	《食品生产许可证》新申请审批	市场监管局	行政审批	承诺件	0	否
437	《食品生产许可证》延续审批	市场监管局	行政审批	承诺件	0	否
438	《食品生产许可证》变更审批	市场监管局	行政审批	承诺件	0	否
439	《食品生产许可证》补办审批	市场监管局	行政审批	承诺件	0	否
440	《食品生产许可证》注销审批	市场监管局	行政审批	承诺件	0	否
441	食品小作坊登记（新办）	市场监管局	行政审批	承诺件	0	否
442	食品小作坊登记（延续）	市场监管局	行政审批	承诺件	0	否
443	食品小作坊登记（变更）	市场监管局	行政审批	承诺件	0	否
444	食品小作坊登记（注销）	市场监管局	行政审批	承诺件	0	否
445	《食品经营许可证》新申请审批	市场监管局	行政审批	承诺件	0	否
446	《食品经营许可证》变更审批	市场监管局	行政审批	承诺件	0	否
447	《食品经营许可证》延续审批	市场监管局	行政审批	承诺件	0	否
448	《食品经营许可证》补办审批	市场监管局	行政审批	承诺件	0	否
449	《食品经营许可证》注销审批	市场监管局	行政审批	承诺件	0	否
450	通过自建网站交易的食品生产经营者备案	市场监管局	行政审批	承诺件	0	否
451	撤销变更登记	市场监管局	行政审批	承诺件	0	否
452	因公司合并申请设立、变更或注销登记	市场监管局	行政审批	承诺件	0	否
453	因合并解散公司申请分公司变更登记	市场监管局	行政审批	承诺件	0	否
454	因公司分立申请设立、变更或注销登记	市场监管局	行政审批	承诺件	0	否
455	因分立公司持有股权所在公司的变更登记	市场监管局	行政审批	承诺件	0	否

续表 16

序号	事项名称	属于单位	审批类型	受理方式	计量单位	是否收费
456	非公司企业法人按《公司法》改制登记	市场监管局	行政审批	承诺件	0	否
457	特种设备使用登记	市场监管局	行政审批	承诺件	0	否
458	计量标准器具核准	市场监管局	行政审批	承诺件	0	否
459	承担国家法定计量检定机构任务授权	市场监管局	行政审批	承诺件	0	否
460	增设撤销分支机构变更登记	市场监管局	行政审批	承诺件	0	否
461	名称预先核准（包括企业、个体工商户、农民专业合作社名称预先核准）	市场监管局	行政审批	即办件	0	否
462	有限责任公司设立登记	市场监管局	行政审批	承诺件	0	否
463	公司变更登记	市场监管局	行政审批	承诺件	0	否
464	公司注销登记	市场监管局	行政审批	承诺件	0	否
465	分公司设立登记	市场监管局	行政审批	承诺件	0	否
466	分公司变更登记	市场监管局	行政审批	承诺件	0	否
467	分公司注销登记	市场监管局	行政审批	承诺件	0	否
468	因分立公司设立申请分公司变更登记	市场监管局	行政审批	承诺件	0	否
469	非公司企业法人开业登记	市场监管局	行政审批	承诺件	0	否
470	营业单位开业登记	市场监管局	行政审批	承诺件	0	否
471	企业非法人分支机构开业登记	市场监管局	行政审批	承诺件	0	否
472	非公司企业法人分支机构变更登记	市场监管局	行政审批	承诺件	0	否
473	营业单位、企业非法人分支机构变更登记	市场监管局	行政审批	承诺件	0	否
474	非公司企业法人注销登记	市场监管局	行政审批	承诺件	0	否
475	营业单位、企业非法人分支机构注销登记	市场监管局	行政审批	承诺件	0	否
476	动产抵押登记的设立	市场监管局	行政审批	承诺件	0	否
477	动产抵押登记的注销	市场监管局	行政审批	承诺件	0	否
478	动产抵押登记的变更	市场监管局	行政审批	承诺件	0	否
479	非上市公司股权出质登记	市场监管局	行政审批	即办件	0	否
480	企业非登记事项备案（含修改章程、董事、监事、经理变动，清算组成员，非公司企业法人主管部门或出资人变动、法定代表人签字、企业名称简化）	市场监管局	行政审批	即办件	0	否

社区与行政村简介

社 区

北大北路社区 西乡塘街道辖社区。位于西乡塘街道南部。东连衡阳街道南铁北四区社区，西接平新村，南临新阳街道龙腾社区，北靠五里亭社区，面积约0.45平方千米。有浙江商业城、南洋商业城、利客隆商贸配送中心、梦泽园小区、广鑫居小区、西乡塘区政府平田宿舍区等16个单位和小区。2018年末，有居民2466户，约1.19万人，汉、壮、瑶等民族聚居。居委会驻北大北路25号。1971年5月该区域设光明街居委会，2001年11月改为北大北路社区。因北大北路过境得名。属混合型社区。

五里亭社区 西乡塘街道辖社区。位于西乡塘街道南部。东靠龙腾路至龙腾铁路桥，西毗明秀西路，南接五里亭蔬菜水果批发市场（现为旧改项目）至铁路桥，北接大学东路，面积约2平方千米。有广西壮族自治区供销储运公司、南宁市五里亭第二小学、南宁市大北大机电市场、南宁市协力置业有限公司（南宁市五金机电市场）、南宁市同凯商贸有限公司仓库、南宁市正培机电有限责任公司等6个单位及宿舍区，五里亭新一街、一街、二街、三街4条居民街道，金满花园、瀚林御景、嘉州华都、城市碧园4个物业小区。2018年末，有居民6200户（含空挂户），约2.04万人，汉、壮、水、瑶、仫佬等10多个民族聚居。居委会驻五里亭三街69-1号。20世纪50年代成立五里亭居民委员会，2001年10月30日改为五里亭社区居民委员会，因居委会驻地得名。属混合型社区。

火炬路社区 西乡塘街道辖社区。位于西乡塘街道北部。东连农院路，南临明秀西路，西、北靠广西大学西校园，面积约2.2平方千米。有南宁市司法局、南宁九三工学院、南宁职业技术学院四分院、中国移动西郊营业厅、五里亭派出所、中国建设银行股份有限公司南宁高新支行等12个单位和世贸西城、百汇华庭、银达花园、金达花园、富达花园等14个花园小区。南宁百货大楼股份有限公司、新世界店商业有限公司1个大型商业公司。2018年末，有居民3828户共1.2万人，汉、壮、侗、苗等民族聚居。居委会驻大学东路98号世贸西城F座6楼。社区于2001年11月31日成立，因社区内有火炬路得名。属混合型社区。

西大社区 西乡塘街道所辖社区。位于西乡塘街道西部。东接衡阳街道秀灵南社区、西乡塘街道秀灵北社区、火炬路社区，西邻高新区鲁班路社区、心圩街道高新工业园社区，南连大学东社区，北靠安吉街道屯渌村，面积3.09平方千米。有广西大学、广西大学行健文理学院、建设银行西大分理处、移动、联通西大营业厅、邮政西大营业部等单位。居委会驻广西大学培佳园（原广西建院图书馆）。2018年末，有居民7269户，常住人口1.722万人，在校学生9万多人，汉、壮等民族聚居。社区于2002年7月23日设立，因居委会驻地得名。属混合型社区。

大学东路社区 西乡塘街道所辖社区。位于西乡塘街道西北部。东接广西大学社区，西邻上尧街道陈东村，南连上尧街道上尧村，北靠心圩街道高新工业园社区，面积约1.25平方千米。有南宁市公安局西乡塘分局、上尧派出所、南宁市第二十中学校、西站物流、南宁市文华学校、广西区一建一分公司等单位。2018年末，1.13万户共2.1万人，汉、壮、瑶、侗、朝鲜、毛南等18个民族聚居。居委会驻大学东路41号嘉汇馨源原售楼部。2001年12月25日设立，因居委会驻地得名。属混合型社区。

秀灵北社区 西乡塘街道所辖社区。社区位于西乡塘街道办事处北面，东靠秀灵路，南接明秀西路，西邻农院路，北邻西大东校园围墙。成立于2001年，地处农院路10号，面积约3平方千米，辖区总户数7425户，流动人口2999人，总人口4.19万人（含在校学生2.8万人和常住人口1.39万人），社区主要道路有主干道秀灵路、明秀西路；次干道秀灵路西一里；背街小巷农院路、秀灵西二里。辖区有27个单位及商住小区，其中为农机局、防疫站、西大派出所、武警医院、南地轻化建、南宁市港航管理处、广西工业职业技术学院、广西建设职业技术学院、广西财经学院、南宁职业技术学院农院路宿舍、三燃公司宿舍、原郊区企业局、广西沿海铁路、建行明秀分行宿舍、南地金属材料公司宿舍、田东石化、化工设计院、南宁市紫苑服装有限责任公司宿舍、原钢精厂第一生活区、南宁商贸学校、中国林科院驻南宁办事处、海源水产22个机关、企事业单位及明秀西园小区、丽园小区、嘉士天骄、秀灵公寓、鼎盛国际5个居民小区，有汉、壮、瑶等民族，是一个混合型社区。

位子渌社区 西乡塘街道所辖社区。社区位于西乡塘街道办事处西部，离市中心约5千米，与高新技术开发区工业园区相依，属城乡接合部，社区占地面积约0.2平方千米。社区总人口10752人，其中常住人口773人，外来居住人口10046人，常住户246户，暂住户6665户。2002年8月村改居试点，位子渌村民委员会改名为位子渌社区居委会。2003年7月1日由永新区管理划归城北区管理，2005年6月划归西乡塘区管理，现属西乡塘街道办事处管辖。位子渌是一个自然村由梁、赖、陈三大姓氏组成，不设立生产小组，大小事务由位子渌社区居民委员会管理，社区划分为11个网格进行管理。社区常住居民生活来源主要以自建房屋出租收益及集体产业出租收益。属纯居民社区。

瑞士花园社区 西乡塘街道辖社区。位于西乡塘街道西部。东接科园大道，西邻大岭路，南连市动物园，北靠科园大道社区，面积约0.12平方千米。有工行瑞士花园分行、裕兴小学、小博士幼儿园等单位。2018年末，有居民3315户约1.24万人，汉、壮、瑶、侗、仫佬、京、朝鲜等民族聚居。居委会驻大学东路160号瑞士花园小区银湖苑5栋1楼。社区于2001年8月21日设立。因居委会驻地得名。属混合型社区。

大学西路社区 西乡塘街道管辖社区。位于西乡塘街道西部。东靠瑞士花园社区，西毗可利江，南接广西银行学校，北接快速环道。面积约3平方千米。有广西农业科学院、广西农业机械研究院有限公司、广西农业职业技术学院、广西国际商务职业技术学院、广西商贸技工学校、广西物资学校、广西工商学校、广西科学院、广西水电工程局大化路基地、广西医科大学第二附属医院、广西桂煤干休所等单位和小区。2018年末，有居民4093户共9885人，汉、壮、瑶等民族聚居。居委会驻大学东路174号广西农业科学院幼儿园旁边。社区于2001年12月21日设立，因居委会原驻大学路西段得名。2018年度荣获广西壮族自治区减灾委员会、广西壮族自治区民政厅颁发的"大学西路社区在社区减灾准备认证证书"；2018年3月荣获南宁市颁发的2017年度"科普示范社区"牌匾。属混合型社区。

西乡塘社区 西乡塘街道辖社区。位于西乡塘街道西部。东靠相思湖，西至广西第四地质队西乡塘基地，南接大学东路，北邻南宁水电技工学宿舍，面积约1.5平方千米，有广西民族大学、广西蚕业技术推广总站、广西第四地质队西乡塘基地、西乡塘派出所、西乡塘消防大队、西乡塘卫生院等单位和驻军单位。2018年末，有居民3200多户约2.2万人（含在校大学生约1.42万人），汉、壮、瑶等14个民族。居委会驻大学东路192号西乡塘卫生院内。社区于2001年10月31日设立，因区域内有西乡塘街得名。属混合型社区。

华强社区 华强街道辖社区。位于华强街道西部。东接华东社区，西邻新阳下社区，南连北大南，北靠北大北、南铁北四区社区。面积约1.1平方千米。有华强路、华西路、中华路（西段）等13条街巷；有华强街道办事处、华强派出所、市五中、市一职校、华西路小学、市第三幼儿园、广西土产进出口南宁仓储公司等单位。居委会驻华强路西三里159号。2018年末，有居民约1.05万人共5060户，汉、壮、藏、土家、仫佬、瑶、侗、回、毛南等民族聚居。南宁解放后，华强街道曾设华南、华北、华中3个街道居委会。2001年7月与西平、新安居委会合并成立社区。因华强路得名。属混合型社区。

永宁社区 华强街道辖社区。位于华强街道南部。东接大同社区，西邻新阳街道北大南社区，南连邕江，北靠龙胜社区，面积约0.4平方千米。有市壮志路小学、新水街市场、民生广场、市红十字会医院等单位。居委会驻人民西路25号邕江银座1号楼5楼。2018年末，有居民约1.06万人共1405户，汉、壮、京、仫佬等民族聚居。2001年7月设立，因永宁街位于社区内得名。属混合型社区。

大同社区 华强街道辖社区。位于华强街道南部。东邻解放路，西连水街，南濒民生广场，北临人民西路，面积约0.22平方千米。2006年原兴宁区仁爱社区并入后，辖人民西路、解放路、水街、醒汉街、石巷口等街道。有南宁市医药有限责任公司、南宁爱轩物业管理有限责任公司和泛宇房地产开发公司3个单位、39个纯居民小组。辖区成立了水街美食协会，发展水街美食品牌如远红、天天生榨米粉、越美粽、老甘粉饺等。2018年末，有居民6066人共3210户。居委会驻人民西路3号世贸商城2期5楼。2001年9月26日，由原大同、甘棠、人民西居委会合并而成。因大同街得名。属混合型社区。

龙胜社区 华强街道辖社区。位于华强街道中部。东临解放路，西面、北面以朝阳溪为界，南连人民西路，与华强社区相连，面积0.51平方千米。有市粮食局、市一中、卫国小学、市第二幼儿园、阳光100灯饰广场、南宁灯饰城、汉庭快捷酒店和永新城、空中花园、方洲丽景等单位和小区。2015年5月合并南伦社区后，现有居民1.38万人共5406户，汉、壮、瑶、回、满、苗、藏、侗、黎、毛南、蒙古、水族等民族聚居。居委会驻华强路西一里30号。2001年9月设立，因居委会驻地得名。属混合型社区。

北际社区 新阳街道辖社区。位于新阳街道东南部。东接北大南社区，南连邕江，西邻边阳社区，北靠龙腾社区。面积约1平方千米。辖居民3113户，人口1.01万，其中常住人口8982，流动人口1650。汉、壮等民族聚居。辖区有南宁市多丽电器有限责任公司、南宁同济医院有限责任公司、南宁市衡器厂等单位，管辖的生活区和小区有17个。居委会驻北际南路3号，社区办公用房面积为418平方米。2001年9月28日设立，因边阳街得名，2015年6

月由边阳下社区更名为北际社区。属混合型社区。

新阳路社区 新阳街道辖社区。位于新阳街道中南部，2015年5月，由原新阳南社区、壮锦社区整合而成，因新阳路得名。东起新阳路云贵铁路，西至中尧路区妇幼二坑溪边，南至台湾街林云苑、宜兰湾、花莲府小区，北至新阳、龙腾路口。面积约0.5平方千米。辖区有原南宁市橡胶厂宿舍、广西区妇幼保健院、南宁市西乡塘区公安分局、原一心药业股份有限公司宿舍、国药集团医药控股南宁有限公司宿舍、广西区电信公司南宁分公司宿舍、广西康迈商业有限责任公司宿舍、广西桂盛房地产公司宿舍、南宁市防洪大堤管理处宿舍、南宁市包装公司宿舍、南宁市工商局宿舍等16个机关、企事业单位及宿舍。居民小区有新阳南大板楼南一、二、三区、新阳南永和园、新阳南路49号永和小区等。管辖街道有新阳南路、新阳路101—203号、新阳三街1—90号、中尧路2—46、1—7号，并代管台湾街宜兰湾、云林苑、花莲府、桃源居等4个小区。居民住户有1.03万户3.08万人，其中流动人口4373人。汉、壮等民族聚居。居委会驻新阳路49号永和1队菜市后。属混合型社区。

边阳社区 新阳街道辖社区。位于新阳街道东南部。东接北际社区，南临邕江，西邻雅里村，北靠永和路，面积约0.8平方千米。辖区有南宁市一构工贸公司、南宁二十五中、南宁市弘安运输公司、南宁市飞驰铝制品公司等单位，翰林新城、荣恒江景、广利园小区、华建里小区、边阳二三四街、广西运德集团边阳宿舍、南宁港航运输有限公司边阳新二街宿舍、原永新区政府边阳宿舍、惠民安居边阳苑等。居委会驻边阳新街华建里14栋。社区办公用房面积为670平方米。有居民10138户3.25万人，流动人口1225人，汉、壮等民族聚居。2001年8月21日由边阳上、广利园、华建里居委会合并设立边阳上社区，因位于边阳街得名，2015年6月由边阳上社区更名为边阳社区。属混合型社区。

新秀社区 新阳街道辖社区。位于新阳街道北部。东接龙腾社区，南连新阳路、中尧路社区，西邻万力、中兴社区，北靠西乡塘街道五里亭社区。面积约0.34平方千米。辖区有市新秀公园、市社会福利院、市社会福利医院、市儿童康复中心、自治区第四地质队、市环境监测站、市开关设备厂、西乡塘区检察院等单位11个。花园小区5个，无物业管理小区2个。居委会驻新阳北三路20号锦绣豪庭小区9栋2单元202号，有旧办公用房60平方米，新办公用房480平方米。辖居民4693户1.14万人，其中户籍人口7406，流动人口3996人，汉、壮等民族聚居。2001年9月25日设立，2015年6月由新阳上社区更名为新秀社区。属混合型社区。

龙腾社区 新阳街道辖社区。位于新阳街道东北部。2001年7月设立龙腾社区，因龙腾路得名。2015年3月与新阳下社区整合，整合后的社区仍保留龙腾社区名称。东接北大南社区，南连新阳路社区，西邻新秀社区，北靠西乡塘街道北大北社区。面积约0.9平方千米。辖区有中石化南宁分公司、奥尔通石化公司、西乡塘消防大队新阳消防中队、西乡塘区政务服务中心、西乡塘区文化体育局、西乡塘区图书馆、新阳路小学、广西建行永新分理处、市工行永新营业部、桂林银行、南宁商业银行永和分行、广西第六建筑有限公司、南宁木材厂、国欢日杂公司、达尊食品公司、市农资公司、三华市场、邕宁区驻邕供销社、农资站、医药站、副食品站等单位；南宁铁路局永和宛、市土产公司、市糖烟公司、市商业运输公司、一心药业公司、康迈公司、珠江蜜饯公司、市大堤管理处等30多个单位及单位宿舍区；市房产局公房、茶安小区、北大公寓、新阳公寓、周屋、龙腾街、新阳一街等7个纯居民宿舍区。居委会驻龙腾路68号福满花园1栋1楼，面积为590平方米。辖居民约8000户，人口约2.5万人，流动人口约3000人。属混合型社区。

中兴社区　新阳街道辖社区。位于新阳街道西部。东接中尧路社区、永和社区、永和村，南连邕江，西邻上尧街道上尧村，西北接南罐社区，东北靠万力社区。面积2.5平方千米。辖区有市第三人民医院、市中尧路小学、市银雪面粉厂、市商业车队、西乡塘区人民政府第三办公区等单位。居委会驻新阳路292号面粉厂内，辖区总人口约2.5万人，共8345户，其中常住人口20922人，共7228户；流动人口4113人，共1117户，汉、壮等民族聚居。2001年11月20日设立。因辖原中兴村得名。属混合型社区。

永和社区　新阳街道辖社区。位于新阳街道南部。东接永和村，南连永和村，西邻中兴社区、北靠中尧路、新阳路社区。面积约0.35平方千米。辖区有南宁市第十五中学、广西工商职业技术学院、广西绿城水务股份有限公司中尧水厂、广西南宁市粮油机械有限公司、广西万通制药有限公司、南宁电焊条厂宿舍、广西南宁市康城车队宿舍、南宁市多丽电器有限责任公司宿舍、南宁市祥康粮油饲料有限责任公司宿舍、永宏综合楼、永和小区、永和朝阳小区、虹桥湾小区、二桥北农贸市场等5个企事业单位、4个单位宿舍区、4个居住小区、1个农贸市场。居委会驻中尧路19号虹桥湾小区1号楼的一楼和二层的201、203号房，办公用房总面积530.16平方米。辖区有住户3088户9260人，其中常住人口7526人，流动人口1734人，汉、壮、瑶、苗等民族聚居。2001年8月21日设立。因社区大部分位于永和村内得名。属混合型社区。

北大南社区　新阳街道辖社区。位于新阳街道东部。东接华强街道永宁社区，南连邕江，西邻北际社区，北靠龙腾社区。面积约0.7平方千米。辖区有滨江骏景小区、邕江时代广场一期和二期、正安花园、居民住宅区与广西壮族自治区建筑科学研究设计院、市政总公司、市鑫恒运粮油购销责任有限公司、江北小学、南宁港航运输有限责任公司、市航运输总公司、市国欢日杂有限公司、南宁拉丝制钉厂、广西机电总公司南宁分公司、广西化建公司南宁分公司、广西金属南宁公司、昊冠建筑住宅责任有限公司、市建工建安安装公司门窗厂、广西质量检测中心、南宁市糖烟总公司义忠街宿舍、西乡塘区政府义忠街宿舍等15个单位、4个花园小区。居委会驻遇安街东二里55号。辖居民3708户1.29万人，其中户籍人口1.15万，流动人口1465。有汉、壮等8个民族聚居。社区于2001年9月26日设立，属混合型社区。

万力社区　新阳街道辖社区。位于新阳街道西北部。东、南面接新秀社区，西邻中兴社区，北靠沈阳路社区。面积约0.17平方千米。由原南宁万力啤酒饮料公司生活区一区、二区、三区组成。有南宁青岛啤酒有限公司、南宁天伦医院、万景花园酒店、安东物流公司等单位。居委会驻明秀西路152号，办公服务用房1260平方米。有居民住宅楼28栋共1520户5314人，汉、壮等民族聚居。1951年为广西砖瓦厂职工生活区，1968年为市耐火材料厂职工生活区，1987年企业转产啤酒，为南宁万力啤酒饮料总公司职工生活区。2001年9月28日改为社区。因系原南宁万力啤酒饮料总公司生活区得名。属单位型社区。

中尧路社区 新阳街道辖社区。位于新阳街道西部。因中尧路得名。东起新阳路，南接江北大道，西至明秀西路，北至新阳路。面积约0.5平方千米。辖区有广西南宁百会药业集团有限公司、南宁机械厂、南宁南机环保科技有限公司、新秀学校等单位，有8个宿舍生活区组成的单位型社区。居委会驻中尧南路2-1号。有居民3191户，总人口10033人，其中常住人口8370人，流动人口1663人。2015年2月28日，由原百会社区和南机社区整合而成。属单位型社区。

安吉路社区 安吉街道辖社区。成立于2001年12月，南北连接广西汽车交易市场，东连南宁市安吉客运站，西靠广西大学，辖广西电力职业技术学院东校区、广西二建二分公司、广西农机鉴定站、市农机奔腾有限公司、市农机技术推广站、农机管理中心、市农机监理所、市种畜场、南宁市花卉公园、市交通运输管理处、怡和园小区、市政小区、区水电工程局安吉生活区、安吉丽城小区、安吉华都小区、公务员小区、区交通运输管理处生活区等单位和小区。辖区面积1.2平方千米，社区内共有9家区、市级机关企事业单位和5个纯居民小区，现有住户5213户，户籍人口14161人，属混合型社区。

安阳路社区 安吉街道辖社区。2018年5月16日，目前社区办公室位于南宁市西乡塘区吉兴西路18号大嘉汇尚悦小区内，辖区面积约160万平方米，社区管辖范围从安吉大道32—36号（新世纪花园、安吉雅苑、新园居小区、银河宿舍、广西二手车市场、市国土资源小区）等单位和安阳路9—19号（大嘉汇尚悦、广隆二手车市场、盛天时代、亿鼎中心、万达华府、南宁市明天学校、安吉万达广场、大商汇希望城.锦城.汇豪华庭、安吉街道办事处、明秀派出所、安吉中学、安吉北区供销社、安吉卫生院、安吉真情幸福之家、华尔街工谷、安吉山语城、碧桂园)等。现有住户9573户、户籍人口5030人，属混合型社区。

北湖安居社区 安吉街道辖社区。成立于2002年1月，地处西乡塘区秀厢大道东段53号，辖区面积约80万平方米，辖区居民约4516户，总人口11390人，其中户籍人口8180人，空挂户560人，流动人口2650人。社区由北湖安居小区、北湖安居第二小区、南宁市三建第九分公司、区残疾人康复中心、瑞康秀厢生活区等小区和单位组成，是一个混合型社区。

北湖北路社区 安吉街道辖社区。位于安吉街道东部。东、南连皂角村，西邻秀安路社区，北靠连畴村，面积约60万平方米。原有北湖小区、南宁五菱桂花车辆有限公司、南宁银杉电线电缆有限责任公司、北湖路小学。2015年下半年因北湖小区和五菱桂花车辆有限公司生活区部分楼栋进行旧改，人员流出较多。2018年末，有6071人（其中常住人口5546人，流动人口525人），汉、壮等民族聚居。居委会办公室位于驻北湖北路49号北湖小区35栋。2001年10月设立。因居委会驻地得名。属混合型社区。

吉秀社区 安吉街道辖社区。于2002年1月成立，隶属西乡塘区安吉街道办事处管辖，东连秀安路，南接秀厢大道，西临安吉大道，北靠秀安路社区，取安吉、秀厢大道两路各一字得名，面积约45万平方米，属混合型社区。现办公地址位于秀厢大道东段27号，管辖总户数5750户，总人口15600多人，汉、壮等民族聚居。所辖单位及小区包括广西路桥二处宿舍、南宁市交警支队一大队、广西五建南宁公司、南宁市三十一中、棕榈湾小区、广西机电学校、南宁市三十三中等共25个成员单位。

桃花源社区 安吉街道辖社区。位于南宁市西乡塘区安园东路9号，成立于2009年7月，由桃花源小区、安吉新城居民小区、南地教育学院（院校全体学生迁至崇左）、桃花源小学、卫星测控站、安吉客运站等单位组成，是一个混合型社区，与安吉大道、北湖北路两大交通干线相邻，辖区管理占地面积80万平方米，总建筑面积70万平方米，80栋楼共7209多套住房，社区居民26000多人。社区于2009年5月成立党支部，2017年7月改为党总支部，下设3个支部，现有党员79名。社区服务用房300多平方米，设有一站式服务大厅、廉洁工作站。社区有工作人员19人，其中公益岗位人员1人，社工12人，协管员6人。

秀安路社区 安吉街道辖社区。成立于2001年，位于西乡塘区秀园三里1号鑫利华花城小区29栋。东靠北湖安居小区，西邻安吉大道，南依快速环道、北依苏芦村。辖区总面积220万平方米，有广西建工集团第一安装有限公司、南宁广发重工集团有限公司、南宁市第二十四中学、南宁市秀安路小学、秀厢东段小学、鑫利华小学等6家单位；有广西建工集团建筑机械制造有限责任公司生活区、广西建工集团第一安装有限公司生活区、万秀小区、鑫利华花城小区等5个生活区。有居民12876户，人口32642人，社区服务用房面积630平方米，设有一站式服务大厅、廉洁工作站，属混合型社区。

罗文社区 石埠街道辖社区。位于石埠街道东北部。东接西明村，西连石埠村，南临邕江，北攘罗文村，面积4.07平方千米。辖区内有西乡塘客运站、桂顺宁车检站、罗文实业公司等单位，广西财经学院、南宁职业技术学院、广西工商学院、南宁技师学院等4所高等院校。324国道、江北大道、轨道交通一号线过境。2018年末，有居民4204户共1.64万人，汉、壮等民族聚居。居委会驻江北大道骋望·怡景湾小区内。社区于2009年3月设立，因居委会原驻地（罗文管理区）得名。属城市社区。

石埠社区 石埠街道辖社区。位于石埠街道中部。东接乐洲村，西邻老口村，南连和安村，北靠石埠村。面积3平方千米。有石埠卫生院、南宁市世通水泥制品厂、老口渔民社、航运社、石埠实业有限公司和广西民族大学西校区等单位。水路有邕江老口河段。005县道、江北大道、324国道及轨道交通一号线过境。"石埠"一名来历和含义参见"石埠街道"条。2018年末，有居民706户共1929人，汉、壮等民族聚居。居委会驻石埠二桥，距离石埠街道办事处0.8千米。社区于2009年9月设立。因居委会驻地得名。属城市社区。

衡阳南社区 衡阳街道辖社区。位于衡阳街道南部。东起友爱南路25号，南至地洞口路12号，西至衡阳西路19号，北至衡阳西路1号衡阳友爱十字路口，面积约1.5平方千米。有西乡塘区政府、南宁市被服厂、南宁市元钉厂、南宁市星级农贸市场、苏宁电器、同一幼儿园等6个成员单位，13个小区。居委会驻衡阳西路1号（广运都市景苑2栋2楼）。2018年末，有住户2918户1.03万人。社区于2001年10月31日设立，因地处衡阳路南侧得名。属混合型社区。

衡阳北社区 衡阳街道辖社区。位于衡阳街道中部偏北。东起友爱路警务区，西邻自治区粮食局车队及友爱村苦瓜巷，南接衡阳西路，北接明秀西路，面积1.13平方千米。有南宁警备区、广西新闻图片画报社、中国工商银行南宁市明秀支行、南宁市第十八中学、衡阳路小学等32个单位。2018年末，有居民6612户1.6万人，汉、壮等民族聚居。2018年7月，居委会驻地由原来的衡阳西路北一巷495-1号迁到北一巷298号。社区于2001年7月21日设立；2015年6月15日整合划分，将明秀中社区明秀西路以南部分、衡阳南社区衡阳西路以北部分、北湖街道友爱南社区衡阳西路以北部分并入衡阳北社区。因地处衡阳路北侧得名。属混合型社区。

秀灵南社区 衡阳街道辖社区。位于衡阳街道北部，东接秀厢村、友爱村，西邻秀灵路，南连友爱村，北靠秀厢村，面积约0.65平方千米。辖区有天域、西西湾、万汇华府三个商品房小区，崇左交通局宿舍、汽运交运公司宿舍、原郊区检察院宿舍、第六人民医院宿舍等8个单位型宿舍区，友爱花苑、英华公寓、友爱村部分居民房、友爱农贸市场居民楼等十多个纯居民小区。2018年末，有居民5409户1.55万人，汉、壮民族聚居。居委会驻友爱北路西二巷106号。社区于2015年6月18日由秀灵南社区与新秀社区合并而成。属混合型社区。

南铁北一区社区 衡阳街道辖社区。位于衡阳街道南部，东从友爱南路铁路桥北至友爱南路23号，西由铁路沿线（地洞口路2号），沿地洞口路段东侧至衡阳路口（安达小区），南由东起友爱南路铁路桥，沿铁路沿线向西至地洞口，北从衡阳西路3号，沿衡阳西路至衡阳西路7号（南铁材料厂小区），面积0.85平方千米。有南铁物资供应段、南铁供电段、南宁市华衡小学、南铁卫生服务中心等5个单位和7个居民小区。2018年末，有居民3004户9362人，汉、壮民族聚居。2001年10月21日设立，居委会驻地洞口路4号水仙苑小区物业楼。社区于2015年5月由南铁北一区与相邻的南铁北中区合并而成。因地处铁路片区得名。属混合型社区。

南铁北二区社区 衡阳街道管辖社区。位于衡阳街道中西部。东起秀灵路，西临南铁一街，南接衡阳西路，北至明秀西路，面积约0.7平方千米。有南铁公安处、南宁市第八医院、南宁市第三十七中学、西乡塘区衡阳西路第二幼儿园、南宁市公安局西乡塘公安分局第二刑侦大队、南城百货南铁店等7个单位，有玫瑰苑、玉兰苑、桂花苑、茉莉、通泰小区等10个纯居民小区。2018年末，有居民3362户1.42万人，汉、壮、瑶、回等民族聚居。居委会驻通泰小区20-1栋。社区于2001年10月31日设立。因地处铁路片区得名。属混合型社区。

南铁北三区社区 衡阳街道辖社区。位于衡阳街道中部偏南。东靠南铁一街，西毗沈阳路，南接衡阳西路，北邻明秀西路，面积1.8平方千米。有西乡塘区衡阳西路第一幼儿园、南宁铁路运输法院、南宁铁路运输检察院、育才学校、南宁市第三十六中、南宁铁路电务段、铁通南宁分公司、南宁铁路通信段、南铁文化宫、南宁市锦华小学、南铁公安处乘警支队等11个单位和7个居民小区。2018年末，有居民3202户1.26万人，汉、壮、瑶、回等民族聚居。居委会驻南铁二街沈阳小区内。社区于2001年10月20日设立，因地处铁路片区得名。属混合型社区。

南铁北四区社区 衡阳街道辖社区。位于衡阳街道西南部。东起白苍岭路，西至衡阳西路29号（衡阳路南七巷路口），南至南七巷，北至衡阳西路，面积约1.50平方千米。辖内有南铁机务段、柳铁燃气南宁分公司、南铁公安局、宁铁建设总公司、南宁白苍岭市场等20个单位29个居住小区。2018年末，有居民5436户1.84万人。居委会驻白苍岭路西巷南宁市衡阳西路第三幼儿园旁。2015年9月25日，南铁北四区社区与西乡塘街道北大北社区合并称南铁北四区社区。属混合型老旧社区。

友爱中社区 衡阳街道辖社区。位于衡阳街道东北部。东起友爱北路西三巷路口，西至明秀秀灵路口，南至明秀西路，北至友爱村西三巷。面积约1.2平方千米。有友爱小学、南宁市第八中学（初中部）、南宁水电设计院等25个单位小区。居委会驻友爱北路解元巷4号。2018年末，有2062户6426人，汉、壮、苗、瑶等民族聚居。社区于2001年10月31日设立，2015年6月15日整合划分，将原明秀中社区明秀西路以北部分并入友爱中社区，因地处友爱北路中段得名。属混合型社区。

友爱北社区 衡阳街道辖社区。位于衡阳街道东北部。东靠万秀村，西毗秀厢村，南接友爱中社区，北邻秀厢大道，面积约1.3平方千米。有自治区、市级机关企事业及部队干休所等20个单位和友爱北路59号居民小区。2018年末，有居民3423户9768人。居委会驻友爱北路51-1号。社区于2001年12月9日设立，因居委会驻地得名。属混合型社区。

沈阳路社区 衡阳街道辖社区。位于衡阳街道西部。东靠南铁沈阳小区，西毗明秀西路、大学路交叉路口，南接衡阳西路，北邻大学东路，面积1.13平方千米。有现代交通集团、正恒国际等29个单位小区。2018年末，有居民5781户1.5万人，汉、壮、满、回、仫佬等民族聚居。居委会驻沈阳路正恒国际广场13栋4楼。2015年9月25日因行政区划调整，将西乡塘街道沈阳路社区划归衡阳街道管辖，10月30日社区设立，因地处沈阳路得名。属混合型社区。

中华中路社区 衡阳街道辖社区。位于衡阳街道南部。东接兴宁区中华社区，西邻南铁北四区，南连华强街道华强社区，北靠南铁北一区，面积约1.3平方千米。有南宁火车站，梦之岛电动车城、南宁客运段、城市便捷酒店、铁道饭店、南宁铁路旅游聚散基地停车场、南宁工务段、西乡塘区环卫站、南宁铁路疾控中心、南宁铁路建筑公司、中铁二十五局等29个单位。2018年末，有居民4061户1.37万人，有汉、壮、维、回等19个民族聚居，少数民族占社区总人口的30%。居委会驻中华路68号。社区于2001年12月24日设立。因地处中华路中段得名。属混合型社区。

金城社区　金陵镇辖社区。位于镇境中部。东与陆平村隔右江相望，西、南面靠金陵村，北与南岸村交接。面积12平方千米。2004年8月由金龙、朝阳、新秀3个社区居委会合并而成，因社区在金陵城镇上设立得名。以饮食业、运输业、养殖业、个体经商业为主，种植业为辅。有36条街巷，2个自然坡。2018年末，有居民3320户共12933人，聚居着汉、壮等民族。社区居委会驻金陵镇朝阳路1号。

那龙社区　金陵镇辖社区。位于镇境南部。东至广道村，西至那龙煤矿，南至龙达村，北至乐勇村，面积322万平方米。2013年5月24日在那龙矿区的基础上组建而成，因社区在那龙圩上设立得名。有原那龙镇政府大院、原那龙矿务局及那龙新旧街区。2018年末，有居民3826户约11983人，聚居着壮、汉等民族。社区居委会驻那龙圩。

南罐社区　上尧街道辖社区。位于上尧街道东部，东接新阳街道中兴社区，西邻鲁班社区，南连上尧村，北靠西乡塘街道大学东社区，面积1.2平方千米。有南宁罐头食品厂第一、第二生活区及振宁鲁班小区。2018年末，有居民4003户共1.86万人，汉、壮、瑶、苗、仫佬等民族聚居。居委会驻新阳路310号。社区于2004年6月28日设立。因辖南宁罐头食品厂得名。属混合型社区。

鲁班社区　上尧街道辖社区。位于上尧街道东南部。东接南罐社区，西邻上尧村，南连上尧村、新阳街道中兴社区，北靠西乡塘街道文华园小区，面积约0.5平方千米。辖区有广西南宁绿城水务股份有限公司西郊水厂、南宁康诺生化制药有限责任公司、南宁五丰联合食品有限公司、原南宁肉联厂一、二生活区、南宁铁路工区宿舍、金水湾花园小区、西郊水厂宿舍区。2018年末，有居民1136户共3205人，汉、壮等民族聚居。居委会驻鲁班路6号。社区于2002年11月设立，因居委会驻地得名。属混合型社区。

大学南社区　上尧街道辖社区。位于上尧街道西部。东接陈西村，西邻相思湖社区，南连邕江，北靠西乡塘街道大学西路社区，面积约4.05平方千米。有陈村水厂、广西通信工程建设有限公司（原广西邮电工程建设局）、广西银行学校、广西华侨学校、南宁市清川小学等13个单位，居住小区4个。2018年末，有居民5831户共1.36万人，汉、壮、瑶、苗等少数民族聚居。社区于2003年9月成立，驻相思湖东路1号骋望·骊都北区。2015年6月，大学南社区与西湖社区整合后称大学南社区。属混合型社区。

相思湖社区　上尧街道辖社区。位于上尧街道西部。东接大学南社区，西邻石埠街道西明村，南连邕江，北靠西乡塘街道西乡塘社区、大学西路社区，面积1.35平方千米。有广西经济管理干部学院、广西社会主义学院等11个单位。2018年末，有居民3054户共4846人，汉、壮等民族聚居。居委会驻江北大道石埠段22号航运小区内。社区于2003年9月设立，因位于相思湖畔得名。属混合型社区。

金光社区 坛洛镇辖村。成立于2018年7月，位于广西农垦国有金光农场金光大道66-1号。社区于2018年7月成立党委，现有党员280人，其中离退休党员275人，现有社区工作人员共16人。社区服务用房约480平方米，设一站式服务大厅，一楼大厅业务有综合服务、卫计服务、民政、社会保障共四个为民服务窗口。辖有广西农垦国有金光农场有限公司、广西农垦糖业集团金光制糖有限公司、广西农垦永新畜牧集团金光有限公司、广西南宁金光淀粉有限公司、南宁市金光小学、金光卫生院、金光派出所等单位和13个分场。2018年末，居民约11000人。

高新工业园社区 心圩街道辖社区。位于心圩街道南部。东接心圩江畔，南连大学路，西至科德西路，北至秀厢快环，面积2平方千米。有高新苑小区、金乐福、中富花苑、涌金广场、财智时代、嘉华绿洲、心圩街道办事处宿舍、盛世龙腾、荷塘月色、瀚林雅筑、瀚林君庭、科瑞江韵、天誉华庭、华发未来荟、奥园朗庭、信用社宿舍、天雹水库宿舍、桂景苑共18个居民小区；市行政审批办证大厅、心圩江东公园、吉利隆农贸市场、农业科技市场、市人才交流中心、出国留学创业园及大中小学校等单位。科园大道过境。2018年末，常住居民11041户共28500人，汉、壮、瑶、苗、毛南、朝鲜等民族聚居。居委会驻科园西二里高新苑（南苑）28栋1号商铺。社区于2008年11月设立，因是高新区第一个成立的社区得名。属混合型社区。

创新社区 心圩街道辖社区。位于心圩街道西北部，东接心圩江公园，西至高新大道西段，南临快速环道，北至科园大道北段，面积8平方千米。有金宇新城、中谷蓝枫、同和华彩上湾、A派公馆4个居民小区及百川汇、心圩镇集体户、企业集体户。有高新区管委会、心圩街道办事处、心圩卫生院、心圩中学、富士康、丰达等单位和企业。2018年末，有居民2157户共13765人，汉、壮、瑶、苗、毛南、仫佬、朝鲜等民族聚居。居委会驻心圩路36号计生大楼。社区于2010年6月设立，因新社区新做法，大胆创新，开拓新思路得名。属混合型社区。

心圩江东社区 心圩街道辖社区。位于心圩街道东南部。东接广西大学，西邻心圩江湿地公园，南连大学路，北靠科德桥，面积0.8平方千米。有康桥蓝湾、盛天尚都、同和慧源、瀚林华府、盛天熙园、隆源国际花园、红日学府7个居民小区。2018年末，有居民6546户共2.13万人，汉、壮、瑶、苗、毛南、朝鲜等民族聚居。居委会驻鲁班路85号康桥蓝湾小区6栋6-2F-03号铺面。社区于2010年6月设立，因所辖居民小区均位于心圩江湿地公园东侧得名。属混合型社区。

梧桐苑社区 心圩街道辖社区。位于心圩街道西南方向，东至梧桐路、西接军安路，南临大学西路，北靠相贤路，新增骋望·麓涛位于西乡塘区罗文大道12号。面积约4.6万平方米。辖梧桐苑小区、骋望·麓涛小区。2018年末，常住居民1478户共3894人。辖区内居民大多数属于老弱病残困低收入家庭。居委会成立于2013年3月1日，驻军安路6号，因所辖梧桐苑小区得名。属特殊群体相对集中服务型社区。

相贤社区 心圩街道辖社区。位于心圩街道西部。东接广西蚕业科学研究院，西靠梧桐苑社区，南邻大学西路，北至下均路，面积1.5平方千米。有同人·学府大道、中房新天地、剑桥郡、大唐果、和思·相思湖畔5个小区及广西陆军预备役步兵师机关营区1个单位。2018年末，有居民5404户共11000人，汉、壮、瑶、苗、毛南等民族聚居。居委会驻西宁路19号同人·学府大道小区3栋01室。社区于2014年5月11日挂牌成立，因处在相贤路上得名。属混合型社区。

红豆社区 心圩街道辖社区。位于心圩街道西部。东接正鑫科技园，西邻红豆风情酒吧街，南邻和德村，北邻藤屋新村，面积约2平方千米。有红日江山、中海·御湖熙岸、人和·莱茵鹭湖3个小区。2018年末，有居民6455户共10213人，汉、壮、瑶、苗、毛南等民族聚居。居委会驻南宁市高新大道150号莱茵鹭湖小区9栋1单元2楼。社区于2014年10月8日挂牌成立，因周边规划建设红豆风情街得名。属混合型社区。

恒安社区 安宁街道辖社区。位于安宁街道西部。东接兴宁区朝阳街道鸡村，西邻西津村，南连皂角村，北靠北湖村、连畴村、永宁村，面积5.3平方千米。辖区有北湖工业管理区、岐村河水库、壮宁工贸园、广西区饲料公司、南宁市第四十九中、南宁市园艺路学校、南宁市农机院校、高峰人造板厂、南宁市福利中医医院、南宁市民族艺术基地、南宁市林峰路小学、恒安社区卫生服务中心等区、市直12个单位和恒安新城、保利爱琴海、北湖苑、和园小区、盛禾家园、大都家园、翰文苑、邕武路二塘坡西里居民小区、高峰农贸市场居民小区、中纤里居民小区、木工厂居民小区、高峰板厂居民小区共12个居民小区。2018年末，辖区人口约30500人，其中常住人口约14500人，流动人口约16000人，共12347户，汉、壮及部分少数民族聚居。恒安社区综合服务中心位于连庄路，办公场所1500平方米，2009年4月设立，属混合型社区。

林科院社区 安宁街道辖社区。位于安宁街道东北部，东接兴宁区路东村、热作社区，西邻西津村、永宁村，南连路西村、恒安社区，北靠武鸣区双桥镇，面积51.5平方千米。辖区驻有广西林业科学研究院、邕武医院、广西国营高峰林场界牌分场、广西高峰国营林场六里分场4个单位。2018年末，有居民776户约2917人，其中常住人口2550人，流动人口约367人，汉、壮、瑶等民族聚居。居委会驻邕武路23号林科院生活区小区内。2002年4月经南宁市兴宁区人民政府批准成立，因驻地为广西林业科学研究院得名，属单位型社区。

行政村

平新村委 西乡塘街道辖村。位于西乡塘街道南部。东接北大北路社区，西邻新阳街道新阳，上社区，南连新阳街道龙腾社区，北接五里亭新一街。面积0.25平方千米。辖平田村、新村2个自然村，有大北大机电市场等企业。2018年末，有居民250户共724人，汉、壮等民族聚居。村委会驻平田村16号。清代始建平田村和新村，解放后曾属华强街道办事处，1959年3月编入衡阳公社平新大队，1980年改村，因设村时取平田村、新村两村名各一字得名。该村属城中村，无耕地面积，收入来源主要是以出租房屋和出租场地为主。

永和村 西乡塘区新阳街道辖村。东接新阳南路，南与雅里村交界，西南临邕江，西北靠近中兴桥。面积0.27平方千米。辖第一、第二、第三村民小组，现有住户548户，户籍人口1965人，流动人口约8500人，汉、壮等民族聚居。北宋年间建村，俗称中尧村。1984年成立永和村委会，寓意永远祥和。现村委会办公地点位于中尧南路25号，有市文物保护单位黄家大院。

雅里村 西乡塘区新阳街道辖村。位于新阳街道南部。东接边阳社区，南连邕江，西、北靠永和村。面积约0.58平方千米。辖雅里上坡、雅里中坡，有一队、二队、三队、四队、五队、六队6个村队，8个村民小组。村委会驻雅里上坡1号。常住人口2261人，流动人口9578人，共3016户，汉、壮等民族聚居。传始居者于北宋从中原地区（江西吉安府、山东白马县）迁移到此建村。1949年前与今上尧永和等村称窑头村，主要从事烧砖瓦。1953年因觉窑头村名不好听，改名雅里。当地平话"瓦"与"雅"谐音。

大塘村 安吉街道辖村。位于安吉街道北部，距办事处驻地0.5千米。东邻高新区心圩街道西津村，南面与屯里村相邻，西面与高新区心圩街道罗赖村相邻，北靠高峰林场长客分场。村委会于2017年12月23日由安圩路搬迁至丰达一支路1号健宁公馆四楼。大塘村总面积6平方千米，属城乡接合部，辖东坡、西坡、赤里坡等3个自然坡（东坡、西坡、赤里坡），20个村民小组，现常住人口有5547人，农户2230户。大塘村党总支部，下辖东坡、西坡、赤里坡3个坡级党支部，现党总支部共有正式党员77名。

苏卢村 安吉街道辖村。位于安吉街道东部。东接北湖村、连畴村，西邻屯渌村、罗赖村、屯里村，南连万秀村、秀灵村，北靠西津村，面积2平方千米。辖6个村民小组。汉、壮等民族聚居。村委会驻安吉大道中段东面苏卢一路35号。北宋时期始建村。1949年前分苏卢、铜江2个村。1958年为苏卢大队。1984年改村。因以苏、卢两大姓为主体得名。现有土地面积108万平方米，其中第三产业用地13万平方米，宅基地36万平方米，耕地2万平方米，山坡地10万平方米，临建地47万平方米。大部分土地用于发展第三产业。安吉大道过境。

屯里村 安吉街道辖村。位于安吉街道西部。东、南接苏卢村，西邻心圩街道罗赖村，北靠大塘村，面积1平方千米。辖3个生产小组。2018年末，有居民240户（常住人口户）2.08万人（其中常住人口877人，流动人口2万人），汉、壮等民族聚居。村委会驻安圩路中段。相传明代末期由心圩细刘屋迁移此处建屯里村。1950年划入邕宁县十四区。1956年改为安吉高级农业合作社。1962年改为明秀公社屯里大队。1984年后称屯里村。以第三产业及出租土地为经济收入。

屯渌村 安吉街道辖村。位于安吉大道以西，东与花卉公园毗邻，南接广西大学，西边是心圩将公园，北面是西乡塘区行政中心，安吉万达和高新工业区园，村的面积约1平方千米，下辖3个村民小组，2个自然坡（屯渌村，鹧鸪渌村）。人口总数1062人，其中一队582人，二队248人，三队 238 人。占地面积约 1 平方千米。农民老屋一队 10 处，二队 3 处，三队 2 处。

石埠村 石埠街道辖村。位于石埠街道东部。东接西明村，东南连邕江，西北与石西村、金沙湖相连，西南邻下灵村，北靠南宁职业技术学院，东北接市戒毒所，面积 6 平方千米。辖区内有石埠中心小学、南宁市石东印务有限公司、万冠加油站、南宁市大福饲料厂等企事业单位。江北大道、324 国道过境。辖刘处、板田、钟毓、石埠街、苏屋四房、高塘村、梅屋、渌晚、细林园、苏屋三房、苏屋二房 11 个村民小组。2018 年末，有居民 726 户共 2146 人，汉、壮等民族聚居。村委会驻刘处。传始居者于宋代时从中原地区南迁至此建石埠村。耕地面积 73 万平方米，主要经济作物有黄瓜、豆角、辣椒等。村民以种植蔬菜和外出打工为主。"石埠"一名来历和含义参见"石埠街道"条。

西明村 石埠街道辖村。位于石埠街道东部。东接相思湖、广西经济管理干部学院、广西机电职业技术学院、南宁外国语学校、广西航运学校，西邻罗文园艺场、罗文村，南连邕江，北靠新村、广西壮族自治区蚕业指导所、广西民族大学老校区，面积 3 平方千米。地处丘陵地带。江北大道、大学路、石埠路、轨道交通一号线过境。辖老村坡、西乡塘坡 2 个自然坡、6 个村民小组。2018 年末，有居民 569 户共 2094 人，汉、壮等民族聚居。村委会驻老村坡。1949 年前称那伖村，1949 年后称西乡塘街罗明村，20 世纪 50 年代后称西明村。村庄集中在邕江边。耕地面积 63 万平方米。以种植蔬菜和第三产业为主。

秀灵村 北湖街道辖城中村。位于北湖街道西北部。东接秀厢路社区，南连万秀村，西靠西乡塘区衡阳街道辖区，北接秀厢大道。村委会驻友爱北路东四巷 19 号。1950 年成立秀灵乡人民政府，属南宁市郊区三区管辖。1958 年成立秀灵生产大队。1984 年改村，1995 年秀灵村公所改制，成立秀灵村民委员会，归上尧乡政府管辖。2001 年属城北区政府管辖。2005 年由西乡塘区政府北湖街道办事处管辖。辖 7 个村民小组，总面积为 1.2 平方千米，下辖 7 个村民小组，其中，实有房屋 672 栋，出租屋 648 栋，常住人口为 1803 人，流动人口为 2 万多人。全村共划分为 16 个网格，配备网格员 16 名，按照网格化管理工作要求，每个网格配备 1 台综治 E 通手机。

万秀村 北湖街道辖城中村。东临北湖路，南靠明秀路，西毗友爱路，北邻秀厢大道。辖 6 个村民小组，面积 0.85 平方千米，户籍人口 4966 人，流动人口约 6.2 万多人，是广西流动人口最多的城中村。万秀村大力发展第三产业，建成北湖农贸、北湖副食品批发等多家市场。

石西村 石埠街道辖村。位于石埠街道东北部。东接石埠村，东南连石埠奶场，西邻兴贤村，西南连老口村，北靠高峰林场银岭分场、金沙湖，面积 5 平方千米。地处丘陵地带。辖区内有南宁华润（西乡塘）混凝土有限公司、盛达混凝土有限公司等单位。324 国道、轨道交通一号线过境，也是轨道交通一号线石埠站"西乡塘区停车场"所在地。辖郎可、尖岭、西岸 3 个自然坡、9 个村民小组。2018 年末，有居民 446 户共 1830 人，汉、壮等民族聚居。村委会驻郎可（大树坡）。传始居者于宋代由中原地区迁至此建村，1911 年前称朗可村，1912年后称石西村，因村在石埠西面得名。耕地面积92万平方米，其中水田约24933平方米，旱地36400平方米；林地面积166.67万平方米。

上灵村 石埠街道辖村。位于石埠街道南部。东接邕江与江南区沙井街道三津村隔岸相望，西邻石埠社区，南连乐洲村，北靠下灵村，面积约5平方千米。地处丘陵地带。灵托公路过境。辖上六冬、下六冬、高地、尽头梁、上廖、下李屋、上李屋、邱屋、屋背田、下梁10个自然坡、11个村民小组。2018年末，有居民624户共2367人，汉、壮等民族聚居。村委会驻上六冬。传始居者于宋代时由中原地区迁至此建村，俗称"灵湾村"（含上灵、下灵村），因当地的江畔在翠竹的掩映下如跃舞的蛟龙，俗称"灵湾"，又因该村处在灵湾的上游，故名；1950年属邕宁县第十三区；1959年划归郊区石埠公社；1984年改村；2001年12月归永新区；2005年3月归西乡塘区石埠街道。耕地面积约248万平方米，以种养为主，手工业为辅，是南宁市"菜篮子"工程重点生产基地。

和安村 石埠街道辖村。位于石埠街道南部。东、北接石埠社区，南连永安村，西、北与老口村相连，面积约3平方千米。地处丘陵地带。邕隆公路从村边经过。东盟生态园林龟鳖产业园项目落户于此。辖长岗岭、细村、新李屋、细巷、灶瓦、井边、乔板圩、庙背、大巷、老李屋10个自然坡。2018年末，有居民678户共2348人，汉、壮等民族聚居。村委会驻老李屋。传始居者于宋代由中原地区迁至此建村；1949年前称乔板村；1950年称华安乡；1984年后改名为和安村，因村庄和谐安定得名。耕地面积136万平方米，以种植水稻、蔬菜、渔业、养殖为主。2018年，和安村充分利用自身优势加大发展村集体经济和招商引资力度，成功引进捕风揽景门窗有限公司、华光机械厂、神龙林化产品有限公司等近十家优质企业进驻，带动村民就近就业、发家致富。

永安村 石埠街道辖村。位于石埠街道西南部。东接乐洲村，西邻老口村，南连忠良村，北靠和安村，面积约4平方千米。地处丘陵地带。辖七冬、八冬、竹琴、那造、新塘、颜屋、那鹤岭7个自然坡、11个村民小组。2018年末，有居民832户共2993人，汉、壮等民族聚居。村委会驻竹琴。传始居者于宋代由中原地区迁至此建村；1949年前称永红村公所；1950年改称为永安村，新中国成立后因村民希望社会永远安定得名。耕地面积146.7万平方米，以种植蔬菜和发展养殖业为主。

乐洲村 石埠街道辖村。位于石埠街道东南部。东与江南区沙井街道乐贤村、金鸡村隔江而望，西邻和安村、永安村、石埠奶场，南临邕江与忠良村、江南区沙井街道金鸡村相连接，北靠上灵村，面积约5平方千米。地处丘陵地带。南坛高速公路贯穿过境。辖里美、托洲、滩头、抱村、细樟岭5个自然坡、18个村民小组。辖区内有烟农台湾名优水果园、吉泓生态竹园、广西国际水上休闲运动乐园等重要园区。2018年末，有居民1396户共4848人，汉、壮等民族聚居。村委会驻滩头。传始居者于宋代由中原地区迁至此建村；1949年前合并村时取三乐村、托洲两村名各一字得名。耕地面积为267.73万平方米，以种植、养殖为主，是南宁市重要农业基地之一。

旅游景点太阳岛位于村南部邕江中。

下灵村 石埠街道辖村。位于石埠街道南部。东与江南区沙井街道三津村隔江相望，西邻石埠奶场，南连上灵村，北靠石埠村，面积约5平方千米。地处丘陵地带。辖中廖、下廖、相华户、草子团、大黄屋5个自然坡。2018年末，有居民471户共1780人，汉、壮等民族聚居。村委会驻中廖。传始居者于宋代时由中原地区迁至此建村，俗称"灵湾村"（含上灵、下灵村）。"灵湾"一名来历和含义参见"上灵村"条。耕地面积74.4万平方米，以种植水稻、蔬菜为主，近年来，下灵村积极探索"支部+协会（合作社）+基地+农户"的生产模式，全力打造菜篮子工程，成为南宁市的蔬菜基地之一。

忠良村 石埠街道辖村。位于石埠街道西部。东接乐洲村，南连邕江，西、北与永安村相连，面积约4平方千米，是"美丽南方"景区核心所在地。地处丘陵地带。辖杨村、巷口、十冬、山头岭细村、佛子楼5个自然坡。2018年末，有居民561户共2117人，汉、壮等民族聚居。村委会驻巷口。传始居者于宋代由中原地区迁至此建村，称忠良村。村里有座双忠庙，是为纪念南明抗清名将梁云升和杨禹甸而建。耕地面积81.67万平方米，以种植蔬菜、水稻和发展第三产业为主。

老口村 石埠街道辖村。位于石埠街道西部。东接永安、和安村，西邻兴贤村，南连邕江，北靠石西村，面积约22平方千米。地处丘陵地带。辖建宁、六冬、罗屋、登悦、三民、覃屋、浪竹、那告、新村、那律、卢村11个自然坡，54个村民小组。老口水利航运枢纽、那告坡覃氏古宅群、三民艺术村等景点坐落于此，辖区内有广西超大运输集团有限公司、广西南宁骏骋园林投资有限公司、广西全运体育发展有限公司等企业。2018年末，有居民2999户共1.21万人，汉、壮等民族聚居。村委会驻老口圩贤湾街19号。传始居者于宋代时由中原地区迁至此建村，称老口村。有耕地面积511.62万平方米，以种植、养殖为主，主要经济作物有香葱、四季豆、黄瓜、番茄、丝瓜、苦瓜等，是南宁市蔬菜基地。老口村委会为市文物点。

罗文村 石埠街道辖村。位于石埠街道北部。东起罗文大道，西至罗文实业有限公司、银岭分场、四联村，南抵自治区纪律检查委员会办公楼、广西民族大学相思湖学院，北接银岭分场、四联村，面积5.73平方千米。地处丘陵地带。内有罗文水库及禾屋水库，辖罗文坡小学、庚晨砖厂和安东尼砖厂等企事业单位和5个生产队。2018年末，有居民308户共1366人，汉、壮等民族聚居。村委会驻相思湖北路西段新罗文办公楼二楼。2014年8月设村。有耕地面积1万平方米，鱼塘约2万平方米。以种植蔬菜、葡萄为主。

友爱村 衡阳街道辖村。位于衡阳街道中部。东接明秀中、衡阳北社区，西邻秀灵北，南连南铁北二区、北三区，北靠秀灵南社区，面积0.5平方千米。辖13个村民小组。2018年末，有居民500户1515人，外来流动人口近3万人，汉、壮等民族聚居。村委会驻明秀西路北一巷1号。1949年前因村内有明秀寺称明秀村；1958年因村东面修友爱路后改名为友爱村。

秀厢村 衡阳街道辖村。位于衡阳街道中部，东接友爱北路，西与广西大学相

· 521 ·

邻，南邻友爱村，北靠桂林工学院南宁分院，面积0.5平方千米。有2个农贸市场，2个大型超市，1所公立小学，1所民办小学。2018年末，有居民790户2838人，外来流动人口2.92万人，汉、壮等民族聚居。村委会驻友爱北路西三巷28号。1952年前称横塘廖家坡，1952年7月改称为秀厢乡第一生产合作社，1958年8月改称为中苏友好人民公社秀厢生产大队，1968年3月改称为秀厢大队革命委员会，1984年改称为秀厢大队，1987年改称为村公所（同时挂农业经济合作社的牌子），1995年7月改称为村民委员会。

兴贤村　金陵镇辖村。位于镇境东南部。东接金沙湖旅游区，南临邕江与江西镇同江村隔江相望，西、北与东南村及三联村交界，面积24平方千米。是左、右江汇合为邕江之处，南百高速公路、324国道过境。传始居者于宋代时由中原地区迁至此建村，1949年称兴安、贤治村，1950年合并称兴贤村，因取兴安、贤治两村名各一字得名。2014年划归金陵镇管辖。地处丘陵地带。耕地面积311.4万平方米，林地面积1200万平方米。主要种植玉米、蔬菜、水稻等。辖白沙、新联、旧联、儒礼、渌王、言屋、上邓、平备、陆寺、那莫、那章11个自然坡，35个村民小组。2018年末，有村民1470户7050人，聚居着汉、壮等民族。村委会驻白沙。

金陵村　金陵镇辖村。位于镇境南部。东接陆平村，西邻坛洛镇武康、东佳村，南连坛洛镇马伦村，北靠南岸村，面积26.8平方千米。南昆铁路、324国道、南百高速公路过境。1962年为金陵大队；1984年改村，因村委会驻地得名。地处丘陵地带。耕地面积686万平方米，以种植香蕉、蔬菜、玉米为主。辖宁村、大林、金陵旧街、那发、白沙5个自然坡。"金陵"一名来历和含义参见"金陵镇"条。2018年末，有村民1603户6001人，汉、壮等民族聚居。村委会驻金陵镇兴陵街135-137号。

陆平村　金陵镇辖村。位于镇境东部。东接三联村、双定镇和强村，西邻金陵、广道村，南连东南村，北靠双定镇武陵村。面积28.7平方千米。324国道过境。1962年为陆平大队，1984年改村，因辖区内陆村、那平两个坡人数最多得名。地处丘陵地带。耕地面积1644万平方米，主要种植粮食作物以及短期瓜果蔬菜为主，如玉米、黄瓜、辣椒、茄子、豆角、香葱、苦瓜等。辖那平、陆村、上林、公鸡、那万、永吉、长江、流江8个自然坡。2018年末，有村民1757户6543人，汉、壮等民族聚居。村委会驻长江。

三联村　金陵镇辖村。位于镇境东南部。东接高峰林场，西邻东南、陆平村，南连兴贤村，北靠和强村，面积25.3平方千米。324国道过境。1962年为三联大队，1984年改村，因由人口较多的南流、扶照、立卢三坡联合组成得名。地处丘陵地带。耕地面积457万平方米，种植水稻、香葱、玉米、蔬菜、水果、林木等。辖立卢、扶照、南流、渌开、中备、小备6个自然坡。2018年末，有村民958户3710人，汉、壮等民族聚居。村委会驻扶照。

东南村　金陵镇村。位于镇境东南部。东接兴贤村，西邻金陵村及坛洛镇马伦村，南临右江与江西镇同江村相望，北靠陆平、三联村，面积10.9平方千米。324国道过境。1962年为东南大队，1984年改村，因

1949年前曾设东南乡得名。地处丘陵地带。耕地面积475万平方米，主要以种植水稻、南瓜、香葱、种桑养蚕为主。辖那元、葫芦、大滩、石头岭、长田、那藤6个自然坡。2018年末，有村民608户2230人，汉、壮等民族聚居。村委会驻那元。

南岸村 金陵镇辖村。位于镇境北部。东与广道村及双定镇武陵村隔右江相望，西邻刚德村，南连金陵村，北与龙达村隔江相望，面积约10.9平方千米。1962年为南岸大队；1984年改村，因位于右江南岸得名。地处丘陵地带。耕地面积623万平方米，主要种植南瓜、沃柑、香蕉、芒果、黄皮果、水稻和应季蔬菜等作物。辖兰梁、兰宋、兰刘、花黎、花梁、冲卜6个自然坡。2018年末，有村民1089户共4627人，汉、壮等民族聚居。村委会驻花黎。

龙达村 金陵镇辖村。位于镇境北部。东接广道村，西、南邻南岸村，北靠双义村。面积约5.6平方千米。1962年为龙达大队；1984年改村，因由原宏道、达道村及龙江街合并成立，故从达道村和龙江街中各取一字得名。地处丘陵地带。耕地面积384万平方米，经济产业主要以水稻、南瓜、玉米为主。辖龙江、上团、圣堂、塘屋、陈屋、雷屋、沙洲7个自然坡。2018年末，有村民905户3423人，汉、壮等民族聚居。村委会驻那龙圩新街区。

双义村 金陵镇辖村。位于镇境北部。东接广道村，西与刚德村隔江相望，南连龙达村，北靠乐勇村，面积9.2平方千米。1962年为双义大队；1984年改村，因取精义、忠义两坡各一字得名。地处丘陵地带。耕地面积626万平方米，主要种植香蕉、玉米、南瓜、香瓜等。辖精义、忠义2个自然坡。2017年末，有村民1116户4324人，汉、壮等民族聚居。村委会驻忠义。

刚德村 金陵镇辖村。位于镇境西北部。东接双义村，西邻坛洛镇中北村，南连南岸村，北靠居联、上正村，面积约11.9平方千米。1962年为刚德大队；1984年改村，清末民初设村名时取刚强、道德兼具之意。地处丘陵地带。耕地面积680万平方米，主要经济来源于香蕉、南瓜种植，网箱养鱼、黄沙鳖，蛇类养殖项目等。辖大石、驮罕、务学3个自然坡。2018年末，有村民855户3458人，汉、壮等民族聚居。村委会驻大石。

居联村 金陵镇辖村。位于镇境北部。东、南连刚德村，西与坛洛镇上正村隔右江相望，北靠邓圩村，面积4.26平方千米。1962年为居联大队；1984年改村，取安居各姓大联合之意。地处丘陵地带。耕地面积311万平方米，经济产业主要以水稻、南瓜、玉米为主。辖八冬、廖葱、兰潘、兰廖、花浮、平基、兰布7个自然坡。2018年末，有村民753户3035人，汉、壮等民族聚居。村委会驻花浮。

乐勇村 金陵镇辖村。位于镇境西北部。东接广道村，西邻邓圩村，南连双义村，北靠双定镇义平村，面积约18.6平方千米。1962年为乐勇大队；1984年改村，因乐仁、勇义村合并时取两村名各一字得名。地处丘陵地带。耕地面积1240万平方米，以种植三红蜜柚、水稻、香蕉、甜瓜、南瓜和茄子为主。辖晚方、坛民、那料、邓佳、那当5个自然坡。2018年末，有村民1120户4336人，汉、壮等民族聚居。村委会驻那料。

业仁村 金陵镇辖村。位于镇境北

部。是位于隆安县丁当镇的飞地村。面积13.3平方千米。1962年为业仁大队；1984年改村，村名取安居乐业、仁义道德之意。地处丘陵地带。耕地面积600万平方米，其中水田47万平方米，主要种植甘蔗、木薯、香蕉、柑橘、水稻等作物。辖上合、下合2个自然坡。2018年末，有村民375户1633人，壮族聚居。村委会驻上合。

邓圩村　金陵镇辖村。位于镇境西北部。东接乐勇村，西邻坛洛镇上正村，南连那龙煤矿、居联村，北靠隆安县叮当镇联合村。面积18平方千米。1962年为邓圩大队；1984年改村，因邓姓较多且村中有个圩场得名。地处丘陵地带。耕地面积1253万平方米，主要种植南瓜、玉米、甘蔗、香蕉、柑橘、水稻等作物。辖定东、邓丁、三甲、二甲、坛寺、兰邓、卢永、卢保、内王、外王、农乐、新巷、何李、那玩、西厢、横岭、百稔17个自然坡。2018年末，有村民1352户5682人，壮族聚居。村委会驻安仁。

广道村　金陵镇辖村。位于镇境北部。东接双定镇武陵村，西邻龙达村、双义村，南连陆平村，北靠龙达、乐勇村，面积11.5平方千米。1962年为广道大队；1984年改村，因地处原那龙乡腹地，道路四通八达，故名。地处丘陵地带。耕地面积787万平方米，经济作物以香蕉、甜瓜、西红柿、南瓜为主。辖群益、张邓、宣江、高峰4个自然坡。2018年末，有居民803户3279人，汉、壮等民族聚居。村委会驻群益。

陈西村　上尧街道辖村。位于上尧街道西部。东接陈东村，西邻大学南社区，南连邕江，北靠西乡塘街道大学西路社区，面积0.7平方千米。辖区村民分三个区域居住（陈西村一区、陈西村二区、陈西村三区），传始居者于宋代时由中原地区南迁至此建村，因均为陈姓，且分为东、西2村，该村位于西边，故名。2000年前属原郊区上尧公社，2001年后属永新区，2005年属西乡塘区。2018年末，有居民417户共1370人，汉族聚居。村委会驻陈西路208号。

陈东村　上尧街道辖村。位于上尧街道西部。东接上尧村隔心圩江，西邻陈西村，南连邕江，北靠大岭村，面积0.8平方千米。辖岭头坡、大塘坡、江边坡3个自然坡，4个村民小组。传始居者于宋代时由中原地区南迁至此建村，因均为陈姓，且分为东、西2村，该村位于东面，故称为陈东村。2000年前属原郊区上尧公社，2001年属永新区，2005年属西乡塘区。2018年末，有居民707户共2395人，汉族聚居。村委会驻陈东路谷塘东175号。

上尧村　上尧街道辖村。位于上尧街道南部。东接新阳街道中兴社区，西邻陈东村，南连邕江，北靠大学东社区，面积2平方千米。有8个村民小组。2018年末，有居民1230户共4112人，汉、壮等民族聚居。村委会驻地因新阳路扩建征拆，从新阳路239号暂时搬迁到新阳路227号。"上尧"一名来历和含义参见"上尧"街道条。

兴平村　双定镇辖村。位于镇境中部。东接英龙、秀山村，南连武陵、和强村，西北靠义平村，面积29.9平方千米。1984年称兴平村。村名取兴旺平安之意。地处丘陵地带。耕地面积约863万平方米，林地面积400多万平方米。主要种植水稻、甘蔗、木薯及西瓜、甜瓜、砂糖橘等。镇工业园区坐落其中。014县道过境。辖兴隆街、古浪、古典、兰卢、兰林、定刊、务读7个自然坡。

2017年末，有居民1728户共7084人，汉、壮等民族聚居。村委会驻兴隆街。

义平村 双定镇辖村。位于镇境西北部。东接兴平村，西邻金陵镇乐勇村，南连武陵村，北靠武鸣区交界，面积54.1平方千米。地处丘陵地带。1984年称义平村，设村时取较大的武义、下平两坡名各一字得名。耕地面积约1237万平方米，林地面积约2000万平方米，主要种植水稻、南瓜、木薯及西瓜、砂糖橘、椪柑、沃柑、香蕉等。近年来，以砂糖橘为主的水果种植发展较快。辖武义、下平、香山、拢英4个自然坡。2017年末，有居民1633户共5985人，汉、壮等民族聚居。村委会驻武义。

秀山村 双定镇辖村。位于镇境东北部。东接武鸣区华山村，西邻兴平村，南连兴平村、英龙村，北靠武鸣区建丰村，面积25.1平方千米。地处岩溶地带。214省道过境。1984年称秀山村，因村中石山众多且山形秀丽而得名。耕地面积443万平方米，林地面积约1200万平方米，主要种植水稻、玉米、甘蔗、南瓜及砂糖橘、香蕉等。石灰石资源丰富。辖百录、花伏、那耍、局才、桥双、陇灯、崇利、选楼坡、陇埋、陇丰10个自然坡。2017年末，有居民896户共3143人，汉、壮等民族聚居。村委会驻局才。

英龙村 双定镇辖村。位于镇境东部。东接武鸣区唐力、定黎村，西邻兴平村，南连和强村，北靠秀山村，面积26.2平方千米。地处岩溶地带。214省道过境。辖英吉、龙山、垒英3个自然坡。1984年称英龙村，设村时取较大的英吉、龙山两坡名各一字得名。耕地面积约643万平方米，林地面积约600万平方米，主要种植水稻、木薯、甘蔗、南瓜及香蕉、西瓜、砂糖橘等。石灰石资源丰富。每年开展"三月三"等传统民俗活动。2017年末，有居民1683户共5885人，汉、壮等民族聚居，壮族人口占95%。村委会驻英吉。

和强村 双定镇辖村。位于镇境南部。东接武鸣区唐力村，西邻金陵镇陆平村，南连金陵镇三联村，北靠双定镇兴平、英龙、武陵村，面积38.8平方千米。地处丘陵地带。214省道过境。1984年称和强村，取较大的和平、华强两坡名各一字得名。耕地面积672万平方米，林地面积约2300万平方米。主要种植水稻、木薯、甘蔗及香蕉、西瓜、西红柿等。以桉树种植为代表的林业发展较快。辖和平、华强、坛塘、那淡4个自然坡。2017年末，有居民1343户共4914人，汉、壮等民族聚居，壮族人口占95%。村委会驻和平。

武陵村 双定镇辖村。位于镇境西南部。东接和强、兴平村，西邻金陵镇广道村，南连金陵镇陆平村，北靠兴平村，面积14.9平方千米。地处丘陵地带。1984年称武陵村，因村中丘陵众多而得名。耕地面积358.4万平方米，林地面积41万平方米。主要种植水稻、木薯、甘蔗及香蕉、甜瓜、大青枣等，有镇"十里养殖长廊"之称。辖坛豆上坡、坛豆下坡、三定、两木4个自然坡。2017年末，有居民853户共3140人，汉、壮等民族聚居，壮族人口占95%。村委会驻三定。

坛洛村 坛洛镇辖村。位于镇境东部。东接东佳村，西邻丰平村，南连砯湖村，北靠中北村，面积约8.3平方千米。地处丘陵地带。南昆铁路、南昆铁路复线、南百高速公路、二级公路324国道过境。宋皇佑六年（1054年）建坛洛村，1956年称坛洛农业合作社，1958年改坛洛大队，1962年与硃湖、丰平村合并为人民公社，1965年改大队，1984年改村公所，1995年改村委会。耕地面积306万平方米。主要种植粮食、香蕉、甘蔗及各种菜瓜等。"坛洛"一名来历和含义参见"坛洛镇"条。辖新街、旧街、豆腐街、细乡、佐油、九甲、二甲、马重、马六、坡君、兰王、楞作12个自然坡。2018年末，有居民2372户共6969人，汉、壮等民族聚居，壮族人口占96%。村委会驻坛洛旧街。

硃湖村 坛洛镇辖村。位于镇境东部。东接东佳村，西邻坛洛村，南连群南村，北靠中北村，面积约12.6平方千米。地处丘陵地带。南昆铁路和二级、四级公路各一条过境。宋皇佑六年（1054年）建，1950年称硃湖村，1952年改乡，1958年改大队，1984年改村公所，1995年改村委会。耕地面积约106万平方米。主要种植水稻、玉米、花生、蔬菜（包括菜用瓜）、香蕉、西瓜为主，以香蕉、黑皮冬瓜为主导产品。辖始坛、大香、花伴、花邓、坛斧、兰孟、八冬、花马、定内、花谢、兰马、兰立、谷榕13个自然坡。2018年末，有居民1230户共4718人，汉、壮等民族聚居，壮族人口占98%。村委会驻兰孟。

丰平村 坛洛镇辖村。位于镇境中部。东接坛洛村，西邻定顿村，南连群南村，北靠中北村，面积约25.9平方千米。地处丘陵地带。邕隆公路、南百二级公路过境。辖孙茂、雷彰、花周、花盏、四冬、那礼6个自然坡，18个村民小组。1949年前称尚礼村，又称坛稔村。1952年改称为丰平村，因水源丰富、粮食丰收、社会安定得名。1969年改大队，1984年改村公所，1995年改村委会。耕地面积463万平方米，主要种植香蕉、黑皮冬瓜、木薯、水稻、玉米、花生等。是镇重要的瓜果生产基地。2018年末，有居民940户共3532人，汉、壮等民族聚居，壮族人口占97%。村委会驻孙茂。

东佳村 坛洛镇辖村。位于镇境东北部。东接金陵镇金陵村，西邻硃湖村，南连武康村，北靠金陵镇刚德村，面积约12.4平方千米。地处丘陵地带。南百高速公路、邕隆二级公路过境。1938年称东村，1956年称明星合作社，1958年称东佳公社，因在镇东面且寓意前景美好，故名。1962年改大队，1995年改村委会。耕地面积337万平方米，主要种植水稻、玉米、香蕉、西瓜、黑皮冬瓜、香甜瓜。辖那培上坡、那培下坡、吞榄、那江、定佳、那学6个自然坡。2018年末，有居民894户共3338人，壮族聚居。村委会驻那培下坡。

上中村 坛洛镇辖村。位于镇境南部。东接左江，西邻金光农场，南连扶绥县那塘村，北靠下楞村，面积约9.9平方千米。地处丘陵地带。1952年称上中乡，1956年改上中合作社，1962年改公社，1977年改大队，1984年改村公所，1995年改村委会。因该村的那贫、永瑞、永通、西北坡总称为上楞，加上中楞，简称为上中。耕地面积470万平方米。主要种植水稻、甘蔗、蔬菜及养鱼。辖中楞、那贫、永瑞、永通、西北5个自然坡。2018年末，有居民1152户共4214人，汉、壮等民族聚居。村委会驻中楞。

中北村 坛洛镇辖村。位于镇境北部。东接金陵镇刚德村，西邻丰平村，南连坛洛村，北靠上正村，面积约19.6平方千米。地处丘陵地带。南百高速公路过境。1951年为中北乡，因位于镇的中北部得名。1956年改为高级合作社，1995年改村委会。耕地面积362万平方米，主要种植水稻、玉米、甘蔗、香蕉、菜瓜、花生等。辖雷云、崇灶、那之、公交、平甲、旧天堂、新天堂、鸡头、锡象、楞丁、上王、白沙、江平13个自然坡，16个村民小组。2018年末，有居民809户共3101人，汉、壮等民族聚居。村委会驻雷云。

定顿村 坛洛镇辖村。位于镇境西部。东接丰平村，西邻同富村，南连群南村，北靠金光农场青年分场，面积约35.7平方千米。地处丘陵地带。邕隆公路、南昆铁路、南昆铁路复线过境。1950年称定顿村。耕地面积约754万平方米，主要种植水稻、玉米、甘蔗、木薯、西瓜、香蕉，是坛洛最大的西瓜生产基地，有名的"西瓜村"。有象山景点和芦仙洞佛教点。辖那客、堂外、兰群、坛古、发雷、上林、马床、农会、兰里9个自然坡，9个村民小组。2018年末，有居民1166户共4467人，汉、壮等民族聚居。村委会驻坛古。

群南村 坛洛镇辖村。位于镇境南部。东接武康村，西邻合志村，南连庆林村，北靠定顿村，面积约22.7平方千米。地处丘陵地带。1954年为群南乡，1955年改高级合作社，1957年称光辉大队，1959年称群南公社，1965年改大队，1984年改村公所，1995年改村委会。耕地面积697万平方米，主要种植水稻、玉米、甘蔗、花生、香蕉、西瓜、菜瓜。辖定久、那棍、定吞、定西、新西、坛楼、定力、坛地、高岭、大桥10个自然坡，24个村民小组。2018年末，有居民1268户共4960人，汉、壮等民族聚居。村委会驻那棍。

庆林村 坛洛镇辖村。位于镇境南部。东接那坛村，西邻合志村，南连金光农场创业分场，北靠群南村，面积约11.7平方千米。地处丘陵地带。1956年为华荣高级合作社，1958年为庆林人民公社，庆荣、旋林两村合并为公社时取两村名各一字得名。1965年改大队，1984年改村公所，1995年改村委会。耕地面积387万平方米，主要种植水稻、玉米、甘蔗、香蕉、花生、西瓜和黑皮冬瓜。辖那榜、新地、坛仲、高峰、岜旋和马六6个自然坡。2018年末，有居民629户共2537人，汉、壮等民族聚居。村委会驻那榜。

圩中村 坛洛镇辖村。位于镇境东部。东接金陵镇金陵村，西邻群南村，南连金光农场跃进分场，北靠武康村，面积约8.4平方千米。地处丘陵地带。坛洛—金光三级公路过境。1963年称武康大队，1979年分出圩中大队，因辖地圩中街得名（此街原建在一片稻田中，又是圩，故名），1984年改村公所，1995年改村委会。耕地面积359.53万平方米，主要种植水稻、玉米、香蕉、黑皮冬瓜。辖广东、定如、圩中街、丢板坡、四冬、兰梁、兰李、太昌、坛造9个自然坡，25个村民小组。2018年末，有居民1211户共4580人，汉、壮等民族聚居。村委会驻四冬。

武康村 坛洛镇辖村。位于镇境东部。东接金陵镇大林村，西邻群南村，南连圩中村，北靠硃湖村，面积约8.7平方千米。地处丘陵地带。南昆铁路和二级、四级公路过境。1949年前称那结村，1949年为武北乡，1955年为前进农业合作社，1959年称武康农业生产队，1963年改大队，1984

年改村公所，1995年改村委会。耕地面积436万平方米，主要种植水稻、玉米、花生、香蕉、菜瓜。辖定志、定许、兰稔、地堂、三冬、土堆、善阳、花方、坛涞、屯燕、雷吞、美松12个自然坡，23个村民小组。2018年末，有居民1023户共3869人，汉、壮等民族聚居。村委会驻定许。

那坛村 坛洛镇辖村。位于镇境南部。东接圩中村，西邻庆林村，南连金光农场，北靠群南村，面积约14.9平方千米。地处丘陵地带。1958年为那坛人民公社，因取那排、坛恩两坡名各一字命名，1960年改大队，1984年改村公所，1995年改村委会。耕地面积451万平方米，主要种植香蕉、瓜类。辖那排、那劳、坛恩、增朗、岜稔、坡积6个自然坡。2018年末，有居民1034户共4015人，汉、壮等民族聚居。村委会驻那排与坛恩坡中间。

上正村 坛洛镇辖村。位于镇境北部。东与金陵镇居联村隔右江相望，西邻隆安县那桐镇镇流村，南连中北村，北靠隆安县那桐镇联合村，面积约16.4平方千米。地处丘陵地带。清乾隆元年（1736年）先民由石埠的老口、兴贤、灵湾等村迁至此建村，1952年称上正农民协会，由上北、正北两村农协会合并时取两村名各一字得名，1956年称上正乡丰联高级农业合作社，1963年称上正乡人民公社，1967年改大队，1984年改村公所，1995年改村委会。耕地面积315万平方米，主要种植水稻、甘蔗、蔬菜、木薯。是镇重要的甘蔗和蔬菜生产基地。辖崩山、雷能、新进、莲塘、定旧、广安、那学、公座、新闻9个自然坡，14个村民小组。2018年末，有居民1218户共5002人，汉、壮等民族聚居。村委会驻崩山。

下楞村 坛洛镇辖村。位于镇境南部。东接江西镇扬美村，东南与江西镇智信村隔左江相望，东北与马伦村相接，西邻金光农场总部，西南连上中村，西北连那坛村，北靠圩中村，面积约9.7平方千米。地处丘陵地带。村前的左江，上通新宁、太平、龙州、越南，下达南宁、梧州、广州、香港。邕隆公路从村旁通过。宋末建下楞村，明代前属那阳土司管辖，清末改属宣化县庆安团，民国属邕宁县坛洛区，1965年称下楞大队，1984年改村公所，1995年改村委会。"下楞"为壮汉语合称的村名。"下"是汉语中上下的下，"楞"是壮语的汉字译音，意为有地下河冒出地面的永不干涸的大山塘（即湖）。耕地面积279万平方米，主要种植水稻、甘蔗、香蕉、玉米。2015年修建一条长约1.2千米集防洪、道路、景观于一体的堤路园。有"前河后溪、左狮右象"等景区、景点。辖新村、新街、环楞、下楞4个自然坡。2018年末，有居民870户共3117人，汉、壮等民族聚居。村委会驻新街。

马伦村 坛洛镇辖村，位于镇境东南部。东接江西镇扬美村，西邻金光农场团结分场，南连下楞村，北靠金陵镇金陵村，面积约12.1平方千米。地处丘陵地带。南百高速公路、南昆铁路过境。传始居者于宋朝时期由中原地区迁至此建村，1952年为马伦合作社，因取马村、定伦两坡名各一字得名，1965年改大队，1984年改村公所，1995年改村委会。耕地面积617万平方米，主要种植水稻、玉米、花生。辖定伦、马村2个坡，13个村民小组。2018年末，有居民593户共2530人，汉、壮等民族聚居。村委会驻定伦。

附 录

富庶村　坛洛镇辖村。位于镇境西部。东接定顿村，西邻凤凰山林场，南连三景村，北靠隆安县古潭镇中真村，面积约32.1平方千米。地处丘陵地带。三级公路过境。1938年建富庶村，1956年分为先明、丰祝、清平3个农业合作社，1958年合并为富庶公社，1962年改大队，1995年改村委会。耕地面积1001万平方米，主要种植水稻、甘蔗、香蕉、板栗、花生。在1939年和1944年，邕宁县政府曾两次迁驻该村旧六厘坡。辖富庶街、菊丹、岜德、岜内、岜马、旧他、新他、甘坡、巷增、旧圩、新六厘、旧六厘、六榄、那坭、坛黎、十三队16个自然坡。2018年末，有居民2220户共7766人，汉、壮等民族聚居。村委会驻富庶街。

三景村　坛洛镇辖村。位于镇境西部。东接同富村，西、南连崇左市扶绥县中东镇丰坡村，北靠富庶村，面积约28.1平方千米。地处丘陵地带。315省道过境。1959年设立三景大队，由合并的景平、景仰、景登三队组成，故名。1962年改公社，1969年改大队，1984年改村公所，1995年改村委会。耕地面积379万平方米，主要种植水稻、甘蔗、木薯、香蕉、大青枣。辖杨屋、万礼、景仰、新苏、旧苏、群怀、万丰7个自然坡。2018年末，有居民866户共3373人，汉、壮等民族聚居。村委会驻万礼。

同富村　坛洛镇辖村。位于镇境西部。东接定顿村，西南邻扶绥县中东镇丰坡村，南连合志村，西北靠富庶、三景村，面积约19.4平方千米。地处丘陵地带。四级公路过境。1957年设同富村公所，取合并的同福、富贤两村名各一字得名。1962年改大队，1995年改村委会。耕地面积744万平方米，主要种植水稻、玉米、花生、甘蔗、瓜类、木薯、香蕉等。辖坛民、岜民、布安、弄藏、岜池、大全、马道、雷懂8个自然坡，8个村民小组。2018年末，有居民988户共3870人，汉、壮等民族聚居。村委会驻大全。

合志村　坛洛镇辖村。位于镇境西南部。东接群南、庆林村，西邻扶绥县中东镇，西北与同富村交界，南连金光农场，北靠定顿村，面积约26平方千米。岩溶地貌。四级公路过境。1962年由康光、稔生公社合并为合志大队，1995年改村委会。耕地面积1667万平方米，主要种植甘蔗、香蕉、龙眼、荔枝、芒果，是坛洛镇最大的甘蔗、花生产地。辖平羌、敢陇、缴角、志榜、必池、雷螺、稔生、派宁、百合、楞福、雷垩、高兴12个自然坡。2018年末，有居民1328户共5236人，汉、壮等民族聚居，壮族人口占80%。村委会驻平羌。

坛塘村　坛洛镇辖村。辖区面积约为8.5平方千米，距离坛洛镇政府18千米，东临下楞村，西南面上中村，西面金光农场，北面那坛村。全村设有一个党支部，党委3人，正式党员26名，入党积极分子2名，60岁以上党员16人，村民代表30人，9个小队长。全村拥有耕地面积约726.07万平方米，宅基地面积约61.33万平方米，农户以种植甘蔗、水稻、香蕉及其他瓜类为主要经济来源。下辖3个自然坡，分别是坛蓬坡、草塘坡、新安坡。2018年末，总户数469户，总人口1844人。常住人口中以马、李、梁、黄姓居多，以壮族为主，讲壮话。

四联村　心圩街道辖村。位于心圩

街道西部。东接心圩村,西邻罗文社区,南连新村,北靠高峰林场平铺分场,面积15.1平方千米。地处丘陵地带。辖可利、夏均、林屋、四平、井头5个自然坡。2018年末,有村民1365户共4620人,汉族聚居。村委会驻可利坡。由林屋、井头、四平、夏均4个自然坡组成四联村。1960年成立夏均、林屋两个大队,与原可利大队合并成为四联大队,1995年改村。耕地面积约17.33万平方米,林地面积约1000万平方米,主要种植蔬菜、经济林木等。罗文大道过境。

新　　村　心圩街道辖村。位于心圩街道西南部。东接西乡塘社区,西邻罗文社区,南连西明村,北靠四联村,面积约1.45平方千米。辖中坡、石牌、上坡、下坡4个自然坡。2018年末,有村民448户共1488人,汉族聚居。村委会驻中坡。1949年前曾与今石埠街道西明村同属那米村,后部分村民迁出设立新村。1954年称那米大队,1960年称新村大队,因是新设的村得名。1984年改村。

罗赖村　心圩街道辖村。位于心圩街道东北部。东接安吉街道苏卢村,西邻和德村、振兴村,南连安吉街道屯渌村和创新社区,北靠安吉街道大塘村,面积3.6平方千米。辖一冬、二冬、上苍、下苍4个自然坡。2018年末,有居民1060户共4157人,汉、壮等民族聚居。村委会驻二冬。相传始居者于宋代自中原地区南迁至此。1949年前称永和村,1954年属罗赖片,因划片时由那赖、罗屋2个自然坡组成,各取两坡一字得名,1960年改大队,1984年改村。因城市发展,耕地大量减少,基本已不再种植农作物。

明华村　心圩街道辖村。位于心圩街道西北部。东接振兴村,西邻天雹水库,南连和德村,北靠高峰林场,面积1.9平方千米。辖百门楼、七星阁、四冬、刘屋、二冬、大巷6个自然坡。2018年末,有村民815户共3056人,汉族聚居。村委会驻七星阁。1961年为明华大队,1984年改村。

心圩村　心圩街道辖村。位于心圩街道西部。东接和德村,西邻四联村,南连创新社区,北靠明华村,面积1.5平方千米。辖甘棠、八冬、滕屋3个自然坡。2018年末,有村民1138户共3876人,汉、壮民族聚居。村委会驻滕屋坡。1956年曾与和德大队合并组成心南高级农业合作社,1958年改为心南大队。后滕屋、八冬、岭上3个坡另组成心圩农场。1961年撤销心南大队,分出甘棠、维德、和衷3个大队。1962年下半年撤销心圩农场,甘棠、滕屋、八冬坡组成心圩大队,1984年改村。由于原来叫心南大队,位于心圩圩场中心得名。因城市发展,基本已无耕地。

和德村　心圩街道辖村。位于心圩街道西北部。东接罗赖村,西邻心圩村、天雹水库,南连大岭村,北靠振兴村、明华村,面积约2.1平方千米。辖九冬、百高岸、马路、上赖、中赖、下赖、老人村、细刘屋、大刘屋、岭上10个自然坡。2018年末,有村民1172户共4395人,主要是汉族聚居。村委会驻该村与振兴村交界处。1950年心圩乡分为7个乡,和德各坡编入心南乡。1962年下半年维德、和衷大队和岭上坡合并,取两大队各一字称和德大队,1984年改村。因城市发展,基本无耕地。

振兴村　心圩街道辖村。位于心圩街道北部。东接罗赖村,西邻明华村,南连和德村接壤，西南与心圩老圩场连接，北靠高峰林场长客分场林区，面积2.1平方千米。辖陈屋、细巷、七冬巷、五冬4个自然坡。2018年末，有村民965户共3260人，汉、壮等民族聚居。村委会驻心圩中心小学旁。传始居者自宋代由中原地区迁至此地建村。1954年属心北乡振兴片，1960年改大队，1984年改村。因城市发展，基本无耕地。

大岭村　心圩街道辖村。位于心圩街道南部。东接高新工业园社区，南连上尧街道陈东村，西、北靠心圩村，面积1.8平方千米。辖七冬坡、六冬坡、三冬坡3个自然坡。2018年末，有村民435户共1835人，汉、壮等民族聚居。村委会驻科德西路27-1号。1954年属心南乡大岭片，因村址设于丘陵坡地得名。1960年改大队，1984年改村。城市发展后已无耕地。

北湖村　安宁街道辖村。位于安宁街道东南部。东接兴宁区朝阳街道鸡村，西邻安吉街道苏卢村，南连皂角村，北靠连畴村，面积5.3平方千米。辖七冬坡、新坡、二冬坡、九冬坡、三冬坡5个自然坡。村委会驻北湖村五队（北湖村二冬坡1号）。2018年末，有居民981户3258人，汉、壮等民族聚居。相传元朝建北湖村。1961年改大队，1995年改为村委会，因村居北部且池塘多得名。"湖"在此泛指池塘。因城市发展，北湖村大部分土地已被征收开发，厂房及出租场地面积94.6万平方米。

西津村　安宁街道辖村。位于安宁街道西北部。东接连畴村、恒安社区，西邻安吉街道大塘村，南连安吉街道苏卢村，北靠永宁村，面积约2平方千米。辖有丰园、春绿、西津大村、绿坡4个自然坡，7个村民小组。2018年末，有居民1386户4439人，汉、壮民族聚居。村委会驻西津路北面西津村1号。1961年建村，因建设西津水电站迁移建村得名。耕地面积11.53万平方米，主要种植蔬菜。

永宁村　安宁街道辖村。位于安宁街道西北部。东接路西村，西邻西津村，南连安吉街道大塘村，北靠高峰林场，面积5.96平方千米。辖宁坡、莫坡、丁坡、峙坡、林坡、里坡6个自然坡，13个村民小组。2018年末，有居民2222户，其中常住人口4235人，流动人口约3750人，汉、壮等民族聚居。村委会驻峙坡。1957年称永宁村。祈望村庄永远安宁吉祥，故名。耕地面积93万平方米，主要种植蔬菜。山地面积250万平方米。

连畴村　安宁街道辖村。位于安宁街道东北部。东接罗伞岭水库，西邻西津村、安吉街道苏卢村，南连北湖村，北靠永宁村。面积2.18平方千米。辖平头岭、唐屋岭、长巷3个自然坡，3个村民小组，2018年末，有居民552户1658人，汉、壮民族聚居。村委会驻1组洞芽前。明代始建村。1961年改大队，1984年改村公所，1995年改村委会。因由多个坡联合建村得名。耕地面积163万平方米，主要种植蔬菜。

皂角村　安宁街道辖村。位于安宁街道东部。东接兴宁区朝阳街道鸡村，南连兴宁区朝阳街道虎邱村，西邻北湖街道万秀村，北靠北湖村，面积1.65平方千米。2018年末，有居民409户1320人，汉、壮等民族聚居。村委会驻秀厢大道皂角村1号。1987年前为北湖村6队，1988年10月成立皂角村委会。因村里有皂角树得名。经济收入主要来源于村集体三产用地、出租房屋收入。快速环道从中而过。

路西村 安宁街道辖村。位于安宁街道北部。东接兴宁区三塘镇路东村,西邻永宁村,南连兴宁区香草苑社区、热作所,北靠林科院社区、高峰林场、界牌六里分场,面积约5.2平方千米。辖新平乐、红平乐、六覃、群布、王亨、老直、尖岭、新直8个自然村,9个村民小组。2018年末,有居民680户6132人,其中常住人口2786人,流动人口3346人,汉、壮等民族聚居,壮族人口占70%。村委会驻邕武路23号。1949年称路西乡,1952年称北湖乡,20世纪50年代末称路西大队,2005年9月改称路西村。耕地面积约55.38万平方米,鱼塘面积约18万平方米,山地面积约650万平方米。主要种植绿化用苗木、草皮,养殖罗非鱼及发展乡村旅游。

2018年西乡塘区主要路街巷一览表

序号	标准名称	起止	走向	长(米)	宽(米)
1	仁爱路	东起民生路,西至石巷口	东西	200	12
2	仁爱路西三里	东起仁爱路,西至石巷口	东西	340	2
3	新阳路	东起人民西路云亭街口,西至鲁班路	东西	3307	22
4	北大南路	南起江北大道,北至中华路	南北	1000	30
5	北大北路	南起中华路,北至大学路口	南北	1298	30
6	华西路	西起北大路,东至华强路	东西	970	12
7	中尧路	北起新阳路,南至江北大道(中兴大桥旁)	南北	1000	30
8	北际路	东起北大南路,西转南至边阳街河堤闸口	东西	1340	20
9	永和路	北起北大北路中华路口,南至永和大桥	南北	2400	30
10	龙腾路	北起北大北路衡阳路口,南至江北大道	南北	1800	30
11	大学东路	东起北大北路口,西至新村大道	东西	12000	42-70
12	大学西路	东起新村大道大学东路口,西至外环高速公路口	东西	10000	60
13	明秀西路	北起友爱南北路口,南至中兴大桥	南北	4500	50
14	明秀东路	东起南梧路,西至友爱南北路口	东西	3300	50
15	北湖北路	南起明秀东西路口,北至园艺路	南北	2150	30-50
16	北湖南路	南起中华路,北至明秀东西路口	南北	1800	30-50
17	友爱南路	南起民生路南环路口,北至明秀东西路口	南北	3100	33-40
18	友爱北路	南起明秀东西路口,北至秀厢大道安吉大道界口	南北	1850	33-40
19	衡阳西路	西起北大北路,东至友爱南路	东西	1750	30
20	衡阳东路	西起友爱南路,东至秀东路(规划至望州路)	东西	1750	30
21	秀厢大道	西起大学东路清川大道口,东止邕宾立交桥	东西	10000	60
22	安吉大道	南起友爱北路立交桥,北至西津村	南北	6000	60
23	秀灵路	南起衡阳西路,北至秀厢大道	南北	2068	20-30
24	唐山路	西起中华路桥头,东至望州路	东西	1750	6-21
25	安园东路	西起安吉大道(安吉街道办附近),东至连畴村	东西	2000	30
26	人民西路	东起解放路,西至云亭街口	东西	650	30

附　录

续表1

序号	标准名称	起止	走向	长(米)	宽(米)
27	清川大道	北起大学东路,南至沙井大道五一路口	南北	2600	60
28	石埠路	北起邕隆路,南经石埠圩至老口渡	南北	11000	6
29	江北大道	东起竹溪大道路口,西经石埠至大学西路	东西	23000	50
30	中华支一路	北起中华路,南至华西路华西饭店对面	南北	178	9
31	中华支二路	北起中华路,南至华西路	南北	176	9
32	中华支三路	北起中华路,南至华西路	南北	178	9
33	华强路	北起中华路,南至解放桥	南北	631	9
34	华强西一路	东起华强路,西至水产车队门口	东西	473	4.5
35	壮志路	东起水街,西至永宁街	东西	285	9
36	新阳南路	北起新阳路立交桥西侧,南至西乡塘公安分局后门	南北	632	5
37	新阳北一路	南起新阳路,北至华西路(正新商场旁)	南北	246	8
38	新阳北二路	南起新阳路(新阳市场旁),北至翔云街	南北	187	8
39	新阳北三路	南起新阳路中尧路口,北至明秀西路	南北	907	5
40	中尧南路	北起中尧路,南至永和村口	南北	900	7
41	北际南路	北起北际路,南至雅际路	南北	705	13
42	雅际路	北起北际路西端,南至边阳街	南北	464	6.5
43	龙胜街	东起解放路,西至人民西路(新万通商场旁)	东西	389	7
44	云亭街	南起人民西路口,北至市一中学云亭街	南北	104	8
45	永宁街	南起江北大道(原江滨路西端),北至人民西路口	南北	280	10
46	中兴街	北起人民西路(原永新区政府旁),南至壮志路	南北	151	7
47	水街	南起江北大道(江滨路),北至人民西路(红会医院旁)	南北	167	8
48	遇安街东二里	南起江北大道,北至新阳路(西平桥西侧)	南北	422	6.5
49	中尧一街	东起邕江二桥北引桥底,西至蔡屋附近铁塔边	东西	587	5
50	中尧二街	东起中尧一街,西至铁路边	东西	300	6.8
51	明秀路西一里	东起明秀西路,西至原南宁橡胶厂后	东西	400	7
52	新阳路南一里	北起新阳路(原南宁罐头厂侧对面),南至上尧港务所	南北	480	7
53	农院路	南起明秀西路,北经西大农学院止武警广西总队医院	南北	1821	8
54	秀安路	南起秀厢大道,北至南宁重型机械厂	南北	1640	9
55	白苍岭路	北起衡阳西路(白苍岭市场),南止地洞口路	南北	840	5
56	地洞口路	北起衡阳西路,南止中华路	南北	850	8
57	鲁班路	北起秀厢大道,南止新阳路	南北	4000	7-50
58	西耐路	北起大学东路,南止铁路边	南北	600	7
59	沈阳路	东起秀灵路,西止大学东路北大北路口	东西	1200	6
60	明秀路南一里	北起明秀东路段,南至衡阳东路	南北	1000	8

续表2

序号	标准名称	起止	走向	长(米)	宽(米)
61	南棉街	东起北湖南路,西止友爱南路	东西	1300	8
62	北湖路东一里	西起北湖南路(瑞丰花园北侧),东止建兴园后墙	东西	250	6
63	北湖路东二里	西起北湖南路(市建筑设计院土建公司北侧),东止望州北二里	东西	700	6
64	北湖路东三里	西起北湖北路(北湖加油站南侧),东止原北湖水泥厂	东西	1300	6
65	北湖路西一里	东起北湖北路(原市伞厂对面),西止原南宁荷花味精有限公司	东西	300	6
66	北湖路西二里	东起北湖北路,西止原市毛纺厂	东西	340	8
67	北湖路西三里	东起北湖北路,西经市二十八中止万秀村委	东西	400	7
68	衡秀里	北起明秀东路(市少年宫东侧),南止衡阳东路	南北	1300	6
69	荔园路	南起大学东路(南职校北侧),北至南宁华侨彩印厂	南北	300	6
70	尧北路	南起大学东路,北止本路末水塘边	南北	450	6
71	位子渌路	南起大学东路,北止位子渌村	南北	1200	5
72	大岭路	南起大学东路,北至大岭村	南北	1600	6
73	天雹路	南起大学东路(甘蔗站南侧),北止天雹水库	南北	4100	6
74	凤岭路	南起大学东路(可利江东侧),北经自治区土肥站止凤岭	南北	2000	5
75	陈东路	北起大学东路陈村水厂西侧,南至江北大道	南北	1300	8
76	陈西路	北起大学东路(清川大桥路口东侧),南至江北大道	南北	1200	8
77	大化路	北起大学东路(市动物园西侧),南至铁路南侧	南北	1300	10
78	心圩路	南起科园大道,北至心圩市场	南北	2000	5
79	卢仙岭路	西起安吉大道,东至北湖村	东西	3000	6
80	园艺路	南起北湖北路口,北至北湖园艺场	南北	4000	6
81	苏卢南路	西起安吉大道,东至苏芦村1、2队	东西	240	7
82	苏卢一路	西起安吉大道,东至苏芦村委	东西	350	7
83	苏卢二路	西起安吉大道,东至苏芦村4、5队	东西	540	7
84	苏卢北路	西起安吉大道,东至苏芦村4、6队	东西	580	7
85	安吉路西一里	东起安吉大道,西至桂林工学院南宁校区	东西	250	8
86	安吉路西二里	东起安吉大道,西至市明天学校	东西	400	5
87	灵厢路	北起秀厢大道(市交警一大队对面),南至友爱路东二里	南北	1200	9
88	秀平路	南起秀厢大道,北至市三十一中学正门前侧	南北	1040	9
89	石巷口	北起解放路高峰路口,南止江北大道	南北	252	12

附　录

续表3

序号	标准名称	起止	走向	长(米)	宽(米)
90	南伦街	南起龙胜街，北至南伦街一里	南北	275	4
91	和乐街	西起永宁街，东至本街末端	东西	106	5
92	大同街	东起石巷口，西至水街	东西	198	6
93	甘棠街	西起水街，东至醒汉街	东西	189	5
94	醒汉街	北起解放路，南至大同街	南北	161	5
95	新阳一街	西起新阳路，东至新阳铁路边	东西	225	6
96	新阳二街	东起新阳北二路，西至新阳北三路	东西	145	5
97	新阳三街	西起新阳南路，东至新阳铁路边	东西	216	3
98	翔云街	南起新阳北二路，北至市烧腊食品厂	南北	300	6
99	边阳新街	东起雅际路，西至边阳街	东西	278	5
100	边阳一街	东起雅际路，西至本街末端	东西	240	8.30
101	边阳二街	东起雅际路，西至边阳新街	东西	290	5.30
102	边阳三街	东起雅际路，西至边阳新街	东西	289	3
103	边阳四街	东起雅际路，西至边阳新街	东西	359	3
104	中尧三街	东起铁路边，西至中兴河堤闸口	东西	105	3.50
105	华建里	东起边阳新街，西至原永新区政府宿舍	东西	345	5.30
106	雅里巷	东起边阳新街，西至原市铝制品厂	东西	435	4.60
107	中尧南路一里	西起中尧南路，东至原市织带厂	东西	281	4
108	中尧南路二里	西起中尧南路，东至原市复合肥料厂	东西	385	4
109	华强路西一里	东起华强路，西至华西路	东西	473	4.5
110	华强路西二里	东起华强路，西至本巷末	东西	60	2
111	华强路西三里	东起华强路，西至华强西一路	东西	160	4.2
112	华强路西四里	东起华强路，西至原南宁地区交通局仓库	东西	45	4
113	华强路南一巷	北起华西路，南至华强西一路	南北	60	4.5
114	华强路东一巷	西起华强路，东至广西综合设计院围墙	东西	39	1.5
115	南伦街一里	南起南伦街，北至朝阳溪	南北	270	2-3
116	南伦街二里	东起南伦街，西至市酱料厂	东西	368	3
117	尚仁里	南起解放路，北至朝阳溪	南北	286	3
118	尚仁里一巷	南起民安里，北至朝阳溪	南北	82	2.5
119	民安里	东起尚仁里，西至南伦街	东西	173	5.5
120	新和里	南起人民路，北至龙胜街	南北	99	5
121	人民西一巷	东起新阳路，西至本巷末端	东西	105	1.6
122	龙胜街南巷	南起人民路（卫国二小旁），北止龙胜街	南北	150	4
123	云亭街东一里	东起龙胜街，西至云亭街（市一中学正门）	东西	208	4
124	云亭街北一里	东起云亭（市一中学正门），西至新阳路	东西	191	4
125	永宁街西一里	东起永宁街，西至朝阳溪	东西	51	2.7
126	永宁街西二里	东起永宁街，西至朝阳溪	东西	80	5
127	华兴里	东起永宁街，西至朝阳溪	东西	113	4.6
128	和乐街一巷	南起和乐街，北至本巷末端	南北	78	3

续表4

序号	标准名称	起止	走向	长(米)	宽(米)
129	和乐街二巷	南起和乐街，北至本巷末端	南北	80	3
130	北大路西一巷	东起北大南路，西至本巷末端	东西	125	3
131	中尧路北一里	东起中尧路，西至邕江中兴大桥引桥	东西	210	9
132	中尧一街一巷	北起中尧一街，南至本巷末端	南北	65	7
133	中尧一街二巷	北起中尧一街，南至河堤边	南北	63	7
134	中尧一街三巷	北起中尧一街，南至本巷末端	南北	108	3
135	中尧一街四巷	北起中尧一街，南至江北大道	南北	95	3
136	中尧二街一巷	北起中尧一街，南至江北大道	南北	123	3
137	中尧二街二巷	北起中尧一街，南到江北大道	南北	105	3
138	中尧二街三巷	北起中尧一街，南到江北大道	南北	110	3
139	中尧路南一巷	西起中尧路，东至江北大道	东西	260	3
140	新阳路南二巷	北起新阳路，南至西乡塘区环卫站大门	南北	101	9
141	新阳路北一里	南起新阳路，北至新阳花园	南北	142	6
142	新阳路南一巷	北起新阳路，南至自治区六建宿舍大门	南北	75	5.7
143	北际路南一巷	北起北际路，南至北际南路	南北	179	3.8
144	甘棠街北巷	南起甘棠街，北至本巷末端	南北	56	2.5
145	鲁班路东一巷	西起鲁班路，东至铁路边	东西	180	3
146	北际路北一巷	南起北际路，北至康乐厂门口	南北	160	6.7
147	义忠街北一巷	南起义忠街，北至本巷末端	南北	325	4
148	义忠街北二巷	南起义忠街，北至北际南路	南北	313	4
149	永和里	北起中尧路(中尧水厂旁)，南止中尧南路	南北	385	4
150	上尧罗塘东巷	南起新阳路西段，北至市纸箱厂	南北	250	8
151	上尧罗塘中巷	南起新阳路西段，北至粮油市场	南北	200	3
152	上尧罗塘西巷	南起新阳路西段，北至本巷末	南北	120	4
153	北大路东一里	西起北大北路，东至市畜产加工厂	东西	53	10
154	北大路西一里	东起北大北路(立交桥北侧)，西止市木材厂	东西	250	10
155	北大路西二里	东起北大北路(衡阳西路口对面)，西至糖烟公司仓库	东西	390	6
156	唐山路北街	南起唐山路东端，北至东二里	南北	420	6-12
157	衡阳路南一巷	北起衡阳西路(西乡塘区政府西侧)，南至原市元钉厂	南北	500	6
158	衡阳路南二巷	北起衡阳西路(原市针织印染厂旁)，南至地洞口路	南北	319	6
159	衡阳路南三巷	北起衡阳西路(西乡塘区政府东侧)，南至铁路边	南北	540	6-8
160	衡阳路南六巷	北起衡阳西路(百万庄)，南转西至北大北路	南北	1300	5-8
161	衡阳路南七巷	北起衡阳西路(百万庄旁)，南至衡阳路南六巷	南北	250	8
162	光明街	西起北大北路立交桥北，东至市涂料厂旁	东西	580	6-8
163	五里亭新街	东起大学东路，西至原南地土产仓库	东西	120	6
164	五里亭一街	北起大学东路，南至本街末85号	南北	115	4

续表5

序号	标准名称	起止	走向	长（米）	宽（米）
165	五里亭二街	北起大学东路，南至本街末79号	南北	130	4
166	五里亭三街	北起大学东路，南至果品批发市场	南北	320	5
167	五里亭四街	南起大学东路，北至五里亭一小	南北	370	4
168	南铁一街	南起衡阳西路（南铁分局东侧），北至沈阳路	南北	480	6
169	南铁二街	南起衡阳西路（白苍岭对面），北至明秀西路	南北	480	4
170	南铁三街	南起衡阳西路（百万庄对面），北至本街末	南北	270	4
171	南铁四街	东起秀灵路，西至市三十六中（原南铁一中）正门	东西	725	7
172	南铁五街	东起秀灵路，西至南铁一街	东西	730	4
173	南铁六街	东起秀灵路（原南铁二中对面），西至南铁二街	东西	464	4
174	夏雷路	南起大学东路（广西民大西侧），北至夏雷村	南北	1500	4
175	夏均路	南起大学东路，北至夏均村	南北	1500	4
176	西明二路	北起大学东路（广西航运学校西侧），南至西明村	南北	900	8
177	木塘里	北起大学东路（文华园西侧），南至木塘里村	南北	300	6
178	北湖路东四里	西起北湖北路（南宁北湖消防中队北侧），东至原南棉印染分厂	东西	1600	4
179	北湖路东五里	西起北湖北路，东至原市阶砖厂	东西	500	4
180	明秀路北一里	南起明秀路（原南宁日报社东侧），北至万秀村	南北	600	6
181	明秀路北二里	南起明秀路（原南地防疫站东），北至明秀公寓	南北	450	5
182	明秀路北三里	南起明秀东路（华摩牧工商公司西侧），北至北湖幼儿园	南北	300	4
183	明秀路北四里	南起明秀东路（明秀小区对面），北至明秀二区正门	南北	450	8
184	明秀路北五里	南起明秀东路（铁路西侧），北至虎丘村北部	南北	520	8
185	明秀路北六里	南起明秀东路（原南地税务局旁），北至原南棉印染厂	南北	950	8
186	明秀路北一巷	南起明秀西路（原南地水产局），北至友爱路西一巷	南北	520	5
187	明秀路北二巷	南起明秀西路，北经市八中学至友爱村11队新区	南北	430	5
188	明秀路北三巷	南起明秀西路，北止友爱村11队新区	南北	450	5
189	明秀路北四巷	南起明秀路，北至秀灵路西一里	南北	500	4
190	秀灵路西一里	东起秀灵路（自治区化工研究院前），西至农院路	东西	1300	12
191	秀灵路西二里	东起秀灵路秀灵市场，西至秀灵公寓	东西	200	8
192	秀灵路东一里	西起秀灵路（市第六医院南侧），东至友爱村11队	东西	500	4
193	秀灵路东二里	西起秀灵路（市第六医院北侧），东至市第六医院围墙	东西	100	4
194	秀灵路东三里	西起秀灵路（原城北检察院旁），东至友爱花园正门	东西	250	5

续表6

序号	标准名称	起止	走向	长(米)	宽(米)
195	秀灵路东四里	西起秀灵路（原市钢精厂前），东至友爱路西三巷	东西	500	5
196	秀灵路东五里	西起秀灵路，东止市建二分公司东墙	东西	350	7
197	衡阳路西一里	东起衡阳西路南一巷，西止衡阳路南二巷	东西	320	5
198	衡阳路北一巷	南起衡阳西路（西乡塘区政府对面），北至明秀西路	南北	510	4
199	衡阳路北二巷	南起衡阳西路，北至明秀西路	南北	500	4
200	衡阳路北三巷	南起衡阳西路（衡阳路小学北），北至广西民印厂后门北二巷	南北	350	5
201	衡阳北六巷	南起南铁北三区31栋，北至区煤炭仓库门口	南北	170	7
202	友爱路东一巷	西起友爱北路（秀田小学南），东至万秀村敬修坡	东西	850	5
203	友爱路东二巷	西起友爱北路（市水电局），东转北至广西机电工业学校友爱校区	东西	220	6
204	友爱路东三巷	西起友爱北路（大树脚），东至秀灵南巷	东西	200	4
205	友爱路东四巷	西起友爱北路，东至万秀村委止灵厢路	东西	300	5
206	友爱路东五巷	西起友爱北路，东至灵厢路	东西	150	6
207	友爱路西六巷	东起友爱北路（原市乡镇企业局宿舍北侧），西至广西生物药厂	东西	420	5
208	友爱路西五巷	东起友爱北路（建安公司北侧），西至秀厢村一组	东西	350	6
209	友爱路西四巷	东起友爱北路，西至市建二分公司东墙	东西	700	5
210	友爱路西三巷	东起友爱北路（秀田小学对面），西经秀厢村委	东西	500	8
211	友爱路西二巷	东起友爱北路（广西电影制片厂对面），西至友爱村11队新区	东西	400	4.5
212	友爱路西一巷	东起友爱北路原南地气象局旁，西至友爱村11队新区	东西	510	4
213	白苍岭南一里	北起衡阳西路白苍岭市场，南至衡阳路南六巷	南北	650	4
214	白苍岭路西巷	东起白苍岭路南铁机务段大门，西至白苍岭南一里	东西	210	4
215	白苍岭路东巷	西起白苍岭路南铁环卫队，东至地洞口路	东西	400	7
216	万秀南巷	东起明秀路北一里桥头，西转北至万秀村委，西面广西电影制片厂东北墙	东西	500	4
217	万秀北路	北起秀厢大道，南至友爱北路东一巷	南北	850	5
218	解元巷	北起友爱北路西三巷，南至友爱村11队新区	南北	250	5
219	解元二巷	西起解元巷，东至友爱北路西二巷	东西	200	4
220	解元三巷	西起解元巷，东至友爱北路西二巷	东西	150	3
221	友爱村上巷	南起友爱北路西一巷，北至友爱北路西二巷	南北	250	3
222	苦瓜巷	东起衡阳西路北二巷，西至秀灵路	东西	200	4
223	细新巷	南起明秀西路（友爱市场），北转东至秀灵路	南北	250	4
224	畲北园北巷	南起明秀西路，北至本巷末	南北	120	4
225	畲北园南巷	北起明秀西路，南至本巷末	南北	90	4
226	秀灵村北巷	北起秀厢大道，南至秀灵村委会	南北	200	6

续表 7

序号	标准名称	起止	走向	长(米)	宽(米)
227	秀灵村南巷	北起秀灵村委，南至灵厢路	南北	300	4
228	秀灵村东巷	西起友爱路东四巷，东止灵厢路	东西	300	4
229	秀灵村西一巷	东起秀灵南巷（村委前），西至友爱北路	东西	120	2
230	秀灵村西二巷	东起秀厢南巷，西至友爱北路	东西	120	2
231	秀灵村西三巷	东起秀厢南巷，西至友爱北路	东西	220	2
232	灵厢东一巷	西起灵厢路，东至本巷末	东西	100	4
233	灵厢东二巷	西起灵厢路，东至本巷末	东西	100	4
234	灵厢东三巷	西起灵厢路东至本巷末	东西	100	4
235	秀灵路西一巷	北起秀灵路，南至秀灵路	南北	120	4
236	安吉路东一里	西起安吉大道，东至市三十一中正门前侧	东西	1000	5
237	安圩路	东起安吉大道，西至心圩路	东西	4000	8
238	邕大路	西起园艺路，东至邕江大学	东西	1368	5
239	安吉街	东起安吉大道，西至安圩路	东西	800	10
240	唐山西街	东起北湖南路（铁路立交桥），西至唐山路西南段	东西	720	5
241	科园大道	南起大学东路，北至规划的安福路	南北	1800	50
242	科德路	西起秀厢大道，东至农院路	东西	1000	40
243	火炬路	西起大学东路（广西大学正门旁），东至农院路	东西	800	30
244	科园东二路	西起科园大道，东至心圩江西路	东西	500	20
245	科园东三路	西起科园大道，东至心圩江西路	东西	500	20
246	科园东四路	西起科园大道，东至心圩江西路	东西	500	20
247	科园东五路	西起科园大道，东至心圩江西路	东西	500	20
248	科园东六路	西起科园大道，东至心圩江西路	东西	500	20
249	科园西一路	东起科园大道，西至大岭村	东西	450	20
250	科园西二路	东起科园大道，西至大岭路	东西	450	20
251	科园西三路	东起科园大道，西至大岭村委会	东西	450	20
252	科园西五路	东起科园大道，西至新苑路	东西	450	20
253	科园东四路一里	南起科园东四路，北至科园东六路	南北	200	16
254	科园东四路二里	南起科园东四路，北至科园东六路	南北	200	16
255	科园西一路一里	南起科园西一路，北至科园西三路	南北	150	16
256	科园西一路二里	南起科园西一路，北至科园西三路	南北	150	16
257	火炬路支路	北起火炬路，南至明秀西路	南北	200	20
258	高新一路	南起秀厢大道，北至创新路	南北	560	12
259	高新二路	南起秀厢大道，北至新际路	南北	500	25
260	高新三路	南起秀厢大道，北至新际路	南北	500	50
261	高新四路	南起秀厢大道，北至新康路	南北	500	25
262	创新路	东起科园大道，西至相思湖东路	东西	1600	50
263	科园西九路	东起科园大道，西至规划的高华路	东西	1500	16
264	科园西十路	科科园大道，西至规划的高华路	东西	460	25
265	科园东七路	西起科园大道，东止本路末	东西	470	16

续表 8

序号	标准名称	起止	走向	长(米)	宽(米)
266	科园东八路	西起科园大道(秀厢大道北侧),东至滨河路	东西	400	12
267	科园东九路	西起科园大道(秀厢大道北侧),东至滨河路	东西	400	16
268	科园东十路	西起科园大道,东至发展大道	东西	350	25
269	秀园东路	西起秀平路,东至秀安路	东西	700	16
270	秀园西路	东起秀平路,西至安吉大道	东西	750	16
271	秀东路	南起衡阳东路,北至明秀东路	南北	400	30
272	秀安路西一里	东起广发重工集团大门,西至苏卢村1队	东西	600	9
273	秀安路东一里	西起秀安农贸市场对面,东转北至市二十四中	东西	920	11
274	秀园三里	南起秀厢大道(万吉市场),北至第二物资回收公司	南北	485	14
275	秀园二里	南起秀厢大道(北湖街道办),北至市三建九分公司	南北	500	6
276	秀园一里	南起秀厢大道(北湖小区),北至五菱车公司宿舍	南北	500	5
277	秀园南路	南起秀厢大道东段,北至秀园西路	南北	500	8
278	安吉大道东一里	西起安吉大道22号,东至苏卢公寓	东西	700	4
279	安吉大道东二里	西起安吉大道30号,东至银河公司宿舍	东西	1100	6
280	相思湖西路	南起江北大道,北至可利大道	南北	3419	30
281	相思湖东路	南起江北大道,北至罗文大道	南北	3334	40
282	银华路	南起江北大道,北至大学东路	南北	1100	18
283	新村大道	南起江北大道,北至外环高速路	南北	3084	60
284	相思湖北路	西起罗文大道,东至秀厢大道	东西	3292	40
285	罗文大道	南起江北大道,北至高新大道	南北	4259	60
286	可利大道	西起新村大道,东至可利江	东西	1500	60
287	相贤路	西起罗文大道,东至西宁路	东西	1358	30
288	西庄路	西起罗文大道,东至新村大道	东西	1838	40
289	思圣路	南起江北大道,北至相思湖北路	南北	2276	40
290	西宁路	南起江北大道,北至相思湖北路	南北	2181	40
291	鹏飞路	南起江北大道,北至学苑路	南北	1819	40
292	树人路	南起江北大道,北至学苑路	南北	1875	50
293	航西路	南起江北大道,北至大学西路	南北	858	30
294	思德路	南起江北大道,北至相思湖北路	南北	2197	20
295	军安路	南起大学西路,北至相贤路	南北	603	20
296	甘岭路	南起相贤路,北至相思湖北路	南北	966	20
297	滨西路	南起江北大道,北至学苑路	南北	1553	25
298	育才路	南起江北大道,北至大学西路	南北	1206	30
299	学苑路	西起大学西路,东至滨西路	东西	2604	25
300	科园西七路	东起科园大道,西至高新二路	东西	500	16
301	邕隆路	东起大学西路思德路口,西至高速路	东西	10000	12
302	安阳路	南起秀厢大道,北至安福路	南北	3500	20

续表9

序号	标准名称	起止	走向	长(米)	宽(米)
303	创业路	南起秀厢大道，北至高安路	南北	3800	30
304	丰达路	南起秀厢大道，北至高安路	南北	3700	30
305	高科路	南起创新路，北至高安路	南北	3000	30
306	高安路	西起科园大道，东至安吉大道	东西	2900	40
307	安福路	西起科园大道，东至安吉大道	东西	2700	20
308	康民路	西起新际路，东至安吉大道	东西	4000	20
309	振兴路	西起新际路，东至安吉大道	东西	4100	45
310	振华路	西起新际路，东至发展大道	东西	3300	20
311	明华路	西起新际路，东至科园大道	东西	2000	20
312	罗赖路	西起科园大道，东至发展大道	东西	1600	20
313	高新大道	西起罗文大道相思湖东路路口，东至安吉大道	东西	5800	60
314	发展大道	南起秀厢大道，北至高速路	南北	5000	70
315	高华路	南起相思湖北路，北至高新四路	南北	1500	20
316	科兴路	南起秀厢大道，北至商华路	南北	1700	20
317	科创路	南起科园西九路，北至新际路	南北	2000	20
318	新际路	南起高新大道，北至高安路口	南北	4150	70
319	商学路	西起秀厢大道，东至大岭路	东西	1000	20
320	商院路	南起大学东路，北至科德路	南北	900	20
321	新苑路	南起大学东路，北至秀厢大道	南北	1800	20
322	心圩江西路	北起秀厢大道，南至大学东路	南北	2060	20
323	心圩江东路	北起科德路，南至大学东路	南北	1500	15
324	陈村路	北起大学东路，南至江北大道	南北	1100	50
325	木塘路	北起大学东路，南至江北大道	南北	1600	15
326	经干路	北起大学东路，南至江北大道	南北	1000	20
327	明江路	北起学苑路，南至江北大道	南北	1550	20
328	财院路	北起大学西路，南至邕隆路	南北	800	20
329	罗贤路	南起大学西路，北至罗文大道	南北	5300	60
330	利联路	西起新村大道，东至相思湖西路	东西	900	20
331	江洲路	北起江北大道，南至灵湾路	南北	4350	50
332	灵湾路	北起江洲路，南至高速路	南北	4900	30
333	石洲路	北起邕隆路，南至灵湾路	南北	6350	60
334	托洲路	北起石园路，南至灵湾路	南北	5400	40
335	石湾路	东起江洲路，西至高速路	东西	2150	60
336	下灵路	东起江洲路，西至高速路	东西	2060	30
337	上灵路	东起灵湾大桥，西至高速路	东西	2060	30
338	灵江路	东起江洲路，西至高速路	东西	2060	30
339	灵洲路	东起灵湾大桥，西至石埠环城高速路	东西	2660	50
340	永新路	西起明秀西路，东至永宁路	东西	3330	30
341	西津路	西起安吉大道新安路口，东至连畴路	东西	1760	40

续表 10

序号	标准名称	起止	走向	长（米）	宽（米）
342	连福路	西起安吉大道安福路口，东至连畴路	东西	1860	30
343	连兴路	西起振兴、安吉大道，东至连畴路	东西	1760	30
344	安园东路	西起安吉大道，东至连畴路	东西	1850	30
345	安园西路	西起发展大道，东至安吉大道	东西	1000	30
346	安武大道	西起安吉大道，东至邕武路	东西	4700	60
347	新峰路	西起发展大道，东至邕武路高峰林场	东西	5000	30
348	吉兴东路	西起安吉大道，东至北湖北路皂角路口	东西	1800	40
349	吉兴西路	西起发展大道，东至安吉大道	东西	1100	40
350	吉园街	北起西津路，南至安乐街	南北	3500	30
351	安津路	东起连津路，西至吉园街	东西	720	20
352	家乐街	北起安园西路，南至安乐街	南北	1500	20
353	连津路	南起安园东路，北至西津路	南北	1400	20
354	连庄路	南起秀厢大道，北至西津路	南北	4100	30
355	连畴路	南起安武大道，北至西津路	南北	1700	40
356	安和街	西起华园路，东至皂角路	东西	3000	20
357	乐安街	西起家乐街，东至北湖北安林路口	东西	2000	20
358	安峰路	西起北湖北路，东至邕武路高峰林场	东西	1800	30
359	安文街	西起华园路，东至皂角路	东西	3000	15
360	文秀街	南起秀厢大道，北至吉兴东路	南北	1000	15
361	万秀街	南起明秀东路，北至秀厢大道	南北	1800	38
362	万安街	南起友爱东一巷，北至乐安街	南北	1700	20
363	万爱街	西起秀灵路，东至万秀路	东西	1300	20
364	爱灵街	西起秀灵路，东至万秀路	东西	1400	20
365	爱厢街	西起秀灵路，东至万秀路	东西	1400	20
366	秀湖街	西起厢田路，东至秀峰路	东西	1600	20
367	皂湖街	西起厢田路，东皂角路	东西	1200	20
368	荷角街	西起北湖北路，东至皂角路	东西	700	20
369	荷湖街	北起秀厢大道，南至明秀东路	南北	700	20
370	秀田路	西起农院路，东至邕武路	东西	5800	40
371	厢田路	南起秀田路，北至秀厢大道	南北	1200	25
372	荷田街	南起明秀东路，北至秀厢大道	南北	1400	20
373	皂角路	南起唐山路，北至北湖北路	南北	4730	40
374	秀峰路	南起衡阳东路，北至安武大道	南北	3820	40
375	林峰一路	北起安武大道，南至安林路	南北	1470	20
376	林峰二路	北起安武大道，南至安林路	南北	1470	20
377	秀林一路	西起秀峰路，东至邕武路高峰林场	东西	720	20
378	秀林二路	西起秀峰路，东至林峰一路	东西	500	20
379	秀林三路	西起秀峰路，东至邕武路高峰林场	东西	850	20
380	秀林四路	西起秀峰路，东至邕武路高峰林场	东西	1000	20

续表 11

序号	标准名称	起止	走向	长(米)	宽(米)
381	西耐路西一里	东起西耐路,西至本路末	东西	200	10
382	安达路	南起吉兴西路,北止高新大道	南北	748	12
383	吉政路	东起安阳路,西止发展大道	东西	560	12
384	家兴街	南起安和街,北止新峰路	南北	750	12
385	昌华路	西起鹏飞路,东转南至邕隆路	东西	0	20
386	文贤路	南起罗文大道,北至罗贤路	南北	0	30
387	相思湖东路一里	西起相思湖东路,东至清川大道	东西	0	20
388	相思湖东路二里	西起相思湖东路,东至银华路	东西	0	20
389	相思湖东路三里	西起相思湖东路,东至银华路	东西	0	20
390	红豆东街	南起红豆南路,北至大学西路	南北	0	30
391	红豆南街	东起西宁路,西至红豆西路	东西	0	30
392	红豆西街	南起江北大道,北至红豆北路	南北	0	30
393	红豆北街	东起红豆东路,北至思圣路	东西	0	30
394	心圩江东路东一里	东起鲁班路,西至心圩江东路	东西	407	15
395	心圩江东路东二里	东起鲁班路,西至心圩江东路(中段)	东西	278	15
396	心圩江东路东三里	东起鲁班路,西至心圩江东路(北段尽头)	东西	365	15
397	东胜街	南北走向,南起贤湾街,北至旧信用社	南北	200	15
398	西胜街	东起中和门,西至本街尾	东西	110	13
399	河边街	东起贤湾街,西至中和门	东西	80	6
400	大安街	东起贤湾街,西接西胜街	东西	80	11
401	贤湾街	南起东胜街,北至大安街	南北	80	6
402	西平桥北巷	南起新阳路,北至本路末	南北	150	4
403	西平桥南巷	东起和乐街(云亭街坑边),西至新阳路	东西	500	5
404	棕榈湾一路	东起秀安路,西至市三十一中	东西	160	8
405	棕榈湾二路	东起秀安路,西至秀平路	东西	164	14
406	棕榈湾三路	东起秀安路,西至秀安农贸市场	东西	160	8
407	安吉大道西二里	东起安吉大道21号,西至安阳路花卉公园	东西	500	6
408	安吉大道西三里	东起安吉大道,西至市明天学校大门	东西	300	6
409	桃花源巷	北起安园东路,南至安武大道	南北	361	6

(胡小民)

南宁市常用电话号码

市民服务热线:12345
兴宁公安分局:0771-2800549
青秀公安分局:0771-5302293
江南公安分局:0771-4815293
西乡塘公安分局:0771-3853013
邕宁公安分局:0771-4725469
良庆公安分局:0771-4512710
南湖公安分局:0771-5525277
高新公安分局:0771-3211511

青秀山公安分局：0771-2114966

东盟公安分局：0771-6188302

武鸣公安分局：0771-6224110

南宁市公安局出入境管理处：0771-2891580

广西壮族自治区人民医院：0771-2635268

广西医科大学第一附属医院：0771-5359339

广西中医药大学第一附属医院：0771-5848605

广西民族医院：0771-3112511

南宁市第一人民医院：0771-2677885
　　　　　　　　　　0771-2833120

南宁市第二人民医院：0771-2246469

南宁市第三人民医院：0771-3170744

南宁市第四人民医院：0771-5656520

南宁市第五人民医院：0771-3323205

南宁市第六人民医院：0771-3132368

南宁市第七人民医院：0771-2820120

南宁市第八人民医院：0771-3832821

南宁303医院：0771-5337666

中国工商银行：95588

中国农业银行：95599

中国银行：95566

中国建设银行：95533

中国交通银行：95559

招商银行：95555

光大银行：95595

邮政储蓄：95580

桂林银行：96299

琅东汽车站：0771-5508333

西乡塘客运站：0771-3816650

安吉客运站：0771-3106882

江南客运站：0771-4519999

铁路订票：0771-95105105

铁路客服电话：12306

南宁吴圩国际机场：0771-2095123

市区社保：12333

住房公积金：12329

广西电网：95598

自来水报修：96332

燃气服务：12319

中国电信：10000

中国移动：10086

中国联通：10010

广西广电网络：96335

南宁市车管所：0771-966122

消费投诉：12315

物价投诉：12358

质量打假：12365

环保投诉：12369

举报平台：12389

食药品投诉：12331

申通客服电话：95543

圆通客服电话：95554

中通客服电话：95311

顺丰客服电话：95338

韵达客服电话：95546

EMS客服电话：11183

中国邮政：11185

德邦物流：95353

速尔快递：400-158-9888

能达速递：400-688-6765

天天快递客服电话：400-188-8888

百世汇通客服电话：400-956-5656

宅急送电话：400-6789-00

说 明

一、本索引采用主题分析索引方法。正文（包括条码、文献、资料、图片和表格）中凡具有独立检索意义的完整资料，均可通过本索引进行检索。少数条目名因语言环境需要，在名称前或者名称后酌加修饰词；有的条目名称动词置后；有的条目名称重复的动词作省略；有的条目名称作简化。为突出图片主题，有的图片文字说明作简略处理。

二、索引按汉语拼音字母（同声字按声调）升序排列。类目、分目、次分目作索引款目用黑体字排印，其余均用宋体字排印。表格、图片在其款目后分别注明"表""图"。

三、索引款目后的阿拉伯数字和拉丁字母（a，b）分别表示内容所在的页码和栏别（即左、右栏）。

四、索引空两字位起排的款目为上一主题的"附见"。同一主题的"参见"只标页码。为便于读者检索，内容有交叉的款目，在本索引中重复出现。

五、"图片专辑""编辑说明""大事记"等栏目不做索引，阿拉伯数字开头的款目排在索引的后面。

A

阿里巴巴 9.20 商人节暨西乡塘区 2018 美丽南方·休闲农业嘉年华线下展示会　323a
艾滋病防治　382b
艾滋病防治经费保障　382b
艾滋病防治宣传教育　382b
艾滋病防治综合治理　383a
爱国卫生运动　387a
安吉产业园·华尔街工谷建设　327b

安吉街道　440b
安吉街道概况　440b
安吉街道扫黑除恶暨第四季度提升群众安全感满意度工作推进会　（图）441
安吉路社区　511a
安吉卫生院　389a
安监机构及工作概况　279b
安监体系建设　279b
安宁街道　463b
安宁街道"把健康带回家"流动人口卫生计生关怀关爱暨"健康幸福过大年"主题宣传活动活动文艺汇演（图）　465

· 545 ·

安宁街道概况　463b
安宁街道在永宁村开展环境卫生整治工作（图）　464
安全生产标准化创建　281a
安全生产监督管理　279b
安全生产培训　280a
安全生产宣传教育和应急演练　280b
安全生产隐患排查　280b
安全生产执法检查　281a
安阳路社区　511b
案管工作　246b
案件执行　249a

B

八桂田园　318b
"百会同心讲堂"成立十周年纪念活动（图）　210
"百名专家进百村（社区）"服务活动　222b
百岁老人　477
办文办会
　　区委办　138a
　　区政府办　184b
保健食品与化妆品监管　284b
保密机要　137b
北部湾银行城北支行2018年全行员工大会（图）　269
北大北路社区　505a
北大南社区　510b
北湖安居社区　511b
北湖北路社区　511b
北湖村　531a
北湖街道　432b
北湖街道概况　432b
北湖街道全体干部职工集中学习习总书记关于改革开放40周年主题讲话（图）　434
北际社区　508b
毕昆闽率考察团到万秀村考察（图）　67
边阳社区　509a
编办机构及工作概况　154a
兵员征集　258b
病媒生物防制　387a
哺乳类　98b
部队正规化建设　259a
部分参照公务员法管理事业单位编制调整　155a
部分区机关和街道办事处编制调整　154a

部分事业单位编制调整　156a
部分中小学教职工编制调整　154b

C

材用植物　97b
财　政　265a
财政·税务　265a
财政存量资金盘活　266a
财政机构及工作概况　265a
财政审计　274b
财政收入　265b
财政支出　265b
参政议政
　　九三学社区基层委　211b
　　民革区总支　205b
　　民建区总支　207a
　　民进区总支　208a
　　民盟区基层委　206a
　　农工党区总支　209b
　　区工商联　224a
　　致公党区总支　210b
餐饮服务监管　283a
残疾人教育与就业　227b
残疾人精准扶贫　226a
残疾人精准康复　227b
残疾人民生保障　227b
残疾人组织建设　228a
残联宣传与助残　228a
残联组织及工作概况　226a
曹阳文在第一季度"公开大接访"活动中接待来访群众（图）　161
产　业　286
产业攻坚　181b
产业园区　327a
产业园区机构及工作概况　327a
产业园区建设　103b
产业园区建设加快　182a
炒田螺　404a
陈东村　524b
陈东傩文化展示点　321b
陈光荣　480b
陈西村　524b
陈银菊　482b
陈元娥　481a
成品油安全生产　315a
成品油打非治违　315a

索 引

成品油供应　314b
城管机构及工作概况　334b
城区与高校及科研院所人才交流合作　134a
城区与台交流　199a
城市道路沿线挡墙护坡绿化　332b
城市管理　326a
城市环境空气　406b
城市降水　406b
城市内河水质　407a
城市声环境质量　407b
城市扬尘污染联防联控　408b
城市治理"制度建设年"　135a
城市综合治理　108b
城乡规划建设与管理　329
城乡建设　330b
城乡建设
　　安吉街道　441b
　　安宁街道　464a
　　北湖街道　433b
　　衡阳街道　437b
　　华强街道　445a
　　金陵镇　417a
　　上尧街道　451b
　　石埠街道　456a
　　双定镇　421b
　　坛洛镇　425b
　　西乡塘街道　429a
　　心圩街道　460a
　　新阳街道　449a
城乡居民基本医疗保险　188b，402b
城乡居民生活　399b
城乡居民收入　107a
城乡居民养老保险　187b，401b
城镇居民收入构成　400a
城镇居民消费结构　400a
《痴梦》参加南宁市第九届乡村社区和谐文艺大展演（图）　371
出生人口性别比综合治理　395b
出生医学证明发放　384a
传染病卫生监督　386a
传染病疫情报告　381b
传统美食　403a
传统美食概况　403a
传统手工艺品　101b
创新驱动产业升级工作会议　132b
创新驱动产业升级攻坚年　134b
创新社区　516a

从严治党　104a
村级集体经济发展壮大　136a
村民自治　104a
村镇建设管理　332a

D

打击传销违法行为　278b
打击各类刑事犯罪　244b
打击经济犯罪　242a
打击刑事犯罪　241a
大豆种植　289a
大岭村　531a
大气环境质量　406b
大气污染防治　408b
大事记（2018年）　55
大唐天城购物中心项目　312b
大塘村　518a
大同社区　508a
大学东路社区　506b
大学南社区　515b
大学生助理与微公益项目　217b
大学西路社区　507b
党风廉政建设工作会议　133a
党管武装建设　258b
党建工作示范点建设　142b
党外代表人士队伍建设　150a
党校干部培训　159a
党校机构及工作概况　158b
党校教育　158b
党校农村党员大培训　158b
党员发展　153b
党政机构增设编制调整　154a
档　案　374a
档案安全管理　376a
档案机构及工作概况　374a
档案利用服务　376a
档案年度检查　375a
档案事业发展经费投入　375a
档案室等级认定　375a
档案信息化建设　376b
档案宣传　374b
档案业务培训　376b
档案征收　375a
档案执法检查　375a
道路运输　304b

德育教育　347b
邓高凡在西乡塘区2018年残疾人工作部署会作工作总结及工作部署（图）　226
邓国莲　482b
邓加翠　481b
邓进英　482a
邓明中　476b
邓明中在顶哈肉鸽养殖示范区鸽棚内检查鸽子的健康状况（图）　476
邓圩村　524a
邓维敦　482b
地方传统美食　101b
地方志　377a
地方志机构及工作概况　377a
地方志业务培训　377a
地籍管理　406a
地理位置　97a
地名管理　194b
地形地貌　97a
地质灾害防治　406a
地中海贫血防治　385a
第二次全国污染源普查　410b
第九届乡村社区和谐文艺大展演　371b
第六届政务公开日活动　191a
第三届广西万名全民健身志愿者服务百县千乡万村活动　377b
第三期学前教育行动计划实施　340a
第十二届退休人员文艺汇演活动（图）　83
第十届广西体育节西乡塘区分会场开幕式暨2018年西乡塘区"全民健身　健康广西"百万群众健步走活动（图）　80
第四届广州国际城市创新奖　484b
淀粉植物　98a
调查研究
　　区委办　137a
　　区政府办　185a
调研与信息工作
　　区委统战部　152a
　　区委组织部　144b
定顿村　527a
东佳村　526b
东南村　522b
动物防疫　291b
动物资源　98b
豆蓉糯米饭　404b
督查督办　137b

读书学习与交流活动　374a
渡运安全　304b
对口帮扶　399b
对台事务　198a
对台事务工作概况　198a
多党合作　149b

E

儿童保健　384b
儿童家园建设　220a

F

发改机构及工作概况　271a
法　院　247b
法　治　233
法律法规宣传　329a
法律服务
　　区法学会　232a
　　区司法局　253b
法律援助　254a
法学会组织及工作概况　232a
法学研究　232b
法院接受监督　251a
法院两庭建设　251b
法治建设　105b
法治教育　232b
法治宣传教育　252b
法治政府　238a
法治政府建设　238b
钒矿、汞矿　97b
方兆娟　478b
防城港市委组织部、自治区民宗局调研组合影（图）　86
防范化解重大风险攻坚战　182b
防空演练　261a
防内涝应急抢险　334b
防汛　297a
防汛抗旱　297a
房屋征收补偿与征地拆迁　336a
"放管服"改革　156a
放射职业卫生监督　386b
"放心粮油"工程建设　312b
放心农产品工程　287a

非法侵占林地清理排查专项行动　296b
非公党建工作　225a
非物质文化遗产保护　370b
非油品业务　314b
废气污染物排放　407b
费勇在作区政协常委会工作报告（图）　43
丰平村　526a
风　俗　102a
扶困助学　338a
扶贫产业分红项目　399a
扶贫产业开发　397b
扶贫机构及工作概况　397a
扶贫开发　397a
服务读者活动　373a
服务青年行动　217a
服务台商台胞台属　198b
服务型党组织建设　153a
妇联组织及工作概况　218a
妇联组织建设与干部培训　219b
妇女参与美丽西乡塘建设　220b
妇女儿童权益维护　220a
妇女就业与技能培训　219a
妇幼保健　384a
附　录
富庶村　529a
富庶卫生院　390a

G

干部队伍建设　139a
干部教育培训　140a
刚德村　523b
钢材价格信息采集上报　276a
港澳台侨工作　151b
高岭土　97b
高新工业园社区　516a
高新区概况　324a
个体工商户　263a
个体经济　263a
个体经济与私营经济　262a
个体社会服务业　263a
个体私营经济管理与从业概况　262a
个体私营经济年度主要特点　262a
个体私营经济综述　262a
耕地保护　405b
工　业　102b

工　业　300a
工程招标管理　333b
工程质量监督　332a
工会干部学习培训　213b
工会评先活动　213b
工会组织建设　213b
工商服务经济发展　276b
工商管理　276a
工商联参与"千企扶千村"精准扶贫行动　225a
工商联考察交流　225b
工商联组织概况　224a
工商质监机构及工作概况　276a
工信机构和工作概况　300a，323a
工业综述　300a
工资福利　186b
工作报告
　　区人大常委会　13
　　区委　1
　　区政府　22
　　区政协常委会　43
公　安　240b
公安队伍正规化建设　243b
公安机构及工作概况　240b
公安基层基础信息采集　242b
公安入户走访　244a
公共安全智能系统建设　256a
公共场所卫生监督　385b
公共机构节能　192b
公共图书　372b
公开大接访活动　161a
公务车辆管理　192a
公务员与事业单位人员管理　186a
公益广告宣传　147b
公证事务　254a
宫颈癌和乳腺癌免费筛查　219a
共青团西乡塘区委员会　215b
古树名木挂牌　333a,（图）412
古树名木管理　412b
固定资产投资　272a
固定资产投资审计　275a
固体废物　407b
固体废物污染防治　408b
关工委机构及工作概况　161b
关心下一代工作　161b
关心下一代工作宣传　163a

《关于新形势下提升基层党组织组织力的探索
　　与实践》《西乡塘区推进区校人才合作的实
　　践与思考》获2018年度全市组织系统调研成
　　果二等奖　487a
观赏植物　98b
广道村　524a
广告监管　279a
广西北部湾银行（表）　271
广西北部湾银行南宁市城北支行　268b
广西超大运输集团车辆动态监控调度中心
　　（图）　305
广西超大运输集团有限责任公司　305a
广西第三次全国农业普查工作突出个人　470b
广西第三次全国农业普查工作自治区级工作成
　　绩突出个人　470a
广西第五届农民工技能大赛西乡塘区选拔赛
　　（图）　73
广西化工研究院　302a
广西检察机关第二届刑事申诉检察理论与实务
　　研究征文活动三等奖　469b
广西马术锦标赛　322a
广西南宁百会药业集团有限公司　302b
广西农垦金糖业集团金光制糖有限公司　303a
广西日报2018年优秀通讯员　470b
广西盛达混凝土有限公司　303a
广西十佳公安新闻媒体采编能手　470b
广西西乡塘农业科技园区建设　369a
广西乡村振兴（美丽南方）大讲堂活动（图）
　　368
广西优秀少先队辅导员　469b
广西壮族自治区2016—2017年度全区党委信息
　　工作先进单位　484b
广西壮族自治区"三大纠纷"调处工作先进
　　个人　469a
广西壮族自治区民族团结进步模范个人　469b
广西壮族自治区民族团结进步模范集体　483b
广西壮族自治区南宁市德芳公证处更名　155b
龟鳖养殖　292b
规范立案　249b
规范性文件审查　239b
规划编制　329a
规划服务工作　330a
规划机构及工作概况　329a
国家食品安全城市创建　282a
国家卫生城市巩固　387a
国土法律法规宣传　406a
国土规建环保安监站（综合行政执法队）机构
　　编制方案　155a

国土机构及工作概况　405a
国土资源管理　405a
国有房屋征收　336b

H

孩子们在参观小发明——彩色摩天轮（图）
　　89
海外联谊与侨务活动　197b
韩文胜到美丽南方考察农业科技园区建设
　　（图）　62
合志村　529b
何史年出席西乡塘区2018年档案工作暨档案
　　系统党风廉政建设工作会议并讲话（图）
　　374
和安村　520a
和德村　530b
和强村　525b
河道采砂管理　298b
黑臭水体治理　412a
黑臭水体治理绿化改造工程　333a
恒安社区　517a
衡阳北社区　513a
衡阳街道　436b
衡阳街道概况　436b
衡阳路小学五象校区编制调整　155a
衡阳南社区　513a
衡阳西路第三幼儿园等3所幼儿园编制调整
　　155b
衡阳西路第三幼儿园事业编制增加　154b
红豆社区　517a
红十字博爱送万家　228b
红十字会概况　228b
红十字会组织建设　229b
红十字募捐筹资　229a
红十字人道救助　228b
红十字应急救护　228b
红十字志愿服务　230a
红薯种植　289b
宏观经济管理　271a
洪灾　297b
胡艳在启用远程庭审系统中出庭公诉（图）
　　245
壶天岛　320b
花生种植　289b

华强街道　444b
华强街道概况　444b
华强街道开展计生协会纪念日宣传服务活动
　　（图）　231
华强街道人大代表活动中心　448a
华强社区　508a
华侨事务　197a
华侨事务组织及工作概况　197a
华润水泥（南宁）有限公司　301a
环保机构及工作概况　406b
环境保护　406b
环境公益诉讼　245b
环境监察　409a
环境监管　109a
环境违法行政处罚　409b
环境信访案件查处　409b
环境宣传教育　410a
环卫清扫保洁　336a
黄　瑾　478a
黄保华　480a
黄朝科在启用远程庭审系统中出庭公诉（图）
　　245
黄干英　477b
黄俊华到西乡塘卫生院调研（图）　79
黄俊华到西乡塘卫生院调研疫苗接种工作（图）
　　382
黄开朗开展安全生产检查工作（图）　450
黄丽娟　478a
黄氏家族民居　321a
黄四姐　477b
黄素珍　480a
黄伟等人在水街市场检查经营户的证照是否
　　齐全（图）　277
黄贤芳　479a
黄秀佳　481a
黄英玲开展安全生产检查工作（图）　450
黄玉燕出席"百会同心讲堂"成立十周年纪念
　　活动并讲话（图）　210
会员企业服务　224b
会展节庆经济　322b
惠民工程　183b
惠民工程　331a
婚姻登记　194b
火炬路社区　506a
获部级机关授予个人荣誉名录　468
获市级机关授予个人荣誉名录　471
获自治区级机关授予个人荣誉名录　468

J

机构编制　154a
机关党风廉政建设　153b
机关党组织建设　142b
机关房屋管理与服务　192a
机关会务服务　191b
机关食堂管理　192b
机关事务管理　191b
机关事务管理机构及工作概况　191b
机关事业单位养老保险　187b，401b
机关物业管理　192a
基本公共卫生服务　383a
基本侨情调查　197b
基本药物制度实施　383b
基层计生协会建设　230b
基层科普行动计划　221b
基层平安创建　237a
基层商会发展　225b
基层卫计工作规范化建设　395b
基层卫生创建　387a
基层组织建设　141a
基础设施项目的规划审批　330a
绩效考评　204b
吉秀社区　512a
疾病预防与控制　381b
计划生育　395a
计划生育服务管理　395a
计划生育家庭奖励扶助　395a
计生协会机构及工作概况　230a
纪律检查与监察　202b
纪委监察机构及工作概况　202b
纪委监委队伍建设　204b
技术改造与创新　300b
加油站网店建设　315a
家禽养殖　291a
家庭教育大讲堂活动　220a
家庭教育指导　162b
价格监督检查　275b
价格举报受理　275b
监察体制改革工作情况调研　169b
粮食价格监督检查　313a
检　察　244b
检查督办　185a

检察机构及工作概况　244b
检察基层基础建设　244b
检察接受人大监督　247a
建成区黑臭水体治理60天攻坚战　136a
建设项目环境管理　410a
建置沿革　99b
"健康西乡塘"医疗卫生保障工作情况调研　170b
健在百岁老人简介　477
江北大道2号、4号、8号公厕立体绿化建设（图）　412
蒋玉英　481b
交通基础设施建设　304a
交通运输服务　304b
交通运输管理　303b
交通运输机构及工作概况　303b
交通运输业　303b
教　育　337a
教育·科技　337
教育改造类岗位能手　468b
教育惠民工程　183b
教育机构及工作概况　337a
教育教学　339a
教育经费投入　338a
教育事业　107b
教育综述　337a
街道商会成立　454a
节能减排　273a
节庆活动　218b
节日及重大活动食品安全保障　283b
节肢类　99a
结核病防治　382a
巾帼建功活动　219a
金城社区　515a
金光社区　516a
金光卫生院　391a
金陵村　522a
金陵东南产业园　328a
金陵河西产业园　328a
金陵鸡产业示范区种鸡养殖基地（图）　291
金陵镇　416a
金陵镇概况　416a
金陵镇科技活动周暨科技、文化、卫生"三下乡"活动（图）　418
金陵镇中心幼儿园举行开园仪式（图）　340
金陵中心卫生院　388a
金融·保险　268b
禁毒斗争　242a

禁毒工作　135a，236b
经　济　262
经　济
　　安吉街道　441b
　　安宁街道　463b
　　北湖街道　433b
　　衡阳街道　437b
　　华强街道　445a
　　金陵镇　416b
　　上尧街道　451b
　　石埠街道　455a
　　双定镇　421a
　　坛洛镇　425a
　　西乡塘街道　429a
　　心圩街道　460a
　　新阳街道　448b
经济发展拨款　266b
经济工作会议　183a
经济管理与监督　271a
经济建设　102a
经济领域统战工作　150b
经济普查　274b
经济数据统计　273b
经济新突破　181b
经济责任审计　275a
精神文明建设　147a
精准扶贫
　　区财政局　267a
　　区机关事务局　192b
　　区总工会　215b
精准扶贫促就业　187a，401b
精准扶贫结对帮扶　299b
精准脱贫攻坚战　182b
警务实战化建设　243a
九三学社南职院支社到广西残疾人高等职业教育学院开展扶残助残慰问活动（图）　212
九三学社区基层委概况　211b
九三学社西乡塘区基层委员会　211b
九三学社组织生活与活动　212b
旧城改造　330b
救灾救济　193b
就业创业　107b
就业养老惠民工程　184a
就业与再就业　187a，401a
居联村　523b
居民生活　399b
卷烟营销网络建设　313b

卷烟专卖管理 313b
军　事 257
军事斗争准备 257b
军事机构及工作概况 257a

K

开发区·产业园区 324
康晓萍到北湖南路社区参观考察（图） 433
康晓萍到西乡塘区北湖街道北湖南路社区统战
　　工作站调研（图） 64
抗旱 297b
科技创新 325b
科技创新计划实施 368b
科技辅导员培训 222a
科技惠农活动 368b
科技活动周系列活动 221b
科技教育 349a
科技事业 107b
科技项目实施 369a
科普活动 369b
科普进校园活动 221b
科普中国校园e站建设 221a
科协机构及工作概况 220b
科学·技术 368a
控辍保学 346b
苦瓜酿 404b
快环沿线绿化整治 412a
会计教育培训 267a
矿产资源 97a
矿山管理 405b
昆虫类 99a

L

劳动保障监察 187b，402a
劳动合同签订 187b，402a
劳动竞赛 214b
老干部工作 156b
老干部机构及工作概况 156b
老口村 512a
《老梁和他的孩子》获2018年全市党员教育
　　系列专题片典型人物系列二等奖 486b
老龄事业 403a
老木棉匠园 317b

老年人在老年公寓参观（图） 94
老年优待与养老服务 194a
老友面（粉） 403b
乐勇村 523b
乐洲村 520b
雷正龙到西乡塘卫生院调研（图） 66
离休干部管理 157a
李保年 480b
李刚到金陵镇、双定镇开展春节前安全生产
　　检查工作（图） 280
李刚在西乡塘区2018年贫困村和贫困户脱贫
　　摘帽认定工作动员部署会议上讲话（图）
　　397
李七嫂 478b
李勤到衡阳街道社区戒毒（康复）工作站考察
　　（图） 92
李秀娥 481b
李秀芬 482a
李秀英 478b
李亚七 479a
李月英 481b
李忠南考察安吉产业园·华尔街工谷（图）
　　327
理论学习和宣传 145b
历史人文 99b
立体绿化 333a
立体绿化工程 412a
立项备案 272b
连畴村 531b
梁凤英 479b
梁红英参加西乡塘区2018年民政工作会议（图）
　　193
梁红英率领执法人员对安吉客运站展黑旅馆
　　乱象联合整治（图） 68
梁红英在西乡塘区2018年残疾人工作部署会
　　讲话（图） 226
梁集启 475a
梁集启与三角梅种植户交流致富经验（图）
　　475
梁丽娥 478b
梁启公及工作人员到双定秀山村"敢红山"
　　争议纠纷现场调查取证（图） 189
梁婉成 479b
粮食机构及工作概况 312b
粮食商业 312b
粮食应急体系 313a
粮食种植 286b

"两个责任"落实　203b
"两后生"职业培训　398b
两栖类　99a
"两抢一盗"整治　255b
"两违"执法　335a
两新组织党的建设　142a
两新组织党建示范点建设　143a
"两学一做"学习教育　138b
"两院"办案质量情况调研　171a
"两重两问"　205a
靓　粥　404b
廖建娴　479b，480a
廖生斌与刚德村村委干部到挂点帮扶对象家中开展扶贫工作（图）
廖伟福到北湖北路学校开展"六一"走访慰问（图）　70
廖伟福到衡阳街道南铁北四区社区调研指导基层党建工作（图）　437
廖伟福到南宁市警备区走访慰问官兵（图）　78
廖伟福在作区委工作报告（图）　1
廖原在区政府领导班子成员常务会学法活动培训中授课（图）　105，239
林　业　295a
林改办工作　295b
林科院社区　517b
林业概况　295a
林政管理　295b
领导干部阅批群众来信　160b
刘登峰到南宁市西乡塘区西乡塘卫生院调研（图）　80
刘文忠对辖区开展田园综合体试点项目建设情况进行讲解（图）　56
流通领域商品质量监管　278b
龙达村　523a
龙门水都文化生态旅游区　317a
龙胜社区　508b
龙腾社区　509b
卢烘学　474b，（图）475
卢烘学和孙家兵探讨养鸽项目的发展前景（图）　475
卢枚青　481a
卢秀娥　482a
芦仙山　318a
鲁班社区　515b
陆广平到衡阳西第一幼儿园开展"六一"国际儿童节慰问活动（图）　69
陆广平到西乡塘卫生院调研基层医联体工作（图）　395
陆广平到雅里村五通庙检查重大安全隐患问题整改情况（图）　91
陆广平到原郊区政府宿舍区慰问（图）　59
陆广平在医院看望伤者（图）　59
陆广平在作区政府工作报告（图）　22
陆广平主持区人民政府领导班子成员学法培训会（图）　105，239
陆桂兰　478a
陆平村　522b
路西村　532a
路政执法　304a
旅游活动　322a
旅游机构及工作概况　316a
旅游景区（点）　316b
旅游精品路线　316a
旅游项目建设　316a
旅游业　316a
旅游综述　316a
"绿城科普大行动"活动　222b
绿色、基础便民示范村　415a
绿色、基础便民示范村建设　331b
罗赖村　530a
罗文村　512b
罗文社区　512b

M

马骥英　479b
马建德陪同南宁市督查组检查全区脱贫电视电话会议整改情况（图）　399
马建德在西乡塘区2018年贫困村和贫困户脱贫摘帽认定工作动员部署会议上讲话（图）　397
马伦村　528b
马珍莲　473b
马珍莲在农业基地指导柑橘技术（图）　474
麦晚女　478a
煤　矿　97a
美丽南方田园综合体建设试点情况调研　169b
美丽南方嘉年华活动（图）　457
美丽南方景区　317a
美丽南方片区绿化建设　411a

美丽南方田园综合体绿化建设　333a
美丽南方永安 7 队那造坡绿化建设工程（图）　411
"美丽南宁·宜居乡村"建设　108b
"美丽西乡塘"乡村建设领导机构　413a
"美丽西乡塘·整洁畅通有序大行动"　411b
"美丽中国，我是行动者"主题宣传活动（图）　71
米　粉　403b
免费婚前医学检查　384b
免疫规划　381b
免疫针对性疾病监测　381b
民　族　100a
民办教育　350b
民办幼儿园扶持　340b
民兵预备役　258a
民革区总支部概况　205a
民革西乡塘总支开展脱贫攻坚春节慰问活动（图）　206
民间传统美食　102a
民间组织管理　195a
民建区总支概况　207a
民建西乡塘总支参加西乡塘区"同心"气排球比赛获第四名（图）　207
民建组织活动　207a
民进区总支概况　207b
民进学习培训　208b
民盟区基层委概况　206a
民生惠民工程　183b
民事审判　248b
民事行政监督　246a
民俗节庆　102a
民俗仪式　102a
民俗艺术　102a
民营企业文化沙龙　225b
民政事务　193a
民政事务机构及工作概况　193a
民主党派　205a
民族成分变更办理　196b
民族团结进步创建活动　195b
民族团结宣传教育　195b
民族宗教工作　150a
民族宗教事务　195a
民族宗教事务机构及工作概况　195a
明华村　530b
木薯生产　290a

N

那龙社区　515a
那龙卫生院　390b
那坛村　528a
那学坡古宅　321b
纳税服务　268a
奶牛养殖　291b
南岸村　523a
南城百货物流中心　312a
南罐社区　515a
南棉片区旧城改建项目征收动员大会（图）　55
南宁·中关村建设　326a
南宁·中关村科技园揭牌（图）　325
南宁安吉客运站　306b
南宁产业技术开发区　324a
南宁车站　306b
南宁创客城　326a
南宁大商汇商贸物流中心　312a
南宁高新区与武鸣区合作共建"飞地园区"　326b
南宁广告产业园　326b
南宁国际民歌艺术节西乡塘区歌台暨香蕉文化旅游节　322a
南宁金沙湖风景区　318a
"南宁蓝"建设　108b
南宁青岛啤酒有限公司　302a
南宁日报 2018 年优秀二等奖　472b
南宁三江口风景名胜区　320a
南宁市 2018 年"当好主人翁　建功新时代"职工职业技能大赛中医师比赛项目（图）　214
南宁市"美丽南宁·宜居乡村"活动"产业富民"示范片区称号　485a
南宁市"美丽南宁·宜居乡村"活动综合示范县区称号　485b
南宁市北湖北路学校　352a
南宁市北湖路小学　357b
南宁市常用电话号码　543a
南宁市第八次重大项目暨广西腾远水泥制品有限公司年产 60 万吨预拌砂浆项目竣工现场会（图）　84
南宁市第二幼儿园　341a
南宁市第六次重大项目暨广西天勋力节能科技有限公司低碳节能环保玻璃深加工项目奠基仪式（图）　421

· 555 ·

南宁市第三次全国农业普查工作成绩突出单位　486a
南宁市第三十七中学　351b
南宁市第三十一中学　351a
南宁市第三幼儿园　341b
南宁市第十八中学　350b
南宁市动物园　316b
南宁市衡阳路小学　354b
南宁市花卉公园　319b
南宁市华衡小学　356b
南宁市江北小学　356b
南宁市教育系统幼儿园　340b
南宁市锦华小学　355b
南宁市明天学校　357a
南宁市明秀小学　355b
南宁市清川小学　355a
南宁市庆祝"壮族三月三"活动暨民族团结进步宣传月启动仪式（图）　65
南宁市少数民族流动人员服务中心　448a
南宁市师范学校附属小学　356a
南宁市西乡塘区监察委员会成立　154a
南宁市西乡塘区金陵镇中心小学　358a
南宁市西乡塘区金陵中学　353b
南宁市西乡塘区人民代表大会　163b
南宁市西乡塘区人民政府　181a
南宁市西乡塘区石埠中心小学　358a
南宁市西乡塘区坛洛镇中心小学　358b
南宁市西乡塘区坛洛中学　353a
南宁市西乡塘区专利资助奖励办法　487a
南宁市乡村建设"十佳范例"　485b
南宁市新秀学校　352b
南宁市新阳路小学　354b
南宁市秀田小学　353b
南铁北二区社区　513b
南铁北三区社区　514a
南铁北四区社区　514a
南铁北一区社区　513a
年中工作会议　133b
鸟　类　98b
农　业　286a
农村"三大纠纷"调解处理　188b
农村党建示范点建设　143a
农村党员培训体验基地　144a
农村党组织建设　141b
农村公路养护　304a
农村计生家庭小额贷款贴息项目　230b
农村居民收入构成　400a
农村居民消费结构　400b
农村丧葬改革　195a
农村社区建设试点工作推进　135a
农村土地承包经营权确权登记颁证　288a
农村土地流转　288b
农村危旧房改造情况调研　167b
农工党南宁市红十字会医院支部到西乡塘区永红社区开展义诊宣传活动（图）　209
农工党区总支概况　209a
农工党组织建设与社会服务　210a
农机安全监理　295a
农机购置补贴　294b
农机化管理　294a
农机科技推广　294b
农家书屋建设　373a
农林水利机构及工作概况　286a
农贸市场升级改造　308b
农民负担监测　288b
农民培训　290b
农民专业合作社和家庭农场　288a
农业产业转型升级　182a
农业机械化管理　294a
农业机械化管理机构及工作概况　294a
农业科技　290b
农业龙头企业　287b
农业农村与社区档案　375b
农业示范区创建　287a
农业与资源环保审计　275a
农业综合开发　293b
农业综合开发项目建设　293b
农业综述　286a
农资监管　277a
女职工工作　214b
糯米绿豆粽　403b

P

爬行类　99a
潘玉勤　473a，（图）473
潘玉琼　481a
庞　照　474b
庞照帮村民干农活（图）　474
棚户区和"三旧"改造　103b
贫困村基础设施项目建设　397b
平安景区　237a
平安校园　237b

平话山歌歌王争霸赛　372b
平新村委　517b

Q

其他营利服务业　307b
企业登记管理　276a
企业节能降耗　300b
企业审计　275a
企业退休人员档案管理　188a，402b
企业退休职工管理　188a，402b
企业薪酬调查　188a，402b
气候与水文　99a
侨法宣传　197b
青春健康教育　232a
青空间建设　216b
青年志愿者彩虹桥行动　254b
青少年科技创新大赛　222a
青少年科学节活动　222a
青少年普法教育活动　162a
青少年思想道德建设　161b
青少年维权　217a
情报信息与反恐维稳　241a
庆林村　527b
区2017年度本级预算执行及其他财政收支审计整改情况审查　172b
区"十三五"规划中期评估调研　171b
区2017年本级决算情况审查　173b
区城市管理综合行政执法队编制调整　155a
区第三届人民政府常务会议　183a
区互联网新闻传播研判中心事业编制增加　155a
区机关编制调整　154b
区机关事务管理局帮扶责任人到金陵镇刚德村开展"结对帮扶到村到户"活动（图）　193
区基层医疗机构选介　387a
区科技创新带动产业升级发展工作情况调研　172a
区人大常委会成员及区人大机构　163b
区人大常委会自身建设　180a
区人大综述　163b
区人民法院阳光司法工作调研　167a
区人民政府领导班子成员进行常务会学法培训会（图）　239
区上半年经济运行情况调研　170a
区食药监管局为保障美丽南方美食节顺利开展进行食品安全检测（图）　283

区委办机构及工作概况　137a
区委成员及机构　131a
区委党校加挂区委党史研究室牌子　155b
区委工作概况　131a
区委巡察工作办公室列入党委工作机构序列　154b
区委巡察机构有关机构编制事项批复　154b
区委综合事务　137a
区委综述　131a
区义务教育学区制管理改革情况调研　170a
区长公开电话　160b
区政府2018年上半年本级预算执行情况审查　173a
区政府机构及工作概况　181a
区政府集中采购中心事业编制增加　155a
区政府综述　181a
区政协成员及机构　200a
区政协工作概况　200b
区政协综述　200a
区直管学校选介　350b
区重大项目建设进展情况调研　167b
区总工会三届二次全委（扩大）会议　213a
全国法治县（市、区）创建活动先进单位　483a
全国检察宣传工作先进个人　468a
全国科技活动周西乡塘区活动启动仪式　369b
全国农机监理岗位示范标兵　468a
全国人民调解工作先进集体　483a
全国文明城市创建　147a
全面从严治党主体责任清单履行　133b
全民阅读服务宣传活动　373b
全区发展改革工作集体二等功　483a
全区法院家事审判工作先进集体　483b
全区法院审判管理工作先进个人　469b
全区红十字会系统记二等功个人　469b
全区检察机关第二十期司法警察业务骨干　469a
全区检察机关第十九期司法警察业务骨干　469a
全区人力资源和社会保证系统集体二等功　484a
全区优秀人民调解委员会　483a
全区优秀人民调解员　470a
全市法院"百日清案"专项活动先进个人　471a
全市法院"百日清案"专项活动先进集体　485a

全市法院绩效考评工作二等奖　485a
全市法院集体三等功　485a
全市法院系统办案能手　471b
全市法院系统先进个人　471a
全市法院先进基层党组织　485a
全市法院先进集体　485a
全市法院优秀共产党员　471b
《全域党建视角下创新城市基层党组织设置的实践与思考》获2018年度全市组织系统调研成果一等奖　486b
群南村　527a
群团工作　153b
群众安全感提升奖惩落实　235a
群众安全感宣传　234b
群众文化　371b
群众文化概况　371b
群众性精神文明创建　106a

R

燃气安全管理　332b
人　口　100b
人口·行政区划　100b
人　物　468
人才工作　139b
人大代表"微信议政"平台创建　180b
人大代表年终视察　174b
人大代表议案和建议办理　175b
人大工作概况　163b
人大人事任免　175b
人大审查　172b
人大食品安全工作询问　180a
人大信访工作　180a
人大依法审议决定重大事项　175a
人大政协议案提案以及网民投诉办理　305a
人大执法检查　172a
人大专题调研　167a
人防工程建设和管理　260b
人防机构及工作概况　260a
人防基层组织建设　261b
人防宣传教育　260b
人口管理　242b
人口疏散基地建设　261b
人力资源和社会保障　185b，400b
人力资源市场就业服务　186b，401a
人力资源市场秩序专项检查　402a

人力资源市场专项检查　187b
人民调解　253a
人民防空　260a
人民监督员管理　254b
人民团体　213a
人民武装　257a
人社机构及工作概况　185b，400b
人事制度改革　104b
人体器官捐献志愿登记暨《献血法》颁布20周年宣传活动（图）　229
人武干部队伍建设　259b
瑞士花园社区　507a

S

三大攻坚战实效　182b
三景村　529a
三联村　522b
散居孤儿保障　194a
扫黑除恶　242a
扫黑除恶专项斗争　233b，245a
扫黑除恶专项斗争动员大会　133a
森林病虫监测和防治　296a
森林防火　296a
商标监督　277b
商贸服务业　307a
商贸机构及工作概况　307a
商务综合执法　308b
商业综述　307a
上灵村　520a
上尧村　524b
上尧街道　451a
上尧街道概况　451a
上尧社区卫生服务中心　387b
上正村　528a
上中村　526b
少数民族发展资金规范使用管理　196a
社　区　505a
社会保障　107b
社会服务
　　民进区总支　208b
　　民盟区基层委　206b
　　致公党区总支　211a
社会活动　205b
社会建设　107a
社会科学普及　223b

社会矛盾预防和减少　235b
社会民生　397
社会事业
　　安吉街道　441b
　　安宁街道　464b
　　北湖街道　433b
　　衡阳街道　437b
　　华强街道　445b
　　金陵镇　417b
　　上尧街道　452a
　　石埠街道　456b
　　双定镇　422a
　　坛洛镇　426a
　　西乡塘街道　429b
　　心圩街道　460a
　　新阳街道　449a
社会事业拨款　266b
社会宣传　146a
社会治安整治　255a
社会治安综合治理　255a
社会治理　234b
社会主义核心价值观建设　147b
社会主义核心价值观培育践行　106a
社科联机构及工作概况　223b
社区党建示范点建设　142b
社区建设　193a
社区矫正　253b
社区戒毒社区康复　254b
社区卫生服务　383a
社区卫生服务机构概况　383a
社区与村简介　505a
涉检信访处理　246a
深入学习习近平总书记关于加强和改进人民政
　　协工作的重要思想理论征文优秀组织单位
　　486b
沈阳路社区　514b
审　计　274b
审计机构及工作概况　274b
审判机构及工作概况　247b
生　态　405
生活饮用水卫生监督　386a
生态保护与建设　108a
生态公益林建设　295b
生态建设　409b
生态文明建设　108a
生育关怀·微笑行动　231b
生育关怀·医疗帮扶　231a

生育关怀·圆梦工程　231b
生猪养殖　291a
石埠村　519a
石埠街道　454b
石埠街道"不忘初心　永远跟党走"文艺汇演
　　（图）　457
石埠街道办联合广西电视台在忠良村燕归廊
　　开展包粽子比赛活动（图）　148
石埠街道概况　454b
石埠社区　512b
石埠卫生院　389b
石灰岩　97b
石如瑞　481a
石西村　519b
石油商业　314b
食品安全信息化建设　284a
食品安全专题调研　168a
食品安全综合协调机制　281b
食品生产安全稽查　283a
食品生产安全专项整治　282b
食品生产企业诚信档案和风险等级建设　284a
食品药品安全宣传　282a
食品药品监督管理　281b
食品药品监管机构及工作概况　281b
食盐商业　314a
食药品案件查处　285a
食药品投诉举报　285a
食药品行政审批　285a
食药品政务信息公开　285b
市场监管执法　277a
市区网格化监测　408b
市政基础设施建设　335b
市政市容管理　334b
事业单位法人2017年度报告公示　156b
事业单位改革　186a
事业单位机构设置编制调整　154b
收费管理　275b
手足口病防治　382a
首府南宁2015—2017年创建全国文明城市工作
　　表现突出单位（集体）个人和个人立功嘉奖
　　个人三等功　472b
蔬菜种植　289b
数据质量管理　274a
数字城管　335b
双定坛立工业园　328b
双定镇　420b
双定镇概况　420b

双定镇华润水泥企业安全生产应急演练（图）
　　423
双定镇兴平村沃柑产业示范园柑橘加工生产线
　　（图）　289
双定中心卫生院　388a
"双随机"抽查检查　409b
双义村　523a
水　利　296b
水产畜牧业　291a
水产畜牧业机构及工作概况　291a
水稻种植　289a
水果生产　289b
水环境质量　407a
水库移民　298b
水库移民干部培训　299b
水库移民后期扶持　299a
水库移民机构及工作概况　298b
水库移民基础设施项目建设　299a
水库移民信访维稳　299b
水利工程建设　298a
水利机构及工作概况　296b
水土保持监督与宣传　298b
水污染防治　408a
水资源　99a
水资源管理　298a
税　务　267a
税收收入　267b
税收宣传　268b
税收优惠政策落实　268a
税收征管　267b
税收征管改革　267b
税务机构及工作概况　267a
司法服务　250b
司法改革推进　250a
司法机构及工作概况　251a
司法行政　251b
私营经济　263b
私营经济分布状况　263b
思想建设　209b
四家班子联席会会议
　　第一次会议　132a
　　第二次会议　132b
　　第三次会议　132b
四联村　529b
送文化服务活动　373b
苏卢村　518b

诉讼活动监督
　　区法院　247a
　　区检察院　245b
孙家兵和卢烘学探讨养鸽项目的发展前景（图）
　　475
孙锡秋　479a
索　引　545

T

台胞台属情况调查　198b
坛洛村　525b
坛洛镇　424b
坛洛镇概况　424b
坛洛镇群南村定力坡的桂洁公司柑橘
　　基地（图）　425
坛洛中心卫生院　388b
坛塘村　529b
覃泽毅到西乡塘农业科技园区进行验收评审
　　（图）　70
谭翼广　474a
谭翼广与贫困户交流脱贫致富心得体会（图）
　　474
谭琳到新阳街道万力社区调研（图）　64
谭兆春　473b
谭兆春在田间地头调解（图）　473
唐人文化园　319a
唐秀金　482a
唐毓铃　477b
桃花源社区　512a
特　载　1
特色农产品　101a
特殊计生家庭帮扶模式探索项目　231a
特殊教育　350a
特种设备监管　276b
体　育　377b
体育比赛与活动　377b
体育概况　377b
体育教育　348a
体育赛事与会议活动承办　378a
体育事业　108a
调　处　188b
调处机构及工作概况　188b
调处信访工作　189a
铁路护路　237b
通信信号保障　323b

同富村　529a
"同心"品牌建设　149b，212a
统　计　273b
统计规范化建设　274a
统计机构及工作概况　273b
统计咨询服务　274b
统一战线　149b
统战机构及工作概况　149b
投资环境建设　324b
图书馆概况　372b
土地督察卫片执法　406a
《土地爷扶贫记》获2018年全市党员教育系列
　　专题片典型人物系列三等奖　486b
土地资源　97a
团组织机构及工作概况　215b
团组织建设　216a
团组织助力脱贫攻坚　217b
退伍安置　194a
退休干部管理　157b
退休所党支部前往龙州和凭祥开展"不忘初心
　　牢记使命"主题学习教育活动（图）　158
退休所党总支到美丽南方·老木棉匠园开展庆
　　"七一"参观学习教育活动（图）　158
屯里村　518b
屯渌村　518b
脱贫攻坚
　　区人大　180a
　　西乡塘区　107a
脱贫攻坚（乡村振兴）工作队建设　143b
脱贫攻坚推进大会　133b
脱贫摘帽
　　金陵镇　420a
　　双定镇　424a
　　坛洛镇　428b

W

外来务工人员子女入学　347a
万力社区　510b
万秀村　519b
王小东到西乡塘区调研指导工作（图）　92
王跃飞率自治区人大检查组到西乡塘区开展
　　代表履职平台建设情况检查（图）　91
网格化信息化建设　235a
网络市场监督　277b
网络宣传　146b

网上信访信息系统案件办理　161a
网箱清理　293a
危房改造　331a
为归侨侨眷办实事　198a
为民办实事项目　334b
韦柳静　476a
韦柳静向种植户讲解种植技术（图）
韦寿华主持西乡塘区2018年民政工作会议（图）
　　194
圩中村　527b
卫　生　381a
卫计惠民工程　184a
卫计宣传教育　396a
卫生·计生　380
卫生法律法规宣传　386b
卫生和计划生育　108a
卫生计生机构及工作概况　380a
卫生计生监督　385a
卫生计生监督概况　385a
卫生行政处罚　385b
卫生行政许可　385b
卫生综述　380a
未成年人思想道德建设　148a
位子渌社区　507a
文　化　370a
文化·体育　370
文化馆免费服务　372b
文化惠民工程　106b，183b
文化活动　106b
文化基础设施建设　370a
文化建设　106a
文化市场管理　371a
文化市场整治　106b
文化体育机构及工作概况　370a
文化综述　370a
文件选编　487
文联机构及工作概况　222b
文明办机构及工作概况　147a
文明单位（村镇）及文明户创建　148a
文艺团体扶持　370b
文艺惠民　223a
文艺宣传　223a
文艺志愿服务　223a
"我们的节日"系列活动　148b
污染防治　408a

污染防治攻坚战　182b
污染物排放　407b
无偿献血　381a，（图）60
无偿献血和防艾宣传　229a
无偿献血活动（图）　79
梧桐苑社区　516b
"五老"关爱帮扶工程实施　162b
五里亭社区　506a
五色糯米饭　404a
武康村　527b
武陵村　525b
物　产　101a
物产·风俗　101a
物价管理　275b
物价机构工作概况　275b
物流业　103a
物业小区管理　334a

X

西大社区　506b
西津村　531a
西明村　519a
西乡塘产业园区安吉·华尔街工谷国家级科技
　　企业孵化器揭牌暨齐迹智慧金融孵化基地揭
　　牌仪式（图）　58
西乡塘公安分局2018年度工作总结表彰大会
　　（图）　240
西乡塘公安分局到龙腾路小学开展法制进校园
　　主题教育活动暨2018年"基层行"活动（图）
　　244
西乡塘街道　428b
西乡塘街道办事处举办第九届乡村社区和谐
　　文艺大展演初赛汇演（图）　430
西乡塘街道概况　428b
西乡塘区2018年"中华慈善日"捐款活动启动
　　仪式（图）　83
西乡塘区2018年健康中国行—科学健身主题宣
　　传周活动启动仪式（图）　92
西乡塘区"不忘初心　牢记使命"党性教育暨
　　年轻干部培训班成员合影（图）　88
西乡塘区"宣传十九大　宪法进万家"文艺晚
　　会（图）　252
西乡塘区"迎国庆·百店惠"狂欢购活动
　　322b
西乡塘区2018年档案业务知识培训班（图）
　　276
西乡塘区2018年贫困村和贫困户脱贫摘帽认定
　　工作动员部署会议（图）　397
西乡塘区2018年民政工作
　　会议（图）　193
西乡塘区安吉和北湖城市养老服务中心正式
　　开业运营（图）　96
西乡塘区残疾人联合会　226a
西乡塘区残疾人联合会第三次代表大会（图）
　　56
西乡塘区代表队参加2018年广西第二届百县
　　青少年五人制足球比赛获第三名（图）　377
西乡塘区党性修养与理想信念教育专题培训班
　　（图）　91
西乡塘区第二届元宵花灯文化艺术节　322b，
　　371b，（图）60
西乡塘区第六届平话山歌歌王争霸赛（图）
　　372
西乡塘区第六届政务公开日活动（图）　191
西乡塘区第三届人民代表大会常务委员会会议
　　第十二次会议　164a
　　第十三次会议　164b
　　第十四次会议　164b
　　第十五次会议　164b
　　第十六次会议　164b
　　第十七次会议　164b
　　第十八次会议　164b
西乡塘区第三届人民代表大会第三次会议
　　163b，（图）57，164
西乡塘区法学会　232a
西乡塘区妇女联合会　218a
西乡塘区概貌　97
西乡塘区工商联法律服务中心建立　225b
西乡塘区工商业联合会　224a
西乡塘区公办中小学校情况（2018年）（表）
　　359
西乡塘区规范党组工作暨机关党建专题培训班
　　（图）　61
西乡塘区规模以上企业情况（2018年）（表）
　　300
西乡塘区红十字会　228b
西乡塘区计划生育协会　230a
西乡塘区教育系统传承中华优秀传统文化活动
　　（图）　347
西乡塘区精神文明建设委员会会议（图）　147
西乡塘区食品安全宣传周主题活动暨无偿献血
　　活动（图）　282

索　引

西乡塘区科企联合工作站签约暨南宁市义平水果种植专业合作社科企联合工作站揭牌仪式（图）　69

西乡塘区科学技术协会　220b

西乡塘区民族宗教政策法规学习培训班（图）　196

《西乡塘区年鉴（2018）》出版　377a

西乡塘区农村党员农机手培训班（图）　288

西乡塘区农业综合开发验收项目情况（2018年）（表）　293

西乡塘区人大常委会任免人员情况（2018年）（表）　176

西乡塘区人武部领导班子成员调整命令宣布大会（图）　81

西乡塘区三届党委第三轮巡察　136b

西乡塘区社会科学界联合会　223b

西乡塘区社科调研　223b

西乡塘区深化扶贫领域腐败和作风问题专项治理公开大接访活动（图）　203

西乡塘区双定燃化气储配站项目开工（图）　78

西乡塘区卫生健康大会暨2018年卫生和计划生育工作会议（图）　68

西乡塘区文学艺术界联合会　222b

西乡塘区辖区处级领导干部参加"军事训练日"活动（图）　257

西乡塘区学校红十字工作　230a

西乡塘区医务人员参加无偿献血活动（图）　381

西乡塘区幼教系统传达学习党的十九大精神大会（图）　55

西乡塘区预防非职业性一氧化碳中毒大型宣传活动暨应急救援演练活动（图）　95

西乡塘区镇、街道、社区、村情况（2018年）（表）　100

西乡塘区政务服务中心事项办理清单（表）　489

西乡塘区直管幼儿园情况（2018年）（表）　342

西乡塘区主要农贸市场情况（2018年）（表）　308

西乡塘区属基层卫生院基本情况（2018年）（表）　391

西乡塘区专业市场情况（2018年）（表）　311

西乡塘区宗教工作联席（扩大）会议（图）　197

西乡塘区　213a

西乡塘社区　507b

西乡塘卫生院　390a

戏曲进校园活动　372a，（图）372

系列爱心保险项目　230b

辖区主要企业简介　301a

下楞村　528b

下楞民俗文化村　320a

下灵村　521a

先进单位（集体）　483

纤维植物　98a

现代特色农业　102b

现代特色农业示范区建设增点扩面提质升级　136a

乡村规划编制和审核　329b

乡村建设重点项目　409b

乡村振兴战略实施　134a

乡土特色示范村屯建设

　　区住建局　331a

　　石埠街道　415a

乡镇（街道）"四所合一"改革　156a

乡镇·街道　416

相思湖社区　515b

相贤社区　517a

香蕉文化旅游节　372a

香蕉种植　289

项目服务　200a

项目规划审批　329b

项目建设

　　南宁高新区　325a

　　西乡塘区　103b

项目前期工作　272b

项目引进　199b，264b

消毒产品卫生监督　386b

消费维权　278a

小额信贷贴息　399a

"小个专"非公党建　279b

小型水利工程管理体制改革　298b

心圩村　530b

心圩江东社区　516b

心圩江东社区"我们的节日·重阳节——弘扬敬老家风，情聚九九重阳"主题活动（图）　460

心圩街道　459b

心圩街道概况　459b

新村　530a

新的社会阶层人士工作　151b

新闻人物　473

新闻宣传　146a

新秀公园　319a
新秀社区　509b
新阳街道　448b
新阳街道概况　448b
新阳路社区　509a
新阳中兴社区卫生服务中心　387a
鑫利华学校屋顶立体绿化建设（图）　412
鑫利华幼儿园等5所幼儿园成立　155b
信　访　160a
信访机构及工作概况　160a
信访突出问题清理化解　160b
信息化工作　273a
信息化建设　323a
信息基础设施建设　323a
信息情报　137a
信息信访　336b
信息业　323a
兴平村　524b
兴贤村　522a
刑事检察　244b
刑事审判　248a
刑释人员安置帮教　253a
行政村　517b
行政复议和出庭行政应诉　240a
行政区划　100b
行政审判　248b
行政审批　189b
行政审批　336b
行政审批机构及工作概况　189b
行政审批事项一览（表）　489
行政审批行为规范　190a
行政审批制度改革　105b
行政执法监督　239b
熊寿明　480b
秀安路社区　512a
秀安市场打击保健食品、医疗器械等虚假广告
　　专项行动（图）　284
秀灵北社区　506b
秀灵村　519a
秀灵南社区　513a
秀山村　525a
秀厢村　512b
宣　传　145b
宣传机构及工作概况　145b
宣传教育　204a
学雷锋志愿服务活动　149a

学前教育　339b
学习型党组织建设　152a
学校安全稳定　338b
学校基础设施建设　337b
学校及周边环境卫生监督　386a
巡逻防范　243a

Y

雅里村　518a
烟草机构及工作概况　313a
烟草专卖　313a
严打整治　255a
研学实践活动　350a
盐品购进与销售　314a
盐业机构及工作概况　314a
盐政执法　314a
扬尘专项治理　335a
杨超乾　480b
杨维超到衡阳街道辖区火车站开展"两会一节"
　　安保维稳督查工作（图）　84
杨维超到青瓦房古村落及忠良村考察古村落
　　保护传承、文旅项目及田园综合体建设
　　（图）　90
养老事业　403a
养殖概况　287a
养殖业标准化基础设施建设　291b
药品医疗器械安全监管　283b
药用植物　98a
野生动物保护　296a
业仁村　523b
叶燕凤　477a，（图）477
医疗机构监督　385b
医疗机构秩序管理　381a
医疗设备配置　381a
医疗卫生机构　380b
医师定期考核新系统启用　381b
医药卫生体制改革　273a
医政管理　381a
依法治税　268a
宜居乡村"三项"活动　414a
宜居乡村建设　413a
宜居乡村建设
　　区住建局　331a
　　石埠街道　415a

宜居乡村先进单位　413a
宜居乡村宣传　413b
遗体和人体器官捐献宣传与登记　229b
议案办理情况调研
　　《关于加快南宁老友粉产业发展的议案》
　　　169a
　　《关于加强对农村公路管理养护问题的议
　　　案》　168b
　　《关于收回已征收但未被利用土地的议案》
　　　168b
义平村　525a
义务概况　346a
义务教育　346a
义务教育发展基本均衡巩固提升　346a
艺术教育　348a
意识形态工作　146b
饮料植物　98a
饮食习俗　102a
饮用水源水质　407a
英龙村　525a
拥政爱民　259a
邕宁水利枢纽工程移民安置　299a
永安村　520b
永和村　518a
永和社区　510a
永宁村　531b
永宁社区　508a
用地保障　405a
优待抚恤　193b
优化营商环境　265a
优化营商环境大行动　135b
优化营商环境情况调研　170b
优质服务窗口打造　305a
油料植物　98b
友爱北社区　514b
友爱村　512b
友爱中社区　514a
幼儿园选介　340b
鱼　类　99a
鱼类养殖　292b
渔牧产品质量安全管理　292a
渔业安全生产　293a
"雨露计划"扶贫培训　398a
雨　情　297a
语　言　100a
玉米种植　289a
预决算信息公开　266a

预算绩效管理改革　265b
预算执行动态监控　266a
园林机构及工作概况　411a
园林绿化　411a
园林绿化管理　332b
园林绿化用地扬尘治理
　　区园林所　411a
　　区住建局　333a
远程教育　140b
"远程庭审"诉讼机制　244b
粤东会馆　321a
孕产妇保健　384a
运用科技手段加强干部作风建设　134b

Z

皂角村　531b
造血干细胞宣传与采集入库　229a
噪声污染防治　409a
责任督学挂牌督导　347a
曾爱舅　480b
曾秀珍　478a
曾贞贤主持2018年机关党建工作暨台账规范化
　　建设交流会（图）　152
增补叶酸预防神经管缺陷项目实施　384b
张军到衡阳街道南铁北四区社区调研指导基层
　　党建工作（图）　437
张军在2018年西乡塘区辖区高校院所干部挂职
　　报道会引导挂职干部现场考察（图）　139
张云英　482a
招商机构及工作概况　264a
招商推介活动　199a，264a
招商引资　199a，264a
招商引资　325a
招商引资机构及工作概况　199a
赵红明到北湖街道万秀村、明秀片区人大代表
　　之家调研（图）　86
赵晓程将信访救助金发放到老上访户、困难
　　人员陆崇光手中（图）　161
赵晓程在第一季度"公开大接访"活动中接待
　　来访群众（图）　161
蔗糖生产　289b
侦查监督　245b
诊疗服务　380b
振兴村　530b
镇（街道）人大工作指导　180b

征　地　336b
征地拆迁机构及工作概况　336a
郑洪开　482b
政　治　131
政法机构及工作概况　233a
政法委工作　233a
政府办机构及工作概况　184a
政府办综合协调　184b
政府法制机构及工作概况　238a
政府综合事务　184a
政务服务管理　185b
政务服务体系构建与完善　190a
政务与政府信息公开　191a
政协第三届南宁市西乡塘区委员会第三次会议　200b，（图）57，200
政协对外联系交往　202b
政协服务中心工作　202a
政协理论和宣传工作　202a
政协民主监督　201a
政协视察调研　201a
政协提案工作　201b
政协团结党派群团组织　202b
政协助推脱贫和乡村建设　202a
政治建设　104a
政治协商　201a
知识产权管理　369a
执法规范化建设　243b
执法监督　279a
执纪审查　204a
直属机关党建　152a
直属机关工委机构及工作概况　152a
职称认定与评审　186b
职工帮扶　214a
职工技能培训　214b
职工维权　214a
职工文娱活动　215a
职工志愿服务活动　215b
职务犯罪预防　246b
职业培训和就业创业支持精准脱贫项目　398b
植树造林　295a
植物病虫害防治　290b
植物资源　97b
治安大联防行动　256b
治安整治　241b
致公党区总支概况　210b

致公党学习培训与活动　211a
中北村　526b
中共南宁市西乡塘区第三次代表大会第二次年会　131a
中共南宁市西乡塘区第三届委员会会议第六次会议　131b
　　第七次会议　131a
中共南宁市西乡塘区委员会　131a
中国工商银行广西分行（表）　270
中国国民党革命委员会西乡塘区总支部委员会　205a
中国航天日暨科技周活动（图）　221
中国航天日系列活动　221a
中国建设银行广西分行（表）　270
中国交通银行南宁分行（表）　271
中国轮滑嘉年华南宁站滑板车活动（图）　378
中国民主促进会南宁市西乡塘区总支部委员会　207b
中国民主建国会南宁市西乡塘区总支部　207a
中国民主同盟南宁市西乡塘区基层委员会　206a
中国农工民主党南宁市西乡塘区总支部委员会　209a
中国农业银行广西分行（表）　271
中国人民财产保险股份有限公司南宁市城北支公司　269b
中国人民政治协商会议南宁市西乡塘区委员会　200a
中国生态文明论坛年会（图）　410
中国银行广西分行（表）　270
中国致公党南宁市西乡塘区总支部委员会　210b
《中华人民共和国禁毒法》执法检查　172b
《中华人民共和国种子法》执法检查　172a
中华中路社区　514b
中期财政规划管理　266a
中文域名工作常态化建设　156b
中兴社区　510a
中央八项规定精神落实　135b
中央环保督察"回头看"　410b
中央预算内项目建设　272b
中尧路社区　511a
中医药服务　383b
忠良村　521a

种植业　289a
重大活动　136b
重大建设项目档案　375b
重大决策　133b
重大决策机制建立　239a
重大项目规划审批　329b
重大项目建设　272a
重大项目征地拆迁　330a
重点品种食品生产专项整治　282b
重点行业和重点人群服务管理　236a
重要会议
　　区人大　163b
　　区委　131a
　　区政府　183a
重要会议与活动　200b
周红波到华润水泥（南宁）有限公司开展现场
　　调研活动（图）　301
周红波到西乡塘区秀灵南社区卫生服务中心
　　调研（图）　79
周家庆　479a
周如斯带领立法调研组到西乡塘区调研（图）
　　67
周如斯到明秀片区基层立法联系点参观考察
　　（图）　82
周少剑在作区人大常委会工作报告（图）　13
朱秀英　480a
珠江禁渔期制度　293a
砾湖村　526a
主要工作　167a
主要江河水质　407a
住建机构及工作概况　330b
住宿与餐饮业　308a
驻区高等院校　364b
驻区公立医院　392a
驻区交通运输企业选介　305a
驻区教育机构　364b
驻区民营医院　392b
驻区医疗机构　392a
驻区中等职业学校　364a
驻区中学　364a
驻西乡塘区高等院校情况（2018年）（表）
　　366
驻西乡塘区公办中等专业技术学校情况（2018
　　年）（表）　366
驻西乡塘区公立医院情况（2018年）（表）
　　393
驻西乡塘区民营医院情况（2018年）（表）
　　394

驻西乡塘区中学情况（2018年）（表）　365
驻邕自治区人大代表和市人大代表到西乡塘区
　　东南产业园开展视察（图）　94
著名工业产品　101b
专项资金审计　275a
专业查污整改　409a
专业市场　311a
庄惠清　481a
自然环境　97a
自治区成立60周年基层走访慰问活动　136b
自治区级以上特色学校　347a
自治区民族宗教委员会为西乡塘区获全国民族
　　团结进步创建示范区授牌（图）　195
自治区人大外事华侨委员会调研组到西乡塘区
　　开展旅游扶贫调研工作（图）　77
宗教活动场所　196b
宗教事务管理　196b
综治和平安建设宣传主阵地建设　238a
综治维稳　335b
总工会概况　213a
组织　138a
组织部自身建设　145a
组织机构及工作概况　138a
最美家庭活动　219b
作风建设　203b
2012—2018年度档案工作中做出重大贡献给予
　　记集体二等功　484a
2016—2017年度南宁市社会治安综合治理（平
　　安建设）工作先进集体奖　485b
2016—2017年度南宁市社会治安综合治理（平
　　安建设）先进个人　471b
2016—2017年度全国无偿献血促进奖个人奖
　　468b
2016—2017年度全区"美丽广西"乡村建设（扶
　　贫）优秀工作队员　469a
2016—2017年度全区党委督查工作先进单位
　　484a
2016—2017年度全区党委督查室工作先进单位
　　484b
2016—2017年度全区党委信息工作先进单位
　　484a
2016—2017年度全区党委信息工作先进个人
　　470a
2017年度档案新闻宣传工作先进单位　484a
2017年度区本级预算执行及其他财政收支审计
　　整改落实情况检查　174a

2017年度整治违法用地违法建设工作表现突出
　　个人　471b
2017年南宁市五四红旗团委（总支部、支部）
　　485b
2018广西轮滑公开赛　378a
2018广西马术锦标赛　379a
2018广西社科大讲坛活动（图）　76
2018美丽南方·休闲农业嘉年华　322b
2018南宁"三月三"全地形车场地锦标赛
　　378a
2018南宁市共青团工作优秀奖　485b
2018年广西优秀共青团员　471a
2018年南宁市优秀社工　472a
2018年4月荣登中国好人榜　468a
2018年八桂科普大行动优秀组织单位　484b
2018年残疾人工作部署会（图）　226
2018年创新驱动产业升级暨农村工作、迎接国
　　家卫生城市复审和环境保护工作会议（图）
　　59
2018年度"美丽广西"乡村建设模范保洁员
　　470b
2018年度南宁市优秀共青团干部　472b
2018年度全国优秀少先队辅导员　468b
2018年度"万企帮万村"精准扶贫行动台账
　　管理工作先进单位　484b
2018年度"一级防线办"　486a
2018年度个人三等功　472a
2018年度民营企业调查点工作先进单位　486a
2018年度全国检察宣传先进单位　483a
2018年度全区统战信息工作优秀信息员　470a
2018年度全区组织系统信息工作先进个人称号
2018年度全区组织系统信息工作优秀集体
　　二等奖　484b
2018年度全市组织系统优秀组织奖称号　487a
2018年度县区工商联工作考评优秀单位　486a
2018年度自治区优秀科技特派员　470b
2018年各大金融单位驻西乡塘区主要营业网点
　　名录　270
2018年关爱女性健康"两癌"保险工作优秀
　　基层单位　483b
2018年广西第二届百县青少年五人制足球比赛
　　377b

2018年国家体育产业基地工作会议调研活动
　　378b
2018年机关党建工作暨台账规范化建设交流会
　　（图）　152
2018年军地联席座谈会暨双拥工作领导小组
　　全体会议（图）　76
2018年南宁市"绿城科普大行动"活动表现
　　突出单位　485b
2018年南宁市"绿城科普大行动"活动表现
　　突出个人　472a
2018年南宁市两新领域第四期"领航讲堂"（图）
　　81
2018年南宁市青少年爱科学实践活动先进集体
　　486a
2018年南宁市青少年爱科学实践活动优秀组织
　　工作者　472b
2018年全国科技活动周西乡塘区活动暨社会
　　科学普及活动周启动仪式（图）　369
2018年全区农机质量投诉监督体系全区最高分
　　的优秀档次　484a
2018年全区体育旅游产业发展会议现场教学
　　活动　378b
2018年全市党员教育电教片摄制工作先进单位
　　称号　486b
2018年西乡塘区党风廉政建设、组织、宣传思想、
　　统一战线及平安建设工作会议（图）　63
2018年西乡塘区纪检监察干部专题培训班（图）
　　85
2018年西乡塘区农村青年种养技能培训班成员
　　合影（图）　63
2018年西乡塘区提升农村基层党组织服务能力
　　培训班（图）　144
2018年西乡塘区辖区高校院所干部挂职报道会
　　（图）　139
2018年西乡塘区主要路街巷（表）　532
2018年政治机构党派团体直属事业单位双管
　　单位及领导人　109a
2018年中国轮滑嘉年华南宁站滑板车活动
　　379a
2018年中小学教师继续教育全员培训（图）
　　75
"5.29"会员活动日　231b